The Present in Drag

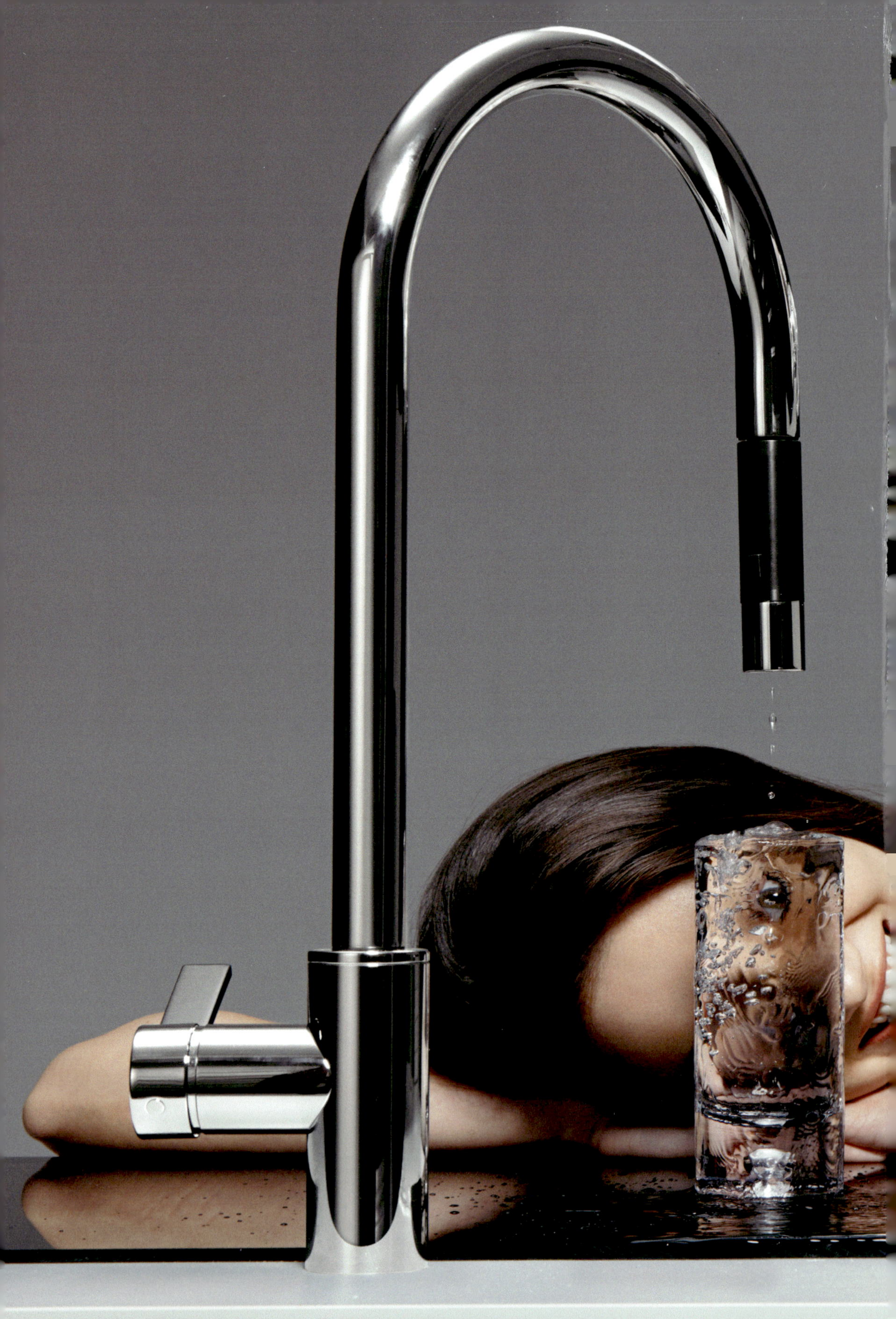

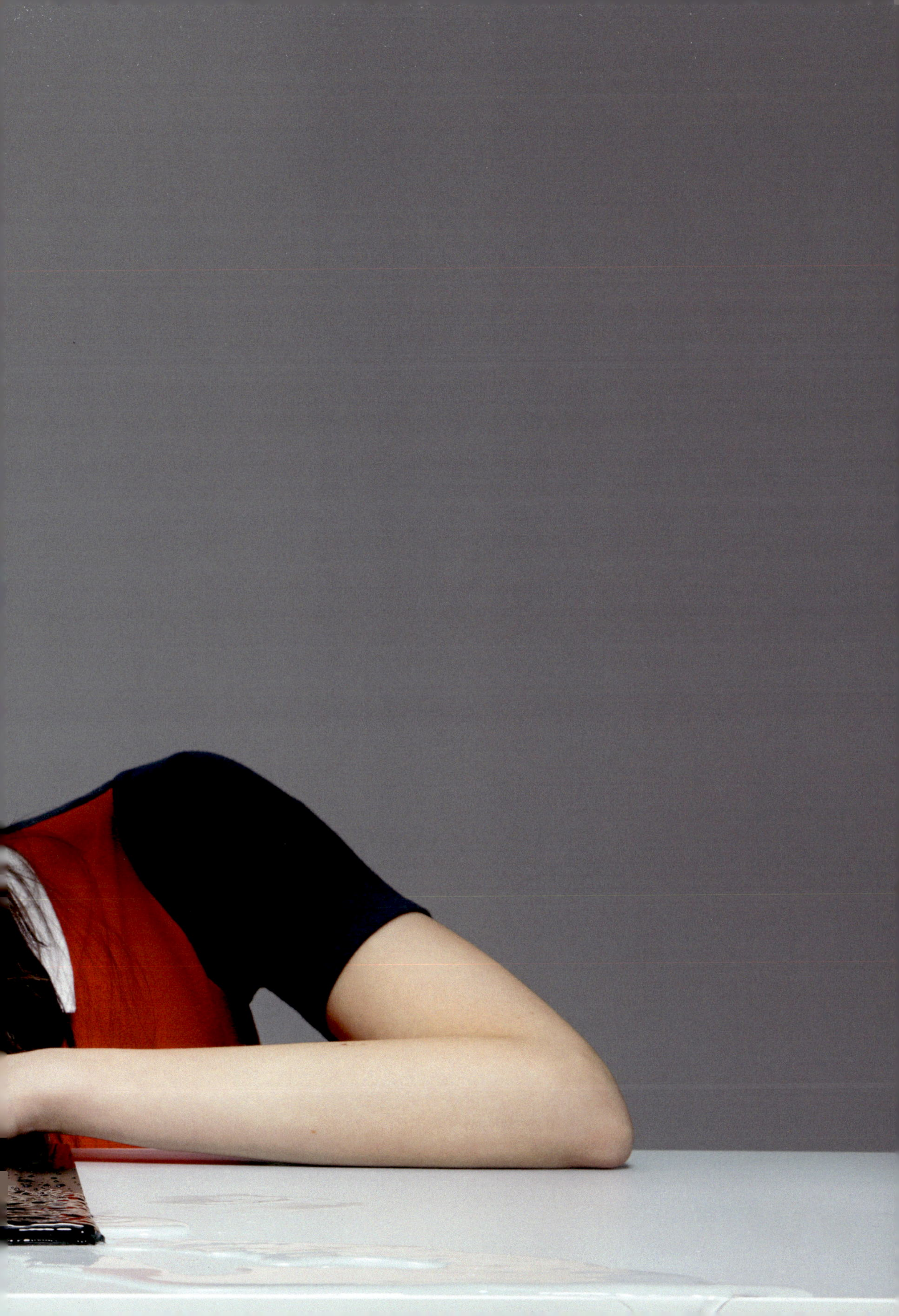

Diese Publikation erscheint anlässlich der 9. Berlin Biennale für zeitgenössische Kunst (4.6.–18.9.2016).
This book is published on the occasion of the 9th Berlin Biennale for Contemporary Art (4.6.–18.9.2016).

Veranstalter Organizer

KW Institute for Contemporary Art
Auguststraße 69, 10117 Berlin
T +49 (0)30 24 34 59 0
F +49 (0)30 24 34 59 99
www.kw-berlin.de
www.berlinbiennale.de

Ausstellungsorte Exhibition Venues

Akademie der Künste
Pariser Platz 4, 10117 Berlin

ESMT European School of Management and Technology
Schlossplatz 1, 10178 Berlin

The Feuerle Collection
Hallesches Ufer 70, 10963 Berlin

KW Institute for Contemporary Art
Auguststraße 69, 10117 Berlin

Öffnungszeiten Opening Hours
Mi–Mo 11–19 Uhr, Do 11–21 Uhr
Wed–Mon 11 am–7 pm, Thu 11 am–9 pm
Alle Orte dienstags geschlossen
All venues closed on Tuesdays

Fahrgastschiff Blue-Star der Reederei Riedel
Diverse Haltestationen in Berlin-Mitte
Hinweise zu Haltestellen und Fahrzeiten finden Sie auf der Website
Blue-Star sightseeing boat of Reederei Riedel
Various stops in Berlin-Mitte
Please see the website for locations and times
www.berlinbiennale.de

BERLIN BIENNALE

Die Berlin Biennale wird organisiert durch die KW Institute for Contemporary Art und gefördert durch die Kulturstiftung des Bundes.
The Berlin Biennale is organized by KW Institute for Contemporary Art and funded by the Kulturstiftung des Bundes (German Federal Cultural Foundation).

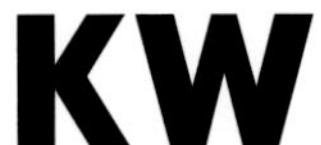

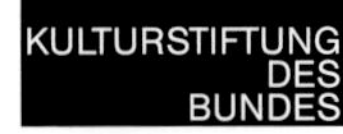

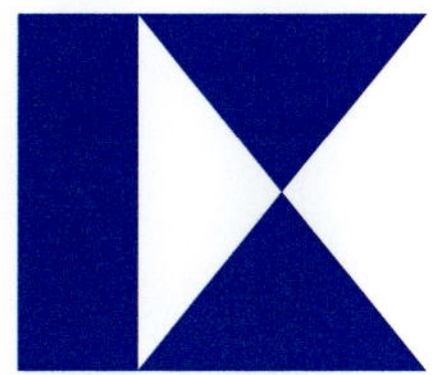

9. Berlin Biennale für zeitgenössische Kunst
9th Berlin Biennale for Contemporary Art

Kuratiert von Curated by **DIS**
Lauren Boyle, Solomon Chase, Marco Roso, David Toro

DISTANZ

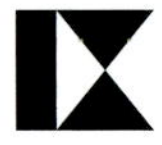

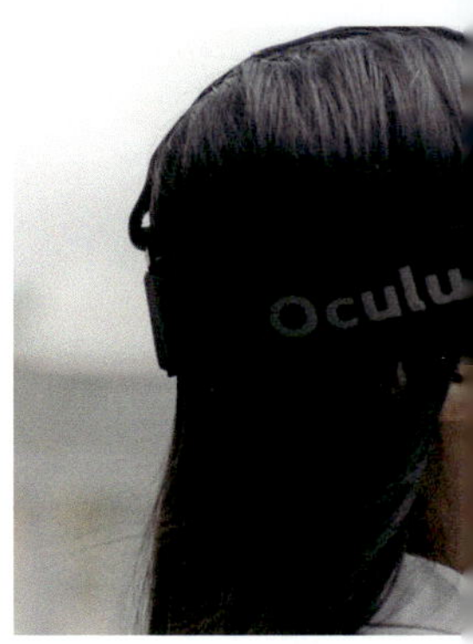

Inhalt
Table of Contents

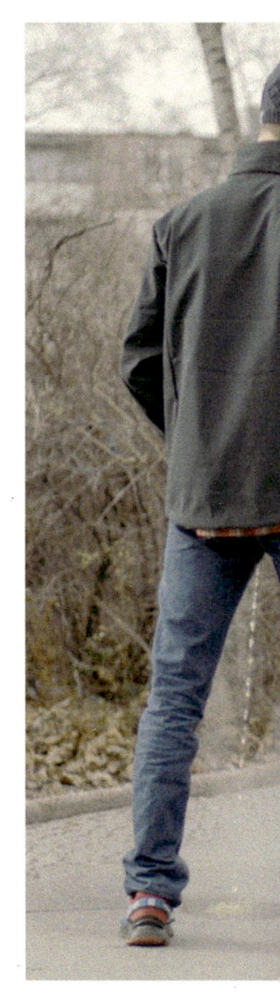

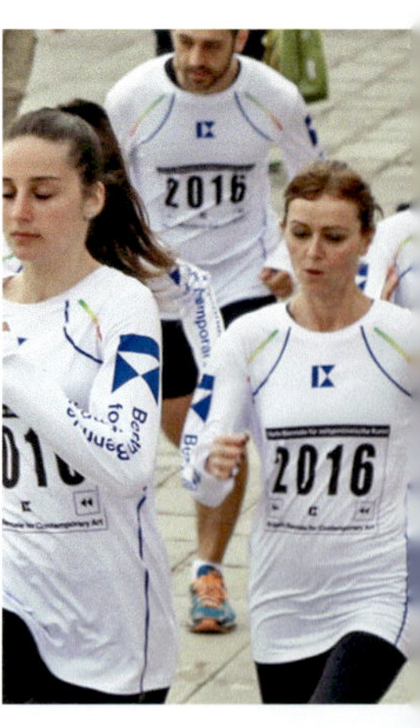

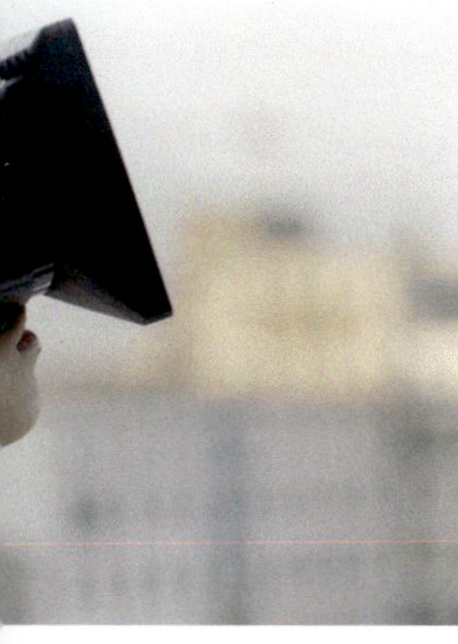

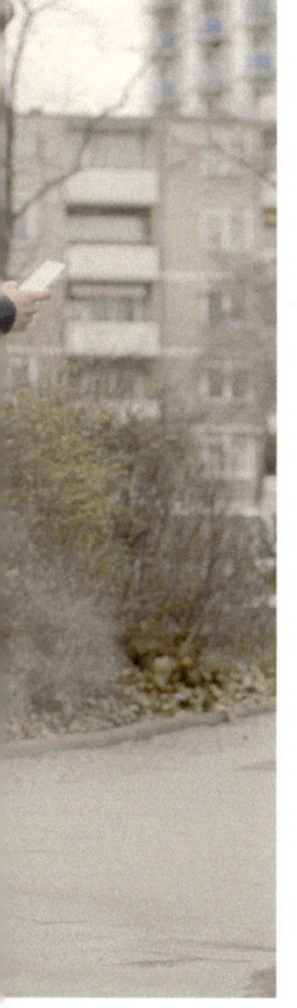

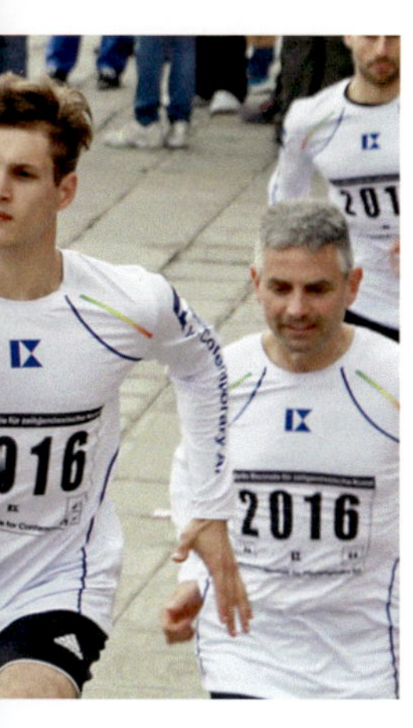
2016
2016

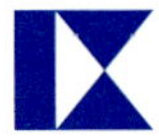

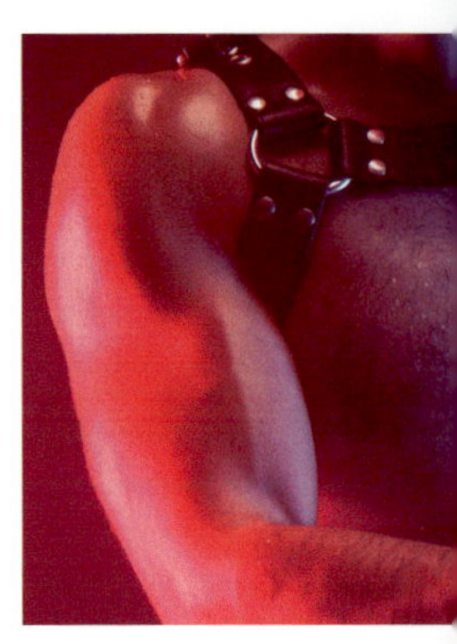

KünstlerInnen
Artists

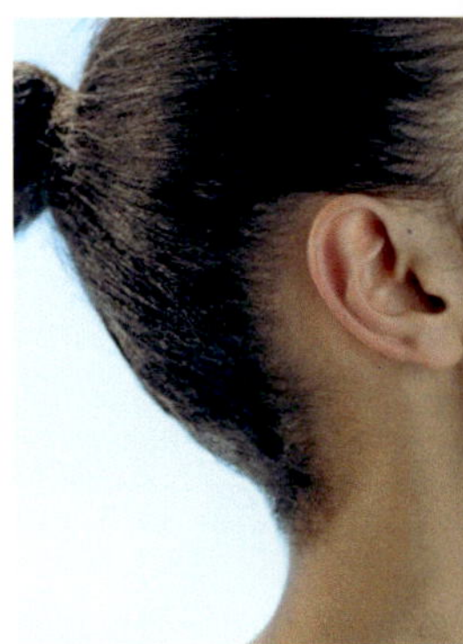

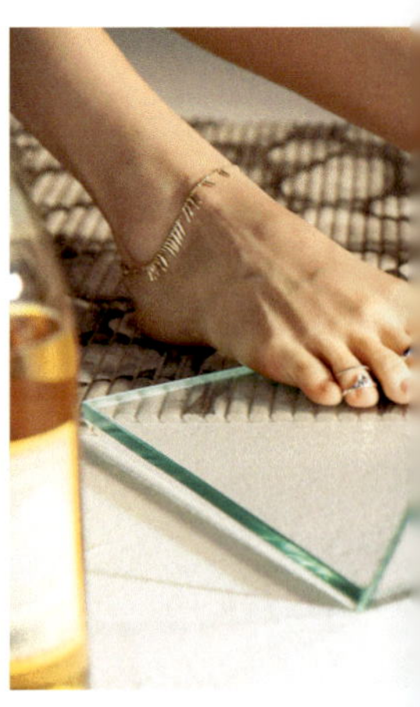

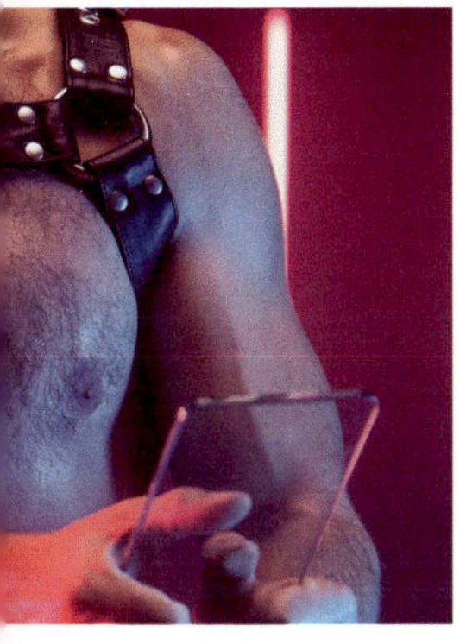

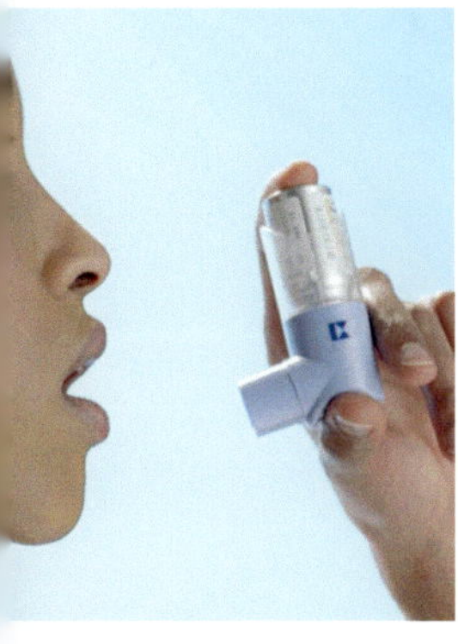

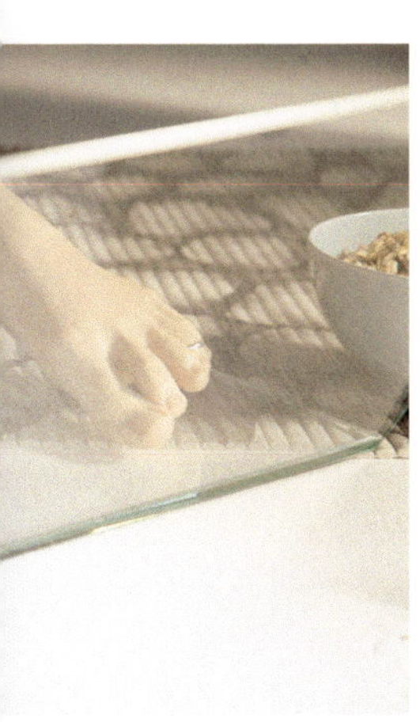

DATA
OBESIT

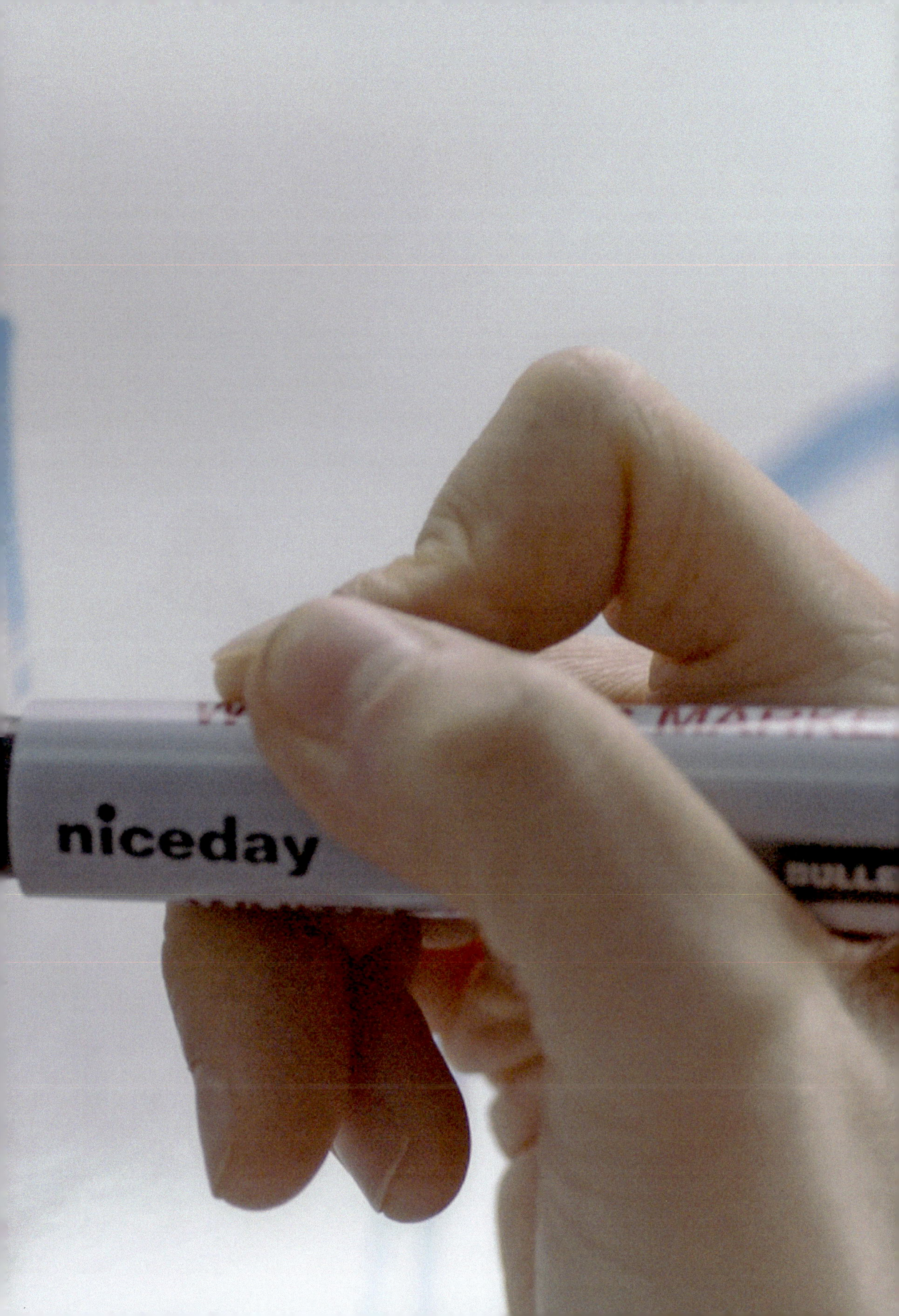
niceday

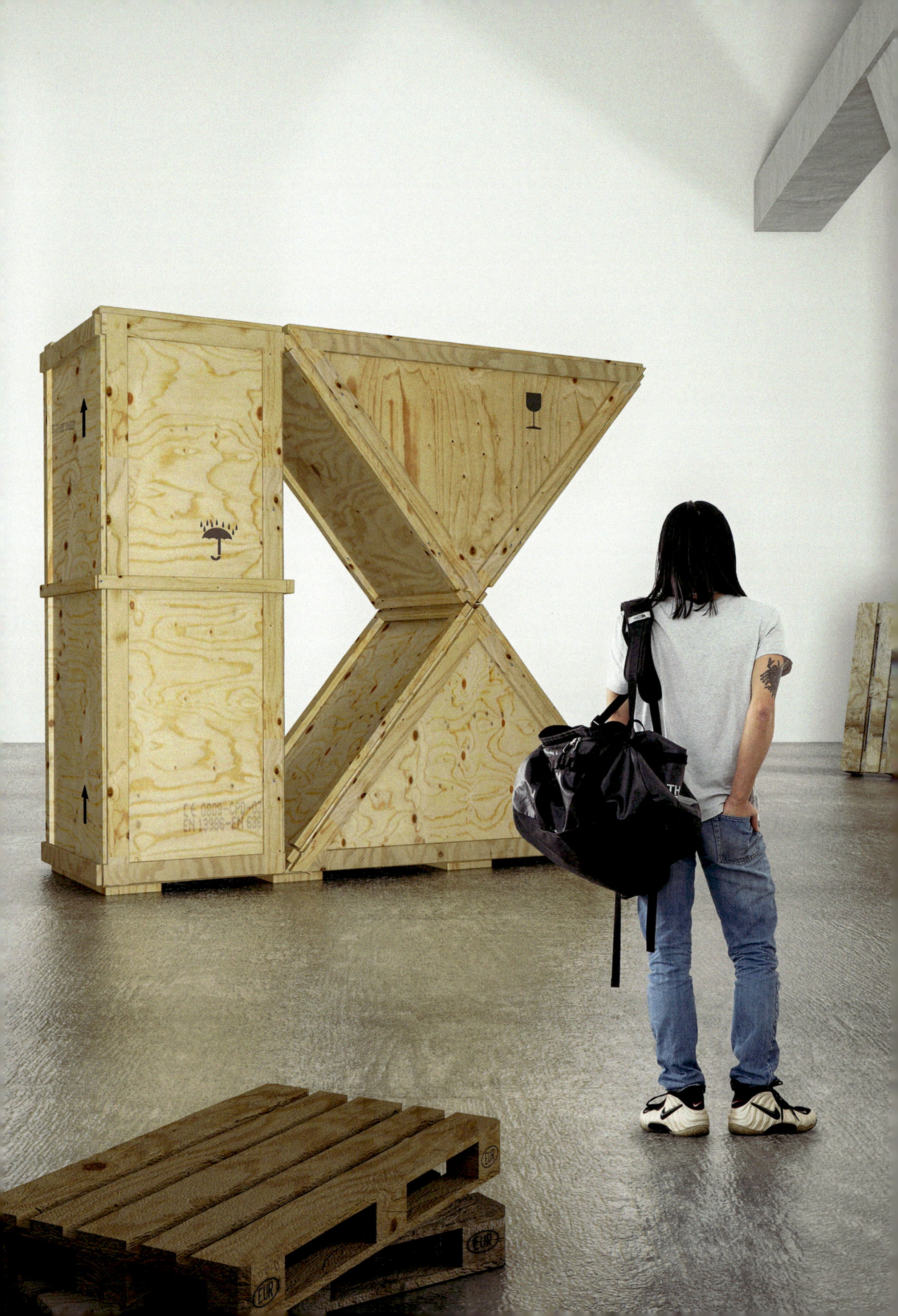
EUR
EUR
EUR

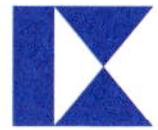

Eine unvollständige Teilnehmerliste

An Incomplete List of Participants

69, Antoni Abad, Mohammad Abu Hajar, Halil Altındere, Saud Al-Zaid, ANGEL-HO, Ei Arakawa, Korakrit Arunanondchai/Alex Gvojic, atelier le balto, Armen Avanessian/ Alexander Martos, åyr, Math Bass, Will Benedict, Anna-Sophie Berger, Burkhard Beschow/Anne Fellner, Dan Bodan, Lizzi Bougatsos/Brian Degraw, Max Brand, Dora Budor, Rare Candy, Asger Carlsen, Julien Ceccaldi, Centre for Style, Susan Cianciolo, Brody Condon, Elysia Crampton, CUSS Group, Kathleen Daniel, Debora Delmar Corp., Simon Denny, DIS, Zackary Drucker, Simon Dybbroe Møller, Casey Jane Ellison, Roe Ethridge, Cécile B. Evans, FAKA, Nicolás Fernández, Lizzie Fitch/Ryan Trecartin, Oleg Fonaryov, Daniel Fujiwara, Simon Fujiwara, Avena Gallagher, Dora García, GCC, Isa Genzken, Sabine Gottfried, Boris Groys, GUAN Xiao, Calla Henkel/Max Pitegoff, Camille Henrot, Yngve Holen, Tilman Hornig, Rob Horning, Juliana Huxtable, Andrés Jaque, Alexa Karolinski/Ingo Niermann, Kelela, Daniel Keller, Josh Kline, Korpys/ Löffler, Nik Kosmas, Chris Kraus, Christopher Kulendran Thomas, M/L Artspace, Megan Mace, Chus Martínez, Samuel Adrian Massey, Shawn Maximo, Bjarne Melgaard, Meredith Meredith, Miss DeSe Escobar, Sean Monahan, Lesley Moon, Zanele Muholi, Marlie Mul, N.A.A.F.I, New Scenario, Nguzunguzu, Jason Nocito, Katja Novitskova, NTU, Itziar Okariz, Liam Osborne, Trevor Paglen/Jacob Appelbaum, H.B. Peace, Juan Sebastián Peláez, Joshua Petherick, Physical Therapy, Adrian Piper, Alexandra Pirici, Dan Poston, Josephine Pryde, Puppies Puppies, Fatima Al Qadiri, Babak Radboy, Johannes Paul Raether, Jon Rafman, Sean Raspet, Sabine Reitmaier, Torbjørn Rodland, Dieter Roelstraete, Christopher Roth, SADAF, Lin May Saeed, Eirik Sæther, Carles Santos, Jacolby Satterwhite, Emily Segal, Timur Si-Qin, Akeem Smith, Michelle Sommer, Natasha Stagg, Lucie Stahl, Daniel Steegmann Mangrané, Hito Steyerl, Stefan Tcherepnin, Analisa Bienvenida Teachworth, TELFAR, Total Freedom, Wu Tsang, Anna Uddenberg, Amalia Ulman, Stewart Uoo, Villa Design Group, Anne de Vries, McKenzie Wark, Nick Weiss, Why Be, Helga Wretman und andere and more

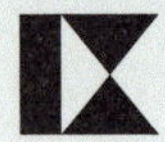

Grußwort
Welcome

MONIKA GRÜTTERS

„Berlin ist mehr ein Weltteil als eine Stadt", war sich der Schriftsteller Jean Paul schon vor 200 Jahren sicher. Für kulturelle Superlative jedenfalls wird die deutsche Hauptstadt, die bekanntlich mehr Museen als Regentage hat, gelobt und geliebt. Zum vitalen und vielfältigen Berliner Kulturleben gehört auch die Berlin Biennale für zeitgenössische Kunst. Ihre Veranstaltungsorte entlang einer Hauptschlagader der Stadt, vom Scheunenviertel über den Boulevard Unter den Linden bis zum Pariser Platz, berühren und verbinden Zentren der Kunst, des Kommerzes und der Politik – eine beliebte Flaniermeile nicht zuletzt für die große Zahl internationaler Gäste. Internationalität garantiert zur Zeit der Berlin Biennale auch das kuratorische Team aus New York mit Lauren Boyle, Solomon Chase, Marco Roso und David Toro. Sie haben angekündigt, sich bei ihrer Arbeit „von einer radikalen Aufgeschlossenheit für das Hier und Jetzt" leiten zu lassen.

Für diese Absicht ist Berlins Mitte sicherlich weltweit eine der interessantesten Bühnen und die Kunst der beste Seismograph. In der Auseinandersetzung mit den Krisen und Fragen, die die Menschen in unserem Land, in Europa und weltweit gegenwärtig umtreiben, will die 9. Berlin Biennale keine Wahrheiten, keine verbindlichen Antworten und einfachen Lösungen verkünden, sondern eine Plattform sein „für Kollaborationen, Ideen, Katastrophen und Extreme", die die zahlreichen Künstlerinnen und Künstler entwickeln. Die vielfältigen Textbeiträge der Autorinnen und Autoren in dieser Publikation ergänzen die Präsentationen zu einem eindrucksvollen Laboratorium, dem ich die Aufmerksamkeit vieler Besucherinnen und Besucher wünsche.

Prof. Monika Grütters MdB
Staatsministerin für Kultur und Medien

"Berlin is more a part of the world than a city," affirmed the writer Jean Paul two centuries ago. Germany's capital, known for having more museums than rainy days, is today certainly loved and lauded for its cultural superlatives. And the 9th Berlin Biennale for Contemporary Art contributes to the city's vibrant and diverse cultural life. Addressing and connecting centers of art, commerce, and politics, its venues along the city's principle arteries, from the Scheunenviertel neighborhood to the Unter den Linden boulevard to Pariser Platz, mark an itinerary popular with large numbers of international guests. During the 9th Berlin Biennale, this internationality will also be guaranteed by the curatorial team from New York, consisting of Lauren Boyle, Solomon Chase, Marco Roso, and David Toro, who have announced their approach as guided by "a radical receptivity to the present."

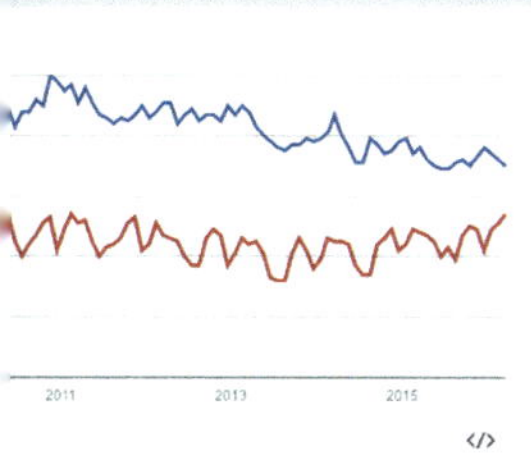

The center of Berlin is surely one of the most interesting locations for such an undertaking, and art the best seismograph. In discussions about the crises and issues currently faced by people in Germany, in Europe, and around the world, the 9th Berlin Biennale does not wish to proclaim truths, hard and fast answers, or simple solutions, but to provide a platform "for collaboration, ideas, catastrophes, and extremes," as developed by the many participating artists. The various texts in this publication supplement the Berlin Biennale's presentations, adding up to an impressive laboratory of ideas that I hope will draw the attention of many visitors.

Prof. Monika Grütters MdB
Minister of State for Culture and the Media

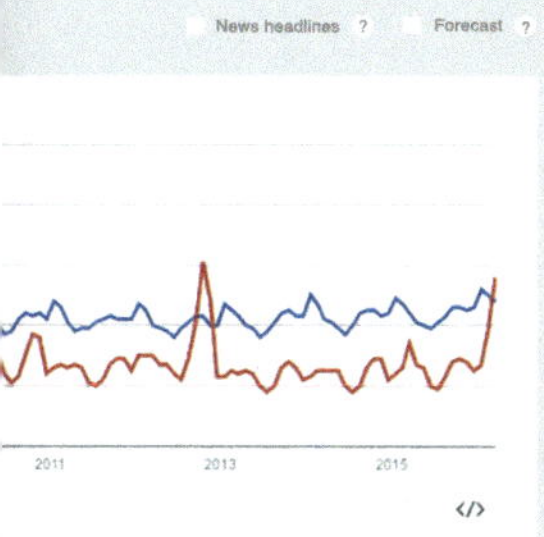

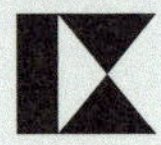

Geleitwort

Preface

HORTENSIA VÖLCKERS
ALEXANDER FARENHOLTZ

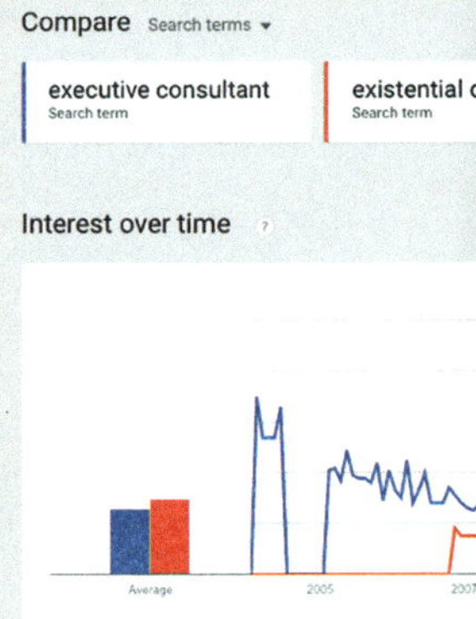

KW – die Spree – das ehemalige Staatsratsgebäude der DDR – Pariser Platz mit Adlon, AdK, Quadriga, Dunkin' Donuts – diese 9. Berlin Biennale für zeitgenössische Kunst nehmen DIS in die Hand – als *friendly takeover* des Kuratorenteams rund um das webbasierte New Yorker *DIS Magazine:* Lauren Boyle, Solomon Chase, Marco Roso und David Toro. Gemeinsam sind sie Experten dafür, kein Expertentum behaupten zu wollen. Sie sind nicht in der Kunst, nicht in der Kritik, nicht im Kommerz verankert. Sie sind Agenten des Übergangs zwischen Popkultur, Mode, Film, Kunst, Webdesign, Kritik, Urheberrecht, Literatur. So gelassen wie Zeigefinger über Smartphone-Oberflächen gleiten, um Ort für Ort, Bild für Bild, Site für Site neue Wirklichkeiten aufzurufen, zeigt uns diese Berlin Biennale, wie das heutige Berlin vom Big Apple aus wirkt: eine globale Metropole, nervös, technikaffin, bevölkert von Touristen, vielsprachig, verliebt in Aufbrüche, ein Magnet für Start-up-Pioniere, eine Stadt im Trend, mit zahlreichen Kunstorten in allen Bezirken, mit wachsenden Einwohner- und steigenden Übernachtungszahlen.

Mag sein: Bei dieser Berlin Biennale im Jahr 2016 wirkt die Anziehungskraft Berliner Brachen wie verflogen, ist die Rekonstruktion des Historischen nicht länger ein Leitmotiv. Dafür buchstabiert diese Berlin Biennale aus, welche Interventionschancen und Spielräume der zeitgenössischen Kunst und Kultur zu Gebote stehen und mit welchem Einfallsreichtum sie auf die Extreme der spätkapitalistischen Moderne zu reagieren vermögen – auf die Komplexität globaler Verflechtungen, das akute Tempo der Kommunikation, die permanente Überlagerung des Virtuellen mit dem

Realen, den Primat des Ökonomischen, das Diktat der Selbstoptimierung – die Reihe an Themen ließe sich fortsetzen. Und keine Setzung bleibt stabil. Im Präfix „dis" zum Magazinnamen des diesjährigen Kuratorenteams klingt mit dem Bedeuteten immer auch sein Gegenteil an – *dis-illusioned, dis-respect, dis-taste.* Auf diese Kippfigur wird sich das Publikum der Berlin Biennale einlassen müssen. Das Spiel ist Ernst. Das Echte inszeniert. Das augenzwinkernde Event in der Kunst wirkt wie ein Disput über eine Gegenwart, der sie nicht entkommen kann. „Wir interessieren uns für Oberflächen", haben die DIS-Kuratoren in einem Interview bekannt – besonders aber für „tiefe Oberflächen". Was was ist, darüber muss das Berlin-Biennale-Publikum entscheiden. Gewissheiten sind nicht zu erwarten. Aber die Suche lohnt.

Die Kulturstiftung des Bundes dankt allen Künstlerinnen und Künstlern, dem Ausstellungsteam der KW Institute for Contemporary Art unter Leitung von Gabriele Horn, insbesondere Lauren Boyle, Solomon Chase, Marco Roso, David Toro und allen Mitwirkenden im Team dieser 9. Berlin Biennale, der wir einen großen Erfolg und ein begeistertes Publikum wünschen.

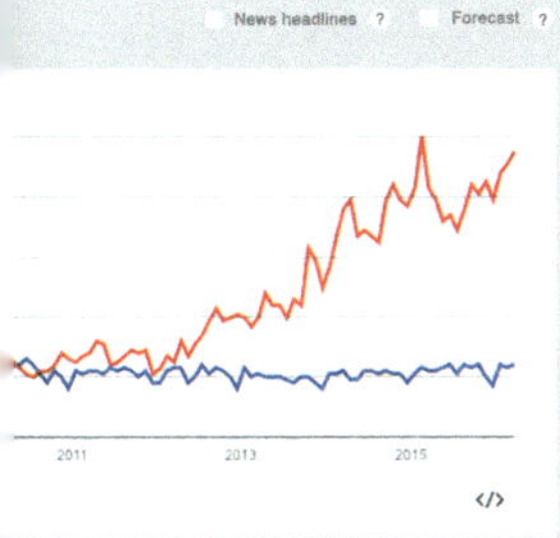

Hortensia Völckers
Vorstand/Künstlerische Direktorin, Kulturstiftung des Bundes

Alexander Farenholtz
Vorstand/Verwaltungsdirektor, Kulturstiftung des Bundes

KW Institute for Contemporary Art; the River Spree; the former East German State Council Building; Pariser Platz (the site of Hotel Adlon, Akademie der Künste, Brandenburg Gate, Dunkin' Donuts) — this 9th Berlin Biennale for Contemporary Art is being run as a friendly takeover by a curatorial team from New York online *DIS Magazine*: Lauren Boyle, Solomon Chase, Marco Roso, and David Toro. Collectively, they are experts in not wishing to claim expertise. They are not rooted in art, criticism, or commerce. They are agents operating at the intersection of pop culture, fashion, film, art, web design, criticism, copyright, and literature. As casually as an index finger gliding across a touchscreen to summon up new realities, place by place, picture by picture, site by site, this Berlin Biennale shows us what today's Berlin looks like as viewed from the Big Apple: a global metropolis, nervous, tech-savvy, populated by tourists, polyglot, in love with new beginnings, a magnet for start-up pioneers, a city in vogue, boasting many art locations in all of its districts, with growing numbers of inhabitants and hotel bookings.

The appeal of Berlin's empty spaces may have evaporated, and historical reconstruction may no longer be a leitmotiv—but this year's Berlin Biennale spells out the opportunities and scope for intervention currently available to contemporary art and culture, and showcases the resourcefulness with which they are capable of responding to the extremes of late-capitalist modernism: the complexity of global interrelations, the rapidity of communications, the permanent overlapping of the virtual and the real, the primacy of economics, the dictates of self-optimization—the list could go on and on. And no there are no stable positions. The prefix associated with the magazine run by this year's curators always suggests the opposite of anything said: dis-illusioned, dis-respect, dis-taste. The audience at this year's Berlin Biennale will have to engage with this ambivalence. Play is serious. Reality is staged. With a certain tongue-in-cheek, this event in the world of art comes across as a dispute over a present from which there is no escape. "We are interested in surfaces," the curators of DIS stated in an interview—but most especially in "deep surfaces." What is for the Berlin Biennale audience to decide. Certainties are not to be expected. But the search will be worthwhile.

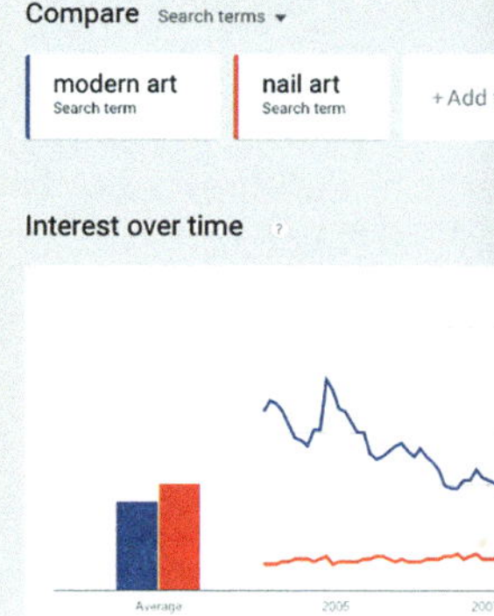

The German Federal Cultural Foundation would like to thank all participating artists, the exhibition team at KW Institute for Contemporary Art directed by Gabriele Horn, in particular Lauren Boyle, Solomon Chase, Marco Roso, David Toro, and all members of the team involved in organizing this 9th Berlin Biennale. We wish the event every success and enthusiastic audiences.

Hortensia Völckers
Executive Board/Artistic Director, German Federal Cultural Foundation

Alexander Farenholtz
Executive Board/Administrative Director, German Federal Cultural Foundation

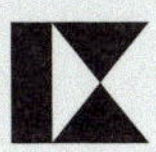

Berlin/Berlin

KLAUS BIESENBACH

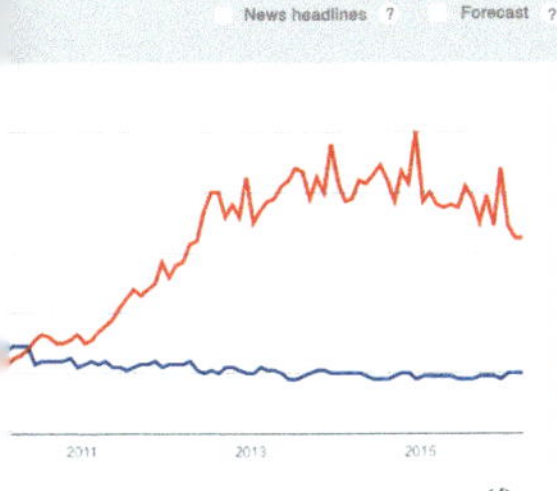

1992. Zwei Jahre nach der Gründung von dem, was jetzt die KW Institute for Contemporary Art sind, war die ganze Auguststraße ein Ort für zeitgenössische Kunst. 37 Kuratorinnen und Kuratoren organisierten 37 Ausstellungsräume. Sie bespielten eine Schule, eine Kirche, Keller, Dachgeschosse, leerstehende Ladenlokale, Wohnungen und, und, und. 37 KuratorInnen luden mehr als hundert KünstlerInnen zu einer Übersicht zeitgenössischer Kunst und kuratorischer Praxis in Berlin ein.

1995 reiste eine Gruppe von KünstlerInnen und KuratorInnen zur Biennale di Venezia und organisierte den 72-Stunden-Performance-Marathon *Club Berlin*. Musik, Performances, Videos, Filmprojektionen und eine Konferenz zum Novum des Internets (woraus die Mailingliste Nettime entstand) fanden in einem verlassenen Opernhaus parallel zu den Eröffnungstagen der Biennale di Venezia statt. Die Idee, eine Berlin Biennale zu gründen, wurde geboren.

1997. Der Versuch, das Internet als sozialen Raum für Performances und Diskurse zu bauen, der *Hybrid WorkSpace* der documenta X in Kassel, wurde wie ein Vorspiel für die 1. Berlin Biennale für zeitgenössische Kunst, die 1998 in Berlin in den KW, im Postfuhramt, in der Akademie der Künste – und mit einem riesigen Kongress im Haus der Kulturen der Welt, dem *Kongress 3000* – eröffnete.

Achtzehn Jahre später, neun Ausgaben weiter, organisiert das Künstlerkollektiv DIS die Berlin Biennale. 1995 und 1997, als die Berlin Biennale noch in den Kinderschuhen steckte, war das Internet ein exotisches Novum. Heute ist eine ganze Generation

von KünstlerInnen herangewachsen, die nie ohne das Internet gedacht, praktiziert, geformt, fotografiert, gefilmt hat. DIS eröffnet der Berlin Biennale eine neue Perspektive, und ich bin dankbar, dass mit dieser Berlin Biennale die Geschichte der zeitgenössischen Kunst in Berlin ein weiteres Kapitel findet. In der Auguststraße, in der Feuerle Collection und wieder in der Akademie der Künste, im ehemaligen DDR-Staatsratsgebäude, das heute die ESMT European School of Management and Technology beherbergt, und auf einem Fahrgastschiff auf der Spree werden herausfordernde Projektionen aus der internationalen, experimentellen Kunst mit der Stadt Berlin in Dialog gebracht und stellen sich einem breiten Publikum.

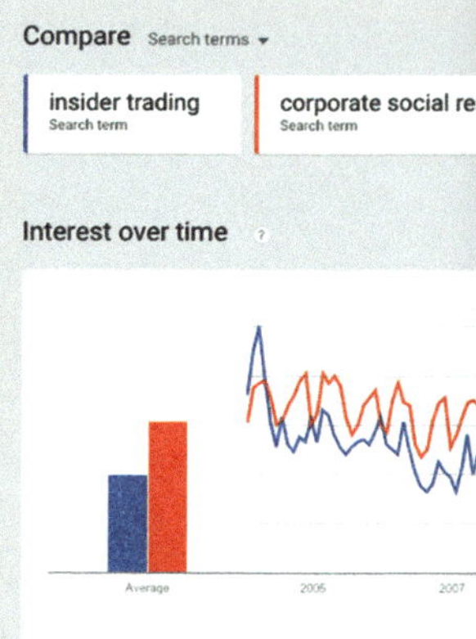

Ich möchte allen KünstlerInnen, den KuratorInnen, dem Team der Berlin Biennale und allen UnterstützerInnen herzlich danken, dass zwanzig Jahre, nachdem 1996 die Berlin Biennale mit dem ehemaligen Vorstandsvorsitzenden und maßgeblichen Unterstützer Eberhard Mayntz und mit der Sammlerin Erika Hoffmann, um nur zwei bedeutende MitbegründerInnen zu nennen, ins Leben gerufen wurde, sie immer wieder das *cutting edge* künstlerischer Produktion definiert.

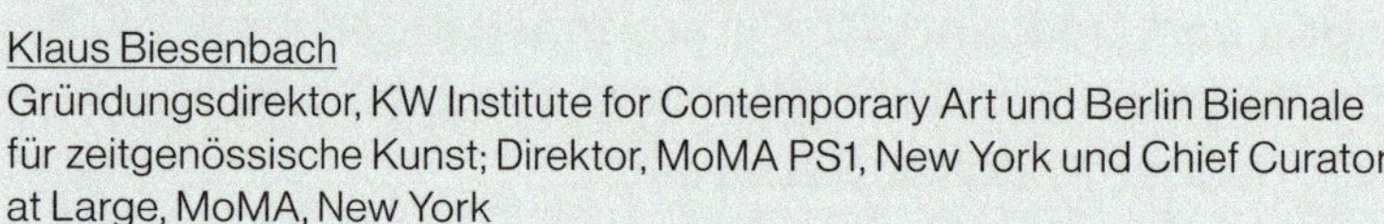

Klaus Biesenbach
Gründungsdirektor, KW Institute for Contemporary Art und Berlin Biennale für zeitgenössische Kunst; Direktor, MoMA PS1, New York und Chief Curator at Large, MoMA, New York

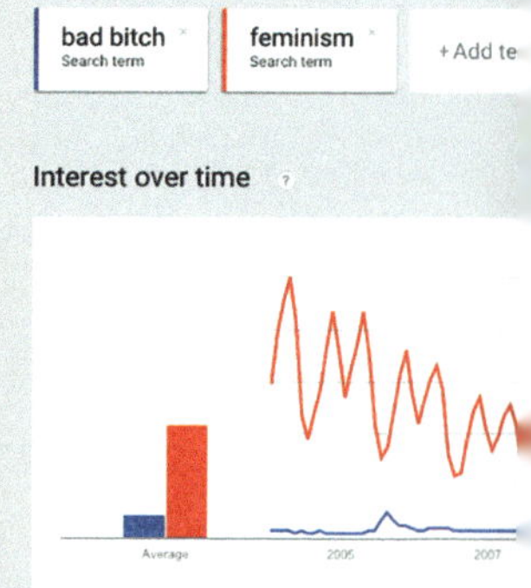

In 1992, two years after the founding of what is now KW Institute for Contemporary Art, the entire Auguststraße became a focal point of contemporary art. 37 curators organized 37 exhibition rooms: spaces including a school, a church, basements, attics, empty storefronts, apartments, etc. More than one hundred artists were invited by 37 curators to participate in an overview of contemporary art and curatorial practice in Berlin.

In 1995 a group of artists and curators travelled to the Venice Biennale and organized the 72-hour marathon performance space *Club Berlin*. Music, performances, videos, film screenings, and a conference on the novelty of the internet (giving rise to the Nettime mailing list) took place in an abandoned opera house during the opening days of the Venice Biennale. The idea of founding a Berlin Biennale was born.

In 1997 the *Hybrid WorkSpace* at documenta X in Kassel, an attempt to configure the internet as a physical, social space for performances and discourse, was essentially a trial run for the 1st Berlin Biennale for Contemporary Art, which took place in 1998 in Berlin at KW, Postfuhramt, and the Akademie der Künste, and opened with a huge congress at Haus der Kulturen der Welt, the *Kongress 3000*.

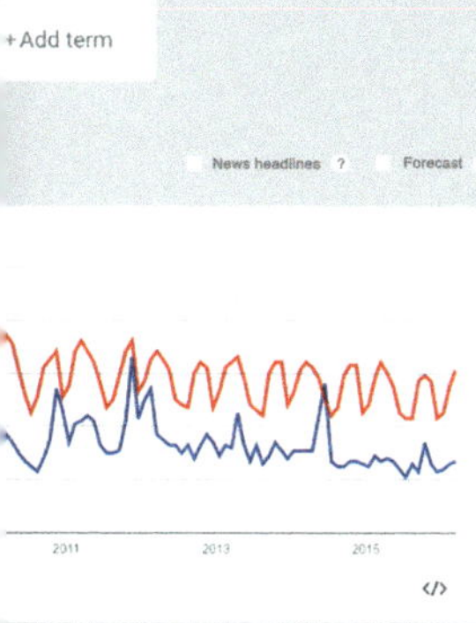

Eighteen years and nine editions later, the art collective DIS is organizing the Berlin Biennale. Whereas in 1995 and 1997, during the event's infancy, the internet was still an exotic innovation, today a whole generation of artists has grown up never having thought, practiced, shaped, photographed, formed, or filmed without it. DIS offers a new perspective for the Berlin Biennale, and I am glad that this year's event will open a new chapter for contemporary art in Berlin. On Auguststraße, at The Feuerle Collection, at the Akademie der Künste (once again), in the former East German State Council Building—now home to the ESMT European School of Management and Technology—and on a passenger ship on the River Spree, challenging works of international experimental art will enter into dialogue with the city of Berlin, engaging with a broad public.

I would like to thank the artists, the curators, the Berlin Biennale team, and all of the event's supporters for making sure that twenty years after its creation in 1996—thanks to the efforts of former Chairman Eberhard Mayntz and collector Erika Hoffmann, just to name two outstanding cofounders—the Berlin Biennale continues to redefine the cutting edge of artistic production.

Klaus Biesenbach
Founding Director, KW Institute for Contemporary Art and Berlin Biennale for Contemporary Art; Director, MoMA PS1, New York and Chief Curator at Large, MoMA, New York

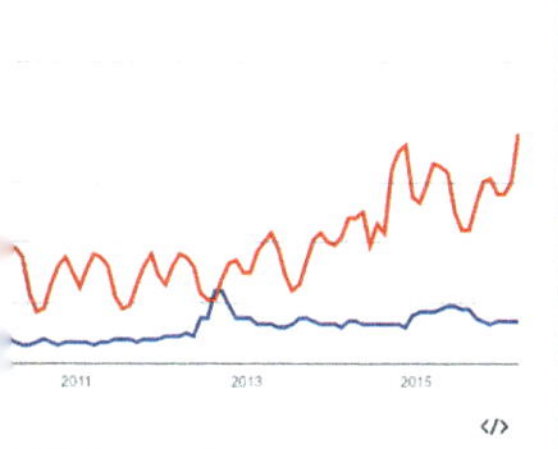

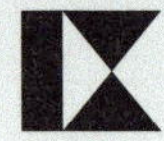

Einleitung
Introduction

GABRIELE HORN

Die Initiierung der Berlin Biennale für zeitgenössische Kunst liegt exakt zwanzig Jahre zurück. Es wird geschätzt, dass in diesem Zeitraum die Umsatzvolumina der weltweit größten Galerien von 10 auf 200 Millionen US-Dollar angestiegen sind. Der spekulativste Sektor ist laut Artprice der der zeitgenössischen Kunst. Die allumfassende Ökonomisierung macht vor der Kunstwelt nicht halt – selbst mit kritischer Distanz, Widerständigkeit, Entlarvung, Protest oder Provokation ist der übermächtigen Umarmung nicht wirklich zu entkommen. Im Gegenteil: Die weitläufig vorherrschenden Attribute des künstlerischen Schaffens – autonom, unabhängig, wahrhaft, kritisch und streitbar, risikofreudig, sperrig, seismographisch sowie auch im Courbet'schen Sinne objektiv wie subjektiv – lassen die Umarmung zu einem demonstrativen Akt der Aufgeklärtheit und Toleranz gegenüber eines Miteinanders von Divergenzen – kurz: zu einer neoliberalen Vereinnahmung, mitunter auch Instrumentalisierung – werden, wie wir sie aus allen anderen Lebensbereichen ebenso kennen.

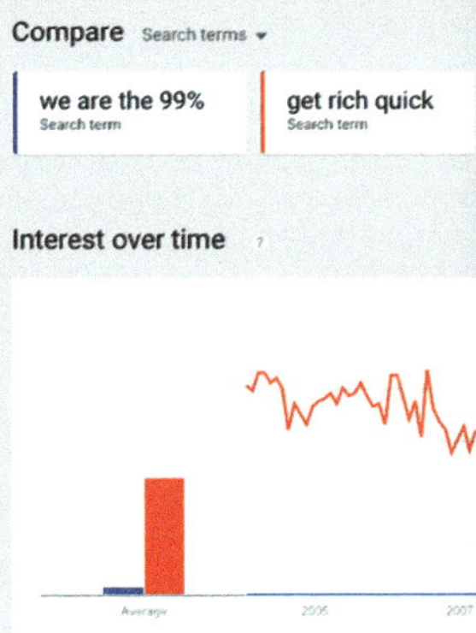

1996 kam auch das erste Smartphone auf den Markt. Die rasante Beschleunigung der Entwicklung neuer Technologien und die Möglichkeiten der globalen Kommunikation haben ihrerseits zur allseits bekannten Bilderflut und Bilderübersättigung und damit gleichsam zu einer Entwertung geführt. Die Wahrhaftigkeit des Bildes ist nicht mehr gegeben, das Vertrauen in das Bild als ein Fenster in die Wirklichkeit, die ohnehin in ihrer Komplexität undurchdringbar erscheint, ist grundlegend erschüttert. In den Wohlstandskulturen ist die Kunst längst im Alltag aufgegangen, Künstlerinnen und Künstler nutzen Werbe- und Warenästhetik, die Konsumkultur und ihre Medien greifen die Ästhetik und die Strategien der Kunst auf, Wahrnehmungsgewohnheiten sind kaum noch erschütterbar, die Unterschiede zwischen hoher Kunst und Kommerz werden fließender. Und nach wie vor steht die Erwartungshaltung im Raum, dass die Kunst kritische Gegenbilder entwerfen kann oder gar soll. Doch gibt es vor dem Hintergrund des Techno-Turbo-Lifestyle-Global-Kapitalismus und der bis in die letzte Privatsphäre dringenden digitalen Vermessung des Menschen noch dieses „Außen", das es braucht, um unabhängig reflektieren und interpretieren zu können? Josephine Berry Slater hat es auf den Punkt gebracht: „Die Moderne und ihr Diktum, Kritik sei möglich, liegt hinter uns."

„Wenn dies die Zukunft ist, was ist die Zukunft?", fragen wir auf der Internetseite der 9. Berlin Biennale, und DIS (Lauren Boyle, Solomon Chase, Marco Roso und David Toro), die im Kollektiv diese Berlin Biennale kuratieren, haben ihr den Titel *The Present in Drag* gegeben. Sie nehmen die Paradoxien, die dem systemischen Wachstumszwang und den Algorithmen der Märkte inhärent sind, als gegeben und entwickeln ihre Haltung, indem sie die Gegenwart und ihre krassen Widersprüche – sozusagen das „Innen" – leben und ausschöpfen: „Statt Vorträge über Ängste abzuhalten, lasst uns die Leute erschrecken. Statt Symposien über die Privatsphäre zu veranstalten, lasst sie uns aufs Spiel setzen."

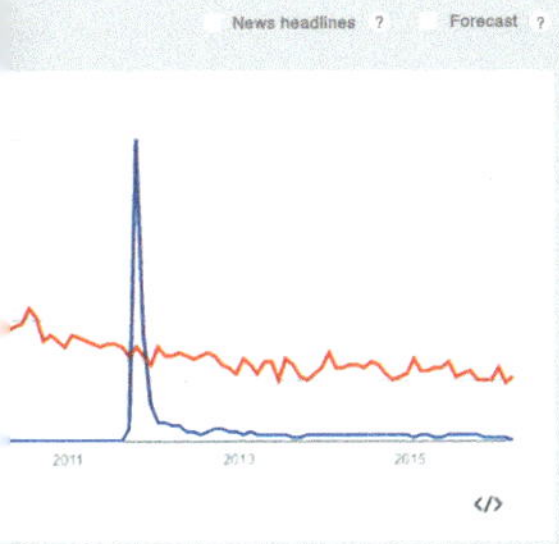

DIS hat KünstlerInnen, Kollektive und Projekte eingeladen, die die Öffnung gegenüber populären Phänomenen selbstverständlich vollziehen, keinen Unterschied zwischen High und Low machen und sich überaus facettenreich und anders mit den Fragen unserer Wirklichkeit auseinandersetzen. Eine veränderte Bildsprache und eine spezifische, überaus vielseitige Arbeitsweise liegt den jeweiligen Arbeiten ebenso zugrunde wie die bewusste Abkehr ihrer ProduzentInnen von einem elitären und erratischen Kunstsystem. Kommerz, Konsumkultur und Trends, Wellness und Happiness, Tourismus und Marketing, Branding und Warenästhetik in der multidimensionalen Gesellschaft sind einige der Themen und Wirkungsfelder, die in den Arbeiten aufgegriffen werden. Fast alle Arbeiten und Projekte dieser Berlin Biennale sind Neuproduktionen, und fast alle beteiligten AkteurInnen bilden ein Netzwerk – keines der großen sozialen Netzwerke, sondern eines, das auf persönlichen Beziehungen, gemeinsamen Haltungen und Sichtweisen, mitunter auf langjähriger persönlicher Freundschaft basiert. Insofern ist diese Berlin Biennale eine einzigartige, temporäre Kollaboration von Wahlverwandten.

Mein großer Dank gilt zuallererst all den Wahlverwandten, den Akteurinnen und Akteuren, die von DIS für diese 9. Berlin Biennale eingeladen wurden und die uns ihre Sicht und Haltung in einer Welt vor dem Hintergrund tiefgreifender technologischer Veränderungen darlegen. Im gleichen Atemzug geht ein ganz großer und herzlicher Dank an DIS – an Lauren Boyle, Solomon Chase, Marco Roso und David Toro –, die diese Berlin Biennale im Kollektiv kuratiert haben und sich ihr mit dem vorhandenen Fundament ihrer eigenen künstlerischen Praxis genähert haben. In dem Miteinander unter Kolleginnen und Kollegen entwickelt sich eine spezifische, besondere Energie und Dynamik. Diese Dynamik und Energie haben das gesamte Team der 9. Berlin Biennale bereichert und beflügelt. In den zurückliegenden zwei Jahren hat ein hoch motiviertes, kompetentes und engagiertes Team DIS in allen Phasen einer solchen Vorbereitungszeit unermüdlich, kollegial und immer mit positiver Energie unterstützt und eng an der Seite der beteiligten Künstlerinnen und Künstler für die Umsetzung der Neuproduktionen und an den begleitenden Veranstaltungen gearbeitet. Jedes Teammitglied hat in den unterschiedlichsten Aufgabenfeldern die Realisierung dieser Berlin Biennale möglich gemacht und ihr maßgeblich zum Erfolg verholfen. Meine Verbundenheit und mein Respekt sind an dieser Stelle kaum in Worte zu fassen. Wie so oft: ein millionenfaches Dankeschön!

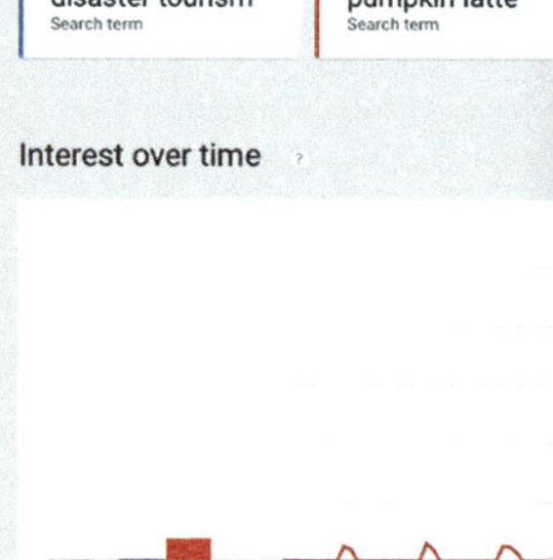

Zu den vorbereitenden Arbeiten des Teams gesellen sich in der Realisierungsphase die vielen helfenden Hände und das unglaubliche Wissen der unterschiedlichen Aufbauteams sowie die unermüdlichen MedienexpertInnen und TechnikerInnen, die den Arbeiten gemeinsam mit den KünstlerInnen vor Ort ihr letztes Erscheinungsbild geben. Stellvertretend und namentlich danke ich für die hervorragende Zusammenarbeit Joachim Abrell, Oliver van den Berg, Sören Reuter, Rolf Schmidt und Matten Vogel.

Die Findungskommission, die uns im August 2014 als Resultat eines intensiven Auswahlprozesses einstimmig DIS als kuratorisches Team der 9. Berlin Biennale empfohlen hat, war mit dieser Entscheidung zukunftsweisend. Mein Dank gilt Elvira Dyangani Ose (Dozentin, Department of Visual Cultures, Goldsmiths, University of London), Fulya Erdemci (Kuratorin, Istanbul), Susanne Gaensheimer (Direktorin, MMK Museum für Moderne Kunst Frankfurt am Main), Edi Muka (Kurator, Public Art Agency Sweden, Stockholm), María Inés Rodríguez (Direktorin, CAPC musée d'art contemporain de Bordeaux), Ali Subotnick (Kuratorin, Hammer Museum, Los Angeles) und Philip Tinari (Direktor, Ullens Center for Contemporary Art, Peking).

Die Suche nach den Orten der diesjährigen Berlin Biennale gestaltete sich nicht einfach. Leere Gebäude sind in Berlin rar geworden. Der Pariser Platz als Ausgangspunkt war DIS von Anfang an ein zentrales Anliegen. Umso mehr hat es uns gefreut, dass der ehemalige Präsident der Akademie der Künste Klaus Staeck und seine Nachfolgerin Jeanine Meerapfel sowie insbesondere der Programmbeauftragte Johannes Odenthal und der Verwaltungsdirektor Manfred Fischer sich dem Gedanken, einen gewichtigen Teil der Berlin Biennale in Räumen der Akademie der Künste stattfinden zu lassen, nicht nur geöffnet, sondern uns mit ihren Kolleginnen und Kollegen vor Ort maßgeblich dabei unterstützt haben. Wir danken sehr herzlich für diese Kooperation.

Als wir den Präsidenten der ESMT European School of Management and Technology, Herrn Professor Jörg Rocholl, im Sommer 2015 mit dem Wunsch kontaktierten, die leer stehenden Räume dieser 2002 von 25 deutschen Unternehmen und Verbänden gegründeten, privaten wissenschaftlichen Hochschule für die 9. Berlin Biennale zu nutzen, hat er sich sofort dafür begeistern können. Ihm und insbesondere Vera Dorsch, Head of Facility Management, die immer wieder Lösungen für unsere mitunter vermessenen Anliegen suchte, sei ganz herzlich für die Gastfreundschaft gedankt.

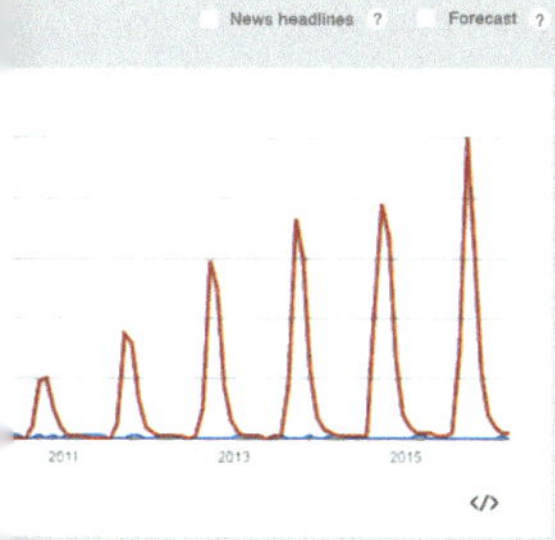

Ebenso offen, zugewandt und herzlich wurden wir von Lutz Freise, einem der beiden Geschäftsführer der Reederei Riedel, empfangen, als wir ihm vorschlugen, ein Fahrgastschiff der Reederei in eine künstlerische Arbeit zu transformieren, um es als solche während der Laufzeit der Berlin Biennale in Betrieb zu halten. Ganz herzlichen Dank an die Reederei Riedel für dieses Entgegenkommen.

Kurz vor der Verzweiflung über einen letzten, fehlenden Ort trafen wir auf Sara Puig und Désiré Feuerle, die gerade dabei waren, die ungewöhnlichen Räumlichkeiten eines ehemaligen Telekommunikationsbunkers am Halleschen Ufer als neuen Standort für ihre Sammlung vorzubereiten. Die gegenseitige Sympathie und das überzeugende Konzept dieser Berlin Biennale führten zu einer Ad-hoc-Hilfe in der Raumnotsituation. Die Feuerle Collection stimmte generös zu, einen Teil der Sammlung gleich nach ihrer eigenen Eröffnung im April noch einmal einzulagern, um eine große, ebenerdige Fläche der Berlin Biennale zur Verfügung zu stellen. Ein Dank an diese neue Sammlung, die Berlin zukünftig bereichern wird.

Seit ihrer vierten Ausgabe wird die Berlin Biennale durch die Kulturstiftung des Bundes nachhaltig mit 2,5 Millionen Euro pro

Ausgabe gefördert. Diese Unterstützung gewährt ihr nicht nur ein überaus hohes Maß an Autonomie, Planungssicherheit und somit ein großes Entwicklungspotenzial, sondern wir wissen damit auch einen starken Partner an unserer Seite. Wir freuen uns, dass ebenso die 10. Berlin Biennale bereits durch diese Förderung gesichert ist – dieses Vertrauen in unsere Arbeit macht uns stolz und glücklich, und wir möchten uns bei den einzelnen Mitgliedern des Stiftungsrates an dieser Stelle ganz herzlich bedanken. Mein großer und überaus verbundener Dank geht darüber hinaus an Hortensia Völckers, Künstlerische Direktorin, und an Alexander Farenholtz, Verwaltungsdirektor der Kulturstiftung des Bundes, für die immer fachkundige, lösungsorientierte und kritisch-fragende Begleitung sowie die anregende und vertrauensvolle Zusammenarbeit. Gemeinsam mit Klaus Biesenbach, Martin Heller, Christine Regus und Axel Wallrabenstein bilden sie den Beirat der Berlin Biennale, dem ich dafür danken möchte, erneut den gesamten Prozess, der einer Berlin Biennale zugrunde liegt, von Anfang bis Ende engagiert und produktiv beraten zu haben.

Erstmals erhalten wir in diesem Jahr eine zusätzliche Förderung durch die Berliner Senatskanzlei – Kulturelle Angelegenheiten, namentlich möchte ich dem Staatssekretär für Kulturelle Angelegenheiten Tim Renner dafür danken. Durch diese Unterstützung sind uns zusätzliche Künstlerproduktionen wie auch ein umfangreiches Veranstaltungsprogramm und die Verlängerung der Berlin Biennale bis in den September 2016 ermöglicht worden.

Seit der 4. Berlin Biennale ist BMW als Corporate Partner an unserer Seite. Besonders bei Thomas Girst und Antonia Ruder bedanke ich mich für diese langjährige und kontinuierliche Zusammenarbeit und Unterstützung.

Ein Projekt wie die Berlin Biennale ist nicht denkbar ohne die finanziellen Mittel, die die internationalen Kulturinstitutionen sowie die Botschaften für Reise-, Transport- und Produktionskosten zur Verfügung stellen – dafür sei allen Verantwortlichen herzlich gedankt.

Insbesondere bei dieser Berlin Biennale waren wir, bedingt durch die überaus hohe Anzahl von Neuproduktionen, auf vielfältige Unterstützung von Stiftungen, Privatpersonen und Galerien angewiesen, denen ich hier nicht im Einzelnen danken kann, da einige Entscheidungen noch ausstehen. Mein Dank geht heute an die UnterstützerInnen, die schon dabei sind, ebenso wie an die, die auf den letzten Metern noch dazukommen.

Meiré und Meiré unter der künstlerischen Leitung von Mike Meiré hat mit großem Enthusiasmus und Engagement das Design

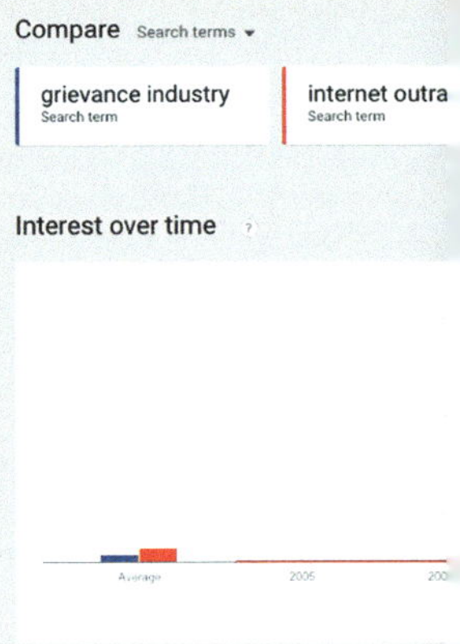

der 9. Berlin Biennale, ihre Website und ihre Printprodukte entwickelt – auch hierfür ein großes Dankeschön.

In Zusammenarbeit mit der Allianz Kulturstiftung, Berlin; BMW, München und dem Institut für Auslandsbeziehungen e. V., Stuttgart sowie dank der freundlichen Unterstützung durch das Institut français ist es uns möglich, in diesem Jahr unter dem Titel *Post-contemporary Art* bereits zum sechsten Mal einen Young Curators Workshop für rund zehn junge internationale Kuratorinnen und Kuratoren durchzuführen. Das Konzept des diesjährigen Workshops verdanken wir Armen Avanessian.

Die KW Freunde engagieren sich seit nunmehr sechs Jahren aktiv bei der Berlin Biennale und unterstützen uns als Gastgeber, Netzwerker, Organisatoren und ebenso finanziell. Dafür bedanke ich mich bei dem gesamten Verein, stellvertretend bei der Vorsitzenden Simone Graebner – außerdem bei Sabine Bärenklau und Wayra Schübel.

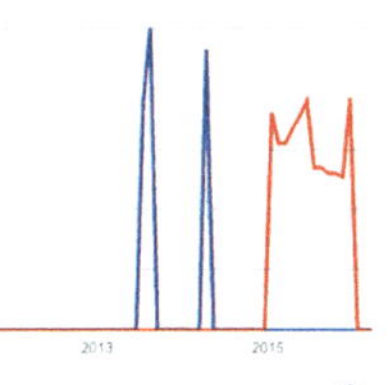

Die Berlin Biennale, 1996 unter anderem von Eberhard Mayntz und Klaus Biesenbach gegründet, ist aus den KW Institute for Contemporary Art hervorgegangen und alle zwei Jahre ein besonderer Höhepunkt unserer Aktivitäten. Dem gesamten Verein der KW, insbesondere dem Vorstand Olafur Eliasson, Martin Heller und Julia Stoschek, gilt mein Dank für ihr Vertrauen in unsere Arbeit, für Rat, Tat und Herzenswärme.

Ich wünsche DIS und allen eingeladenen Akteurinnen und Akteuren dieser Berlin Biennale einen vielbeachteten Aufbruch zu neuen Ufern und einen spannenden Austausch mit den Besucherinnen und Besuchern.

Gabriele Horn
Direktorin, KW Institute for Contemporary Art und Berlin Biennale für zeitgenössische Kunst

The Berlin Biennale for Contemporary Art was launched twenty years ago, in 1996. Over that period, the turnover of the world's largest galleries is estimated to have grown from 10 to 200 million dollars. According to Artprice, the most speculative sector is contemporary art. The phenomenon of economization does not stop at the art world: even with critical distance, resistance, debunking, protest, or provocation, it is hard to escape its overpowering embrace. Just the opposite, the prevailing qualities of artistic activity—as autonomous, independent, genuine, critical and adversarial, risky-friendly, awkward, seismographic, and (in a Courbetian sense) both objective and subjective—are coopted to invert this embrace into a demonstrative act of enlightenment and tolerance, an affirmation of coexistence and diversity. In other words, the same kind of neoliberal instrumentalization that we know from other areas of life is also taking place in art.

The first smartphone was also launched in 1996. Rapid advances in the development of new technologies and the possibilities of global communication have, for their part, brought a flood of images leading to saturation and devaluation. The veracity of the image is no longer a given; trust in pictures as windows onto a reality that seems impenetrably complex has been fundamentally broken. In prosperous societies, art has gradually merged with everyday life: artists use the aesthetics of advertising and product design; consumer culture and its media borrow the aesthetics and strategies of art; shock factor is nearly impossible to achieve; the boundaries between high art and commerce are becoming increasingly fluid. And art is still considered capable of offering critical alternatives, and even expected to do so. But against the backdrop of techno-turbo-lifestyle-global-capitalism and of digital monitoring reaching into the most private areas of life, does the kind of "outside" that is needed for independent reflection and interpretation still exist? Josephine Berry Slater has put it in a nutshell: "Modernism with its claim that criticism is possible is a thing of the past."

"If this is the future, what is the future?" we ask on the website of the 9th Berlin Biennale, and DIS (Lauren Boyle, Solomon Chase, Marco Roso, and David Toro), who are collectively curating this year's event, have titled it *The Present in Drag*. They take the paradoxes inherent to the growth imperative and the algorithms of the market as a given, developing their own position by living and drawing on the present and its stark contradictions—what might be referred to as the "inside": "Instead of holding talks on anxiety, let's make people anxious. Rather than organizing symposia on privacy, let's jeopardize it."

The artists, collectives, and projects invited by DIS have a natural openness to popular phenomena, make no distinction between high and low, and take diverse and different approaches to the issues of our reality. The various works are based on an altered visuality and a different and complex approach, as well as a deliberate rejection of an elitist and erratic art system. Commerce, consumer culture and trends, wellness and happiness, tourism and marketing, branding and product design in a multidimensional society are some of the topics and fields

addressed. Almost all of the works and projects in this Berlin Biennale are new productions, and almost all of those involved form a network—not one of the big social networks but one based on personal relationships, shared attitudes and views, and in some cases longstanding friendship. This year's Berlin Biennale is thus a unique, temporary collaboration of kindred spirits.

First and foremost, I would like to thank the members of this community, those invited by DIS to the 9th Berlin Biennale, who show us their views and positions in the context of a world undergoing profound technological change. In the same breath, a big warm thank you to DIS—Lauren Boyle, Solomon Chase, Marco Roso, and David Toro—who have curated this Berlin Biennale as a collective, approaching the task on the basis of their own artistic practice. Working together as colleagues generates a distinctive energy and dynamic. In our case, this dynamism has enriched and captivated the entire team of the 9th Berlin Biennale. Over the last two years, a highly motivated, competent, and committed group of people has supported DIS in all preparation phases—untiringly, professionally, and with unfailingly positive energy—liaisoning closely with the participating artists on the production of new works and accompanying events. Every member of the team, working in a wide range of fields, has helped make this Berlin Biennale possible and provided a key contribution to its success. It is hard to find the words to fully express my gratitude and respect. As so often before: thanks a million!

In the realization phase, those responsible for preparing the event were joined by many helping hands and the amazing expertise of the various installation teams, as well as the tireless media experts and technicians who worked with the artists to give the works their final appearance in situ. On behalf of everyone, I would specifically like to thank the following individuals by name for being such a pleasure to work with: Joachim Abrell, Oliver van den Berg, Sören Reuter, Rolf Schmidt, and Matten Vogel.

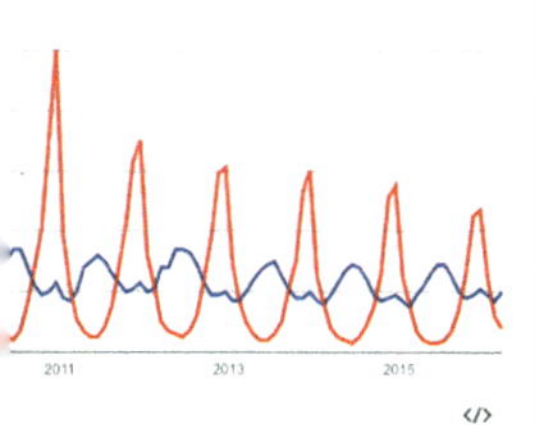

In August 2014, after an intensive selection procedure, the Selection Committee made a forward-looking decision in unanimously recommending DIS as the curatorial team for the 9th Berlin Biennale. Thanks to Elvira Dyangani Ose (Lecturer, Department of Visual Cultures, Goldsmiths, University of London), Fulya Erdemci (Curator, Istanbul), Susanne Gaensheimer (Director, MMK Museum für Moderne Kunst Frankfurt am Main), Edi Muka (Curator, Public Art Agency Sweden, Stockholm), María Inés Rodríguez (Director, CAPC musée d'art contemporain de Bordeaux), Ali Subotnick (Curator, Hammer Museum, Los Angeles), and Philip Tinari (Director, Ullens Center for Contemporary Art, Beijing).

Finding locations for this year's Berlin Biennale was not easy. Empty buildings have become a rarity in Berlin. From the outset, using Pariser Platz as the point of departure was a central concern for DIS. We were therefore all the more pleased that the former President of the Akademie der Künste, Klaus Staeck, and his successor, Jeanine Meerapfel, as well as Director of Programming, Johannes Odenthal, and Director of Administration, Manfred Fischer, were not only open to the idea of hosting a considerable portion of the Berlin Biennale in the rooms of the Akademie der Künste, but were prepared, with their staff, to provide crucial support. We thank them most warmly for being partners to this event.

In the summer of 2015, when we contacted the President of the ESMT European School of Management and Technology, Professor Jörg Rocholl, to ask if the 9th Berlin Biennale might be able to use the vacant premises of this private academy founded in 2002 by twenty-five German businesses and business associations, he was immediately enthusiastic. We are very grateful to him for this hospitality and, in particular, to Vera Dorsch, Head of Facility Management, who always looked for solutions to our sometimes presumptuous demands.

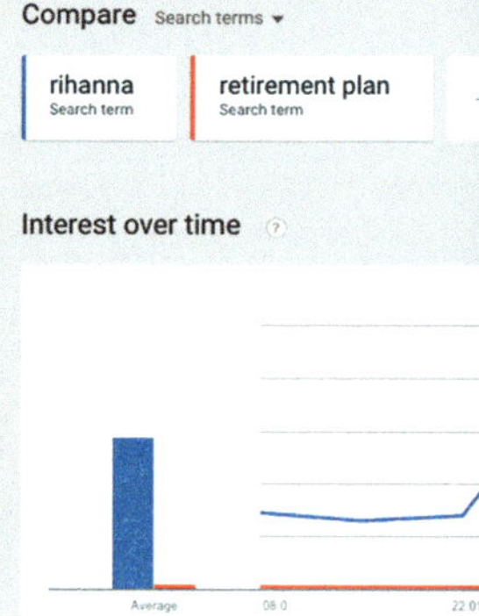

We received a similarly open, sympathetic, and warm welcome from Lutz Freise, one of the two managers of Reederei Riedel, when we proposed transforming one of the company's passenger tour boats into an artwork that would run throughout the Berlin Biennale. We are very grateful to Reederei Riedel for being so accommodating.

Close to despairing in our search for one last location, we met Sara Puig and Désiré Feuerle who were in the process of converting a former telecommunications bunker on Hallesches Ufer into a new home for their collection. A mutual rapport and the persuasive concept of this Berlin Biennale led to an ad hoc solution to our venue problem. The Feuerle Collection generously accepted to put part of its exhibition straight back into storage after their own opening in April in order to make a large ground-floor space available to the Berlin Biennale. Our thanks to this new collection, that will enrich Berlin in the future.

Since the 4th Berlin Biennale, each edition of the event has received 2.5 million euro in funding from the German Federal Cultural Foundation. As well as granting a high degree of autonomy, planning security, and thus potential for development, this subsidy gives us the confidence of knowing that we have a strong partner on our side. We are glad that the funding has already been secured for the 10th Berlin Biennale—this trust in our work makes us proud and happy, and we would like to take this opportunity to thank the individual members of the Board of Trustees. My thanks and appreciation also go to Hortensia Völckers and Alexander Farenholtz, the German Federal Cultural

Foundation's Artistic Director and Administrative Director respectively, for their consistently professional, solution-oriented support and critical questions and for fostering inspiration and trust. With Klaus Biesenbach, Martin Heller, Christine Regus, and Axel Wallrabenstein, they form the Advisory Board of the Berlin Biennale, the members of which I would like to thank, once again, for having provided committed and productive advice through the entire process underlying the Berlin Biennale.

For the first time, we received additional funding this year from Berlin's Senate Chancellery—Cultural Affairs, for which I would like to thank the Permanent Secretary for Cultural Affairs, Tim Renner. With this support, we were able to fund additional artistic productions as well as a sizeable program of events and an extension of the Berlin Biennale into September 2016.

Another constant alliance since the 4th Berlin Biennale is our relationship with BMW as corporate partner. In particular, I would like to thank Thomas Girst and Antonia Ruder for this long-standing and continuous partnership and support.

A project like the Berlin Biennale would be inconceivable without the financial means provided by embassies and international cultural institutions that covers travel and production costs—for which we would like to thank all those responsible.

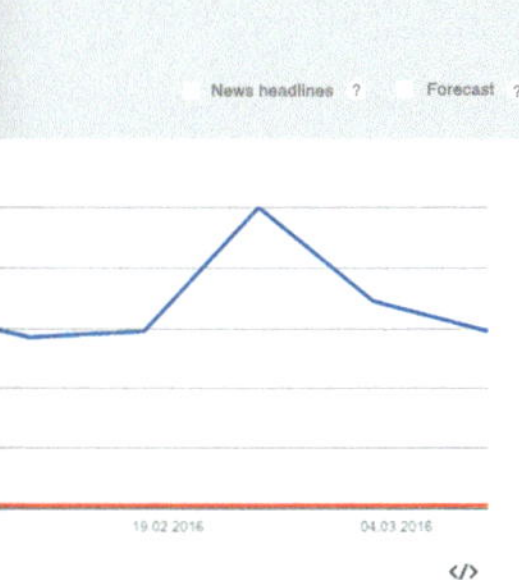

For this Berlin Biennale in particular, on account of the many new productions, we have relied on support from a range of foundations, private individuals, and galleries. I cannot thank them all here in detail, as certain decisions are still pending. Today, however, I would like to express my gratitude to those who are already on board and those who will join us as we reach the finish line.

With great enthusiasm and commitment, Meiré und Meiré, under the artistic direction of Mike Meiré, developed the design for the 9th Berlin Biennale, as well as the website and print products—for this, too, a big thank you.

This year, in partnership with the Allianz Cultural Foundation, Berlin; BMW, Munich; and Institute for Foreign Cultural Relations, ifa, Stuttgart; and with the kind support of the Institut français, we have been able, for the sixth time, to organize a Young Curators Workshop for around ten young international curators, under the title *Post-contemporary Art*. The concept for this year's workshop was devised by Armen Avanessian.

The KW Friends have been an active part of the Berlin Biennale for six years now, supporting us as hosts, networkers, and organizers, as well as providing financial support. I would like to thank the entire society for its commitment, especially the members of the Executive Committee and its Chair, Simone Graebner, who have all worked with us in preparing this Berlin Biennale, and also Sabine Bärenklau and Wayra Schübel.

The Berlin Biennale, founded in 1996 by Eberhard Mayntz, Klaus Biesenbach and others, is a project of KW Institute for Contemporary Art, representing a highlight in our activities every two years. I am grateful to the association of KW, especially to the board members Olafur Eliasson, Martin Heller, and Julia Stoschek, for their confidence in our work, for their advice and active support, and for their cordiality.

I would like to wish DIS and all those they have invited much public attention for this bold new departure, and I hope there will be many interesting exchanges with the visitors of this 9th Berlin Biennale.

Gabriele Horn
Director, KW Institute for Contemporary Art and Berlin Biennale for Contemporary Art

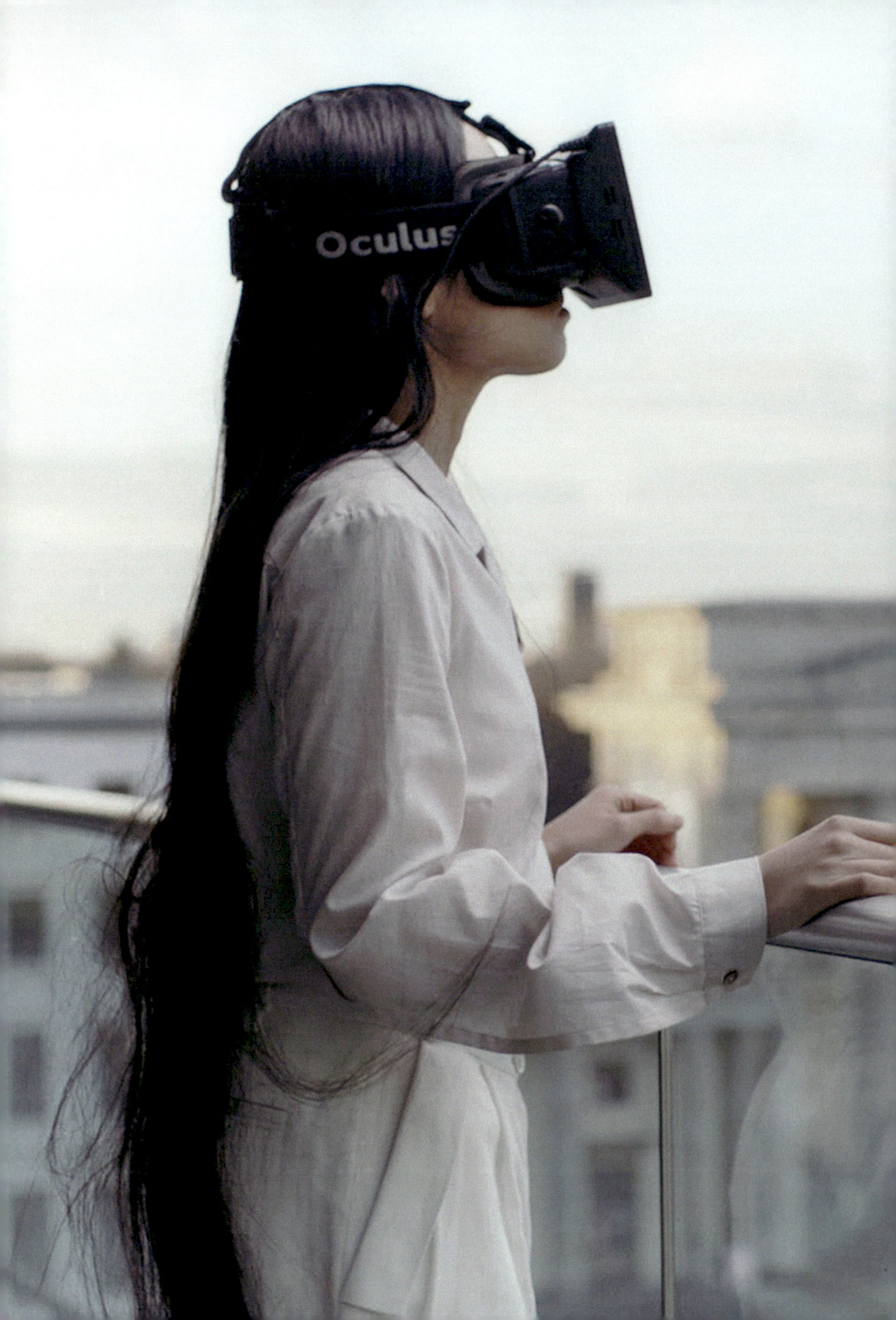
Oculus

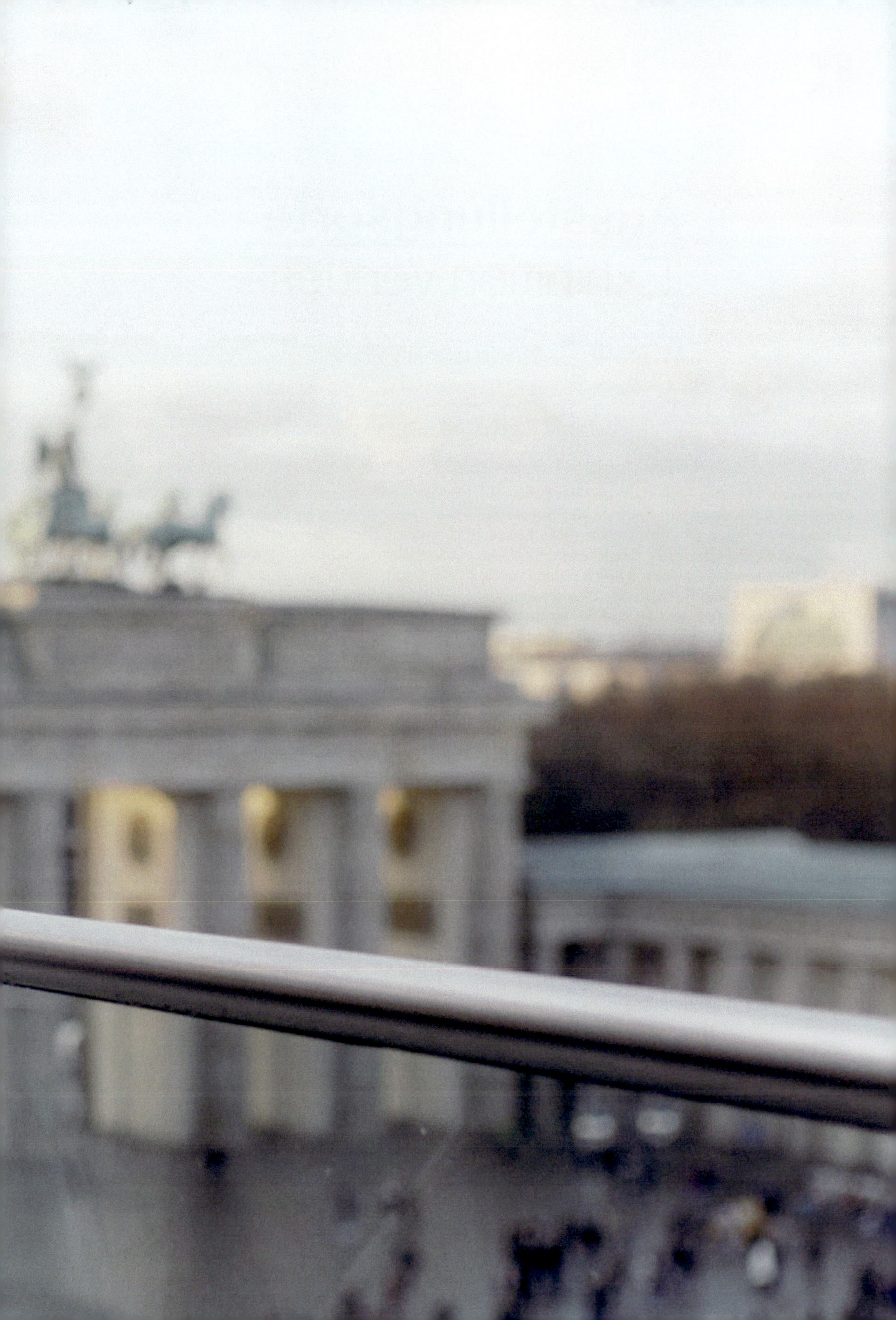

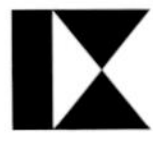

Ausstellungsorte
Exhibition Venues

Berlin ist ein Ort der Projektion und der Fantasie. Die Geschichte der Stadt hängt in der Schwebe, gefangen im Jetzt, wie ihre vereinzelten Fassaden voller Einschusslöcher. Der Knotenpunkt, an dem Touristenströme und Kapital zusammenfließen, ist der Pariser Platz. Das Brandenburger Tor – das Gesicht der Nation und der letzte noch stehende Bau an diesem Platz nach Ende des Zweiten Weltkriegs – ist jetzt umgeben von herumstehenden Geheimdienstlern, Scharfschützen, die sich auf dem Gebäude von Starbucks positionieren, Frischvermählten, die vor rekonstruierten Vorkriegsfassaden posieren, versteckten Glasatrien und vernetzten Machtstrukturen.

Die 9. Berlin Biennale für zeitgenössische Kunst sieht sich nicht in der Position, verlassene Räume zu besetzen und dadurch möglicherweise Gegenden für private Käuferinnen und Käufer zu erschließen; ebenso wenig vermag die Berlin Biennale, die Stadt zu überfluten wie die Kampagne eines neuen Kultproduktes. Die Stadt macht eine Biennale zu dem, was sie ist, aber eine Biennale kehrt auch immer wieder das Bild der Kulturmetropole nach ihrer eigenen Vorstellung um – so geht auch die 9. Berlin Biennale vor. Sie wird dafür an verschiedenen Orten, die immer auch einen Hauch von der „Paradessenz“ (Paradox + Essenz) unserer Zeit verströmen, Gestalt annehmen: in der Akademie der Künste, der ESMT European School of Management and Technology, der Feuerle Collection, in den KW Institute for Contemporary Art und auf dem Fahrgastschiff Blue-Star der Reederei Riedel.

Berlin is a site of projection and fantasy. It is the city of Berlin whose history, like its bullet-ridden façades, exists in the limbo of the now. Pariser Platz is the nexus, where floods of tourists and flows of capital converge. The Brandenburg Gate, the face of the nation and the last standing structure on the site after WWII, is now flanked by loitering secret service agents, snipers looming above Starbucks, newlyweds posed in front of reconstructed pre-war buildings, hidden glass atriums, and networked power formations.

The 9th Berlin Biennale for Contemporary Art is not in a position to occupy abandoned spaces, acting as a would-be primer for private acquisition, yet it is also unable to wash over the city with the cultural force of a new product release. Recasting a relationship in which the city makes the biennial but the biennial also returns to refresh the cultural capital in its image, the 9th Berlin Biennale aims to shape-shift across multiple sites, each one releasing a whiff of contemporary "paradessence" (paradox + essence): the Akademie der Künste, the ESMT European School of Management and Technology, The Feuerle Collection, KW Institute for Contemporary Art, and the Blue-Star sightseeing boat of Reederei Riedel.

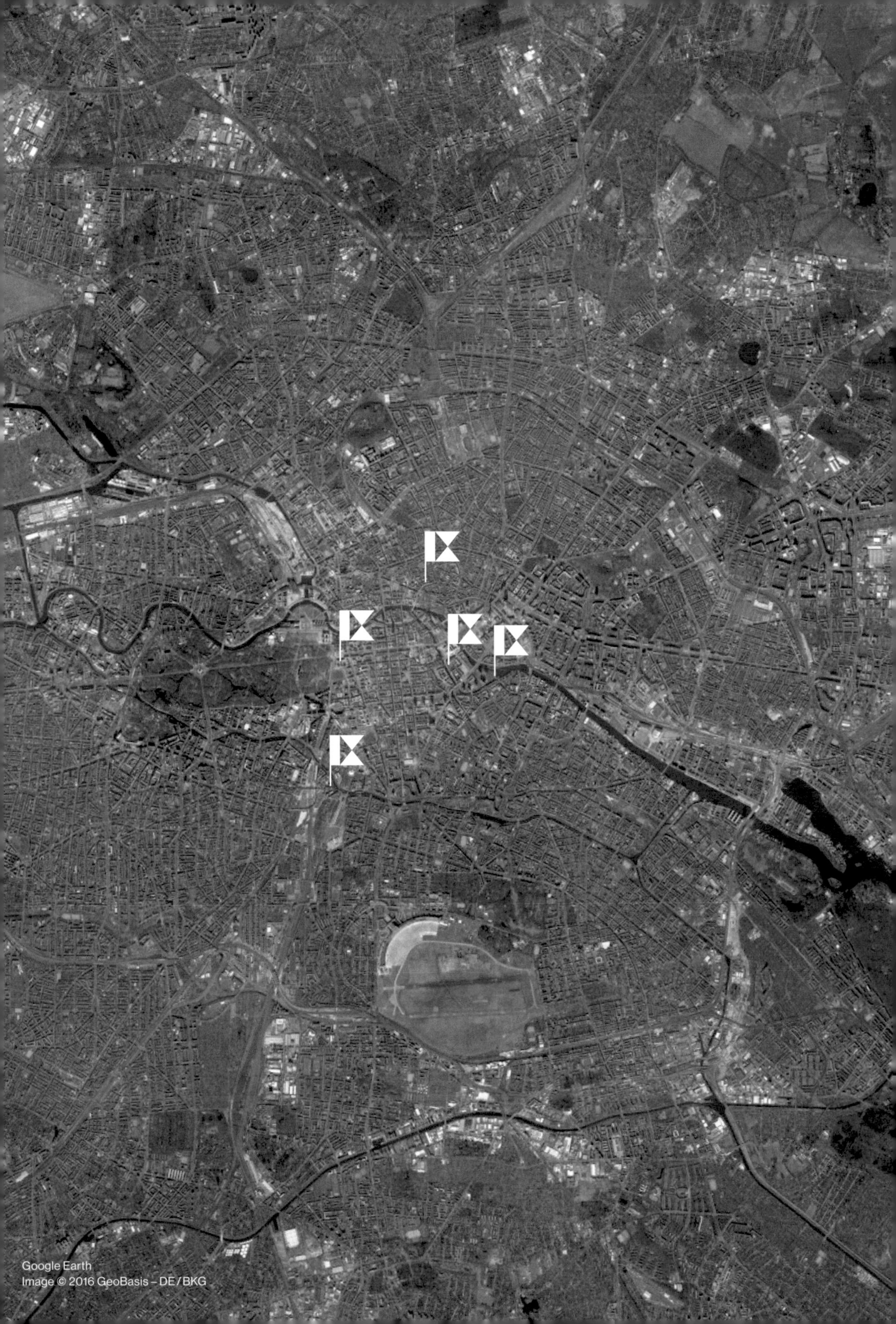
Google Earth
Image © 2016 GeoBasis – DE / BKG

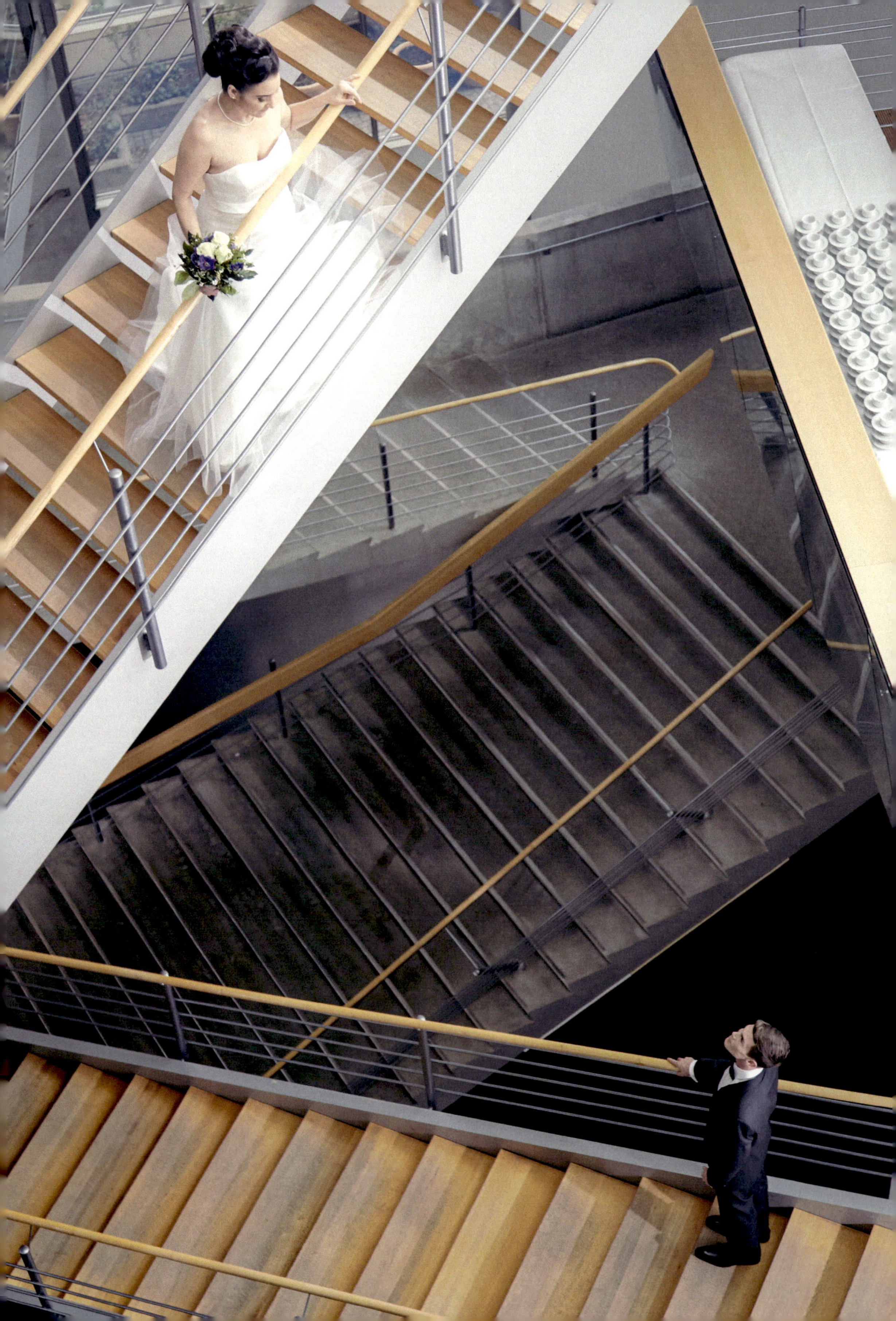

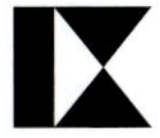

Akademie der Künste

Die Akademie der Künste am Pariser Platz ist eine historische Stätte, die durch eine großzügige Glasarchitektur neu gefasst wurde. In unmittelbarer Nähe zum Regierungsviertel kommen hier die visuellen Codes des Staates exemplarisch zum Ausdruck: nationales Erbe und der Glanz der Transparenz. Die Berlin Biennale wird die verschiedenen Passagen sowie Aufenthalts- und Veranstaltungsräume des Gebäudes besetzen.

The Akademie der Künste on Pariser Platz is a historical site that has been sheathed in a large glass building. In immediate proximity to the government district, it exemplifies the contemporary visual codes of the state: a national legacy with a sheen of transparency. The Berlin Biennale occupies the Akademie's transitory spaces, event spaces, and passageways.

ADK

Antoni Abad
Halil Altındere
Ei Arakawa
in Zusammenarbeit mit in collaboration with Dan Poston, Stefan Tcherepnin
Armen Avanessian/Alexander Martos
in Zusammenarbeit mit in collaboration with Christopher Roth
Will Benedict
Centre for Style
in Zusammenarbeit mit in collaboration with Anna-Sophie Berger, Burkhard Beschow/Anne Fellner, Max Brand, Rare Candy, Susan Cianciolo, Marlie Mul, Liam Osborne, H.B. Peace, Joshua Petherick, Lin May Saeed, Eirik Sæther, Villa Design Group
Brody Condon
Debora Delmar Corp.
Lizzie Fitch/Ryan Trecartin
Simon Fujiwara
Calla Henkel/Max Pitegoff
Nik Kosmas
Christopher Kulendran Thomas
M/L Artspace
Trevor Paglen/Jacob Appelbaum
Adrian Piper
Babak Radboy
Jon Rafman
Timur Si-Qin
Hito Steyerl
TELFAR
Anna Uddenberg

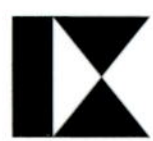

ESMT European School of Management and Technology

Die ESMT European School of Management and Technology, eine private Wirtschaftshochschule, befindet sich im ehemaligen Staatsratsgebäude der DDR. Die sozialistische Vergangenheit des Baus wird überlagert von den aktuellen Codes der globalen Wirtschaft; staatssozialistische Ästhetik wacht über Liveübertragungen des deutschen Aktienindex und über eine hochmoderne Wirtschaftsausbildungseinrichtung für künftige Führungskräfte.

The ESMT European School of Management and Technology, a private business school, is housed in the former building of the *Staatsrat* (State Council) of the GDR. The building's socialist past is overlaid with the contemporary codes of global business; state socialist aesthetics preside over live feeds of the German stock market and state-of-the-art business education facilities for future executives.

ESMT

Simon Denny
GCC
Katja Novitskova

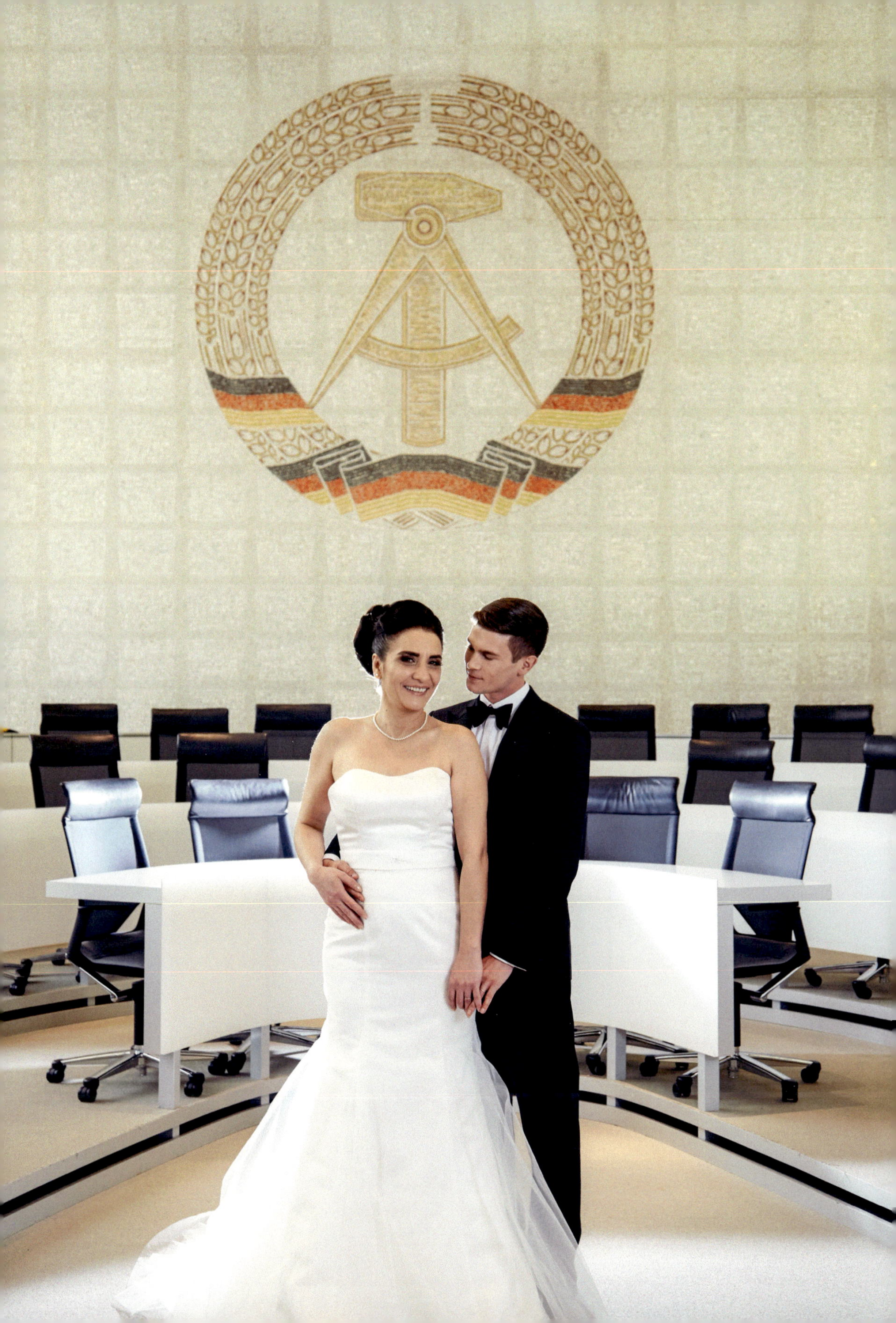

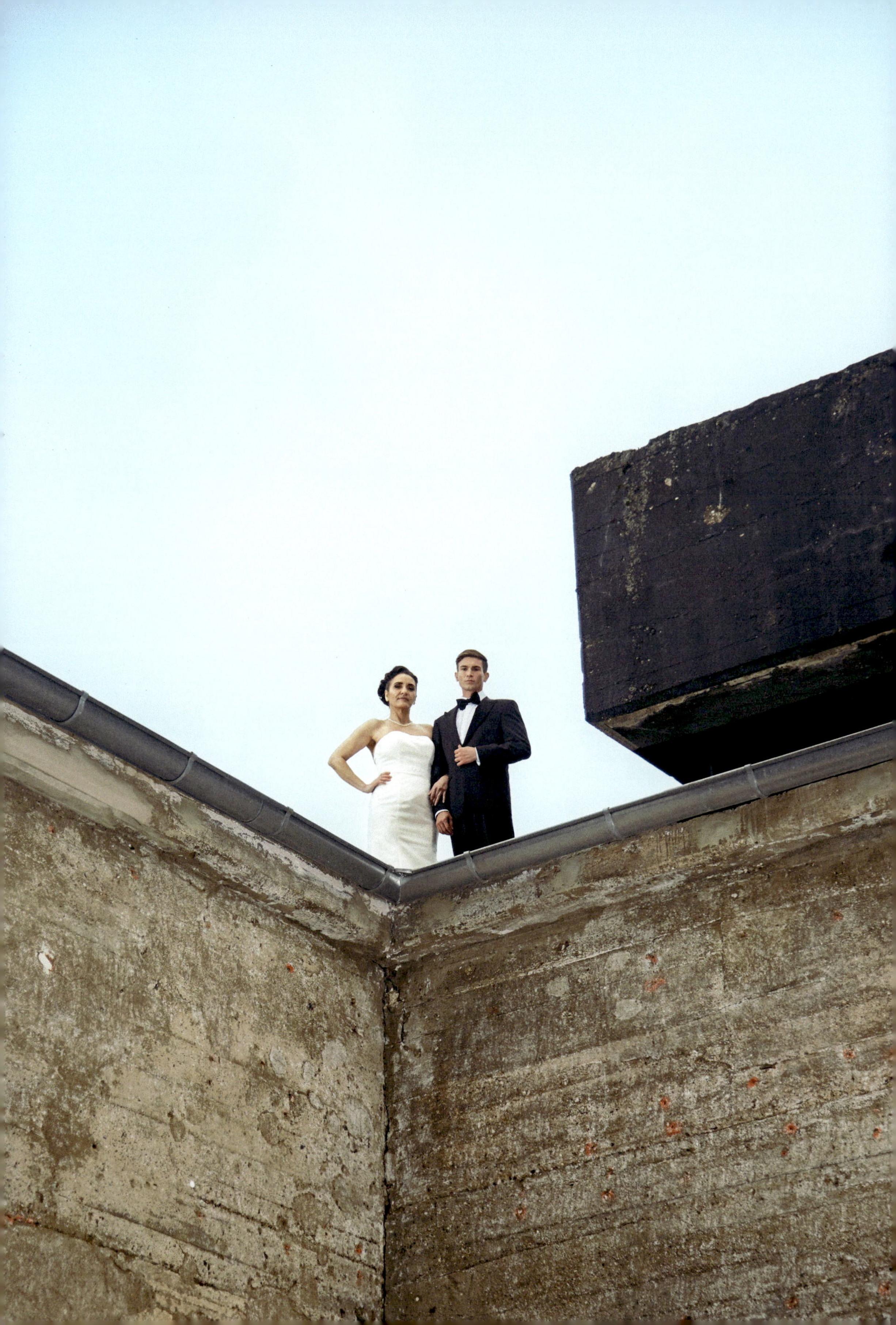

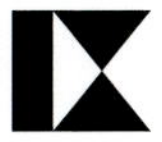

The Feuerle Collection

Am Landwehrkanal in Kreuzberg wird ein ehemaliger Telekommunikationsbunker renoviert und in seiner neu gestalteten Form die Feuerle Collection beherbergen. Als private Sammlung von musealem Ausmaß, die für die Öffentlichkeit zugänglich ist, verdeutlicht der Ort den steten Zulauf von SammlerInnen nach Berlin und die verschiedenen öffentlich-privaten Partnerschaften, die die Kulturwirtschaft der Stadt antreiben.

On the Landwehr Canal in Kreuzberg, a former telecommunications bunker has been refurbished and renewed as the extensive complex of The Feuerle Collection. A private collection of museum scale open to the public, the space marks the steady influx of collectors to Berlin—and the kinds of public-private partnerships driving its cultural economy.

TFC

GUAN Xiao
Yngve Holen
Korpys/Löffler
Josephine Pryde

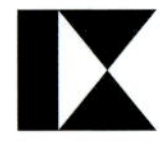

KW Institute for Contemporary Art

Die Räumlichkeiten der KW Institute for Contemporary Art bilden einen Punkt der Kontinuität im Hinblick auf das historische Erbe der Berlin Biennale. Die Umgebung steht für das öffentliche Image eines Berlins der Insider. Die Häuser mit ihren ehemals maroden Fassaden und den exklusiven Interieurs, die Permalancer in den trendigen Cafés sind ein Gegenpart zur öffentlichen Bühne am Pariser Platz.

Online-Projekte
Um das Startzeichen für eine Biennale zu geben, die die Gegenwart behandelt, jedoch nicht in der Lage ist, diese in ihrer Komplexität institutionell zu fassen, ist die Website ein weiterer Schauplatz. Sie ist ein Feed, der sich aus Inhalten innerhalb und außerhalb der 9. Berlin Biennale speist.

The site of KW Institute for Contemporary Art functions as a point of continuity within the historical legacy of the Berlin Biennale. Its neighborhood is the publicized image of Berlin's domestic sphere. Its once dilapidated buildings with luxury interiors and permalancers in boutique cafés are counterposed with the public stage of Pariser Platz.

Online Projects
Signaling a biennial that seeks to act on the present yet is incapable of institutionally housing it, the website is another active venue—a feed for content both in and not in the 9th Berlin Biennale.

KW

69
atelier le balto
åyr
Julien Ceccaldi
CUSS Group
in Zusammenarbeit mit in collaboration with ANGEL-HO, FAKA, Megan Mace, NTU
Cécile B. Evans
Nicolás Fernández
Camille Henrot
Alexa Karolinski/Ingo Niermann
Josh Kline
Shawn Maximo
Juan Sebastián Peláez
Adrian Piper
Alexandra Pirici
Babak Radboy
Lucie Stahl
TELFAR
Wu Tsang
Amalia Ulman
Anne de Vries

WWW

Antoni Abad
Kathleen Daniel
Alexandra Pirici
Puppies Puppies
Babak Radboy
Amalia Ulman

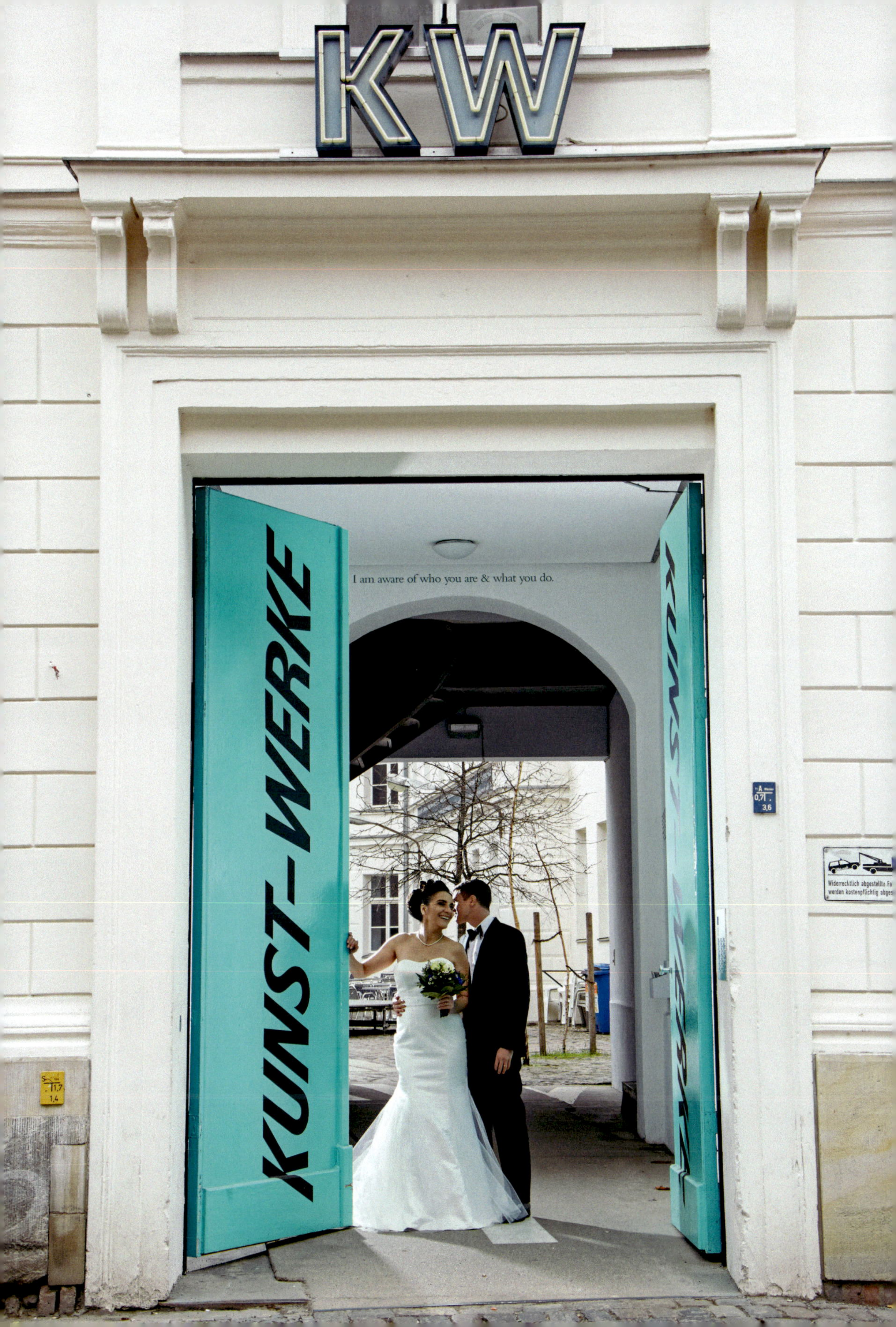
KW
KUNST-WERKE
I am aware of who you are & what you do.

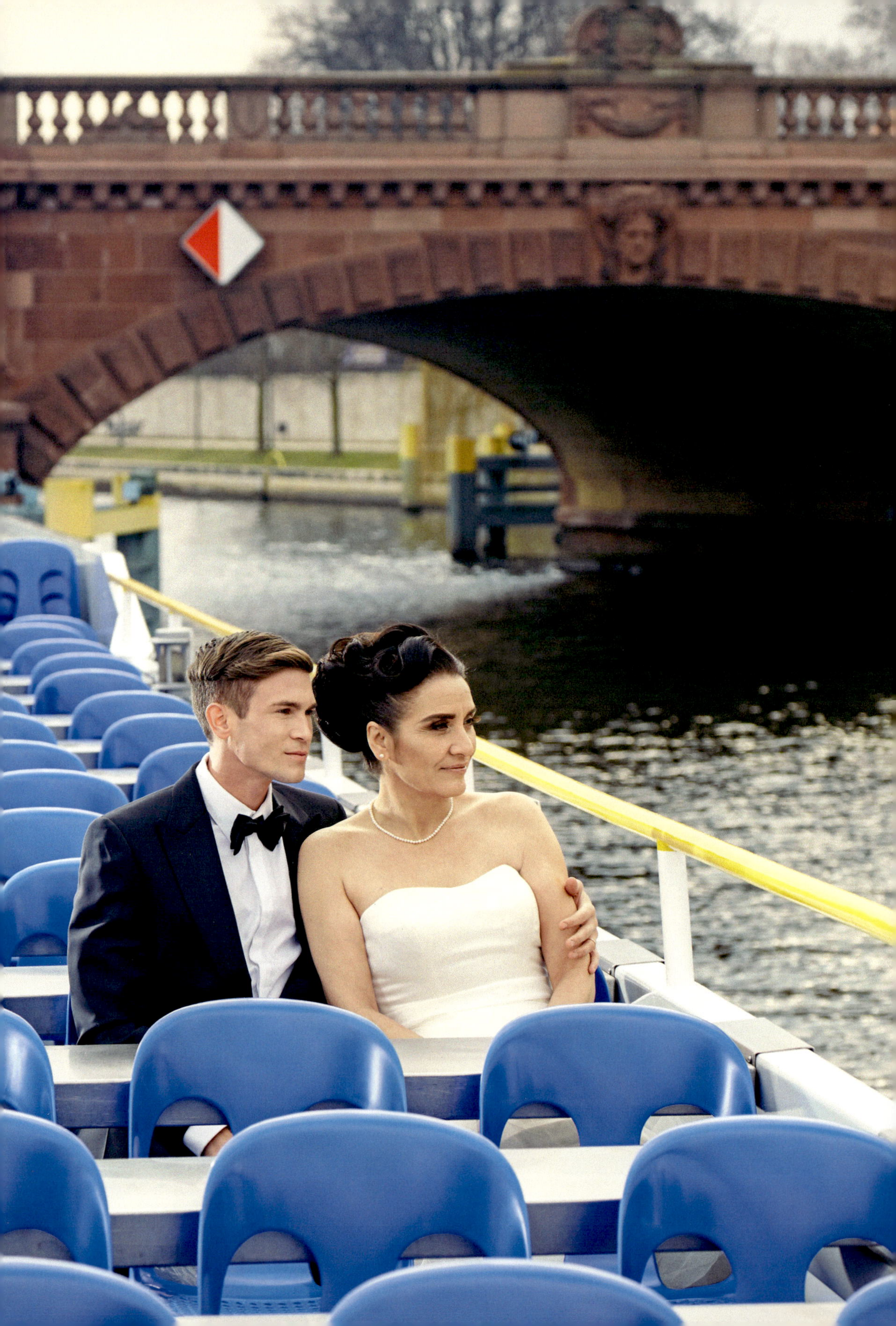

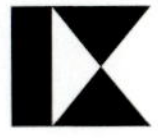

Blue-Star

Das Fahrgastschiff Blue-Star der Reederei Riedel wird als Ausstellungsort sowie als Ort für Veranstaltungen und Performances dienen. Es wird auf der Route fahren, die auch von normalen Ausflugsschiffen auf der Spree frequentiert wird, vorbei an der Museumsinsel und dem Regierungsviertel. Die BesucherInnen werden hier zu TouristInnen, den typischen SammlerInnen und VermittlerInnen heutiger Erlebnisräume.

The Blue-Star sightseeing boat of Reederei Riedel doubles as an exhibition venue and location for events and performances. Its course will follow the main route frequented by tour boats on the Spree, passing Museum Island and the city's government district and casting the viewer as tourist, the signature collector and purveyor of contemporary experience.

B

Korakrit Arunanondchai/Alex Gvojic

"To whom I am speaking."

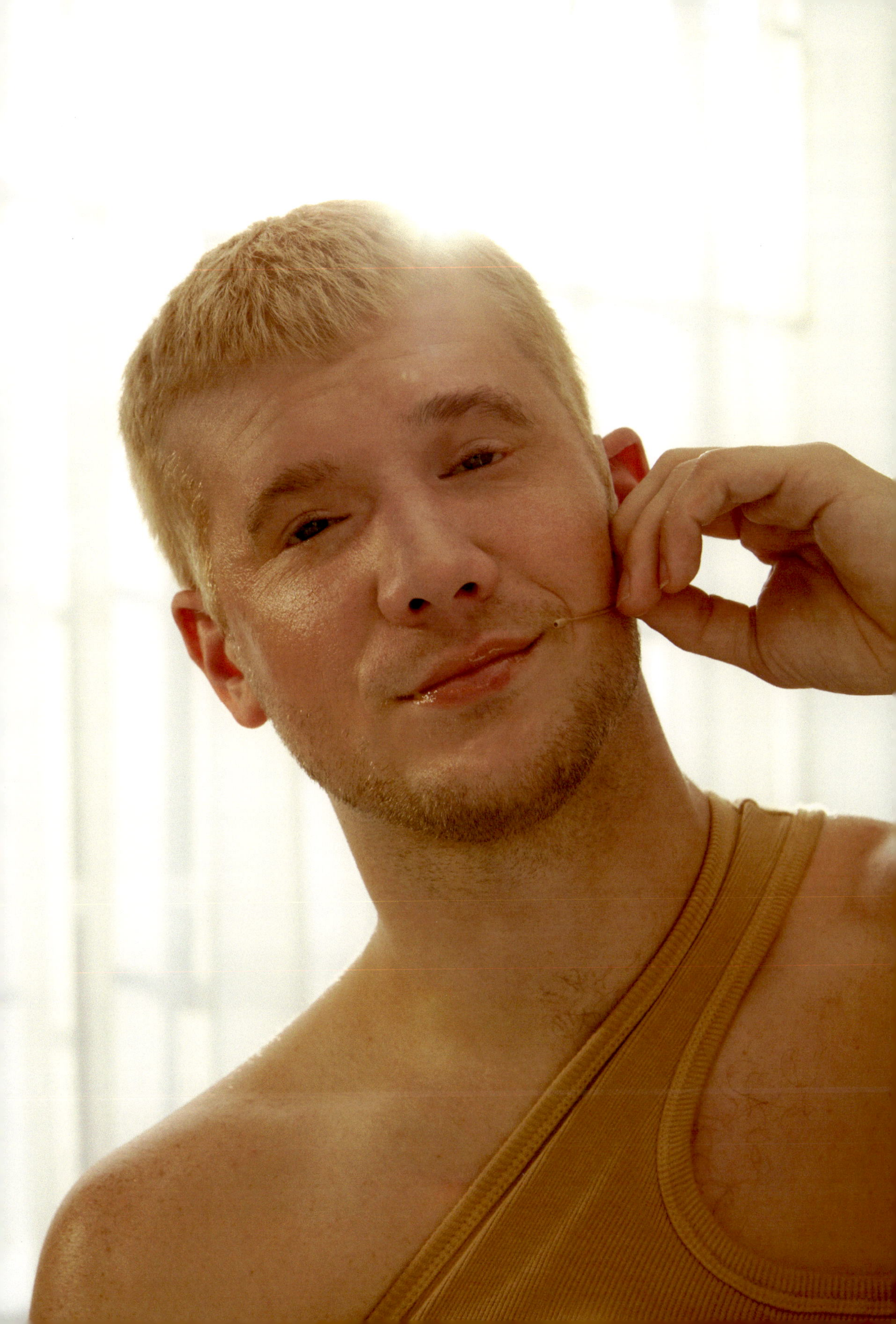

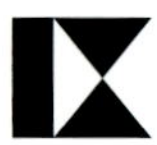

The Present in Drag

DIS

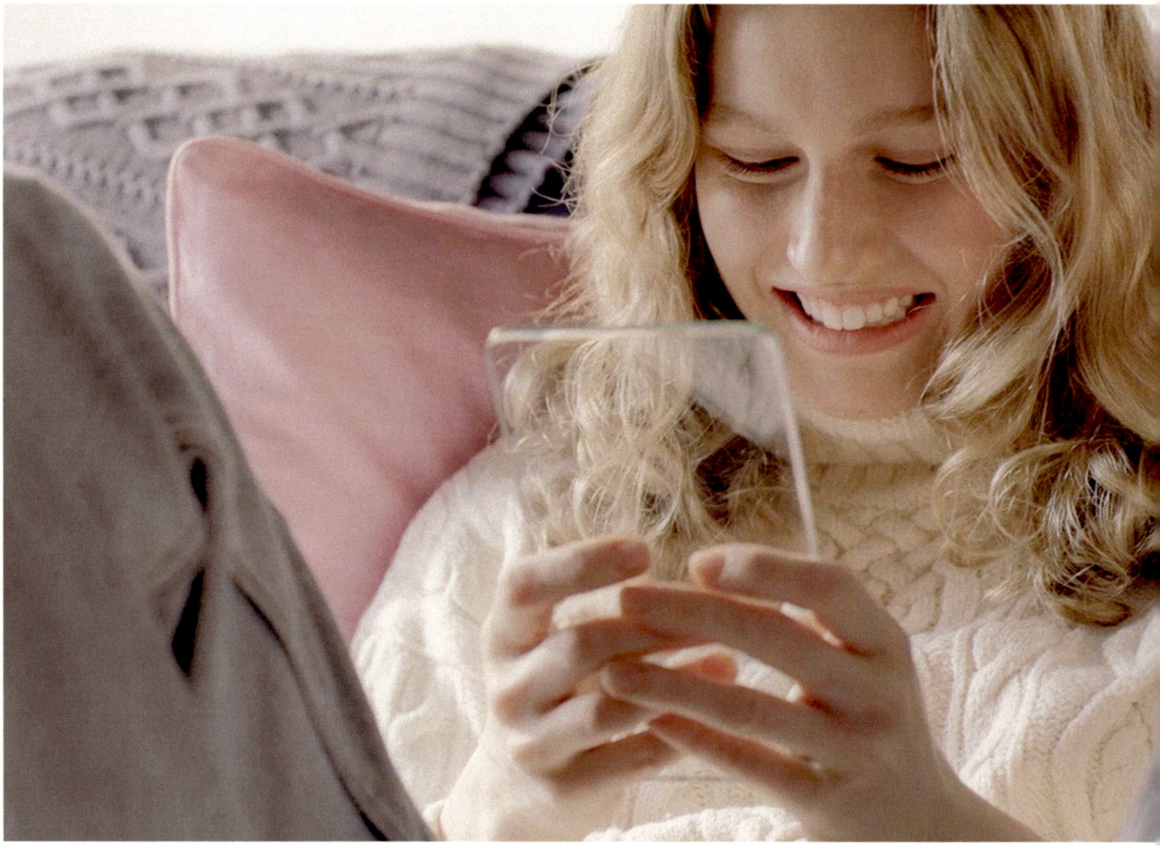

Ein leicht verzweifelter Ton schwingt bei dem Thema „Gegenwart“ mit. Er erinnert an eine Spinning-Trainerin, die trotz eines massiven Katers versucht, noch durchzupowern. Ausstellungen gleichen

zunehmend TED Talks – Kompetenzarenen. Es ist ein Lustprinzip im Spiel, ähnlich wie bei Katastrophenfilmen oder Horrorstreifen. Die Leute drücken ihre Tragetaschen etwas fester an sich, wenn sie, durch Lautsprecheranlagen verstärkt, die Ausdrücke „Big Data", „Filterblase", „Post-Internet" und „Anthropozän" zu hören bekommen.

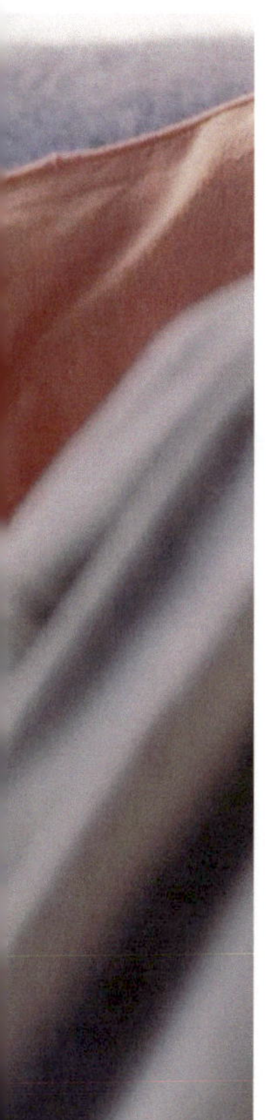

Willkommen in der Post-Gegenwart. Die Zukunft fühlt sich wie die Vergangenheit an: vertraut, vorhersagbar, unveränderlich – und die Gegenwart steht mit den Unwägbarkeiten der Zukunft alleine da. Wird Donald Trump Präsident? Ist Weizen giftig? Ist der Irak ein Land? Ist Frankreich eine Demokratie? Mag ich Shakira? Leide ich an Depressionen? Sind wir im Krieg?

Es ist eine Gegenwart, die man nicht kennen, nicht vorhersagen, nicht verstehen kann. Sie ist dem Beharren auf etlichen Fiktionen entsprungen. Nichts an der heutigen Welt ist besonders realistisch; einer Welt, in der es sich mehr lohnt, in Fiktionen zu investieren, als auf die Realität zu setzen. Diese Genreverschiebung von Science-Fiction zu Fantasy macht sie inspirierend, offen, verfügbar und nicht-binär. Die Supergruppe(n) von KünstlerInnen und Mitwirkenden, die wir mobilisiert haben, ist von dieser Ungewissheit nicht überfordert, sondern inspiriert. In einem solchen Klima kann jeder beginnen, eine alternative Gegenwart zu errichten, missglückte Erzählungen umzugestalten, Bedeutung aus dem endlosen Fluss von Bedeutungen herauszulesen.

Wir stellen uns Berlin als Stadt vor, die von diesen Energien angetrieben wird. Ausgangspunkt ist der Pariser Platz. Als ikonische Touristenfalle schon Kult, ist es der Ort, an dem seinerzeit Michael Jackson sein Baby vom Balkon des Adlon-Hotels baumeln ließ und mit dieser so privaten wie öffentlichen Performance die Unmengen von Selfie-Stangen erahnen ließ, die mittlerweile jede Sehenswürdigkeit in Berlin ins Visier nehmen. Der Platz ist umgeben von einem weitgehend unsichtbaren Netzwerk staatlicher und wirtschaftlicher Mächte: Hier residieren Lockheed Martin, das Allianz Stiftungsforum, die DZ Bank und BP Europa SE in direkter Nachbarschaft zu den Botschaften der USA und Frankreichs.

Die gängige Sprache visueller und politischer Einflussnahme – von Staaten und Märkten, Linken und Rechten, Kunst und Kommerz nach Belieben eingesetzt – überströmt sowohl die Biennale als Institution sowie die „Kunst“ als Kategorie der Kulturproduktion.

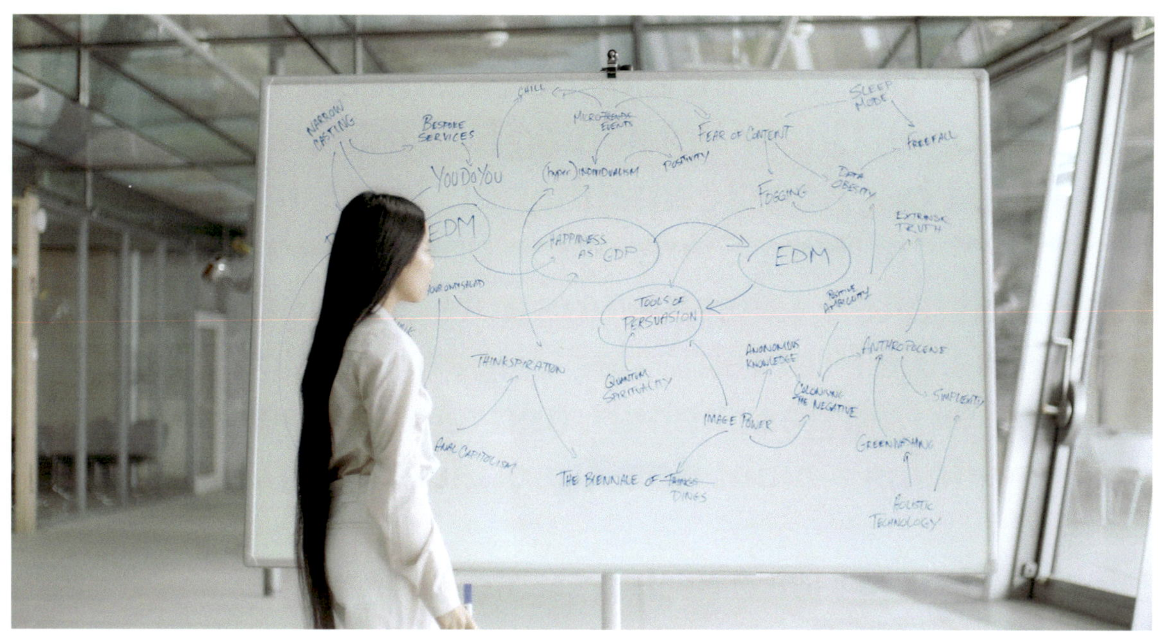

Die 9. Berlin Biennale für zeitgenössiche Kunst zeigt die Paradoxien, die die Welt 2016 ausmachen: Virtuelles als Reales, Nationen als Marken, Menschen als Daten, Kultur als Kapital, Wellness als Politik, Glück als BIP und so weiter.

Im Zeitalter des personalisierbaren Sneakers, des politischen Narrowcasting, des algorithmisch ermittelten Geschmacks und der individuell zugeschnittenen Diätpläne ist das Universelle in eine Vielzahl von Unterschieden aufgesplittert. In dem Moment, da sich die Gestalt des Individuums zu nie gesehener Größe zu erheben scheint, wird die Individualität durch widersprüchliche, gegensätzliche Kräfte zerstört und in Fragmente zersplittert. Dieser Figur des Selbst bereitet die 9. Berlin Biennale eine

Bühne, auf der sie ihre eigene Obsoleszenz durchspielen kann. Unser Vorschlag ist einfach: Statt Vorträge über Ängste abzuhalten, lasst uns die Leute erschrecken. Statt Symposien über die Privatsphäre zu veranstalten, lasst sie uns aufs Spiel setzen. Lasst uns die Probleme der Gegenwart dort materialisieren, wo sie geschehen, und sie zu einer Sache des Handelns – nicht des Zuschauens – machen.

Die Gegenwart wird nicht entblößt. Das ist *The Present in Drag*.

DIS
Lauren Boyle
Solomon Chase
Marco Roso
David Toro

As a theme, "the present" strikes a slightly desperate tone. Like a spin-class instructor trying to power through a massive hangover. Exhibitions have increasingly come to resemble TED Talks—theaters of competence. There is a pleasure principle at play, not too different from disaster films or horror movies. People clutch their tote bags a little tighter when they hear the phrases "big data," "filter-bubble," "post-internet," and "anthropocene" amplified through the venue speakers.

Welcome to the post-contemporary. The future feels like the past: familiar, predictable, immutable—leaving the present with the uncertainties of the future. Is Donald Trump going to be president? Is wheat poisonous? Is Iraq a country? Is France a democracy? Do I like Shakira? Am I suffering from depression? Are we at war?

It is the present that is unknowable, unpredictable, and incomprehensible—forged by a persistent commitment to a set of fictions. There is nothing particularly realistic about the world today. A world in which investing in fiction is more profitable than betting on reality. It is this genre shift from sci-fi to fantasy that makes it inspiring, open, up for grabs, non-binary. The supergroup(s) of artists and collaborators that we have mobilized are not fatigued but energized by this uncertainty. In this climate anyone can begin to build an alternative present, reconfigure failed narratives, decipher meaning from continual flux.

So we imagine the city of Berlin driven by these energies. Pariser Platz is our point of departure. An iconic tourist trap, it is the site where Michael Jackson once dangled his baby from his Adlon Hotel balcony in a private-public performance that anticipated the throngs of selfie sticks that now frame every historical site in Berlin. This square is surrounded by largely unseen networks of corporate and national power: it's where Lockheed Martin, Allianz Stiftungsforum, DZ Bank, and BP Europa SE reside alongside the US and French embassies.

The common tools of visual and political persuasion—variously employed by state and market, left and right, art and commerce—swarm both the biennial as institution and "art" as a category of cultural production. The 9th Berlin Biennale for Contemporary Art materializes the paradoxes that make up the world in 2016: the virtual as the real, nations as brands, people as data, culture as capital, wellness as politics, happiness as GDP, and so on.

The age of the customizable sneaker, political narrowcasting, algorithmic taste, and individuated diet regimes has splintered the universal into a multiplicity of differences. Just as the figure of the individual seems to loom larger than ever, her individuality has been busted up

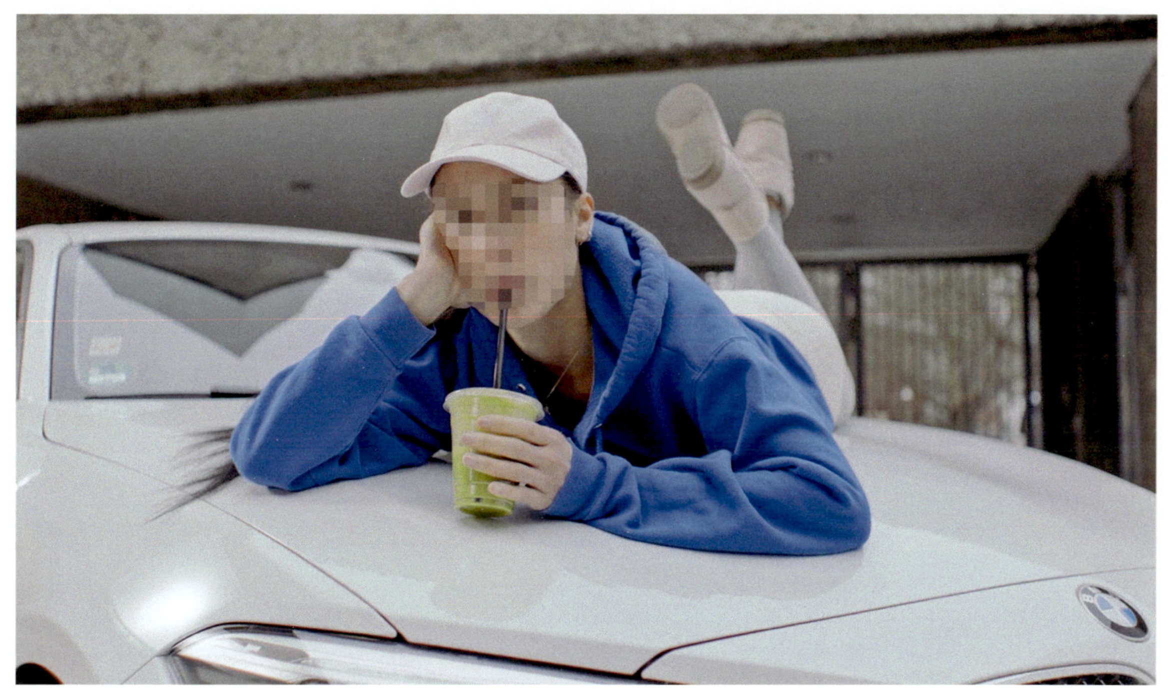

and shattered into fragments by countervalent, contradictory forces. The 9th Berlin Biennale will create a stage for this actor of the self to roleplay her own obsolescence. Our proposition is simple: Instead of holding talks on anxiety, let's make people anxious. Rather than organizing symposia on privacy, let's jeopardize it. Let's give a body to the problems of the present where they occur so as to make them a matter of agency—not spectatorship.

Instead of unmasking the present, this is *The Present in Drag*.

<u>DIS</u>
Lauren Boyle
Solomon Chase
Marco Roso
David Toro

*"Capitalism is based on consent,
but I didn't ask to be born."*

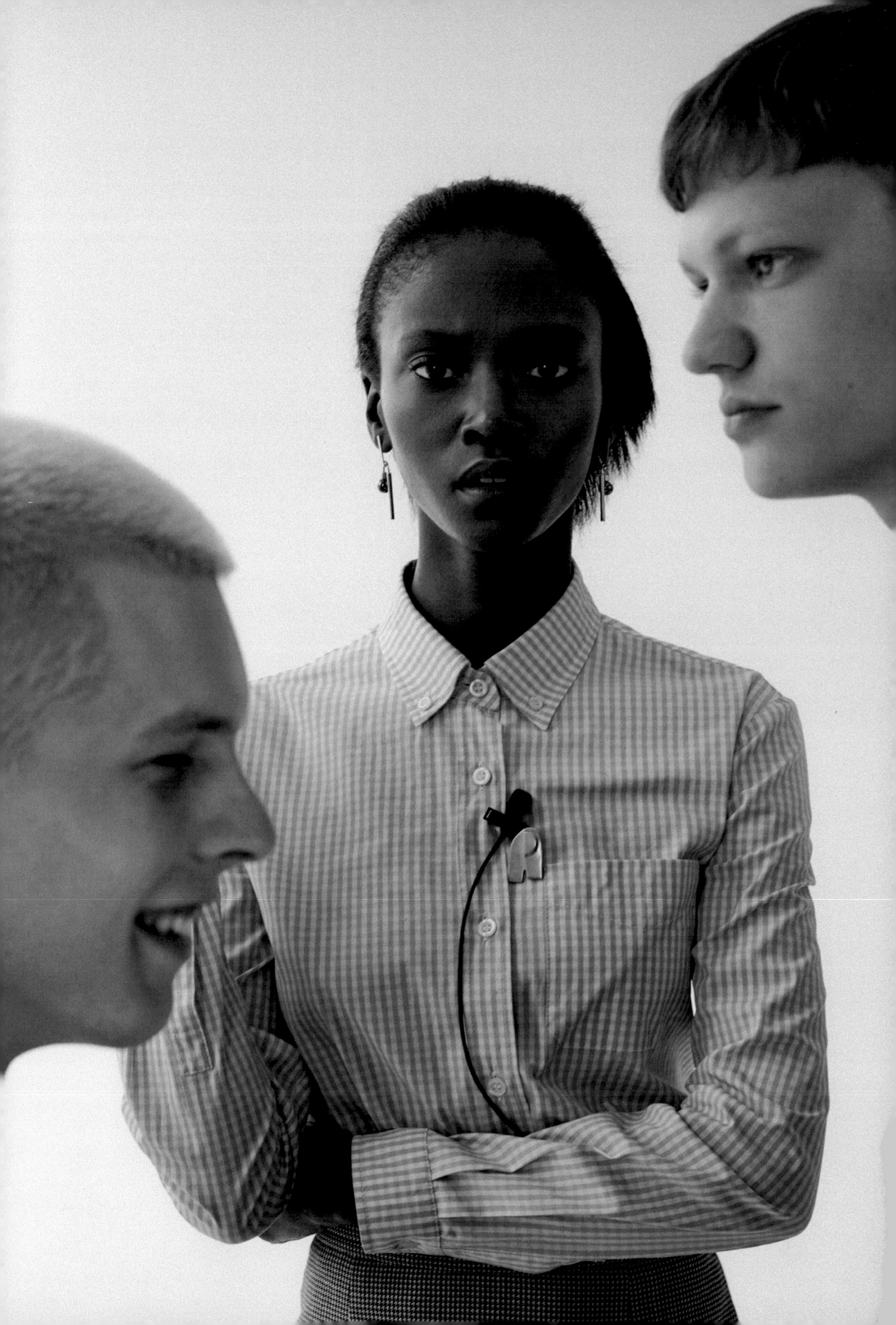

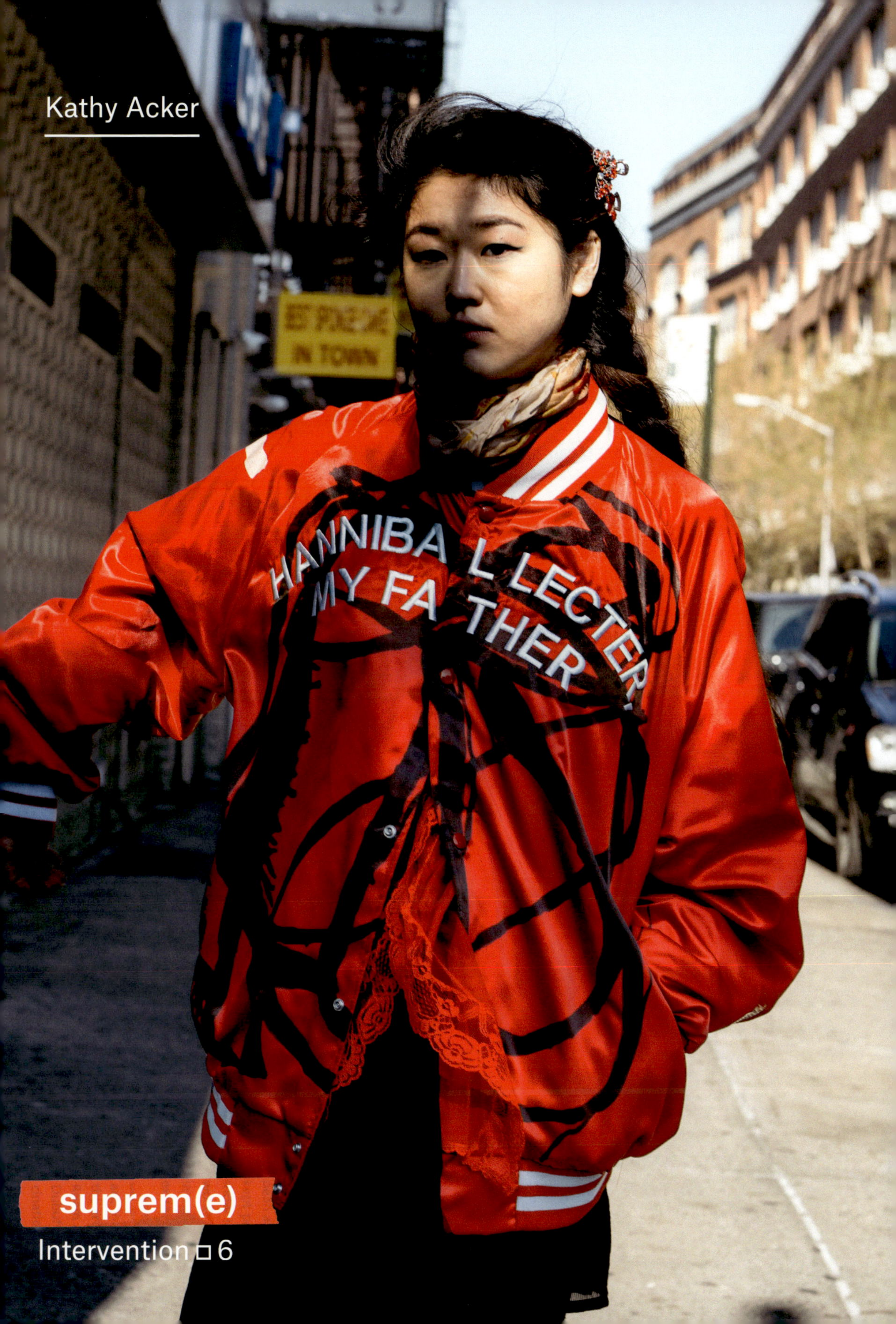
Kathy Acker
HANNIBAL LECTER,
MY FATHER
suprem(e)
Intervention □ 6

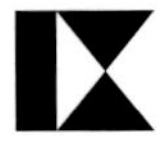

Die Furcht vor dem Inhalt

Fear of Content

ROB HORNING

1. In *Kunst und Antikunst* gibt sich Susan Sontag alle Mühe, die Kunst vor der Reduktion auf bloßen Inhalt zu bewahren. „Was immer [der Begriff des Inhalts] in der Vergangenheit bedeutet haben mag: Heute ist er in erster Linie ein Hindernis, eine Last, eine subtile oder auch weniger subtile Philisterei." Wenn man diesen Satz aus seinem Zusammenhang löst, könnte man ihn auch als eine zeitgenössische Kritik des Internets missverstehen. Denn das Internet quillt über vor Inhalt beziehungsweise „Content" – sei es in Form schäbiger Clickbaits, schludriger journalistischer „Hot Takes", alberner viraler Meme oder sinnloser Tests. Die Bezeichnung „Content" ist in einer solchen Kritik des Mediums höhnisch gemeint, wie um zu sagen, dass derartiges Material nicht auch noch mit dem Wort „Schreiben" geadelt werden sollte. Tatsächlich wird „Content" immer nur „erstellt", nicht geschrieben. „Erstellen" klingt eher nach einem zynischen, mechanischen Vorgang, der sich ohne jede Inspiration oder innere Überzeugung abspulen lässt.

2. „Die Gewohnheit, sich dem Kunstwerk in interpretierender Absicht zu nähern," festigt nach Sontag „die Vorstellung, daß es tatsächlich so etwas wie den Inhalt eines Kunstwerks gibt." Internet-Content verlangt von niemandem, dass man ihn interpretiert. Er zeichnet sich nach allgemeiner Einschätzung durch prinzipielle Bedeutungslosigkeit aus. „Content" ist zu einem eigenen Genre von „Inhalt" geworden. Der Inhalt des „Content" gilt als vernachlässigbar, irrelevant, bloße Pose. Content im Internet ist die reine Form. Wir empören uns über seinen Mangel an Bedeutung.

3. Das Content-Problem im Internet erzeugt einige Widersprüche. Man geht davon aus, dass niemand diese philiströsen Inhalte wirklich will, dass nur die perversen Anreize des Mediengeschäfts ihre

Herstellung fordern. Doch zugleich gelten sie als unwiderstehliche Ablenkung, die uns die Zeit für gehaltvollere Lektüre stiehlt. Content scheint in solchem Übermaß vorhanden, dass er paradoxerweise unser Leben verödet. Sontag meinte, „interpretieren heißt die Welt arm und leer machen", doch die Pest des Internet-Content überwältigt uns gerade dadurch, dass der Verstand unterfordert wird, dass es an Substanz fehlt.

4. Sobald wir unser eigenes Material ins Netz stellen, laufen wir Gefahr, uns selbst in Inhalt zu verwandeln: entweder in bedeutungslosen Internet-Content, also in Inhalt als Selbstzweck, in eine Darstellung unserer selbst als reine Form, die sich eher in Abhängigkeit von den Affordanzen und Konventionen der Social-Media-Plattformen artikuliert als in den Begriffen irgendeines inneren Wesens; oder in jenen überdeterminierten Inhalt, den Susan Sontag so verachtete, weil er zu sehr danach giert, interpretiert zu werden oder in irgendeiner abgedroschenen und kunstfeindlichen Weise bedeutsam zu sein. Und doch versuchen wir, unser Leben als Kunst zu leben. Darin besteht die Verheißung des persönlichen Ausdrucks als öffentlicher Dokumentation. Das Selbst ist eine Inhalte-Wirtschaft.

5. In einem radikalen Akt des kritischen Willens besteht Susan Sontag auf die Autonomie des Kunstwerks. Andererseits sind es gerade solche radikalen, kritischen Willensakte, vor denen die Kunst nach Sontags eigener Überzeugung zu bewahren ist. Wir geraten in einen ähnlichen Widerspruch, wenn wir die Autonomie des Selbst behaupten. Es muss vor unseren eigenen Hoffnungen für es, unseren Forderungen an es in Schutz genommen werden.

6. Die Sünde der Interpretation, schreibt Sontag, „macht die Kunst zum Gebrauchsgegenstand." Ein ähnlicher Anspruch ästhetischer Nutzlosigkeit dient als Schablone unserer persönlichen Authentizität. Alles, was zu Inhalt gemacht wird, ist dem Selbst abgepresst und nicht mehr Teil von ihm; aus dieser Perspektive ist alles vollkommen unauthentisch, einfach nur dazu dienlich, irgendein Zeichen von sich zu geben. Das Selbst wäre nur noch das, was sich anders nicht ausdrücken lässt. In der Wunschvorstellung ist unser innerer Zusammenhalt so stark, dass andere Menschen unsere Form nicht von unserem Inhalt unterscheiden könnten, nicht einmal analytisch oder vorläufig. Oder wie Sontag in „Über Stil" sagt: „Die Maske ist das Gesicht." Doch der Wille zur Interpretation ist immer stärker als der Wille zum Schaffen. Künstlerinnen und Künstler können nur ein Publikum erzeugen.

7. Das „Selbst-Verständnis" ist trivial, wenn nicht vollkommen bedeutungslos. Es ist eine Tautologie. Der Vorgang des Erkundens, wer man selbst ist, führt entweder dazu, dass man sich verändert – und verliert damit seine Gültigkeit, oder er fördert ein unwandelbares, von keiner Offenbarung berührtes inneres Wesen zutage. Verstehen können uns nur andere Menschen. Ihr Wille, uns zu interpretieren, stiftet in uns das Gefühl eines Selbst. „Indem man das Kunstwerk auf seinen Inhalt reduziert und es dann interpretiert, zähmt man es", schreibt Sontag. „Interpretation macht die Kunst manipulierbar, bequem." Social Media zwingen uns dagegen unter eine Konformität ohne Rücksicht auf Interpretierbarkeit; wir buhlen um Interpretation, damit wir für unser Selbst einen Inhalt beanspruchen können, doch dieser Inhalt darf auch nicht allzu offensichtlich sein. Ziel unserer Arbeit am Selbst ist es, zu geringfügigen Fehldeutungen anzuregen.

8. „Um der Interpretation zu entgehen, kann die Kunst zur Parodie werden." Oder: Um der Parodie zu entgehen, kann die Interpretation zur Kunst werden. Oder: Um der Kunst zu entgehen, kann die Interpretation zur Parodie werden. Oder: Um der Kunst zu entgehen, kann die Parodie zur Interpretation werden. Parodie ist Selbstinterpretation. Interpretation ist Selbstparodie. Kunst ist Selbstinterpretation. Interpretationen gehen niemals fehl. Parodie und Interpretation gefährden die fragwürdige und prekäre Autonomie der Kunst, indem sie damit drohen, diese interessanter zu machen.

9. Das Genre ist unverzichtbar für die Authentizität des Selbst. Ein Selbst kann nur in Bezug auf einen lesbaren Satz von Regeln als „authentisch" erkannt werden. „Es ist das Erkennen der Wiederholung, das ein Werk verständlich macht", schreibt Sontag in „Über Stil". Wenn ich versuche, mir selbst treu zu bleiben, mache ich aus diesem „Ich" ein Genre mit unmittelbar erkennbaren und wiederholbaren Stilfiguren. Ich kann nie authentisch sein, es sei denn im Genre des Authentischen. Ich kann ein paar bewährte Stereotypen meiner selbst erzeugen und bedienen. Man selbst zu sein bedeutet immer, eine Selbstparodie zu sein – und eine Parodie seiner selbst zu sein, ist der Prozess der Selbstfindung. Vor dem Selbstsein kommt die Selbstparodie.

10. „Das ‚Inhalt'-Haben als solches", schreibt Sontag, „ist für ein Kunstwerk bereits eine recht spezielle stilistische Konvention". Aber wer will schon konventionell sein? Man kann sich nicht entschließen, langweilig zu sein, denn das wäre bereits eine interessante Entscheidung. Ein Selbst zu haben, fordert zur Interpretation heraus, noch

während man sich ihr entzieht. Es erzeugt Inhalt, der sich umso schwieriger verstehen und verinnerlichen lässt, je mehr sich davon ansammelt. Das Projekt der Selbstverständigung gelingt nur, indem es scheitert.

11. Ich habe mein Selbst bisher nur verschieden interpretiert; es kommt aber darauf an, es zu verändern.

Rob Horning ist Redakteur bei *The New Inquiry*.

1. In *Against Interpretation*, Susan Sontag is at pains to protect art from being reduced to mere content. "Whatever it may have been in the past, the idea of content is today mainly a hindrance, a nuisance, a subtle or not so subtle philistinism." If you pull that sentence out of its context, you might misread it as a contemporary critique of the internet, which is loaded with "content"—whether it be shoddily produced click bait, slapdash "hot takes," or inane viral memes and quizzes. The word content is used sneeringly in such critiques of the medium, as if to say this material should not be dignified with the word "writing." Indeed, content is always "produced" rather than written, suggesting a cynical mechanical process that can be initiated without inspiration or conviction.

2. Sontag argues: "It is the habit of approaching works of art in order to interpret them that sustains the fancy that there really is such a thing as the content of a work of art." Internet content calls out to no one to be interpreted. Its chief quality is held to be its basic meaninglessness. "Content" has become a specific genre of content. The content of "content" is assumed to be negligible, irrelevant, a pretense. Content on the internet is pure form. We are scandalized by its lack of meaning.

3. The content problem online generates some contradictions: It's assumed that no one really wants this philistine content; only the perverse incentives of online media business demand it be produced. Yet at the same time it's thought to be an irresistible drain on our attention, leaving us with no time for more substantive reading. There is presumed to be too much of it, which paradoxically leaves our lives depleted. Sontag thought that "to interpret is to impoverish, to deplete the world," but the pox of internet content overwhelms by demanding too little of the intellect, by not having enough substance.

4. When we post our own material online, we are always in danger of turning ourselves into content: either the meaningless kind of internet content, content for content's sake, representing ourselves as pure form, articulated by the affordances and conventions of social media platforms rather than in terms of some inner essence; or the kind of overdetermined content Sontag abhors, too eager to be interpreted or to be meaningful in some trite and anti-artistic way. But we are trying to live our lives as art; that is the promise of personal expression as public documentation. The self is a content farm.

5. Through a radical act of critical will, Sontag tries to assert the autonomy of the work of art. But such radical acts of critical will are precisely what she believes art needs to be defended from. We perform a similar paradox in asserting the autonomy of the self. It needs to be defended from our own hopes for it, our own demands of it.

6. The sin of interpretation "makes art into an article for use," Sontag writes. A similar standard of aesthetic uselessness provides the template for personal authenticity. Everything that is turned into content is extruded from the self and ceases to be a part of it; from this view it is all inauthentic, merely useful, so much signaling. The self would be only that which can't otherwise be expressed. The fantasy is that our inner coherence is such that other people could not separate our form from our content, even analytically or provisionally. As Sontag puts it in "On Style," "the mask is the face." But the will to interpret is always stronger than the will to create. Artists can only make audiences.

7. "Self-understanding" is trivial if not altogether meaningless. It is a tautology. The process of understanding who you are will either change you and thus become invalid, or it will disclose your unchangeable essence, which can't be affected by being revealed. Only other people can understand you. Their will to interpret you supplies the sense of a self. "By reducing the work of art to its content and then interpreting that, one tames the work of art," Sontag writes. "Interpretation makes art manageable, conformable." Social media platforms, however, impose conformity regardless of interpretability; we court interpretation to posit a content for the self; yet this content can't be too obvious. The goal with the self is to inspire slight misinterpretations.

8. "To avoid interpretation, art may become parody." Or, to avoid parody, interpretation may become art. Or, to avoid art, interpretation may become parody. Or, to avoid art, parody may become interpretation. Parody is auto-interpretation. Interpretation is self-parody. Art is auto-interpretation. Interpretations are never wrong. Parody and interpretation jeopardize the dubious and tenuous autonomy of art by threatening to make it more interesting.

9. Genre is central to the self's authenticity. The self can only be parsed as "authentic" in relation to a legible set of conventions. "It is the perception of repetitions that makes a work of art intelligible," Sontag writes in "On Style." When I am trying to be true to myself, I turn "myself" into a genre, with readily recognizable and repeatable

tropes. I can never be authentic, only authentically generic. I can create and meet a set of established stereotypes of myself. Being oneself always means being a self-parody, and being a parody of oneself is the process of self-discovery. Self-parody precedes selfhood.

10. “For a work of art to have ‘content’ is, in itself, a rather special stylistic convention,” Sontag writes. But who wants to be conventional? One cannot choose to be boring, because that would be an interesting choice to make. Having a self is to invite interpretation while eluding it. It is to generate content that becomes harder to comprehend and integrate as it accumulates. The project of self-understanding only succeeds by failing.

11. I have only understood my self in various ways; the point is to change it.

Rob Horning is an editor of *The New Inquiry*.

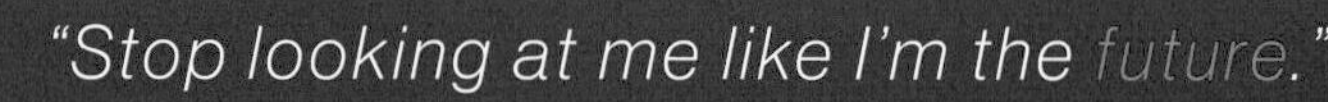
“Stop looking at me like I’m the future.”

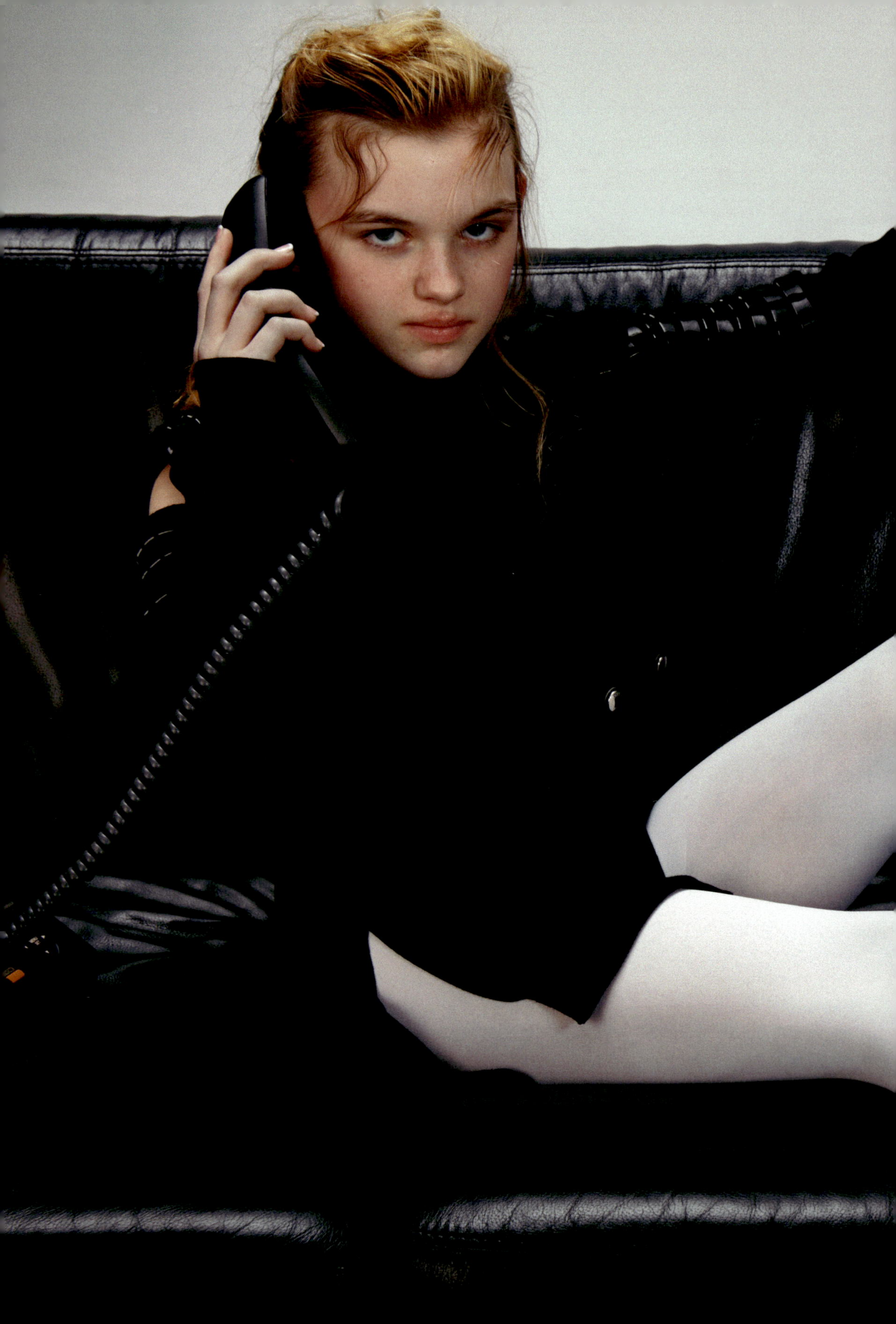

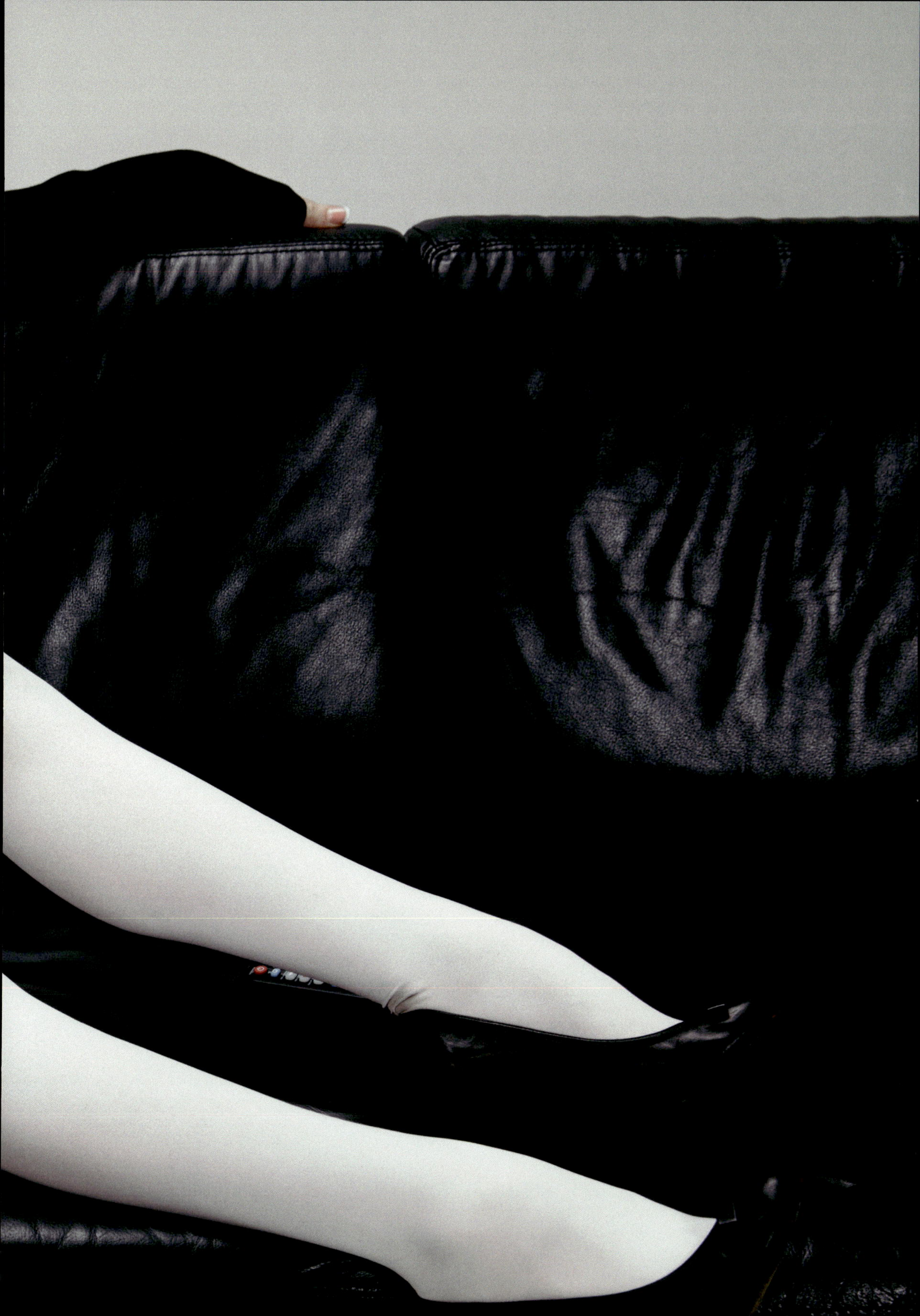

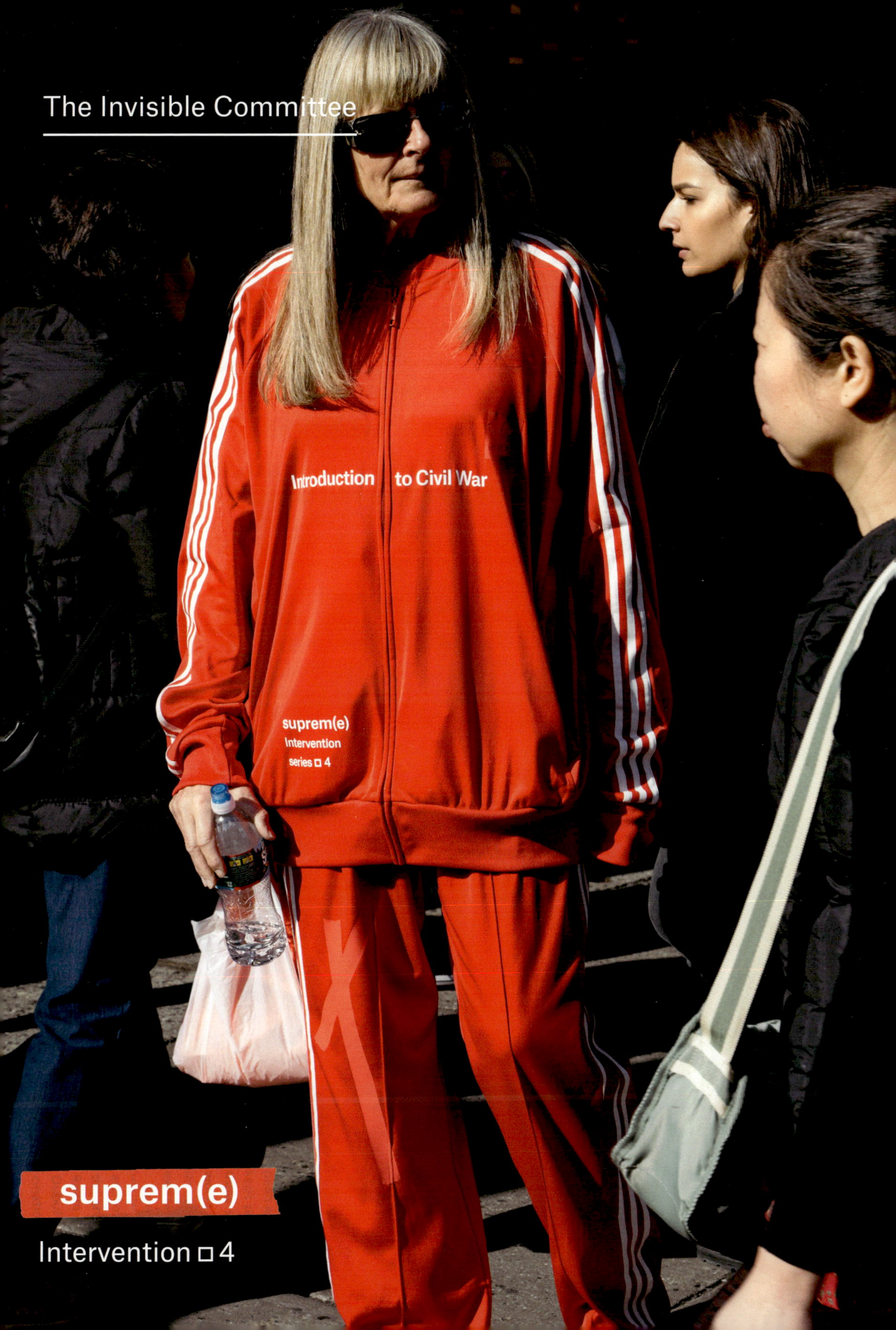
The Invisible Committee
Introduction to Civil War
suprem(e)
Intervention
series □ 4
suprem(e)
Intervention □ 4

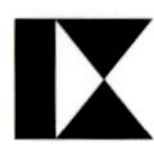

Die komplexe Antwort

The Complex Answer

CHUS MARTÍNEZ

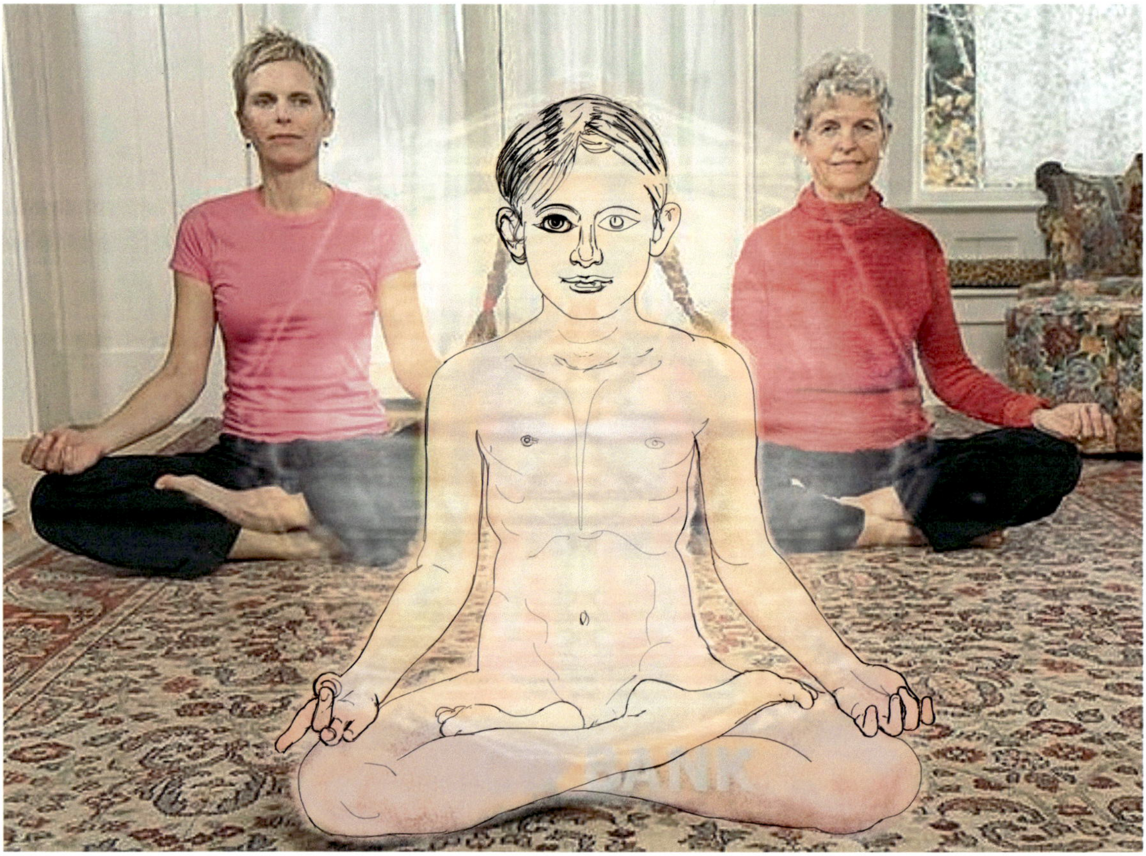

Wahrscheinlich hat mein Desinteresse an der Institutionskritik die gleichen Wurzeln wie meine Gleichgültigkeit gegenüber der Psychoanalyse. Die Grenzen eines gegebenen Rahmens zu hinterfragen, ist für mich so, als würde man in den Bau einer Kultstätte für ein zynisches Leben investieren. Die zynische Suche nach einer Abkürzung zu einer virtuosen Existenz steht in direktem Gegensatz zu dem, was die Zynikerinnen und Zyniker als die Nutzlosigkeit philosophischer Spekulation bezeichnet haben.

Ich habe eine Weile gebraucht, um zu verstehen, dass die Suche nach Entspannung in der westlichen Welt nicht nur mit der durch die Arbeitswelt und die gesellschaftlichen Strukturen des Kapitalismus erzeugten Angst zu tun hat. Sie ist auch eine Möglichkeit, eine Alternative zu dem etymologischen Trip zu generieren, der die Methoden der Kritik und Psychoanalyse zugrunde liegen. Die Bilder, die die Analyse kreiert, um zu verstehen, welche Möglichkeiten die Kontrolle der Vergangenheit zur Veränderung unserer Zukunft bietet, sind eindrucksvoll. **All die Millionen Menschen in Therapie stellen so etwas wie eine menschliche Welle dar, eine Bewegung, die die Grenzen der Psychoanalyse aufzeigt. All die Millionen Menschen, die in verschiedenen Positionen auf ihren Gummimatten hocken – in dem Versuch, Energie freizusetzen, den Kopf leer zu bekommen, auf den Körper zu hören –, widersetzen sich dem Supremat eines linguistisch dekonstruierten Traumas.** In all den geschlossenen Augen und den Stimmen der Yogalehrerinnen und Yogalehrer, die versuchen, den richtigen Ton zu finden, um immer wieder auf die Notwendigkeit der Stille, der Atemkontrolle, des Hierseins zu pochen, manifestiert sich die kollektive Ablehnung einer der Leib-Seele-Beziehung geschuldeten Ordnung.

Psychoanalyse

Ich glaube durchaus, dass es eine Beziehung zwischen den LiebhaberInnen von Institutionen und ihren KritikerInnen, zwischen Psychoanalyse und Zynismus gibt. Das ist als Feststellung gemeint, nicht als Kritik. **Es macht keinen Sinn, eine Methode zu kritisieren, mit der das Verhältnis zwischen Erinnerung und Vergangenheit und dessen Verbindung zu Ordnung und Raum interpretiert wird.** Die Institutionskritik verwendet den White Cube als Metapher; Freud verwendete den Kopf als Ort, um unsere Erinnerungen nachzustellen – unsere persönliche Kunstsammlung – und auszustellen, was nur in Bezug zum Gegebenen, zur Vergangenheit möglich ist. Es ist jene überaus klassische Vorstellung des Raums – als Tempel, als Form, die betrachtet und beschrieben werden kann und unter Kontrolle ist –, die die beiden

Zynismus

Interpretationssysteme mit einem dogmatischen Vertrauen in Vernunft, Autarkie und Freiheit ausstattet. **Dieses Vertrauen umhüllt das ganze Problem des modernen Denkinstrumentariums. Es verbietet uns, die Wiederholung des bekannten Wissens aufzugeben, da das mit einem Kontrollverlust einhergeht.** Es beharrt darauf, dass Veränderung nur möglich ist, wenn wir alle Unterströmungen an einen Ort bringen, an dem es hell ist, an dem wir sie sehen, uns ihrer bewusst werden und dementsprechend handeln können. Und genau in diesem Insistieren liegt für mich das Ende der Möglichkeiten.

Wir tun uns so schwer mit Hybriden, aber alles Stabile, Beständige und Abgeschlossene ist uninteressant.

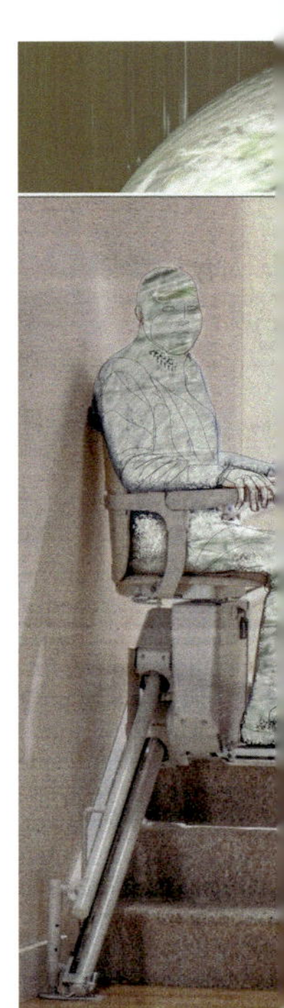

Ausstellungen werden zu einem unmöglichen Format, weil sie weiterhin diesen ererbten institutionellen und kognitiven Prämissen folgen. Dies nicht nur, weil die Öffentlichkeit die Macht hat, auf das Private überzugreifen, sondern weil der etymologische Apparat die Vorstellungskraft davon abhält, neue Formen zu erfinden. **Wir tun uns so schwer mit Hybriden, aber alles Stabile, Beständige und Abgeschlossene ist uninteressant.** Es staut den Gedankenfluss, verhindert die gedankliche Reise durch Bakterien ebenso wie die Möglichkeit, dass die Sinne Gehirn werden. Wir investieren so viel Geld in Technologien, aber wir fürchten die Herabstufung der Arbeit durch Maschinen und Software nicht minder als wir sie wünschen. Von der Optimierung durch künstliches Leben zu träumen, ist immer noch Teil des modernen Systems, wobei die wahrhaftige Verschmelzung zweier Einheiten nichts damit zu tun hat, dass eine Einheit zum Werkzeug einer anderen wird oder eine wegen der anderen leidet. Ich habe bereits darauf angespielt, ZynikerInnen verachten das spekulative Denken, das nur zum Ziel hat hybride Formen zu erforschen. **Das Hybride wird oft mit dem Parasitären verwechselt, eine Gegebenheit, die zahlreiche PhilosophInnen analysiert haben, weil sie befürchteten, in der Zukunft würden wir unter uns selbst zu leiden haben. Deshalb wohl sind wir auch außerstande, über neue Produktionsformen nachzudenken.**

Hybride

Wenn wir eine Kunstausstellung besuchen, erwarten wir eine Kunstausstellung. Wir haben so viele interdisziplinäre Formen, Kollaborationen und Synthesen kennengelernt, aber gegenüber polymorphen Gebilden bleiben wir skeptisch. Wir haben so oft davon gesprochen, dass es keine Hierarchien des Wissens gibt, aber das stimmt nicht. Nichts ist in der Kunstwelt mehr gefürchtet als die Peinlichkeit, wenn das, was „erlaubt" ist, in ihren gesamten epistemologischen Apparat eindringt. Manch einer hält solche „Dinge" immer noch für Trends – für Trends! Es hat Ewigkeiten gedauert, bis man begriffen hat, dass auch Leute ohne formale Ausbildung Kunst kreieren können, und es wird Jahrtausende dauern, bis diesen „Dingen" aus anderen Ordnungen und Kulturen erlaubt sein wird, an den Punkt zu gelangen und den Status zu teilen, den die Kunst, die wir zu produzieren lernen, einnimmt. Wir haben ein derartiges Problem mit der Koexistenz von Codes und der Vermischung von Ordnungen, dass es Jahrhunderte dauert, bis Veränderungen auf Akzeptanz stoßen.

Vilém Flusser

1988 besuchte der Philosoph Vilém Flusser das Ars Electronica Festival in Osnabrück. Er hat bei dieser Gelegenheit ein interessantes Interview gegeben, in dem er schlicht darlegt, dass mit Wörtern die Welt nicht mehr zu beschreiben sei. Flusser erklärt, dass das Alphabet nicht nur eine radikale Erfindung war, die – vor mehr als 3.500 Jahren – einen Code zur Beschreibung der Wirklichkeit lieferte; es stand auch bei der Entstehung unseres Konzepts der „historischen Zeit" Pate. **Die Linearität des Textes und die Linearität der Zeit sind analog zu denken, und im Laufe der Jahrhunderte wurde die Logik des Lesens zur Logik der aufeinander folgenden Ereignisse. Wir befinden uns laut Flusser in einer Revolution des Denkens und der Kommunikation, denn weder Text noch Bild allein vermögen die Realität noch zur Genüge zu beschreiben.** Die „neue" Realität, die neue Zeit, wenn man so will, braucht eine Sprache, die misst und zugleich kartiert, beschreibt und zugleich abbildet. **Es gibt keine einfache Sprache, Disziplin oder einen Wissensbereich, der die Aufgabe, mit der Welt zurechtzukommen, alleine bewältigen kann.** Informationstechnologien, so Flusser, versuchten seit Jahren, synthetische Codes zu erzeugen, mit deren Hilfe wir die Werkzeuge der nahen Zukunft definieren können.

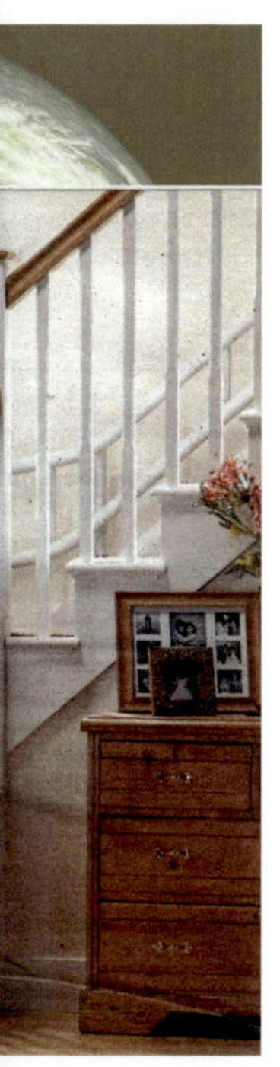

Flusser folgend würde ich sagen, dass eine der Hauptaufgaben der Kunst heute darin liegt, die Natur dieser neuen Zeit zu vermitteln und die Fähigkeit zu entwickeln, die in ihr stattfindende Vervielfältigung synthetischer Wirklichkeiten zu begreifen. In dem Interview erwähnt Flusser nur sehr wenige positive Beispiele, mit denen sich die Good Practice einer solchen Aufgabe formulieren ließe. Wir sollten deshalb als Erstes die komplexe Architektur der heutigen Wissensformen thematisieren.

Wenn es eine Wissensstruktur gibt, die sich mit Praxis und Produktion auf der einen Seite und großer Achtung für die Linearität und die historische Zeit auf der anderen Seite befasst, dann ist es das Ausrichten von Ausstellungen. Innerhalb der räumlichen Parameter des White Cube wird, so könnte man sagen, die Ausstellung wie ein Buch entworfen.

White Cube

Und, wie Flusser ausführte, es ist das Buch, das wir hinter uns lassen müssen; das heißt die Linearität der Präsentation und Erklärung von Kunst, ihre Innen-Außen-Logik. Dies ist naturgemäß alles andere als leicht, denn es erfordert ein völlig neues Vertrauen sowohl hinsichtlich des praktischen Tuns als auch, was die Entdeckung und Performanz des Raums unter diesen veränderten Prämissen anbelangt. Das derzeitige Interesse an verschiedenen Ausstellungsformen – von Messepräsentationen über die ungezählten Positionierungen von Kunst innerhalb und außerhalb institutioneller Rahmen bis hin zu Wissenschafts- und Naturgeschichtsausstellungen – reflektiert ein unerfülltes Bedürfnis, Optionen zur Entformalisierung der Kunstproduktion, -präsentation und -rezeption zu finden. **Mehr als ein „Nach der Form" verlangt unsere Zeit nach einer handhabbaren Methode für eine „Ent-formung". Es ist eine bekannte Forderung, dass wir die Kernprämisse der „Ästhetik" – die Distanz, die die Kunst von Institutionen, BetrachterInnen und den KünstlerInnen selbst trennt – kippen müssen. Doch dies impliziert eine Nähe, oder eine präzedenzlose Verschmelzung von Substanzen, die so lange getrennt gewesen sind, dass man dafür neue Organe benötigt; das heißt eine Theorie, die für eine künftige Epistemologie die Relevanz der Sinne vollkommen neu beschreibt.** Deshalb glaube ich sowohl an eine Rückkehr zu experimentellen Bedingungen als auch an das Aufgeben der „Mittelklasse" als dem universellen Empfänger unseres Tuns. Ersteres ist zwar leicht zu benennen, doch äußerst schwer umzusetzen, denn wir sind eher daran interessiert, Schritte zu definieren, die zu Ergebnissen führen, als an den Edukten, den Kräften, die zu einem Experiment motivieren und es möglich machen. Kunst, denke ich, sollte ein Ort der ständigen Bemühung sein, die derartige Bedingungen des Experimentierens schafft. **Und ich bin auch überzeugt, dass das „Präsentieren" – wenn man will, das Kuratieren mit all seinen Schönheiten und Schrecken, seiner Strenge und Bescheidenheit – den richtigen Weg darstellt, die „buchartige" Präsentation in Zweifel zu ziehen. Sich dem Hybriden zu stellen, ist ein erster Schritt zur Veränderung.**

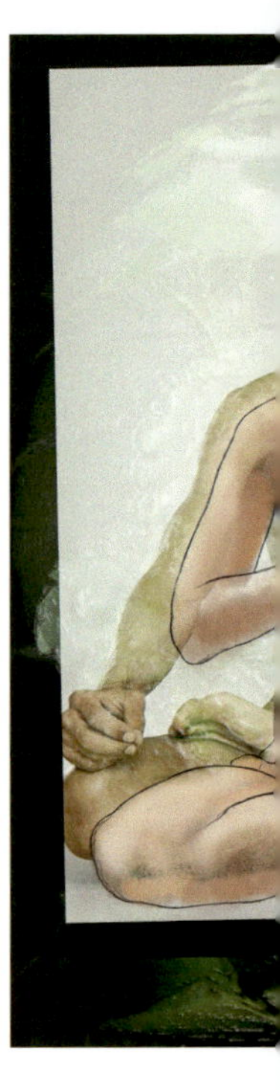

Mittelklasse

Die zweite Prämisse – das Aufgeben der Mittelklasse – ist zwar ein bisschen polemischer als die erste, aber umso notwendiger. Man sollte das Aufgeben nicht als Missachtung oder Mangel an Liebe betrachten. Im Gegenteil: Es ist die schwere Last, die die Demokratie der „Mitte", den Bürgerinnen und Bürgern auferlegt hat, die es leichter zu machen gilt. Das beinhaltet die Entwicklung von Projekten, die sich aktiv um eine andere Art von Beziehung zwischen Gesellschaft und Kunst – eine nicht auf Legitimierung angewiesene – kümmern. In letzter Zeit habe ich über zwei mögliche Methoden nachgedacht, die umgesetzt werden könnten. Eine bestünde darin, Bildungseinrichtungen – Laboratorien, Universitäten und

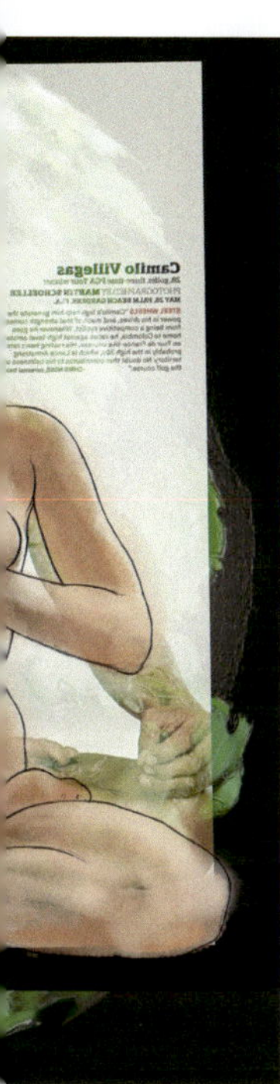

Zentren, Einrichtungen also, die der Gesellschaft dienen, ohne dass ein unmittelbarer Konsens zwischen einer Tätigkeit und ihrer Rezeption erwartet wird, aktiver in Anspruch zu nehmen. Die zweite Methode wäre, Projekte mit KünstlerInnen und KulturvermittlerInnen zu entwickeln, die die gegebenen Strukturen nutzen, um mit Jugendlichen und Kindern, die auch Gesellschaft konstituieren, zusammenzuarbeiten. **Eine radikale Weise, unsere ererbten institutionellen Strukturen zu „ent-formen", wird darin bestehen, sie mit radikal anderen Verwendungen herauszufordern und sie mit Arbeitsmethoden zu besetzen, die bei aller Neuartigkeit unsere Ausstellungs- und Partizipationsmodelle für die Kulturproduktion auf fruchtbareren Boden stellen können.**

Immer und immer wieder wird gesagt, dass wir nicht mit einer konventionellen Ausstellung rechnen sollten. Wird damit versucht, den Prozess oder das Tempo der Arbeiten zu entschuldigen, die nicht mit der eigenen Zeit oder dem eigenen Besuch zusammenfallen? Dass in Pressetexten immer und immer wieder vom Unkonventionellen die Rede ist, bezieht sich auf Material, das eigentlich zu langsam oder zu konzeptuell ist, um die in keinster Weise herausgeforderten Sinneserwartungen erfüllen zu können. **Sobald wir aussprechen, dass das Format „Ausstellung" überholt ist, erneuern wir seine Bedeutung. Nur Risikobereitschaft und ein bizarres, surreales Produktionsaufkommen kann das Format in sich zusammenstürzen lassen.** Nur indem wir die Arbeit der „Falschen" zeigen, kann eine wahrhaft spekulative Übung erzielt werden.

kynikos

Es ist ein komischer Zufall, dass die Etymologie des Wortes zynisch – *kynikos* – Hund bedeutet und dass der „herabschauende Hund" im Yoga eine Grundposition darstellt.

Chus Martínez wurde in Spanien geboren und hat Philosophie und Kunstgeschichte studiert. Sie war Chefkuratorin des El Museo del Barrio, New York sowie Head of Department, Member of Core Agent Group bei der dOCUMENTA (13). Zuvor war sie Chefkuratorin am MACBA, Barcelona (2008–11), Direktorin des Frankfurter Kunstvereins (2005–08) und Künstlerische Leiterin der Sala Rekalde, Bilbao (2002–05). Für die 56. Biennale di Venezia (2015) kuratierte Martínez den Katalanischen Pavillon und für die 51. Ausgabe den Zyprischen Pavillon (2005). Martínez unterrichtet regelmäßig und hat zahlreiche Katalogtexte geschrieben sowie kritische Essays im *Artforum* und anderen internationalen Magazinen veröffentlicht. Derzeit ist Chus Martínez Leiterin des Kunstinstituts der Fachhochschule Nordwestschweiz FHNW Hochschule für Gestaltung und Kunst in Basel, Schweiz.

Alle Abbildungen: Nicolás Fernández
S. 74 *Reincarnation Bank*, 2014, digitale Malerei, Tintenstrahldruck auf Archivpapier, 70 × 90 cm; S. 76–77 *Maitreya, the last capitalist*, 2014, digitale Malerei, Tintenstrahldruck auf Archivpapier, 90 × 70 cm; S. 78–79 *Gandhara*, 2014, digitale Malerei, Tintenstrahldruck auf Archivpapier, 70 × 90 cm; S. 80–81 *Buying a father with mom's lipstick*, 2014, digitale Malerei, Tintenstrahldruck auf Archivpapier, 70 × 90 cm; S. 82–83 *Remembering past lives*, 2014, digitale Malerei, Tintenstrahldruck auf Archivpapier, 70 × 90 cm; S. 84–85 *Demeter & Persephone*, 2013, digitale Malerei, Tintenstrahldruck auf Archivpapier, 90 × 70 cm

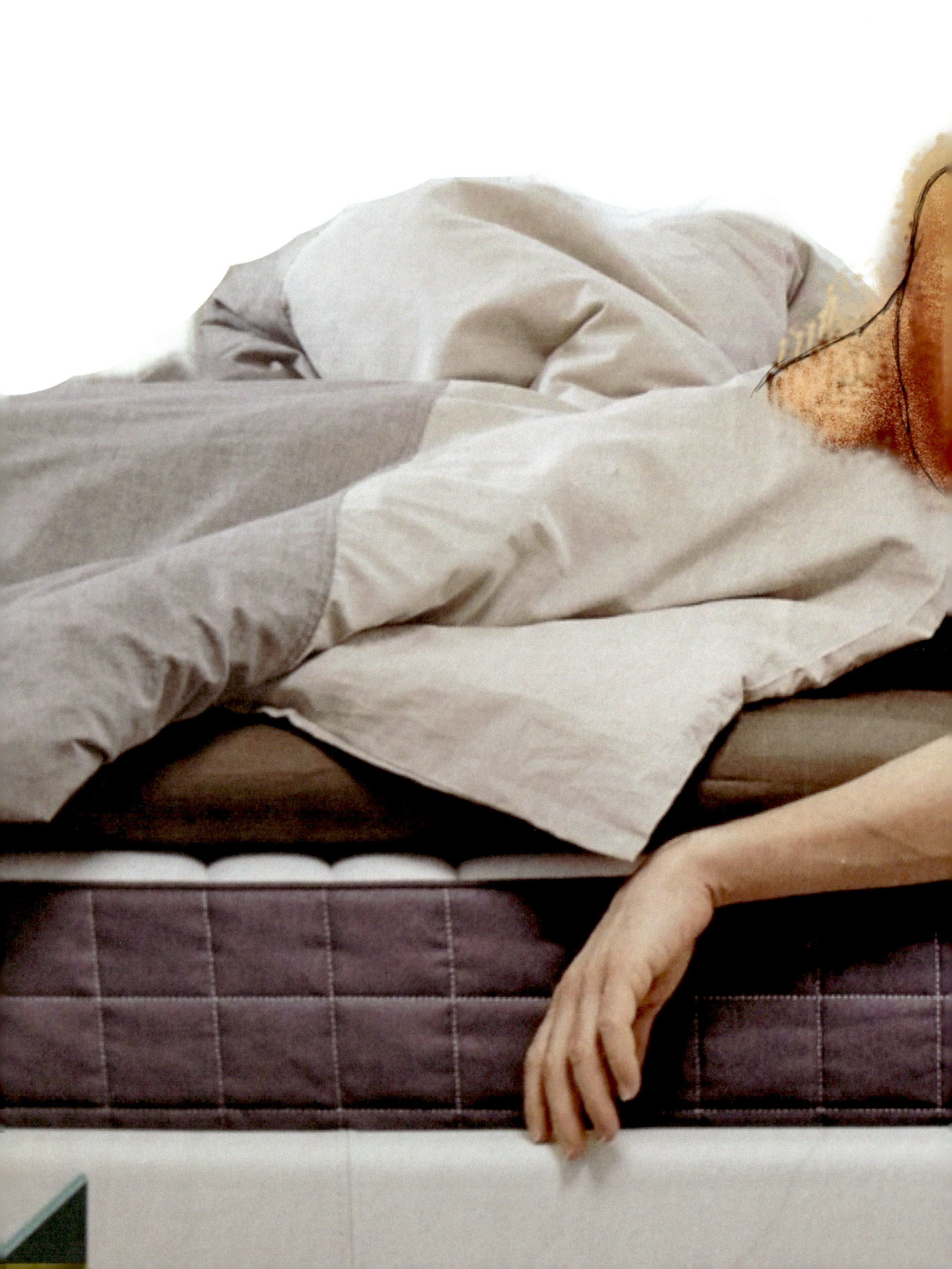

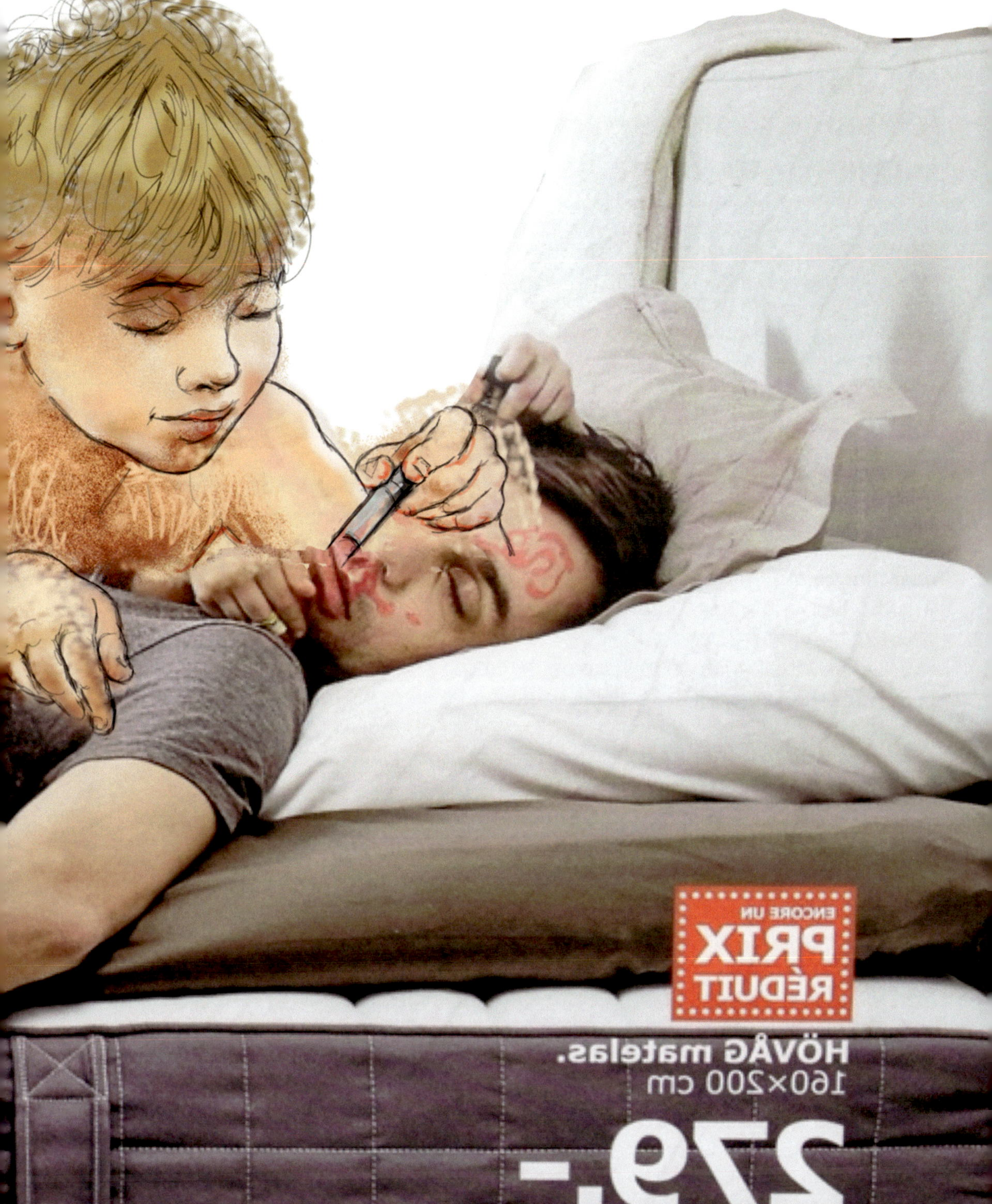
ENCORE UN
PRIX
RÉDUIT
HÖVÅG matelas.
160×200 cm
279.-
au lieu de 349.-

My disinterest in institutional critique probably has the same roots as my indifference to psychoanalysis. Digging into the limits of a given frame seems to me like investing in building a sanctuary for a cynical life. The cynical quest for a shortcut to a virtuous existence is in direct opposition to what the cynics considered the uselessness of philosophical speculation.

It took me time to understand that the quest for relaxation in the Western world has to do not only with the anxiety created by capitalist labor and social structures, but also with the possibility of producing an alternative to the etymological trip that drives methods of critique and psychoanalysis. The images created by analysis to understand the possibilities of changing our future by controlling our past are imposing. **All those millions of humans in therapy constitute a sort of human wave, a movement that marks the limit of psychoanalysis. All those millions of humans in different postures on rubber mats—liberating energy, trying to make their minds go blank, listening to their bodies—defy the supremacy of linguistically deconstructed traumas.** All those closed eyes, and the voices of yoga instructors trying to find the right tone to insist on remaining still, on controlling breath, on being there, are a collective manifestation of the rejection of the order of the body-mind relationship.

psychoanalysis

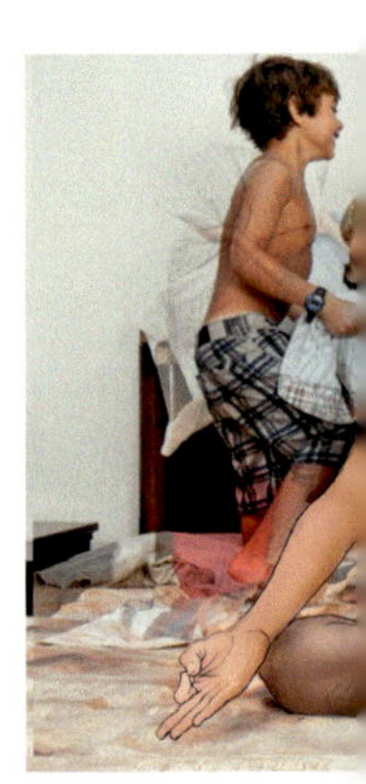

I do think there is a relationship between lovers of institutions and critics, between psychoanalysis and cynicism. This is an observation, not a critique. **There is no point in criticizing a method of reading the relationship between memory and the past and its connection to order and space.** Institutional critique uses the white cube as its metaphor; Freud used the head as the place to rehearse our memories—our personal collections—and to exhibit what's possible only in relation to the given, to the past. It is this very classical idea of space—as a temple, as a form that can be seen and described and is contained—that gives both these systems of reading a dogmatic trust in reason, self-sufficiency, and freedom. **This trust surrounds the whole problem of the modern thinking apparatus, which is incapable of allowing us to abandon the rehearsal of what we know without losing control.** It insists that change is possible only if we take all the undercurrents to a place where there is light, where we can see them, become conscious of them, and consequently act. And it is here, in this insistence, where I see the end of the possible.

Exhibitions are becoming an impossible format because they continue to premise these inherited institutional and cognitive settings.

This is not only because of the public's power to trespass on the private but also because these etymological apparatuses block the imagination from creating new forms. **We are so bad with hybrids, yet everything stable, steady, and self-contained is uninteresting,** stopping the flow and travel of thoughts through bacteria as well as the possibility for the senses to become brain. We invest so much money in technology, yet we fear deskilling through machines and software just as much as we desire it. Dreaming of enhancement through artificial life is all still very much part of the modern system, while the true merging of two entities has nothing to do with one entity becoming a tool for the other or one suffering because of the other. As I alluded to above, cynics despise speculative thinking, which has only one goal: to explore hybrids. **The hybrid is often confused with the parasite, a condition that plenty of philosophers have analyzed out of fear that the future is about us suffering under ourselves. This is probably also why it's difficult for us to think about new forms of production.**

hybrid

At an art exhibition we expect an art exhibition. We have seen so many interdisciplinary forms, collaborations, and syntheses, yet we remain skeptical of polymorphisms. We've said so many times before that there are no hierarchies of knowledge, but this is not true. Nothing is feared more in the art world than being embarrassed by that which is "allowed" to enter its whole epistemological apparatus. Some still see such "things" as trends . . . trends! It took ages to digest the fact that those without a formal education can create art and thousands of years to allow these "things" of different orders and cultures to get near to the point of sharing the status of the art we learn to produce. We have such a problem with the coexistence of codes and the intermingling of orders that it takes centuries to accept alterations.

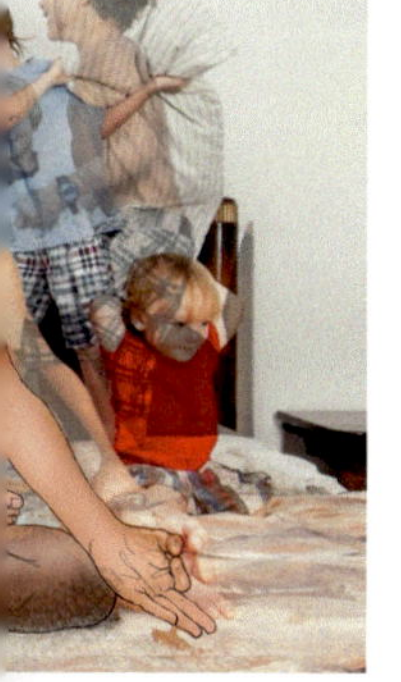

We are so bad with hybrids, yet everything stable, steady, and self-contained is uninteresting.

Vilém Flusser

In 1988 philosopher Vilém Flusser visited the Ars Electronica festival in Osnabrück, Germany. He gave an interesting interview for the occasion, in which he tells simply how words cannot describe the world anymore. Flusser explains how the alphabet was not only a radical invention that—more than 3,500 years ago—provided a code to describe reality; it was also the genesis of our notion of "historical time." **The line of the text and the timeline are analogous, and over centuries the logic of reading became the logic of the sequence of events. We are, says Flusser, in a revolution of thinking and communication, since neither text nor image alone can sufficiently describe reality.** The "new" reality, or time, so to speak, needs a language that measures as well as maps, describes as well as depicts. **There is no single language, discipline, or realm of knowledge that alone can handle the task of dealing with the world.** Information technologies, he continues, have tried for years to produce synthetic codes that help us to define the tools of the near future.

After Flusser, I would say that one of the main tasks of art today is to teach the nature of this new time and to develop the capacity to grasp its multiplication of synthetic realities. In the interview Flusser mentions very few positive examples of formulating the "good practice" of such a task. We should therefore first address the complex architecture of today's forms of knowledge.

new time

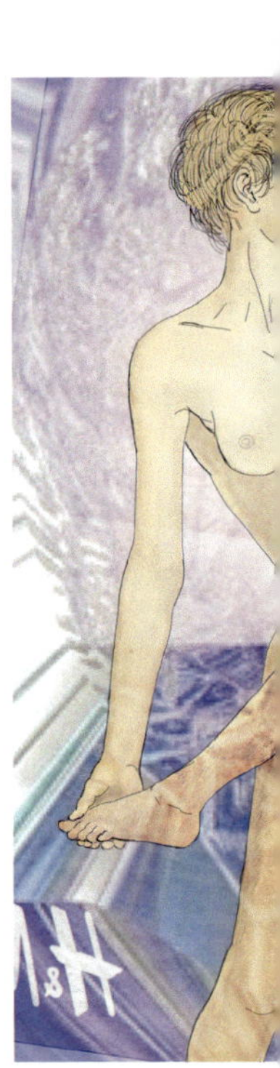

Within the spatial parameters of the white cube, one could say the exhibition is designed as a book. And, as Flusser further mentions, it is the book we need to leave behind; that is, the linearity of art's presentation and explanation, its inside/outside logic.

If any structure has been dealing with practice and production, on the one hand, and an intense respect for the line and historical time, on the other, it is exhibition-making. Within the spatial parameters of the white cube, one could say the exhibition is designed as a book. And, as Flusser further mentions, it is the book we need to leave behind; that is, the linearity of art's presentation and explanation, its inside/outside logic. This is, of course, very difficult, as it demands a completely new trust both in ways of making as well as in the discovery and performance of space under these different premises. The current interest in different types of exhibitions—from fair presentations to the innumerable postures of art inside and outside the frames of institutions to exhibitions of science and natural history—reflects a need unfulfilled in terms of figuring out how to deformalize the production, presentation, and reception of art. **More than an "after form," our time demands a graspable method for an "un-form." It is known that we need to collapse the core premise of "aesthetics"—the distance that separates art from institutions, viewers, and artists themselves. However, this implies a nearness, or unprecedented fusion, of substances having remained apart for so long that it would demand new organs; that is, a whole new theory of the relevance of senses in an epistemology to come.** It is for this reason that I believe in both a return to experimental conditions as well as an abandonment of the "middle class" as the universal receiver of our acts. The first is easy to name yet very difficult to put in place, because we are more interested in defining the steps that lead to results than the educts, the forces that motivate the experiment and make it possible. I think art should be the place for the continuous effort that creates these experimental conditions. **And I am also positive that "presenting"—curating, if you will, with all its cuteness and horrors and rigor and humbleness—is the right way to challenge the "book" presentation. Facing the hybrid is a great first step towards change.**

middle class

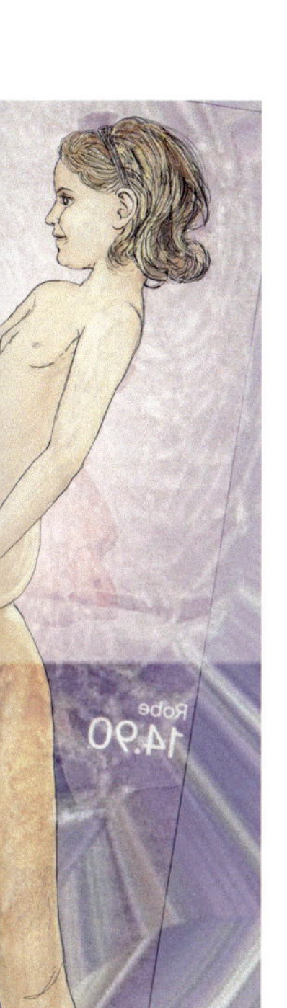

The second premise—the abandonment of the middle class—is a little bit more polemic yet even more necessary than the first. Do not understand abandonment as disregard, or a lack of love. Rather the contrary, it is the heavy weight that democracy has placed on the "middle," on the citizens, that we need to lighten. This implies the development of projects that actively look to a different kind of relationship between society and art other than one of legitimation. Lately I have been thinking about two possible methods that could be put in place. One is to more actively engage educational facilities—labs, campuses, and centers—that serve society with no expectation of a direct consensus between an activity and its reception. The second method is to develop projects with artists and cultural agents that will use the given structures to work together with the youth and children, who also form the social. **One radical way of un-forming our inherited institutional structures will be to challenge them with radically different uses and to inhabit them with working methods that are unprecedented but that may turn our models of exhibiting and participating in the production of culture into more productive ground.**

It has been said over and over that we should not expect a conventional exhibition. Does this attempt to excuse the process or tempo of the works, which may not coincide with your time or your visit? The unconventionality that appears again and again in press texts refers to materials that are actually too slow or too conceptual to fulfill the expectations of the senses, which are not defied in any way. **By announcing that the exhibition format is over, we renew its importance.**

It is only boldness and a weird, surreal emergence of production that can collapse the format. Only by showing the work of the "wrong" ones can we produce a truly speculative exercise.

It is a funny coincidence that the etymology of the word cynic—*kunikos*—means dog and that the main posture in yoga is the "downward-facing dog."

kunikos

Chus Martínez was born in Spain and has a background in philosophy and art history. She was Chief Curator at El Museo del Barrio, New York; dOCUMENTA (13) Head of Department and Member of Core Agent Group; at MACBA, Barcelona (2008–11); Director of the Frankfurter Kunstverein (2005–08); and Artistic Director of Sala Rekalde, Bilbao (2002–05). For the 56th Venice Biennale (2015), Martínez curated the National Pavilion of Catalonia and for the 51st edition the Cyprus National Pavilion (2005). Martínez lectures regularly and has written numerous catalogue texts and critical essays. She is a regular contributor to *Artforum*, among other international journals. Currently Chus Martínez is the Head of the Institute of Art of the FHNW Academy of Arts and Design in Basel, Switzerland.

All images: Nicolás Fernández
p. 74 *Reincarnation Bank*, 2014, digital painting, archival ink-jet print, 70 × 90 cm; pp. 76–77 *Maitreya, the last capitalist*, 2014, digital painting, archival ink-jet print, 90 × 70 cm; pp. 78–79 *Gandhara,* 2014, digital painting, archival ink-jet print, 90 × 70 cm; pp. 80–81 *Buying a father with mom's lipstick*, 2014, digital painting, archival ink-jet print, 70 × 90 cm; pp. 82–83 *Remembering past lives*, 2014, digital painting, archival ink-jet print, 70 × 90 cm; pp. 84–85 *Demeter & Persephone*, 2013, digital painting, archival ink-jet print, 90 × 70 cm

"Why would I bring a child into this world?
What a bourgeois question!"

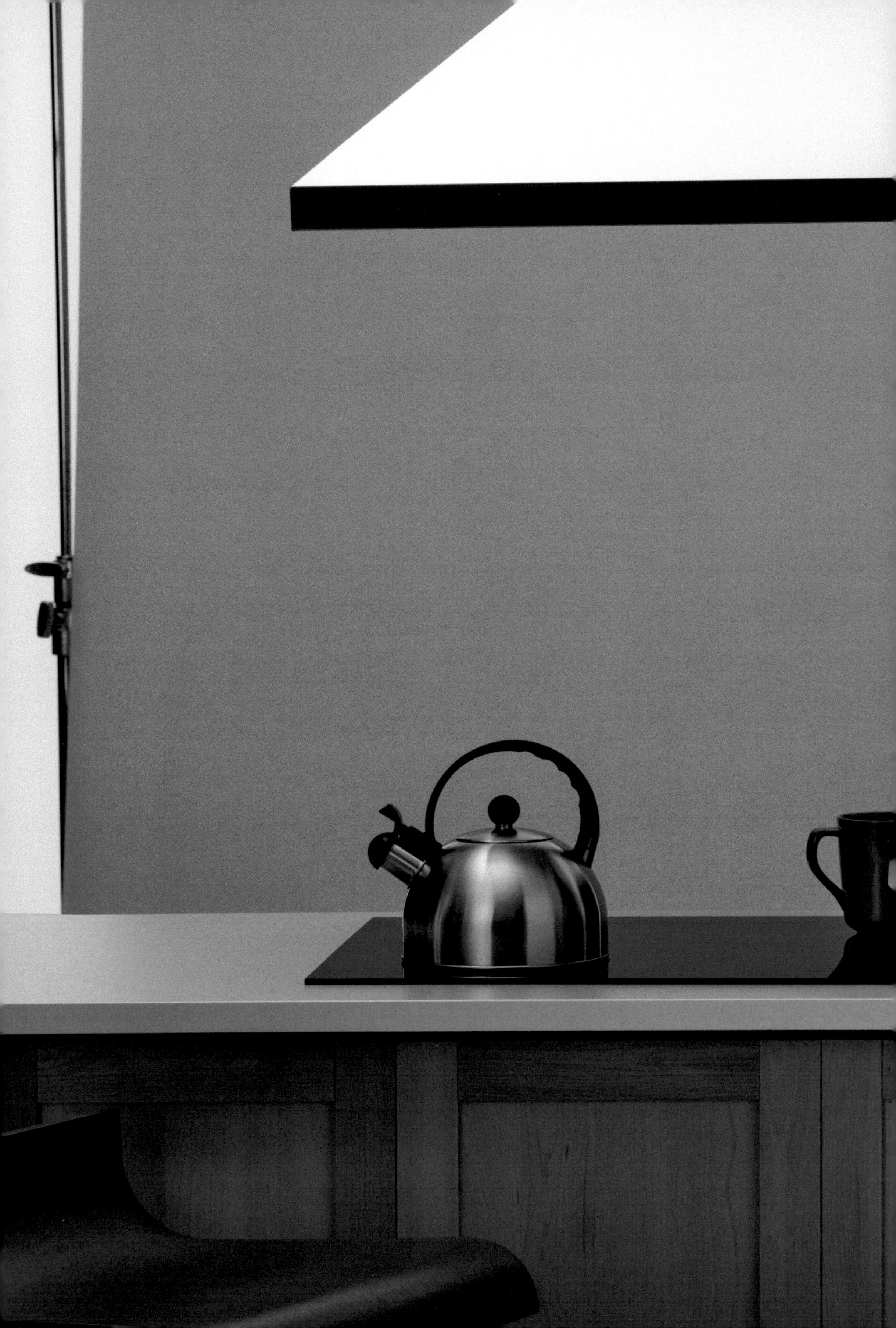

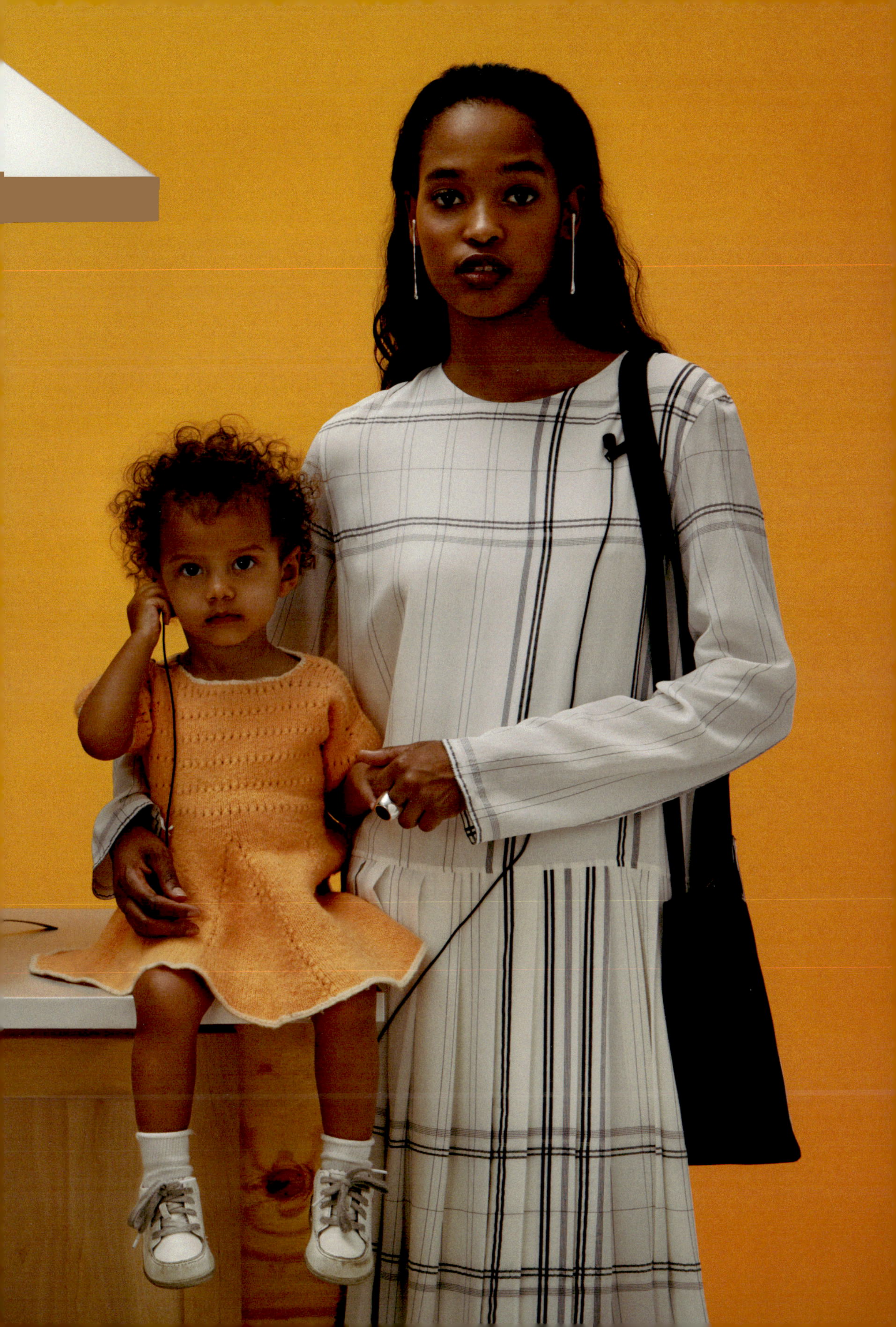

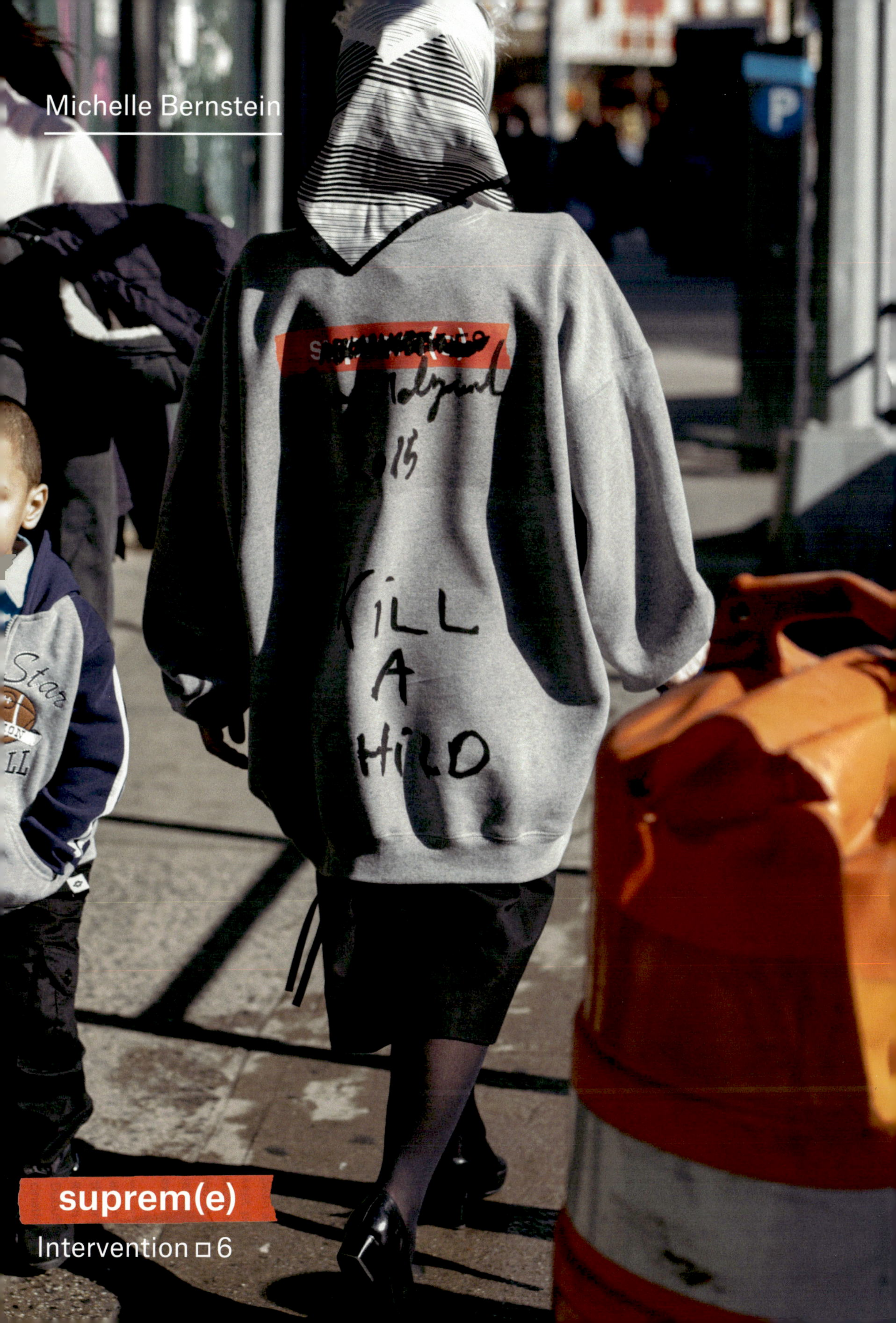

Michelle Bernstein

suprem(e)

Intervention □ 6

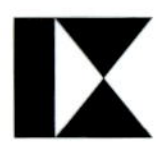

Unbehagen im Trend

Trends and Their Discontents

NATASHA STAGG

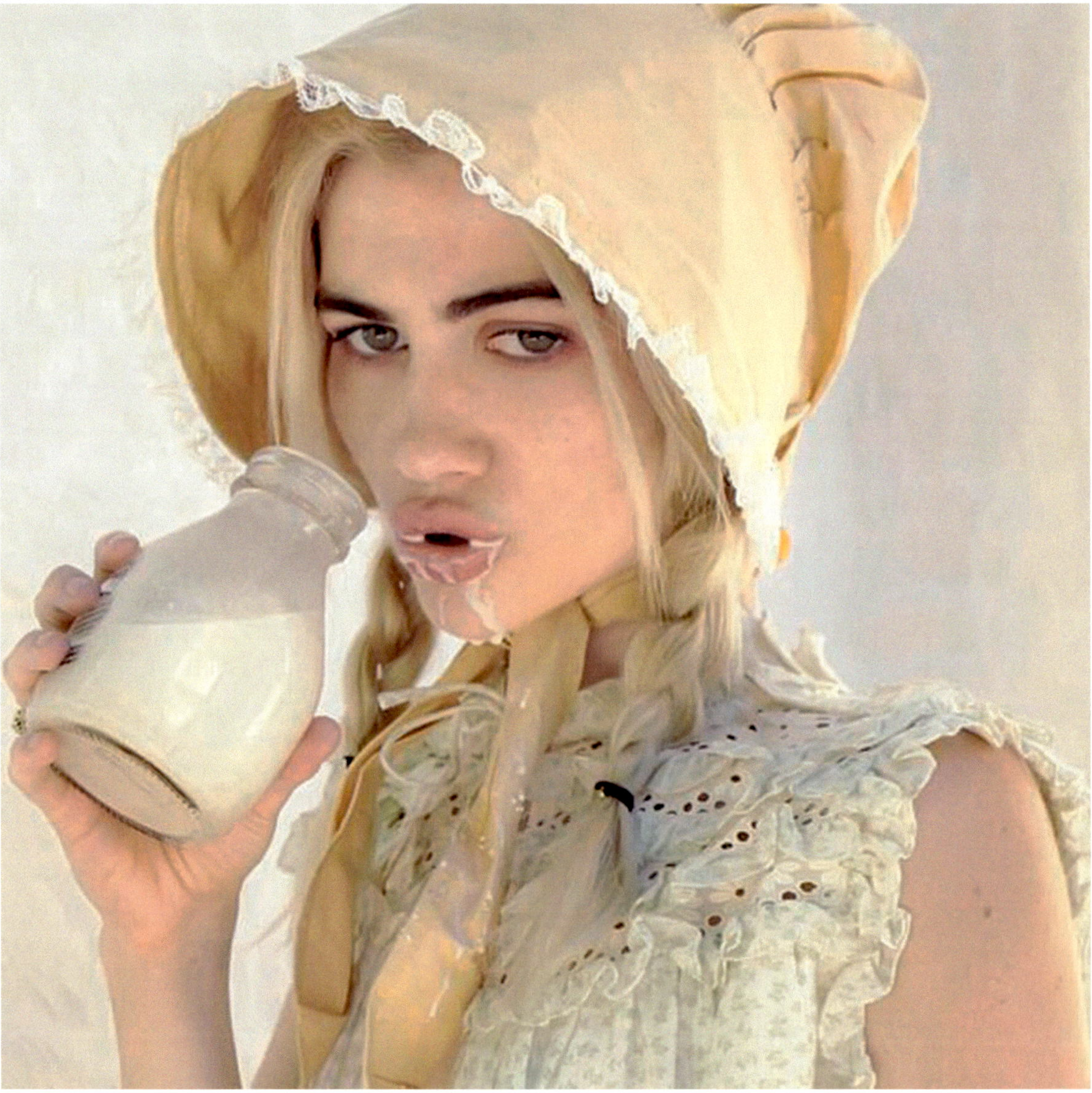

Ein Mikrotrend hält sich nach meinem Verständnis nicht lange genug, um als echter Trend erkannt zu werden. Er verglüht, weil er zu hell und zu schnell auflodert. Trotzdem können Mikrotrends größere Trends auslösen. Etwas, das zu aufdringlich, zu offensichtlich ist, um in Mode zu kommen, kann später als Relikt einer Zeit rekontextualisiert und letztendlich als zeittypisches Phänomen gedeutet werden. So ist es schon immer gewesen. Die stillosesten Trends eines Jahrzehnts werden fast ausnahmslos zwanzig Jahre später wiederbelebt. Doch in letzter Zeit hat die Art der Berichterstattung Phänomene mit echtem Trendpotenzial auf Mikrogröße schrumpfen lassen. Das vorzeitige Ausschlachten von neuen Trends schafft Mikrotrends – und das geht heute leichter als je zuvor.

Kurzlebigkeit allein macht einen Trend noch nicht zum Mikrotrend. Vielleicht wird er nur von einer bestimmten Altersgruppe verfolgt. Es könnte sich um ein billiges Accessoire handeln, das beim ersten In-Erscheinung-Treten in der Versorgungskette zu weit unten angesiedelt war, um in den High-Fashion-Markt hinaufzusteigen. Manchmal brodelt ein Phänomen eine Zeit lang unter der Oberfläche eines größeren Fashion-Trends, bevor es als ansatzweise relevant wahrgenommen wird. Schauen wir uns als Beispiel einen Artikel aus dem *T Magazine* der *New York Times* an, in dem es im Juli 2015 um gefärbte Achselhaare ging. **Die Kurzfassung: Bei jungen Frauen, die sich im Sommer nicht die Achseln rasieren, sind Haarfarben von Manic Panic angesagt. Wie jeder weiß, handelt es sich hierbei um eine Randerscheinung mit offensichtlichen Schwachpunkten, die lediglich auf Fotos cool aussieht. „Wie sich zeigt, steckt das Internet bis zu den Achselhöhlen in Frauen, die sich selbige färben", schreibt Andrew Adam Newman.** Miley Cyrus stellte ihre seit Neuestem pink gefärbten Achseln auf Instagram zur Schau, was ihr mehr als 396.000 Likes und 30.000 Kommentare einbrachte. Auf Instagram wurden unter dem Hashtag #dyedpits über 700 Fotos von Frauen (und einer Handvoll Männern) gepostet. Und der Blog-Eintrag „So färbst du deine Achselhaare" von Roxie Hunt, einer Hairstylistin aus Seattle, wurde seit der Veröffentlichung im Oktober mehr als 37.000 Mal geteilt."

Miley Cyrus

#dyedpits

Wer bei kurzlebigen Trends nur auf Zahlen vertraut, ignoriert alle anderen Fakten, die Journalistinnen und Journalisten sonst recherchieren würden. **Ein Artikel auf *Popsugar* erklärt, man müsse neue Hashtags unbedingt im Auge behalten, weil „#normcore 2014 der am häufigsten gegoogelte Trend" war, und behauptet damit**

#normcore

indirekt, dass Dinge, die häufig gegoogelt werden, eine Auswirkung auf Wirtschaft oder Mode hätten. Nur weil etwas, das von Miley Cyrus gepostet wird, eine Menge Aufmerksamkeit erregt, wird der Inhalt des Postings noch lange nicht zum Trend. Und nur weil viele Leute Inhalte geteilt haben, in denen es darum ging, dass Frauen sich auswaschbare Farben auf einen für seine Schweißabsonderung bekannten Körperteil aufgetragen haben, bedeutet das nicht, dass diese Gruppe dies automatisch nachmacht. Das Thema wird dadurch lediglich zu einem *Trending Topic*. (Wenn Leute das Internet wie einen realen Ort behandeln, ist das ein erstes Anzeichen dafür, dass sie seine Mechanismen nicht durchschauen.)

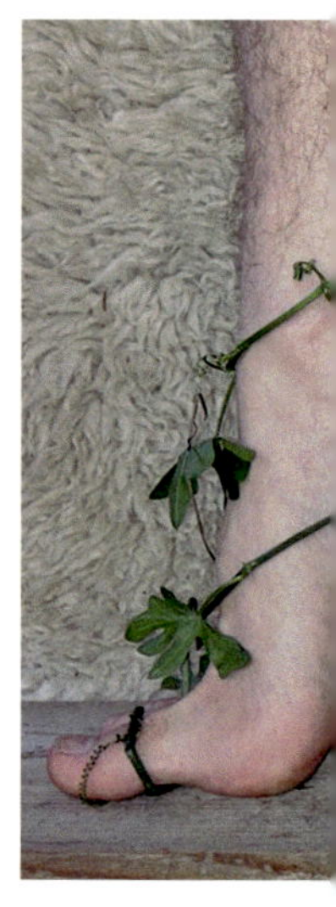

Werfen wir einen Blick auf das #heelconcept, ein Mem, das vor einem Jahr aufkam und sich bis heute hält (und sich aufgrund der gegenkulturellen Intention klar vom Mikrotrend unterscheidet). Indem sich das #heelconcept über Phänomene wie das Fotografieren von Highheels, die wachsende Besessenheit der Social Media mit Schlafzimmergewohnheiten oder die vermeintlich eigene ästhetische Nähe zum Feminismus lustig macht, hinterfragt es die Konzepte hinter Modetrends. **Dieses Mem zeigt einen Fuß in einem Stillleben, das die Form eines hohen Absatzes hat, in Wahrheit aber niemals als Absatz funktionieren würde.** Die Kreation wird nicht durch Riemen am Fuß fixiert, manchmal ist der Absatz flüssig oder am Boden befestigt. Keine Designerin und kein Designer könnte eines der Konzepte abkupfern, ohne seine Besonderheit zu verfälschen: Die Absätze sind nämlich Teil der wirklichen Welt, werden mithilfe von alltäglichen Produkten auf graubrauner Auslegeware inszeniert und ließen sich niemals an einem echten Schuhmodell befestigen. Weder gehören sie zur insularen Fashion-Welt, noch wollen sie dazugehören. Sie sind eine nicht trendfähige Modeerscheinung.

Auslegeware

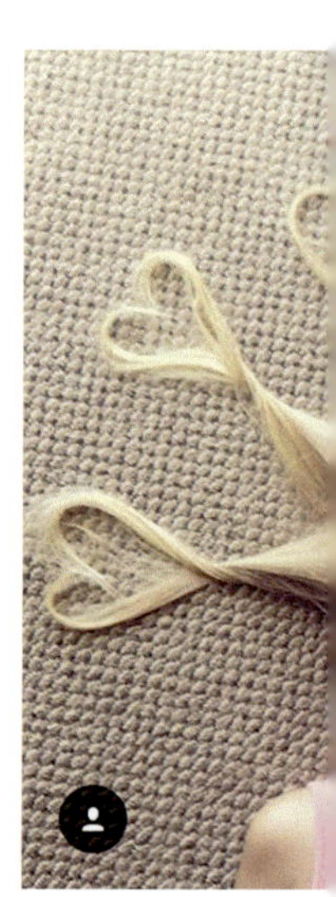

Verschwindet ein Trend, bevor ein Printmagazin Zeit hatte, über ihn zu berichten, dann war er in Wahrheit vielleicht nur ein Ereignis. Seit es Social Media gibt, kann es passieren, dass Modenschauen, die eine ganze Saison im Voraus gezeigt werden, versehentlich die Kleidung für die aktuelle Saison diktieren. Das liegt daran, dass die Welt heutzutage alles, was in der Mode geschieht, zur selben Zeit sieht und nicht erst Monate später in einer Anzeige. Natürlich läuft es auf dasselbe hinaus. Ein Mikrotrend – wie gefärbte Achselhaare oder untragbare Absätze – war und ist Teil des Modezyklus. Die Looks, die auf dem Laufsteg gezeigt werden, bedienen sich bei Konzepten, die aus Mikrotrends oder nicht trendfähigen Modeerscheinungen stammen, wie man sie heute auf Instagram findet und davor in den Clubs, Protestkulturen und gesellschaftlichen Gegengruppen entdeckt hat. In dieser Hinsicht ist der Laufsteg immer spät dran gewesen, Zeitschriften sogar noch später, obwohl beide oft als Ort zitiert werden, wo ein Trend zum ersten Mal gesichtet wurde. Auf etwas, das in der Luft liegt, zu antworten, es zu verdichten und zu kodifizieren – das ist die Aufgabe der Mode. Anschließend wird das Konzept in etwas Tragbares übersetzt oder von einem Popstar, einer Ladeneinrichtung oder einem Artikel im *T Magazine* für sich vereinnahmt. Die Aussage – also das von einer größeren Gruppe über einen längeren Zeitraum entwickelte Konzept – hat sich weit über den Äther hinaus verbreitet. Mit seinen anarchistischen Tendenzen webt sich das #heelconcept beispielsweise in den Stoff eines größeren Trends ein: Von der geistigen Haltung her stellt es eine Reaktion auf den sogenannten Streetstyle dar – und nicht etwa dessen Wiederholung.

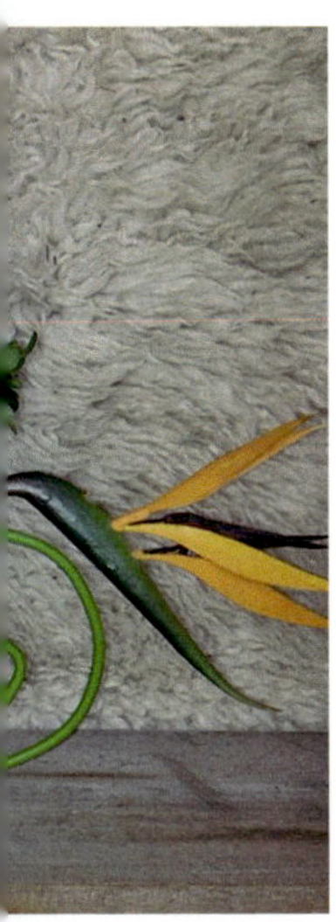

Wenn Leute das Internet wie einen realen Ort behandeln, ist das ein erstes Anzeichen dafür, dass sie seine Mechanismen nicht durchschauen.

#bonnetcore

In einem Artikel, den ich vor Kurzem überflogen habe, wurden unter der Frage „Ist #bonnetcore der nächste große Streetstyle-Trend?“ ein paar „Instagram-Stars“ aufgelistet, die auf Selfies altmodische Hauben tragen. Die meisten Fotos der mit Anzeigen gespickten Diashow stammten von Instagram und zeigten Promis wie den Stylisten und Designer Jake Levy oder die Schauspielerinnen Lauren Avery und Lily Rose Depp mit ironisch übertriebenen Schmollmündern, auf pastellfarbenen Fotos inszeniert und nicht etwa auf der Straße eingefangen. In einem anderen Artikel, den ich vor ein paar Tagen überflogen habe, wird vermutet, Babys lägen im Trend, weil sie häufig auf Laufstegen gesichtet worden seien. Anderswo heißt es: „#mourncore (‚Trauerschick‘): Neuer heißer Trend oder Hirngespinst eines heißen Freitagnachmittags?“ Und wieder woanders: „Individualität liegt im Trend“. **In einem Artikel, der als Antwort auf #bonnetcore gedacht war, werden diejenigen angegriffen, die über jedes „Trendchen“ (wie zum Beispiel Einteiler aus Plastiktüten oder Selfies mit herzförmigen Haar-Arrangements) berichten: Sie würden Trends in alle Welt hinausposaunen, bis zum Gehtnichtmehr auswalzen und in dem Moment sowieso schon töten, in dem sie ein Phänomen als solches bezeichneten. Merkwürdigerweise wird im Artikel nachdrücklich darauf hingewiesen, dass #normcore im Gegensatz dazu „absolut real“ sei.**

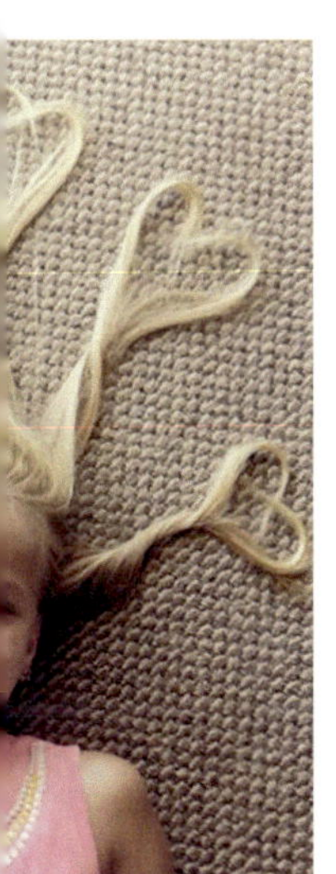

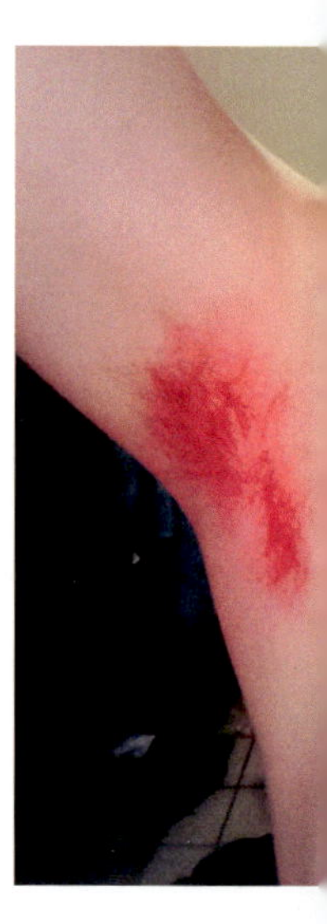

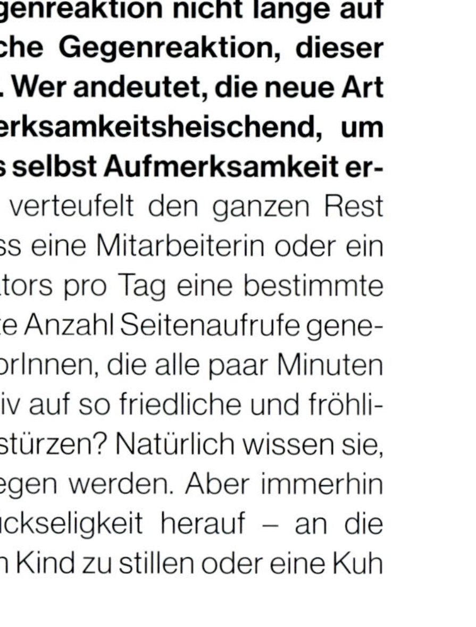

Ein Trend, der mir in der Mode seit Kurzem aufgefallen ist, ist, dass Firmen und Zeitschriften großer Unternehmen journalistische Unbestechlichkeit als überholt ansehen und die Leserinnen und Leser darauf genervt reagieren. **Die Wut über Trend-Vorhersagen liegt im Trend. Wo ein Trend ist, lässt die Gegenreaktion nicht lange auf sich warten, obwohl diese spezifische Gegenreaktion, dieser Meta-Trend, von Selbsthass erfüllt ist. Wer andeutet, die neue Art der Berichterstattung sei zu aufmerksamkeitsheischend, um glaubwürdig zu sein, will ausnahmslos selbst Aufmerksamkeit erregen.** Ein aufgebrachter Kommentar verteufelt den ganzen Rest gleich mit, und alles fängt damit an, dass eine Mitarbeiterin oder ein Mitarbeiter eines Nachrichten-Aggregators pro Tag eine bestimmte Anzahl Artikel posten und eine bestimmte Anzahl Seitenaufrufe generieren muss. Wen wundert es, dass AutorInnen, die alle paar Minuten Content erzeugen müssen, sich instinktiv auf so friedliche und fröhliche Themen wie Häubchen und Babys stürzen? Natürlich wissen sie, dass solche Dinge niemals im Trend liegen werden. Aber immerhin beschwören sie Erinnerungen an Glückseligkeit herauf – an die schlichte Hingabe, die es braucht, um ein Kind zu stillen oder eine Kuh auf dem Land zu melken.

Ein persönlicher Stil kann naturgemäß nicht persönlicher werden. Er kann lediglich stärker mit einer bestimmten Person identifiziert werden.

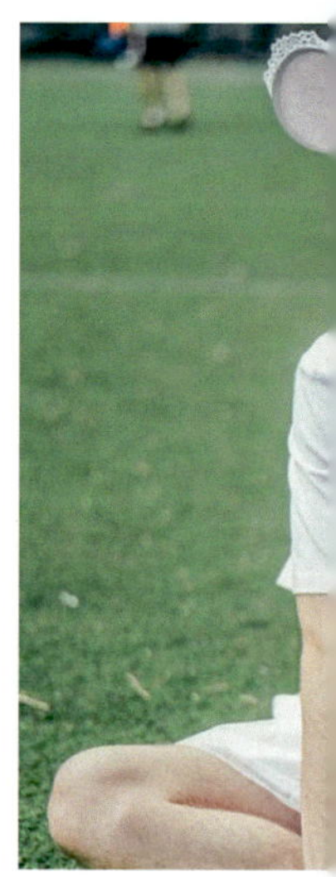

In Wahrheit ist es nicht die Mode, die schnelllebiger geworden ist. „Fast Fashion" ist sicherlich ein Problem, weil dadurch das System der unverantwortlichen Arbeitspraktiken noch vorangetrieben wird. Es mag logisch erscheinen, die Schuld in der schnellen Verbreitung von Fashion-Trends beim Internet zu suchen. **Doch meiner Erfahrung nach wird dem Trendbewusstsein in den letzten Jahren kein größerer Stellenwert eingeräumt als vorher. Es wird nur fälschlicherweise berichtet, die Leute (gemeint ist ein relativ hoher Prozentsatz der Bevölkerung) würden wegen eines neuen Streetstyle-Phänomens regelrecht ausflippen. Was unsere Sicht auf Modetrends anbelangt, hat sich das Internet in den letzten zehn Jahren lediglich so ausgewirkt, dass sich Berichte heute leichter zu Geld machen lassen und Sensationsjournalismus daher höhere Akzeptanz findet.** Das wiederum liegt vor allem an unserem veränderten Umgang mit

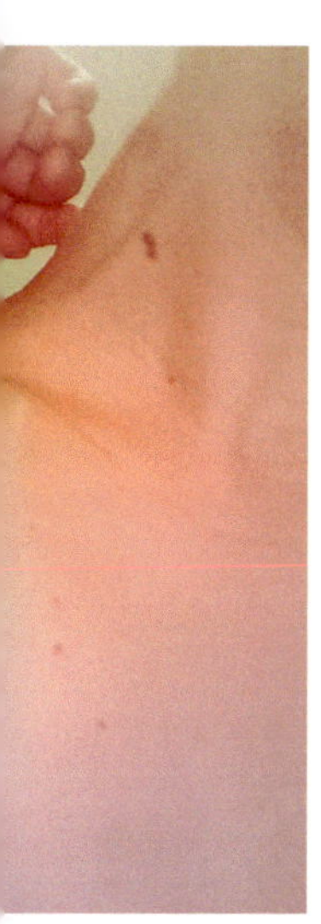

den Medien. Wir filtern sie sozusagen durch unsere Freunde. Da wir uns von ihnen eher etwas zeigen lassen, wollen Werbeagenturen sicherstellen, dass unsere Freunde ihre Geschichten auch teilen, entweder über eine Website, auf der Anzeigen geschaltet sind, oder mit einem direkten Link auf ein Produkt. Wie alle *Trending Topics* in unseren News-Feeds müssen Trends wenigstens dem Anschein nach eine kritische Masse erreicht haben, um als teilenswert zu gelten. Häubchen liegen nicht im Trend, Stillleben schon, weil Instagram im Trend liegt. Aber so wird es nicht immer sein. Dieser virtuelle Raum ist ebenfalls ein Metatrend. Tatsächlich handelt es sich um ein Phänomen, das die Industrie der Trendvorhersage, Mode und Kunst durchdringt und dabei selbst im Trend liegt. Trends liegen im Trend. Langweilig, oder?

Ein Artikel, den ich vor Kurzem gelesen habe, gibt sich als Essay aus, der sich mit dem Wandel im persönlichen Stil auseinandersetzt. Ich glaube, es wird folgende These aufgestellt: Weil es leichter geworden ist, Kleidungsstücke fast sofort, nachdem man sie irgendwo entdeckt hat, zu kaufen, und weil aufgrund der heutigen Produktion von Kleidungsstücken ein breiteres Sortiment an Trends für den billigen Massenkonsum angeboten wird, ist der persönliche Stil noch persönlicher geworden. Diese Sichtweise scheint etwas einseitig, konzentriert sie sich doch fast ausschließlich auf billige Arbeitskraft. Offenbar hat wieder einmal eine Autorin oder ein Autor (vermutlich mit einer Deadline im Nacken) das Ziel verfehlt und stattdessen eine voreilige, konsumorientierte Analyse abgeliefert. **Ein persönlicher Stil kann naturgemäß nicht persönlicher werden. Er kann lediglich stärker mit einer bestimmten Person identifiziert werden.**

persönlicher Stil

Vergleicht man, wie sich Mode durch die Einführung des Internets verändert hat, stellt man fest, dass dies vor allem die Berichterstattung betrifft. Heute hat Modeberichterstattung nicht mehr viel mit der monatlichen Trend-Vorschau aus der Blütezeit der Zeitschriften zu tun. Von Einzelpersonen betriebene Style-Blogs sind inzwischen finanziell erfolgreicher als die meisten Websites von Zeitschriften. **Verglichen mit der Online-Version eines Printmagazins, haben Blogs geringere Fixkosten und gelten, was Stylingtipps anbelangt, als wesentlich glaubwürdiger: Die LeserInnen durchschauen zwar die Beziehung von Zeitschrift und Werbekunden, nicht aber die Product-Placement-Politik der Bloggerinnen und Blogger.** Luxusmarken haben den Einfluss von BloggerInnen, Streetstyles und Social Media erkannt und wenden sich verstärkt dem E-Commerce zu. Deshalb verlieren Zeitschriften immer mehr an Bedeutung. Dabei besteht die Aufgabe einer Zeitschrift nicht nur darin, neueste Entwicklungen

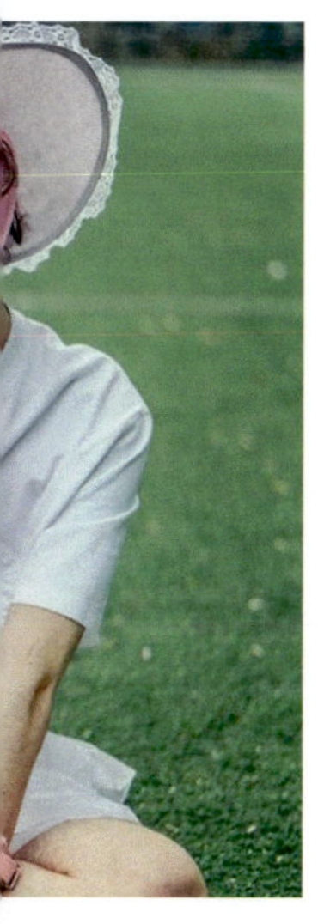

zu verstehen, sondern auch darin, originell über sie zu berichten. Als regelmäßig erscheinende Publikation stellt eine Zeitschrift ein Zeugnis des kulturellen Klimas dar. Einige Zeitschriften haben das schon immer gewusst. Sie eignen sich hervorragend als Stethoskop, um flüchtigen Trends den Puls zu fühlen, und später als zuverlässiges Bezugssystem für einen bestimmten Zeitabschnitt. Sie bemühen sich, einen Mikrotrend erst zu erkennen, bevor sie über ihn berichten, und ziehen keine voreiligen Schlüsse. Einige Trends ignoriert man besser, solange sie einem nicht in voller Pracht entgegenfunkeln. Alle anderen werden, selbst nach Jahrzehnten der kulturellen Relevanz, unter dem neu geschaffenen Druck, Anzeigenkunden eine Sturzflut von Seitenaufrufen zu verschaffen, zusammenbrechen und verglühen.

Natasha Staggs Roman *Surveys* ist im Jahr 2016 bei Semiotext(e) erschienen. Sie schreibt regelmäßig für *DIS Magazine*, *Kaleidoscope* sowie andere Kunstmagazine und ist Senior Editor der New Yorker Modemagazine *V* und *VMAN*.

Abbildungen: S. 92 Lauren Avery, #bonnetcore, Instagram, 2015; S. 94–95 (oben) Jake Levy, #heelconcept, Instagram, 2015; _jo_loves_, #hairhearts, Instagram, 2016; S. 96–97 (oben) Daniela Fernandez, #dyedarmpits, Instagram, 2016; (unten) Jake Levy, #bonnetcore, Instagram, 2015; S. 98–99 Sibelbel, #dyedarmpits, Instagram, 2015; S. 100–101 M.sty, #heelconcept, Instagram, 2015; S. 102–103 (oben) Lauren Avery, #bonnetcore, Instagram, 2015; (unten) 8primrose8, #hairhearts, Instagram, 2016; S. 104–105 M.sty, #heelconcept, Instagram, 2015

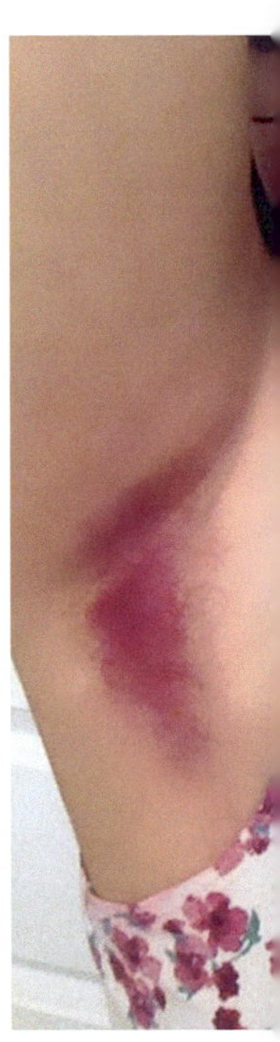

A micro-trend, as I understand it, doesn't last the time it generally takes to be recognized as a proper trend. It burns out because it flares too brightly, too quickly. But micro-trends are often what later inspire larger trends. Something that was too blatant or obvious to become fashionable at its inception but is later recontextualized as a relic can ultimately become a signifier of its era. And this has always been the case. The least chic trends of a decade are always revived twenty years later, almost without fail. But lately, the very format of contemporary reportage has microtized many trends with proper potential. Dynamiting infant trends makes them micro, and this is now easier than ever.

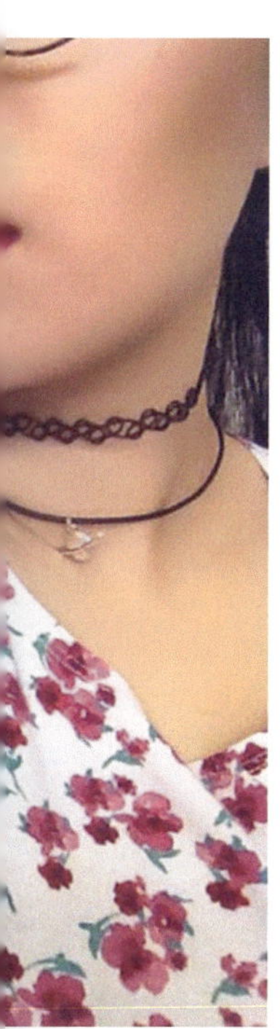

Being short-lived is not the only factor that makes a trend micro. The trend may be followed too wholeheartedly within one age group, for example. It could be a cheap accessory that started too low on the supply chain to trickle back up to high fashion during its first time around. A phenomenon could be bubbling underneath a broader fashion narrative for some time before it is discovered as something even slightly tangible. Take a *T Magazine* article from July 2015 about dying armpit hair. **The story goes: Manic Panic colors are in style for young women who don't shave their pits this summer. Actually, as anyone knows, this is an uncommon practice with obvious setbacks, and one that can really only be sustained—as something, quite literally, cool—in images. "The internet, it turns out, is up to its armpits with women who dye theirs," writes Andrew Adam Newman.** "Miley Cyrus displayed her newly pink underarms in a photo she posted to Instagram, drawing more than 396,000 likes and more than 30,000 comments. On Instagram, more than 700 photos of women (and a handful of men) have been posted with the hashtag #dyedpits. And a blog post by Roxie Hunt, a Seattle hairstylist, 'How to Dye Your Armpit Hair' has been shared more than 37,000 times since it was published in October."

Trusting these numbers when it comes to fads blatantly ignores the information that journalists tend to keep in mind when it comes to anything else. **An article in *Popsugar* claims that keeping track of emerging hashtags is important, because "#normcore was the most Googled trend of 2014," insinuating that because something is Googled a lot, it makes a big impact on the economy or actual fashion.** Just because something Miley Cyrus posted got a lot of attention or appreciation does not make the content of the post a trend. And just because something as unusual as a woman putting semi-permanent color on a

#normcore

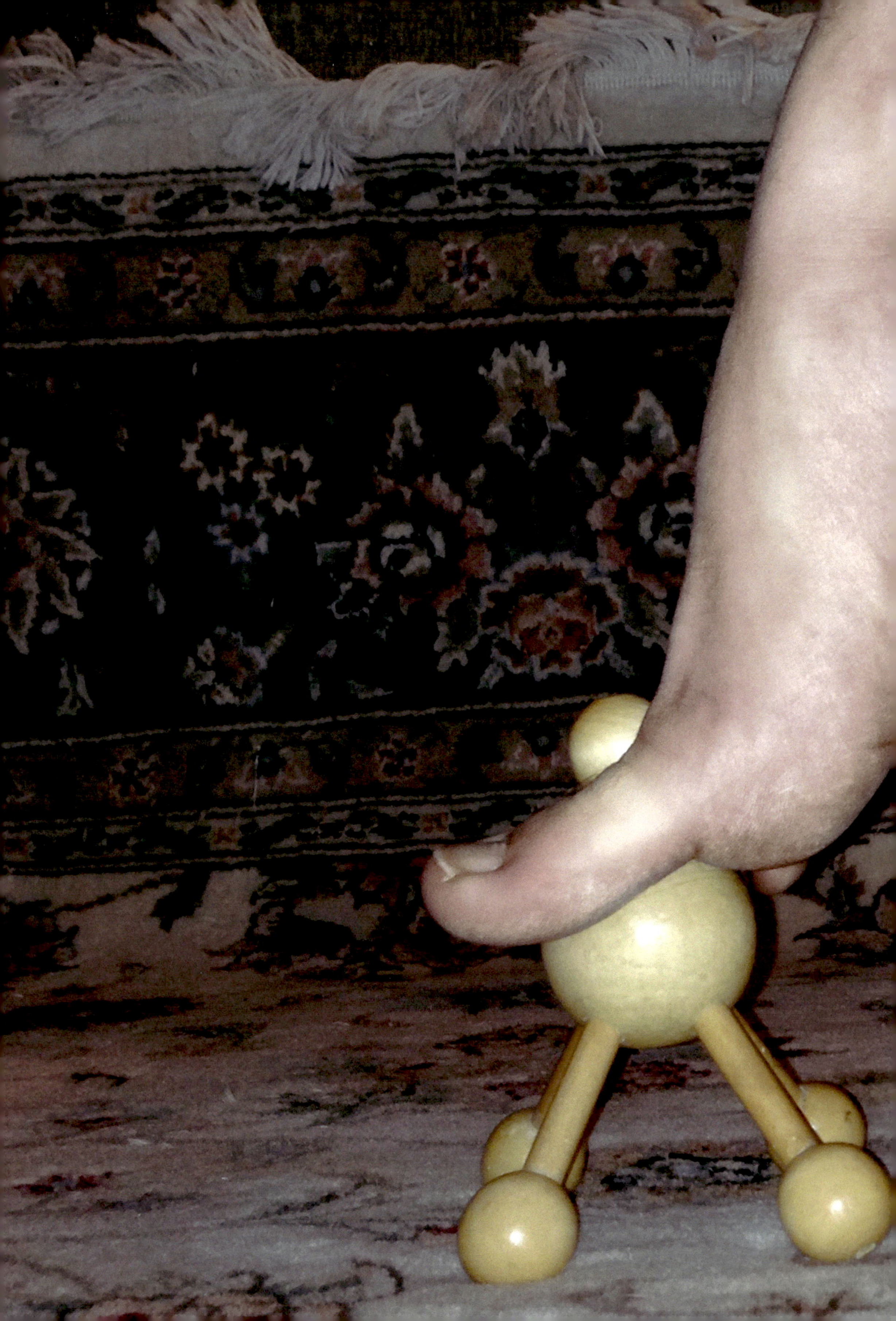

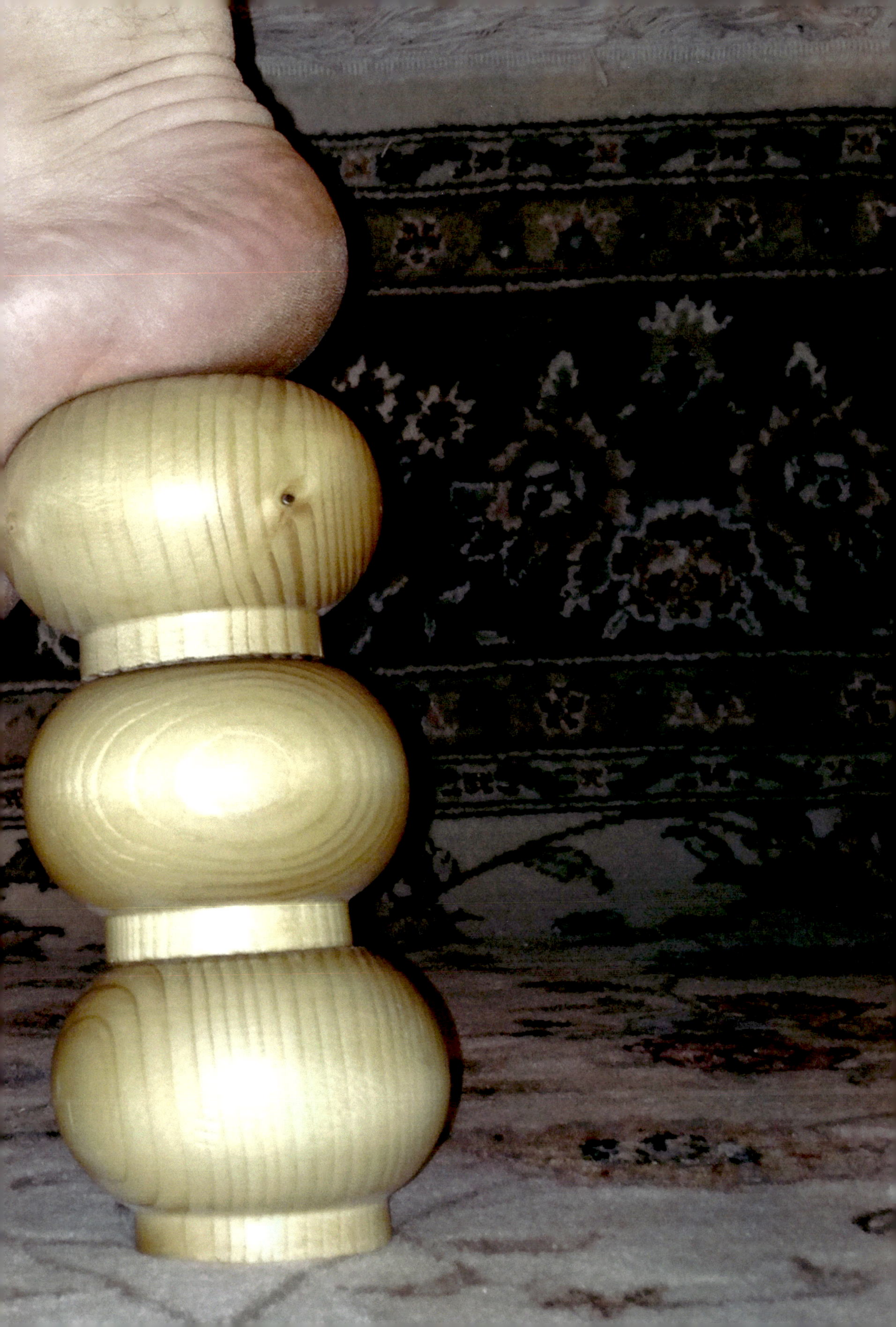

body part notorious for sweatiness was a topic shared by many, does not equate to a group of people automatically following these instructions. It makes the topic a trending one. (The first sign that people don't really understand how these things work is that they treat the internet as if it were a place.)

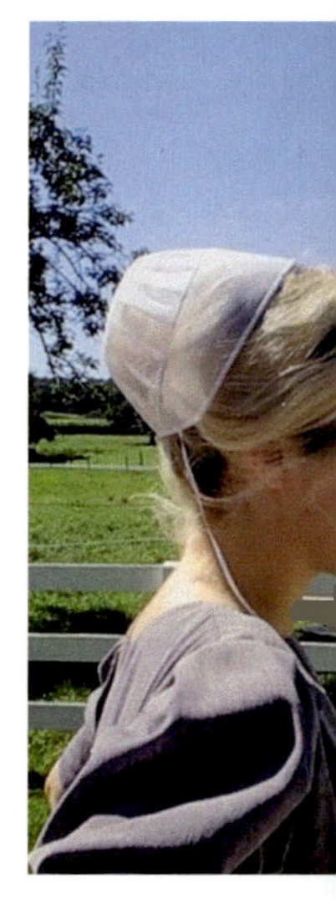

Take the #heelconcept, a meme (to be differentiated from a micro-trend by its very deliberate countercultural intention) that started a year ago and continues today. Rolling its eyes at prevalent phenomena ranging from photographing high heels to the emergent obsession with bedroom life on social media and a forced aesthetic connection to feminism, the heel concept bluntly negates the concept of fashion trends. **Examples of the meme place a foot in a still life that loosely represents the shape of a high heel, which could never become an actual high heel.** No strap holds the structure to the foot, or the heel is made of liquid, or the shoe is rooted to the ground. No designer could steal these concepts without bastardizing what made them so evocative—that they are part of the outside world, staged on taupe wall-to-wall carpet, using drugstore products, and are impossible to place on a walking model. They are not a part of the insular fashion world, nor do they want to be. They are untrendable fashion.

wall-to-wall carpet

The first sign that people don't really understand how these things work is that they treat the internet as if it were a place.

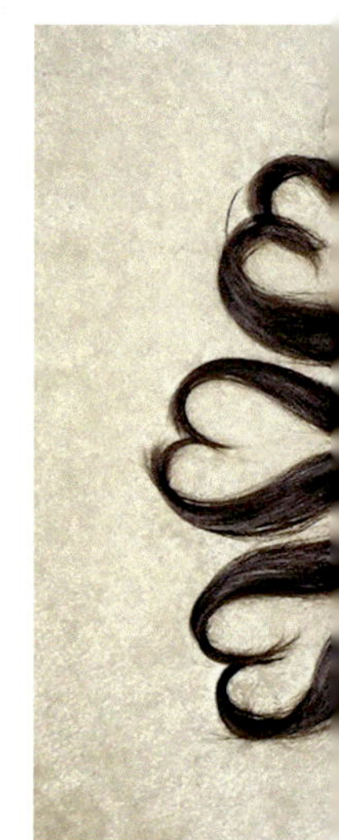

If a trend can come and go before a magazine has time to print it, perhaps it really was an event. Since social media started, runway shows that are put on a whole season ahead of time sometimes end up accidentally dictating the current season. That's because the world can see everything in fashion as it is happening, not months after, in the ads. Of course, it's all one and the same. A micro-trend—like dyed armpit hair or impossible shoes—is still part of the fashion cycle, and always has been. The styles seen on runways borrow from concepts found in micro-trends or untrendable fashion, which come from Instagram, and before Instagram existed they came from clubs, raves, protests, secret societies, etc. The runway has always been late in this way—and magazines even later—although both are often sourced as a trend's earliest sighting. That's fashion's job: answering to, solidifying, or codifying something that's already in the air.

wearables

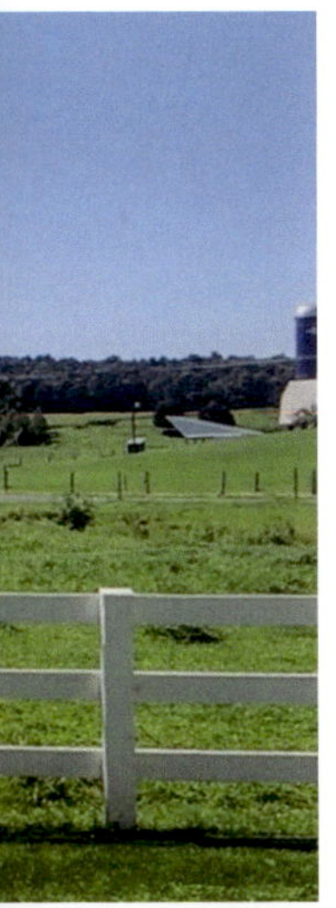

That concept is then translated into wearables, or it's co-opted by a pop star, a store display, or a *T Magazine* article. The message—the concept now formed by a large group of contributors over time—has made its way to more than just the ether. In its nuanced anarchism, the heel concept, for example, is woven into the fabric of a larger trend; it assumes a mood that is a reaction to—not an iteration of—so-called street style.

Personal style can never, in fact, become more personal. It can only become more widely known as one's own.

#bonnetcore

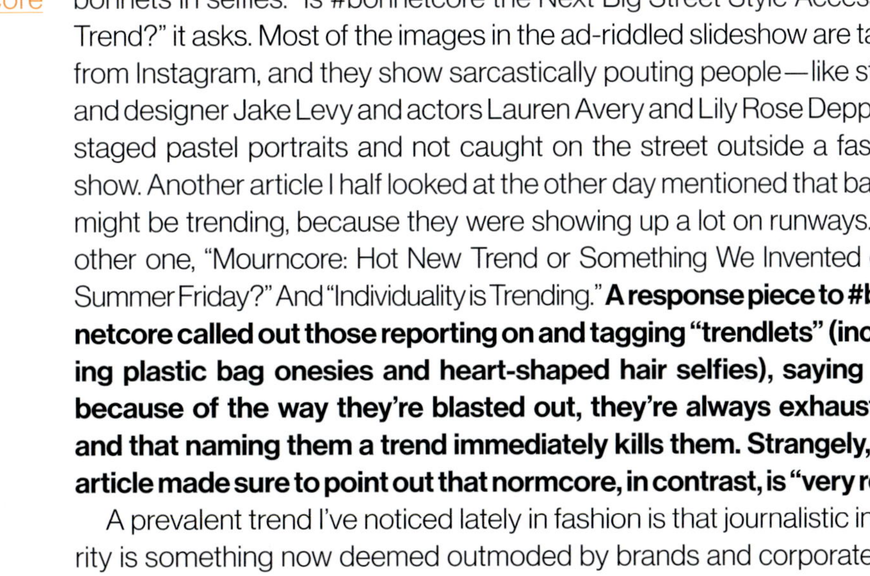

An article I recently skimmed listed a few "Instagram stars" who have worn bonnets in selfies. "Is #bonnetcore the Next Big Street Style Accessory Trend?" it asks. Most of the images in the ad-riddled slideshow are taken from Instagram, and they show sarcastically pouting people—like stylist and designer Jake Levy and actors Lauren Avery and Lily Rose Depp—in staged pastel portraits and not caught on the street outside a fashion show. Another article I half looked at the other day mentioned that babies might be trending, because they were showing up a lot on runways. Another one, "Mourncore: Hot New Trend or Something We Invented on a Summer Friday?" And "Individuality is Trending." **A response piece to #bonnetcore called out those reporting on and tagging "trendlets" (including plastic bag onesies and heart-shaped hair selfies), saying that because of the way they're blasted out, they're always exhausting, and that naming them a trend immediately kills them. Strangely, this article made sure to point out that normcore, in contrast, is "very real."**

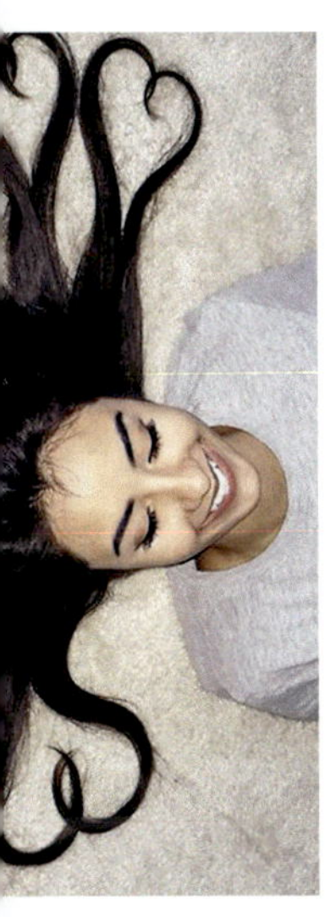

A prevalent trend I've noticed lately in fashion is that journalistic integrity is something now deemed outmoded by brands and corporate-run magazines, and that the readers are pissed off. **Trending now is outrage at trend forecasting. Backlash is never far from any trending topic, although this particular type of backlash, or meta-trend, is fraught with self-loathing. Those who point out that new ways of reporting are too enmeshed in attention-seeking to be trustworthy, they are invariably seeking attention themselves.** One upset op-ed demonizes the rest, and it all starts because someone at an aggregation site had to post a certain amount a day and gain a certain amount of traction over time. No wonder that the natural impulse for writers forced to create content every few minutes is to focus on something as serene

and simple as bonnets and babies. Those things, they must know, are not trends. But they are welcome reminders of bliss—the straightforward focus it takes to breastfeed or milk cows in the countryside.
It's not that fashion has actually become faster. "Fast fashion" is certainly a problem because it puts a greater stress on the system of irresponsible labor practices in the fashion industry, and it might seem logical to blame this on the internet's quick proliferation of fashion trends. **But trendiness has not, in my experience, become a bigger priority over the past few years. The idea that people (meaning a relatively large percentage of the population) go into a frenzy over some new street-style phenomenon is inaccurately reported. Over the past decade the only difference that the internet has made in terms of how we view fashion trends has been to make reporting much easier to monetize, and sensationalist journalism more accepted as a result.** This is due to a shift in the way we view our media. We filter it through our friends. If our friends can get us to look at something easily, advertisers want to make sure our friends are sharing their stories, whether via a site with which the advertisers are affiliated or through a direct link to a product. Trends, just like all trending items on our feeds, must somehow seem to have reached a critical mass to become newsy enough to be shared. Bonnets are not trending, but still lifes are, because Instagram is. But it won't be forever. That space, too, is a metatrend. It's something that overwhelms the industry of trend forecasting, fashion, and art and yet is a trend itself. Trends are trending. Isn't it boring?

fast fashion

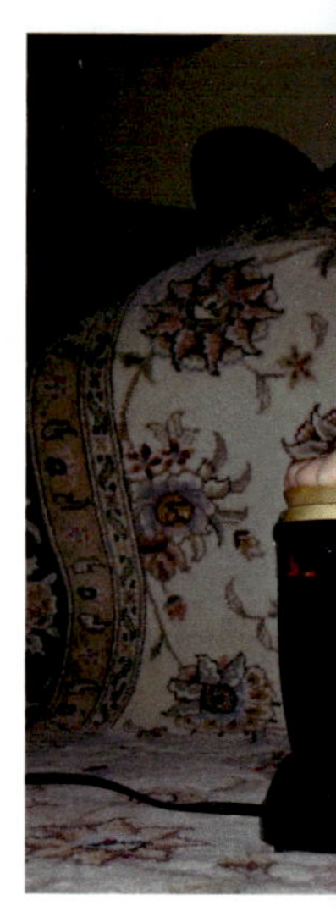

Another article I read a little while ago purported to be an essay about shifts in personal style. It argued, I think, that because it is easier to acquire clothing almost immediately after discovering it, and because clothing production now allows for a wider array of specific trends made at low cost for mass consumption, personal style is becoming more personal. This view seems narrow, seeing as it relies almost completely on cheap labor. Again, an author (most likely working under a tight deadline) has missed the mark, in favor of a quick and shoppable analysis. **Personal style can never, in fact, become more personal. It can only become more widely known as one's own.**

personal style

When it comes to measuring fashion, before and after the advent of the internet, it's the coverage that's changed the most. Fashion coverage is of a different texture than the once-a-month trend forecasting from the heyday of magazines. Personal style blogs have become more financially successful than most magazine websites. **Compared to the web component of an existing print magazine, blogs have smaller overheads and are so far viewed as more trustworthy in terms of styling and advice—meaning that readers have become** product placement

wise to magazines' relationships with advertisers, while a blogger's product placement negotiations are harder to spot. And luxury brands notice bloggers and their influence, they notice the importance of street style and social media, and they are paying more attention to e-commerce than ever before. Magazines therefore seem to be less and less a part of the equation. But it is the job of the magazine not only to understand these developments but to represent and report on them in artistic ways. As a periodical, a magazine becomes a capsule of cultural climate. Some periodicals see this—having always known this. They become the best stethoscopes for fad pulse-points and, later, the best references of a time period. They will attempt to recognize a micro-tend before reporting on it, and jump to no conclusions. Some trends are best left ignored until they are blazing in full glory. The rest, which, even after decades of cultural relevance, cave to the newly established pressures of guaranteeing their advertisers a flash flood of views, will unfortunately burn out.

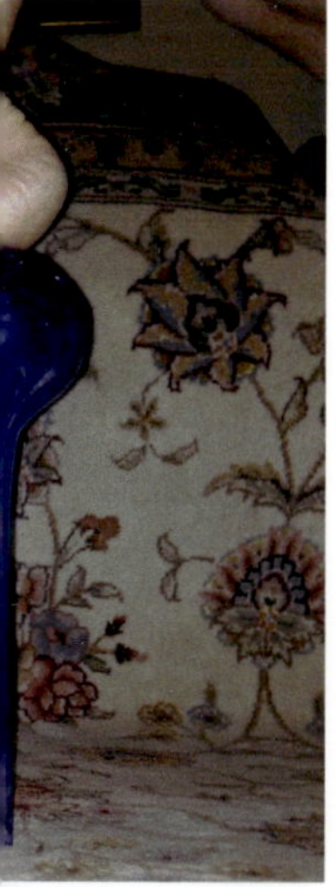

Natasha Stagg's first novel, *Surveys*, was published in 2016 by Semiotext(e). She regularly contributes to *DIS Magazine*, *Kaleidoscope*, and other art journals, and she is the Senior Editor of the New York fashion magazines *V* and *VMAN*.

Images: p. 92 Lauren Avery, #bonnetcore, Instagram, 2015; pp. 94–95 (top) Jake Levy, #heelconcept, Instagram, 2015; (bottom) _jo_loves_, #hairhearts, Instagram, 2016; pp. 96–97 (top) Daniela Fernandez, #dyedarmpits, Instagram, 2016; (bottom) Jake Levy, #bonnetcore, Instagram, 2015; pp. 98–99 Sibelbel, #dyedarmpits, Instagram, 2015; pp. 100–101 M.sty, #heelconcept, Instagram, 2015; pp. 102–103 (top) Lauren Avery, #bonnetcore, Instagram, 2015; (bottom) 8primrose8, #hairhearts, Instagram, 2016; pp. 104–105 M.sty, #heelconcept, Instagram, 2015

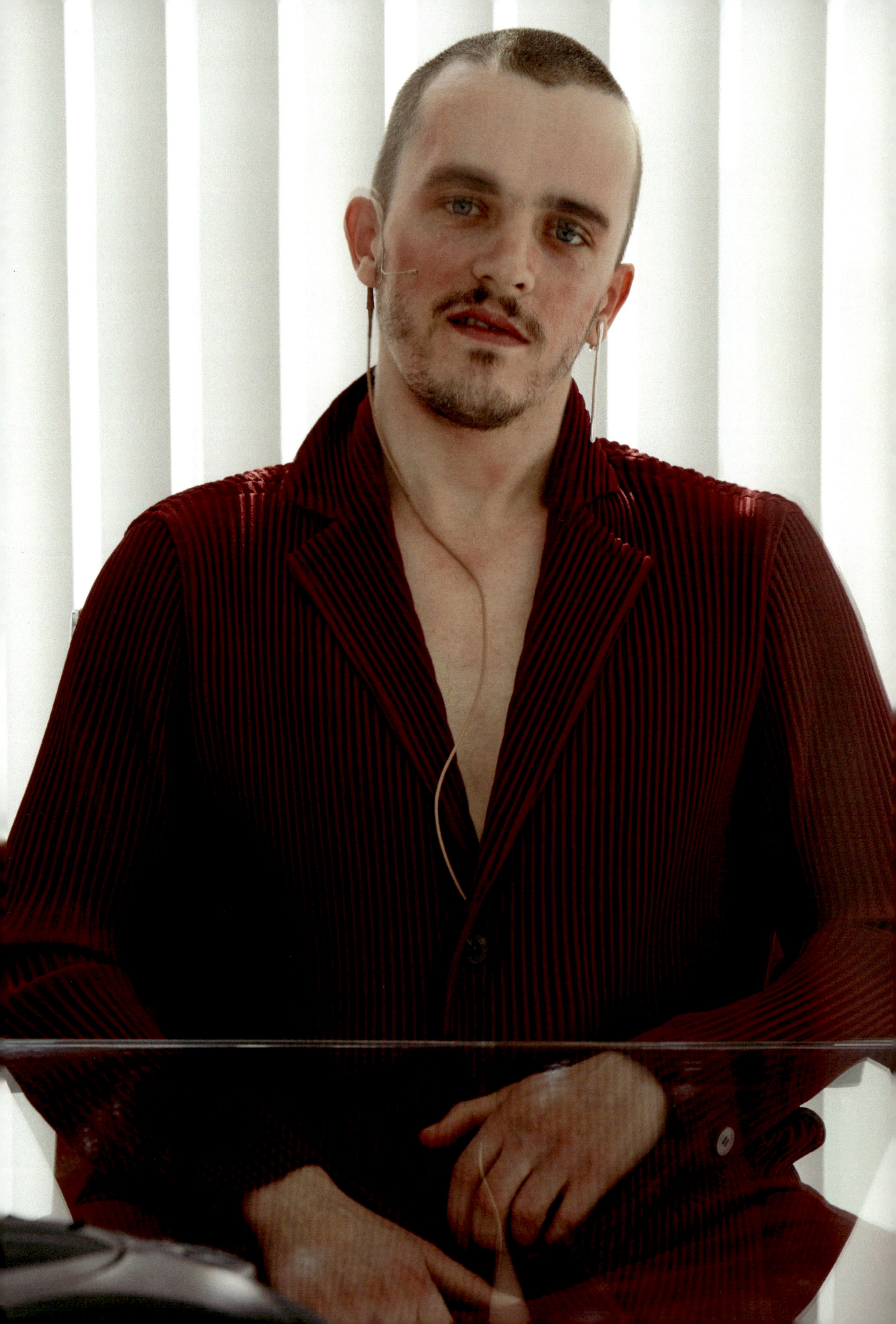

“It’s my job to make the intangible real—and the real incomprehensible.”

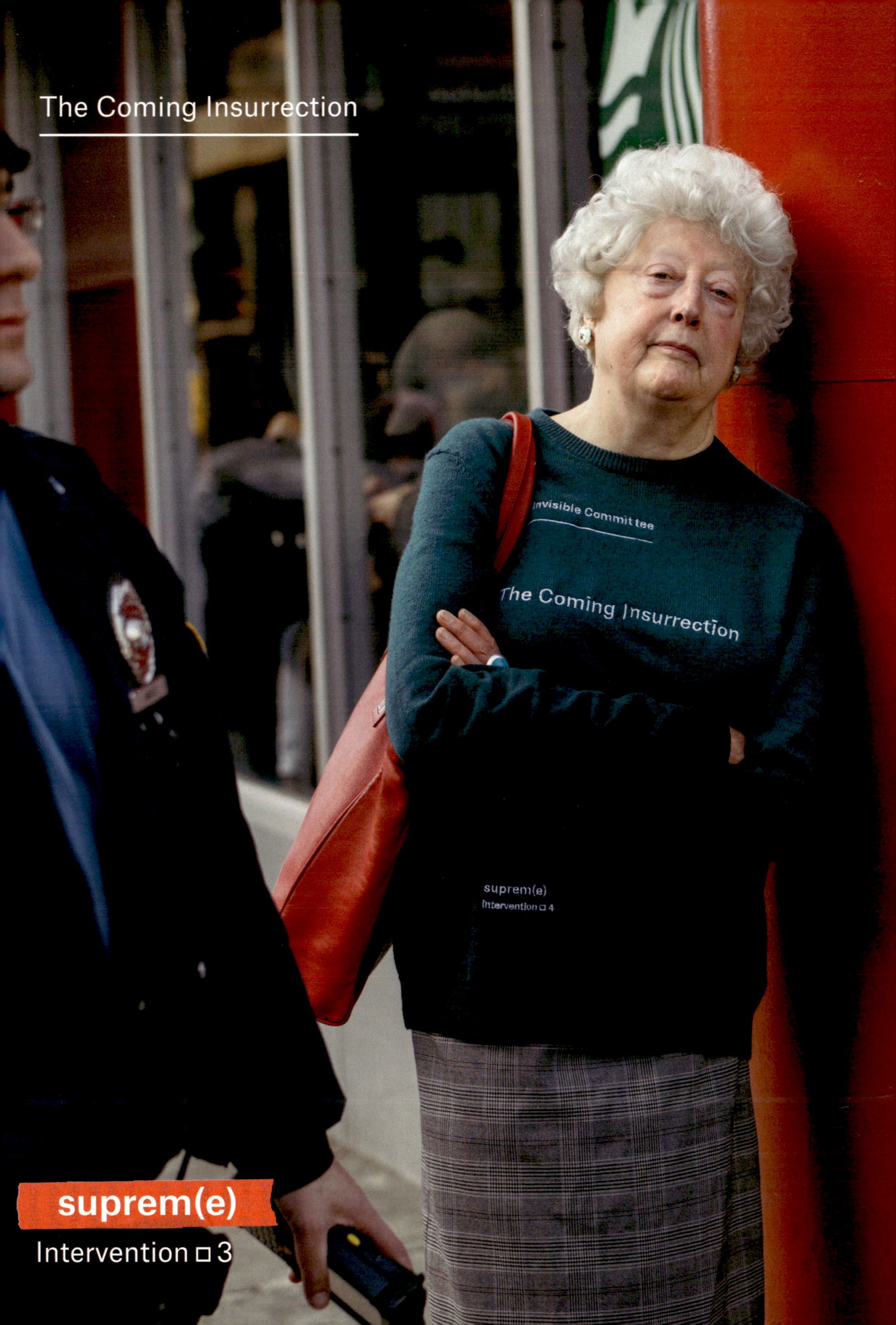
The Coming Insurrection
Invisible Committee
The Coming Insurrection
suprem(e)
Intervention □ 4
suprem(e)
Intervention □ 3

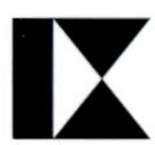

Kosmische Angst
Cosmic Anxiety

BORIS GROYS

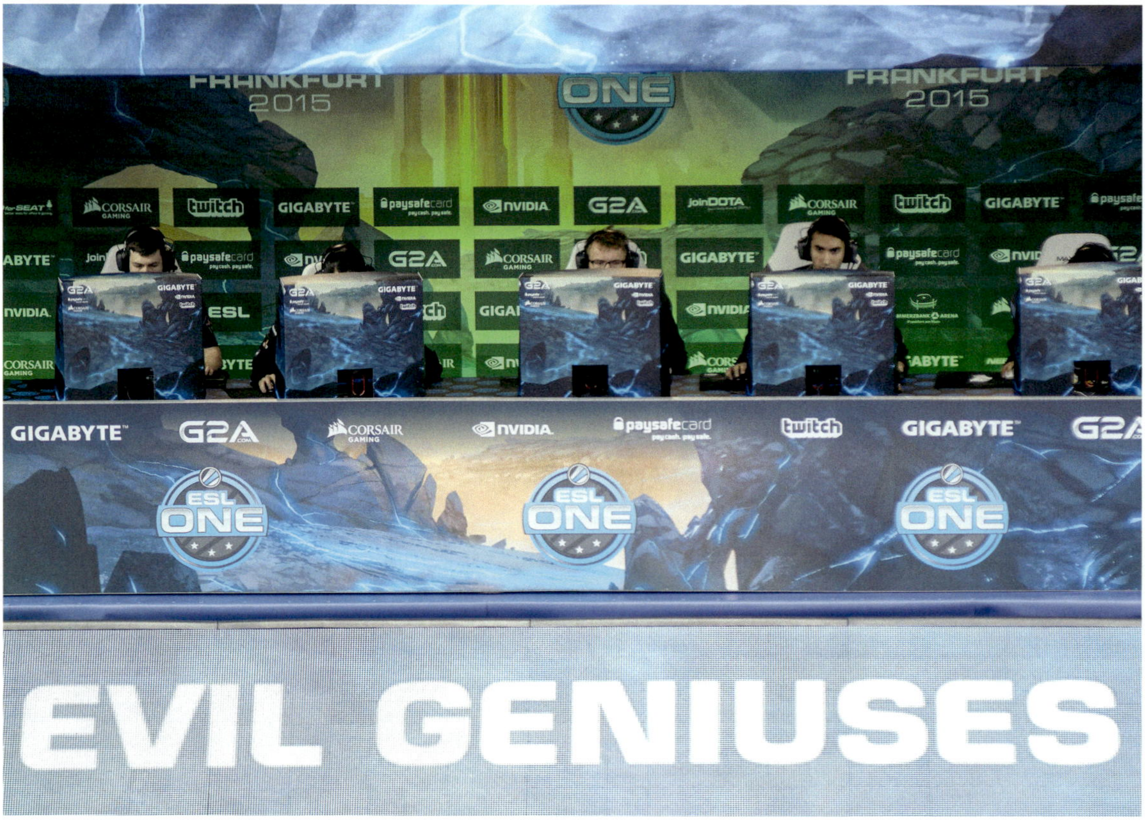

Das Internet wird häufig als Ort des „immateriellen" Informationsflusses beschrieben. Als Medium des Informationsflusses ist es jedoch materiell. Es be- steht aus einer bestimmten Anzahl von Kabeln, Rechnern, Mobiltelefonen und anderen technischen Apparaten. Information, die das Internet durchläuft, hinterlässt materielle Spuren. Computer vergessen nicht, wie man weiß. Jede einmal gelöschte Information kann wiederhergestellt werden. Anders als der Fluss der Zeit ist der Informationsfluss reversibel. **Man könnte sagen, dass sich mit dem Internet der alte Traum manifestiert, der am Ende von Richard Wagners *Parsifal* eine berühmte Formulierung gefunden hat: „Zum Raum wird hier die Zeit."** Das Internet bietet also das Versprechen eines kollektiven Gedächtnisses – und zwar für die ganze Menschheit. Alles, was ins Internet eingespeist wird, wird allgemein zugänglich und bleibt es zumindest potenziell für unabsehbar lange Zeit. Informationen über bestimmte Dinge aufzubewahren, ist natürlich nicht das Gleiche wie die Aufbewahrung der Dinge selbst.

Fluss der Zeit

Virtuelle Depots für Kunstabbildungen sind viel kompakter und viel günstiger im Unterhalt als zum Beispiel herkömmliche Kunstmuseen. Dies gilt auch für Verlage, die in ihrem Programm die elektronischen Veröffentlichungen ständig ausweiten. Und dies gilt auch für die Websites einzelner Künstler – auf denen man die umfassendste Darstellung ihrer Tätigkeiten findet. **Bei einem Atelierbesuch bekommt man heute meistens Folgendes zu sehen: Die Künstler stellen ihren Laptop auf den Tisch und führen die Dokumentation ihrer Tätigkeiten vor.** Das Internet ermöglicht dem Autor somit, seine Kunst fast jedem überall auf der Welt zugänglich zu machen.

Globalisierung des Autors

Das Internet führt zur Globalisierung des Autors, der Person des Autors. Ich meine damit nicht das fiktionale auktoriale Subjekt, welches das Kunstwerk vorgeblich mit individuellen Intentionen und Meinungen auflädt, die dann hermeneutisch zu entziffern und offenzulegen sind. Dieses auktoriale Subjekt ist bereits dekonstruiert und schon viele Male für tot erklärt worden. Ich meine die wirkliche, in der Offline-Realität existierende Person, auf die sich die Internetdaten beziehen. Dieser Autor nutzt das Internet nicht nur, um Romane zu schreiben oder Kunst zu produzieren, sondern auch um Tickets zu kaufen, Restaurantreservierungen vorzunehmen und seine Geschäfte zu führen. All diese Aktivitäten finden in ein und demselben integralen Raum des Internets statt, und allesamt sind sie potenziell zugänglich für andere Internetnutzer.

Wie andere Einzelpersonen oder Organisationen auch, versuchen Autoren natürlich, dieser totalen Sichtbarkeit zu entkommen, indem sie ausgeklügelte Passwort- und Datenschutzsysteme kreieren. **Heute ist Subjektivität zu einem technischen Konstrukt geworden; das zeitgenössische Subjekt definiert sich als Besitzer von Passwörtern, die nur ihr oder ihm bekannt sind, anderen Leuten aber nicht. Das zeitgenössische Subjekt ist in erster Linie ein Geheimnisträger.** Dies entspricht in gewisser Weise einer sehr traditionellen Definition des Subjekts, das gerade deswegen als Subjekt gilt, weil es etwas über sich weiß, das sonst nur Gott allein weiß, Dritte aber nicht wissen können, da sie ontologisch außerstande sind, anderer Leute Gedanken zu lesen. Heute haben wir es nicht mit ontologisch, sondern mit technisch geschützten Geheimnissen zu tun. Das Internet ist der Ort, an dem das Subjekt ursprünglich – als transparentes, beobachtbares Subjekt – konfiguriert und dann zunehmend technisch geschützt wird, um das ursprünglich offengelegte Geheimnis zu verbergen. Jeder technische Schutz kann jedoch durchbrochen werden. **Heute wird die Hermeneutik von Hackern erledigt.** Das derzeitige Internet ist ein Ort von Cyber-Kriegen, deren Trophäe das Geheimnis ist. Das Geheimnis zu kennen heißt, das durch sein Geheimnis konstituierte Subjekt unter Kontrolle zu bringen. Die Cyber-Kriege sind Kriege der Subjektivierung und Entsubjektivierung, die sich nur entfalten können, weil das Internet für jeden Nutzer den ursprünglichen Raum der Transparenz und Referenzialität darstellt. Was aber hat es mit dem Internet als materiellem Gegenstand auf sich?

Subjektivität

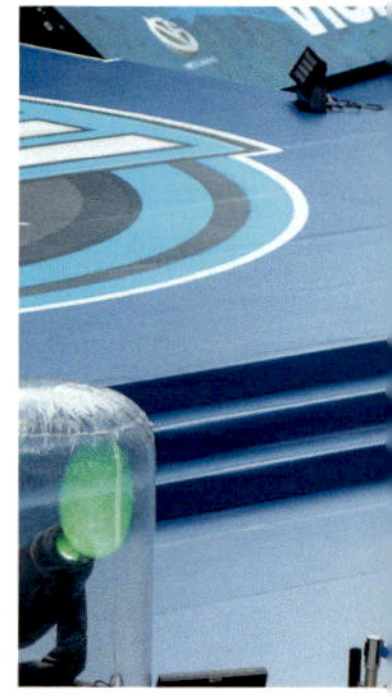

Das Internet scheint tatsächlich viel weniger immateriell zu sein als frühere Träger von Kommunikation und Gedächtnis. Als Beispiel dafür dient die traditionelle Post. Ein Brief kann in einer ins Meer geworfenen Flasche versendet oder von eigens trainierten Tauben transportiert werden. Obwohl es sich hierbei um eher außergewöhnliche Fälle handelt, illustrieren sie doch zur Genüge den Unterschied zwischen herkömmlicher Post und E-Mail. Mit der von dem politischen Denker Carl Schmitt eingeführten Terminologie lässt sich sagen, dass die traditionelle Post dem Nomos des Meeres unterliegt – und die E-Mail dem Nomos der Erde.[1] Die von der traditionellen Post genommene Strecke zwischen Sender und Empfänger war nie klar definiert; sie war vom Zufall und von den persönlichen Entscheidungen des verantwortlichen Überbringers der Botschaft abhängig. Diese Entscheidungen konnten auch fehlgehen, und der Brief war dann unwiederbringlich verloren. E-Mails werden hingegen nicht von Individuen transportiert, sondern über Kanäle und Internetbetreiber, die über fixe Trajektorien verfügen. **Das Internet ist in die Erde eingeschrieben – und unterliegt ihrem Schicksal – in einer weit radikaleren Weise als alle anderen Medien in vorangegangenen Perioden der Kommunikationsgeschichte.** Die aktuelle Globalisierungsphase, die auf dem

Internet als Leitmedium beruht, scheint daher verletzlicher und anfälliger zu sein als frühere Phasen. Kriege und Katastrophen haben in der Vergangenheit viele Zivilisationen zerstört, aber zahlreiche Kunstwerke, Texte und Dokumente haben überlebt, gerade weil sie an ungewöhnlichen Orten aufbewahrt wurden und zufällig der Zerstörung entgingen. Die Erde selbst ist ein riesiges Museum, wie die archäologischen Ausgrabungen zeigen. **Sollte das Internet als Ganzes zusammenbrechen, ist die Wahrscheinlichkeit, dass einzelne Nachrichten gerettet werden können, gering.** Und selbst wenn einige Daten gerettet werden sollten, wäre es schwierig zu verstehen, auf welche Realität sie Bezug nehmen. In diesem Fall würde die Hardware des Internets ohne seine Information ästhetisiert werden – **wie die römischen Aquädukte heute, in denen kein Wasser mehr fließt.**

kosmische Katastrophen

Das ist einer der Gründe, warum die Angst vor kosmischen Katastrophen in der heutigen Kultur so weit verbreitet ist. In der Moderne haben wir den Menschen gewöhnlich verstanden als durch das soziale Milieu bestimmt, in dem er lebt, als Knoten sozialer Netzwerke und als lebendigen, von seiner Umgebung abhängigen Organismus. In der Zeit der Globalisierung haben wir lernen müssen, dass wir von allem, was auf dem Planeten politisch, ökonomisch und ökologisch vorgeht, abhängig sind. Der Planet Erde ist allerdings im Universum nicht isoliert. Er ist beeinflusst von den Vorgängen im Weltraum: dunkle Materie, Wellen und Teilchen, Sternenexplosionen und galaktische Implosionen. Somit hängt auch das Schicksal der Menschheit von diesen Vorgängen ab, denn all die kosmischen Strahlungen und Partikel durchdringen unseres Körper. Die Position der Erde im kosmischen Ganzen bestimmt die Bedingungen, unter denen Organismen auf ihrer Oberfläche überleben können.

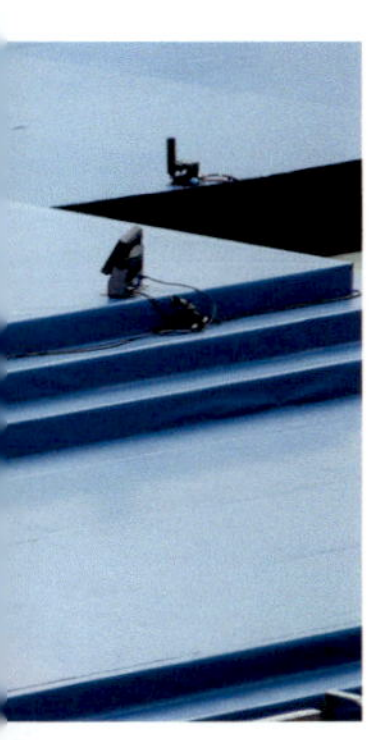

Die Abhängigkeit der Menschheit von unbekannten und unkontrollierbaren kosmischen Ereignissen ist die Quelle einer spezifisch modernen Form der Angst. Nennen wir sie kosmische Angst. Während des Kalten Krieges fürchteten die Menschen das Potenzial des Atomkriegs, unsere Zivilisation zur Gänze zu zerstören. Heute scheint die Möglichkeit eines kollektiven Selbstmords des Menschen fern genug. Sie hat jedoch verschiedene psychologische Traumata als Erbe hinterlassen. Der Fortschritt in eine strahlende Zukunft scheint nicht mehr gewährleistet. **Es ist kein Zufall, dass die aktuelle Massenkultur von Visionen besessen ist, in denen Asteroiden aus dem Dunkel des Weltraums kommen und die Erde zerstören.** Eine derartige Angst kann auch subtilere Formen annehmen. So behauptet etwa Georges Batailles Theorie des „verfemten Teils“[2], dass die Sonne stets mehr Energie auf die Erde sendet, als diese und die auf ihr lebenden Organismen absorbieren können. Nach all den Mühen, die dafür aufgewendet

Georges Bataille verfemtes Teil

wurden, diese Energie für die Güterproduktion und einen höheren, der Bevölkerung zugute kommenden Lebensstandard zu nutzen, bleibt ein nicht absorbierter, nicht verwendeter Rest dieser Solarenergie übrig. **Diese überschüssige Energie ist von Natur aus zerstörerisch – sie kann nur durch Gewalt und Krieg abgebaut werden, oder durch ekstatische Festivals und Sexorgien, welche die verbleibende Energie kanalisieren und in weniger gefährlichen Tätigkeiten absorbieren.** So sind Kultur und Politik – auf immer zwischen Ordnung und Unordnung schwankend – von kosmischen Energien bestimmt.

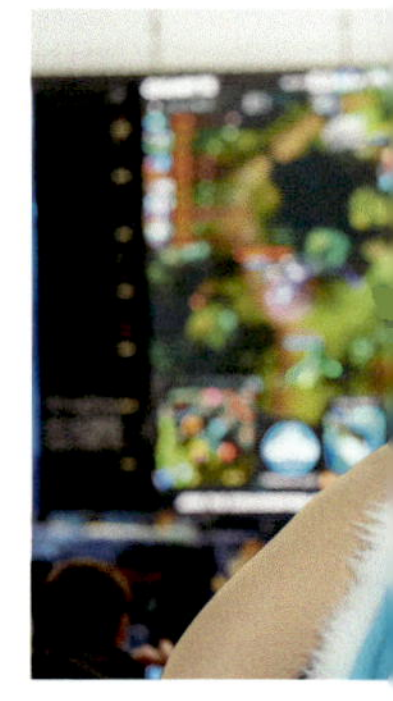

Friedrich Nietzsche hat unsere materielle Welt als Ort des ewigen Kampfes zwischen apollinischen und dionysischen Kräften, zwischen Kosmos und Chaos, beschrieben. Auf diesen Kampf gibt es zwei Antworten: die ekstatische Bejahung des Chaos oder der Versuch, den Kosmos zu kontrollieren und damit seinen Sieg über das Chaos zu sichern. Bei Ersterem gilt es das Chaos als Chance zu feiern, die Intensität des Lebens zu erfahren, anstatt lediglich Informationen über das Leben zu konsumieren – es ist eine Rückkehr zur reinen Gegenwart, ein Wiedereinstieg in den irreversiblen Fluss der Zeit. Eine solche Option ist verführerisch, denn sie spricht die vitalen Kräfte an, die in den Körpern der vor Computern sitzenden Internetnutzer nicht aktiviert werden. Sie ist auch für Künstler reizvoll, denn das Chaos erlaubt ihnen, aus der Gefangenschaft bestimmter kultureller Identitäten und regionaler politischer Ordnungen auszubrechen und den Weg universeller Anarchie einzuschlagen.

Heute wird die Hermeneutik von Hackern erledigt.

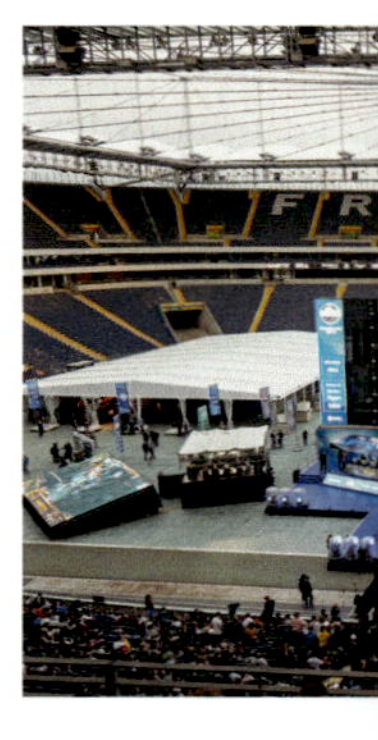

Das Mittel zur Kontrolle über die unkontrollierte universelle Zerstörung hingegen ist der universelle Staat – der umfassende Sieg der apollinischen Ordnung. Unsere Zeit wird oft als posthistorisch oder sogar posthuman bezeichnet. Die beiden Charakterisierungen haben ihren Ursprung in den Vorlesungen über Georg Wilhelm Friedrich Hegels *Phänomenologie des Geistes* (1807), die der Philosoph Alexandre Kojève von 1933 bis 1939 an der École des hautes études in Paris gehalten hat.[3] **Für Kojève bedeutet das Ende der Geschichte nicht nur ökonomische und informationelle, sondern auch politische Globalisierung. Vom Kojèveschen Standpunkt aus gesehen sind wir noch nicht gänzlich posthistorisch oder posthuman. Posthistorisch werden wir erst sein, wenn wir in einem universellen und homogenen Staat leben, der alles dafür tut, unser persönliches und gesellschaftliches Überleben sicherzustellen.** Nur ein derartiger Staat könnte die Technologie entwickeln, die in der Lage wäre,

politische Globalisierung

uns vor kosmischen Katastrophen zu bewahren. Aus heutiger Sicht erscheint ein solcher Staat noch als Utopie. Man könnte jedoch behaupten, dass die aktuelle Kunstwelt das Fehlen eines universellen Staates wettzumachen versucht. Man sollte sich daran erinnern, dass Kojève nicht nur ein Anhänger Hegels war, sondern auch ein Neffe und Kommentator Wassily Kandinskys, der in der Kunst das Potenzial und das Mittel sah, individuelles Bewusstsein zu beeinflussen und die Menschheit zu einer neuen universellen Ordnung zu führen.

Wassily Kandinsky

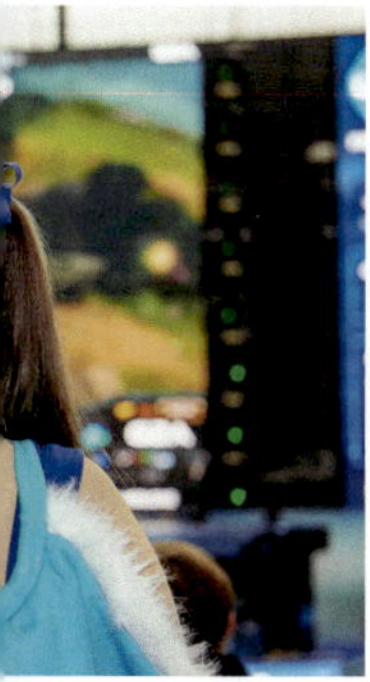

Dieser Traum der Avantgarde ist in unserer heutigen Kunstwelt nicht völlig aufgegeben worden. Häufig wird behauptet, die zeitgenössische Kunst sei völlig kommerzialisiert und das Kunstwerk sei reine Ware geworden. Das ist jedoch nur zum Teil richtig. **Aktuelle internationale Ausstellungen, Biennalen und Events wie die documenta oder die Manifesta richten sich vornehmlich an ein allgemeines Publikum und nicht an Kunstsammler. Und die Ausstellungen werden von ihren Kuratoren als Vehikel aufgefasst, um im Namen der internationalen Kunst gewisse universale Botschaften auszusenden. So gesehen agieren die Kuratoren als Beauftragte und Agenten eines nicht existenten, universellen und homogenen „Staates". Und deshalb sollte sich die Kunstwelt nicht für ihre bürokratischen Strukturen und Institutionen schämen, die einen solchen öffentlichen Appell kanalisieren.** In diesem Zusammenhang lohnt es sich, an einen Slogan zu erinnern, der von einer der frühen Anarchistengenerationen geprägt wurde: Anarchie ist die Mutter der Ordnung.

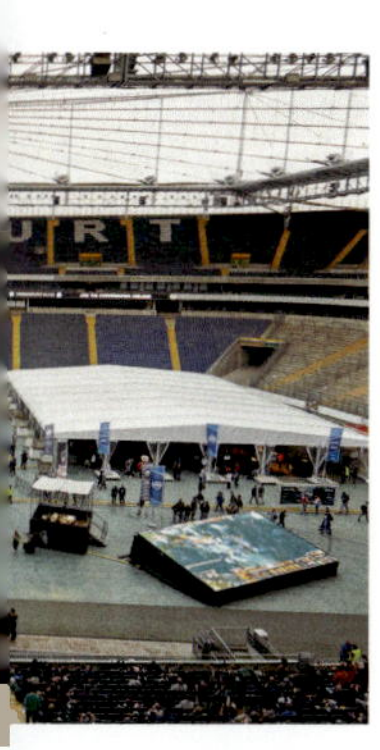

1. Carl Schmitt, *Der Nomos der Erde im Völkerrecht des Jus Publicum Europeaeum*, Berlin 2011, S. 14ff.
2. Georges Bataille, „Der verfemte Teil", in: *Das theoretische Werk I. Die Aufhebung der Ökonomie*, München 1975, S. 44–45.
3. Alexandre Kojève, *Hegel, eine Vergegenwärtigung seines Denkens. Kommentar zur Phänomenologie des Geistes*, Frankfurt am Main 1984.

Boris Groys ist Philosoph, Essayist, Kunstkritiker, Medientheoretiker und ein international anerkannter Experte der Kunst und Literatur der Sowjet-Ära, insbesondere der Russischen Avantgarde. Er ist Global Distinguished Professor of Russian and Slavic Studies an der New York University, Senior Research Fellow an der Staatlichen Hochschule für Gestaltung Karlsruhe und Professor der Philosophie an der European Graduate School/EGS. Als bedeutender Kunsthistoriker und Kritiker hat Boris Groys auch etliche nennenswerte Ausstellungen kuratiert, unter anderem *Andrei Monastyrski* für den Russischen Pavillon der 54. Biennale di Venezia (2011) und *After History: Alexandre Kojève as a Photographer* an der BAK Utrecht (2012). Unter den zahlreichen Publikationen von Boris Groys befinden sich *Gesamtkunstwerk Stalin: Die gespaltene Kultur in der Sowjetunion* (1988), *Das Kommunistische Postskriptum* (2006), *Art Power* (2008) sowie *Unter Verdacht: Eine Phänomenologie der Medien* (2010). Seine jüngste Publikation ist *In the Flow* (2016).

Alle Abbildungen: Sabine Reitmaier, *Free to Play/Dota 2 Esports Tournament Frankfurt*, 2015

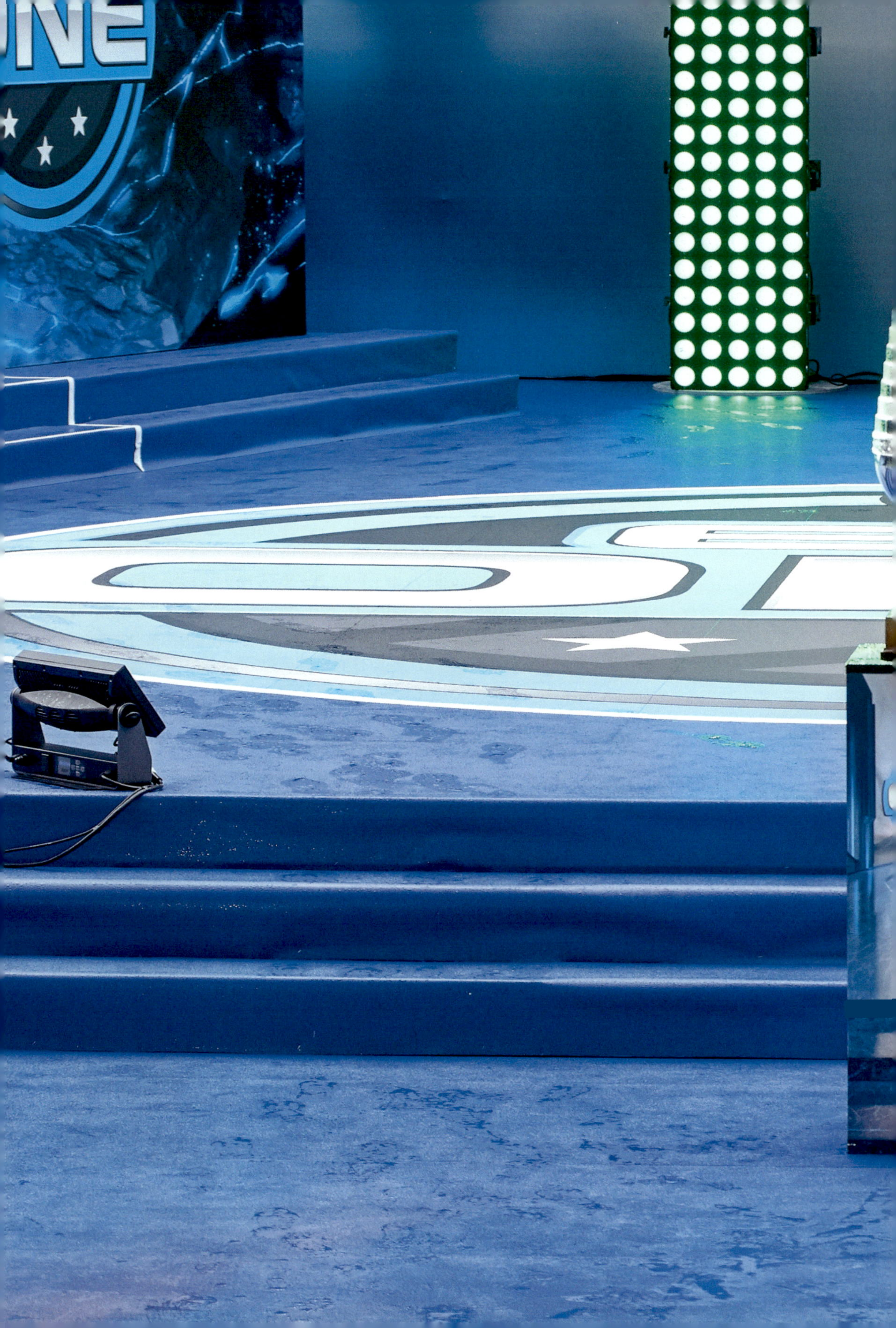

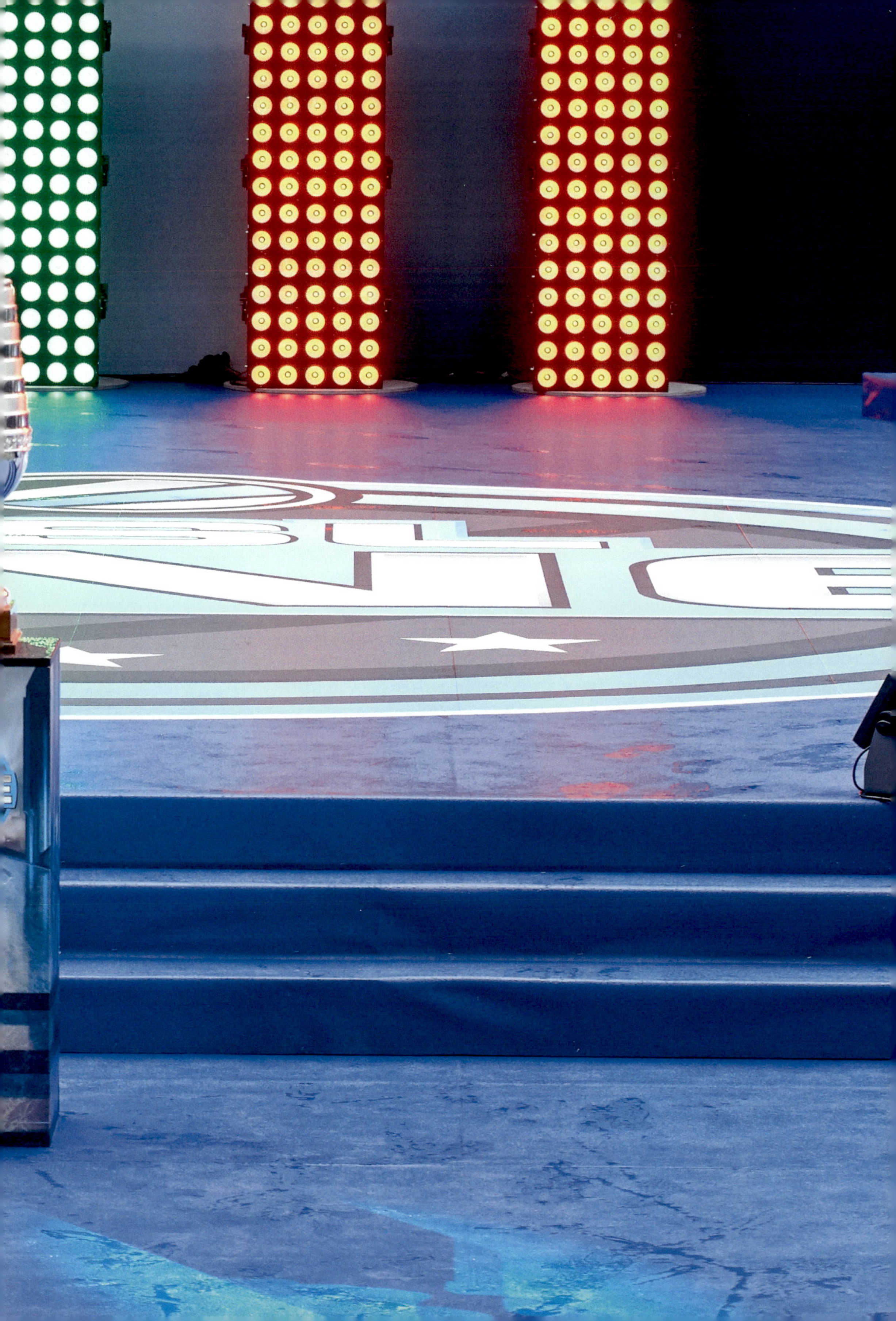

The internet is often described as a place for the "immaterial" flow of information. However, as a medium of information flow, the internet is material. It consists of cables, computers, cell phones, and other technical tools. When passing through the internet, information leaves material traces. Computers do not forget, as everyone knows. All erased information can be retrieved. The passage of information is reversible—unlike the flow of time. **One could say that the internet manifests the old dream famously formulated at the end of Richard Wagner's *Parsifal*: time indeed becomes space.** Thus, the internet offers the promise of a collective memory—common to all humankind. Everything that is put on the internet becomes generally accessible and remains so, at least potentially, for an indefinite period of time. Of course, keeping information about things is not the same as keeping the things themselves.

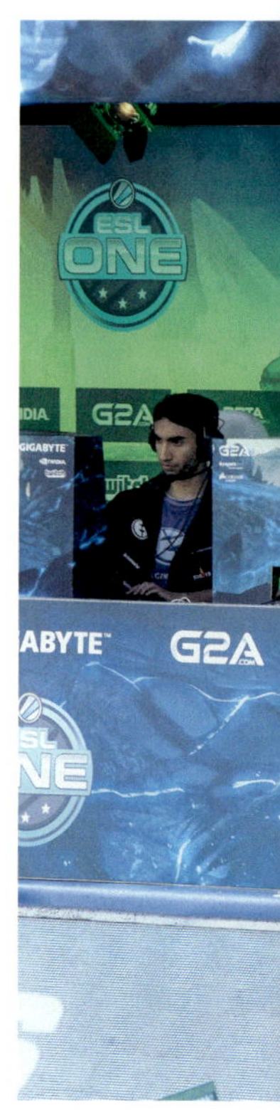

Virtual depositories of art images are much more compact and much cheaper to maintain than traditional art museums, for example. The same can be said about publishing houses, which are constantly expanding the e-component of their programs. And the same can be said about the websites of individual artists—where one finds the fullest representation of what they do. **This is mostly what artists show during a studio visit nowadays; they put a laptop on the table and present the documentation of their activities.** The internet thus gives the author a possibility to make his or her art accessible to almost everyone around the world.

The internet leads to the globalization of the author, the person of the author. I do not mean the fictional, authorial subject which allegedly invests the artwork with individual intentions and meanings that are then to be hermeneutically deciphered and revealed. This authorial subject has already been deconstructed and proclaimed dead many times over. I mean the real person existing in off-line reality, to which internet data refers. This author uses the internet not only to write novels or produce art but also to buy tickets, make restaurant reservations, and conduct business. All these activities take place in the same integrated space of the internet, and all are potentially accessible to other internet users.

Of course, like other individuals and organizations, authors try to escape this total visibility by creating sophisticated systems of passwords and data protection. **Today subjectivity has become a technical construction; the contemporary subject is defined as an owner of a set of passwords that only he or she knows. The contemporary subject**

subjectivity

is primarily a keeper of a secret. In a certain way, this corresponds with a very traditional definition of the subject as knowing something about himself or herself, which God alone knows but other people cannot, because they are ontologically incapable of reading other people's thoughts. Today we are not dealing with ontologically but technically protected secrets. The internet is the place where the subject is originally configured—as a transparent, observable subject—and then begins to become technically protected in order to conceal the secret originally revealed. However, any technical protection can be broken. hermeneutics **Today hermeneutics is the work of the hacker.** The contemporary internet is a place of cyber wars, in which the secret is the prize. Knowing the secret means putting the subject constituted by this secret under one's control. The cyber wars are wars of subjectivation and desubjectivation, which can unfold only because the internet is the original space of transparency and referentiality for every user. But what about the internet itself as a material object?

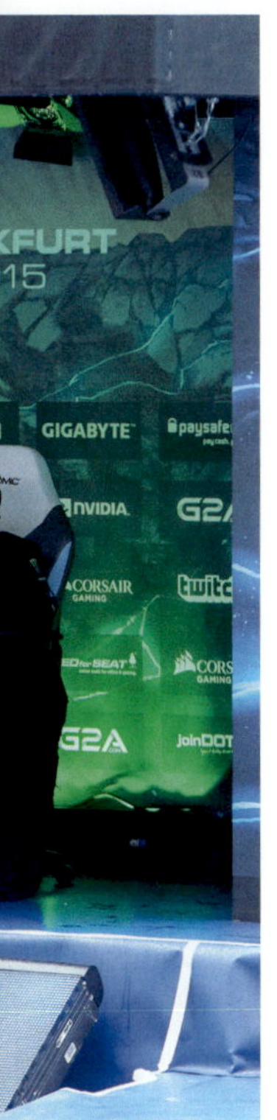

In fact, the internet seems to be much less immaterial than previous bearers of communication and memory. Take traditional mail as an example. A letter can be sent in a bottle that is thrown into the sea, or it can be transported by specially trained pigeons. Although these are exceptional cases, they illustrate the difference between traditional mail and e-mail. Using the terminology introduced by political theorist Carl Schmitt, one could say that traditional mail was subjected to the nomos of the sea—and e-mail to the nomos of the Earth.[1] The route between sender and receiver taken by the traditional letter was never clearly defined; it was accidental and dependent on the personal decisions of the message bearers responsible. These decisions could also go wrong, and the letter would then be irretrievably lost. In contrast, e-mails are transported not by individuals but by channels and carriers that have fixed trajectories. **The internet is inscribed onto the Earth—and subject to its fate—in a much more radical way than during earlier periods of the history of communication.** The contemporary phase of globalization that relies on the internet as its leading medium thus seems to be more vulnerable and fragile than previous phases. Wars and catastrophes have destroyed many civilizations of the past, but many artworks, texts, and documents survived, precisely because they were kept in unusual places and accidentally escaped destruction. The Earth itself is a huge museum—as shown by archeological excavations. **If the internet were to crash as a whole, the probability of individual messages being preserved is low.** And even if some data were to be saved, it would be difficult to understand to what reality it refers. In this case, the hardware of the internet, minus its information, would be aestheticized—**like Roman aqueducts**

today, minus the water. That is one of the reasons why the fear of cosmic catastrophe has became so widespread in contemporary culture. In the modern era we became accustomed to understanding human beings as determined by the social milieu in which they live, as knots in informational networks, and as organisms dependent on their environment. In the time of globalization we have come to learn that we are dependent on everything that happens around the globe—politically, economically, and ecologically. The planet Earth is not isolated within the universe. It relies on the processes that take place in cosmic space: black matter, waves and particles, star explosions, and galactic collapse. The fate of mankind also depends on these processes, because all these cosmic waves and particles penetrate our human bodies. The positioning of the Earth within the universal whole determines the conditions under which living organisms can survive on its surface.

cosmic catastrophe

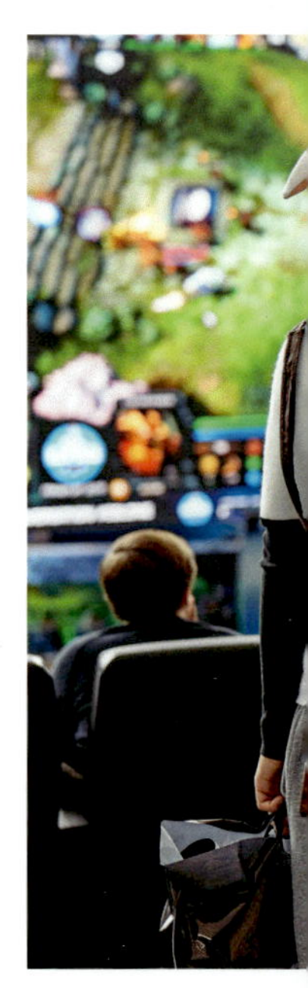

Today hermeneutics is the work of the hacker.

This dependence of mankind on cosmic events that are uncontrollable and unknown is the source of a specifically modern form of anxiety. Call it cosmic anxiety. During the period of the Cold War people feared the potential of nuclear war to destroy our civilization in its totality. Today this possibility of collective human suicide seems remote enough. However, it has left behind a legacy of various psychological traumas. The progress towards a radiant future does not seem guaranteed. **It is no accident that contemporary mass culture is obsessed with visions of asteroids coming from the black of space and destroying the Earth.** This anxiety also takes more subtle forms. For example, there is Georges Bataille's theory of the "accursed share,"[2] which describes the Sun as consistently sending more energy to the Earth than it and the organisms living on its surface can absorb. After all the effort expended in using this energy for the production of goods and raising the living standard of the population, there remains a non-absorbed, non-used remnant of this solar energy. **This excess energy is by nature destructive; it can be spent only through violence and war or through ecstatic festivals and sexual orgies that channel and absorb this remaining energy through less dangerous activities.** Thus, human culture and politics are determined by cosmic energies—forever shifting between order and disorder.

Georges Bataille
accursed share

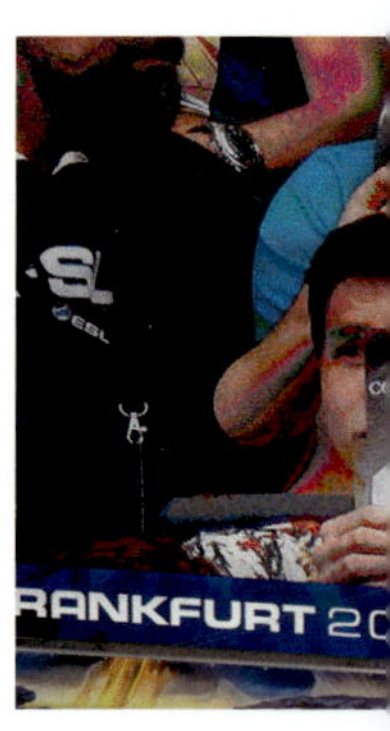

Friedrich Nietzsche described our material world as a place of the eternal battle between Apollonian and Dionysian forces, between cosmos and chaos. There are two different ways of responding to this battle: the ecstatic embrace of chaos or the attempt to control the cosmos and thus secure its victory over chaos. The first means celebrating chaos as a chance to experience the intensity of life instead of only consuming information about life—a path of returning to pure presence, of reentering the irreversible flow of time. This option is seductive because it appeals to vital forces that remain inactive in the bodies of internet users sitting at their computers. It is also appealing to artists, because chaos allows them to break free from the imprisonment of specific cultural identities and regional political orders—to take the path of universal anarchy.

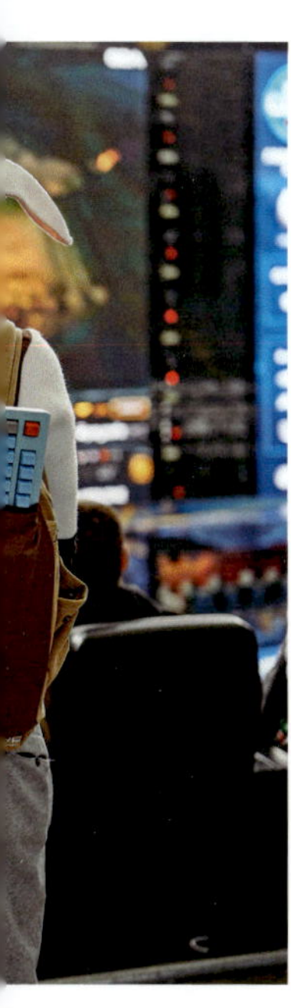

The means of control over the forces of universal destruction, in contrast, is the universal state—the global victory of the Apollonian order. Our time is often characterized as post-historical or even post-human. Both of these characterizations have their origin in the course of lectures on Georg Wilhelm Friedrich Hegel's *Phenomenology of Spirit* (1807) given by philosopher Alexandre Kojève at l'École des hautes études in Paris from 1933 to 1939.[3] **For Kojève, the end of history does not merely mean economic and informational globalization but political globalization. From the Kojèvian point of view, we are still not quite post-historical or post-human. We will be post-historical, only when we live in a universal and homogeneous state acting to secure our personal and social survival.** Only such a state could develop the technology that would be able to protect us from cosmic catastrophes. Today such a universal state remains utopian. However, one could argue that the contemporary art world tries to compensate for the lack of the universal state. It is important to remember that Kojève was not only a follower of Hegel but also a nephew of and commentator on Wassily Kandinsky, who believed in the potential of art as a means of influencing individual consciousness and leading humanity toward a new universal order.

political globalization

Wassily Kandinsky

This avant-garde dream has not been fully abandoned in our current world of contemporary art. It is often said that contemporary art is totally commercialized, and that the artwork has become pure commodity. However, this is only partially true. **Contemporary international exhibitions, biennials, and events such as documenta and Manifesta, primarily address the general public, not the collectors of art. And these exhibitions are conceived by their curators as vehicles for sending universal messages in the name of international art. In this sense, the curators act as appointees and agents of a non-existing universal and homogeneous "state." The world**

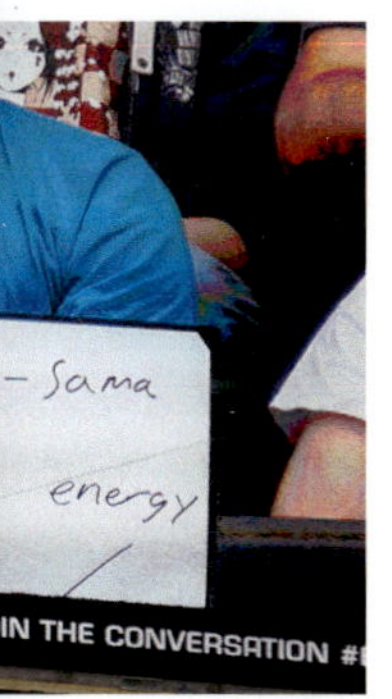

of art should therefore not be ashamed of the bureaucratic structures and institutions that channel this public appeal. In this context it is worth recalling a slogan coined by one of the early generations of anarchists: "Anarchy is the mother of order."

1. Carl Schmitt, *The Nomos of the Earth*, (Candor, NY, 2006), p. 43ff.
2. Georges Bataille, *Accursed Share*, vol.1 (New York, 1991), p. 21–22.
3. Alexandre Kojève, *Introduction to the Reading of Hegel: Lectures on the Phenomenology of Spirit* (Ithaca, NY, 1980).

Boris Groys is a philosopher, essayist, art critic, media theorist, and an internationally renowned expert on Soviet-era art and literature, specifically the Russian avant-garde. He is the Global Distinguished Professor of Russian and Slavic Studies at New York University, a Senior Research Fellow at the Staatliche Hochschule für Gestaltung Karlsruhe, and a professor of philosophy at The European Graduate School / EGS. As a prominent contemporary art theorist and critic, Boris Groys has also curated a number of notable exhibitions, including: *Andrei Monastyrski* for the Russian Pavilion at the 54th Venice Biennale (2011) and *After History: Alexandre Kojève as a Photographer* at BAK Utrecht (2012). Boris Groys' many publications include: *The Total Art of Stalinism* (1992), *Art Power* (2008), *The Communist Postscript*, (2010), and *Under Suspicion. A Phenomenology of Media* (2012). His most recent book is *In the Flow* (2016).

All images: Sabine Reitmaier, *Free to Play/Dota 2 Esports Tournament Frankfurt*, 2015

*“Close your eyes
and imagine the best grocery store in the world.
Now forget it’s a grocery store.”*

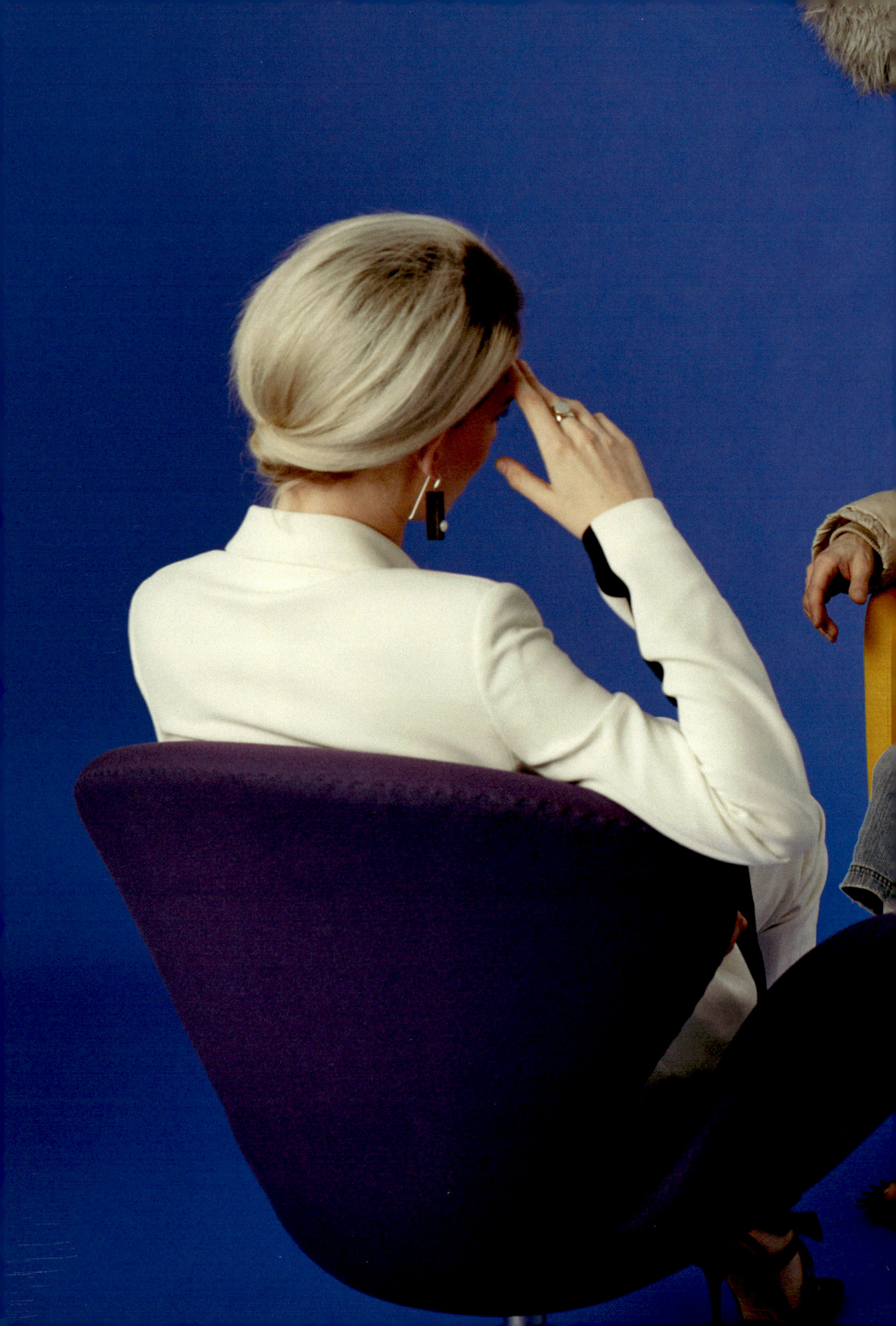

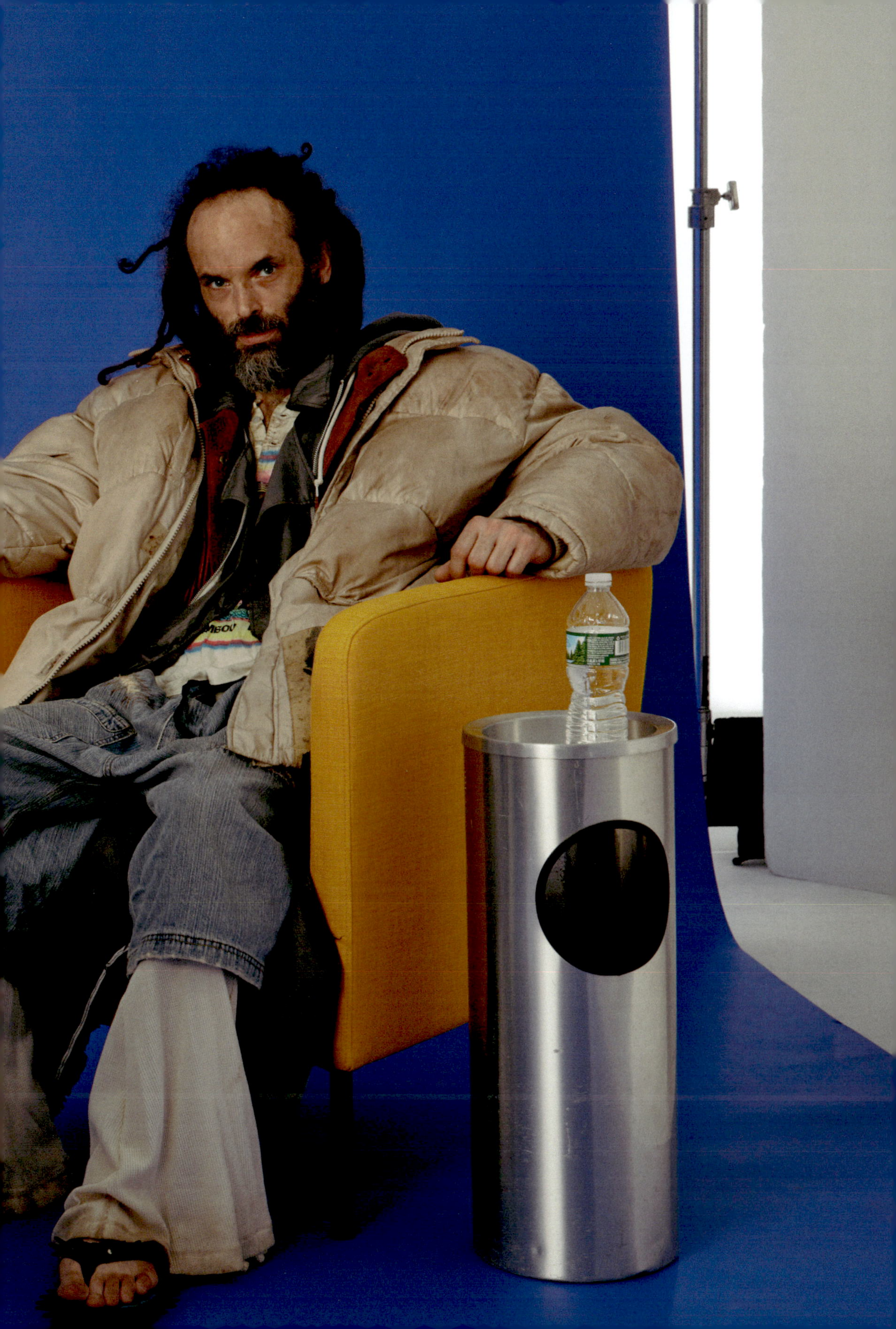

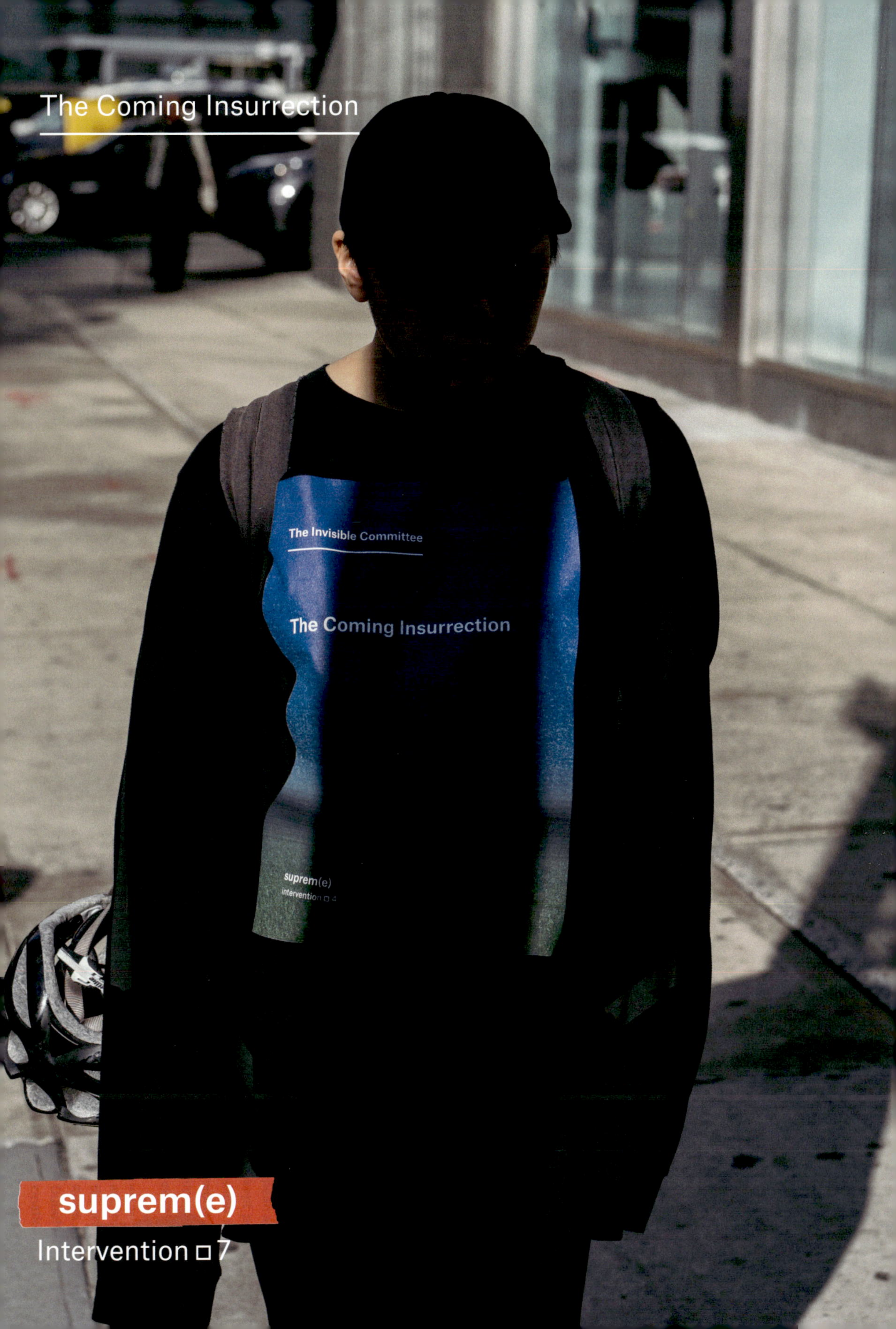
The Coming Insurrection
The Invisible Committee
The Coming Insurrection
suprem(e)
suprem(e)
Intervention □ 7

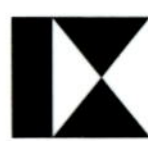

Geopolitik der Überwinterung

Geopolitics of Hibernation

MCKENZIE WARK

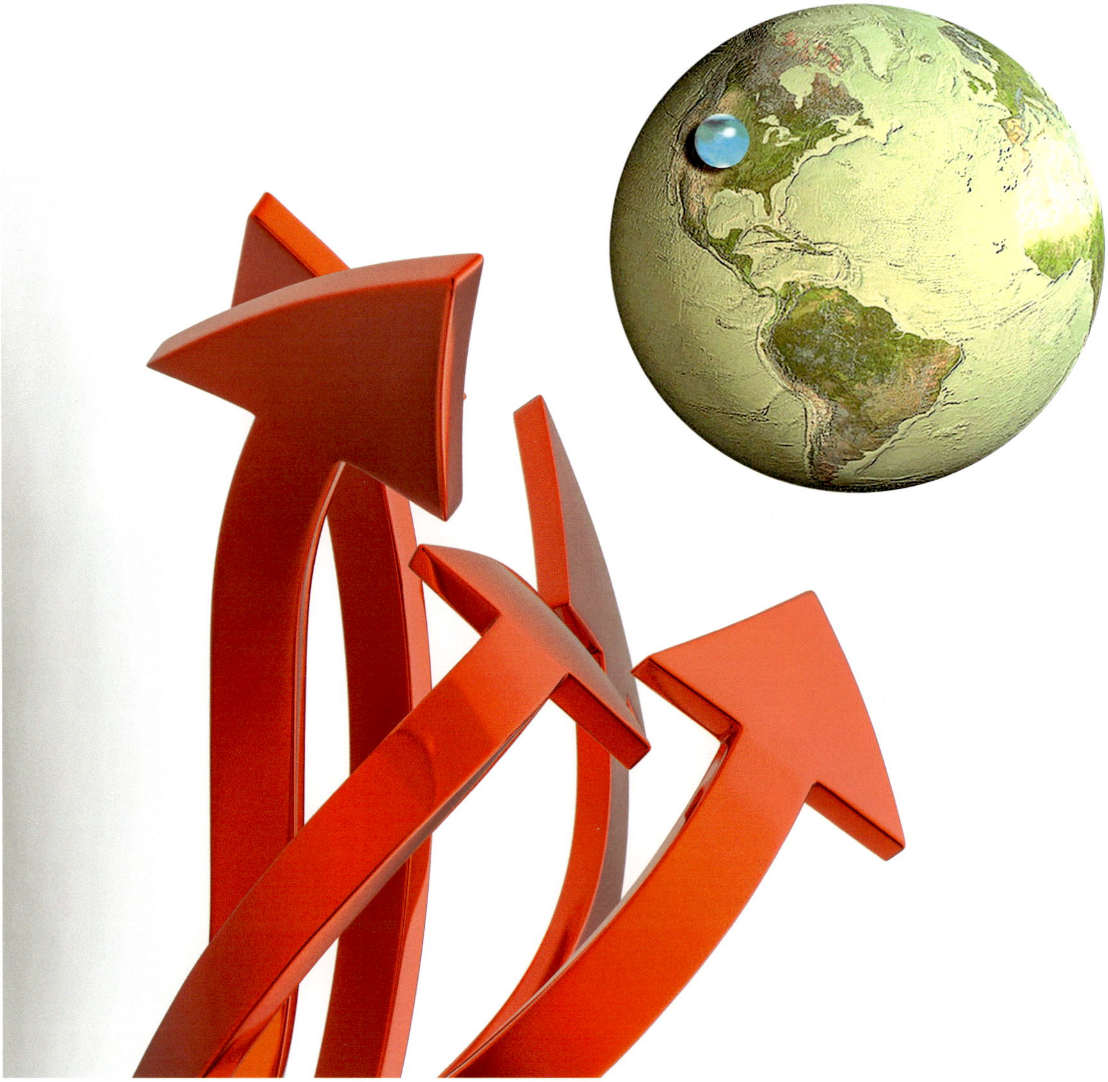

Möglicherweise haben die Klimakriege bereits begonnen. Die Ariditätslinie, die Grenze zur Trockenheit, wird gewöhnlich bei 200 Millimeter Niederschlag im Jahr angesetzt. Alles was darunter liegt, gilt als Wüste. Solche Linien, die eine Grenze zwischen der Wüste und konventionell landwirtschaftlich nutzbaren Flächen markieren, können auf Karten Afrikas, des Nahen Ostens und Zentralasiens gezogen werden. Es sind Linien, die wandern, je nachdem, ob Temperaturen und Verdunstungsraten steigen, und die in den Ländern Eritrea, Somalia, Sudan, Tschad, Niger, Mali, Mauretanien, Senegal, Syrien, Irak, Iran, Afghanistan und Pakistan Ursache für Konflikte aller Art sind. **Eyal Weizman bemerkt in *The Conflict Shoreline*: „Zeichnet man auf metereologischen Karten die Orte ein, an denen westliche Drohnenangriffe erfolgten, zeigt sich eine weitere erstaunliche Übereinstimmung: Viele dieser Angriffspunkte – von Südwasiristan über Nordjemen, Somalia, Mali, Irak, Gaza bis nach Libyen – liegen direkt an oder in der Nähe der 200-Millimeter-Ariditätslinie.“**[1]

Ariditätslinie

In manchen Gebieten Nordafrikas und des Nahen Ostens versuchten Staaten im Zuge der Modernisierungen des 20. Jahrhunderts die Ariditätslinie mit avancierten Bewässerungs- und Anbaumethoden zurückzudrängen. Da manche dieser Methoden wohl kaum auf Dauer ausgelegt sind, dürfte auch dies zur weiteren Wüstenbildung beitragen. Mitunter ging die Ausweitung der modernen Landwirtschaft auf Kosten der in den Wüsten über Jahrhunderte praktizierten Feldbau- und Weidewirtschaft. So wurden zum Beispiel die Beduinenvölker durch Umsiedlung und Zusammenführung der staatlichen Kontrolle unterworfen.

Holozän

Die bekannteste Schule historischen Denkens, die auch das Klima mit einbezog, ist die von Fernand Braudel. Für ihn war das Klima eine langfristige, meist stabile und periodische Schicht in der historischen Zeit – eine Position, die ihn eindeutig als europäischen Denker definiert. Diejenigen von uns, die aus der launischeren Welt des Pazifischen Ozeans mit seinem El-Niño-System kommen, werden das Klima nicht unbedingt auf diese Weise betrachten. Braudel war jedenfalls ein Denker des Holozän, für den das Klima sich langsamer veränderte als die historische Zeit. Heute scheint die Situation umgekehrt zu sein und das Klima ändert sich offenbar schneller als die Geschichte.

Wie können wir uns eine Welt vorstellen, in der das Klima sich rasant verändert, die Geschichte hingegen nur langsam fortschreitet? Wie sich zeigt, ist Vergleichbares zuvor schon aufgetreten, zumindest in einem geografisch lokalen Maßstab. Immer wieder gab es in bestimmten geografischen Regionen kleinere Klimaabweichungen, die rasch und mit unguten Folgen vonstatten gingen. **Wie sich herausgestellt hat, ist die Spanne der Klimabedingungen, unter denen historische Formen gesellschaftlicher Organisation bestehen können, schmal. Wahrscheinlich werden sich die Phänomene gesellschaftlichen Zerfalls, die wir bereits in vielen Teilen der Welt – entlang der Ariditätslinie zum Beispiel – beobachten können, weiter beschleunigen und ausbreiten.**

Für uns, die wir an ein bequemes Leben in der überentwickelten Welt gewohnt sind, lassen sich zwei Möglichkeiten vorstellen, darauf zu reagieren: Wir könnten aufwachen und endlich unsere gesellschaftliche Organisation flexibel genug gestalten, dass sie mit unvorhersehbaren Veränderungen umzugehen und zudem die weitere Aufheizung des Planeten abzuwenden weiß, indem sie weniger Kohlenstoff in die Atmosphäre bläst. Wir könnten uns aber auch wieder schlafen legen, einen großen Schutzwall bauen, uns dahinter verstecken und bewaffnete Drohnen losschicken, die jeden angreifen, der anderes im Sinn hat. So sehr man sich auch wünscht, dass sich die erstgenannte Reaktion durchsetzt, scheint dennoch letztere vorzuherrschen.

Wie können wir uns eine Welt vorstellen, in der das Klima sich rasant verändert, die Geschichte hingegen nur langsam fortschreitet?

„Geopolitik der Überwinterung“ ist der Titel eines Essays, der 1962 von der Situationistischen Internationale veröffentlicht wurde. **Seine Autoren erachteten Atomschutzbunker als charakteristische Architektur ihrer Zeit und sahen in diesen Bunkertypen den Ausdruck einer wahnsinnig gewordenen militärisch-industriellen Rationalität, die davon ausging, man würde, wenn oben auf der Erde alles in Trümmern läge und radioaktiv verseucht wäre, im Untergrund ein kleinbürgerliches Leben führen können, mit Waschmaschine und Abendessen vor dem Fernseher.**

Atomschutzbunker

Mag sein, dass diese Überwinterungsfantasien andauern. Wenn die Temperaturen steigen, werden wir mit Mobiltelefon und Latte macchiato in unseren klimatisierten Bunkern leben. Im 20. Jahrhundert hat sich Stalins Staatsdoktrin des „Sozialismus in einem Land“ als monströse Unmöglichkeit erwiesen. Und doch ist die um einiges pathetischere Illusion, wir könnten „Utopia in einem Eigenheim“ erlangen, ein überraschend hartnäckiger Traum.

Utopia in einem Eigenheim

Natürlich ist die Alternativoption nicht ohne Komplikationen. Auf eine Produktionsweise umzustellen, die ohne Kohlenstoffemissionen auskommt, wird alles andere als harmonisch und unproblematisch sein. Es könnte den geopolitischen Niedergang von Staaten einleiten, deren Bedeutung von fossilen Brennstoffen abhängt. Welche Ressourcenkriege hätten wir dann zu erwarten? Vielleicht wird man in Schottland einfallen, um sich dessen Windkraftressourcen unter den Nagel zu reißen. Vielleicht wird man Wüsten in Besitz nehmen wollen, um dort Solaranlagen aufstellen zu können.

Ob das sogenannte „Ölfördermaximum" bereits erreicht ist, scheint eine komplizierte Frage zu sein, über die sich die ExpertInnen uneinig sind. Jedenfalls ist noch Öl genug vorhanden, um den Punkt zu erreichen, jenseits dessen das Klima irreparablen Schaden nimmt. **Doch welche anderen Rohstoffe gelangen noch an ihre Grenzen?** Im Anthropozän wird nicht eine Sache allein der endlosen Ausweitung kommerzialisierter Produktion potenziell Schranken setzen. Vielleicht haben wir schon das „Phosphormaximum" erreicht und müssen uns erneut darüber Gedanken machen, wie die industrielle Landwirtschaft zu ihrem Dünger kommt.

Anthropozän

Für die Umsetzung heutiger Technologien spielen große Bereiche des Periodensystems eine Rolle, und für manche dieser Elemente wird es zunehmend schwieriger, leicht zu erschließende Vorkommen zu finden. Zweifelsohne haben die besten Köpfe des militärisch-industriellen Komplexes all dies genauestens eruiert. Wer weiß, welche Kriege sie bereits vorausgeplant haben, um sich dauerhaften Zugang zu den chemischen Elementen zu sichern.

Die strittige Kategorie des „Flüchtlings" impliziert, dass die Möglichkeit der Zuflucht besteht – und bald schon wird es eine solche wohl nicht mehr geben.

Ressourcenkriege sind nicht neu. Sie sind ein prägendes Merkmal der Geschichte der Geopolitik. Doch vielleicht weisen die Ressourcenkriege des Anthropozäns neue Besonderheiten auf. Zunächst einmal gibt es keine Grenzen – und damit kein außen mehr. Wir leben nicht länger in einem offenen System, in das Ressourcen von außen hineingezogen werden können und aus dem das Müllchaos anschließend wieder in irgendein Hinterland verbracht werden kann. Im Anthropozän leben wir in einem geschlossenen System, in dem es keine „Umwelt" mehr gibt, gegen die sich das Gesellschaftliche abdichten könnte. Es gibt keinen gesonderten Ort mehr für einen Bunker.

Das Problem mit „klein aber schön" liegt darin, dass es, nun ja, klein ist.

Die sogenannte „Flüchtlingskrise" ist tatsächlich ein Zeichen dafür, dass die Klimakriege begonnen haben und dass es keinen Ort gibt, an dem man sich auf Dauer vor ihnen schützen und überwintern könnte. **Die strittige Kategorie des „Flüchtlings" impliziert, dass die Möglichkeit der Zuflucht besteht – und bald schon wird es eine solche wohl nicht mehr geben. Komplexe, politische, imperiale und militärische Kräfte mögen die naheliegende Ursache sein für die Millionen, die über die Grenzen strömen und versuchen, nach Europa, Amerika oder Australien zu gelangen, aber untergründig ist es eine wachsende Instabilität des Klimas, die die unterschiedlichsten Gesellschaftsformen schon jetzt an einen Punkt bringen, an dem sie sich nicht mehr anpassen können.**

Flüchtlingskrise

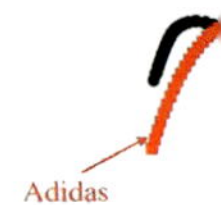

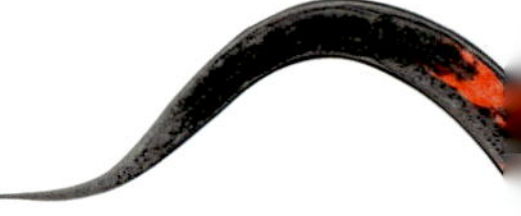

Man könnte hier leicht die Kritik der Situationisten an der Geopolitik der Überwinterung wiederholen und ausweiten. Aber vielleicht gibt es einen anderen Weg. Anstatt lediglich zu kritisieren, dass wir uns in unserer überentwickelten Welt in gemütlichen Eigenheimen verbunkern müssen und geistesabwesend unseren Chardonnay schlürfen, könnte man eher darüber nachdenken, das damit anscheinend erzeugte Sicherheitsgefühl auf andere auszudehnen. **Was wäre, wenn jede/r das Recht auf einen sicheren Ort hätte?**

Zunächst wäre darüber nachzudenken, was ein sicherer Ort überhaupt bedeuten kann in einer Welt, die durch einen beschleunigten Klimawandel aus den Fugen gerät und an die Grenzen dessen stößt, was sie durch den gedankenlosen Umgang mit Ressourcen zu ertragen in der Lage ist. Ist es überhaupt noch möglich, einen Planeten zu konstruieren, auf dem das Leben bestehen kann?

Allein schon die Idee des Geo-Engineering macht viele Leute nervös – und das zu Recht. Die Unternehmen, die mit ihren Produktionsmethoden einen bewohnbaren Planeten zerstören, schlagen eben dieselben Methoden vor, um seine Rettung zu bewerkstelligen. Bevor sie sich herablassen, auch nur einen Gedanken darauf zu verschwenden, verlangen sie natürlich beträchtliche staatliche Förderbeträge. **Wir alle werden dafür zahlen müssen, damit noch mehr Profit aus einer Technologie geschlagen werden kann, die beispielsweise Kohlendioxid aus der Luft filtert.**

Geo-Engineering

Käse aus der Region

Dass die Alternative darin bestehen könnte, Bambusfahrräder zu fahren und Käse aus der Region zu essen, ist ein Trugschluss. So etwas läuft oft genug auf eine grün gefärbte Version der Bunkermentalität hinaus. In unserer kleinen, geschützten Enklave essen wir alle biologisch angebaute Produkte und tragen Hanfkleider, ohne groß darüber nachzudenken, woher die Ressourcen für ein solches Leben kommen oder wohin die Abfallprodukte gehen. **Das Problem mit „klein aber schön" liegt darin, dass es, nun ja, klein ist. Dinge wie diese lassen sich eben nicht unbedingt auf sieben Milliarden Menschen hochrechnen.**

Tatsächlich unterliegt der Planet schon jetzt einem massiven Geo-Engineering. Es gibt keinen ökologischen Kreislauf, aus dem wir uns heraushalten könnten, damit er sich in sein homöostatisches Gleichgewicht und seine ursprüngliche Ordnung zurückbilden kann. Es kann also nicht darum gehen, das Geo-Engineering abzulehnen. Vielmehr stellt sich das Problem, welche Form des Geo-Engineering wir wählen. Gibt es Methoden, mit denen die heutige riesige, globale Infrastruktur qualitativ so umgeformt werden kann, dass sie zu anderen Ergebnissen kommt? Könnte es so etwas wie eine Geophysik – und eben keine Geopolitik – der Überwinterung geben?

Der Planet, der gerade gebaut wird, ist ästhetisch alles andere als ansprechend. Seine Ruinen sind nicht fotogen. Er besitzt viel zu viele Konzentrationslager. Zahllose seiner Behausungen stehen in ungesunden Elendssiedlungen, in denen man eigentlich nicht leben kann. **Überall werden Mauern hochgezogen. An jedem Laternenmast hängt eine Überwachungskamera. Und Müllberge an jeder Ecke.** Die wenigen Stellen, an denen es noch Schönheit gibt, sind durch die Notwendigkeit verunstaltet, dies alles vor den Blicken abzuschirmen. Aber vielleicht muss man sich, wann immer man sich eines Moments bewusst wird, der sein ästhetisches Versprechen einlöst oder annehmbar scheint, einfach fragen, was erforderlich wäre, um diesen kühlen Schatten nur ein wenig über den eigenen Horizont hinaus auf die ganze Welt auszuweiten.

1. Eyal Weizman, *The Conflict Shoreline: Colonization as Climate Change in the Negev Desert*, Göttingen 2015, S. 12.

McKenzie Wark veröffentlichte zuletzt *Molecular Red* (2015) und ist unter anderem Autor von *Das Hacker-Manifest* (2005), *Gamer Theory* (2007), *50 Years of Recuperation of the Situationist International* (2008) und *The Beach Beneath the Street* (2011). Er unterrichtet an der New School for Social Research and Eugene Lang College in New York City.

Alle Abbildungen: Katja Novitskova, Studien, 2016

It is possible that the climate wars have already started. The "aridity line" is usually considered to be 200 millimeters of annual rainfall. Below that, you have desert. One could draw lines on maps of Africa, the Middle East, and Central Asia that mark the boundary between desert and conventionally arable land. These are lines that may be moving as temperatures and rates of evaporation rise, causing all sorts of strife in Eritrea, Ethiopia, Somalia, Sudan, Chad, Niger, Mali, Mauritania, Senegal, Syria, Iraq, Iran, Afghanistan, and Pakistan. **As Eyal Weizman notes in *The Conflict Shoreline*: "Plotting the location of Western drone strikes on meteorological maps demonstrates another astounding coincidence: many of these attacks—from South Waziristan through northern Yemen, Somalia, Mali, Iraq, Gaza, and Libya—are directly on or close to the 200 millimeters aridity line."**[1]

aridity line

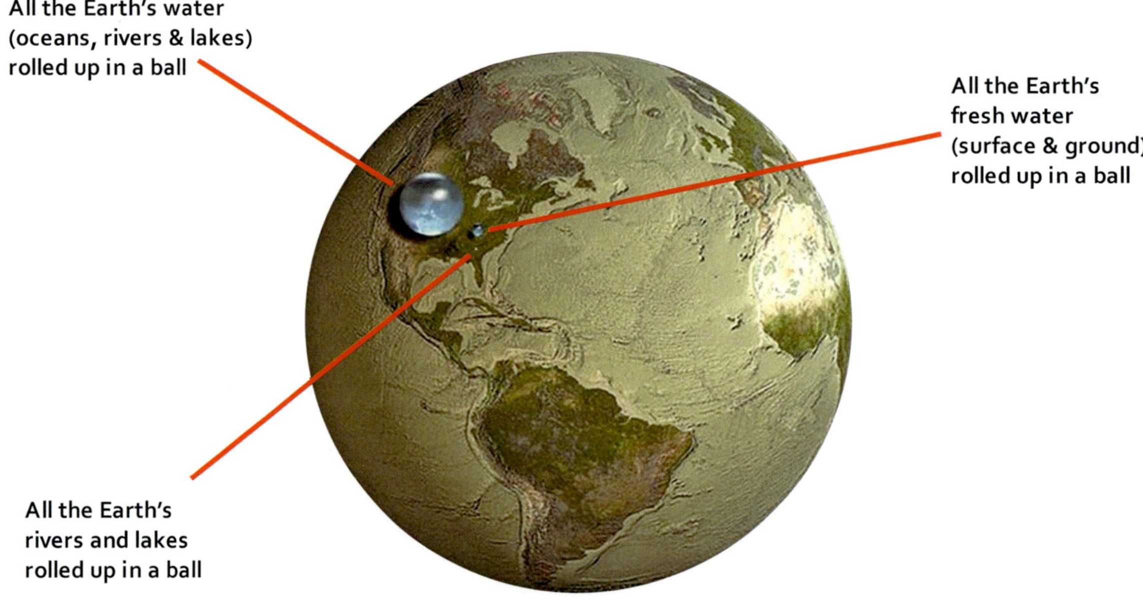

In parts of North Africa and the Middle East, modernizing states of the twentieth century tried to push back the aridity line with modern irrigation and farming techniques. This might also be a contributing cause of desertification, as some of these techniques might not be designed to last. Sometimes the expansion of modern agriculture was at the expense of low intensity desert agriculture and pastoral practices, which had endured for centuries. For example, the Bedouin people found themselves subjected to state control through displacement and concentration.

The best-known school of historical thought to take climate into account is that of Fernand Braudel. He saw climate as a long-run, mostly stable, and periodic layer to historical time—a position that clearly defines him as a European thinker. Those of us who came from the more capricious world of the Pacific Ocean's El Niño system might not see the old climate quite that way. In any case, Braudel was a Holocene thinker, understanding climate as changing more slowly than historical time. Now the situation seems reversed, and climate may be changing faster than history.

Holocene

How might we conceive a world where climate changes fast, and history moves slow? As it turns out, this has happened before, at least on a local scale. There have been minor blips in climate in particular geographical regions that have happened quickly, but the results are not good. **The range of climate conditions under which historical forms of social organization can persist turns out to be fairly narrow. It's likely that the kinds of social disorganization that we are already seeing in many parts of the world—along the aridity line, for example—will only spread and accelerate.**

For those of us used to a comfortable life in the over-developed world, one could imagine two kinds of response to this. One would be to wake up and get on with changing our social organization into something both flexible enough to deal with unpredictable change, and that does not worsen the heating of the planet by adding yet more carbon to the atmosphere. The other responses is to go back to sleep, build a big wall, hide behind it, and send out the armed drones to attack anyone who says otherwise. As much as one might want to see the former response take hold, the latter seems to be the dominant one.

"The Geopolitics of Hibernation" was the title of an essay published by the Situationist International back in 1962. **They were thinking of fallout shelters as the characteristic architecture of the time and saw these bunker forms as extruded from an insane military-industrial rationality—one that posits living a suburban life underground, with TV dinners and a washing machine, when everything above had been reduced to radioactive rubble.**

fallout shelters

Perhaps fantasies of hibernation persist. As temperatures rise, we will live in our air-conditioned bunkers with our cell phones and lattes. In the twentieth century, Stalin's state policy of "socialism in one country" proved to be a monstrous impossibility. And yet somehow the rather more pathetic delusion that we could have "utopia in one condo" is a surprisingly persistent dream.

utopia in one condo

How might we conceive a world where climate changes fast, and history moves slow?

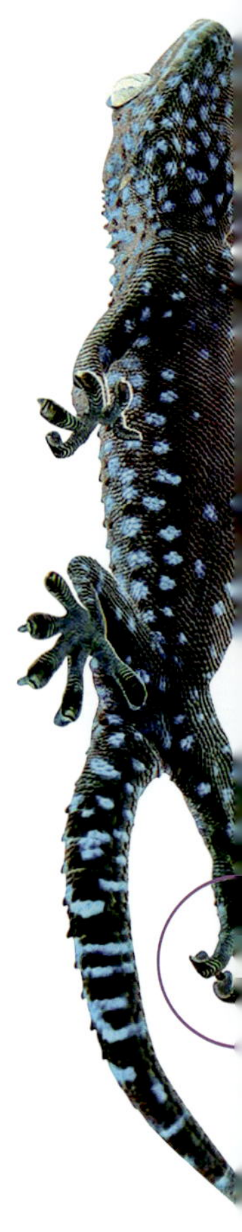

Of course the other option is not without its complications. A transition to a post-carbon mode of production would not be all sweetness and light. It might lead to the geopolitical decline of the fossil fuel states. What other resource wars would then await us? Perhaps somebody will want to invade Scotland to capture its wind power resources. Perhaps somebody will want to own deserts where they can lay out their solar arrays.

Whether or not so-called "peak oil" has arrived turns out to be a complicated question which still divides the experts. In any case, there's still oil to be had, taking us well past the point where the climate is beyond repair. **But what other resources are reaching their peak?** The Anthropocene is not just about one potential constraint to the endless expansion of commodified production. Perhaps we have also hit "peak phosphorous" and will have to think again about how to fertilize industrial crops.

peak oil

A rather large chunk of the periodic table is involved in making contemporary technologies, and some of those elements are getting harder and harder to find in readily extractable forms. There is no doubt that the best minds of the military industrial complex have studied all this carefully. Who knows what wars they have pre-planned to secure ongoing access to chemistry.

Resource wars are no new thing. They are a defining feature of the history of geopolitics. But perhaps the resource wars of the Anthropocene have some new features. For one thing, there's no frontier left, there's no outside. We no longer live in an open system where resources can be drawn in from without and waste chaos dumped back out again to some hinterland. The Anthropocene is about living in a closed system, where there is no longer an "environment" against which the social can seal itself. There's no separate place for a bunker any more.

refugee crisis

The so-called "refugee crisis" is really a sign both that the climate wars have started, and that there is no place to hibernate from them that can endure for all that long. **The contested category of "refugee" implies that there is a refuge, and soon there may be none. The proximate cause of the millions streaming over the borders and trying to enter Europe or the United States or Australia may stem from complex political, imperial, and military forces, but underneath all of that is rising climate instability, which is already pushing various kinds of social organization past the point where they can adapt.**

The contested category of "refugee" implies that there is a refuge, and soon there may be none.

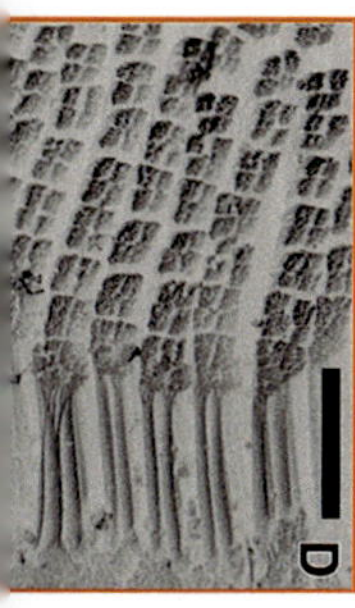

It could be tempting here to reproduce and extend the critique of the Situationists' geopolitics of hibernation. But perhaps there's another way to proceed. Rather than attack the tendency that we in the overdeveloped world have to bunker-down in our cozy condos and somnolently sip our chardonnay, one could rather think about extending the sense of security that this is supposed to produce. **What if everyone could have a right to a safe place?**

This of course would mean rethinking what a safe place could even mean, in a world destabilized by quickening climate change and reaching the limits of what it can tolerate by way of a thoughtless use of resources. Is it still possible to engineer a planet on which life can exist?

geo-engineering

The whole idea of geo-engineering makes many people nervous, and rightly so. The very entities that are destroying a habitable planet are proposing the same mode of production to engineer its salvation. Of course, they want huge state subsidies to even deign to think about this. **We are all supposed to pay, so that someone else can extract yet more profits from some technology that scrubs carbon dioxide from the air, for example.**

locavore cheese

However, the fallacy is to think that the alternative is a matter of riding bamboo bicycles and eating locavore cheese. This often ends up being just a green-tinted version of the bunker mentality. In our little sheltered enclave, we will all eat organic and wear hemp, without much thought for where the resources for this life will come from or where the waste products will go. **The problem with "small is beautiful" is that it is, well, small. Such things may or may not scale up for seven billion people.**

The fact is that the planet is already massively geo-engineered. There is no cyclical ecology from which we could withdraw in order to allow it to go back to its homeostatic balance and order. The problem is thus not whether to refuse to geo-engineer. It is rather to choose how to geo-engineer. Are there ways in which the vast global infrastructure already in place can be qualitatively transformed in order to make something else? Could there be a geophysics rather than a geo-politics of hibernation?

The problem with "small is beautiful" is that it is, well, small.

The planet currently being built is not an aesthetically pleasing one. Its ruins are not photogenic. It has far too many concentration camps. So many of its dwellings are unhealthy shantytowns on the very edge of viability. **Walls are going up everywhere. Every street lamp has a security camera on it. There's a pile of waste around every corner.** Those few remaining niches of beauty are disfigured by the need to shield all of this from view. But then perhaps whenever one finds a moment that seems aesthetically redeemable or justifiable, one simply has to ask what it would take to extend its cool shade just a little beyond one's purview, toward the world.

1. Eyal Weizman, *The Conflict Shoreline: Colonization as Climate Change in the Negev Desert* (Göttingen, 2015), p. 12.

McKenzie Wark most recently published *Molecular Red* (2015) and is also the author of *A Hacker Manifesto* (2004), *Gamer Theory* (2007), *50 Years of Recuperation of the Situationist International* (2008), and *The Beach Beneath the Street* (2011), among other books. He teaches at the New School for Social Research and Eugene Lang College in New York City.

All images: Katja Novitskova, Studies, 2016

*"If you hear me speaking, then we must be speaking.
That's advertising!"*

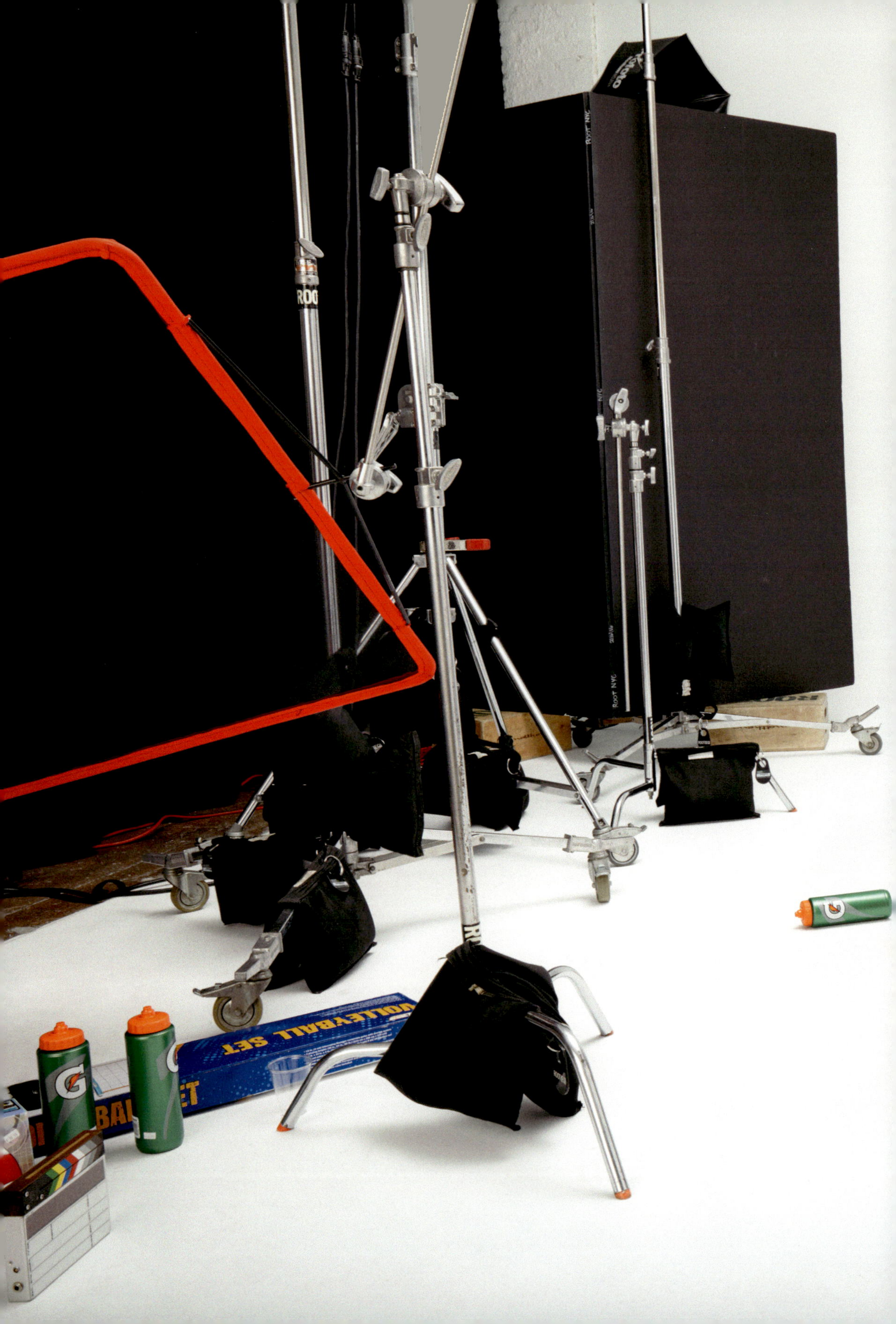
VOLLEYBALL SET
ROOT NYC

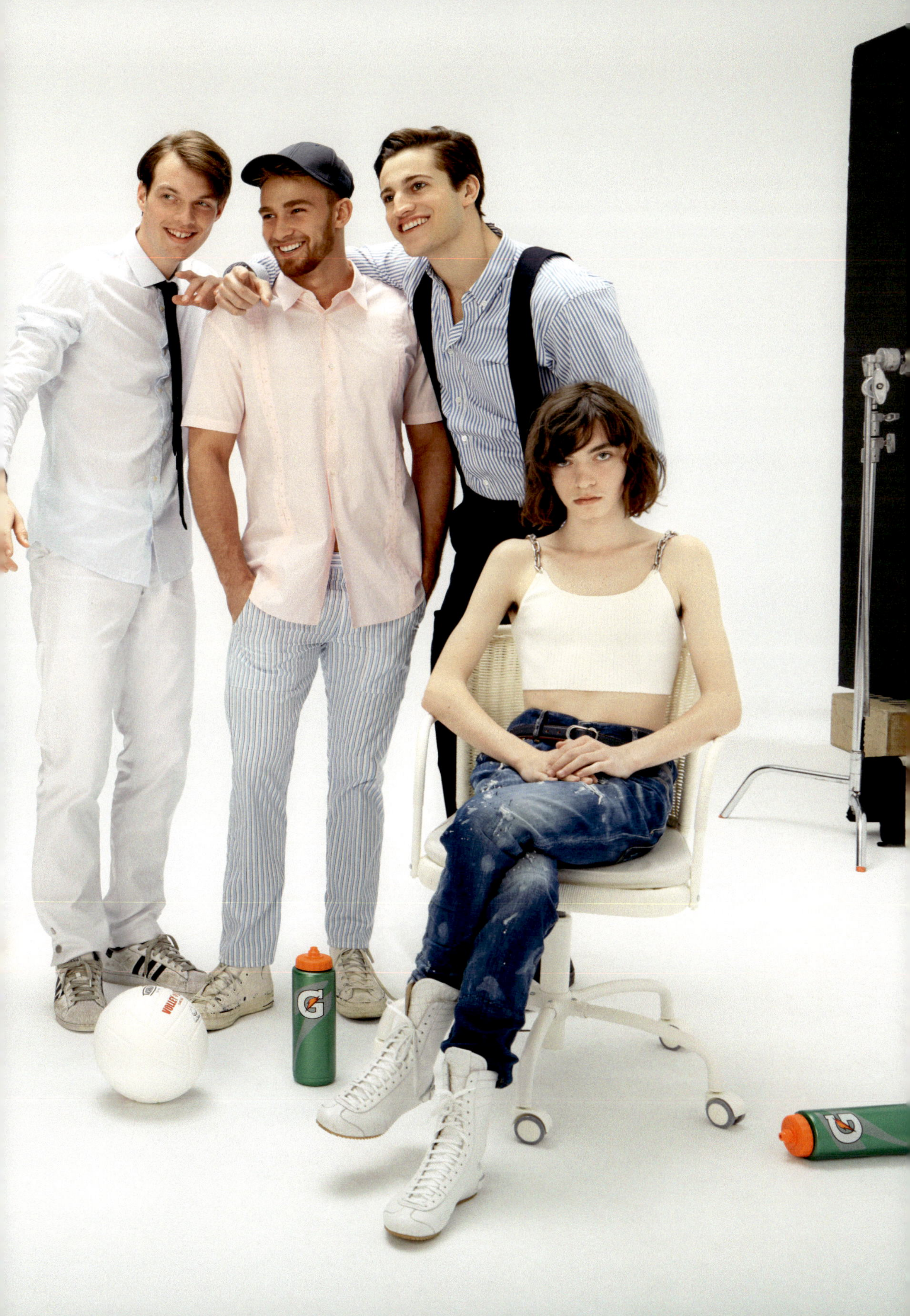

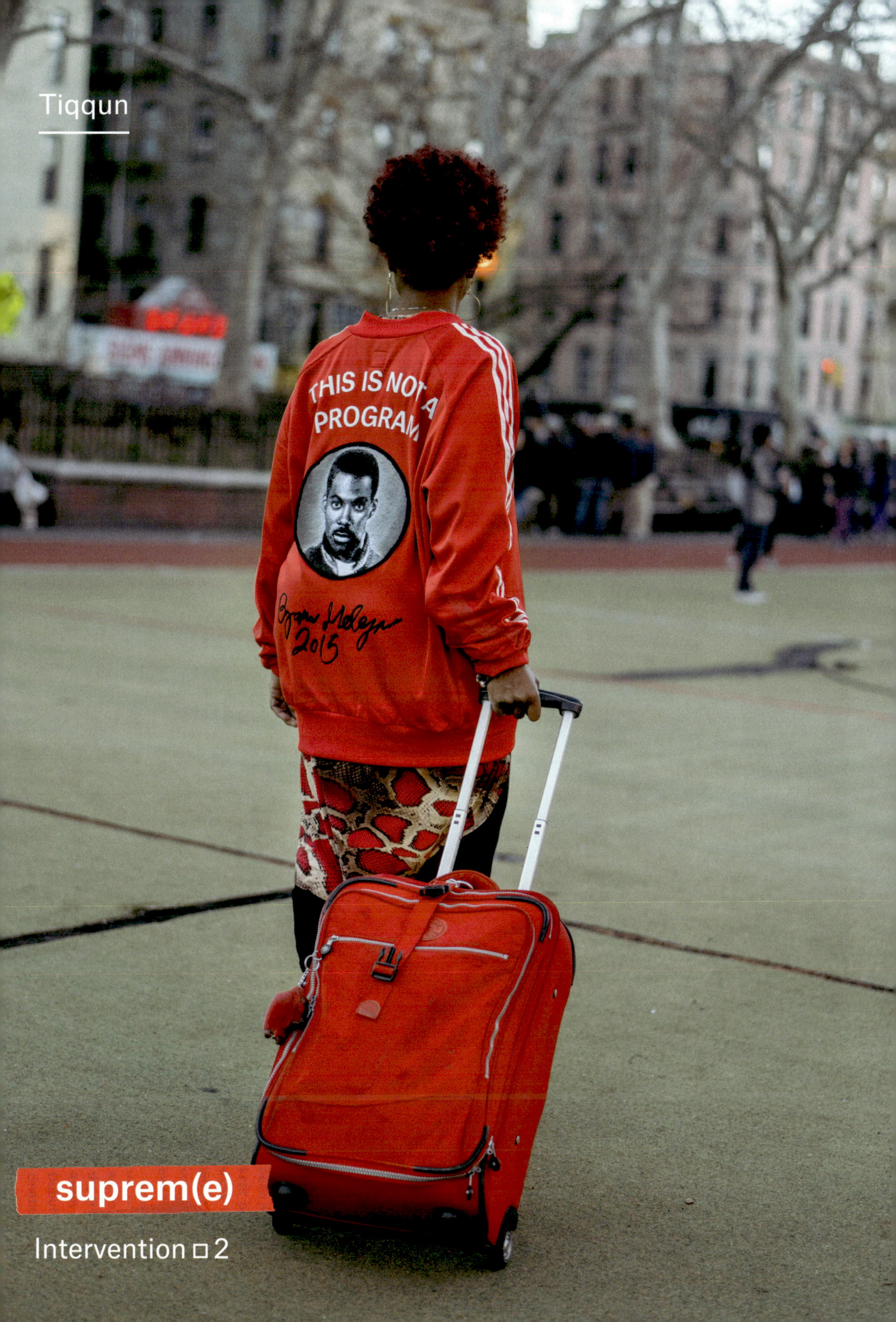

Tiqqun

suprem(e)

Intervention □ 2

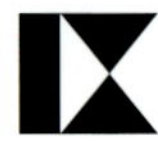

Alle Probleme können beleuchtet werden. Nicht alle Probleme können gelöst werden

All Problems Can Be Illuminated; Not All Problems Can Be Solved

MEREDITH MEREDITH

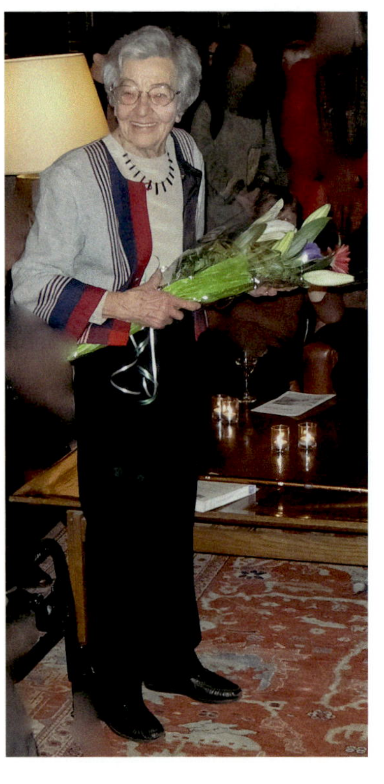

Wir alle können sie erzählen: die Geschichte des menschlichen Fortschritts von der Aufklärung bis zum Bitcoin-Start-up; der Innovationen, die die danach bemessen werden,

inwieweit sie Reichweite, Gleichförmigkeit, Vorhersehbarkeit, Größe und Geschwindigkeit erhöhen. Vom Telegrafen über den Festnetzanschluss und das Mobiltelefon bis hin zum tragbaren Bluetooth-Gerät; vom Abakus über Pascals mechanische Rechenmaschine und den raumfüllenden Computer bis hin zum handtellergroßen Gerät, das millionenfach stärker ist als ein tausendmal größeres Gerät nur zehn Jahre zuvor; von der Steintafel über das Buch bis hin zum Internet, das ohne Ausnahme alles bietet. Wir sind alle verbunden. Wir befinden uns an der leuchtenden Spitze eines vorwärtsrasenden Kometen. Wir können uns genüsslich zurücklehnen. Gott sei Dank

Steintafel

leben wir nicht in der Vergangenheit. Was für Leute benutzen einen
BlackBerry BlackBerry? (Alte Menschen!)

Doch um meinen Therapeuten zu zitieren: „Wer ist nach einer halben Stunde auf Facebook nicht deprimiert?" Etwas stimmt hier nicht. Ich arbeite zu viel. Ich treffe mich viel seltener mit Leuten. Jeder macht sich permanent Sorgen. Ich habe einen Zwang, ständig meine Nachrichten zu kontrollieren, die Benachrichtigungsleiste immer wieder zu leeren. Und ja, natürlich gibt es seit Langem Kritikerinnen und Kritiker des Positivismus und des westlichen Begriffs von Objektivität und von totalisierenden Systemen und kühnen technokratischen Visionen. **Aber das findet irgendwo da oben statt und ändert nichts an dem Gefühl der Einsamkeit und Unruhe hier an der Speerspitze der besten Zeit, die es je gab.**

Ich arbeite im Hightech-Sektor, der Fortschrittsgeschichte zufolge die vorderste Front der Innovation. Mein Job besteht darin, Forschungs- und Entwicklungsmethoden zu entwerfen, um sichere und private Internetverbindungen leichter verwendbar und validierbar zu machen. Ich arbeite in einem großen Unternehmen, und ich liebe meine Arbeit. Sie fühlt sich wirklich und wichtig an, und ich kann sie jedem, der sich in dem Bereich auskennt, ganz einfach erklären. Mag die ganze Sache auch nicht besonders leicht sein, ich befinde mich in einem geschlossenen, von einem omnipräsenten, funkelnden Positivismus geformten System, innerhalb dessen man sich kaum vorstellen kann, dass irgendetwas anderes wahr sein könnte.

–

Ich bin über Ursula Franklins Vorlesung *The Real World of Technology*[1] aus dem Jahr 1989 gestolpert, als ich beim Saubermachen einen
Podcast Podcast hören wollte. Ich dachte, es wäre ein lustiger Beitrag, dass Technologiediskussionen aus dem Jahr 1989 auf interessante Weise falsch sein würden. Doch die Vorlesung war nicht lustig, sie war wunderbar. Sie brachte mir die Art von Erkenntnis, die man beim Lesen von Romanen erlangt, in denen etwas Vertrautes und Unausdrückbares in Worte gefasst ist. **Wer war diese Person, und wie kam es, dass ihre Stimme so viel eindringlicher, realer und bedeutsamer klang, als die Petabytes atemloser journalistischer Berichterstattung, aus denen unsere gegenwärtigen Diskurse bestehen?**

Franklin wurde 1921 in München geboren. Sie und ihre Familie überlebten den Holocaust und kamen dann wie durch ein Wunder in Berlin wieder zusammen. Franklin machte dort ihren Doktor in

Experimentalphysik, um anschließend für ein Forschungsstipendium nach Kanada zu gehen. Sie ist Feministin, Pazifistin, Quäkerin, Physikerin, Metallurgin und Pionierin der Archäometrie (der Anwendung moderner Materialanalyse auf archäologische Objekte). Sie war die erste Frau, der an der Universität von Toronto die Auszeichnung Universitätsprofessorin verliehen wurde, und sie hat entscheidende Beiträge zur Kunst- und Kulturgeschichte geleistet, zur Einstellung von Atomversuchen (ihre Forschung deckte die Zunahme von Strahlenwerten in den Zähnen von Kindern auf), zur Antikriegsbewegung und zur gesellschaftlichen und politischen Technikanalyse. **Ihre Arbeit ist von einem tiefen Verständnis für Systeme, Wechselbeziehungen und komplexe Sachverhalte durchdrungen (zum Beispiel von der Wechselwirkung zwischen Kultur und Technik oder zwischen Kunst und Materie). Sie nähert sich ihren Gegenständen nicht mit dem Ziel, sie zu vereinfachen und zu beherrschen oder auf gefällige Modelle hin zurechtzuschneiden, sondern sieht sie als Teile größerer Entitäten, die vielleicht erfasst, aber nicht kontrolliert werden können.**

Atomversuche

The Real World of Technology kann als eine Neukartierung der üblichen Fortschrittsgeschichte verstanden werden; die Vorlesung betrachtet nicht das Material, das der Fortschritt hervorbringt, sondern die Systeme, die er instanziiert, und den Eindruck, den sie bei uns hinterlassen.

Im Rückgriff auf den französischen Soziologen Jacques Ellul definiert Franklin Technik als gemeinsame Praxis.[2] Es geht um die Art und Weise, wie wir etwas tun, nicht um die bekannte Beschreibung der „Summe der Werkzeuge, der Räder und Getriebe, der Schienen und elektronischen Transmitter“[3]. Es geht um eine Praxis, die aus „Organisation, Verfahren, Symbolen, neuen Begriffen, Gleichungen und, vor allem, einer geistigen Haltung“[4] besteht.

Es gibt keine Technik für Gerechtigkeit. Es gibt nur Gerechtigkeit.

Unser gegenwärtiger Innovations-Moloch wird von dem angetrieben, was Franklin präskriptive Technologien nennt. Darunter sind Verfahren zu verstehen, die die jeweilige Tätigkeit in kleine, klar bestimmbare Aufgaben zerlegen, von denen jede von einer einzelnen Person oder einer spezialisierten Abteilung erledigt wird (zum Beispiel die Arbeitsteilung am Fließband oder bei der Entwicklung von

präskriptive Technologien

komplexer Software). **Bei präskriptiven Technologien „verlagert sich die Kontrolle über die Arbeit zu den OrganisatorInnen, ChefInnen oder ManagerInnen“[5].**

Ausgehend von einer westlichen Weltsicht des 18. Jahrhunderts, die sich Menschen als mechanische Wesen vorstellt, deren Tätigkeiten so justiert werden können, dass sie Leistungen zunehmend effizienter erbringen (von La Mettrie über Taylor bis CrossFit)[6], und vorangetrieben durch die Einführung mechanischer Arbeit während der industriellen Revolution sowie durch die modernistische Mode der Masterpläne[7], werden präskriptive Technologien heute als die Methode angesehen, mit der man Tätigkeiten organisieren kann. Sie machen Management aus der Ferne in großem Stil möglich und befähigen dazu, Ergebnisse anhand verschiedener präziser Variablen zu messen.

CrossFit

Nicht zufällig bieten präskriptive Technologien auch die nötigen Bedingungen für den modernen Kapitalismus und globale Konsumgütermärkte. Wie sonst könnten wir unaufhörlich mehr Dinge besser und schneller herstellen? Wie sonst könnten wir die Rohstoffe bereitstellen, derer sich die Finanzmärkte bedienen – die Fähigkeit zu quantifizieren, strukturieren, kontrollieren und vorherzusagen, die SpekulantInnen eine gemeinsame Perspektive bietet, auf die sie setzen können?

Indem sie wunderbare Produkte und atemberaubende Techniken hervorbringen, schaffen präskriptive Technologien eine Welt, in der es normal ist, das zu tun, was einem gesagt wird, und zwar ohne die Fähigkeit, den Prozess oder sein Ergebnis zu kontrollieren und zu gestalten. Sie bringen außerdem eine Befehls- und Kontrollstruktur mit sich. Eine Klasse von ExpertInnen – die ArchitektInnen, die PlanerInnen – und andere, die die Pläne befolgen und die Aufgaben erfüllen. **Diese Struktur schafft eine „Compliance-Kultur ..., in der es immer mehr darum geht, die übliche Denkweise als normal hinzunehmen und zu akzeptieren, dass man die Dinge nur auf die eine bestimmte Art tun kann“[8].** Ein Blick durch Franklins Brille zeigt, dass wir als „Nebenprodukt“ dessen, was wir Fortschritt nennen, Gesellschaften geschaffen haben, die leicht zu lenken und zu überwachen sind und deren Mitglieder daran gewöhnt sind, Befehle zu befolgen und die Auswirkungen nicht infrage zu stellen.

Compliance-Kultur

Nicht, dass es keinen Widerstand gäbe. Von den Ludditen bis zur Occupy-Bewegung breitet sich immer wieder Widerstand aus und kommt zum Ausbruch. Doch wenn er das tut, wird er häufig als natürliche, wenn auch unerfreuliche Folge der „disruptiven“ Tendenzen von Innovation hingestellt (um es im aktuellen Jargon auszudrükken). **Daran sehen wir, dass unsere Geschichte des Fortschritts „Menschen als Problemquellen und Maschinen und Geräte als**

Occupy-Bewegung

Lösungsquellen“[9] ansieht. Danach sind neue, bessere, schnellere Arten, Dinge zu tun, Verfahren, die mehr Dinge schneller produzieren, richtig und notwendig. **Die Wut und die Angst der Menschen und ihr Widerstand gegen neue Verfahrensweisen und Maschinen werden dagegen als regressiv und verbohrt bezeichnet, als Problem, das heruntergespielt und hingenommen werden muss.**

Franklin verknüpft diese Tendenz, „Fortschritt" der menschlichen Erfahrung vorzuziehen, mit unserem besonderen Vertrauen in wissenschaftliche Methoden. „Wissenschaftliche Konstrukte sind nicht eine Methode, um das Leben um uns herum zu beschreiben, sondern sind zu *dem* Modell der Realitätsbeschreibung geworden."[10] Das Problem daran ist nicht, dass Wissenschaft unbedingt „falsch" wäre oder dass sie es nicht schaffen würde, ein wirkungsvolles Instrument bereitzustellen, um allgemein anerkannte Wahrheiten gemeinsam zu verstehen und zu bestätigen. Zur Debatte stehen die allzu breite Anwendung des Verfahrens und seine Schwäche, wenn es um Kontexte geht, aus denen sich nicht ohne Weiteres eine konstante Variable isolieren lässt. Erfahrungen, Gefühle und Emotionen von Menschen, die sich in unendlich vielfältigen und sich verändernden Kontexten bewegen, sind wissenschaftlichen „Beweisen" nicht dienlich. In einer Welt, in der Wissenschaft das Modell ist, zählen individuelle und gemeinsame Erfahrungen neben anderen, viel leichter „nachprüfbaren" Fakten wenig. **Die Bedingung, dass etwas wissenschaftlich bewiesen sein muss, um Gültigkeit zu besitzen, bedeutet auch, dass Fachleute, also diejenigen mit Bildung, Ansehen und Zugriff auf wissenschaftliche Erkenntnisse, de facto darüber bestimmen, wessen Erfahrungen und Interessen zählen und wessen nicht – eine Position mit erheblicher Macht.** Diese Privilegierung des Verallgemeinerbaren und wissenschaftlich „Nachprüfbaren" unter Ausschluss gelebter individueller Erfahrung ist eine zentrale Bedingung dafür, dass sich unsere gemeinsame Geschichte des Fortschritts einfach (und bequem) auf innovative Produkte konzentriert und die Auswirkungen auf den Menschen beiseite gelassen werden. „Der Plural von Anekdote ist nicht Daten"[11], werden wir erinnert.

wissenschaftliche Methoden

—

„Es gibt keine Technik für Gerechtigkeit. Es gibt nur Gerechtigkeit.“[12] Das antwortete Ursula Franklin, als ich sie im Dezember 2015 fragte, was zu tun sei. Ich hatte mich an sie gewandt, damit sie mir sagte, wie man entsprechend der Perspektive, die sie auf die traditionelle Fortschrittsgeschichte hat, handeln soll. Als jemand, der Internettechnologien entwirft und innerhalb dieser überkommenen Denkweise arbeitet, wollte ich ein Rezept, irgendetwas, das ich mit anderen (mit Ihnen?!) teilen und dem ich mich mit ganzer Kraft widmen kann.

Sie war warmherzig, großzügig und unglaublich scharfsinnig, und sie gab mir keine bequemen Antworten, keine simple Lösung.

Militarismus

Im Mittelpunkt unseres Gesprächs stand meine Sorge über die massiven Überwachungsmöglichkeiten, die die Internettechnologien bieten, und die Art und Weise, wie die öffentliche Zustimmung zur Überwachung durch den Rassismus und Militarismus des mittlerweile unaufhörlichen „Kriegs gegen den Terror" geschürt wird. **Was könnten wir tun, um diese Sichtweise zu bekämpfen?** Was könnten wir tun, um die zugrundeliegenden Technologien so zu verändern, dass sie das menschliche Tun und die Privatsphäre des Menschen respektieren?

Franklin stimmte zu, das sei ein schwerwiegendes, aber kein „technologisches" Problem:

„Egal, ob es sich um HeidInnen, Hexen, Frauen, KommunistInnen oder wen auch immer handelt: Als politisches Werkzeug ein Feindbild aufzubauen ist unangemessen. Die einzige Lösung ist das Beharren auf einer zivilisierten, demokratischen Gesellschaft. Eine zivilisierte, demokratische Gesellschaft kämpft gegen so etwas ebenso an wie gegen den Wunsch einer Behörde, persönliche Informationen über BürgerInnen und ihre Aktivitäten und Beziehungen zu sammeln. Ob es durch Ausspionieren, durch das Bestechen von Kindern, durch Arbeitsplatzüberwachung, durch die Beichte im Beichtstuhl geschieht – das Problematische ist das Sammeln an sich. Die Mittel, die Technologien, sind sekundär. Es ist ein Problem von autoritärer Macht. Und an der Wurzel dieses Problems geht es um Gerechtigkeit, und Gerechtigkeit ist politisch."

Checkliste

Gerechtigkeit kann verstanden und gefühlt werden, doch es gibt kein Schema, dem man folgen, keine Checkliste, die man abarbeiten könnte, um garantiert Gerechtigkeit herzustellen. Die Bedingungen dafür sind Demut, Berücksichtigung von Zusammenhängen und die Bereitschaft, auch auf die marginalisiertesten Stimmen zu hören. Das sollten die Grundbedingungen sein für alles, was man tut. Man muss „sich in die Position des am meisten Benachteiligten versetzen, und zwar so, dass man ein instinktives, intuitives Gefühl von Empathie und einen Blick für das richtige Verhältnis der Dinge gewinnt – das ist die einzige Möglichkeit zu erkennen, was Gerechtigkeit ist."

Gerechtigkeit zu verstehen, die am meisten Benachteiligten zu respektieren und sie in den Entwurf jedes Planes, der sie betrifft, einzubeziehen, sind notwendige Ausgangspunkte. Aber die mit unseren gegenwärtigen Technologien verknüpften Probleme werden nicht gelöst, indem man Getriebe justiert oder Apparate neu gestaltet. Ein Entwicklungsplan, der auf Gerechtigkeit fokussiert, ist nur der erste Schritt.

„Für sehr lange Zeit waren Geräte und Maschinen antimenschlich. Wenn man von der antimenschlichen Komponente wegkommen möchte, dann diskutiert man nicht über Technik, sondern über Kapitalismus.“ Selbst wenn man ein Bild davon hat, wie Gerechtigkeit aussehen und sein könnte, werden Versuche der radikalen Veränderung natürlich von machtvollen Akteurinnen und Akteuren abgewehrt, die von dem ungerechten Status quo reichlich profitieren. Politische Veränderung muss Teil der Gleichstellung sein.

Dies ist kein hitziger Aufruf zur Revolution. Je größer der Schritt, je größer die Vision eines gerechten Wandels, desto schwieriger wird es sein, sie in einem System, in dem Macht gegen Gerechtigkeit gerichtet ist, „durchzubekommen“ (und desto schwieriger wird es natürlich sein, den ungeheuren Einfluss dieser Vision auf die benachteiligte Bevölkerung wirklich zu verstehen und damit sicherzustellen, dass sie tatsächlich der Gerechtigkeit dient). Nicht, dass es sich nicht lohnen würde, Handlungsweisen und Pläne zu entwickeln – es ist außerordentlich lohnend. Aber es ist unwahrscheinlich, dass man tatsächlich viel bewirkt, wenn man mit einer großen Ankündigung beginnt. **„Um in einer feindlichen Welt vorwärtszukommen“, empfiehlt Franklin, „nennen Sie es ein Experiment. Geben Sie zu, dass Sie nicht wissen, wie Sie es machen sollen, aber bitten Sie um Raum, Ungestörtheit und Verständnis. Dann starten Sie Ihr Experiment, in aller Ruhe.** Positionieren Sie sich unter Bedingungen, die nicht auf Erfolg ausgerichtet sind, außerhalb des Rampenlichts, und schreiten Sie behutsam und demütig voran. Seien Sie bereit, Erwartungen herunterzuschrauben, während neue Formen heranreifen.“

„Mein Lieblingswort ist der alte Quäkerausdruck ‚skrupeln‘, der für eine Tätigkeit verwendet wird“, beginnt Franklin, um sich der Frage zuzuwenden, wie man an die Unmenge von politischen und gesellschaftlichen Problemen, die wir diskutiert haben, herangehen sollte. „Er stammt ursprünglich aus der Anti-Sklaverei-Bewegung. Die Menschen kamen zum ‚Skrupeln‘ zusammen, das heißt, um ein gemeinsames Problem zu besprechen und zu diskutieren, etwas, in Bezug auf das sie Skrupel, moralische Bedenken, hatten – zum Beispiel Gerechtigkeit – und für das sie keine Lösung fanden. Das ist Skrupeln, und das ist etwas, das Sie und Ihre Freunde tun können.“

skrupeln

„Treffen Sie sich und reden Sie. Hören Sie zu und fühlen Sie sich in den anderen ein. Suchen Sie nicht das Rampenlicht, und akzeptieren Sie, dass manche Probleme sehr groß und schwierig sind und dass sie mit Ihren Fähigkeiten vielleicht nicht gelöst werden können. Dies sind nicht die Methoden von charismatischen Führungskräften. Dies sind keine Anleitungen für spektakuläre Erfindungen oder für unternehmerischen Erfolg.“

Ihre Abschiedsworte sollten mir Trost spenden:
„Ihrer geistigen Gesundheit zuliebe dürfen Sie nicht vergessen, dass nicht alle Probleme gelöst werden können. Nicht alle Probleme können gelöst werden, aber alle Probleme können beleuchtet werden. Sind die Eier einmal aufgeschlagen, sind sie kaputt. Sie können nicht wieder ein ganzes Ei daraus machen. Sie können sie höchstens braten und mit jemandem teilen."

1 Die Vorlesungen bilden die Grundlage von Ursula Franklins 1990 veröffentlichtem Buch *The Real World of Technology*, Toronto 1999. Die Vorlesungen können kostenlos gestreamt werden: http://www.cbc.ca/radio/ideas/the-1989-cbc-massey-lectures-the-real-world-of-technology-1.2946845.
2 Jacques Ellul (1912–94) war ein französischer Soziologe, Philosoph und christlicher Anarchist, der unter anderem das Buch *La technique ou l'enjeu du siècle* (1954) verfasste, in dem diese Definition dargelegt wird. Bei der Beschreibung ihrer Definition beruft Franklin sich auf Ellul.
3 Ursula Franklin, *The Real World of Technology* (Toronto, 1999), S. 2.
4 Ebd.
5 Ebd., S. 16.
6 Julien Offray de La Mettrie lebte im 18. Jahrhundert und war Physiker und Philosoph. Er verfasste das Buch *L'homme machine* (dt. Titel: *Der Mensch als Maschine*), in dem er Menschen als komplexe Maschinen betrachtete. Frederick Winslow Taylor war Ingenieur im ausgehenden 19. Jahrhundert und ist Autor von *The Principles of Scientific Management* (dt. Titel: *Die Grundsätze wissenschaftlicher Betriebsführung*). Er analysierte Fabrikarbeiter, indem er ihre Tätigkeiten aufgliederte, um zu bestimmen, auf welche Art und Weise Waren am effizientesten hergestellt werden können (d. h. wie man am meisten aus den Arbeiterinnen und Arbeitern herausholt). CrossFit ist eine Fitnessmode des 21. Jahrhunderts, bei der es darum geht, durch eine sorgfältig festgelegte Reihe von zielgerichteten und intensiven Übungen die „Fitness zu optimieren".
7 In ihnen wirkt James C. Scotts *Seeing Like a State* nach, das Erkennbarkeit und Standardisierung als Voraussetzungen für zentralisierte autoritäre Planung und Kontrolle betrachtet.
8 Ursula Franklin, *The Real World of Technology*, S. 17.
9 Ebd., S. 25.
10 Ebd., S. 31. Hervorhebung im Original.
11 Ein Spruch, der im Internet einem Dutzend verschiedener AutorInnen zugeschrieben wird.
12 Die Zitate von Ursula Franklin in diesem Abschnitt stammen aus einem Skype-Gespräch vom 19. Dezember 2015 zwischen Ursula Franklin, Jane Freeman und mir. Ich möchte Jane Freeman und Ursula Franklin sehr herzlich dafür danken, dass sie sich die Zeit und die Ruhe genommen haben, über meine Fragen nachzudenken und sie zu beantworten, einschließlich der vielen E-Mails und all der logistischen Organisation, die nötig war, um sicherzustellen, dass Skype installiert war und dass wir loslegen konnten.

Meredith Meredith ist Internetforscherin und Dichterin, sie lebt und arbeitet in New York. In ihrer täglichen Praxis beschäftigt sie sich mit der Messung und Nutzung öffentlicher Daten, um Netzneutralität durchzusetzen; mit Anwendungsdesign und künstlerischem Denken zur Schaffung von reizvolleren, respektvolleren, kryptographisch sicheren Technologien und mit der Ethik, den Machtbeziehungen und dem Einfluss des Internets – in all seinen undeutlichen Definitionen – und wie es die weltweite alltägliche Realität durchdringt.

Abbildung: Ursula Franklin bei der Veröffentlichung von *The Ursula Franklin Reader: Pacifism as a Map*, Massey College, Toronto, 2006

WHAT IS EVIL?

The Crusader Lawful Good	The Benefactor Neutral Good	The Rebel Chaotic Good
The Judge Lawful Neutral	Undecided True Neutral	The Free Spirit Chaotic Neutral
The Dominator Lawful Evil	The Malefactor Neutral Evil	The Destroyer Chaotic Evil

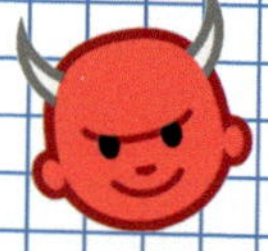

The Alignment Chart is a system to map moral attitudes. Law measures obedience to authority and tradition. Chaos prefers freedom and adaptability. Good and Evil are self-explanatory...

Match the Emerging Identity with the corresponding Archetype in the Alignment Chart.

Lifestyle Gurus, Community Organizers, Urban Homesteaders, Bernie Bros, Silicon Valley, Politicos, Black Twitter, SJWs, Preppers, The Hobby, Vine Stars, Log Cabin Republicans, ISIS, Tea Partiers, Militia Men, Evangelical Christians, Entrepreneurs, Poverty Jet Set, Professional Managerial Class, Effective Altruists, Democratic Socialists, Libertarians, Open Border Movement, Vegans, Hedge Fund Managers, Accelerationists, EU, Organic Farmers, DIY, Trumpkins, Neoliberals, Neoconservatives, Isolationists, Globalists, TED Speakers, Thought Leaders, Etsy Artisans, Policy Wonks, Paleo, Otherkin, Astrologers, Mormons, Real Estate Developers, Gamers, Extreme Couponers, Student Debt Activists, Burners, Homonormative, Trustafarians, Bourgeois Bohemians, Hipsters, Dreamers, Independents, Designers, Hackers, Influencers, Gentrifiers, Gender Abolitionists, Prolifers, Reality TV Stars, Cultural Appropriators, Crossfit, Wiccans, Locavores, Mindfulness Experts, Marxists, Asexuals, Permalancers, Freegans, Fuckboys, Body Positive Movement, Tumblr, Survivalists, Wikipedia Editors, Ethno-nationalists, Vaxxers, Emerging Artists, Black Lives Matter, Bloggers, Cosplay, Genderqueer, HNWIs, International Curators, Adjunct Faculty, Microdosers, Hoarders

Google them...

We can all tell this story: The rails of human advancement stretching from the Enlightenment to a Bitcoin start-up; innovation measured by increased reach, increased uniformity, increased predictability and size and quickness. The telegraph to the landline to the mobile phone to the Bluetooth wearable; the abacus to Pascal's mechanical calculator to the room-sized computer to the palm-sized device a million times more powerful than equipment a thousand times its size from only ten years ago; the stone tablet to the book to the internet offering everything, no excuses. We are all connected. We're at the bright tip of a comet hurtling forward. We can place ourselves, with mild satisfaction. Thank god it's not then. What kind of person uses a BlackBerry? (Old people!) BlackBerry

But "who isn't depressed after half an hour on Facebook?" to quote my therapist. It doesn't smell right. I work so much. I see fewer people. Everyone's worried. I have a twitching compulsion to always check alerts, to smooth out the notification bar forever. And yes, of course there are long-standing critiques of positivism and the Western notion of objectivity and totalizing systems and bold technocratic visions. **But that's up there, and this is now, and it's still lonely, this unsettled feeling at the cutting edge of the best time ever made.**

I work in high tech, the leading border of innovation, according to the story. My job is designing research and development practices to make secure and private internet communications easier to use and easier to validate. I do this work at a big company, and I love this work. It feels real and necessary, and I can explain it clearly to everyone on the inside. So while the whole thing may not sit comfortably, here I am, in a closed system, shaped by a ubiquitous, glitzy positivism, where it's hard to imagine what else could be true.

—

I stumbled upon Ursula Franklin's 1989 *The Real World of Technology*,[1] when I was looking to clean the house to a podcast. I thought it would be funny—discussions of technology from 1989 would be wrong in interesting ways! It wasn't funny. It was wonderful. It brought that kind of recognition that you read novels for, when something familiar and inexpressible is put into words. **Who was this person, and how was it that her voice seemed so much more urgent, real, and relevant** podcast

than the petabytes of breathless journalism comprising our current discourse?

Franklin was born in 1921 in Munich, Germany. She and her family survived the Holocaust and reunited miraculously in Berlin, where she earned a PhD in experimental physics before leaving for a research fellowship in Canada. She is a feminist, a pacifist, a Quaker, a physicist, a metallurgist, and a pioneer of archaeometry (applying modern materials analysis to archaeological objects). She was the first woman to be awarded the highly prestigious title of "University Professor" at the University of Toronto, and she made key contributions to art and cultural history, to the cessation of nuclear testing (her research exposed increasing levels of radiation in children's teeth), to the anti-war movement, and to the social and political analysis of technology. **Weaving through her work is a deep respect for systems, interrelationships, and complexity (the interaction between culture and technology or art and materials, for example). She approaches her subjects not as things to be simplified and mastered, trimmed to fit convenient models, but as parts of larger wholes that could possibly be mapped, but not controlled.**

anti-war movement

The Real World of Technology can be read as a remapping of the common story of progress; it looks not at the stuff progress makes but at the systems it instantiates and the imprint they leave on us.

Echoing French sociologist Jacques Ellul, Franklin defines technology as a shared practice.[2] It is the way we do something, not the familiar description of "the sum of the artifacts, of the wheels and gears, of the rails and electronic transmitters."[3] Instead, it is a practice that consists of "organization, procedures, symbols, new words, equations, and, most of all, a mindset."[4]

Propelling our current innovation juggernaut are what she calls prescriptive technologies. These are practices that split the doing of something into small, identifiable tasks, each performed by a separate person or specialized unit (i.e., the division of labor, as in the assembly line or the production of complex software). **Under prescriptive technologies, "control over work moves to the organizer, boss, or manager."**[5]

prescriptive technologies

Backstopped by an eighteenth-century Western worldview that imagines humans as mechanical entities whose activities can be calibrated for increasingly efficient output (from La Mettrie to Taylor to CrossFit)[6] and driven by the introduction of mechanized labor during the Industrial Revolution and by the high-modernist vogue of master planning,[7] prescriptive technologies are accepted today as the way activities are organized. Enabling management from afar, mass scale, and the ability to measure outcomes across finely tuned variables.

CrossFit

Not coincidentally, prescriptive technologies also provide the necessary conditions for modern capitalism and global consumer markets. How else could we ceaselessly make more and better things faster? How else could we provide the raw materials that feed financial markets—the ability to quantify, structure, control, and predict that provides gamblers a shared perspective to bet on?

There is no technology for justice. There is only justice.

While producing wonderful artifacts and mind-blowing techniques, prescriptive technologies create a world in which it's normal to do what we're told, and to do so without the ability to control and shape the process or the outcome. They also require a command and control structure. A class of experts—the architects, the planners—and others who follow the plans and execute the tasks. **This structure creates a "culture of compliance . . . ever more conditioned to accept orthodoxy as normal and to accept that there is only one way of doing 'it.'"**[8] A view through Franklin's lens reveals that, as a "byproduct" of what we call progress, we have created societies easily ruled and monitored—and accustomed to following orders whose ends they don't question.

culture of compliance

Not that there isn't resistance. From the Luddites to Occupy, resistance percolates and ruptures. But when it does, it is most often characterized as a natural if unpleasant effect of innovation's "disruptive" tendencies (to use the current lingo). **In this we note that our story of progress views "people as sources of problems and machines and devices as sources of solutions."**[9] New, better, faster ways of doing things, ways that produce more things more quickly, are right and inevitable. **People's anger, fear, and resistance to new modes and machines are characterized as regressive, stubborn. A problem to be minimized and tolerated.**

Franklin connects this propensity to favor "progress" over human experience to our particular reliance on scientific method. "Scientific constructs have become *the* model for describing reality, rather than one of the ways of describing life around us."[10] The problem with this is not that science is "wrong," necessarily, or that it fails to provide a powerful tool with which to understand and confirm general truths in shared ways. At issue are the practice's overly broad application and its weakness when approaching contexts from which a constant variable can't easily be isolated. Human experience, emotion, and affect, with their infinitely rich and shifting contexts, is not conducive to scientific "proof." In a world in which science is the model, individual and shared

scientific method

experience does not "count" alongside other much more easily "provable" facts. **The requirement that something be proven scientifically for it to be legible also means that the experts, those with education, standing, and access to scientific authority, become the de facto arbiters of whose experience and concerns are valid—and whose aren't. A position with significant power.** This privileging of the generalizable and scientifically "provable" at the exclusion of lived individual experience is central to the way in which our shared story of progress can so comfortably (and conveniently) focus on the artifacts extruded by innovation, and leave the human cost to the side. "The plural of anecdote is not data,"[11] we're reminded.

—

"There is no technology for justice. There is only justice."[12] Ursula Franklin answered when I asked her in December 2015, what to do. I reached out because I wanted her to tell me how to act on the perspectives she brings to the traditional story of progress. As someone building internet technologies, working within this received wisdom, I wanted a recipe, something I could share with others (with you!) and throw my body into.

She was warm and generous and incredibly insightful, and she gave me no smooth answers, no simple way.

Central to our conversation was my worry about the massive surveillance capacities enabled by internet technologies and the way in which public assent to surveillance is fueled by the racism and militarism of the now eternal "War on Terror." **What could we do to combat this narrative?** What could we do to change the underlying technologies such that they respect human agency and privacy?

War on Terror

Franklin agreed. This is a grave problem. But not a "technological" problem:

"Whether it's heathens, witches, women, communists, whoever, the institution of an enemy as a political tool is inappropriate. The only solution is an insistence on a civilized democratic society. A civilized democratic society combats this and the wish of an authority to collect personal information on citizens and their activities and loyalties. Whether it's done by spying, by bribing children, by workplace monitoring, by confession in the confession box of the church—the collection is the issue. The means—the technology—is secondary. The problem is a problem of authoritarian power. And at the root of this problem is the issue of justice, and justice is political."

While justice can be understood, can be felt, there is no template to follow, or checklist to work through for ensuring a just outcome.

The requirements are humility, a respect for context, and a willingness to listen to the most marginalized voices. Let these define the basic requirements of whatever you do. You must "put yourself in the position of the most vulnerable, in a way that achieves a visceral gut feeling of empathy and perspective—that's the only way to see what justice is."

Understanding justice, honoring those most vulnerable and including them as authors of any plan that impacts them, is a necessary starting place. But the problems associated with our current technologies won't be solved by tweaking gears or redesigning mechanisms. A road map that centers on justice is only the first step. **"For a very long time gadgets and machinery have been anti-people. If one wants to get away from the anti-people component, then you don't argue technology as much as you argue capitalism."** Even with a view of what justice would look like and could be, attempts at radical change will, of course, be repulsed by powerful actors who benefit richly from the unjust status quo. Political change must be a part of the equation.

road map

This isn't a frenzied call for revolution. The bigger the scale, the bigger the vision for just change, the more difficult it will be to "get it through" a system in which power is aligned against justice (and, of course, the more difficult it will be to truly understand this vision's vast impact on vulnerable populations and thus ensure it really supports justice.) Not that working to build practices and plans isn't worthwhile—it is incredibly worthwhile. But you're unlikely to have much real impact if you start with a grand announcement. **"To proceed in a hostile world," Franklin suggests, "call it an experiment. Admit that you don't know how to do it, but ask for space and peace and respect. Then try your experiment, quietly."** In conditions not conducive to success, situate yourself out of the spotlight and proceed subtly, humbly, and be willing to downplay expectations while new forms incubate.

"My favorite word is an old Quaker term, 'scrupling,' used as an activity," Franklin begins, addressing how to approach the vastness of the political and social problems we were discussing. "It comes out of the anti-slavery movement, originally. People would get together to 'scruple,' that is, discuss and debate a common problem, something they had scruples about—say, justice—for which they did not have a solution. This is scrupling, and this is something you and your friends can do."

scrupling

Gather and talk. Empathize and listen. Don't chase the spotlight, and accept that some problems are big, and difficult, and that what you're good at may not fix them. These are not the ways of charismatic executives and flash-bang inventors. These are not instructions for entrepreneurial success. These won't produce bigger faster newer ways of doing things.

Her parting words were meant to comfort me.

"For your own sanity, you have to remember that not all problems can be solved. Not all problems can be solved, but all problems can be illuminated. If the eggs are scrambled, they're scrambled. You can't unscramble them. All you can possibly do is cook them and share them with somebody."

1 The lectures are the basis of Ursula Franklin's book, originally published in 1990: *The Real World of Technology* (Toronto, 1999). The lectures can be streamed for free: http://www.cbc.ca/radio/ideas/the-1989-cbc-massey-lectures-the-real-world-of-technology-1.2946845
2 Jacques Ellul (1912–94) was a French sociologist, philosopher, and Christian anarchist who authored, among other things, *The Technological Society* (1954), in which this definition is laid out. When outlining her definition, Franklin cites Ellul as an influence.
3 Ursula Franklin, *The Real World of Technology* (Toronto, 1999), p. 2.
4 Ibid.
5 Ibid., p. 16.
6 Julien Offray de La Mettrie was an eighteenth-century physician and philosopher who wrote *L'homme machine*, in which he envisions humans as complex machines. Frederick Winslow Taylor was a late-nineteenth-century engineer and author of *The Principles of Scientific Management*. He analyzed factory workers, compartmentalizing their actions with the goal of defining the most efficient way to produce commodities (i.e., get the most out of workers). CrossFit is a twenty-first century fitness fad that aims to "optimize fitness" through a carefully regimented series of targeted and intense exercises.
7 This is an echo of James C. Scott's *Seeing Like a State*, which looks at legibility and standardization as requirements for centralized authoritarian planning and control.
8 *The Real World of Technology*, p. 17.
9 Ibid., p. 25.
10 Ibid., p. 31. The italics are Franklin's.
11 A quip variously credited to about a dozen authors according to the internet.
12 Ursula Franklin's statements in this section come from a Skype call on December 19, 2015, between Ursula Franklin, Jane Freeman, and myself. I would like to offer my immense and warmest gratitude to Jane Freeman and to Ursula Franklin for the time and care they spent considering and answering my questions, including many emails, and for all the logistical organization necessary to ensure that Skype was set up and that we were ready to go.

Meredith Meredith is an internet researcher and poet living and working in New York. Her daily practice focuses on measurement and the use of public data to enforce net neutrality; the application design and artistic thinking to the creation of more delightful, more respectful cryptographically secure technologies; and the ethics, power relations, and affect of the internet—in all it's unclear definitions—as it inoculates the world's daily reality.

Image: Ursula Franklin at the launch of *The Ursula Franklin Reader: Pacifism as a Map*, at Massey College, Toronto, 2006

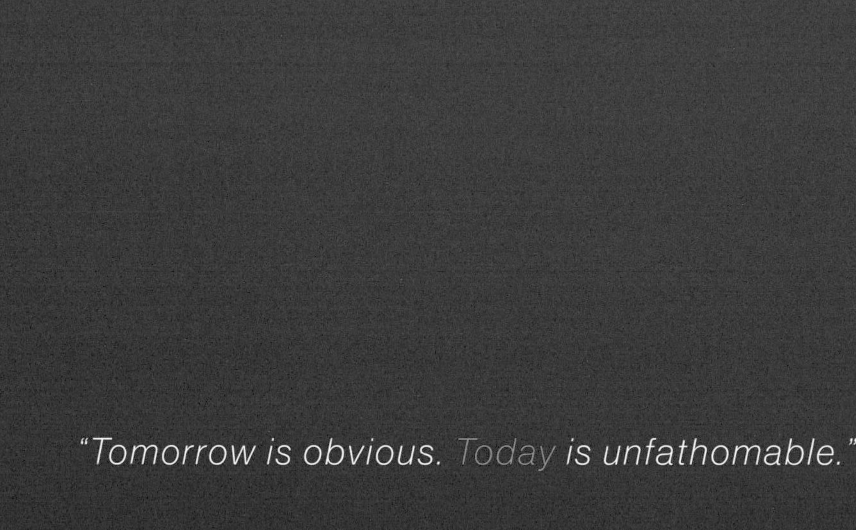

“Tomorrow is obvious. Today is unfathomable.”

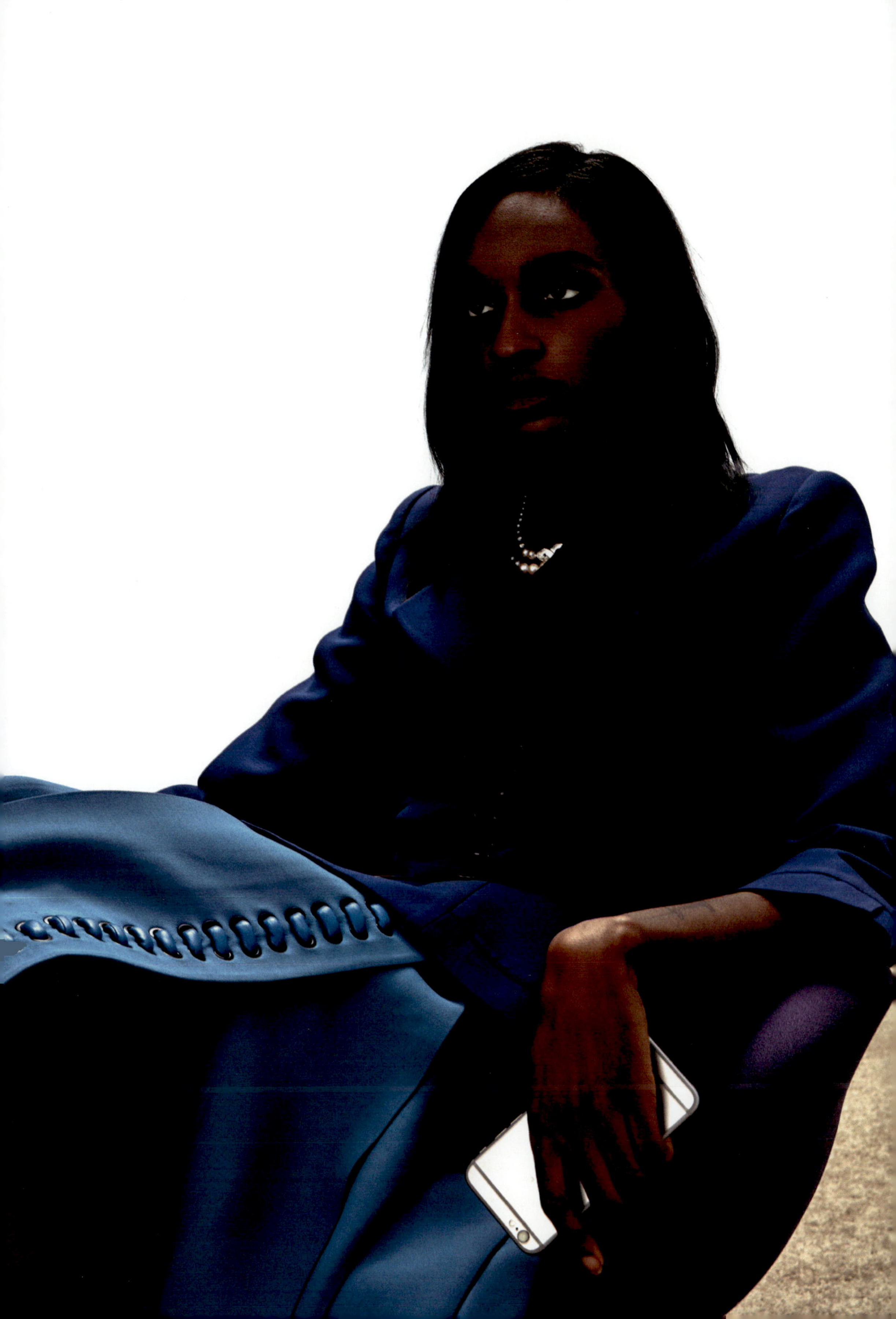

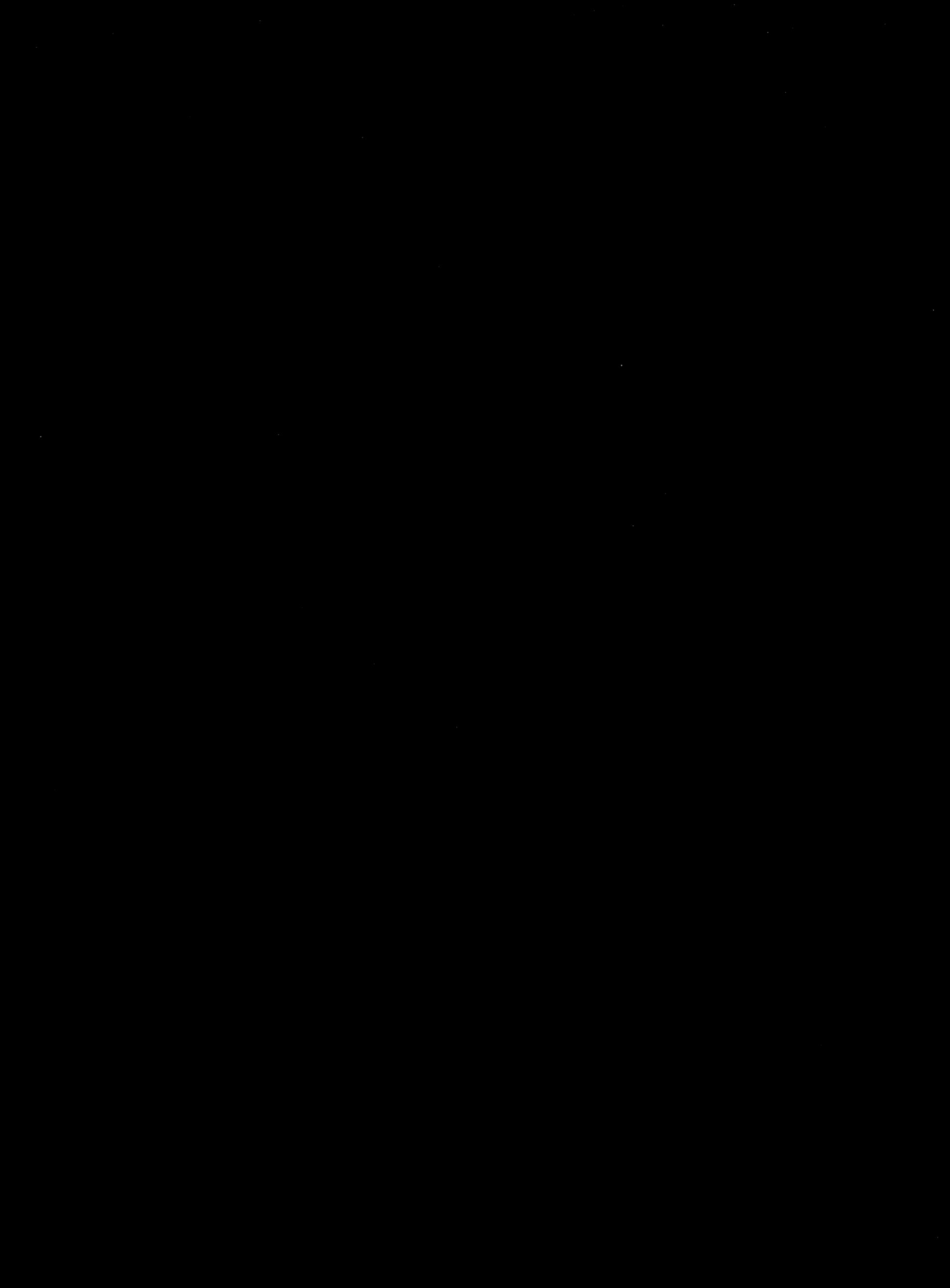

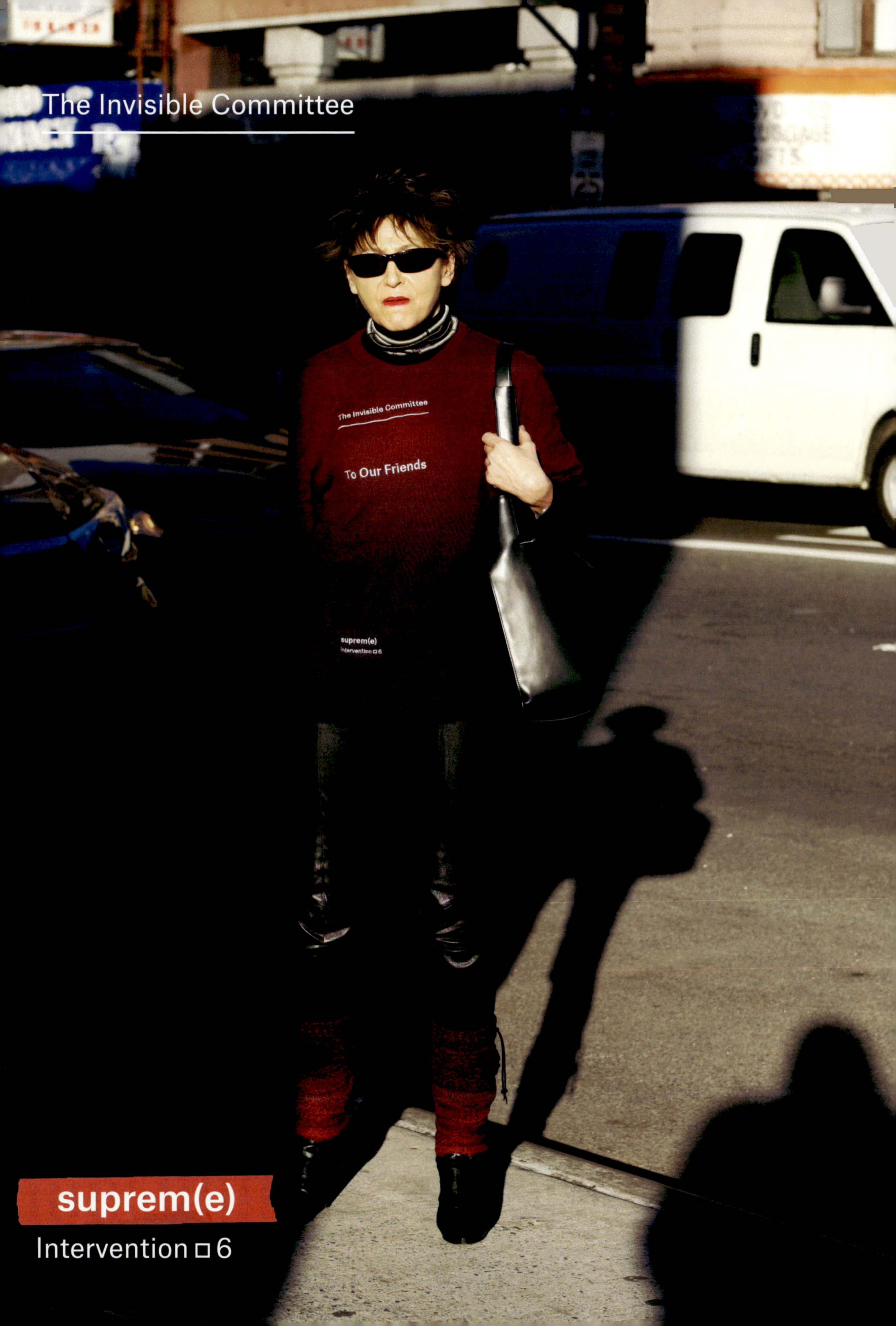
The Invisible Committee
The Invisible Committee
To Our Friends
suprem(e)
Intervention 6
suprem(e)
Intervention 6

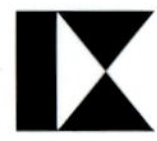

The Army of Love

INGO NIERMANN

Wir stellen uns unsere Liebe gerne als sehr persönliche Angelegenheit vor, doch sie folgt statistischen Präferenzen. In jeder Gesellschaft werden bestimmte Merkmale als attraktiver empfunden als andere. Jemandem, der dabei unter dem Durchschnitt liegt, zu sagen, wir seien alle schön, ist so, als würde man jemandem, der arm ist, sagen, Geld spiele keine Rolle. Es ist ignorant, wenn nicht zynisch. Hier kommt nun der Komplettismus in Spiel. Der Komplettismus strebt nach einer intimen Komplettierung der Gerechtigkeit. Die Army of Love praktiziert diesen Komplettismus und bietet jedem, der sie braucht, allumfassende, sinnliche Liebe – Fürsorge, Begehren, Sex und Respekt. Lesen Sie, wie die Army of Love im Begriff ist, den Verlauf nicht nur der menschlichen Geschichte zu verändern.

Komplettismus

ROMANTIK KOMPLETT

Der Kapitalismus hat romantische Liebe dermaßen kommerzialisiert, dass wahre romantische Transgression an dem einzigen dem Wohlfahrtsstaat innewohnenden Tabu rührt: Gewalt. Wer sich lieber als einsamer Wolf sieht, wählt den Amoklauf, wer den Anschluss an eine Gruppe sucht, wird Hooligan oder Extremist.

Aber was bleibt denjenigen von uns, die gut sein wollen, ohne als schreckliche Langweiler zu gelten? Wie können wir ebenso drastische Übertretungen begehen, die eindeutig gut sind? Das ist nur durch Liebe möglich – eben die überwältigende Liebe, die schon die Romantiker priesen und die nie erfüllt wurde. Auch wenn unsere Gesellschaft sich als hedonistisch versteht, wird die Libido eines großen Teils der Bevölkerung durch Psychopharmaka gedämpft. Menschen, die nicht genug Liebe finden, sollen ihrer Erziehung die Schuld geben. **Warum schenkt man ihnen nicht einfach Liebe?**

HELP THE LONELY!
JOIN THE ARMY OF LOVE.

WWW.THEARMYOFLOVE.NET

HEART BY JONAS VOEGELI

Die heutigen Wohlfahrtsstaaten lassen den meisten von uns genügend Zeit und Muße, um uns nicht nur wie die Hippies der Liebe zu öffnen, sondern systematisch in ihr zu drillen und zu einer Liebe zu finden, die sich nicht nur auf eine Person, eine Familie, eine Gruppe oder ein Volk bezieht, sondern auf jeden. **Eine Liebe, die bewirkt, dass wir auf der Straße nicht nur „Free Hugs" verteilen, sondern auch „Free Petting", und einander bestaunen. Die bewirkt, dass wir unseren Nächsten mehr als nur Sympathie entgegenbringen und dass unser Wunsch nach Liebe – einschließlich sinnlicher Liebe – sich immer und überall magisch erfüllt.** Auch die brutalste Gewalt erweist sich angesichts der kompletten Liebe der Army of Love als nicht radikal genug.

Free Hugs
Free Petting

Nur wer hungert, kann den anderen für einen Laib Brot lieben.

FÜRSORGE KOMPLETT

Bei steigendem materiellem Wohlstand und zunehmender Freizeit wächst das Bedürfnis nach Intimität und physischer Liebe. Die Ehe wird immer weniger als bindend empfunden, und während wir nach neuen und besseren Geliebten suchen, haben diejenigen, die wir als alt, hässlich, behindert oder erfolglos diskriminieren, das Nachsehen. **Sex ist käuflich, aber sinnliche Liebe ist in einer wohlhabenden Gesellschaft fast unerschwinglich. Nur wer hungert, kann den anderen für einen Laib Brot lieben.**

Im Kampf des Sozialismus gegen ungleiche Eigentumsverhältnisse blieb die ungleiche Verteilung von Attraktivität unbeachtet: In einer gewaltfreien Gesellschaft ohne privates Eigentum hat jeder Zugang zu Waren des täglichen Bedarfs, aber von den ersehnten Sex- und Liebespartnern braucht man immer noch ihr Einverständnis. Die Hippies haben in der Nachfolge von Charles Fourier angenommen, dass Sex und Liebe nur aus dem Gefängnis der Monogamie befreit werden müssten, um zu blühen und zu gedeihen und für alle im Überfluss da zu sein. **Doch der Verzicht auf libidinöse Besitzansprüche mag uns von der Treue entbinden, nicht aber von den ästhetischen, intellektuellen und charakterlichen Ansprüchen an unsere Partner. Freie Liebe ist letztlich nichts anderes als die Ausdehnung des Liberalismus auf das Intimleben.**

Charles Fourier

Eine komplette Liebe unserer Nächsten verlangt mehr Überwindung als die gewöhnliche Nächstenliebe. Doch sie belohnt uns auch mit außergewöhnlichsten Erfahrungen und tiefster Dankbarkeit. Und nur dann wird eine Wohlfahrtsgesellschaft dem Anspruch auf umfassende Gerechtigkeit für alle genügen. Das fördert ihre Akzeptanz – sowohl auf der Seite derer, die nehmen, wie auf der Seite derer, die geben.

HINGABE KOMPLETT

Die Army of Love ist eine Armee im ursprünglichen Sinn. In einer Zeit, in der Gewalt zunehmend geächtet ist, wird Liebe zur mächtigsten Waffe – eine Waffe, die auch gefährlich sein und sogar Menschen töten kann.

Um im komplettistischen Sinn zu lieben, ohne Schaden anzurichten, müssen wir lernen, die wirklich Bedürftigen von denen zu unterscheiden, die einfach gerne allein sind oder nur vorübergehend an Liebeskummer leiden. Wir müssen ihnen die Gewissheit geben, dass es sich nicht bloß um einen üblen Scherz, eine Finte oder einen obskuren Fetisch handelt. **Wir müssen sie beständig lieben und begehren und auch ihre Liebe und ihr Begehren wecken, ohne dass jemand sich so auf die andere Person fixiert, dass es unmöglich wird, den Liebesdienst bei Umzug, Krankheit oder anderen Problemen auf einen anderen Komplettisten zu übertragen.**

Deshalb brauchen wir das Regime einer Armee und auch ihre Insignien, vielleicht sogar Rangzeichen und Orden. **Wer seinen Soldaten liebt und ihm traut, wird bis zu einem gewissen Grad immer die Armee als Ganzes lieben. Liebt der Soldat den Bedürftigen, sieht man nicht nur ihn, sondern ein ganzes Regiment schöner, wollüstiger, offener Menschen Gutes tun. Stipendien ermöglichen jungen Menschen, nach Abschluss der Schule – wenn ihre Attraktivität, Potenz und Neugier am höchsten sind – ein Soziales Jahr bei der Army of Love zu absolvieren. Doch die Army of Love rekrutiert auch diejenigen, denen sie gedient hat.** Der beste Weg, um eine dauernde Abhängigkeit von ihren Diensten zu vermeiden, ist, zu trainieren, um selbst Teil der Armee zu werden. Auch wer Alter und Erscheinung nach gemeinhin nicht als attraktiv angesehen wird, kann für spezielle Fälle perfekt geeignet sein.

MITGEFÜHL KOMPLETT

Komplettistische Liebe ist das Gegenteil von regressiv. Anders als bei der freien Liebe geht es darum, ausgerechnet diejenigen zu lieben, zu denen wir uns bisher nicht hingezogen fühlen, und wir müssen uns drillen, um diese Liebe zu erbringen. Statt gegen Gefühle anzukämpfen, kann Gewöhnung sie – die gewünschte Liebe – überhaupt erst erzeugen, während Hass immer weniger zu entschuldigen ist. Wir lernen von Sexarbeitern, den anderen zu begehren, indem wir sie oder ihn dazu bringen, uns zu begehren und

Sexarbeiter

damit unsere Selbstliebe befriedigen. Wenn wir es allein nicht schaffen, können wir uns auch mit Substanzen wie MDMA (stärkere Anziehungskraft), Oxytocin (stärkere Bindung) und Viagra (stärkere Erektion) helfen.

MDMA
Oxytocin
Viagra

Weil unser aller Sehnen nach Liebe umgehend gestillt wird, nehmen Eifersucht und Hass immer weniger Raum ein. **An ihren Platz tritt Mitfreude: Freude darüber, dass der andere mehr Liebe findet als nur unsere. Wir lieben einander nicht deshalb, weil wir verzweifelt sind.** Wir suchen nach einer sehr besonderen Liebe, weil wir eigentlich genau dafür geschaffen sind, und wir können sie finden, ohne darauf zu bestehen, dass sie erwidert wird. Sinnliche Nächstenliebe impliziert keinen neuen humanistischen Essenzialismus. Im Gegenteil: Die Ausdehnung sexueller Liebe auf Menschen, die nicht unseren gewohnten Maßstäben entsprechen, ist nur der erste Schritt hin zu gänzlich uneingeschränktem Begehren und Sex, auch über Artgrenzen hinweg.

Wer seinen Soldaten liebt und ihm traut, wird bis zu einem gewissen Grad immer die Armee als Ganzes lieben.

VERWIRKLICHUNG KOMPLETT

Die Army of Love wird von verschiedenen Motiven angetrieben.

Ideologische Motive: Gerechtigkeit, denn es reicht nicht, nur Geld und die Möglichkeiten, Geld zu verdienen, umzuverteilen; man muss auch die Aussichten, geliebt zu werden, umverteilen. Nächstenliebe, denn man empfindet es als seltsam und unzureichend, dass im Christentum und in anderen Religionen die „Liebe zum Nächsten“ jede sinnliche Liebesbekundung ausschließt. Antifaschismus, denn die allgemeinen Schönheitspräferenzen in westlichen Gesellschaften sind weitgehend dieselben wie im Faschismus. Antikonsumismus und Antikapitalismus, denn die, die mehr Geld haben, sollen nicht auch noch mehr geliebt werden. Kommunismus, denn er ist in seinen früheren Ausprägungen gescheitert, weil er allein materielle Güter vergesellschaftet hat. Kommunitarismus und Anarchismus, denn die komplettistische Praxis macht sowohl die Mitglieder der Army of Love als auch die Empfänger ihrer Liebe weniger eifersüchtig, weniger hasserfüllt, weniger materialistisch, dafür aber vertrauensvoller und großzügiger. Umweltbewusstsein und Transhumanismus, denn die Liebe zu missachteten Menschen ist ein Schritt hin zur Liebe zu nichtmenschlichen Wesen.

Liebe zum Nächsten

Transhumanismus

Persönliche Motive: Manche Liebessoldaten waren Menschen ausgesetzt, die sich allzu leicht in sie verliebten, und sie möchten lernen zurückzugeben. **Manche Liebessoldaten verlieben sich leicht, doch meistens in Menschen, die bereits genug geliebt werden oder die physisch zu lieben missbräuchlich wäre, und diese Soldaten möchten ihre Liebe denjenigen entgegenbringen, die sie brauchen.** Manche Liebessoldaten haben bereits Präferenzen, die sie Menschen lieben lässt, denen Liebe häufig fehlt, aber diese Präferenzen werden als Perversionen diskriminiert, und sie möchten, dass sie als etwas Gutes respektiert werden. Manche Liebessoldaten suchen einfach nach dem nächsten großen Abenteuer, der nächsten großen Grenzüberschreitung.

Komplettistische Liebe ist das Gegenteil von regressiv. Anders als bei der freien Liebe geht es darum, ausgerechnet diejenigen zu lieben, zu denen wir uns bisher nicht hingezogen fühlen, und wir müssen uns drillen, um diese Liebe zu erbringen.

KONTROVERSE KOMPLETT

Soll die Army of Love eine Bewegung sein, ein Orden, eine Loge, eine Sekte, eine Guerillaorganisation, eine Nichtregierungsorganisation oder ein Pflichtdienst für all diejenigen, die als hoch attraktiv eingestuft werden? Soll so lange wie möglich offen bleiben, welchen Charakter die Army of Love annimmt, um zunächst Erfahrungen zu sammeln und an Dynamik zu gewinnen, oder soll sie so bald wie möglich institutionalisiert werden, um zu vermeiden, dass sie sich in Missverständnissen und Missbrauch verstrickt?

Wie sollen, da der Bedarf an Liebe unter den mehr als sieben Milliarden Menschen auf der Welt enorm ist, diejenigen ausgewählt werden, denen die Army of Love als erstes dient? Soll die Army of Love sich auf Menschen konzentrieren, die wegen niedrigen Einkommens, geringer Bildung, hohen Alters, Krankheit oder Behinderung allgemein diskriminiert werden, oder würde das weitere, wenn auch positive Diskriminierung bedeuten? Würde es die allgemeine Ungerechtigkeit nur noch unerträglicher machen, wenn man den von der Gesellschaft Vernachlässigten Liebe zuteil werden lässt?

Aus utilitaristischer Perspektive könnte es effektiver sein, den allgemein Privilegierten Liebe zu schenken, weil es sie großzügiger machen könnte, aber es wäre ungerecht.

Müssten potenzielle Bedrohungen für die Army of Love – Misogyne, Rassisten, Vergewaltiger – von ihren Diensten ausgeschlossen werden, oder ist es gerade der Mangel an umfassender Liebe, der sie überhaupt erst grausam werden lässt? Sollte die Army of Love ihre Liebe so ausdrücken, dass sie das Einverständnis der meisten Menschen findet, oder sollte sie sich, um den persönlichen Bedürfnissen der Empfänger zu entsprechen, auch an Praktiken und Rollenspielen beteiligen, die bei einer Mehrheit Anstoß erregen würden? Sollte die Army of Love nur denjenigen dienen, die sie um Hilfe bitten, oder sollte sie die Menschen aussuchen, die am bedürftigsten sind? Wie geht man mit Menschen um, die behaupten, bedürftig zu sein, aber die Dienste der Army of Love einfach nur bequemer finden als echte Liebe? Wie geht man mit Menschen um, die offensichtlich bedürftig sind, aber keine Hilfe annehmen wollen? Ist es legitim, wenn die Army of Love ähnlich wie die Romeo-Spione des Kalten Krieges im Geheimen agiert, um dem Stigma von karitativer Arbeit zu entgehen?

Romeo-Spione

AKTION KOMPLETT

Weitere Informationen finden Sie unter www.thearmyoflove.net. Schließen Sie sich jetzt der Army of Love an!

Ingo Niermann ist Schriftsteller und Herausgeber der Buchreihe *Solution* (Sternberg Press). Die Army of Love geht zurück auf sein Buch *Drill Nation* (2015), in dem ein vereintes Korea als neuer Modellstaat einer Wohlstandsgesellschaft imaginiert wird. Für die 9. Berlin Biennale hat er gemeinsam mit der Filmemacherin Alexa Karolinski das Video *Army of Love* (2016) in einem Berliner Spa gedreht. Die Army of Love manifestiert sich des Weiteren in seinem Roman *Complete Love*, seiner Zusammenarbeit mit Dora García für die Wiesbaden Biennale, und in einem Architekturentwurf in Zusammenarbeit mit Martti Kalliala für die Ausstellung *1000 m² of Desire* im CCCB in Barcelona (alles im Jahr 2016).

Alle Abbildungen: Alexa Karolinski/Ingo Niermann, *Army of Love*, 2016, Werbung

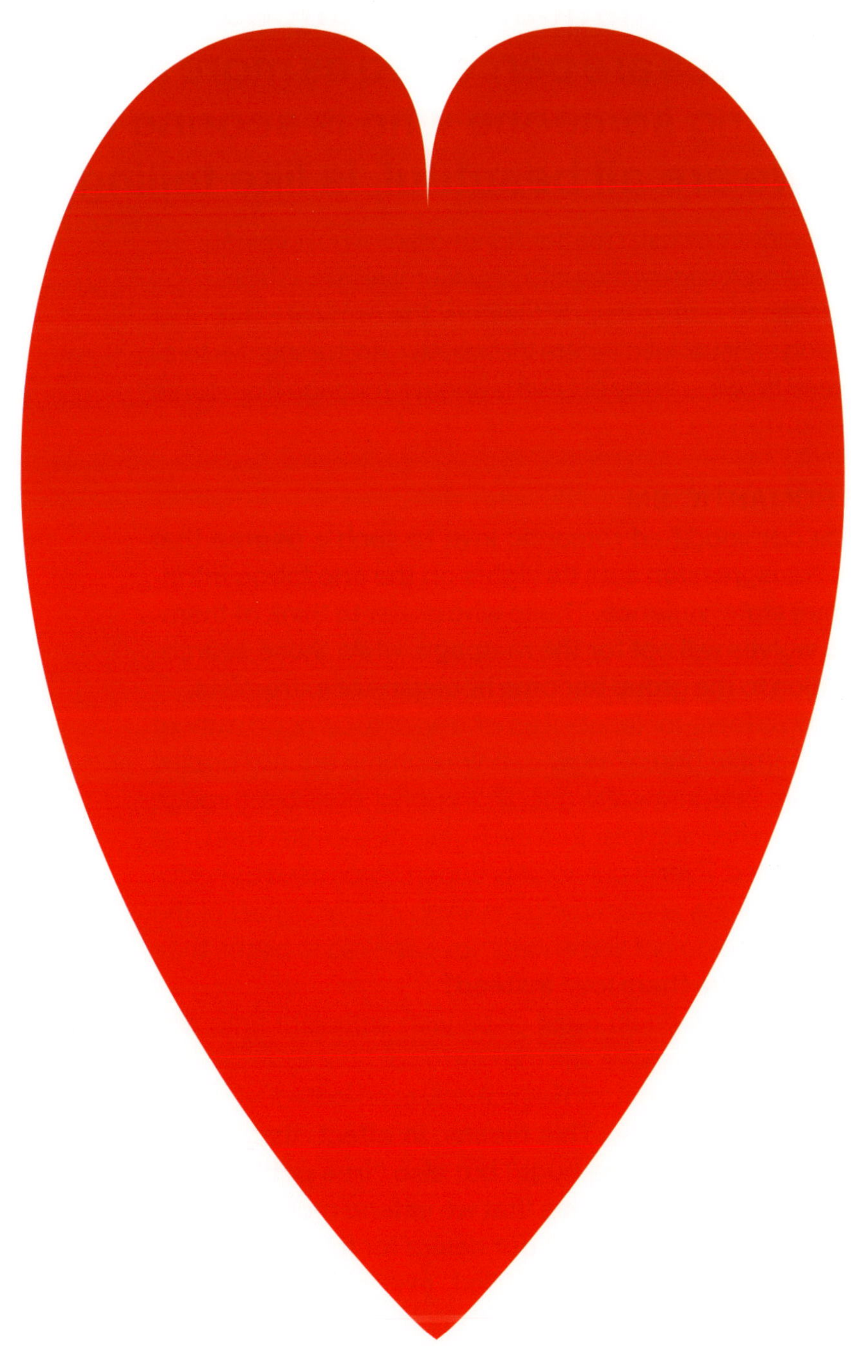

We like to think of our love as a very personal thing, but it follows statistical preferences. In every society certain features are perceived as more attractive than others. Telling someone who is scoring below average that we are all beautiful, is like telling someone who is poor that money doesn't matter. It's ignorant, if not cynical.

This is where completism comes into play. Completism aspires to an intimate completion of justice. Its practitioners, the Army of Love, offer all-encompassing sensual love—care, desire, sex, and respect—to all who need it. Read how the Army of Love is about to change the course of (not just human) history.

completism

COMPLETE ROMANTICISM

Capitalism has commodified romantic love to such a degree that true romantic transgression sets its sights on the one taboo intrinsic to the welfare state: violence. Those who prefer to think of themselves as lone wolves will opt for the rampage, while those searching for connection to the group become hooligans or extremists.

But what option is there for those of us who want to be good without being taken for horrible bores? How can we commit equally drastic offences—that are unequivocally good? It is only possible through love, the same overwhelming love that the Romantics exalted and that has never been fulfilled. Even if our society understands itself as hedonistic, psychotropic drugs are dimming the libido of a large part of the population. People who do not find enough love are told to blame their upbringing. **Why not give them love instead?**

Today's welfare states equip most of us with sufficient time and leisure not only to open up to love, like the hippies did, but to systematically drill into it, creating love that applies not only to an individual, family, horde, or nation, but to everyone. **This means, in effect, that on the street we not only give out "free hugs" but also "free petting" and gaze at one another in awe. It means that we extend more than just sympathy to our neighbors and that our desire for love—including sensual love—is always magically fulfilled, everywhere.** Even the most brutal violence does not seem radical enough in the face of the Army of Love's complete love.

free hugs
free petting

COMPLETE WELFARE

With rising material prosperity and leisure, the need for intimacy and physical love tends to grow. Marriage feels less and less binding, and as we hunt for new and better lovers, those that we discriminate against as old, ugly, handicapped, or unsuccessful get the short end of the stick. **Sex can be bought, but in an affluent society sensual love is almost prohibitively expensive. Only someone who is famished can love another for a loaf of bread in return.**

Socialism's fight against unequal ownership structures ignored the unequal distribution of attractiveness: In a nonviolent society without private property, everyone has access to basic commodities, although when it comes to desired sex and love partners, you still need the other's consent. The hippies, following the tradition of Charles Fourier, assumed that sex and love need only be liberated from the prison of monogamy for it to blossom and flourish and produce abundance for all. **Still, relinquishing libidinous ownership might free us from faithfulness, but not from the aesthetic, intellectual, and character standards that we set for our partners. Free love, in the end, only expands liberalism to the intimate sphere.**

Charles Fourier

A complete love of our fellows demands more surmounting effort than the usual charitable love. Yet it also rewards us with the most extraordinary experiences and the deepest gratitude. And only then will a welfare society satisfy the demand for comprehensive justice for all. This reinforces its acceptance, on the side of both those who take and those who give.

Only someone who is famished can love another for a loaf of bread in return.

COMPLETE DEVOTION

The Army of Love is an army in the original sense. At a time when violence is increasingly outlawed, love becomes the greatest weapon of all—a weapon that also can be dangerous and even kill people.

To love in a completist sense without causing damage, we have to learn to distinguish between the truly needy and those who really like to be alone or are only suffering temporary heartache. We have to reassure them that this isn't just a cruel joke, ruse, or obscure fetish. **We have to constantly love and desire them, and also stir their love and desire, without anyone becoming so fixated on the other person that it prevents handing over the love duties to another completist in the event of relocation, illness, or some other problem.**

For this, we need the strict regime of an army and also its insignia, perhaps even ranks and medals. **If you love and trust your soldier, then you will always, to some extent, love the army as a whole. If the soldier loves the needy, then you see not only the individual soldier but an entire regiment of beautiful, lustful, open-minded people who do good. Scholarships allow young people to complete a year of civil service in the Army of Love after finishing high school, when their attractiveness, potency, and curiosity are at their highest. But the Army of Love recruits those that it has served as well.** The best way of avoiding permanent dependency on its services is to train to join the army yourself. Even if your age and appearance are not generally considered to be attractive, you may be perfectly suited for special missions.

Completist love is the opposite of regressive. Unlike free love, the point is to love the very people, to whom we haven't yet felt any attraction; and we've got to drill ourselves to perform this love.

COMPLETE COMPASSION

Completist love is the opposite of regressive. Unlike free love, the point is to love the very people, to whom we haven't yet felt any attraction; and we've got to drill ourselves to perform this love. Instead of fighting emotions, habituation can engender them—the desired love—in the first place, whereby hatred becomes less and less excusable. We learn from sex workers to desire the other by making her or him desire us and so satisfying our self-love. If we can't pull it off on our own, we may also rely on the assistance of substances such as MDMA (more attraction), oxytocin (more attachment), and Viagra (more erection).

sex workers

As we all find our yearning for love promptly quenched, there will be less and less room for jealousy and hatred. **Their place is taken by compersion: happiness is the fact that a person can find more love than only ours. We don't love each other because we are desperate.** We may be looking for a very special love, precisely because we're basically provided for, and we're able to find it without

compersion

insisting on reciprocation. Sensual charitable love doesn't imply a new humanist essentialism. On the contrary, the extension of sexual love to people who don't meet our accustomed standards is only the first step on the way to utterly unrestrained desire and sex, also across the species barrier.

If you love and trust your soldier, then you will always, to some extent, love the army as a whole.

COMPLETE OURSELVES

The Army of Love is driven by diverse motives.

Ideological motives: Justice, as it's not enough to just redistribute money and opportunities for earning money; you have to redistribute the possibilities for being loved as well. Charity, as it feels strange and incomplete that in Christianity and other religions the "love of your neighbor" excludes all sensual manifestations of love. Anti-fascism, as Western society's general beauty preferences are pretty much the same as in fascism. Anti-consumerism and anti-capitalism, as those who have more money shouldn't receive more love on top. Communism, as it failed in its previous manifestations because it socialized material goods alone. Communitarianism and anarchism, as completist practice is making both the members of the Army of Love and the receivers of their love less jealous, less hateful, less materialistic, more trustful, and more generous. Environmentalism and transhumanism, as the love of neglected humans is a step towards the love of non-humans.

love of your neighbor

transhumanism

Personal motives: Some love soldiers have been exposed to people falling in love with them easily, and they want to learn to give back. **Some love soldiers fall in love easily but usually with people who are already being loved sufficiently or whom to love physically would be abusive, and these soldiers want to focus on loving those who need it.** Some love soldiers already have preferences that make them love people who often lack love, but these preferences have been discriminated against as perversions, and they want them to be respected as something good. Some love soldiers are just looking for the next great adventure, the next great frontier.

COMPLETE CONTROVERSY

Should the Army of Love be a movement, a congregation, a lodge, a sect, a guerilla organization, an NGO, or a compulsory service for all those who test as highly attractive? Should the nature of the Army of Love be kept open as long as possible to first gather experiences and gain momentum, or should it be institutionalized as soon as possible to avoid being trapped in misconceptions and abuses?

As the need for love among the more than seven billion people in the world is enormous, how to select the people whom the Army of Love should serve first? Should the Army of Love focus on people who are generally discriminated against because of low income, poor education, old age, disease, and disability, or would that imply further, if positive, discrimination? Would giving love to those neglected by society only make general injustice more unbearable? From a utilitarian perspective, it might be more effective to give love to the generally privileged, as it could make them more generous, but it would be unfair.

Would potential threats to the Army of Love—misogynists, racists, rapists—have to be excluded from its services, or is it precisely the lack of encompassing love that makes them cruel in the first place? Should the Army of Love express its love in ways that would find consent among the majority or, to meet the personal needs of the receivers, should it engage in practices and role play that would offend most people? Should the Army of Love only serve those who ask for its help, or should it seek out the people who are most in need? How to deal with people who claim to be in need but only find the services of the Army of Love more comfortable than "real" love? How to deal with people who are obviously in need but don't want to be helped? Is it legitimate for the Army of Love to work secretly, similarly to the Romeo spies of the Cold War, to avoid the stigma of charity work?

Romeo spies

COMPLETE ACTION

For more information visit www.thearmyoflove.net.
Join the Army of Love now!

Ingo Niermann is a writer and the editor of the *Solution* series (Sternberg Press). The Army of Love first came into existence in his book *Drill Nation* (2015) which envisions a unified Korea as the new model state of an affluent society. For the 9th Berlin Biennale, he collaborated with filmmaker Alexa Karolinski on the video *Army of Love* (2016), shot at a Berlin spa. Further manifestations of the Army of Love are unfolding in Niermann's novel *Complete Love*, his collaboration with Dora García for the Wiesbaden Biennale, and an architectural proposal with Martti Kalliala for the exhibition *1000 m² of Desire* at CCCB in Barcelona (all in 2016).

All images: Alexa Karolinski/Ingo Niermann, *Army of Love*, 2016, advertisement

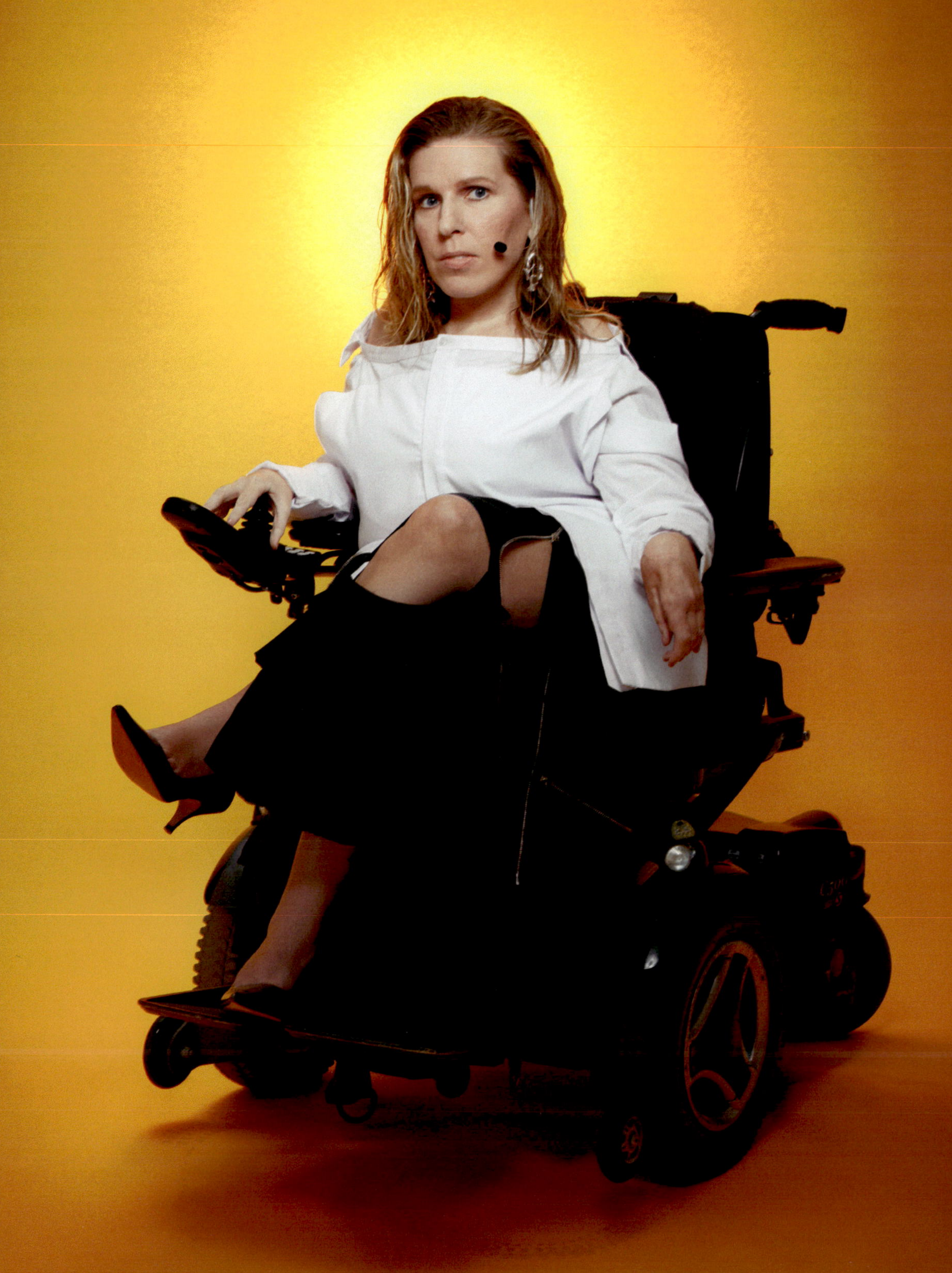

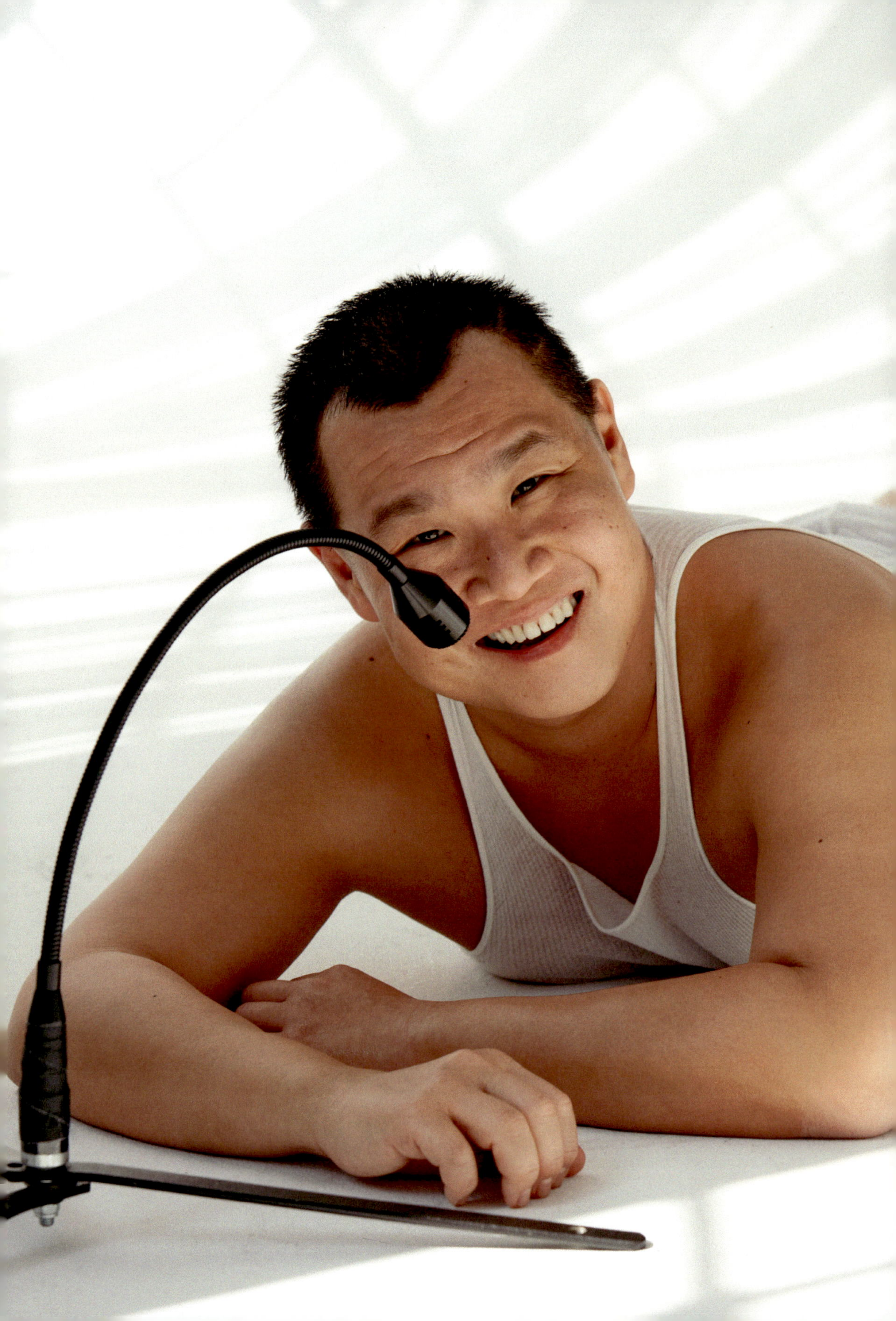

“Why should fascists have all the fun?”

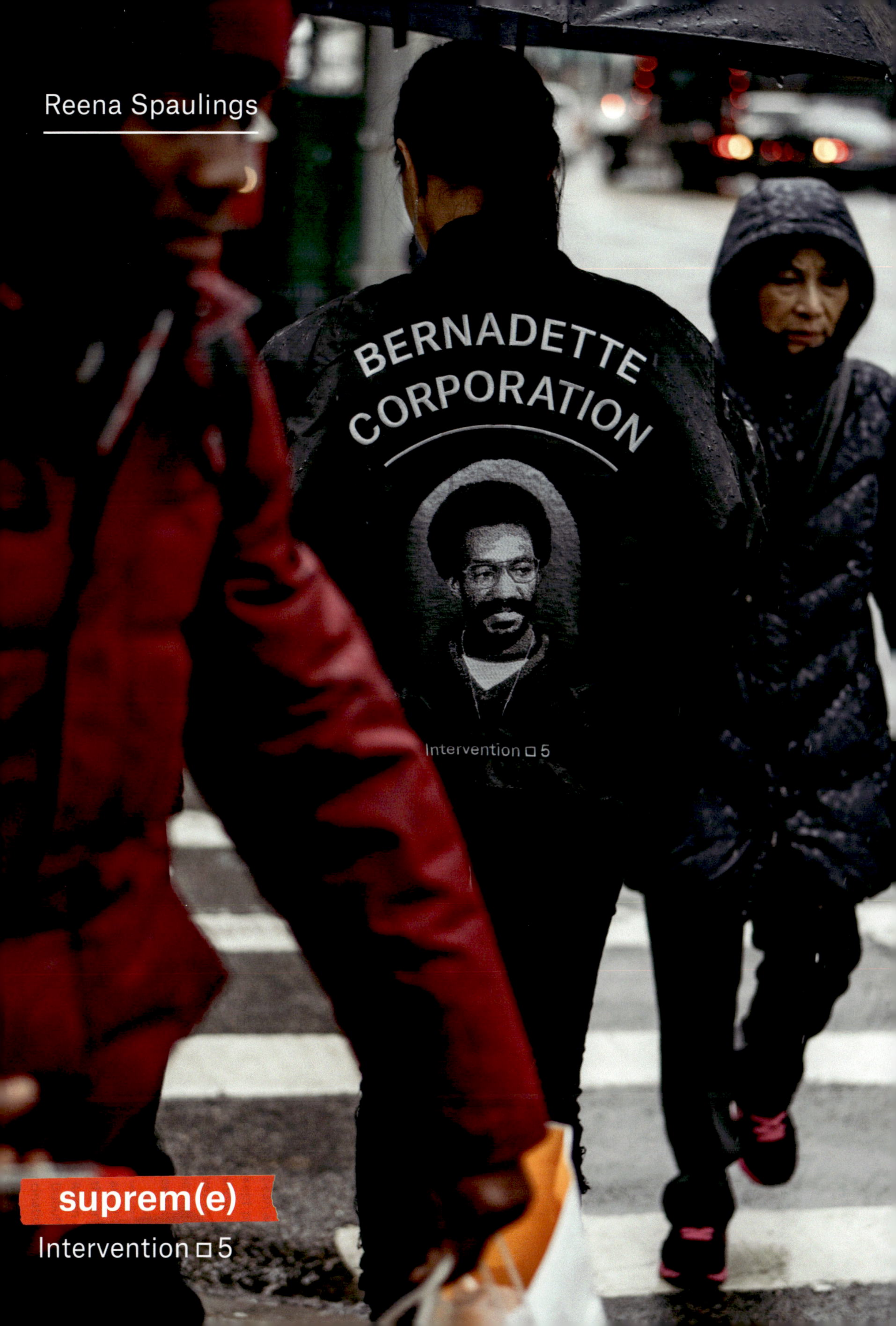
Reena Spaulings
BERNADETTE CORPORATION
Intervention □ 5
suprem(e)
Intervention □ 5

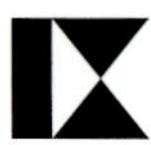

Business ist Kreativität

Business is Creativity

OLEG FONARYOV

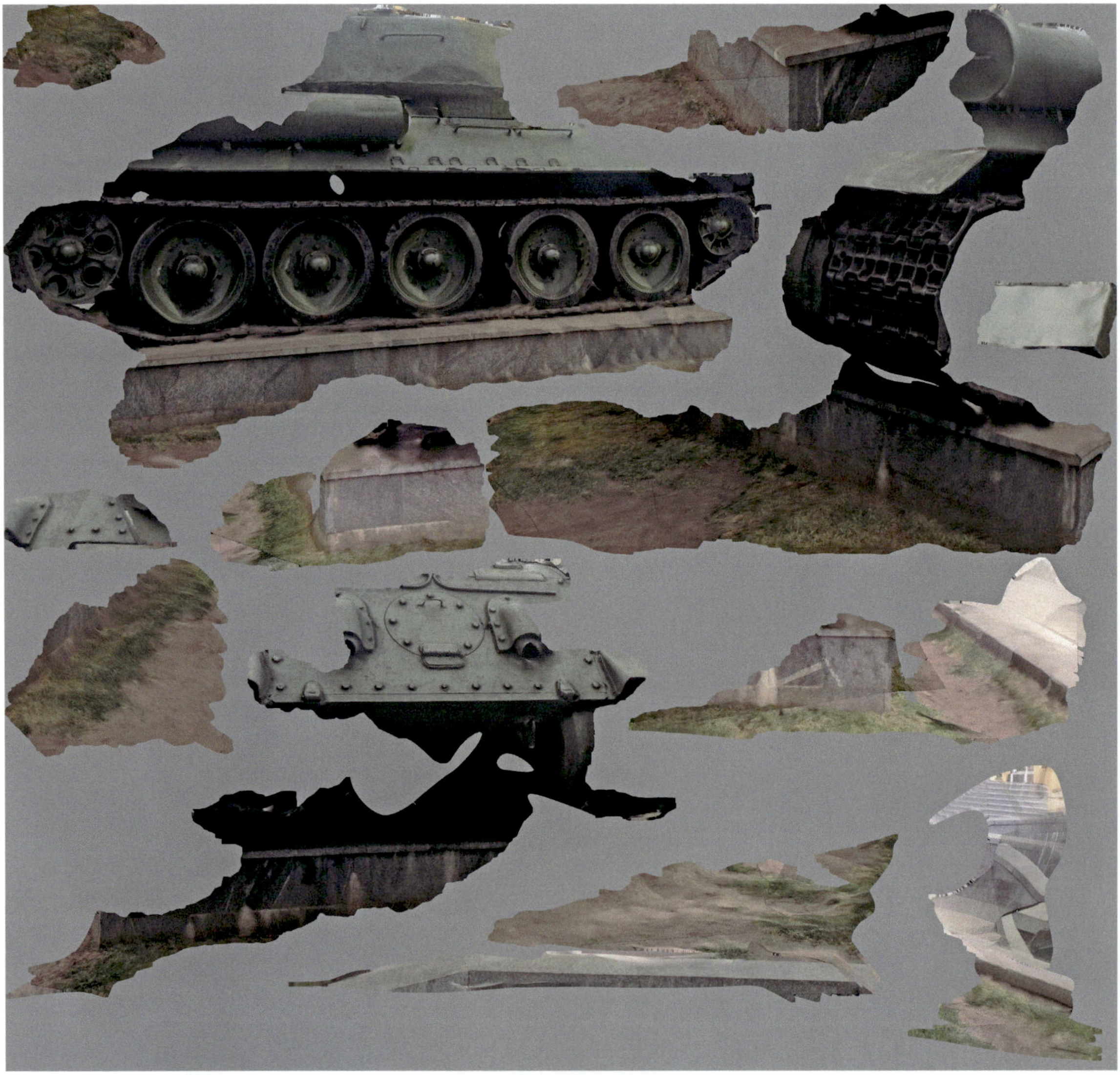

182

Wer hat die bewachte Wohnanlage gerendert?
In den Büchern stehen die Namen der Kriegsherren.
Haben die Oligarchen die Polygone geformt?
Und das mehrmals zerstörte Babylon,
Wer machte es zu einem Shooter-Spiel?
Wer hat den Schwarm der Zombies programmiert?
Wohin gingen an dem Abend,
wo die Mall of China fertig war,
Die 3D-Experten?

Fragen eines chinesischen Goldbauern (Hito Steyerl nach Bertolt Brecht)

Von Beruf bin ich eigentlich Luftfahrtingenieur. Nach dem Studium sollte ich Raketen, Raumschiffe und Steuerungssysteme bauen, aber als die Sowjetunion zusammenbrach, wurde ihr Raumfahrtprogramm abgewickelt, und die ehemaligen Angestellten begannen, auf der Straße irgendwelches Zeug zu verhökern. Ich versuchte, eine eigene Firma zu gründen, und es war mein ursprünglicher Traum, in die Hochtechnologie einzusteigen. Das war im Rahmen staatlicher Programme nicht mehr möglich, also musste ich es mir selbst aufbauen. Ich habe alles alleine geschafft, weil ich keinen Vater hatte. Ich komme aus einer armen Familie mit einer alleinerziehenden Mutter.

Als ich in den 1990ern meine Firma eintragen ließ, ähnelte das Umfeld der Zeit der sowjetischen Neuen Ökonomischen Politik in den 1920er-Jahren, als die ersten privaten Unternehmen auftauchten. **Als wir begannen, mit interaktiven Anwendungen zu arbeiten, bestand das Kernteam aus Wissenschaftlern des Versuchslabors der Panzerfabrik Malyschew. Man könnte also durchaus sagen, dass wir anfangs das wissenschaftliche Potenzial der Sowjetunion genutzt haben.**

Panzerfabrik Malyschew

Bald nach der Gründung in den 1990ern wurden wir zu einem der führenden Anbieter auf dem Markt. Unser Ehrgeiz wuchs. **In dieser Zeit, Anfang 2000, war das Internet für uns bis zu einem gewissen Grad noch Science-Fiction.** Aber dann entschieden wir, unser Medium zu wechseln – vom Papier zur Elektronik. Wir verkauften unser gesamtes Druckinventar und fingen an, Webdesign zu machen. Nebenbei erweiterte ich auch meine eigenen Kenntnisse, denn wir wussten nahezu nichts über das Internet. 2001 waren wir zu zehnt, und seither haben wir die Zahl unserer Angestellten jedes Jahr verdoppelt. Das ist ein sehr hohes Wachstumstempo.

Die meisten westlichen Firmen arbeiten hier in der Ukraine, weil es billiger ist; die Arbeitskraft kostet sie nicht viel. Klar, dass sie Aufgaben hierhin auslagern. Aber je mehr sich die Lebensqualität bei uns der Lebensqualität in Europa angleicht (der Euromaidan hat mit der Sehnsucht der Ukrainer nach einem besseren Leben zu tun), um so mehr wird auch hier der Preis der Arbeitskraft steigen und unsere Region für das Outsourcing weniger attraktiv machen. Ukraine

Für mich ist Business Kreativität. Ich unterscheide nicht zwischen meiner künstlerischen Praxis und meiner geschäftlichen Tätigkeit.

Wir erzeugen Hightechprodukte wie virtuelle Realitäten, Simulatoren und erweiterte Realitäten, in denen unsere Wirklichkeit mit dem Computer verschmilzt. All das gründet auf unserer eigenen Vorstellung davon, wie der Mensch künftig mit der virtuellen Welt umgehen wird.

Für mich ist Business Kreativität. Ich unterscheide nicht zwischen meiner künstlerischen Praxis und meiner geschäftlichen Tätigkeit. Ich erkenne viele Ähnlichkeiten zwischen beidem. Ich mache meine Arbeit nicht nur wegen des Geldes, sondern auch für meine Selbstverwirklichung. Interessanterweise erzeuge ich auf beiden Gebieten virtuelle Welten: künstliche 3D-Welten in meinem Brotberuf und unwirkliche Welten in meiner Kunst.[1] Das Projekt *Another Ukraine* zeigt die Ukraine buchstäblich in einem anderen Licht, aus verschiedenen frontalen und schrägen Blickwinkeln. Die Menschen in Europa haben die Ukraine noch nie so gesehen. Viele Künstler (insbesondere Fotografen) konzentrieren sich auf die problematischen Aspekte des Lebens in der Ukraine (Revolutionen, Obdachlose, die harte Arbeit der Bergleute und so weiter). Kunstwerke können zeigen, dass selbst dann, wenn die Ukraine Krieg führt, die Menschen immer noch schöpferische Dinge tun.

Die meisten unserer Architekturaufträge kommen aus Europa. Das ist ein Nearshore-Verfahren im Gegensatz zu dem überwiegend amerikanischen Offshore-Ansatz. **Nearshore ist europäischer und passt gerade sehr gut in unsere Zeit. Man arbeitet mit seinen unmittelbaren Nachbarn.** Der größte Vorteil ist die minimale Zeitdifferenz. Wenn man beispielsweise mit Menschen in Indien arbeitet, muss man sich außerdem mit einer ganz anderen Denkweise und anderen Nearshore

Begrifflichkeiten auseinandersetzen. Diese Erfahrung haben wir selbst gemacht, als wir einen Outsourcing-Versuch unternahmen.

Der dritte wichtige Aspekt des Nearshoring ist die geringere räumliche Entfernung. Es ist praktisch, mit dem Flugzeug in nur drei Stunden in Kiew zu sein. Bis vor Kurzem kam man mit Austrian Airlines noch bis nach Charkiw, doch das ist wegen der militärischen Lage leider nicht mehr möglich. Das schränkt uns sehr ein und bedeutet einen schweren Rückschlag für uns hier in Charkiw.

Stealth-Shooter

Die militärische Computersimulation ist unsere eigene Entwicklung: ein sogenannter Stealth-Shooter. Das bedeutet, dass man in dem Spiel nicht von einem Level zum nächsten kommt, indem man den Gegner tötet und eliminiert. Stattdessen geht es darum, mit größtmöglicher Unsichtbarkeit und List vorzugehen, da die Kräfte des Gegners übermächtig sind.

Nearshore ist europäischer und passt gerade sehr gut in unsere Zeit. Man arbeitet mit seinen unmittelbaren Nachbarn.

In dem Spiel geht es um amerikanische Soldaten in einem nicht näher bezeichneten Land der Dritten Welt. Es sind noch andere Soldaten mit roten Sternen im Spiel, aber das ist eigentlich nur eine Formalität. Die amerikanischen Soldaten werden aus dem Hinterhalt überfallen und müssen ihr Quartier räumen. Sie fordern einen Hubschrauber zur Unterstützung an, der abgeschossen wird. Das Spiel wurde in den Jahren 2008 und 2009 entworfen, und was seine Dramaturgie angeht, ist es ziemlich einzigartig. Unter den Protagonisten sind einige Spezialkräfte – einer ist Scharfschütze, ein anderer Pionier, also eine Art Gefechtsingenieur. Man kann dieses Spiel nur vernetzt und gemeinsam mit anderen spielen. Es beruht auf Teamarbeit. Es spielt an keinem konkreten Ort der Welt, aber wir hatten bei der Entwicklung Beirut vor Augen.

Ein anderes, ziemlich interessantes Projekt von uns beruht auf tatsächlichen Ereignissen. Es heißt *Skyscraper: Stairway to Chaos* und entstand kurz nach dem 11. September während der Suche nach Saddam Hussein, der zu diesem Zeitpunkt im Irak ein Nationalheld war.

Turm von Babylon

Nach verschiedenen Berichten wollte Saddam Hussein den Turm von Babylon rekonstruieren und ihn als Symbol nutzen, um die islamischen Völker zu einen. Diesen Turm wollten wir als Marke verwenden. In unserem Computerspiel baut Saddam den Turm,

der eine mystische Bedeutung annimmt, indem er den Kontakt zu anderen Welten herstellt. Er funktioniert wie ein Portal zu parallelen Dimensionen, die allerlei Ungeheuer gebären. Saddam entdeckte tatsächlich den historischen Ort des Turms und begann mit Ausgrabungen. Also gibt es dort natürlich auch Zombies.

2014 ist der ukrainische IT-Markt um 30 Prozent eingebrochen – nicht nur in der Softwareentwicklung, sondern auch bei Verbindungstechnologien, Mobiltelefonen, dem Internet und so weiter. Die Marktschrumpfung hatte hauptsächlich mit verringertem Konsum zu tun. Beispielsweise kauften die Leute weniger Mobiltelefone. Außerdem stellten große internationale Firmen, die es sich leisten konnten, Niederlassungen zu verlagern, ihr Geschäft in der Ukraine ein. So wickelte Luxsoft hier ein riesiges Projekt ab und versetzte hunderte Entwickler nach Polen. Samsung hat das Büro in Charkiw geschlossen und ist nach Kiew umgezogen, aber ist immerhin in der Ukraine geblieben. Der Gigant Wargaming hat hier ebenfalls dichtgemacht.

Wargaming

Prägend für das Geschäft bei uns ist auch, dass viele Firmen Body-Leasing betreiben: Sie verleihen ihre Angestellten. Diese Leute arbeiten direkt für die Firma des Kunden. Das ist für IT-Firmen die sicherste Einnahmequelle. Man ist für nichts verantwortlich. Man verleiht seine Angestellten, und über ihren Einsatz bestimmen die Kunden selbst. Dementsprechend investieren sie auch einiges in den Aufbau eines Teams. Nun zögern die Kunden aber wegen all der jüngsten Ereignisse in der Ukraine, sich auf einen derartig langwierigen Prozess einzulassen. Viele längerfristig angelegte Projekte werden zurzeit gestrichen. Die kurzfristigen laufen noch, aber wie die Ukraine in einem oder zwei Jahren dastehen wird, weiß heute niemand.

Im Allgemeinen läuft alles gut hier, abgesehen von einer gewissen Nervosität, aber wenn die ersten Granaten einschlagen, wird es nicht mehr möglich sein, hier sein Geld zu verdienen. Ab und zu gibt es kleinere Explosionen in der Stadt, aber noch betrachten die Leute sie nicht als unmittelbare Bedrohung. Die Gefahr, dass man von einer dieser Explosionen etwas abbekommt, ist gering. **Doch diese Explosionen könnten auch Vorboten umfangreicherer Aktionen sein. Wenn die Lage ernst wird, müssen wir unser Geschäft abziehen, unsere Leute retten und ihnen die Möglichkeit geben, weiter zu arbeiten.** Wenn es ein echtes Problem gibt, wenn der Feind anrückt, wird es zu einer riesigen Auswanderungswelle in Richtung Europa kommen. Deshalb haben wir entschieden, mit unserem Geschäft und unseren Leuten ins Ausland zu gehen, falls eine Notlage eintritt.

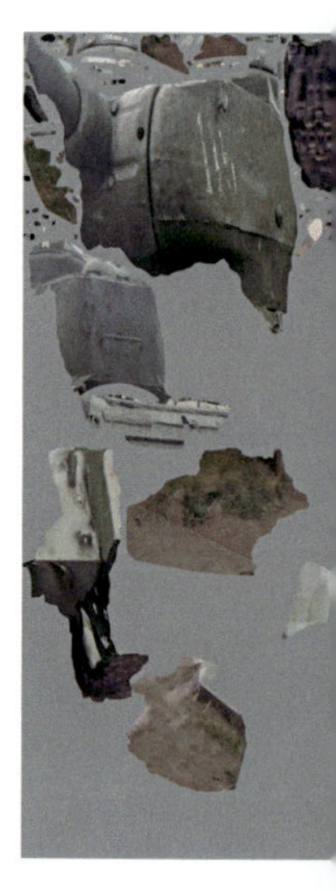

Alle fürchten sich vor der schlichten Tatsache, dass morgen schon die ersten Bomben hochgehen könnten. Und das könnte so schnell gehen, dass wir zu keiner Reaktion fähig sein werden. **Wir befinden uns 80 Kilometer von der russischen Grenze entfernt, das ist eine einstündige Panzerfahrt. Die scheinbare Ruhe kann jeden Moment zerreißen. Die Situation entzieht sich jeder menschlichen Kontrolle.**

1 *Another Ukraine*: http://olegfonaryov.com/site/#/actual/another-ukraine
Another Planet: http://olegfonaryov.com/site/#/actual/another-planet

Oleg Fonaryov (* 1970) ist Gründer und Geschäftsführer der auf 3D-Rendering spezialisierten Firma Program-Ace in Charkiw, Ukraine. Außerdem ist er Künstler. Program-Ace übernimmt hauptsächlich Arbeiten, die von westlichen Kunden ausgelagert werden: 3D-Architekturmodelle, Entwicklungen für Internet-Casinos oder Komponenten für Computerspiele. Das Geschäftsmodell der Firma könnte man als Nearshore-Verfahren in Abgrenzung zum üblichen Offshoring bezeichnen. Der Text wurde aus einem Gespräch mit Oleg Fonaryov, das Teil der Recherche für die Videoarbeit *The Tower* von Hito Steyerl war, zusammengestellt. Das Interview führte der Produzent des Videos Oleksiy Radynski im Juli 2015.

Abbildungen: S. 182, 186–187 Hito Steyerl, *Tank/Texture*, 2015; S. 188–189 Oleg Fonaryov, *Sun Sleeps in the Crimea*, 2015, Fotografie; S. 192–193 Hito Steyerl, *Tank/Texture*, 2015

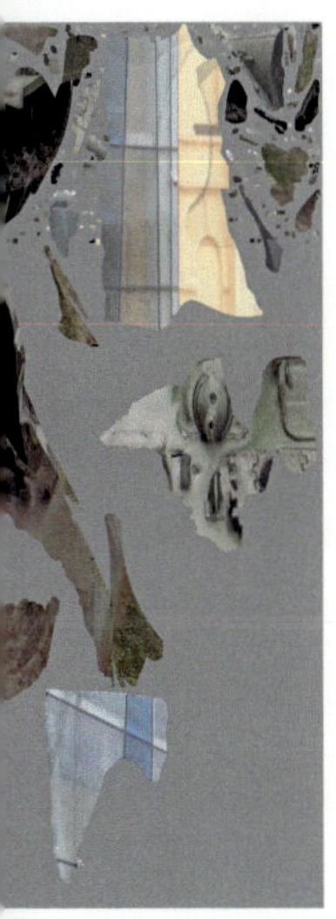

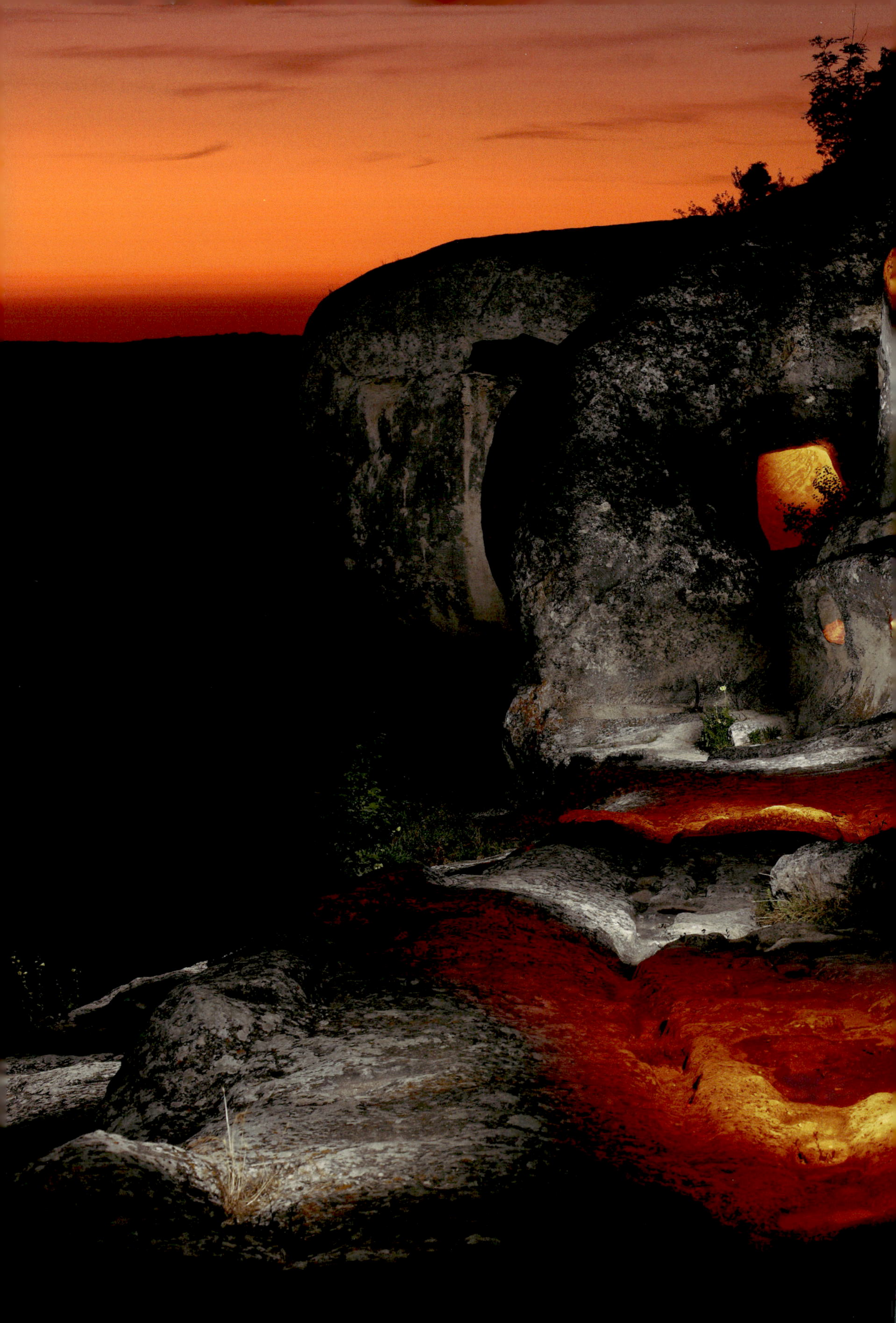

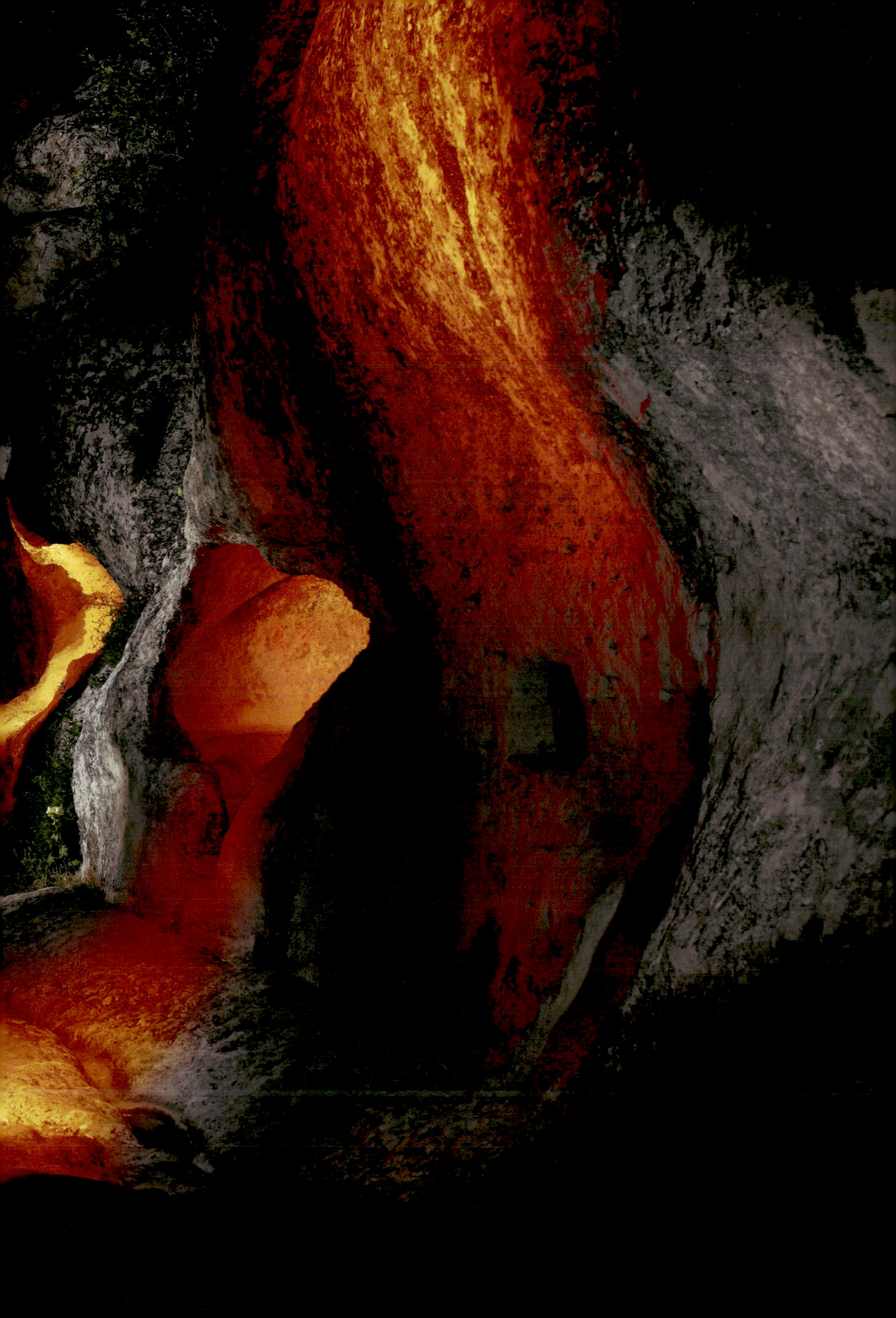

Who rendered the gated community?
In the books you will find the names of warlords.
Did oligarchs model the polygons?
And Babylon, many times demolished,
Who made it into a shooter game?
Who programmed the zombie swarm?
Where, the evening that the Mall of China was finished,
Did the 3D experts go?

Questions from a Chinese Gold Farmer (Hito Steyerl after Bertolt Brecht)

My profession is actually the engineering of aircraft control systems. After my studies, I was supposed to construct rockets, spaceships, and management systems. But the Soviet Union collapsed, its space program was shut down, and its workers went to sell stuff on the streets. I've tried to start my own business, and my original dream was to do hi-tech. This was no longer possible within the state program, so I had to create it myself. I did it all myself, because I did not have a father. I'm from a poor family with a single mother.

When I was registering my company in the 1990s, the environment was similar to the period during the Soviet New Economic Policy in the 1920s, which saw the emergence of the first private entrepreneurs. **When we started to work with interactive applications, the core team of scientists came from the testing laboratory of the Malyshev tank plant. So you could say that we were initially utilizing the scientific potential of the Soviet Union.**

Malyshev tank plant

After starting the company in the 1990s, we became one of the leading operations on the market. Our ambitions started to grow. **At the time, in the early 2000s, the internet was still science fiction for us, to a certain extent.** But then we decided to switch our medium—from paper to electronics. So we sold all our printing equipment and started to do web design. In parallel, I was developing my skills, since we hardly knew anything about the internet. In 2001, we were ten people, and from then on we doubled our staff every year. This is a very fast tempo for growth.

Most Western companies work here in Ukraine, because it's cheaper here. The workforce is cheap. They do outsourcing, of course. As the quality of life here becomes more and more similar to the quality of life

Ukraine

in Europe (Maidan has to do with Ukrainians' desire to live better), the costs of labor here will rise, and our region will be less and less attractive for outsourcing.

augmented reality

We produce hi-tech products like virtual reality systems, simulators, and augmented reality, in which our reality merges with the computer. All this is based on our understanding of how humanity will interact with the virtual world in the future.

Nearshore is more European and is very popular at the moment. You work with your nearest neighbors.

For me, business is creativity. I don't separate my artistic practice and my business activities. I see a lot of similarities between the two. I do this not only for money, but also for my own self-realization. An interesting fact is that I create virtual worlds in both realms: virtual 3D worlds in my day job and unreal worlds in my artistic practice.[1] The project "Another Ukraine" literally shows Ukraine in a different light from direct and oblique points of view. People in Europe have never seen Ukraine from this point of view. Many artists (especially photographers) focus on the difficult sides of life in Ukraine (revolutions, homeless people, the hard work of the miners, etc.). But artworks can show that even when Ukraine is at war, people still do creative things.

nearshore

Most of our architectural projects come from Europe, in the sense of "nearshore" operations, contrary to the largely American concept of "offshore." **Nearshore is more European and is very popular at the moment. You work with your nearest neighbors.** The primary advantage is a minimum time difference. When you work with India, for example, they have a totally different way of thinking and different concepts. We experienced this when trying to do outsourcing ourselves.

The third important aspect of "nearshore" is its physical proximity. It's convenient to spend just three hours on a plane to get to Kiev. Until recently, you could get to Kharkiv with Austrian Airlines, which is unfortunately not the case anymore, because of the military situation. This limits us a lot, and it's a major blow for us in Kharkiv.

stealth shooter

The military computer simulator is our own development. It's a so-called stealth shooter. It means that you pass through the levels of the game not by completely killing and eliminating the enemy. Instead, in this shooter your enemy's forces dominate, and you need to proceed with maximum invisibility and subterfuge.

The game is about American soldiers in some unspecified Third-World country. There are other soldiers with red stars in the game, but that's just a formality. The American soldiers get ambushed and have to evacuate to their living quarters. They request a helicopter for help, which gets shot down. The game was designed in 2008 and 2009, and in terms of game mechanics, it is very original. There are different specialists among the game protagonists—one is a sniper, another a sapper, a kind of combat engineer. You can only play this game in cooperation with several other people, through a network. It's based on team activity. It's not located in a particular place, but we were thinking about Beirut when we were making it.

We are eighty kilometers from the Russian border, which is a one-hour tank ride.

Another one of our more interesting projects, based on true events, is called *Skyscraper: Stairway to Chaos*. This was created shortly after September 11th, during the manhunt for Saddam Hussein, who was a national hero in Iraq at the time. **There are reports that Saddam Hussein wanted to reconstruct the Tower of Babylon and use it as a symbol to unite Islamic peoples. We wanted to use this tower as a brand. In our computer game, Saddam builds this tower, which has mystical meaning—providing contact with other worlds. It functions like a portal to parallel dimensions, where all kinds of monsters emerge.** Saddam discovered the historical site of the tower and started to do excavations. So of course there are zombies there.

Saddam Hussein Tower of Babylon

In 2014 the Ukrainian IT market fell 30 percent—not only for development but also connection technologies, cellular phones, the internet, and so on. The market contraction was mostly due to decreased consumption. People were buying less cell phones, for instance. Also, huge transnational companies able to shift their locations closed down operations here. For instance, Luxsoft shut down a huge project here and relocated hundreds of developers to Poland. Samsung has closed its office in Kharkiv but stayed in Ukraine, moving to Kiev. The huge company Wargaming closed here as well.

Wargaming

What's also important in terms of business is that many companies here do body leasing. They rent out their workers. These people work directly for the client company. This kind of business is the safest for IT companies. You are not responsible for anything. You

body leasing

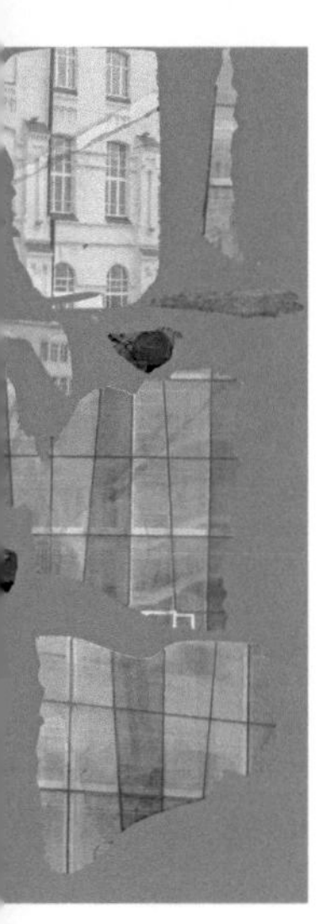

just rent out your workers, and the client manages them. Accordingly, the client makes certain investments in forming a team. Because of all the recent events in Ukraine, clients are wary of starting this kind of extended process here. Many long-term projects now are being cut. The short-term projects are ok, but nobody knows where Ukraine will be in a year or two.

For me, business is creativity. I don't separate my artistic practice and my business activities.

Generally, everything is fine here, with the exception of a certain nervousness. But if shelling starts, it will be impossible to do business here anymore. Minor explosions occur in the city sometimes, but people don't see this as an immediate threat. There is the minimal danger of being impacted by one of these explosions. **But these explosions could be just preparations for more widescale actions. If the situation gets serious, we will have to somehow evacuate our business and save people, giving them the possibility to keep working.** If there is a real problem and the enemy starts advancing, with the advance of the enemy, there will be a huge wave of migrants into Europe. So we have decided that if a really urgent situation develops, we will move our business abroad—and our people as well.

Everyone is afraid of the simple fact that bombs could start going off here tomorrow. And this could happen so fast that we will not be able to do anything in response. **We are eighty kilometers from Russian border, which is a one-hour tank ride. This apparent calm can be disrupted at any moment. The situation is beyond human control.**

1 *Another Ukraine*: http://olegfonaryov.com/site/#/actual/another-ukraine
Another Planet: http://olegfonaryov.com/site/#/actual/another-planet

Oleg Fonaryov (born 1970) is the founder and CEO of the 3D rendering company Program-Ace, based in Kharkiv, Ukraine. He is also an artist. Program-Ace mainly takes on work outsourced by Western clients who commission 3D architectural renderings, development for online casinos, or elements for games. The company's business model could be described as "nearshore" in contrast to the more common "offshore" scheme. The text has been compiled from an interview with Oleg Fonaryov conducted as part of research for the video work *The Tower* by Hito Steyerl. The interview was conducted by the producer of the video, Oleksiy Radynski, in July 2015.

Images: pp. 182, 186–187 Hito Steyerl, *Tank/Texture*, 2015; pp. 188–189 Oleg Fonaryov, *Sun Sleeps in the Crimea*, 2015, photograph; pp. 192–193 Hito Steyerl, *Tank/Texture*, 2015

“I want to die with nature — not become her manager.”

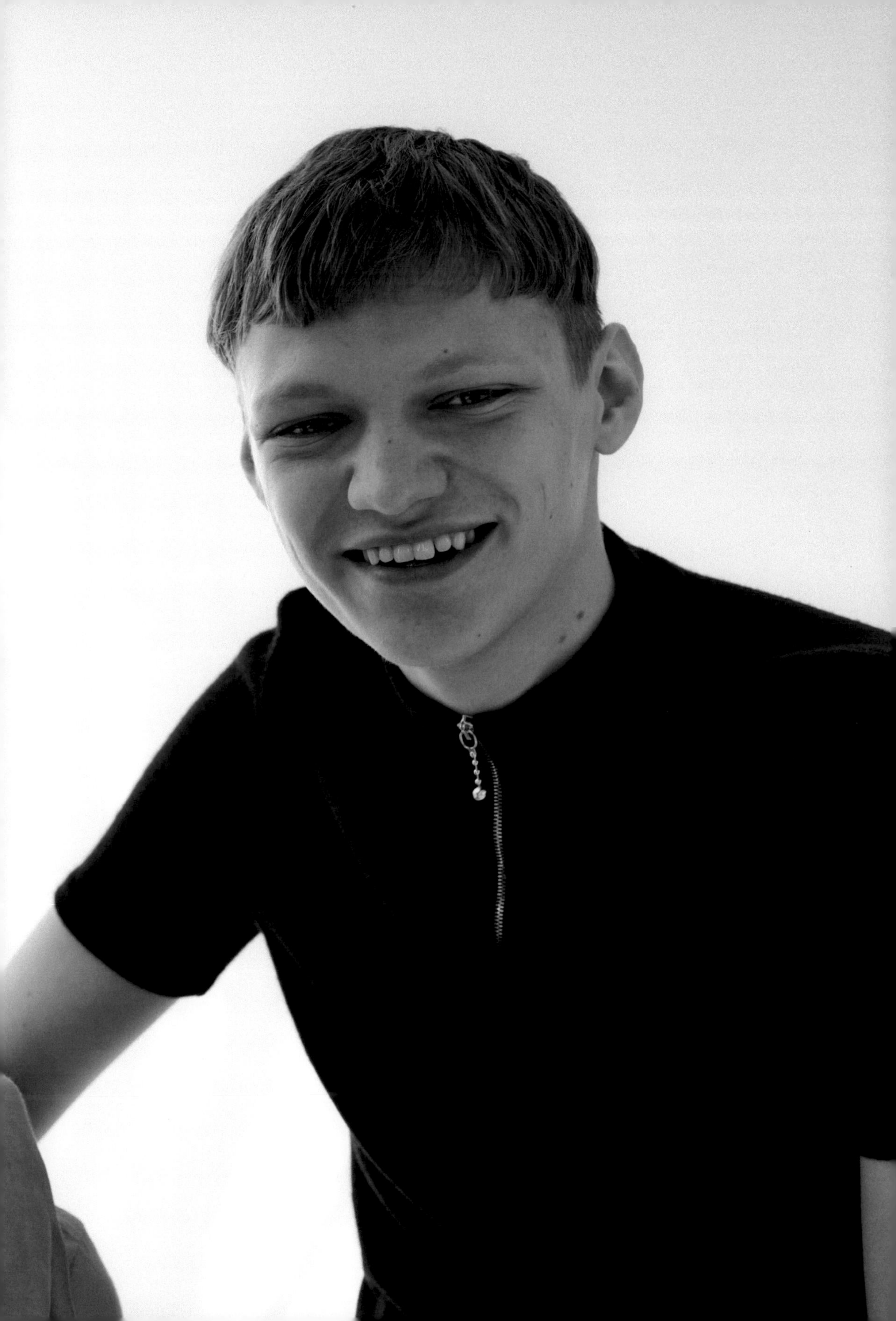

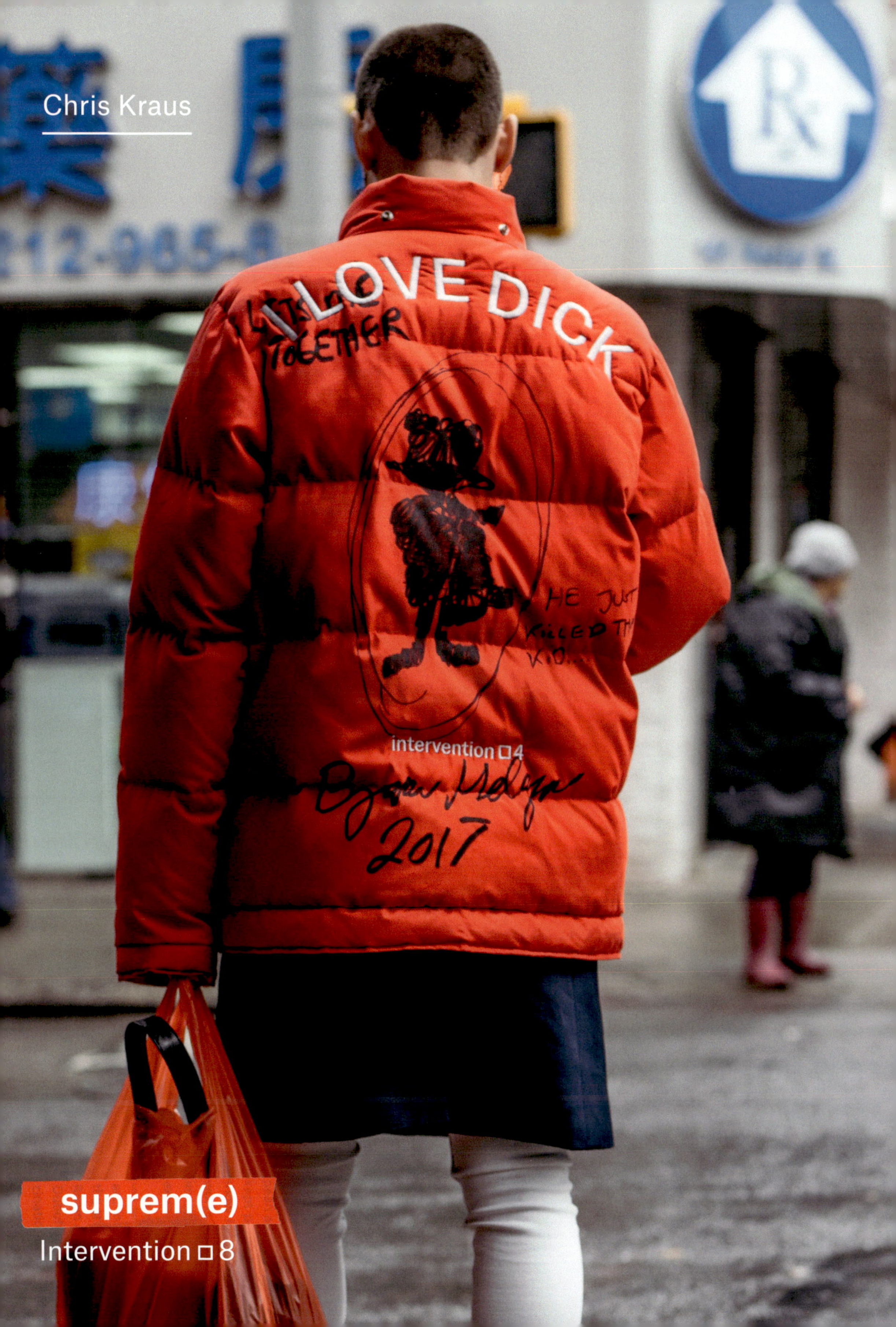
Chris Kraus
I LOVE DICK
TOGETHER
intervention □4
2017
suprem(e)
Intervention □ 8

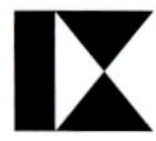

Die Formel 0,10

Formulation 0.10

SEAN RASPET

Um größtmögliche Effizienz zu erzielen, muss ein Produkt (oder jede andere Einheit) skalierbar sein. Die modulare Zusammensetzung von Komponenten im Fertigungsprozess kann ein relativ bruchloses Hochfahren der Produktion ermöglichen und so für den gleitenden Übergang von mikroökonomischen Nischen zur Massenproduktion sorgen. Wenn eine Produktionseinheit den Wechsel von einer Ebene zur nächsten mit geringfügigen Formwandlungen bewältigt, kann sie in einem fluktuierenden Feld funktional stabil bleiben.

Wenn man Nahrung in ihre grundlegenden funktionalen Bestandteile zerlegt, die dann flexibel aus vielfältigen Rohstoffen gewonnen werden können, reduziert dies die Verschwendung von nicht verwendeter oder vom verbrauchenden Organismus nicht verstoffwechselter Teile des geernteten Organismus. In diesem Bereich weniger zu verschwenden, führt bei gleichbleibenden Mengen konsumierbarer Kalorien und Nährstoffe zu einem entsprechend geringeren Verbrauch von Land, Wasser und Energie. Ein Algenstamm, der (wie im Fall des Prototyps 0,10) genetisch verändert wurde, um effizient Fette und Proteine zu erzeugen, und der in einem Bioreaktor gezüchtet wird, kann wesentlich mehr Kalorien je aufgewendeter Einheit Wasser/Land/Kohlendioxid erzeugen.

Bioreaktor

Der vorherrschende Trend zu einem rückwärtsgewandten Schamanismus des „Biologischen" und „rein Natürlichen" (eine Ernährungsmode, die sich auch in allen Bereichen der Kunst und Kultur niederschlägt) ist eine Ideologie der Ineffizienz. Diese Denkweise ist darauf aus, die Welt als eine Ansammlung von „Dingen" (ob ganzheitlich und gesund oder nicht) anstatt von Quantitäten, Funktionen und Beziehungen zu betrachten. Die Forderung, Tomaten in unveränderten, weniger effizienten Sorten mit vormodernen landwirtschaftlichen Methoden soylent

United States/Canada

2.0

Nutrition Facts

Serving Size 1 bottle Soylent (414 mL)
Servings Per Container 1

Amount Per Serving	
Calories	400
Calories from Fat	190
	% Daily Value*
Total Fat 21g	**35%**
Saturated Fat 2g	**10%**
Polyunsaturated Fat 2.5g	
Monounsaturated Fat 16g	
Trans Fat 0g	
Cholesterol 0mg	**0%**
Sodium 300mg	**13%**
Potassium 700mg	**20%**
Total Carbohydrate 37g	**12%**
Dietary Fiber 3g	**12%**
Soluble Fiber 1g	
Sugars 9g	
Protein 20g	

Vitamin A 20%	· Vitamin C	20%
Calcium 20%	· Iron	20%
Vitamin D 20%	· Vitamin E	20%
Vitamin K 20%	· Thiamin	20%
Riboflavin 20%	· Niacin	20%
Vitamin B6 20%	· Folic Acid	20%
Vitamin B12 20%	· Biotin	20%
Pantothenic Acid 20%	· Phosphorus	20%
Iodine 20%	· Magnesium	20%
Zinc 20%	· Selenium	20%
Copper 20%	· Manganese	20%
Chromium 20%	· Molybdenum	20%
Chloride 15%		

*Percent Daily Values are based on a 2,000 calorie diet. Your daily values may be higher or lower depending on your calorie needs:

	Calories:	2,000	2,500
Total Fat	Less than	65g	80g
Saturated Fat	Less than	20g	25g
Cholesterol	Less than	300mg	300mg
Sodium	Less than	2,400mg	2,400mg
Potassium		3,500 mg	3,500 mg
Total Carbohydrate		300g	375g
Dietary Fiber		25g	30g

Calories per gram:
Fat 9 · Carbohydrate 4 · Protein 4

Ingredients: Water, Maltodextrin, Soy Protein Isolate, High Oleic Algal Oil, Isomaltulose, Canola Oil, Rice Starch, Oat Fiber, Isomaltooligosaccharide, Soy Lecithin, Potassium Chloride, Calcium Phosphate, Magnesium Phosphate, Natural & Artificial Flavors, Dipotassium Phosphate, Salt, Choline Chloride, Gellan Gum, Sodium Ascorbate, dl-alpha-Tocopheryl Acetate, Ferrous Gluconate, Vitamin A Palmitate, Zinc Sulfate, Niacinamide, Sucralose, Calcium Pantothenate, Thiamine Hydrochloride, Copper Gluconate, Manganese Sulfate, Riboflavin, Pyridoxine Hydrochloride, Vitamin D, Potassium Iodide, Chromium Chloride, Biotin, Folic Acid, Sodium Molybdate, Phytonadione, Sodium Selenite, Vitamin B12. **Contains: Soy**

Manufactured for Rosa Labs
207 S Broadway Suite 600
Los Angeles, CA 90012

While not intended to replace every meal, Soylent can replace any meal.

Children, women who are pregnant, nursing, or may become pregnant should consult their doctor before consuming Soylent. Please refer to soylent.com/notes for more information.

anzubauen, ist ein Rezept für den Feudalismus. Sie begreift eine „Tomate" naiv als ein unveränderliches „Ding", nicht als eine formbare Funktion, die notwendigerweise einem stetigen Prozess der „Veränderung" unterliegt. Beim Trend zur „reinen Natur" geht es im Wesentlichen darum, kategorische Grenzen aufrechtzuerhalten, und zwar auf Kosten aller Bemühungen, den Fußabdruck des menschlichen Kalorienkonsums in Form von Land-, Wasser- und Energieverbrauch zu reduzieren.

Fußabdruck

Der größte Teil ökonomisch-kalorischer Energie[1] wird heutzutage darauf verwendet, bestehende Dinge in den Grenzen vorgängiger Parameter umzuformulieren (anstatt auf der Ebene der Kategorien selbst anzusetzen). Wie die Kunst ist auch das nie endende Umformulieren eine Form der Verschwendung oder des Überflusses. Wenn wir diese Verschwendung und den Drang zum unablässigen Umformulieren (die Arbeit um der Arbeit willen) auch nicht ganz beseitigen können, so lässt sich diese ästhetisch-ökonomische Verausgabung doch wenigstens in andere Dinge investieren, auf die wir ebenso wenig verzichten können, wie etwa Nahrung oder Medizin. Hier kann man die zusätzliche Verausgabung als dünne, ästhetische Beschichtung auf den funktionalen Untergrund auftragen (0,10 Prozent Geschmack je Gewichtseinheit) – im Sinne eines gewissen Etwas oder *Je ne sais quoi*, das am Ende in unseren Verstoffwechslungsvorgängen aufgeht. Reduzieren wir Verschwendung, indem wir den Energieaufwand in Bahnen lenken, in denen er sich zurückgewinnen lässt! Schließlich ist die gewaltige ökonomische Anstrengung, die darin liegt, immer neue mögliche Ausprägungen des Bestehenden zu formulieren, auch eine fortlaufende, großmaßstäbliche Umformulierung der Erdatmosphäre.

1 Ökonomisch-kalorische Energie meint die Energieressourcen, die – häufig in Form von Ölverbrauch – im Wirtschaftsprozess der Produktion aufgewendet werden. Sie umfasst auch die Stoffwechselenergie arbeitender Menschen, die wiederum ihre eigenen, einander überschneidenden Energiebedarfe aufweist.

Sean Raspet produziert flüssige Rezepturen und abstrakte Systeme, die in der Massenwirtschaft und der Finanzwelt zirkulieren. Frühere Projekte beinhalten künstliche Aromen und Duftstoffe, Reinigungsmittel, neue Lebensmittel-Prototypen, synthetisches DNA-Nachverfolgungsgel und ein gekoppeltes System von Untervermietungen. Für die 9. Berlin Biennale hat Raspet eine exklusive, limitierte Auflage von 2000 Proben von Soylent 0,10 für das Cover der Publikation hergestellt.

Abbildung: Sean Raspet x Soylent R&D, *Soylent 0.10, complete nutrition algae-derived paste (prototype), Pentagon-1/OMNI flavor formula*

To maximize efficiency, a product (or other entity) must be scalable. A modularity of components within the overall assembly helps to ensure a smooth transition

from micro-economic segments to mass-scale adoption with a relatively seamless production ramp-up. An entity that can transition across platforms with minimal distortion can remain functionally stable within a fluctuating field.

Breaking food down into its basic functional components—which may then be flexibly obtained from multiple sources—reduces waste in the form of unutilized components of the harvested organism and components that aren't metabolized by the consuming organism. Reducing waste in this sphere achieves a corresponding reduction in the use of the land, water, and energy required to produce the same amount of consumable calories and nutrients. A strain of algae that has been genetically modified to efficiently generate lipids and proteins (like the one used in the 0.10 prototype contained herein) grown in a bioreactor can produce a much greater calorie yield per unit of water/land/carbon expended.

retrograde shamanism

The prevailing trend towards the retrograde shamanism of the organic and "all natural" (a food trend that also has reverberations throughout art and culture) is the ideology of inefficiency: a mindset dedicated to seeing the world as a collection of "things" (be they wholesome or unwholesome) rather than quantities, functions and interrelationships. The insistence that a tomato be grown from an unmodified, less efficient strain using pre-modern agrarian methods is a recipe for feudalism. It naively assumes a "tomato" is a fixed "thing" and not a malleable function that is necessarily in a constant process of "modification." The "all natural" trend is essentially concerned with maintaining categorical boundaries to the detriment of efforts to reduce the land, water, and energy footprint of humans' caloric intake.

economic-caloric

Most present-day economic-caloric energy is spent on reformulating existing things within preexisting parameters (rather than reformulating at the level of the categories themselves). Like art, perpetual reformulation is a form of waste or excess. If we can't completely eliminate waste and the drive towards perpetual reformulation (work for work's sake), we can at least fold this aesthetic-economic expenditure into other things that we likewise can't eliminate, such as food and medicine. Here this additional expenditure can sit as a thin aesthetic layer atop the functional one (0.10 percent flavor by weight)—a little extra *je ne sais quoi* to eventually be reabsorbed into our metabolic processes. Reduce waste by directing energy expenditure towards avenues where it can be recaptured. After all, the immense economic effort involved in reformulating the possible instantiations of the already existent is also an ongoing mass-scale reformulation of the atmosphere.

1 Economic-caloric energy is the energy resources spent during the process of economic production—often in the form of petroleum consumption—including the metabolic energy of working humans, which has its own overlapping energy requirements.

Sean Raspet produces liquid formulations and abstract systems that circulate within the mass economy and the space of finance. Previous projects have included artificial flavor and fragrance formulations, cleaning products, new food prototypes, synthetic DNA tracking gel, and an interlinked system of sublets. For the 9th Berlin Biennale Raspet created an exclusive limited edition of 2000 Soylent 0.10 samples for the cover of the publication.

Image: Sean Raspet × Soylent R&D, *Soylent 0.10, complete nutrition algae-derived paste (prototype), Pentagon-1/OMNI flavor formula*

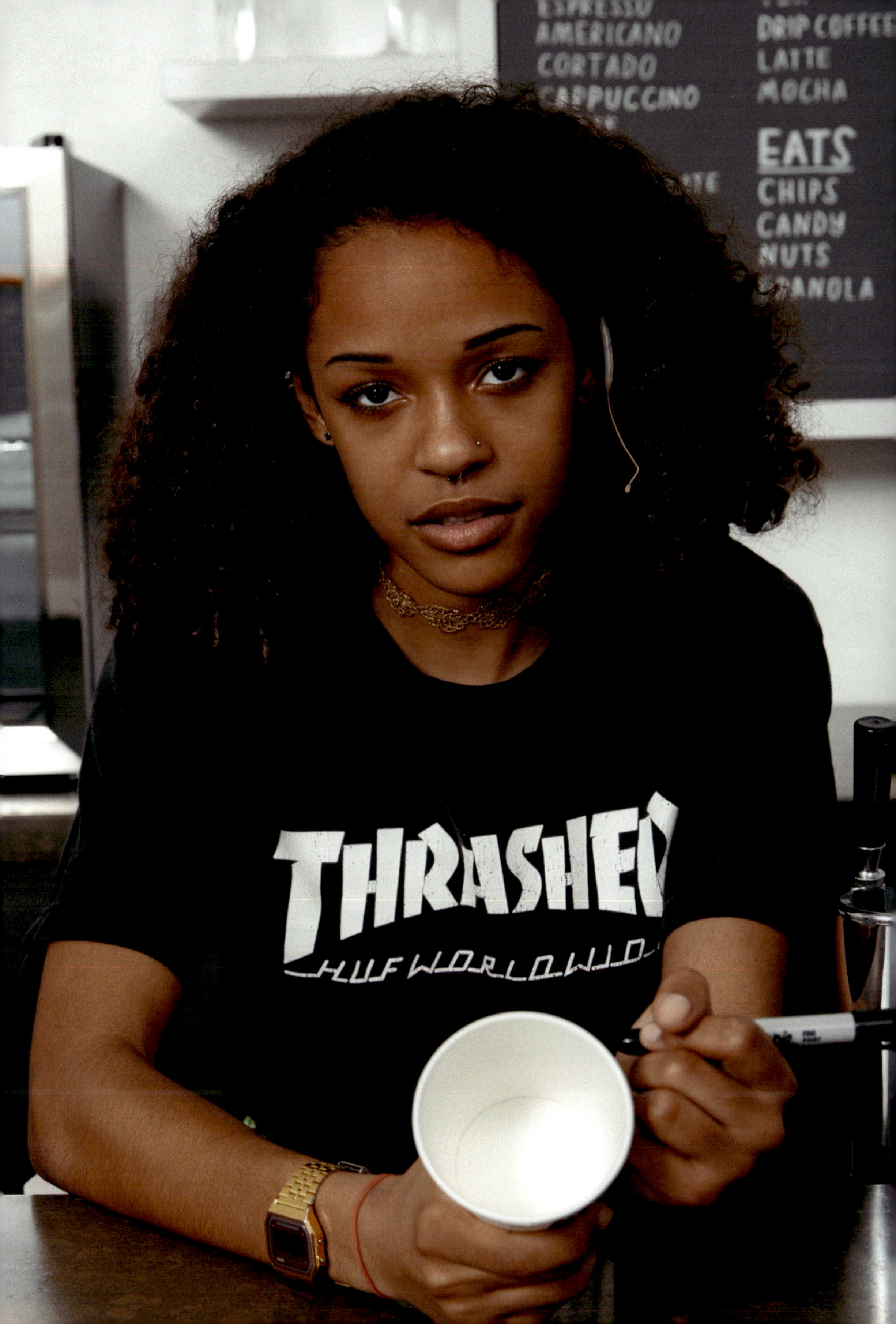
AMERICANO
CORTADO
DRIP COFFEE
LATTE
MOCHA
EATS
CHIPS
CANDY
NUTS

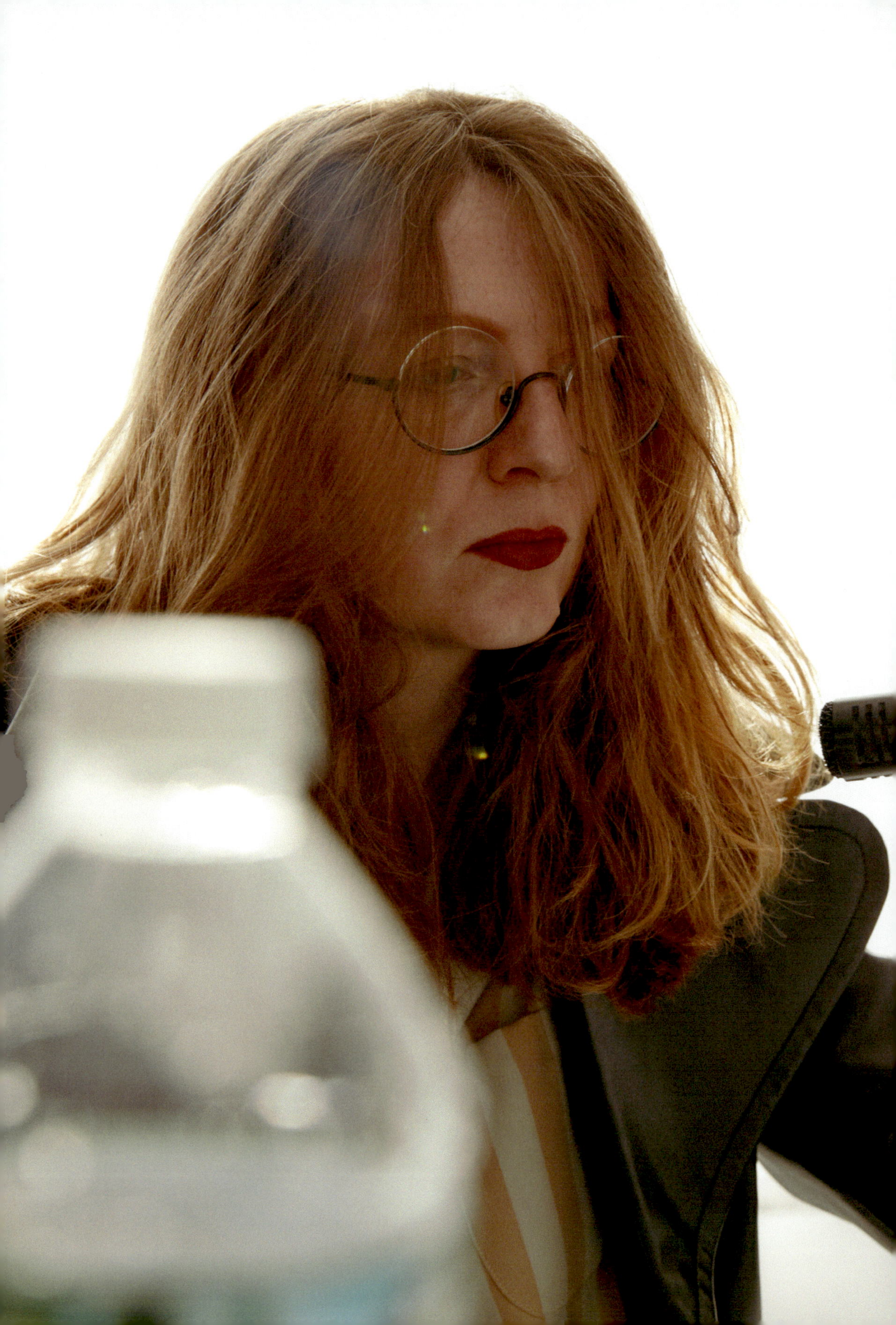

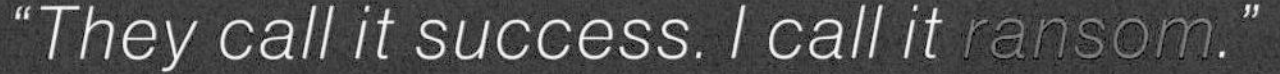
“They call it success. I call it ransom.”

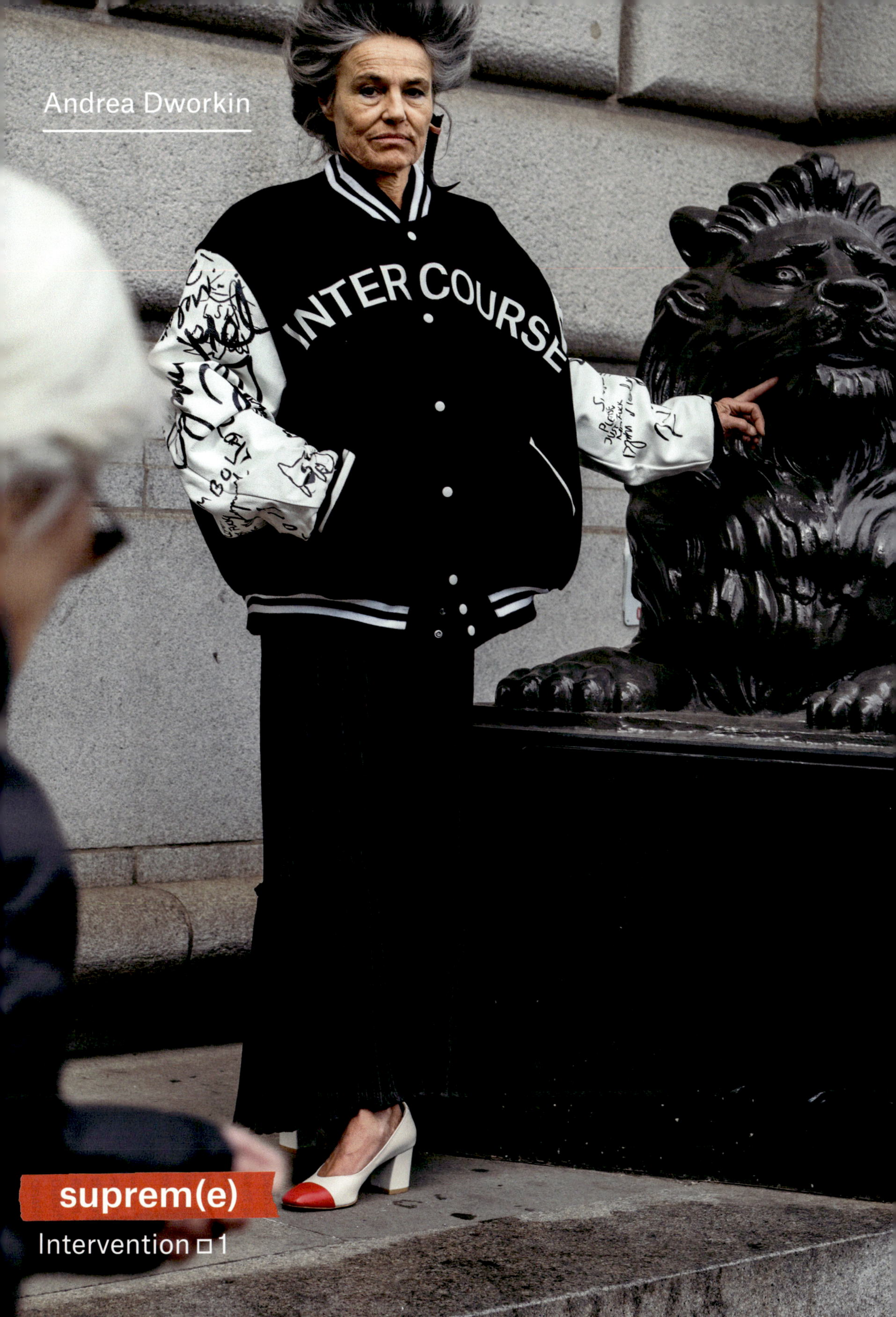
Andrea Dworkin
INTER COURSE
suprem(e)
Intervention □1

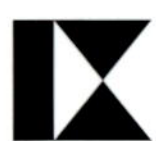

Harry und Sally
When Harry Met Sally

åyr / REM KOOLHAAS / HANS ULRICH OBRIST

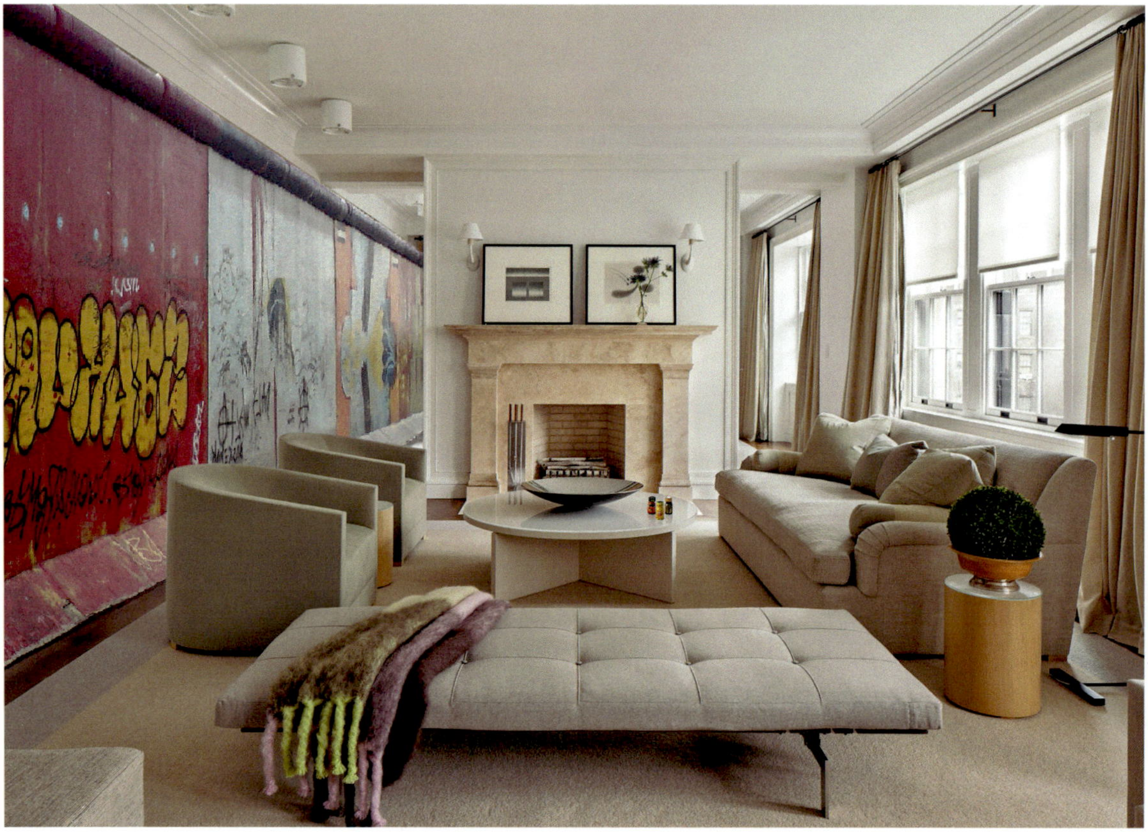

Hans Stimmann

Berliner Mauer

Axel Springer Campus

åyr **Wir haben dieses Gespräch angeregt, um an ein Interview anzuknüpfen, das Sie, Rem Koolhaas, 1998 mit Hans Ulrich Obrist für den Katalog der 1. Berlin Biennale für zeitgenössische Kunst geführt haben. Es war eine Zeit, als Berlin eine dramatische Verwandlung erlebte, und Sie haben von Ihren Projekten in der Stadt gesprochen. Das Interview setzte mit Ihrer Studie aus den frühen 1970er-Jahren an, „The Berlin Wall as Architecture“.** Die Installation, die wir für die 9. Berlin Biennale in den KW Institute for Contemporary Art geplant haben, ist in gewisser Hinsicht eine Antwort auf Ideen, die Sie damals diskutiert haben. Wir thematisieren, wie sich, jenseits des architektonischen Archetypus der Mauer, Begriffe wie Zugang, Abtrennung und Schutz strukturell ausbilden; wir rücken von dem klassischen Einsatz der Mauer als trennendem Element ab und verstehen ihr Erbe nuancierter, insofern wir sie als Technologie betrachten, die auch Schutz und Intimität verleiht. Diese unterschiedlichen Vorstellungen im Hinblick auf Mauern scheinen einer Entwicklung zu folgen, die von Ihrer Untersuchung in den frühen 1970ern bis zu einigen Ihrer jüngsten Projekte in Berlin, etwa dem Axel Springer Campus, reicht. Erinnern Sie sich noch, worüber Sie 1998 in dem Interview gesprochen haben?

chinesische Stadt

HANS ULRICH OBRIST **Der Katalog der ersten Ausgabe der Berlin Biennale, die Klaus Biesenbach, Nancy Spector und ich kuratierten, war ein subversiver Stadtführer. Wir wollten die Sicht von Rem Koolhaas auf das haben, was seinerzeit in Berlin passierte oder auch nicht passierte. Damals haben Sie Berlin mit einer chinesischen Stadt verglichen** und behauptet, dass die Bauentwicklungspläne gescheitert seien und Berlin zu viel Bauvolumen in zu kurzer Zeit produziert habe, als dass irgendeine herkömmliche Sedimentierung hätte stattfinden können. **Achtzehn Jahre später drängt sich die Frage auf, ob Berlin wirklich eine chinesische Stadt geworden ist! Hat sich Ihre Sicht bestätigt?**

REM KOOLHAAS Ich würde sagen, ja und nein. Ja, was die extrem schnelle Bebauung am Potsdamer Platz anbelangt. Die Anhäufung und Zusammenstellung von Bauvolumina verdankt sich einer Situation, in der sich die Architektinnen und Architekten kaum untereinander verständigten – denn sie waren alle von kommerziellen Interessen getrieben. **Dies hat fast überall auf der Welt zu vergleichbaren Ergebnissen geführt, aber ich muss zugeben, dass sich meine Meinung über Hans Stimmann, der zwischen 1991 und 2006 Senatsbaudirektor und Staatssekretär für Planung in Berlin war, seither vollkommen geändert hat. Ich glaube nicht mehr, dass er damals die Kreativität behindert hat, und ich denke eigentlich, dass er, so konservativ und intolerant wie er war, die Stadt im Grunde vor einer Menge Unfug bewahrt hat. Wir haben es hier mit einem dieser Fälle zu tun, in der eine Situation mit einer Theorie besser ist als eine Situation ohne Theorie.** Oder anders gesagt, bis zu einem gewissen Grad ist ein strenges und dogmatisches Regime besser, als in allem frei zu sein.

åyr Halten Sie es für möglich, eine Parallele zwischen der Berliner Mauer und aktuellen digitalen Plattformen zu ziehen, die ja beide Apparate oder Technologien darstellen, die durch den Aufbau räumlicher Hindernisse die Kommunikation intensivieren?

RK Die Mauer intensivierte offenbar die Bedeutung der zwei Seiten – es wurde ein Grund zur Kommunikation geschaffen.

åyr **Ihr derzeitiges Bauprojekt, der Axel Springer Campus, ist durch die Abwesenheit von Mauern und durch ein riesiges Atrium definiert, das dort in das Gebäude eingezogen ist, wo einst die Berliner Mauer verlief.** Offenheit und Kommunikation werden durch visuelle Verbindung und nicht durch Trennung, nicht durch Wände, erreicht.

RK Was Sie sagen, unterstellt, dass durch eine Wand im Büro die Leute unbedingt wissen wollen, was die Leute auf der anderen Seite tun, aber das ist nicht der Fall. **Es handelt sich hier nicht um eine ideologische Situation; es ist eine postideologische Situation.** Wände hätten in einem Bürogebäude nicht den geringsten Einfluss auf das Bedürfnis der Menschen, miteinander zu kommunizieren.

åyr Als wir unser Projekt dem kuratorischen Team der 9. Berlin Berlinale das erste Mal vorstellten, haben wir auch über die Mauer als architektonischen Archetyp gesprochen – und dass sie auf gewisse Weise zu Berlins DNA gehört. Das hat ihnen irgendwie Angst gemacht.

RK Ich glaube, zurzeit gibt es nichts Konservativeres als die Kunstszene – und dass die Mauer dort, wo sie stand, wirklich nicht hingehörte, ist eines der wenigen Dinge, von denen so gut wie jeder überzeugt ist.

åyr Es war eine paradoxe Situation für uns, uns auf das Element der Mauer einzulassen, und ich frage mich, ob es Ihnen, auch wenn Ihr Kunde das Gelände ausgewählt hat, mit dem Axel Springer Campus nicht ähnlich ergangen ist. Sie haben sich ja *entschieden*, in diesem Kontext zu arbeiten, immerhin haben Sie den ursprünglichen Verlauf der Mauer bei der Planung des Gebäudes berücksichtigt. Vielleicht war dies auch eine pragmatische Entscheidung.

RK Ich würde nicht von Pragmatismus sprechen. Es ging dabei wirklich nur darum, mit den Folgen der Deterritorialisierung umzugehen.

Deterritorialisierung

HUO Als wir 1998 unser Interview führten, waren Sie gerade von der holländischen Regierung damit beauftragt worden, die Botschaft der Niederlande in Berlin zu bauen, ein wichtiger Auftrag der öffentlichen Hand. Zurzeit haben Sie mehr Aufträge von privater Seite, wie eben den Axel Springer Campus mit seinem Fokus auf das, was Sie als „digitale Boheme" bezeichnet haben. Es wäre schön, wenn wir mehr über das neue Projekt erfahren könnten.

Wir haben es hier mit einem dieser Fälle zu tun, in der eine Situation mit einer Theorie besser ist als eine Situation ohne Theorie.

RK **Mathias Döpfner, Vorstandsvorsitzender der Axel Springer SE, hat uns explizit darum gebeten, das Gebäude auf eine Weise zu gestalten, die einladend wirkt und die digitale Elite dessen, was er „Boheme" nannte, anspricht. Das ist deshalb interessant, weil in der digitalen Kultur eigentlich so gut wie keine Ortsverbundenheit herrscht.** Der Ort verlagert sich fortwährend. Döpfner meinte, er brauche ein Gebäude, in dem die Verlagerungen zum Ausdruck kommen und diese sichtbare Intentionalität als Mittel dienen würde, die besten Leute aus dem betreffenden Feld zu mobilisieren.

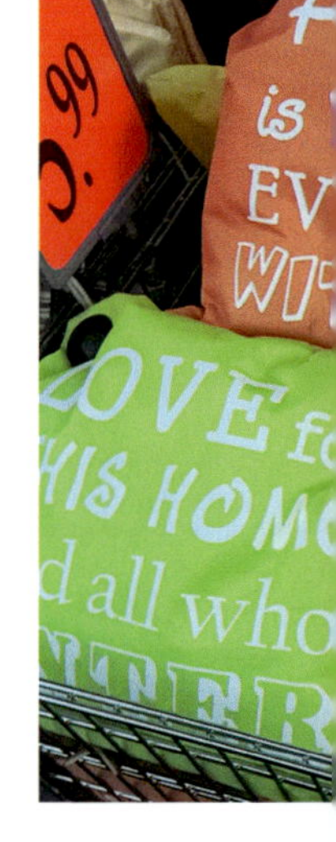

åyr Das Springer-Projekt verkörpert für uns ein Berlin, das sich in eine Art europäisches Silicon Valley verwandelt, in einen Ort, wo es eine starke Start-up-Kultur gibt. Versucht das Bauvorhaben diese Gegebenheit hinsichtlich der Gestaltung des Büroraums zu thematisieren?

RK An Matthias Döpfner schätze ich wirklich sehr, dass er, ein Europäer durch und durch, das Unternehmen in eine digitale Zukunft gesteuert hat – und dies fast ohne Zögern, was recht selten vorkommt. Silicon Valley übt auf die Springer-Leute eine starke Faszination aus, fast schon karikaturhaft. **Doch hat man die Silicon-Valley-Kultur nicht einfach pauschal übernommen. So wie ich es sehe, will man dort einen europäischen Gegenentwurf zu den imperialistischen Dimensionen des Silicon Valley definieren und ist damit führend. Die Start-up-Kultur ist per definitionem eine Kultur, die sich in jede Umgebung einnisten kann und sich am meisten in Gebäuden zu Hause fühlt, die nicht neu sind. Unser Bau verfolgt einen europäischen Ansatz. Er ist alles andere als von einer informellen Wohlfühlatmosphäre geprägt.**

digitale Boheme

Wohlfühlatmosphäre

In gewissem Sinne ist es ein preußisches Gebäude für das digitale Zeitalter.

åyr Das Springer-Projekt ist eines der wenigen zeitgenössischen Bauvorhaben, das das Digitale nicht nur rein ästhetisch oder technologisch, sondern als „Lebensform" begreift. Das Gebäude ist in seiner Konzeption stark auf Leute ausgelegt, die immer online in Verbindung stehen. Uns interessiert, inwieweit dies Ihren Entwurf beeinflusst hat. **Orientierung, Kommunikation, Erfahrung – all diese Dinge werden durch Geräte verändert, wobei Architektur meist unveränderlich zu sein scheint.**

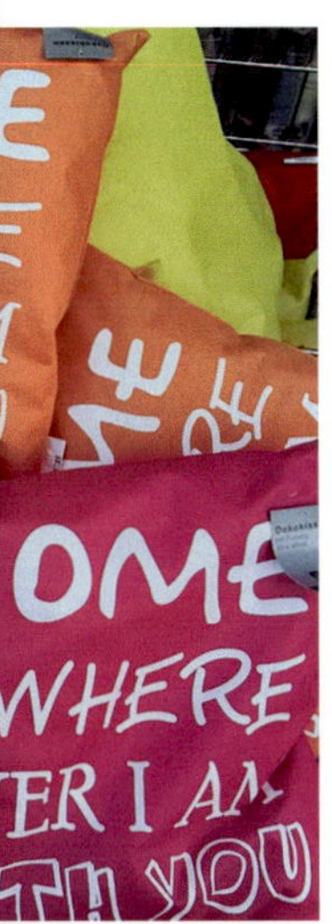

RK Dieser Gesichtspunkt hat mit Springer absolut nichts zu tun. Vielleicht ist er relevant bei einer Reihe von Projekten, die mit den Universal Studios Headquarters in Los Angeles ihren Anfang nahmen. Hier haben uns zwei Fragen beschäftigt: Wie funktioniert eine hochkomplexe Organisation als Ganzes, ohne dass sie für eine totale Fragmentierung anfällig wird? **Und wie geht man mit der Fragmentierungsgefahr um, die jedem digitalen Büro schon deswegen droht, weil heute Fragmentierung nicht von physischer Isolation abhängt?** In einem OMA-Projekt für die G-Star Raw Headquartes haben wir zum Beispiel eine ziemliche komplizierte Situation mit gestaffelten Ebenen geschaffen. Mit dem Ergebnis, dass in der gesamten Firma 60 Prozent weniger E-Mails verschickt werden, wie man uns erzählt hat. Das ist für mich ein großes Kompliment, aber es ist auch ein Hinweis darauf, was Architektur heute als potenziell größte Leistung erreichen kann: die Wiedereinführung von Körperlichkeit in diesen endlosen Informationsstrom, der nicht nur unglaublich redundant, unglaublich irritierend und unglaublich erschöpfend ist, sondern auch noch jedem das trügerische Gefühl echter Produktivität verleiht.

digitales Büro

åyr Wie ist also Ihrer Meinung nach die administrative oder organisatorische Rolle der Architektur auf digitale Plattformen übergegangen? Kann die Architektur jetzt ein bisschen ungebundener, befreiter agieren? Jetzt, da die digitalen Plattformen ausgereifter sind, ist eine Rückkehr der Materialität zu beobachten – oder genauer, möglich geworden ist die Rückkehr der Mauer, aber einer Mauer, die freundlicher und von bestimmten Aspekten ihrer modernen Gewalt entkleidet ist. **In den 1990er-Jahren träumte man in der Architektur von Parametern und sie war dominiert von der Rhetorik der Offenheit, der Unvorhersagbarkeit und der Neuheit. Plötzlich wollen wir das alles gar nicht mehr unbedingt. Es gibt ein stärkeres Interesse an kleinen Räumen, Kabinen, Nischen – höhere Erkennbarkeit, mehr Intimität, eine andere Materialität.** Das ist die Genealogie, die wir zeigen – von der „Berliner Mauer als Architektur" zu der durchbrochenen, gemütlichen Wand der heutigen Bürogestaltung.

Das ist deshalb interessant, weil in der digitalen Kultur eigentlich so gut wie keine Ortsverbundenheit herrscht.

RK Es ist nicht nur, dass Architektur einfach digital wird oder dass wir das Digitale heranziehen können, um interessante Architektur zu machen, die digitale Welt ist eine Welt völlig anderer Abenteuer, anderer konzeptueller, geistiger Räume. Architektur kann sich also womöglich genau darauf konzentrieren, was Sie beschreiben – körperliche und materielle Erfahrungen und die vielfältigen Emotionen, die solche Erfahrungen bieten oder auslösen und die im Cyberspace nicht zu haben sind.

__åyr__ **Wir sind skeptisch, was das Chaos als Mittel anbelangt, Unvorhergesehenes zu schaffen – und die Leute zu verleiten, mehr einzukaufen, mehr zu reden und mehr zu kommunizieren. Wir vermuten, dass uns inzwischen vielleicht genug Aufforderungen aus unseren Geräten entgegenspringen und deshalb jetzt eher ruhige Räume gewünscht sind.** Erst heute Morgen habe ich auf Facebook gelesen, dass die meisten Videoanzeigen ohne Ton abgespielt werden. Das ist ein neuer Ansatz, der auch auf die Architektur angewendet werden könnte. Allerdings nicht wie bei Peter Zumthor ... [Lacht]

Wir denken, dies rührt aus einer gewissen Frustration unserer Generation, die in dem architektonischen Diskurs der späten 1990er und zu Anfang des Jahrtausends aufgewachsen ist, als die kanonischen Architekturwerte der Institutionen und des öffentlichen Raums von der Absicht getragen waren, die Grenzen einzuebnen, aufzumachen und Kommunikation und Sichtbarkeit zu verbessern.

__RK__ **Nun ja, es entstehen immer wieder größere Hindernisse, die Sicherheit zum Beispiel. Das bringt einige ernsthafte Widersprüche mit sich: die Ästhetik der Durchgängigkeit und das Sicherheitsdenken der Einkapselung und des Schutzes.**

__HUO__ Ich habe noch eine letzte Frage: **In unserem Gespräch 1998 sagten Sie, Berlin sei ziemlich gruselig, da seine Modernität die Stadt exorzieren würde. Ist Berlin auch achtzehn Jahre später noch so schaurig?**

__RK__ Die Stadt lässt mich überraschend kalt. Sie bringt mich nicht in Rage.

__åyr__ Wie halten Sie es mit der Technik? Gehört der Umgang mit Uber, Airbnb oder solchen Sachen zu Ihrem Alltag? Ist das Teil Ihrer Erfahrung, sozusagen Ihrer Identität?

__RK__ Nicht wirklich, denn ich habe dafür eigentlich keinen Bedarf. Vielleicht für Tickets, um Reservierungen vorzunehmen, das natürlich schon. Okay, nächste Frage.

__åyr__ Ganz allgemein. Wie stehen Sie zur zeitgenössischen Kunst? Sind Sie daran interessiert?

__RK__ Ihre Frage ist wirklich irre. Warum fragen Sie das? Das ist doch leeres Gerede. **Aber wie dem auch sei, ich halte Ihre Projekte wirklich für interessant, doch wie schon erwähnt, fühle ich mich eher als jemand, der daran teilnimmt, denn als Subjekt.**

Peter Zumthor

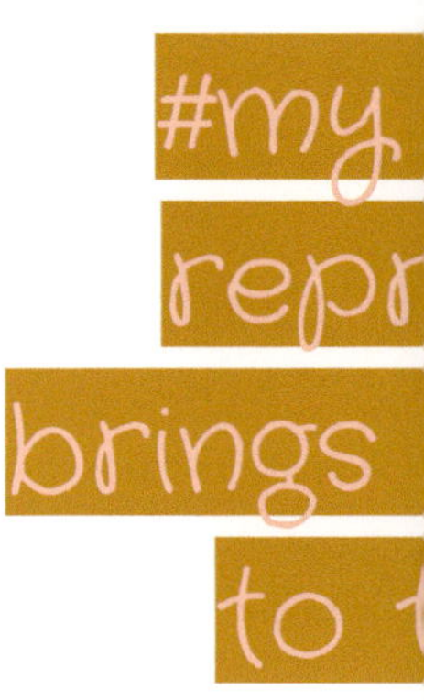

Sicherheitsdenken

Bei dem vorliegenden Text handelt es sich um die bearbeitete und zusammengefasste Version zweier Gespräche zwischen Rem Koolhaas, Hans Ulrich Obrist und den Mitgliedern von åyr (Fabrizio Ballabio, Alessandro Bava, Luis Ortega Govela und Octave Perrault), die am 12. Februar 2016 in den Räumen von OMA in Rotterdam und am 21. Februar im Hotel Ambassade in Amsterdam stattfanden.

__åyr__ (ehemals AIRBNB-Pavilion) ist ein Kunstkollektiv aus London. In Ihren Arbeiten beschäftigt åyr sich mit zeitgenössischen Wohnformen. Die Gruppe wurde 2014 von Fabrizio Ballabio, Alessandro Bava, Luis Ortega Govela und Octave Perrault gegründet. Der Anlass war eine Ausstellung, die während der Eröffnungstage der 14. Mostra Internazionale di Architettura in Venedig stattfand. Ort der Ausstellung waren durch eine Website angemietete Wohnungen. Mit Performances, Installationen und Texten untersucht åyr das Verhältnis zwischen Objekten und ihrer Umgebung und die Auswirkungen des Internets auf die Stadt. åyr steht nicht in Verbindung mit Airbnb, Inc. oder irgendeiner anderen Firma oder Partnerfirma der Airbnb group.

Rem Koolhaas hat OMA (Office for Metropolitan Architecture) 1975 gemeinsam mit Elia und Zoe Zenghelis und Madelon Vriesendorp gegründet. Er studierte an der Architectural Association in London und veröffentlichte 1978 *Delirious New York: Ein retroaktives Manifest für Manhattan*. 1995 fasste sein Buch *S,M,L,XL* die Arbeit von OMA in „einem Roman über Architektur" zusammen. Er leitet die Arbeiten sowohl von OMA als auch von AMO, der Forschungseinrichtung von OMA, die in Bereichen jenseits von Architektur wie zum Beispiel Medien, Politik, erneuerbarer Energie und Mode arbeitet. Koolhaas ist Professor an der Harvard University, wo er das *Project on the City* leitet. 2014 war er Direktor der 14. Biennale Architettura in Venedig mit dem Titel *Fundamentals*.

Hans Ulrich Obrist (* 1968) ist Kurator, Kritiker und Kunsthistoriker. Er ist Codirector of Exhibitions and Programes und Director of International Projects der Serpentine Galleries, London. Obrist ist Autor von *The Interview Project*, einer umfangreichen, fortlaufenden Serie von Interviews. Er ist Mitherausgeber der *Cahier d'art revue*.

Abbildungen: S. 208 åyr, *Berlin Feature Wall*, 2016; S. 210–211 åyr, *home is wherever I am with you*, 2014, AIRBNB-Pavilion, Instagram; S. 212–213 åyr, *#my space of reproduction*, 2014, AIRBNB-Pavilion, Instagram; S. 214–215 OMA, Entwurfskonzept, Renovierung vom Kaufhaus des Westens (KaDeWe); S. 216–217 (oben) OMA, Innenansicht, Axel Springer Campus; (unten) Rem Koolhaas/OMA, Feldforschung, Berlin, 1972

åyr **We wanted to have this conversation to revisit an interview that you did together in 1998 for the 1st Berlin Biennale catalogue. Back then you talked about your projects in Berlin at a time when the city was undergoing a dramatic transformation. The interview started with your research from the early 1970s, "The Berlin Wall as Architecture."** In some ways the installation that we are doing for the 9th Berlin Biennale at the KW Institute for Contemporary Art is a response to a number of the ideas you discussed. We want to address the ways in which access, separation, and protection are structured beyond the archetypal architectural element of the wall; we are shifting its classical utilization as a divider and nuancing that legacy by looking at the wall as a technology also providing protection and intimacy. These different ideas about walls seem to follow an evolution from your research in early 1970s to some of your most recent projects in Berlin, accumulation and assembly of building volumes results from a situation in which architects barely communicate with one another—because they are all driven by commercial interests. This has lead to similar results almost everywhere. **But I have to admit, my opinion about Hans Stimmann , who was Berlin's Secretary of Planning and subsequently Building Commissioner from 1991 to 2006, has completely changed since then. I no longer think that he frustrated creativity, and I actually think that by being so conservative and intolerant he actually saved the city from a lot of garbage. It's one of these cases in which a situation with a theory is by definition better than a situation without a theory.** Or to put it in other words, to a certain extent a strong and dogmatic regime is better than a free-for-all.

Hans Stimmann

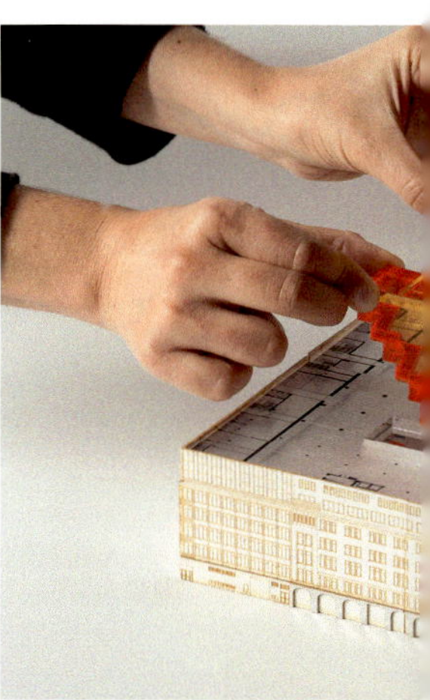

åyr Do you think it is possible to draw a parallel between the Berlin Wall and

It's one of these cases in which a situation with a theory is by definition better than a situation without a theory.

such as the Axel Springer Campus. Do you remember what you talked about in the interview for the catalogue in 1998?

HANS ULRICH OBRIST **The catalogue of the first edition of the Berlin Biennale, which Klaus Biesenbach, Nancy Spector, and I curated, was a subverted city guide. We wanted to have Rem's view on what was and wasn't happening in Berlin at the time. Back then you were comparing Berlin to a Chinese city,** claiming the master plans had failed and that Berlin had produced too much building volume in too short a time for any sort of traditional sedimentation to occur. **Eighteen years later, the obvious question is whether Berlin really has become a Chinese city!**

REM KOOLHAAS I would say yes and no. Yes, in the case of the extremely rapid production at Potsdamer Platz. The

contemporary digital platforms, both being apparatuses or technologies that intensify communication while creating spatial obstacles?

Axel Springer Campus

RK The Wall obviously intensified the meaning of the two sides—by creating a reason to communicate.

åyr **Your current project, the Axel Springer Campus, is defined by an absence of walls and an immense atrium running across an area on the property once occupied by the Berlin Wall.** Openness and communication are achieved through visual connection but not through separation, not through walls.

Chinese city

RK What you are saying just implies that if you had a wall in an office, people would be desperate to know what the people on the other side are doing, but that is not the case. **This is not an ideological situation; this is a post-ideological situation.** Within an office space, walls wouldn't have the slightest impact on people's eagerness to communicate.

åyr When we first proposed our project to the 9th Berlin Biennale curatorial team, we started talking about the Wall as an architectural archetype and as something that is part of Berlin's DNA. In a way, they actually got a bit scared.

RK I think that the art scene is one of the most conservative at this point in time, and the Wall is one of the few elements that everyone agrees should really not have been where it was.

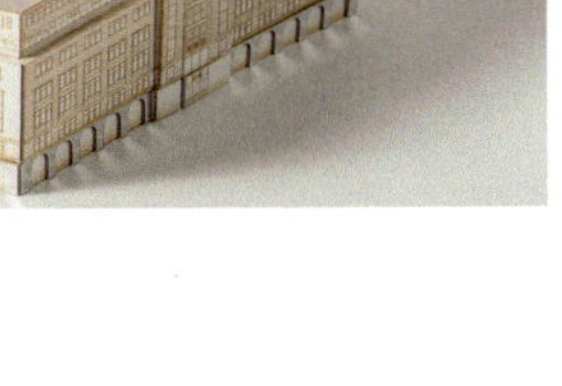

There's hardly any loyalty to a place in digital culture.

åyr For us, focusing on the element of the Wall was a paradoxical situation, and I'm wondering if it was the same for you in terms of the Axel Springer Campus, even though your client chose the site. In a way, you did *choose* to work with that context, because you took the Wall's original path into account when designing the building. Perhaps this was a pragmatic choice.

domestic pampering

deterritorialization

RK I'm not saying it's pragmatic. It really just deals with the consequences of deterritorialization.

HUO When we did our interview in 1998 it was just when the Netherlands had commissioned you to build the Dutch Embassy in Berlin, a major public commission. Now you have more private commissions, such as the Axel Springer Campus with its focus on what you call "digital bohemia." It would be great to hear more about this new subject.

digital bohemia

RK **Mathias Döpfner, CEO of Axel Springer SE, explicitly requested us to find a way in which the building could be inviting and make the case for the digital elite of what he calls "bohemia." This is interesting, because there's hardly any loyalty to a place in digital culture.** Place is always shifting. He thought he needed a building that articulated this shift, and that its deliberateness would act as a tool for mobilizing the brightest people from that context.

åyr We see the Springer project as embodying the transformation of Berlin into a kind of European Silicon Valley, a place where there is a strong start-up culture. Is this project trying to address that condition in terms of office design?

RK What I really appreciate about Mathias Döpfner is that although he is totally European, he has steered the company towards the digital, almost without hesitation, which is extremely rare. They are clearly fascinated by Silicon Valley, almost to the point of caricature. **Yet they didn't import Silicon Valley culture wholesale. I think they are really at the forefront of wanting to define a European opposition to the imperialistic dimension of Silicon Valley. Start-up culture is by definition a culture that can invade any environment and feels most at home in buildings that are not new. Our building has a European approach. Informality and domestic pampering are not present in this building at all. In a sense, it's a Prussian building of the digital era.**

åyr The Springer project is one of the very few contemporary projects that tries to deal with the digital, not in purely aesthetic or technological terms but as a "form of life." There is a strong emphasis on this building as conceived for people who are constantly connected. We'd be interested to hear how this has affected your design. **Orientation, communication, experience—all these things are transformed by devices, whereby architecture often seems to stay the same.**

RK That issue is totally unconnected to Springer. Maybe it is relevant to a series of projects that started with the Universal

Studios headquarters in Los Angeles. We are addressing two questions here: How does a very complex organization function as a whole without suffering from total fragmentation? **And how can one address the danger of fragmentation present in any digital office? Today fragmentation is not dependent on physical isolation.** For example, in OMA's recent project for the G-Star Raw Headquarters we created a quite complicated split-level situation. In the end, they told us that the entire company sent 60 percent less emails. For me this is the greatest compliment, but it also points to the greatest potential achievement for architecture now—reintroducing physicality into this endless flow of information, which is not only so incredibly redundant, incredibly irritating, incredibly exhausting but also gives everyone a false sense of real productivity.

åyr So how do you think the administrative or organizational role of architecture has moved onto digital platforms? Is architecture now able to be a bit freer, more liberated? Now that digital platforms have become more mature, one can observe a return of materiality—or, more precisely, the possibility of a return of the wall, but a wall which is friendlier, stripped for some of its modernist violence. **In the 1990s architecture was dominated by parametric dreams and the rhetoric of openness, unpredictability, and newness. All of a sudden we don't want this so much anymore. There is a greater interest in small rooms, a booth, a nook—more legibility, more intimacy, another materiality.** This is the genealogy we are showing—from "The Berlin Wall as Architecture" to the pierced cozy wall of contemporary office design.

RK It's not simply that architecture is becoming digital or that we can use the digital to make interesting architecture. The digital world is a world of totally different adventures, of conceptual, mental spaces. So maybe architecture can focus on exactly what you're describing—physical and material experiences and the various emotions generated or offered by those experiences and not available in cyberspace.

åyr **We are skeptical of chaos as a means of creating the unexpected—and causing people to shop more, talk more, and communicate more. We would speculate that maybe now we have enough solicitation coming from our devices, and therefore what is somehow desired are quiet spaces.** I was just reading this morning on Facebook that most video adverts on Facebook are played without sound. This is a new approach that could be applied to architecture. Not to the degree of Peter Zumthor though ... [Laughs] We guess this comes from a certain frustration of our generation, which has grown up in the architectural discourse of the mid-nineties and the early two-thousands, when the canonical architectural values of institutions and collective spaces were guided by the intention to smooth boundaries, open up, and enhance communication and visibility.

RK **Well, larger obstacles keep arising, of which security is one. This presents some very serious contradictions: the aesthetic of continuity and the security-thinking of enclosure and protection.**

HUO I have one last question: **In our conversation in 1998 you said that Berlin was very scary in the way its modernism was performing an exorcism on the city.**

Our building has a European approach. Informality and domestic pampering are not present in this building at all. In a sense, it's a Prussian building of the digital era.

digital office

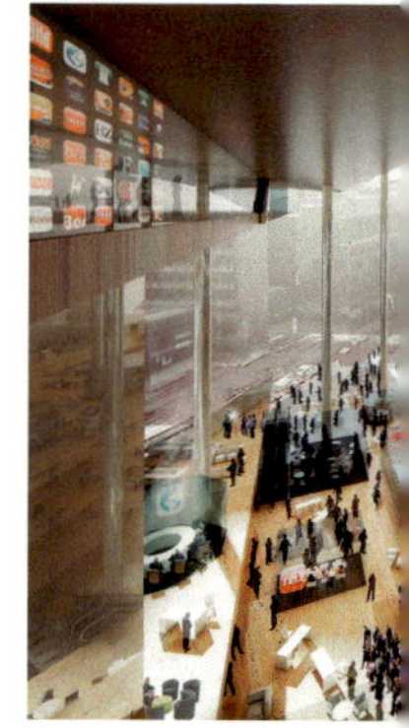

Peter Zumthor

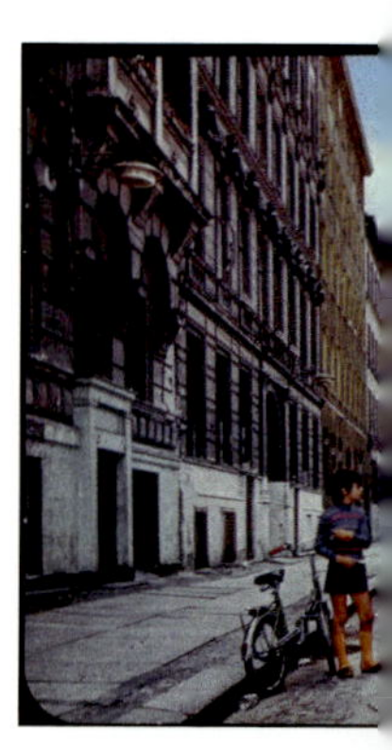

So, is Berlin still scary eighteen years later?

RK I'm surprisingly indifferent to it. I'm not outraged by it.

åyr What about your own relation to technology. Do you have daily experiences with Uber, Airbnb, these kinds of things. In terms of your identity, is this part of your experience?

RK Not really, because I have no real need for it. Well of course in terms of getting tickets, in terms of making reservations, of course. OK, next question.

åyr On a more general level, what is your relationship to contemporary art? Are you interested in it?

RK Your question is really crazy. Why are you asking this? This is just gossip: **But anyway, I think your projects are really interesting, but as I said earlier, I feel more like a participant than a subject.**

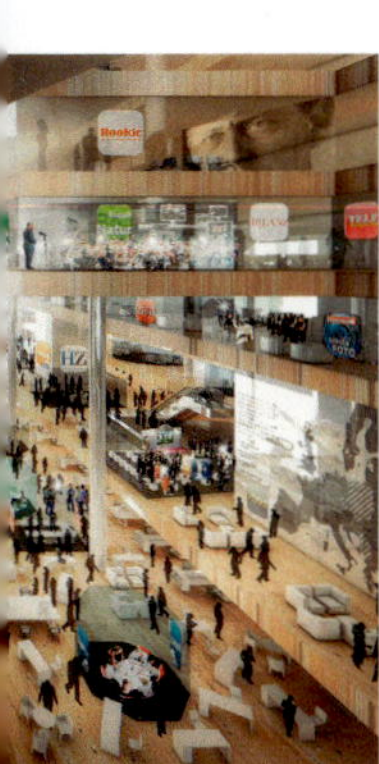

This conversation is the edited and condensed version of two conversations between Rem Koolhaas, Hans Ulrich Obrist, and the members of åyr on February 12, 2016, at the OMA offices in Rotterdam and on February 21, 2016, at the Ambassade Hotel in Amsterdam.

åyr (formerly AIRBNB-Pavilion) is an art collective based in London whose work focuses on contemporary forms of domesticity. åyr was founded in 2014 by Fabrizio Ballabio, Alessandro Bava, Luis Ortega Govela, and Octave Perrault. The collective was formed in occasion of an exhibition inaugurated during the opening days of the 14th International Architecture Exhibition of the Venice Biennale, which took place in apartments rented on a flat sharing website. Through performances, installations, and writing, åyr investigates the relationship between objects and their environments and the effects of the internet on the city. åyr is not connected to or endorsed by Airbnb, Inc. or any other Airbnb group, company, or affiliate.

Rem Koolhaas founded OMA (Office for Metropolitan Architecture) in 1975 together with Elia and Zoe Zenghelis, and Madelon Vriesendorp. He graduated from the Architectural Association in London and in 1978 published *Delirious New York: A Retroactive Manifesto for Manhattan*. In 1995 his book *S,M,L,XL* summarized the work of OMA in "a novel about architecture." He heads the work of both OMA and AMO, the research branch of OMA, operating in areas beyond the realm of architecture such as media, politics, renewable energy, and fashion. Koolhaas is a professor at Harvard University where he conducts the Project on the City. In 2014, he was the director of the 14th International Architecture Exhibition of the Venice Biennale, entitled *Fundamentals*.

Hans Ulrich Obrist (born 1968) is a curator, critic, and art historian. He is Codirector of Exhibitions and Programs and Director of International Projects at the Serpentine Gallery, London. Obrist is the author of *The Interview Project*, an extensive ongoing series of interviews. He is also coeditor of the *Cahiers d'art revue*.

Images: p. 208 åyr, *Berlin Feature Wall*, 2016; pp. 210–211 åyr, *home is wherever I am with you*, 2014, AIRBNB-Pavilion, Instagram; pp. 212–213 åyr, *#my space of reproduction*, 2014, AIRBNB-Pavilion, Instagram; pp. 214–215 OMA, concept model of the Kaufhaus des Westens (KaDeWe) renovation; pp. 216–217 (top) OMA, interior view of the Axel Springer Campus; (bottom) Rem Koolhaas/OMA, Berlin field trip, 1972

"I miss the conspiracy."

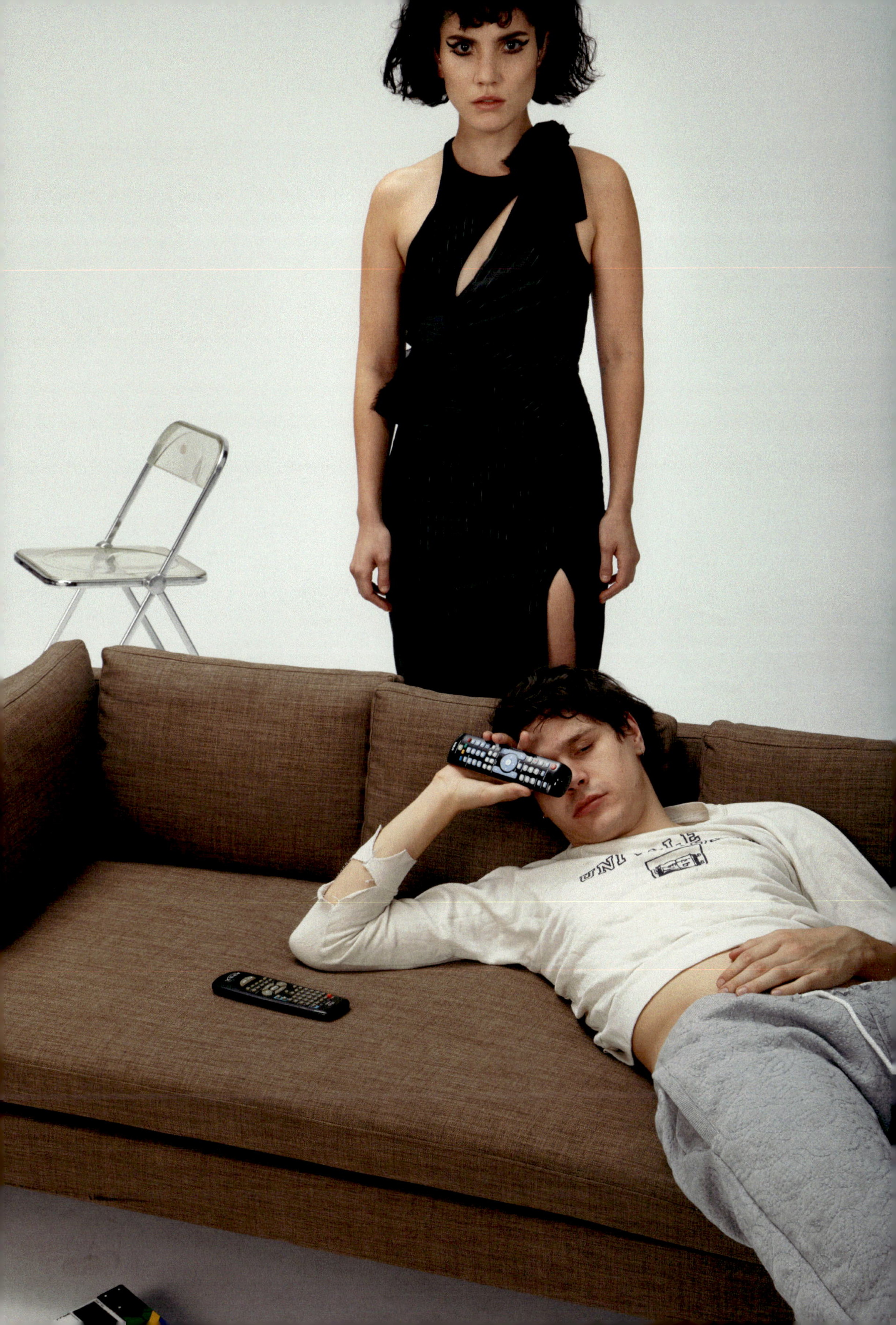

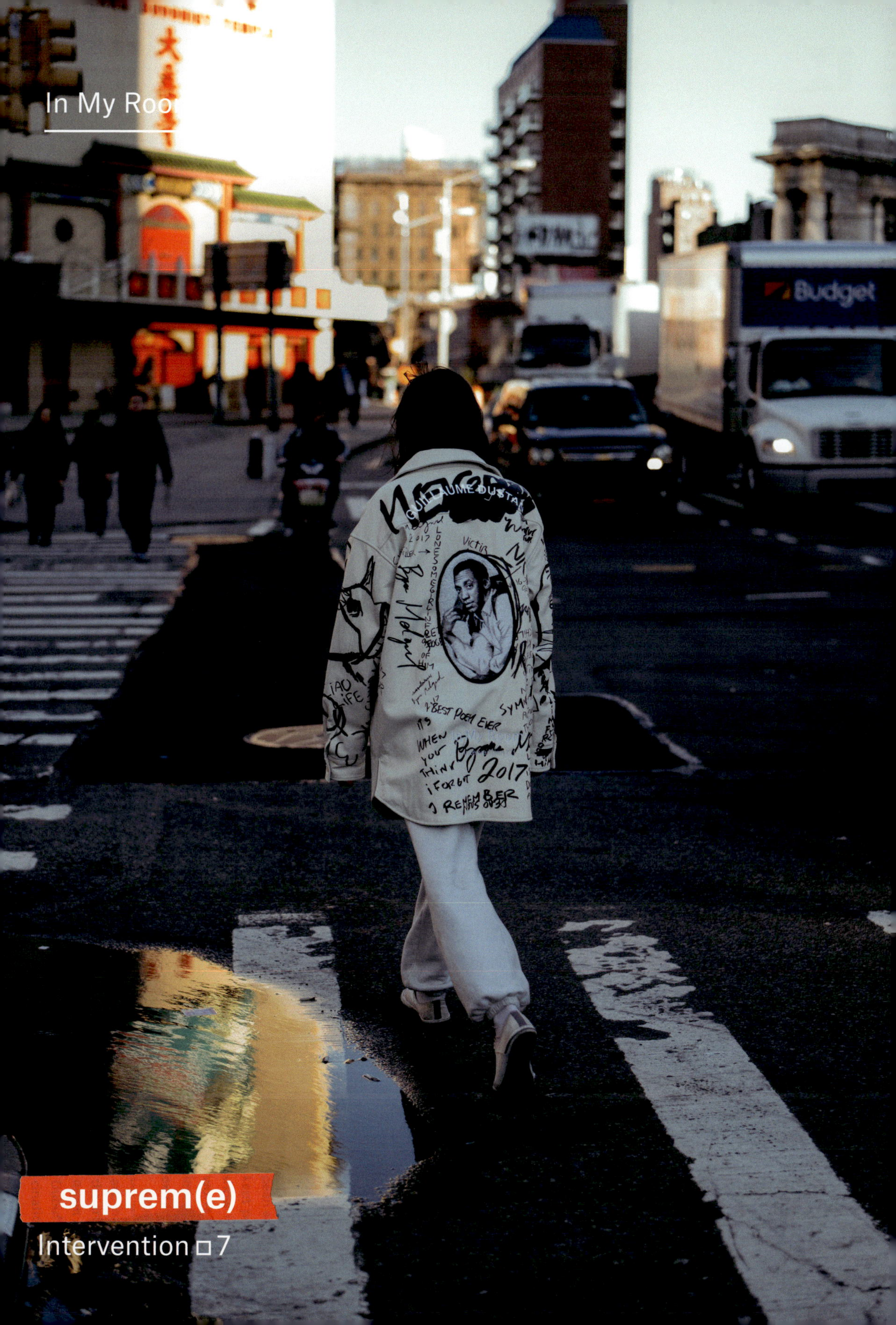
In My Roo
Budget
suprem(e)
Intervention □7

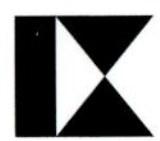

Glück im Glück finden

Finding Happiness in Happiness

SIMON & DANIEL FUJIWARA

Für sein Projekt für die 9. Berlin Biennale, *The Happy Museum* (2016), engagierte Simon Fujiwara seinen Bruder Daniel, einen Wirtschaftswissenschaftler und Experten auf dem hochaktuellen Gebiet der Happy Economics als Berater. Dieser im Aufschwung befindliche ökonomische Trend befasst sich mit der Wertbestimmung und Monetarisierung von Glück und Wohlergehen. Welchem Wert, in Euro ausgedrückt, entspricht das Glück, das man pro Person und Jahr aus dem Tanzen bezieht? Mit Daniel Fujiwaras ökonomischen Erhebungen lassen sich genaue Zahlen angeben, anhand derer Sie überlegen können, ob sich das Tanzen für Sie lohnt. Das folgende Gespräch fand im Rahmen der Ausstellungsvorbereitungen statt.

SIMON FUJIWARA Würdest du bitte beschreiben, was Simetrica, die von dir gegründete Firma, macht?

DANIEL FUJIWARA Simetrica ist eine Forschungsorganisation, die unter Anwendung der Wirtschaftswissenschaften und anderer Disziplinen wie der Philosophie, der Verhaltens- und der Neurowissenschaften das menschliche Verhalten, Gefühle und Werte untersucht. Ziel ist es, die Auswirkungen von politischen Programmen und Handlungen auf das Wohlergehen der Gesellschaft besser zu verstehen. **Unsere Arbeit ist technisch und quantitativ ausgerichtet. Wir verwenden eine breite Palette mathematischer und statistischer Konzepte und Instrumente, aber all unser Tun beruht auf einem deutlich strukturierten und detaillierten ethischen Ansatz, der sich auf die Kernpunkte der normativen und angewandten Ethik stützt.** Um ein konkretes Beispiel zu geben: Wir haben uns damit befasst, was Werte in der Kunst und Kultur bedeuten und wie sie zu messen sind. Diese Arbeit haben wir überall auf der Welt für Regierungen und Kunsteinrichtungen und -gremien durchgeführt.

SF Einfach ausgedrückt besteht das Ziel also darin, Organisationen dabei zu helfen, den Einfluss, den sie auf das Wohlergehen der Menschen in der Gesellschaft haben, zu verstehen. In letzter Zeit ist eine immer größere Zahl von Firmen dem Glauben verfallen, ihr Image habe nicht nur mit den Produkten zu tun, die sie verkaufen, sondern auch mit dem Einfluss, den sie auf die Welt ausüben. Die Vorstellung, Gutes zu tun oder den Menschen Glück zu bringen, ist zu einer Werbestrategie geworden. Siehst du hier einen Bezug zu deiner Arbeit, oder glaubst du, da findet etwas anderes statt? Glaubst du, es wird wirklich Gutes getan?

Simetrica

DF Das ist in der Tat eine knifflige und interessante Frage, denn es kommt in großem Maße darauf an, wie man „wirklich Gutes" definiert. **Denkt man über das „Gute" nach, ist es ein ethischer Ansatz, eine Handlung *ausschließlich* an den Ergebnissen zu bemessen, die sie produziert. Eine Denkart, die als Konsequentialismus bekannt ist und in der man davon ausgeht, dass Firmen, die Gutes tun, tatsächlich auch gut sind.** Aber in vielen Fällen spielen bei der Beurteilung einer Handlung nicht nur die Ergebnisse eine Rolle. Die deontologische Ethik vertritt die Ansicht, dass der Handlungsprozess, dass

Ergebnis

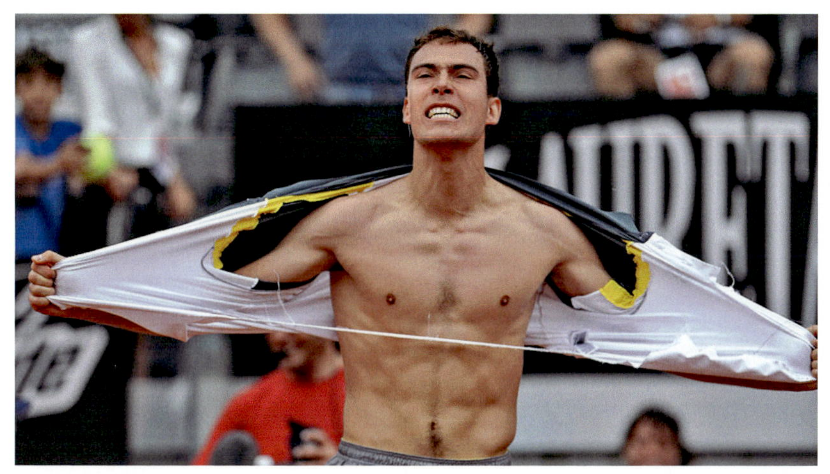

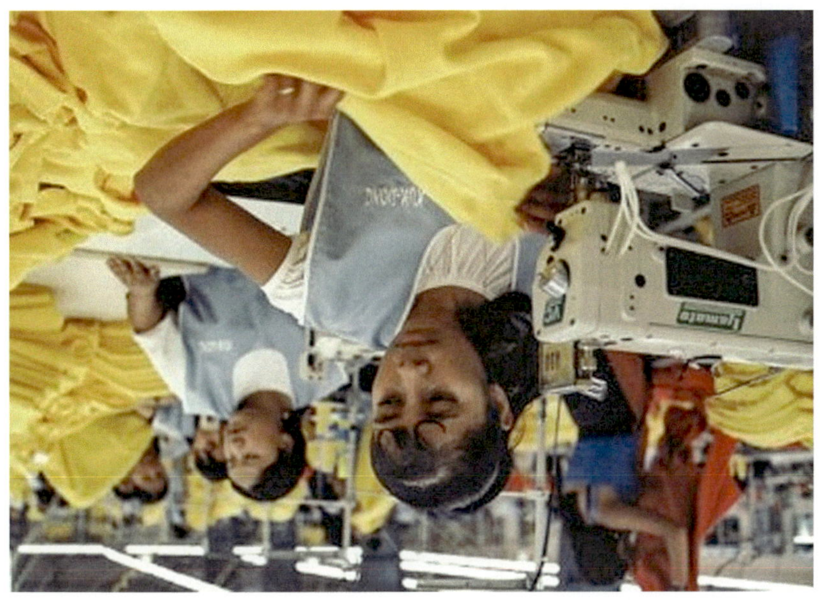

SIMETRICA

Rechte und Pflichten moralisch ebenso bedeutsam sind. Insofern sollte man auch auf die Absichten hinter einer Handlung achten. Wenn wir den Eindruck haben, es sei falsch, nur um des besseren Profits willen ein „gutes", der Gemeinschaft zugutekommendes Werk zu tun, dann können wir sagen, dass diese Firmen, die der Gesellschaft nur aus Eigeninteresse etwas zurückgeben, nichts „wirklich Gutes" tun.

Es lässt sich in der Tat feststellen, dass die Motive und Intentionen der Firmen durchaus unterschiedlich sind; manche Unternehmen denken über ihre Bilanz und ihren Profit als Teil ihrer unternehmerischen Verantwortung nach. Sind sie mit ihrer sozialen Verantwortung gut aufgestellt und ihre Mitarbeiterinnen und Mitarbeiter betätigen sich ehrenamtlich, werden sie womöglich der Ansicht sein, dass dies dem Firmenimage zugute kommt und somit zu höheren Profiten führt. Aber wie bereits gesagt, ob dergleichen richtig oder falsch ist, ist eine ethische Frage. Wir als Firma vertreten den Standpunkt, dass alle Organisationen, seien sie öffentlich oder privat, eine Pflicht gegenüber der Gesellschaft haben, langfristig für ein besseres Wohlergehen von Mensch, Tier und Umwelt Sorge zu tragen.

SF Wie gestaltet sich deiner Meinung nach die Beziehung zwischen Technik und dem Menschen, welche Richtung schlägt sie ein?

DF In unserem Tätigkeitsfeld ist die Technologie von großem Vorteil, insofern sie uns ermöglicht, von zahlreichen Personen in Echtzeit Daten zu erheben. Sie erlaubt uns ein besseres Verständnis zur Beurteilung dessen, was in unserem Leben wichtig ist und was uns glücklich macht. **Historisch gesehen hat es Daten dieses Typs zuvor nicht gegeben. Dies versetzt uns in die Lage, unsere philosophischen Annahmen zu überprüfen: Was ist Glück und was macht uns glücklich?** Solange wir mit diesen Daten sicher und verantwortungsvoll umgehen und die Leute damit einverstanden sind, dass sie zu Forschungszwecken verwendet werden, kann dadurch, denke ich, unser Leben verbessert werden, und dies geschieht bereits in vielen Ländern der Welt.

SF Es ist schon komisch – in den vielen Gesprächen, die wir über die Jahre geführt haben, ist eines zunehmend deutlich geworden: Du bist aufgrund deiner Arbeit als Wirtschaftswissenschaftler auf einem Gebiet, das die Dinge ziemlich radikal vorantreibt, bereit, neue Denkweisen anzunehmen, die mit den alten radikal brechen. In gewissem Sinne nimmst du damit die traditionelle Avantgardeposition ein, die gewöhnlich die KünstlerInnen für sich beansprucht haben. Im Gegensatz dazu komme ich – und viele Leute aus meiner Generation, mit denen ich über deine Arbeit spreche – als Künstler geradezu reaktionär und konservativ daher, da wir immer sagen: „Jetzt aber mal halblang, wir wollen nicht, dass ÖkonomInnen oder WissenschaftlerInnen jeden Aspekt des menschlichen Lebens quantifizieren und in Beschlag nehmen. Wir müssen über das menschliche Glück *nichts* in Erfahrung bringen, um es erleben zu können. Wir sollten einen Moment des Rätselhaften bewahren und davon ausgehen, dass das Leben mehr als Wissen ist." **Es ist fast so, als ob wir uns angesichts der Unmengen an Informationen, die wir über das Internet erhalten, nach einer Art selbstauferlegtem Unwissen sehnen – so wie die Bäuerinnen und Bauern zu Zeiten Galileo Galileis, die die astronomischen Entdeckungen von sich wiesen, damit der Himmel seinen Zauber nicht verliert.** Entdeckst du solche Haltungen auch in deinem Arbeitsspektrum?

Bilanz

Oder was genau haben Demenzkranke davon, eine neolithische Bronzefigur zu berühren?

DF Die Ökonomie ist ein äußerst aufregendes Feld, da wir gerne von vielen anderen Gebieten wie der Philosophie, Psychologie, Neurologie, Mathematik, Physik und Biologie lernen und deren Erkenntnisse übernehmen. Dieser interdisziplinäre Ansatz ist mein Hauptforschungsgebiet, und genau das tun wir auch bei Simetrica. Bestimmte Bereiche, in denen wir arbeiten und forschen, sind tatsächlich auf vielerlei Weise von einem gesteigerten romantischen Sinn affiziert, und viele meinen, dass sie nicht zum Gegenstand quantitativer oder technischer Forschung und Analyse werden sollten.

Lebenssinn

ein. Unsere Forschung legt immer wieder offen, dass Menschen, die kulturell aktiv sind und sich mit Kunst befassen, über einen höheren Grad des Wohlergehens verfügen. Dieser Grad bemisst sich über eine Vielzahl verschiedener Werteskalen, darunter Lebenszufriedenheit, Glück, Entspannung oder das Gefühl, einen Lebenssinn zu haben. **KünstlerInnen verfügen gemeinsam mit LehrerInnen über den höchsten Grad an Lebenssinn. Und es gibt noch eine Menge anderer interessanter Entdeckungen. Zum Beispiel haben wir herausgefunden, dass Personen, die Filme anschauen, Galerien**

Wir könnten zum Beispiel den Wert eines Autos oder einer sozialen Erfahrung messen, indem wir schauen, wie viel die Leute darüber reden oder auch in Social Media darüber diskutieren.

Ich glaube allerdings, dass die Quantifizierung und das Bewerten entscheidend dazu beitragen, die uns umgebenden Phänomene besser zu verstehen, und in dieser Hinsicht gibt es keinen Unterschied zwischen dem Wohlergehen der Menschen und dem Glück. Als Forschungsdisziplin haben wir sicherlich eine ganze Menge über die Frage, was Glück ist und was uns glücklich macht, gelernt und fangen gerade erst an, einige das Glück betreffende Schlüsselfragen beantworten zu können, wie sie etwa Aristoteles, Epikur, Jeremy Bentham oder John Stuart Mill aufgeworfen haben. Ich finde das spannend, aber wir müssen begreifen, dass jede Diskussion über das Glück und das Messen des Glücks auf einer sachgerechten philosophischen oder ethischen Debatte und Denkweise gründen muss. Das ist in meinen Augen absolut wesentlich und zeigt sich auch in unserer Arbeit.

John Stuart Mill

Kunst nimmt, da sie mit dem Wohlergehen des Menschen in Beziehung steht, einen wichtigen Platz in der Gesellschaft

besuchen, in die Oper gehen und so weiter, also zum Publikum von Kunstereignissen gehören, damit viel für ihr Wohlbefinden tun, aber dass es sogar noch besser ist, wenn man ohne Begleitung zu solchen Ereignissen und Aktivitäten geht. Die Daten zum Wohlergehen ermöglichen es nun nach und nach, sich über die Wirkung der Kunst auf unser Glück ein Bild zu machen. Da die Kunst positiv auf unser Wohlbefinden einwirkt, ist sie auch für die Gesellschaft von Nutzen. Darauf werden unsere künftigen Forschungsvorhaben detaillierter eingehen.

SF Wo du schon von Galeriebesuchen sprichst, die am besten allein erfolgen, hast du dir Gedanken über die wachsende Individualisierung der Gesellschaft gemacht, und hast du den Eindruck, deine Arbeit könnte sie fördern? Die Tatsache, dass wir uns zunehmend von der Anerkennung durch Familie und Gemeinschaft lösen und unsere Selbstbeurteilung eine größere Bedeutung bekommt – hältst du das für eine gute Sache?

DF Der Individualisierungsprozess wurde von den DenkerInnen der Aufklärung in Gang gesetzt, deshalb denke ich, dass wir uns schon lange in diese Richtung bewegen. Tatsächlich haben die gegenwärtigen Forschungen zum Wohlergehen ihre Wurzeln auf vielfältige Weise im Denken der Aufklärung.

Interessant dabei ist: Durch die an zahlreiche Einzelpersonen gerichtete Frage, wie sie sich als Individuen fühlen, haben wir herausgefunden, dass viele Gesellschaften noch nicht sehr individualistisch ausgerichtet sind und dass das individuelle Glück stark vom Eingebundensein und dem Engagement in der Gemeinschaft und von der Beziehung mit anderen abhängt. **Wir wissen durch unsere Arbeit mehr über Individuen und ihr Glück, und dieses Wissen hat bestätigt, dass für das menschliche Leben die gesellschaftliche Vernetzung entscheidend ist.**

SF Welches Wort, das nicht mit Geld konnotiert ist, würdest du für eine Wertbestimmung vorschlagen? Anstatt zu sagen, etwas bringt „soundsoviel Euro" ein, was könnte es sonst einbringen? **Wie wirkt der Anblick eines van Goghs auf uns? Oder was genau haben Demenzkranke davon, eine neolithische Bronzefigur zu berühren? Wie und wodurch wird dieser Mehrwert beschrieben?**

DF **Der Ausdruck „Wertbestimmung" steht nicht von vorneherein mit Geld in Verbindung. In seinem reinsten Sinne ist Wert einfach ein Maß dafür, wie stark wir emotional mit etwas verbunden sind oder wie wichtig uns einige Dinge sind. Wert ist ein integraler Begriff, der auf alle empfindungsfähigen Wesen und nicht nur auf den Menschen anwendbar ist.** Das heißt, Elefanten, Wale und Hunde können genauso wie wir Wert wahrnehmen. Wert kann auf vielerlei Art beschrieben und gemessen werden, zum Beispiel kann man messen, wie heftig FußballspielerInnen jubeln, wenn sie ein Tor erzielen, wie schnell ein Hund sein Fressen verschlingt, wie laut ein Kind schreit, wenn sein Lieblingsspielzeug kaputtgeht, wie viel wir für etwas zu zahlen bereit sind, wie viel Energie wir aufwenden, um etwas zu verteidigen und so weiter. Wir könnten Verhalten und Handlungen wie diese zur Messung des Werts heranziehen, den die Menschen bestimmten marktgängigen oder marktfremden Gütern, Dienstleistungen und Resultaten zuschreiben.

Der Geldwert ist nur eine Form der Wertbestimmung. Ich denke, in manchen Kreisen ist der Begriff in Verruf geraten, denn er wird in seiner Bedeutung nicht genau gehandhabt und nicht immer auf die gleiche Weise verwendet wie in den Wirtschaftswissenschaften. In der Ökonomie steht der Geldwert etwa eines Autos oder eines Gemeinschaftserlebnisses für den Betrag, den man zur Anhebung der Lebensqualität oder des Wohlergehens einer bestimmten Person – und zwar in demselben Maße, wie es das Auto oder die soziale Erfahrung leistet – aufwenden müsste. Geld ist buchstäblich nur eine quantitative Maßeinheit, die misst, um wie viel sich die Lebensqualität verbessert hat, so wie Grad Celsius bloß eine quantitatives Maß für Hitze oder Kälte ist. **Wir könnten zum Beispiel den Wert eines Autos oder einer sozialen Erfahrung messen, indem wir schauen, wie viel die Leute darüber reden oder auch in Social Media darüber diskutieren,** doch PolitikerInnen bevorzugen eine monetäre Wertbestimmung, denn man kann den Nutzen eines politischen Vorhabens und seine Kosten unter denselben Konditionen vergleichen.

Engagement

van Gogh

Menschen, die van Gogh mögen, wird ein Blick auf einen van Gogh eine wertvolle Erfahrung verschaffen, die wir monetär messen können (und das haben wir in der Vergangenheit für verschiedene Museen getan), die wir aber genauso nicht-monetär messen könnten, indem wir erfassen, wie lange die betreffenden Personen vor dem Gemälde zugebracht, wie sehr sie ihre Freude über den Anblick geäußert haben und so weiter. Ein vergleichbarer Prozess ließe sich für die Wertbestimmung jedes beliebigen anderen Gegenstands, Erlebnisses oder Resultats anwenden.

Ein Beispiel, das das illustriert, ist ein Fußballspieler, der gegen dieselbe Mannschaft in einer Saison ein Tor erzielt und ein weiteres in der nächsten. Der Wert der einzelnen Tore unterscheidet sich wegen der unterschiedlichen jeweils herrschenden Umstände erheblich. Hat das erste Tor die Mannschaft zum Sieg geführt, ist das zweite Tor für das Spiel und die Spielzeit der Mannschaft nahezu bedeutungslos. Obwohl die Umstände und Parameter identisch sind (es handelt sich um ein

Fußballspieler

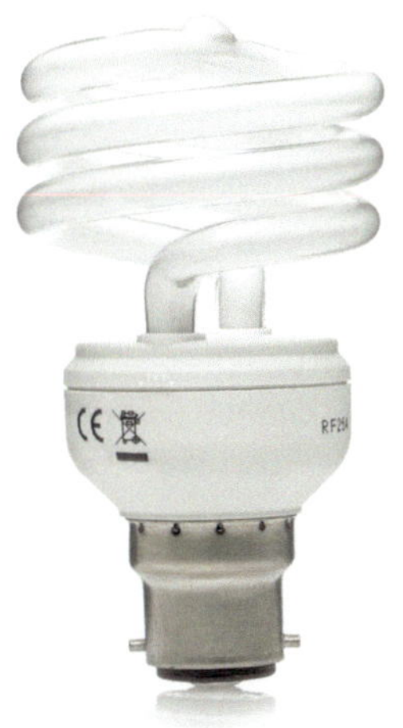

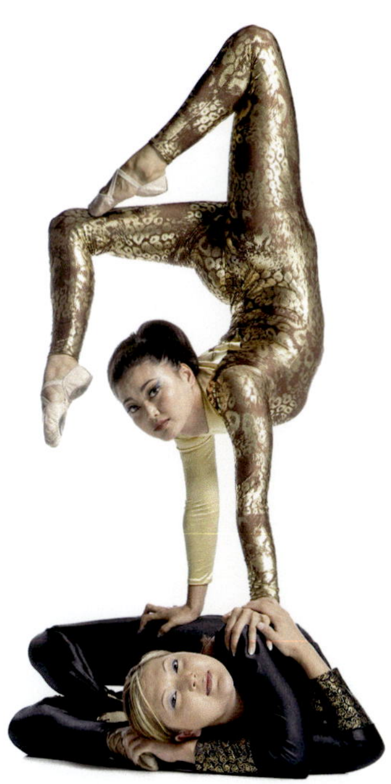

SIMETRICA

Tor gegen eine unbestimmte Mannschaft), wird der Spieler die beiden Tore äußerst unterschiedlich bejubeln.
Wir können also den Wert hinsichtlich des Verhaltens beobachten – hinsichtlich der Heftigkeit, mit der der Spieler sich nach dem Tor feiert. Lässt er sich ein paar Mal abklatschen, oder reißt er sich das Trikot vom Leib und springt in die Menge? Das ist die erste Größenordnung, wenn man über den Wert nachdenken möchte – ihn über das Verhalten zu begutachten. Danach müssen wir womöglich über die Quantifizierung nachdenken. In der Ökonomie tun wir das, indem wir untersuchen, inwieweit auf einer Skala etwa von null bis zehn die Lebensqualität einer bestimmten Person beeinflusst wird. Das erste Tor wird die Lebensqualität und das Wohlergehen des Spielers bei Weitem mehr erhöhen als das zweite. Dann könnten wir einen Schritt weiter gehen und die Skala heranziehen, um sie irgendwie in Geldwert zu übertragen. Also würden wir überlegen, was eine Erhöhung auf der Skala der Lebensqualität zwischen zwei und vier monetär bedeuten würde. Was würde es in anderen quantitativen Einheiten bedeuten?
Die Frage ist, inwieweit können wir das Herunterreißen eines Trikots, das Schreien und Johlen einer Person, dieses Gefühl quantifizieren!?

Simon Fujiwaras *The Happy Museum* (2016) besteht aus einer Sammlung von Kunstwerken, Alltagsobjekten, Werbeanzeigen, Kleidungsstücken, Performances und Videos, die den materiellen Ausdruck von Glück in Deutschland im 21. Jahrhundert erkunden.

Alle Abbildungen: Simon Fujiwara, Werbeanzeigen für Simetrica, 2016 outcomes

Artist Simon Fujiwara enlisted his economist brother Daniel to consult on *The Happy Museum* (2016), his project for the 9th Berlin Biennale. Daniel is an expert in the growing economic field of Happy Economics—a trend in which happiness and well-being are valued and monetized. What is the value in Euros of the happiness gained from dancing, per person, per year? Daniel Fujiwara's company Simetrica could give you an exact figure, helping you to decide if it is worth it to you. This conversation took place leading up to the exhibition.

Simetrica

SIMON FUJIWARA Can you describe what Simetrica is, the company you have founded?

bottom line

DANIEL FUJIWARA Simetrica is a research organization that uses economics and other disciplines such as philosophy, behavioral science, and neuroscience to understand human behavior, feelings, and values, in order to better comprehend the impact of policies and actions on society's well-being. **Our work is technical and quantitative in that we use a wide range of mathematical and statistical concepts and tools, but all of our work is also grounded in a highly structured and detailed ethical approach, which draws on key areas of normative ethics and applied ethics.** To give you a more concrete example, we have been working on what value means in the arts and culture and how we can measure it. We have been doing this work for a number of governments and arts councils across the world.

well-being

SF So to put it simply, the goal is to help organizations understand how they impact the well-being of people in society. There has recently been a big wave of companies that believe their image is not just about the products they sell but their effect on the world. This idea of doing good or making people happy has become an advertising ploy. Do you see the work you're doing as related to this, or do you think something else is happening? Do you think there is genuine good being done?

DF This is a really tricky and interesting question, because it depends to a large extent on how we define doing "genuine good." **One ethical approach to thinking about "good" is to evaluate an action *only* in terms of the outcomes that it produces. This is known as consequentialist ethics, and within this way of thinking we would conclude that companies doing good are genuinely doing good.** But in many cases, outcomes are not the only way to evaluate an action. Deontological ethics holds that issues such as the process behind an action, rights, and duties are also morally important. In this sense we may also care about the intentions behind an action. If we feel that it is wrong to do "good" community work only with the intention of making more profit, then we would have to say that those companies giving back to society out of self-interest are not doing "genuine good."

We actually find that the motives and intentions of companies really vary; some companies do think about the bottom line and their profits as part of their corporate responsibility. They may believe that if they have good social responsibility schemes and if their employees volunteer, that will look favorably on their company image and hence boost profits. But, as I said, whether this is right or wrong is an ethical question. Our particular standpoint is that all organizations, public or private, have a social duty to improve the well-being of people, animals, and the environment over the long term.

SF How do you feel about the relationship between technology and human life, the direction it's going?

DF In our field, technology has been a huge benefit in terms of collecting data from lots of people in real time. It really allows us to get a better understanding of what is important to our lives and what makes us happy. **Historically we've never had that kind of data before. It allows us to test our philosophical assumptions: What is happiness and what makes us happy?** As long as we all use this data in a safe and responsible way, and people consent to it being used for the purposes of research, I think it can make our lives better, and it is already doing so in many countries across the world.

SF It's funny—in many of our conversations over the years, one thing that has become increasingly clear is that due to your work as an economist—in a field that's pushing things forward in quite a radical way—you are willing to accept new modes of thinking that radically break with the old. In a sense, this makes you adopt the traditional avant-garde position that artists used to occupy. In contrast, I as an artist and many individuals of my generation with whom I discuss your work, almost come across as reactionary and conservative, because we say: "Hey, wait, we don't want economists or scientists to colonize and quantify every aspect of human life. We do *not* need to know about human happiness to experience it. We need to retain an aspect of mystery, to believe that life is more than knowledge."

It's almost as if by having access to so much information through the internet, we long for a kind of self-imposed ignorance, like the peasants in Galileo Galilei's time who refuted his astronomical discoveries to preserve the magic of the skies. Where do you see such attitudes within the spectrum of your work?

DF Economics is a very exciting field, as we love to learn and borrow heavily from lots of other fields, such as philosophy, psychology, neuroscience, math, physics, and biology. This interdisciplinary approach is my main area of research, and it is what we do at Simetrica. Certain areas of our work and research definitely have a heightened sense of romanticism in many ways, areas which many of us think should not be the subject of quantitative or technical research and analysis.

I feel, however, that quantification and measurement is one key way of helping us to better understand the phenomena that surround us, and in this respect, people's well-being and happiness is no different. As a discipline, we have certainly learned a lot about what happiness is and what makes us happy, and we are now just starting to be able to respond to some of the key questions about happiness that were posed to us by the likes of Aristotle, Epicurus, Jeremy Bentham, and John Stuart Mill, which I think is exciting. But we must understand that any discussion about happiness and the measurement of happiness has to be grounded in a proper philosophical or ethical debate and approach. This is absolutely key for me, and it shows in our work.

John Stuart Mill

Art has an important place in society in terms of how it relates to human well-being. Our research consistently shows that people who are engaged with the arts and cultural activities have higher levels of well-being, as measured on lots of different scales, such as life satisfaction, happiness, feeling relaxed, and having a sense of purpose in life. **Artists along with teachers have the highest levels of purpose in their lives. There are lots of other interesting findings here too. For example, we find that being interested in the arts (going to see films, visiting galleries, going to the opera, etc.) is great for one's happiness, but it is even better if you go to these events and activities alone. The well-being data is just starting to allow us to paint a picture of how the arts impact our happiness. Because the arts have positive implications for our well-being, they hold benefits for society.** Our future research will focus on this in more detail.

We could measure the value of a car or social experience by looking at how much people shout about or discuss them on social media.

SF Since you mention visiting galleries alone, do you have any reflections on the increasing individualization of society, and do you feel that your work is promoting it? The fact that we're becoming increasingly detached from family and community approval and more dependent on self-judgment—do you accept that as a good thing?

DF The process of individualization was set in motion by the thinkers of the Enlightenment period, and so I think we have been on this trajectory for a long time. In fact, the current research on well-being in many ways has its roots in Enlightenment thinking.

What is interesting is that by asking people about how they feel as individuals, we have found that many societies are still very non-individualistic, and that individual happiness is hugely dependent on community engagement and involvement, and relationships with others. **By understanding more about individuals and their happiness, we have affirmed that society and interconnectedness are key to human life.**

SF What would you propose as a non-monetary word for valuation? Instead of saying something creates "x pounds," what would it create? **How does looking at a van Gogh impact us? Or what exactly does a dementia patient get from touching Neolithic bronze sculptures?**

van Gogh

how much we are willing to pay for something, how much time we are willing to spend on something, how much effort we put into defending something, and so on. We could use these behaviors and actions to measure the value that people place on certain market or non-market goods, services, and outcomes.

Monetary valuation is just one form of valuing something. I think it gets a bad name in some quarters, because the meaning is used loosely, and often it is not employed in the same way that it is used in economics. In economics the monetary value of something like a car or social experience is the amount of money it would take to improve someone's quality of life and well-being to the same extent that the car or social experience does. Money is literally just a quantitative gauge of how much people's quality of life has improved, just like degrees Celsius is merely a quantitative gauge of heat or cold. **For example, we could measure the value of a car or a social experience by looking at how much people shout about or discuss them on social media,** but policy makers like monetary valuation, because you can compare the benefits of a policy to its costs in the same terms.

What exactly does a dementia patient get from touching Neolithic bronze sculptures?

What and how are these outcomes described?

DF **To be precise here, the term "valuation" has no a priori link to money. Value, in its purest sense, is simply a gauge of how strongly we feel about or care for something. Value is an inclusive concept, which applies to any sentient being and not just humans.** That is, elephants, whales, and dogs can perceive value just as we do. Value can be described and measured in many different ways, for example, how wildly a football player celebrates when he scores a goal, how quickly a dog gobbles up his meal, how loudly a child cries when her favorite toy is broken,

football player

For people who like van Gogh, looking at a van Gogh will create a valuable experience, which we could measure in monetary terms (and we have done so in the past for various museums), but which we could equally measure in non-monetary terms by assessing how long they spend looking at the painting, how much they say they enjoy looking at the painting, and so on. A similar process would apply to the valuation of any other item, experience, or outcome.

An example I like to consider is a football player who scores a goal against the same team in one season and again in another season, but the value of each goal differs considerably due to the different circumstances that prevail at each time.

The first goal leads to the team winning something, whereas the second goal is almost meaningless for that match and the team's season. The way that the player celebrates will be very different for those two goals, although the settings and parameters are identical (i.e., a goal against team x).

So we can look at value in terms of behavior—in terms of how wildly the player celebrates after scoring the goal. Does he give a few high fives, or does he rip his shirt off and jump into the crowd? That's the first order of magnitude for thinking about value—looking at it through behavior. Then we may need to think about quantification. In economics we would do this by looking at how someone's quality of life is impacted on scale of zero to ten, for example. The first goal would improve the player's quality of life and well-being much more than the second. Then we could go one step further, taking that scale and monetizing it into something. So what does an improvement from two to four on that quality-of-life scale mean in monetary terms? What does it mean in other quantitative terms? **The question is how far we can quantify that person ripping of their shirt and screaming and yelling—that feeling!**

monetizing

Simon Fujiwara's *The Happy Museum* (2016) is a collection of artworks, everyday objects, advertising, clothing, performances, and videos that explore Germany's material expressions of happiness in the 21st century.

All images: Simon Fujiwara, advertisements for Simetrica, 2016

Dancing makes you as happy as a 2073,25 Euro payrise

SIMETRICA

"Lying comes naturally to children.
It's the truth that you force on us."

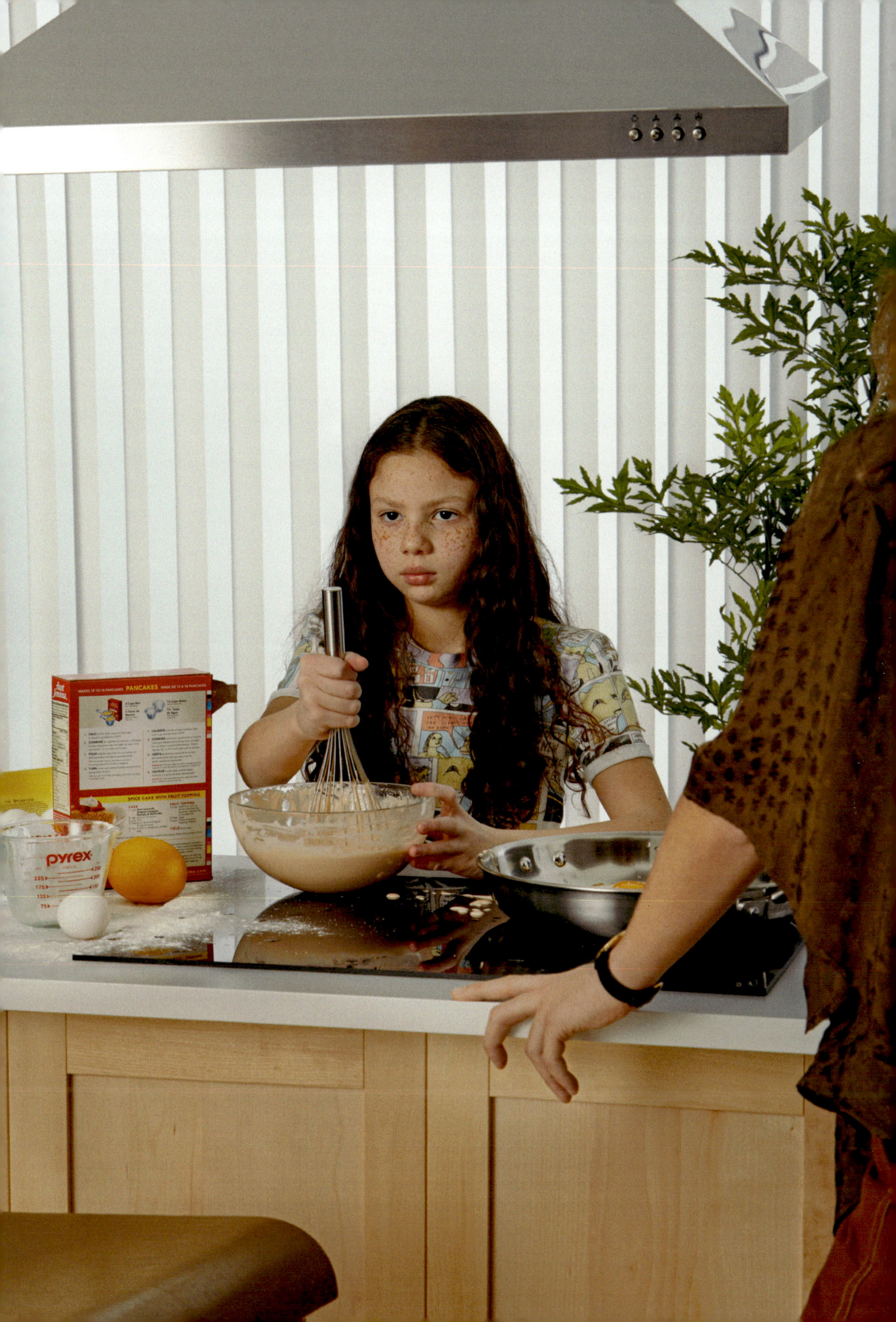
PANCAKES
SPICE CAKE WITH FRUIT TOPPING
pyrex

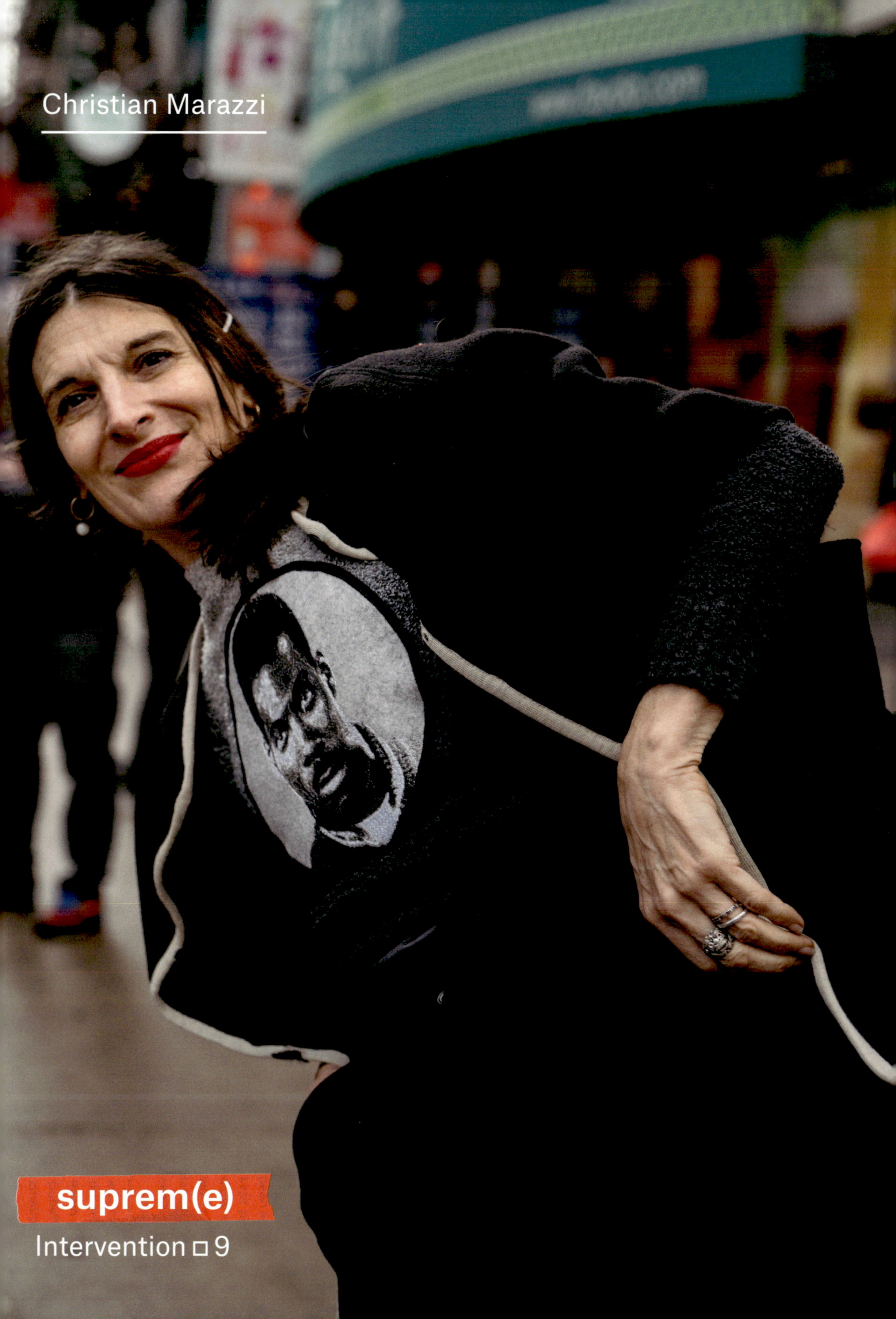

Christian Marazzi

suprem(e)

Intervention □ 9

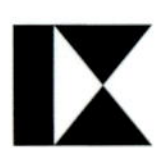

Der Glaube an die Macht des Glaubens

Belief in the Power of Belief

GCC

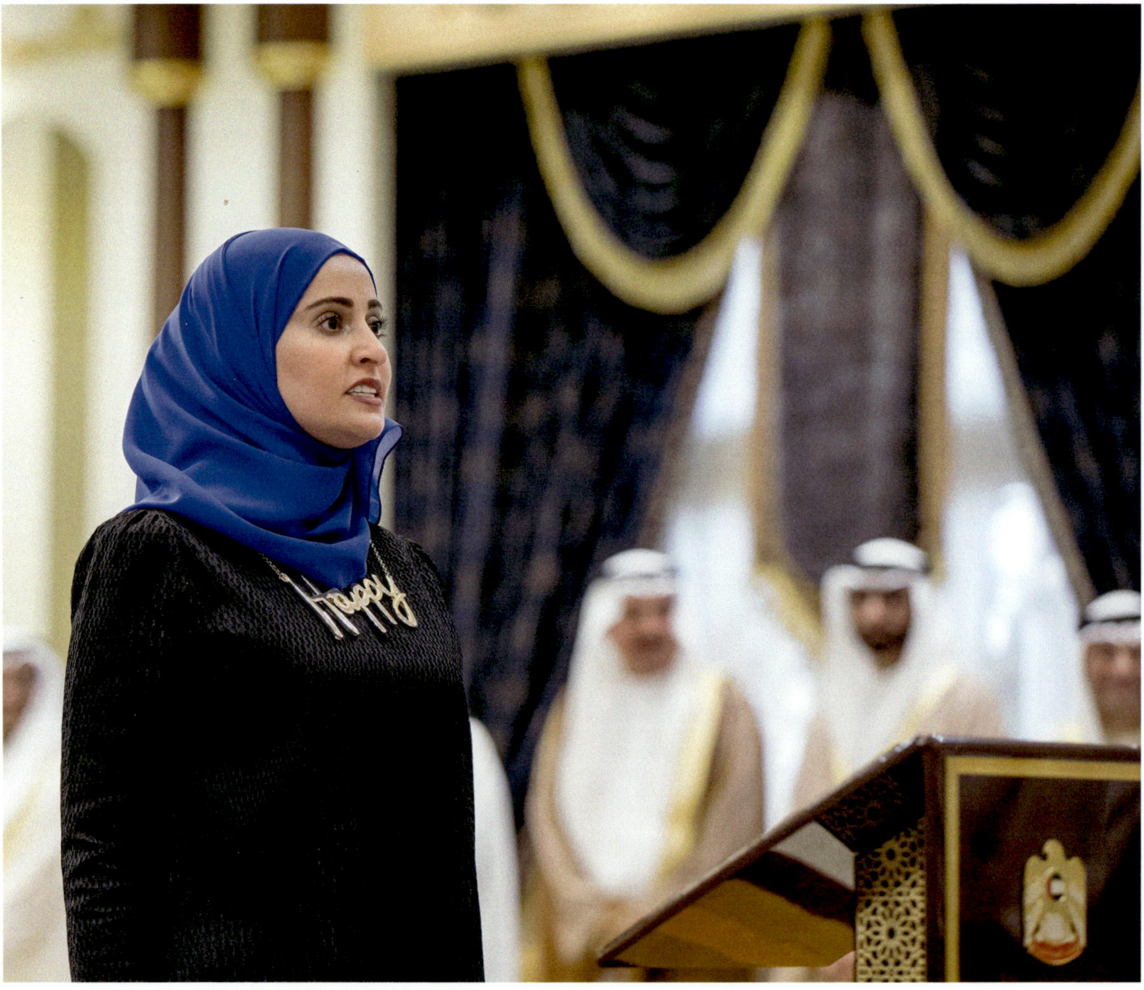

In den Ländern am Persischen Golf hat sich während der letzten Jahre ein auf Optimierung und gesellschaftlichen Aufstieg ausgerichteter New-Age-Lebensstil verbreitet. Er beruht im Kern auf dem Dogma „positiver Energie" und verbindet Feng Shui, Reiki und Quantum Touch mit Strategien zur Mitarbeitermotivation in Unternehmen. Als „Glaube an die Macht des Glaubens" ist er Ausdruck eines entschieden optimistischen Lebensentwurfs. Seine Fürsprecherinnen und Fürsprecher sind häufig in „Daytime-Talkshows" oder in YouTube-Kanälen zu sehen. Zugleich werden Behörden und Unternehmen von einer neuen Bürokultur nach dem Vorbild des Silicon Valley erfasst. Besprechungstische dienen als Tischtennisplatten, es gibt festangestellte Feng-Shui-BeraterInnen, Entspannungsbereiche und behördlich sanktionierte „Brainstorming-Runden". **Lebensglück und Produktivität gehen in dieser neuen Arbeitswelt am Golf Hand in Hand. Der Staat gründet seine Errungenschaften auf den Erfolgen jedes einzelnen Subjekts; um sein Humankapital zu mehren, will er aus ihnen möglichst glückliche und in der Folge effiziente, produktive, Kapital bildende Wirtschaftssubjekte machen.** Der Herrscher von Dubai, Scheich Muhammad bin Raschid Al Maktum, kündete vor kurzem die Gründung eines Staatsministeriums für Glück an, um das „gemeinsame Wohl und die Zufriedenheit" zu fördern.

Staatsministerium für Glück

Doch was folgt aus der Übertragung von Strategien, die eigentlich für die „Arbeit an sich selbst" gedacht sind, auf die Mechanismen eines Staates? **Wie lässt sich die Vorstellung „positiver Energie" mit Aspekten der arabischen Kultur vereinbaren, die traditionell in der Schwermut wurzeln – oder auch mit dem orthodoxen Islam?** Sollten angesichts der zunehmenden Militarisierung der Gesellschaft persönliche BeraterInnen oder ganzheitliche Heilmethoden vielleicht sogar Teil der staatlichen Grundversorgung werden? Inwieweit hat sich am Persischen Golf in den vergangenen Jahren eine Gemeinde oder „Branche" von New-Age-HeilerInnen etabliert? In welchem Maß ist der Glaube an die Positivität zu einem gesellschaftlichen Phänomen mit Breitenwirkung geworden? **Wir haben diese und andere Fragen EnergieheilerInnen und LebensberaterInnen in den Golfstaaten gestellt.**

EnergieheilerInnen
LebensberaterInnen

Im Folgenden geben wir Auszüge aus diesen Gesprächen wieder.

DR. YOUSEF AL BADER
Naturheiler und Feng-Shui-Berater

GCC Viele Aspekte der arabischen Kultur wurzeln von alters her in der Schwermut. Wie vereinbaren Sie diese Tatsache mit der anscheinend gegensätzlichen Vorstellung positiver Energie?

YAB **Diese Tradition ist doch der Grund für unsere Rückständigkeit! Zwei Dinge verhindern, dass wir vorankommen und moderner werden, nämlich Furcht und Schwermut: Schwermut in Bezug auf das, was war, und Furcht vor dem, was noch kommt. Darin stecken wir fest.** Auf diese Art kann man nichts erreichen, weil man entweder fürchtet, an künftigen Unternehmungen zu scheitern, oder vor lauter Jammern über die Katastrophen der Vergangenheit zu nichts anderem mehr kommt. Beides steht der Kultur des Islam entgegen. Gott hat gesagt: „Wahrlich, diejenigen, die glauben (...) werden weder Angst haben noch werden sie traurig sein." Er hat auch gesagt, „daß ihr euch nicht darüber betrüben möget, was euch entging, noch darüber frohlocken möget, was Er euch gegeben hat." Warum hat er das gesagt? Weil wir Betrüben und Frohlocken in ein ausgeglichenes Verhältnis bringen müssen. Positives Denken meint also nicht, dass ich von jetzt an nur noch ein positiver Mensch bin. Denn diese Negativität, von der Sie sprechen, gehört zu unserem Wesenskern. Wir [als Araberinnen und Araber] sind voller Bürde und Melancholie. Beide sind mit der Zeit in unsere DNA eingegangen, die wir unseren Kindern mitgeben. Es ist eine gewaltige Aufgabe, aus jemanden einen positiven Menschen zu machen, der diese Generationen übergreifende Negativität geerbt hat!

GCC Haben Sie den Eindruck, dass die Menschen in den Golfstaaten heute offener für die Vorstellung alternativen Heilens und positiver Energie sind als früher?

YAB Ja, Gott sei Dank! Als ich vor 15 Jahren damit anfing, hielten die Leute alles, was ich sagte, für Hirngespinste. **Inzwischen hat sich die Situation sehr gebessert.**

Allein schon, wenn ich beispielsweise sehe, dass Leute [in Kuwait] biologisch angebaute Lebensmittel essen, oder wie sehr das Gesundheitsbewusstsein zugenommen hat! Auch Meditation und Yoga, Stressbewältigung und Feng Shui sind sehr viel mehr verbreitet. Übrigens sitzen Sie hier in einem Feng-Shui-Büro. Ich arbeite seit 15 Jahren hier – dieselbe Wandfarbe, dieselben Möbel, dieselben Gegenstände. Hier kann man sich entspannen. **Dieser Stuhl dort kostet 4.500 Euro. Er besteht nur aus Leder und Holz. Und an diesem Schreibtisch können wir auch zwei oder drei Stunden sitzen, ohne zu ermüden. Die leicht geschwungene Form der Tischplatte macht die Unterhaltung mit Ihnen beiden so viel angenehmer.** Also ja: Die Menschen sind heute weit offener als früher.

Feng Shui

GCC Glauben Sie, dass es einen direkten Zusammenhang zwischen dem Erfolg von Dubai und der positiven Lebenshaltung von Muhammad bin Raschid Al Maktum gibt?

YAB **Scheich Muhammad ist die Regierung. Als im Jahr 2008 der Markt zusammenbrach, ging in seinem Staat nichts mehr, aber er beschloss, weiterzumachen. Wenn sich jemand auch im Angesicht der Katastrophe nicht von seinem Weg abbringen lässt, ist das ein sicheres Zeichen des Erfolgs. Hätte Muhammad klein beigegeben, so stünde der Burj Khalifa heute unvollendet da, ein bröckelndes Mahnmal der Stagnation und Negativität. Die wahre Natur eines positiven Menschen kommt zum Vorschein, wenn er am Boden liegt, aber trotz widrigster Umstände weiter produktiv ist.** Gemessen an den anderen Golfstaaten ist Dubais Staatshaushalt relativ klein. Aber sehen Sie, was der Scheich daraus gemacht hat! Und wesentlich ist nicht nur, was er geschaffen hat, sondern auch, wie er es geschaffen hat. Er hat mit bescheidensten Mitteln aus nichts etwas gemacht. Dubai war gar nichts, nur Dreck und feuchte Luft. Heute ist sogar die Feuchtigkeit verschwunden!

DALAL AL-JANAIE
Lebensberaterin

GCC Geht in Ihren Augen der Wunsch, produktiver zu werden und ein erfüllteres Leben zu führen, eher vom Staat oder von der Gesellschaft aus?

DAJ **Vor ein paar Jahren habe ich so eine Harvard-Studie über Glück gelesen. Niemand hatte je zuvor so viel Geld für die Erforschung des Glücks ausgegeben. Da stand auch, dass sich der amerikanische Staat inzwischen an diesem Glücksprojekt beteiligt. Ich fand es amüsant zu lesen, dass glückliche Menschen jetzt auch gut fürs Geschäft sind, nicht nur für die Gesellschaft. Glück und Zufriedenheit sind gut für die Wirtschaft.** Das haben wir inzwischen verstanden. Bisher galt: Wer glücklich sein will, sollte Erfolg haben – dann wird er glücklich. Werde reich, dann wirst du glücklich. Heirate, dann wirst du glücklich. Heute verstehen wir, dass das so nicht funktioniert, sondern eigentlich eher umgekehrt. Sei glücklich, dann wirst du Erfolg in deinem Beruf haben. Sei glücklich,

Harvard-Studie

Wenn wir Fernheilung über Skype praktizieren, wirkt sie stärker, weil die Menge an Licht, über die man beim Senden der Energie vom einen Punkt zum anderen verfügt, sehr groß ist, groß wie eine Pizza.

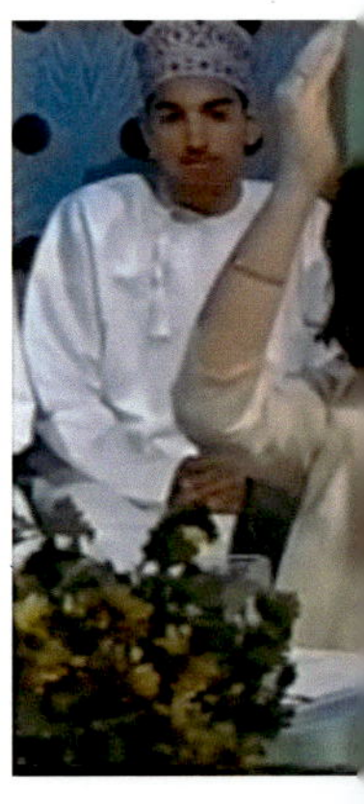

Quantum Touch

Social Media

dann wirst du in deinen Beziehungen erfolgreich sein. Sei glücklich, dann wirst du dich verlieben. Wir stellen fest, dass die Menschen heute allmählich verstehen, wie sehr Glücklichsein der Grundstein von allem ist, was man sich im Leben aufbauen will. **Das liest man in den Social Media. Man hört es von Oprah Winfrey. Man erfährt es aus The Secret. Die Menschen verstehen heute wirklich, dass man Glück nicht kaufen kann. Diese Einsicht war vor zehn oder zwanzig Jahren vielleicht noch nicht so vorherrschend oder klar.**

ANFAL AL QAISI
Quantum-Touch-Heiler

GCC Was ist Quantum Touch?

AAQ Man heilt Menschen, indem man eine Energieschwingung überträgt, aber es ist eine besondere Energie. Sie tritt über das Kronenchakra ein, durchläuft die übrigen Körperchakren und verlässt uns durch die Füße. Drei Voraussetzungen müssen erfüllt sein: der Atem- und der Energiefluss, die innere Absicht und natürlich das Offensein für die Energie. **Sei positiv. Es spielt keine Rolle, ob diejenige oder derjenige, mit der oder dem man arbeitet, daran glaubt oder nicht. SkeptikerInnen gibt es überall auf der Welt. Es ist wie beim Gesetz der Schwerkraft. Das lässt sich auch nicht leugnen.**

Jedes Vorhaben ohne ein System führt ins Chaos. Sehen Sie, ich habe ein System für meinen Alltag.

GCC Wir sprechen bisher über Glück als etwas, das die Produktivität erhöht, woraus folgt, dass es im wohlverstandenen Interesse jedes Landes ist, Glückseligkeit zu fördern. Sollten demnach eine persönliche Lebensberatung oder ganzheitliche Methoden zur staatlichen Grundversorgung gehören?

Fernheilen

DAJ Wenn ich ohne langes Nachdenken antworten soll: Ja! **Ich habe irgendwo gelesen, dass Dubai es sich zum Ziel gesetzt hat, eines der glücklichsten Länder der Welt zu werden.** In welche Richtung wir uns hier in Kuwait entwickeln, weiß ich nicht. Ich weiß aber, dass die Menschen in Kuwait glücklich sein wollen, egal was passiert, und dass sie bewusst Dinge meiden, die ihnen schlecht bekommen. **Viele hören keine Nachrichten mehr. Sie verfolgen auch die Debatten im Parlament immer weniger, und sie wollen von all den großen Geldfragen und von der Korruption im Staat nichts wissen. Es ist uns egal, was alles nicht funktioniert. Wir achten von jetzt an auf das, was funktioniert. Es wäre schön, wenn uns der Staat darin entgegenkäme, aber es wird auch ohne ihn gehen.**

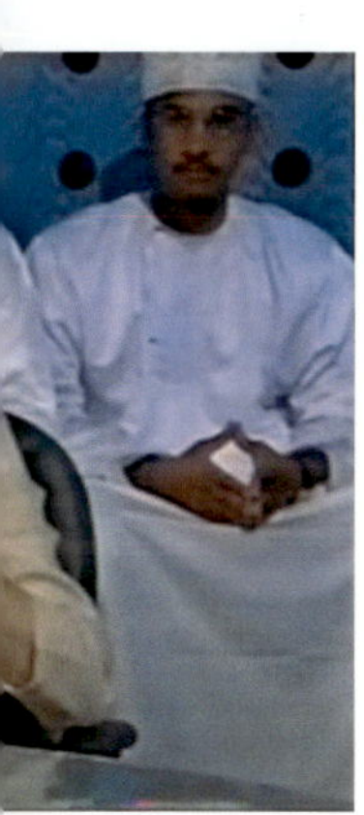

GCC Erzählen Sie uns vom Fernheilen.

AAQ Man muss Menschen nicht körperlich berühren, um sie zu heilen. Die Energie wird sogar stärker, wenn sie vom einen Land zum nächsten geschickt wird. Fernheilung wirkt stärker. Warum? Wir strahlen Energie ab. Und wenn jemand aus Bahrain Energie aussendet und jemand anderer in Amerika Energie empfängt, dann ist diese Energie wie ein Strahl, der aus der Mitte eines Kreises kommt. Und diese Strahlen wandern und begegnen sich. **Wenn wir Fernheilung über Skype praktizieren, wirkt sie stärker, weil die Menge an Licht, über die man beim Senden der Energie vom einen Punkt zum anderen verfügt, sehr groß ist, groß wie eine Pizza.**

GCC Viele Heilerinnen und Heiler benutzen Stockfotografie für ihre Logos, Instagram-Profile, YouTube-Kanäle und Internetseiten. Ist diese Bildsprache hilfreich?

AAQ Für die Meditation durchaus. Beim Meditieren muss man einen schönen Anblick vor sich haben, weil man diese Art von Energie benötigt – diese Art von Bewusstsein. Das Bild muss hübsch und schön und positiv sein. Aber wenn man als Künstlerin oder Künstler eine Stellungnahme zu den Ereignissen im Irak oder in Syrien verbreiten will, muss man die Wirklichkeit zeichnen.

GCC Es gibt eine große Nachfrage nach dieser Methode und ein wachsendes Angebot. Wir sehen immer mehr Heilerinnen und Heiler in Talkshows, auf Instagram und YouTube. Was folgt daraus?

AAQ Auch ich wurde 2012 von Bahrain TV eingeladen. Es war das erste Mal, dass im dortigen Fernsehen ein Quantum-Touch-Heiler auftrat. Es kam per Zufall zustande, durch einen Ruf aus dem Universum. Ich saß bei einer Beerdigung, und im allgemeinen Geplauder bemerkte eine Dame, dass ein Heiler den Verstorbenen noch kurz vor seinem Tod vergeblich behandelt hatte. Also sagte ich: „Das war doch nicht die Schuld des Heilers. Jeder muss irgendwann sterben." Ich erzählte mehr vom Heilen, und am Ende baten mich die Leute, auch sie zu heilen.

Also begann ich auf dem Begräbnis, mit den Damen zu arbeiten. Eine von ihnen hatte Rückenprobleme. Ich schickte die Energie in sie. Ihr Rückgrat richtete sich auf, und sie begann, wieder normal zu gehen. Etwas später rief mich der Moderator von Bahrain TV an und fragte: „Was haben Sie mit meiner Tante gemacht? Sie konnte seit drei Jahren nicht mehr richtig gehen und hatte Rückenschmerzen." Ich sagte zu ihm: „Ich arbeite mit Quantum Touch." Er lud mich in seine Talkshow ein, und obwohl ich nur dreizehn Minuten auf Sendung war, erzählte mir der Produzent hinterher, dass sie in dieser kurzen Zeit hundert Anrufe erhalten hatten. „Was war da los?", fragte er. „Wir haben noch nie so viele Anrufe bekommen!" Ich zeigte in der Sendung Vorher-Nachher-Bilder von Menschen und ihrer Verwandlung. Da drehten die ZuschauerInnen und Zuschauer durch. Ich war darauf überhaupt nicht vorbereitet.

LAILA KAIZEN
Positive-Energie-Unternehmerin

GCC Viele Aspekte der arabischen Kultur wurzeln traditionell in der Schwermut. Wie vereinbaren Sie diese Tatsache mit der scheinbar so gegensätzlichen Vorstellung positiver Energie?

LK Ich war in meiner Ära der Unwissenheit, wie ich das nenne, selbst einer dieser missmutigen, deprimierenden Menschen, und ich mochte diese düstere Stimmung. Ich liebte die traurigen Lieder, das Weinen, die Gefühlsduselei, bis ich ein anderer Mensch wurde. Die Vorlieben der Menschen ändern sich ja durchaus. An einem Tag mag man Äpfel, am anderen nicht. Das hat mit der Energie zu tun. **Wenn wir mit jemandem arbeiten und seine Energie verlagern, ändern sich auch seine Vorlieben. Diese Person wird mit dem deprimierenden Zeug, den traurigen Liedern, den Fernsehschnulzen dann einfach nichts mehr anfangen können.** Wenn Sie all diese Menschen in unserem Umfeld jetzt fragen, ob sie ein trauriges Lied hören wollen, werden sie sagen: „Nein, wir ertragen das nicht." Warum? Weil man mit dieser Energie nur noch etwas hören kann, das einem angenehm ist. Ein trauriges Lied mögen Sie vielleicht, wenn Sie selbst niedergeschlagen sind, aber nicht, wenn Sie ein glücklicher Mensch sind.

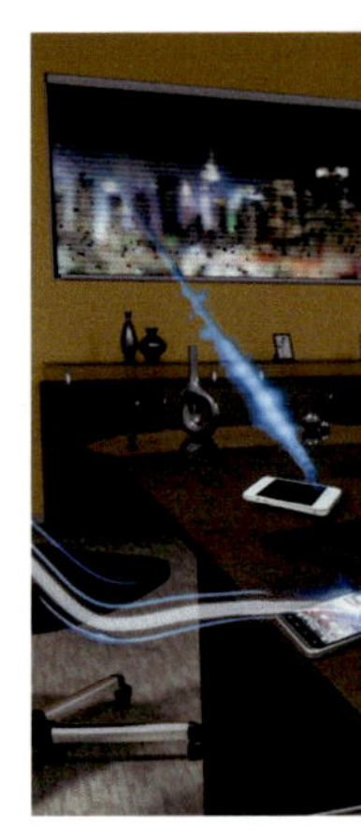

GCC Gibt es in Ihren Augen einen Konflikt zwischen Ihrer Arbeit und dem orthodoxen Islam?

orthodoxer Islam

LK Anfangs gab es ihn. Wir wurden oft angegriffen, bis die Leute einsahen, dass der Umgang mit unseren Gehirnen und Körpern etwas anderes ist als der Bezug zu Gott. **Wenn ich Sie beispielsweise heile, dann heile ich Ihren Körper. Mit dem Glauben hat das ebenso wenig zu tun, als würden Sie zum Arzt gehen und sich Tabletten verschreiben lassen. Es ist genau dasselbe.**

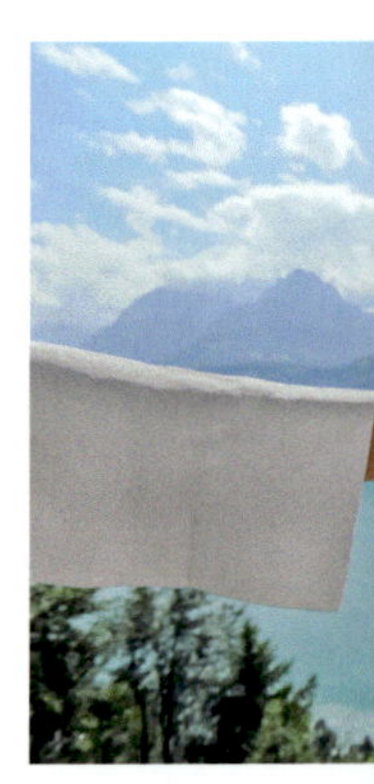

GCC Glauben Sie, dass Ihre Arbeit in Dubai politisch gewollt ist?

LK Das ist sie. **Jedes Vorhaben ohne ein System führt ins Chaos.** Sehen Sie, ich habe ein System für meinen Alltag. Ich weiß genau, was meine Tochter jetzt gerade macht. Es wird auf meinem Smartphone an-

ein System für meinen Alltag

gezeigt. Ich habe mit den Hausangestellten ein System entwickelt und sehe zu jeder Zeit, was sie gegessen oder gesagt hat, welches Lied sie gesungen hat oder wie viele Stufen sie hochgeklettert ist. Die Angestellten aktualisieren daheim das Programm, und ich sehe alles auf meinem Telefon. **Jeder Mensch braucht also ein System, und Muhammad bin Raschid hat ein starkes System. Er weiß über all das Bescheid, wovon wir gerade sprechen. Er hat einen Lebensberater. Er hat eine Vision für die nächsten zwanzig Jahre. Er weiß vielleicht noch nicht, was er heute zu Abend isst, aber er weiß, was er in den nächsten zwanzig Jahren seines Lebens machen wird!**

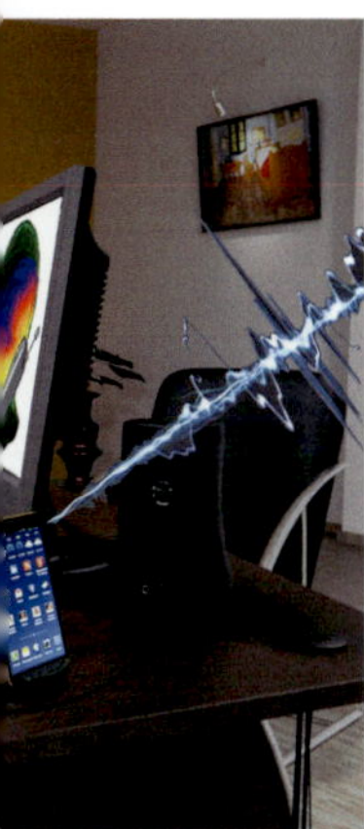

GCC Manche Menschen nutzen ähnliche Techniken wie Ihre, um sich finanziell zu bereichern. Wie denken Sie darüber?

LK Mir ist aufgefallen, dass einige Leute falsche Vorstellungen vom Geld haben. Was glauben sie? Sie glauben, Geld sei unehrenhaft! Das ist die Mentalität armer Leute. Geld hilft, Krankheiten zu behandeln. Es vereinfacht viele Dinge. Geld ist der Grund dafür, dass mir dieses Haus gehört. Es ist der Grund dafür, dass wir hier zusammensitzen.

GCC ist ein Kollektiv mit Sitz im Arabischen Golf. Ihr Name ist in Anlehnung an die englische Abkürzung für den Kooperationsrat der Arabischen Staaten des Golfes (Cooperation Council of the Arab States of the Gulf, auch bekannt unter Gulf Cooperation Council) entstanden. GCC schafft Arbeiten, die in einem mehrdimensionalen, fiktivem Narrativ begründet sind, welches in Kapital- und Machtsystemen durch vielfältige Stufen der Regierung und Gesellschaft verwurzelt ist. Das Kollektiv besteht aus Nanu Al-Hamad, Abdullah Al-Mutairi, Aziz Alqatami, Barrak Alzaid, Khalid al Gharaballi, Amal Khalaf, Fatima Al Qadiri und Monira Al Qadiri.

Abbildungen: S. 238 Ohood Al-Roumi, VAE-Glücksministerin, gibt einen Eidschwur während ihrer Vereidigung, 2016; S. 240–241 Videostill der Reiki-Meisterlehrerin Maha Nammour, 2002. Maha Nammour, libanesische Reiki-Jin-Kei-Do-Meisterin, diskutiert Reiki und nichtwestliche Heilungsmethoden auf Omani National TV. Mit Büros in Paris, Kuwait und Beirut war Nammour eine der ersten, die in der Öffentlichkeit in der Golfregion New-Age-Heilmethoden und das Energiekonzept einführte; S. 242–243 (oben) GCC, *Frequency Pyramids*, digitale Collage; (unten) GCC, *Inaugural Summit*, *Morschach*, 2013, digitaler C-Print; S. 244–245 Videostill von einer Vormittags-Talkshow mit einer syrischen Heilerin, die „positive" Raumdüfte aus Haushaltsartikeln wie Sprudelwasser und Lavendelöl zusammenbraut; S. 246–247 (oben) Sirma Mineralwasser, exklusive Edition für Seine Hoheit Scheich Hamdan bin Muhammad Al Maktum; (unten) Videostill vom YouTube-Video von Laila Kaizen, 2012

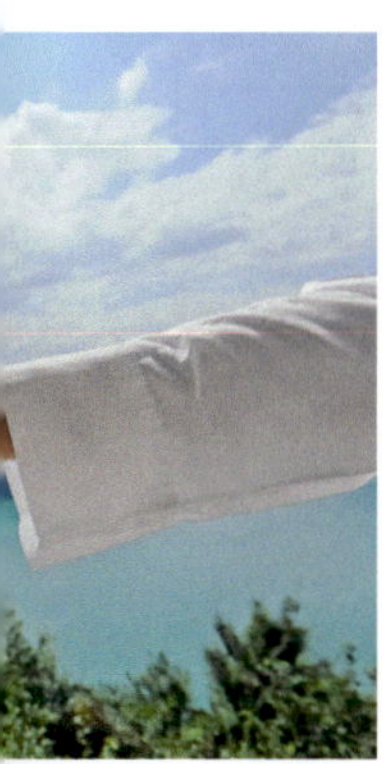

energy healers
life coaches

An aspirational New Age lifestyle has emerged in Gulf countries in recent years, one based on the central tenet of positive energy. An amalgamation of feng shui, Reiki, Quantum Touch, and corporate happiness strategies, this "belief in the power of belief" is manifested as a deliberately optimistic mindset. Its proponents circulate on daytime talk shows and YouTube channels, while a Silicon Valley inspired, New Age office culture has infiltrated the offices of governments and corporations. With conference tables that double as ping-pong tables, feng shui consultants on staff, relaxation zones, and government sanctioned "brainstorming sessions," happiness and productivity go hand in hand in the Gulf's contemporary office culture. **The state predicates its achievements on the success of its individual subjects; and as a way of developing human capital it aims to mold its subjects into happy, and therefore efficient, productive, and capital-generating members of the economy**. Recently, the ruler of Dubai, Sheikh Mohammed bin Rashid Al Maktoum, announced the establishment of a Minister of State for Happiness to foster both "social good and satisfaction."

But what are the implications of applying the same strategies meant for individual "improvement" to the mechanisms of the state? **How is the notion of positive energy reconciled with aspects of Arab culture that are traditionally rooted in sadness—or with orthodox Islam?** With the increased militarization of society, should personal coaching or holistic healing practices be an essential service provided by the government? To what extent has a community or "industry" of New Age practitioners formed in the Gulf in recent years? And to what degree has the belief in positivity become a popular phenomenon? **We posed these and other questions to positive energy healers and life coaches from states in the Gulf countries. Below are excerpts from our conversations.**

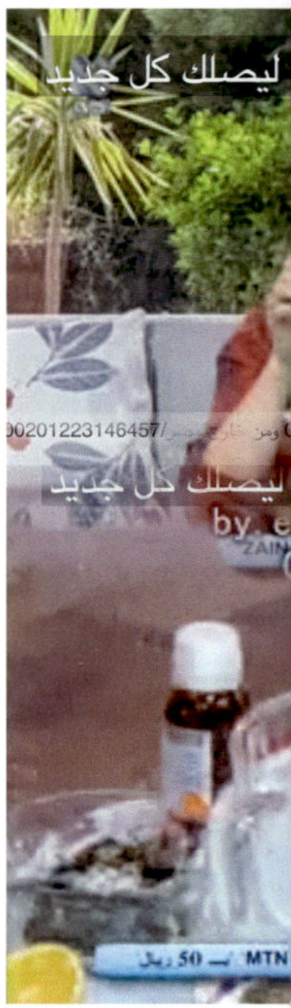

DR. YOUSEF AL BADER
Naturopath/Feng Shui Consultant

GCC Many aspects of Arab culture are traditionally rooted in sadness. How do you reconcile this with the seemingly opposite notion of positive energy?

YAB **That is the reason why we're so backwards! There are two things that keep us from moving forward and modernizing, and those are fear and sadness—sadness over the past, and fear of what's to come. So you're stuck.** It keeps you from achieving anything, because you're afraid to fail in your future endeavor, or you're be too busy lamenting the disasters of the past. This goes against the culture of Islam. God said, "Those who have faith . . . on them shall be no fear, nor shall they grieve." He also said, "In order that ye may not despair over matters that pass you by, nor exult over favors bestowed upon you." Why is that? It is because you must balance the issues. So positive thinking doesn't mean that I simply say I'm a positive person, but in fact this negativity you mention is in our very being. We [as Arabs] are made of burden and melancholy. Over time this has become part of our DNA, which we bestow upon our children. So turning a person who has inherited this intergenerational negativity into a positive person is a big challenge!

The amount of light that is generated while sending the energy from this one point to another point is very big, just like a pizza.

GCC Do you think people in the Gulf are more accepting and open to the idea of alternative healing and positive energy than they used to be?

YAB Yes, thank God! When I started fifteen years ago, people thought everything I said was fantasy. **Now the situation is much better. Just look at how people [in Kuwait] are consuming organic food, for example, or at the upswing in health consciousness, in the rise of meditation and yoga, in stress management, and feng shui.** Actually, you are now sitting in a feng shui office. I've had this office for fifteen years—the same paint, the same furniture, the same things.It's relaxing here. **You see that chair over there? It cost 4,500 Euro. It's made of pure leather and pure wood. If we sit at this desk for two to three hours, we won't be tired. The slight curvature in the shape of the desk has made the conversation with the two of you so much easier.** So, yes, people are much more open than they used to be.

GCC Do you see the success of Dubai as directly related to Sheikh Mohammed bin Rashid's positive outlook?

Burj Khalifa

YAB **Sheikh Mohammed is the government. When the market collapsed in 2008, Dubai came to a halt, but he decided to go on. When you decide to persevere in the face of catastrophe, that is the biggest sign of success. Had he faltered, then the Burj Khalifa would have stood unfinished, a decaying monument to stagnation and negativity. The real nature of a positive person shines when he is down but continues to be productive, despite the circumstances.** Dubai's budget is relatively small when compared to the rest of the Gulf, and look at what he's done! But it's not just about what he's done. It's about how he did it, creating something from nothing, despite all of these limitations. Dubai was nothing, just dirt and humidity, and now even the humidity is gone!

DALAL AL-JANAIE
Life Coach

GCC Do you see the desire to become more productive or more fulfilled as operating on a governmental or social level?

DAJ **A couple years ago I read this Harvard study on happiness. No one had ever spent so much money on studying happiness before. It described how the US government is now involved in this happiness project. It was funny to read that happiness is good for business, not just good for society. It's good for the economy.** Previously people believed that, if you want to be happy, you must be successful—and then you will be happy. Be rich, and then you will be happy. Get married, and then you will be happy. Today, we understand that no, that's not the way it is. It's actually the other way around. Be happy, and you will be successful in your job. Be happy, and you will be successful in your relationships. Be happy, and you will fall in love. People are beginning to understand that this is the original building block to any structure you want to build in your life. **This is coming from social media. It's coming from Oprah Winfrey. It's coming through The Secret. People today really understand that happiness cannot be bought. This is something that may have not been so prevalent or obvious some ten or twenty years ago.**

GCC We've been talking about happiness as a way to influence productivity, which means that it is in a nation's best interest to promote happiness. Should personal coaching or holistic practices be an essential service provided by the government, for example?

DAJ If I were to just blurt out and answer, then: "Yes!" **I read somewhere that Dubai has set the goal of becoming one of the happiest places in the world.** I don't know where Kuwait is going with this. I know that the Kuwaiti people have chosen to be happy regardless of what's happening, and they are choosing to block stuff that doesn't work for them. **A lot of people have stopped listening to the news. They no longer listen to parliament, and they no longer want to discuss all this stuff about money and government corruption. We don't care what's not working. We're going to focus on what works. It would be nice if the government helped, but it will happen regardless.**

ANFAL AL QAISI
Quantum Touch Healer

GCC What is Quantum Touch?

AAQ You heal people by running the energy, but it's not like normal energy. It enters from your crown chakra, and it goes through the rest of your body chakras, and then goes out through your feet. Three things must be there. The breathing and sweeping, the intention, and of course be open to the energy. **Be positive. It doesn't matter if you work on someone who doesn't believe. There are skeptics all over the world. It's like the law of gravity. You cannot deny it.**

GCC Tell us about distance healing.

AAQ There's no need to heal people by actual touching. In fact, when you run energy from country to country, it's stronger. Distance healing is stronger. Why? We radiate energy. And if someone is sending energy from Bahrain, and someone is receiving energy in America, that energy is like rays coming out from the center of a circle. And these rays, they go out and meet.

When we do distance healing on Skype, it is more powerful because the amount of light generated while sending the energy from one point to another is very big, just like a pizza.

GCC A lot of healers use stock imagery in their company branding, including their Instagram profiles, YouTube channels, and websites. Is this visual language helpful?

AAQ For meditation, yes. When you meditate, you have to see a beautiful view, because you need that kind of energy—that consciousness. It needs to be pretty and beautiful and positive. But if you're an artist wanting to send a message about what's going on in Iraq or Syria, then you have to draw reality.

GCC There's a big demand for this practice and a growing supply of providers. We see more and more healers and practitioners on TV talk shows, with Instagram profiles, and with YouTube channels. What are the implications?

AAQ Actually, in 2012 I was invited to appear on Bahrain TV. It was the first time that a practitioner was on TV in Bahrain. It happened coincidentally, a call from the universe. I was sitting at a funeral, and as we were all making small talk, one lady commented that a healer had and tried to heal this guy, and then he had died. So I said, "Come on, it's not the healer's fault. Everybody has to die." I talked more about healing, and then they asked me to heal them. **So I started working on the ladies at the funeral. There was a lady with a back problem. So I ran the energy into her, her spine started straightening and she began walking normally. Then the presenter from Bahrain TV called me and said, "What did you do to my aunt? For three years she hadn't walked properly and had back pain." I said to him, "I use Quantum Touch." So he invited me to the show, and even though I was only on air for thirteen minutes, the director told me that they received a hundred calls: "What happened? We have never received that many calls?!" I showed some posters on the show—before and after images, people's transformations—and people went crazy. I wasn't ready for it.**

Bahrain TV

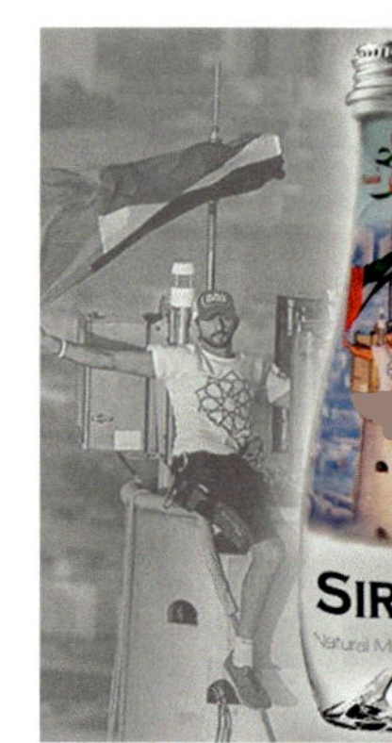

Dubai was nothing, just dirt and humidity, and now even the humidity is gone!

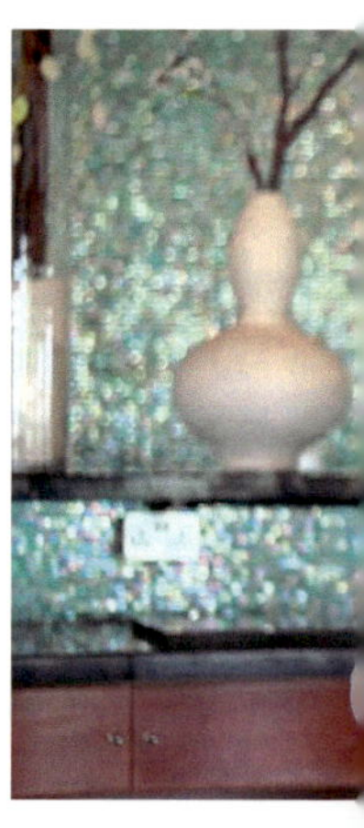

LAILA KAIZEN
Positive Energy Entrepreneur

GCC Many aspects of Arab culture are traditionally rooted in sadness. How do you reconcile this with the seemingly opposite notion of positive energy?

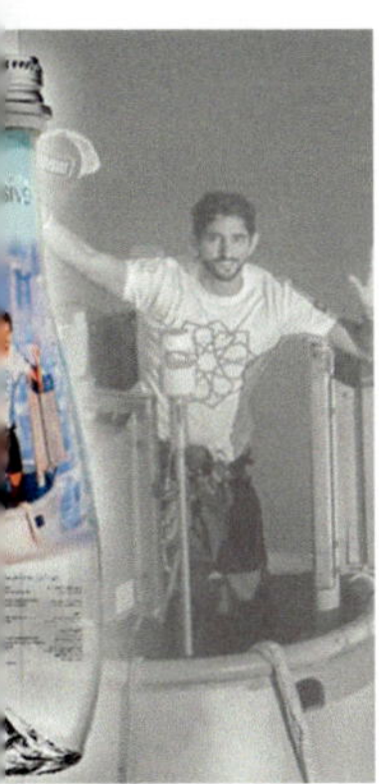

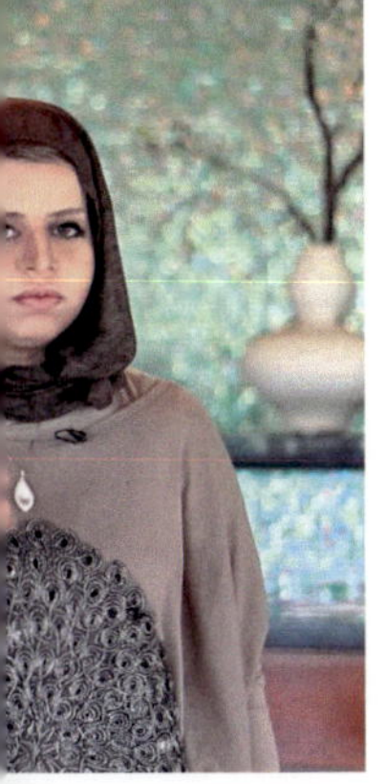

LK I was one of those sullen, depressing people who loved this moody stuff in my era of ignorance, as I call it. I used to love the sad songs, crying, and sentimentality, until I changed. You know, people's tastes are prone to shift. One day you like apples, and the next day you don't, and that's because of energy. **So when we work on someone and shift their energy, their tastes change. This person won't be able to handle the depressing stuff anymore, the sad songs, the melodramatic TV shows.** If you ask all the people around us right now if you can play them a sad song, they'll say, "No, we can't stomach it!" Why? Because with this energy a person can only listen to something agreeable. You appreciate a sad song when you are down, but if you are a happy person, you don't.

GCC Do you see a conflict between what you do and orthodox Islam?

LK In the beginning, yes, there were a lot of attacks against us, until people realized that dealing with our brains and our bodies is different from dealing with God. **So for example, when I'm healing you, I'm healing your body. It has nothing to do with religion. Just like when you go to the doctor and he gives you a pill—it's the same thing.**

GCC Do you think it's being applied as policy in Dubai?

LK Yes it is. **Any project without a system will lead to chaos.** You see, I have a system for my daily life. I know exactly what my daughter is doing right now. It shows up on my phone. I know what she's eating, I set up a system with the staff at the house, so whatever she does —she ate this, she said that, she sang this song, she took this many steps—they update the program, and I see it on my phone. **So every person must have a system, and Mohammed bin Rashid has a strong one. He knows about all the stuff we're talking about right now. He has a life coach. He has a twenty-year vision—not what he's going to have for dinner tonight but what he's going to be doing for the next twenty years!**

GCC Some people use techniques similar to yours for financial gain. What do you think about this?

LK I've noticed that some people have the wrong idea. What do they think? They think money is a disgrace! This is the mentality of a poor person. Money helps treat illnesses. It helps facilitate things. It's the reason I have this place. It's the reason I'm here with you now.

GCC is a collective based in the Arabian Gulf. Their name is taken from the English abbreviation for the Cooperation Council of the Arab States of the Gulf. GCC creates works rooted in a multidimensional, fictional narrative that underlies systems of capital and power across various levels of government and society. The members of the collective are Nanu Al-Hamad, Abdullah Al-Mutairi, Aziz Alqatami, Barrak Alzaid, Khalid al Gharaballi, Amal Khalaf, Fatima Al Qadiri und Monira Al Qadiri.

Images: p. 283 Ohood Al Roumi, UAE Minister of State for Happiness, gives an oath during her swearing-in ceremony, 2016; pp. 240–241 video still of Reiki master teacher Maha Nammour, 2002. Maha Nammour, Lebanese Reiki Jin Kei Do master, discussing Reiki and non-Western healing on Omani national TV. With offices in Paris, Kuwait, and Beirut, Nammour was one of the first practitioners to introduce the Gulf public to New Age healing and the concept of energy; pp. 242–243 (top) GCC, Frequency *Pyramids*, digital collage; (bottom) GCC, *Inaugural Summit*, *Morschach*, 2013, digital C-print; pp. 244–245 video still from a morning talk show featuring a Syrian healer who concocts "positive" room deodorizers from household items such as sparkling water and lavender oil; pp. 246–247 (top) Sirma Natural Water exclusive edition for Sheikh Hamdan bin Mohammed Al Maktoum; (bottom) still from YouTube video of Laila Kaizen, 2012

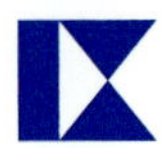

69

Gegründet Founded in **2011 in Los Angeles, US**

Von der Wahl ihrer Laufstegmodels über die Strategie ihrer Logoplatzierung bis zum Anzapfen besonderer Subkulturen – seit Langem schon blickt die Modeindustrie auf bestimmte Genderformen, Gemeinschaften und Identitäten, um sie als neu und authentisch zu zeigen und dadurch an Anziehungskraft zu gewinnen. Im Gegensatz dazu ist 69 eine Lifestyle-Marke, die sich explizit als nicht demografisch und nicht genderbezogen definiert – gedacht für Menschen jeden Alters, jeder Rasse, jeder sexuellen Ausrichtung und jeder Kleidergröße. Ihre Entwürfe legen Wert auf Komfort und Vielseitigkeit. Die Ästhetik von 69 ist spielerisch und erfrischend leicht, wie in einer ihrer Anzeigenkampagnen, die eine bärtige Person in einem langen, tunikaartigen Outfit zeigt, die ein Baby unter ihrem Rock verbirgt. Die klaren Schnitte der Kollektionen der Marke scheinen geradezu überzuquellen von Entwürfen aus Denim, einem beinahe universellen Material. Zu jedem möglichen Tageszeitpunkt trägt die halbe Erdbevölkerung dieses einzigartige Textil. Für 69 besitzt die Anonymität des Materials Denim eine politische Dimension, die ein Dazugehörigkeitsgefühl produziert und die Gegensätzlichkeiten in der Mode nivelliert: Haute Couture und von der Stange, Laufsteg und Straße. So individuell die Entwürfe ausfallen, sind sie doch für jedermann gedacht und können im Bett, bei einer Kunstvernissage oder im Supermarkt getragen werden.

Für die 9. Berlin Biennale hat 69 das partizipatorische Modeverständnis erweitert und Außenmöbel für den Hof der KW Institute for Contemporary Art entworfen. Schwingende Strandstühle wurden mit dem für 69 typischen Jeansstoff neu bezogen. BesucherInnen können sich stilvoll niederlassen, an einem Ort der Ruhe und Erholung. PassantInnen dürfen sich sonnen oder entspannen – in einer blau verkleideten Oase an einem betriebsamen Sommertag.

From casting runway models to finessing logo placement and tapping into specific subcultures, the fashion industry has long looked to certain genders, communities, and identities to gain traction and project novelty and authenticity. In contrast, 69 is a lifestyle brand that defines itself as explicitly non-demographic and non-gender—welcoming wearers of all ages, races, sexualities, and sizes and stressing comfort and versatility in its designs. 69's aesthetics are playful and refreshingly light, as in the ad campaign showing a bearded individual in a long, tunic-like outfit with a baby hiding underneath. The brand's clean-cut collections seem to overflow with denim, a near-universal material. At any given moment half the world's population is wearing this textile. The anonymity of denim has a political dimension for 69. It produces a sense of inclusion and levels the oppositions of fashion: high and low, street and runway. Highly individual, 69's designs are for everyone and can be worn to bed, at an art opening or to the supermarket.

For the 9th Berlin Biennale, 69 expands the participatory understanding of fashion by developing outdoor furniture for the courtyard at KW Institute for Contemporary Art. Swinging beach-style chairs have been reupholstered with their signature denim. Visitors can hang out in style, in a place of respite and refuge where the casual passerby can sunbathe or chill—a blue-clad oasis on a busy summer day.

***Giant Shirt*, 2016**
Jeansstoff Denim

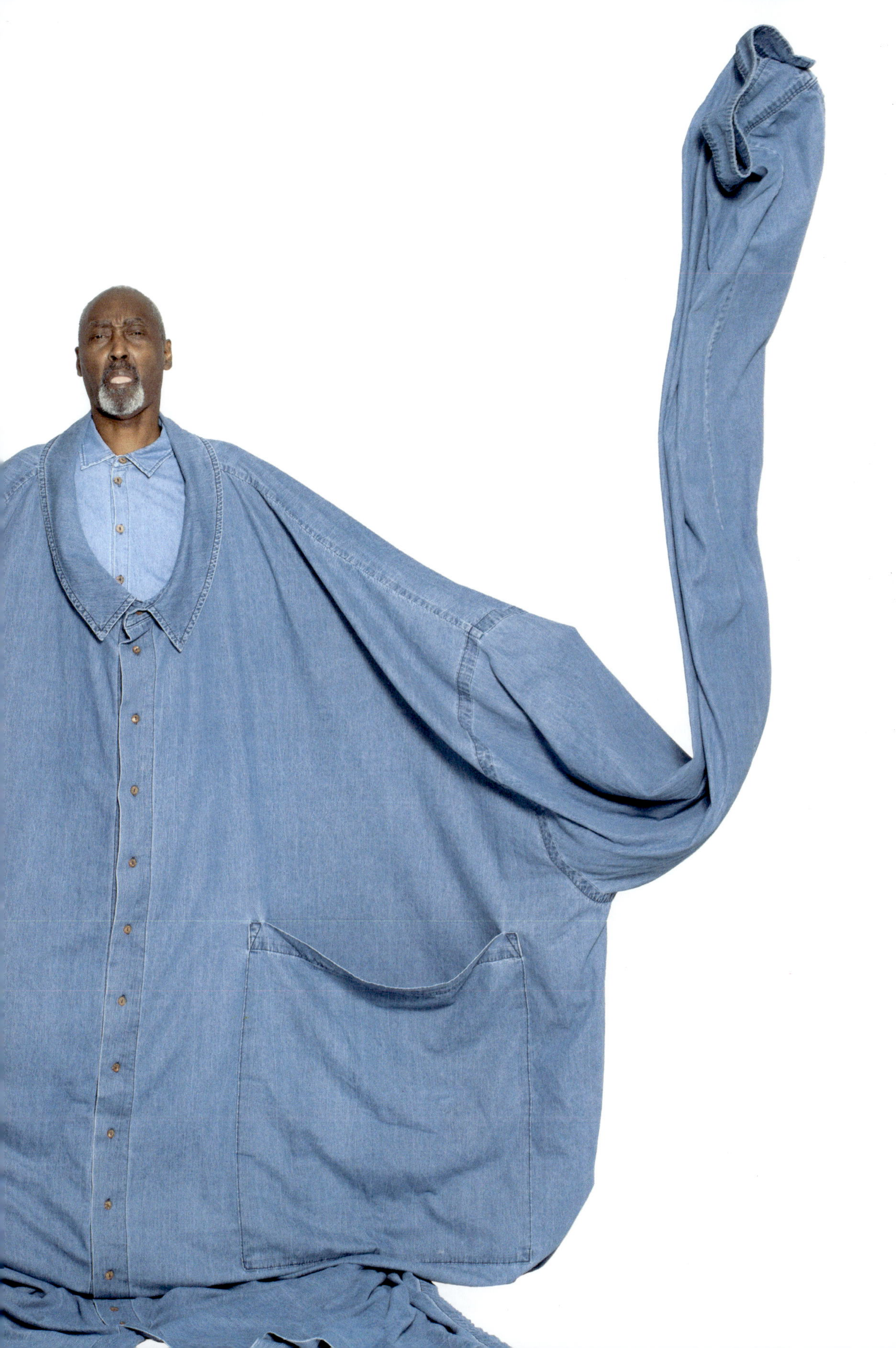

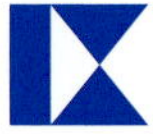

Antoni Abad

ADK WWW

***1956 in Lleida, ES, lebt und arbeitet** lives and works **in Barcelona, ES**

Sahrauische Geflüchtete, SexarbeiterInnen, Sinti und Roma, MigrantInnen oder in ihrer Mobilität eingeschränkte Personen wirkten bereits in den Arbeiten von Antoni Abad mit. Dem katalanischen Künstler geht es darum, Unsichtbarkeit und Unterdrückung oftmals stigmatisierter Bevölkerungsteile aufzuheben, indem er Netzwerke gesellschaftlich marginalisierter Gruppen schafft. Für seine kollaborativen Arbeiten nutzt Abad daher die Möglichkeiten unterschiedlicher Kommunikationstechnologien. Oftmals wird in diesen Netzwerken ein anderes Verhältnis zu den in der digitalen Kommunikation vorherrschenden Selbstdarstellungskulten und der Allgegenwärtigkeit des Visuellen sichtbar. 2004 gründete Abad *megafone.net*, eine Plattform, die es den Teilnehmenden ermöglicht, persönliche Gespräche, Tonaufzeichnungen, Videos und Fotos per Mobiltelefon sofort im Internet zu veröffentlichen. So entsteht ein virtuelles Archiv aus Erinnerungen, Tagebüchern, Notizen und digitalen Ephemera, das diejenigen verbindet, die in vielen Fällen in den Mainstream-Medien nicht zu Wort kommen.

Die Plattform *megafone.net* wird durch *BlindWiki* (2016) erweitert und aktualisiert – ein neues, partizipatives Projekt, das in Zusammenarbeit mit Sehbehinderten und Blinden für die 9. Berlin Biennale entwickelt wurde. Die NutzerInnen werden gebeten, auf ihren Wegen durch die Stadt ihre Erfahrungen, Erinnerungen und Gedanken per Smartphone sprachlich festzuhalten und mittels der *BlindWiki*-App zu teilen. Diese Beiträge werden anschließend mit Geo-Tags versehen, hochgeladen und der Öffentlichkeit zugänglich gemacht, sodass die Beiträge vor Ort in Berlin oder online angehört werden können. Die App wurde bereits in Rom und Sydney in einer Beta-Version getestet und wird in Berlin eine größere Nutzergruppe erschließen. *BlindWiki* ist teils Hilfsmittel zur Sichtbarmachung von sensorischen Differenzen, teils soziales Netzwerk, teils situationistischer Geo-Tag einer Stadtlandschaft, teils partizipatives Archiv und schließlich auch Repräsentation des alltäglichen Lebens derjenigen, für die diese Art der Repräsentation keine Selbstverständlichkeit ist.

Sahrawi refugees, sex workers, Roma, migrants, and limited-mobility individuals have all participated in the works of Catalan artist Antoni Abad, less as "fringe" populations and more as often-stigmatized publics, whose invisibility and disenfranchisement he seeks to overturn. In his collaborative works Abad uses consumer technology to create networks of such marginalized individuals, who stand in oblique relation to the cults of self-expression and the omnipresence of the visual that otherwise dominate today's technochatter. In 2004 Abad started *megafone.net*, which enabled participants' face-to-face meetings, audio recordings, videos, and photographs to be documented and published online using mobile phones—creating a virtual archive of memories, diaries, logs, and digital ephemera and connecting those under the spell of disconnection.

Extending and updating *megaphone.net*, the new *BlindWiki* (2016) is a participatory project developed for the 9th Berlin Biennale in collaboration with and for visually impaired and blind participants in Berlin. A trial version was carried out in Rome and Sydney and is now being made available to a wider audience in Berlin. Participants are invited to use smartphones to verbally document and share their experiences, memories, and on-the-go thoughts. These contributions are then geotagged, uploaded, and made accessible to the public, who can then hear them *in situ* throughout these cities on smartphones or listen to them anywhere online. The project is part a querying of sensory difference, part social network, part Situationist geo-tag of an urban landscape, part participatory archive, and part representation for people for whom representation is not a given aspect of daily life.

Die Maorisängerin Carol Henry macht einen Beta-Test mit der *BlindWiki*-App in den Straßen von Sydney, Australien The Maori singer Carol Henry beta-testing the *BlindWiki* app in the streets of Sydney, Australia**, 2015 Fotografie** Photograph

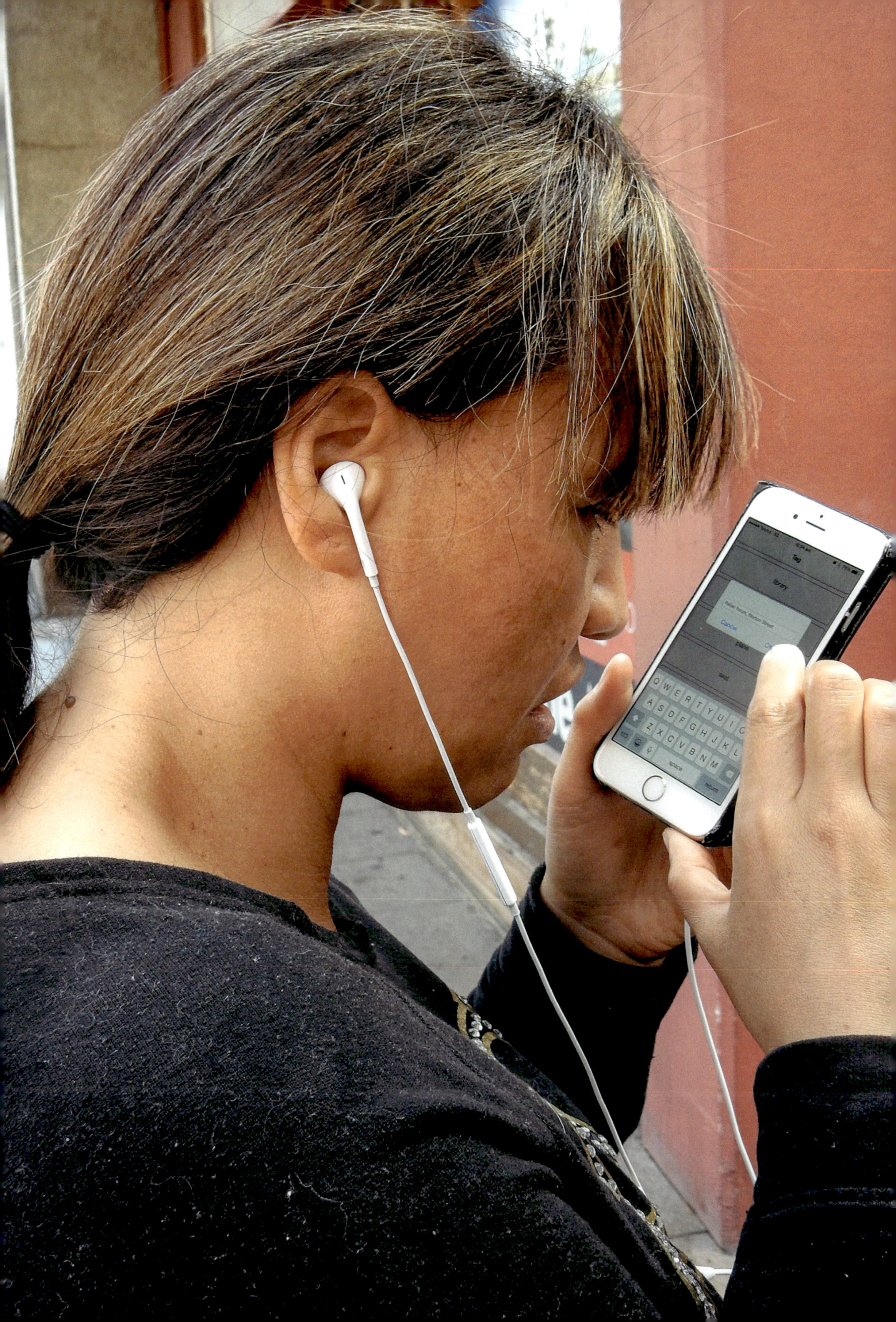

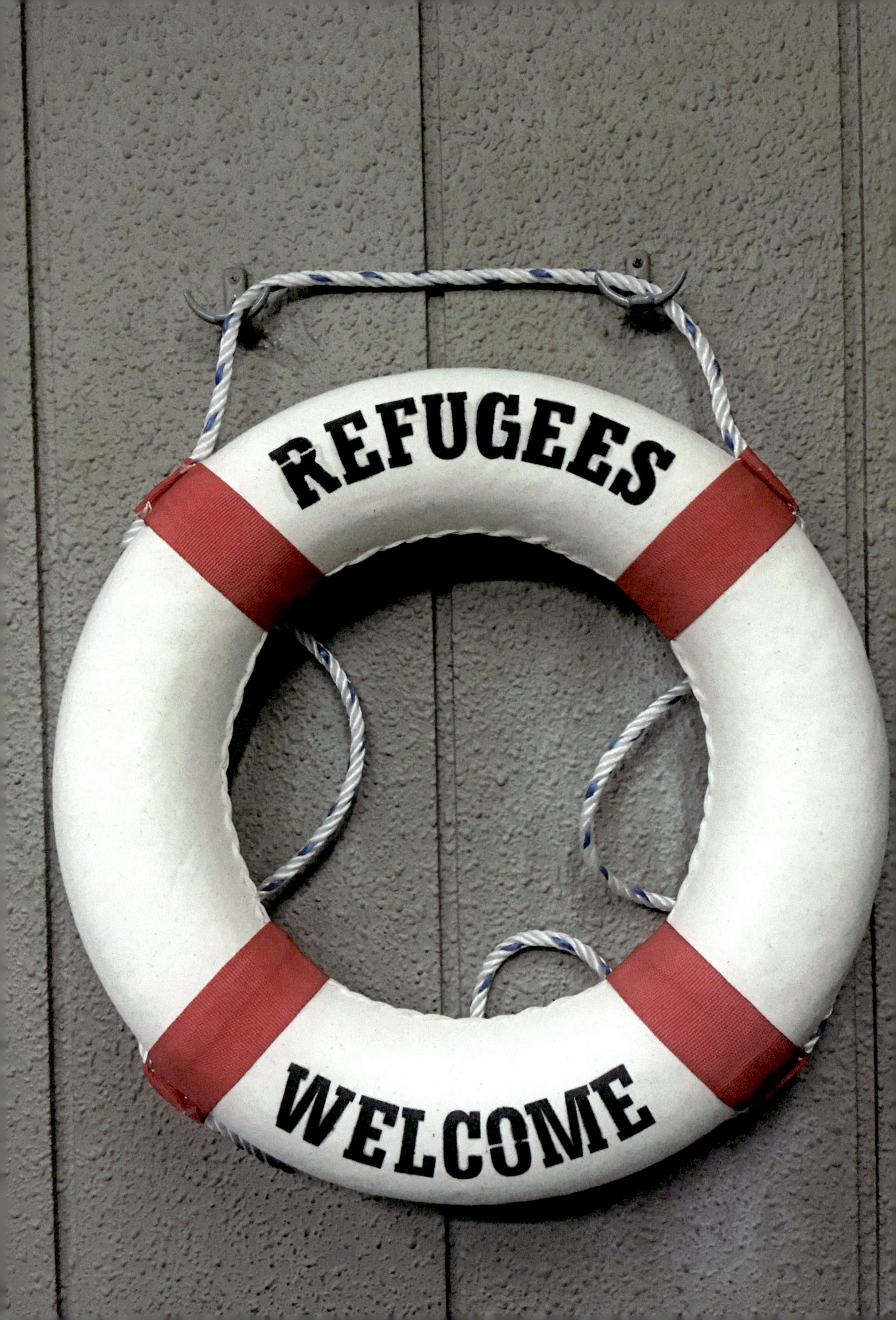

REFUGEES
WELCOME

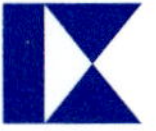

Halil Altındere

***1971 in Mardin, TR, lebt und arbeitet** lives and works **in Istanbul, TR**

Halil Altındere pflegt einen gegenwartsnahen, thematisch relevanten und ehrfurchtslosen Umgang mit Fragen der Marginalisierung, der Unterdrückung und des politischen Widerstands. Seine Projekte reichen von der Manipulation amtlicher Dokumente und von Symbolen wie Pässen und Flaggen bis hin zum Dreh eines Musikvideos in Zusammenarbeit mit der Hip-Hop-Gruppe Tahridbad-ı İsyan, die über Ungleichheit und Gentrifizierung in ihrem Istanbuler Kiez rappt.

Kann Kunst auf eine globale Situation antworten, die so kritisch und polarisierend ist und die Gesellschaft so sehr spaltet wie die aktuelle Migrationskrise? Mit einer Mischung aus Realismus und Humor thematisiert Altındere mit seinem neuen Video *Homeland* (2016) die Krise, die die Türkei und die ganze Welt betrifft. Das Video, das in der Türkei und in Deutschland gedreht wurde, beinhaltet Szenen, die auf realen Aufnahmen basieren. Es beginnt mit Bildern von Geflüchteten, die in einem von Landminen verseuchten Gebiet eine Grenze überqueren und zur Überwindung der Zäune ungewöhnliche Kunststücke vollbringen. Andere Szenen werfen ein Licht auf die Widersprüche, die den Migrantenstatus ausmachen – eine Situation, der Mohammad Abu Hajar, ein inzwischen in Berlin lebender Rapper aus Syrien, Stimme verleiht. Hajar, die Leitfigur des Videos, rappt über seine eigene Erfahrung als Geflüchteter, während er auf einem Boot steht, das unter Istanbuls dritter Bosporus-Brücke hindurchfährt – eine Konstruktion, die den europäischen und den asiatischen Kontinent verbinden soll, aber noch im Bau ist. In einer anderen Szene sehen Hotelgäste beim Freiluftyoga einer Handvoll gerade ankommender syrischer Geflüchteter zu und in einer weiteren amüsieren sich Geflüchtete bei einer Fahrt in Dresdens Schwebebahn. Das Video endet am Oranienplatz in Berlin-Kreuzberg, wo Geflüchtete aus Protest zwei Jahre in selbstgebauten Zelten lebten. Im Kontext Berlins als einem Zielort für Geflüchtete und einem politischen Zentrum, an dem Europas Antwort auf die Krise geschmiedet wird, verwendet Altınderes Dokument den treibenden Rhythmus und die Street Credibility des Rap, um das Erlebnis der erzwungenen Migration zu beleuchten.

Halil Altındere takes a timely, topical, and often irreverent approach to questions of marginalization, repression, and political resistance. His projects have ranged from manipulating official documents and symbols such as passports and flags to creating a music video in collaboration with the hip-hop group Tahribad-ı İsyan, who rap about inequality and gentrification in their Istanbul neighborhood.

Can art respond to a global situation as divisive, critical and with effects so polarizing, and shifting, as the current migrant crisis? Blending realism and humor, Altındere's new video *Homeland* (2016), shot in Turkey and Germany, incorporates scenes based on real-life footage to address the crisis engulfing Turkey and the globe. It opens with images of refugees crossing a border through an area peppered with landmines—and performing unusual feats to overcome fences. Other scenes highlight the contradictions that define refugee status, as voiced by Mohammad Abu Hajar, a rapper from Syria who is now based in Berlin. Hajar, the leading figure of the video, is shown rapping about his own refugee experience while riding on a boat passing under Istanbul's third Bosporus bridge, a structure intended to connect the continents Europe and Asia but still under construction. In another scene hotel guests engaged in an outdoor yoga session watch a handful of approaching Syrian refugees and in yet another, refugees enjoy a ride on Dresden's suspension railway. The video ends at Oranienplatz in Berlin-Kreuzberg, where refugees lived and protested in self-built tents for two years. In the context of Berlin, a refugee destination and a political center where Europe's response to the crisis is forged, Altındere's document uses the driving rhythm and street cred of rap to spotlight the experience of forced migration.

Homeland
(Simulationsbild simulation image**), 2016**
Digitalbild Digital image

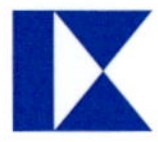

Ei Arakawa

***1977 in Fukushima, JP, lebt und arbeitet** lives and works **in New York, US**
In Zusammenarbeit mit In collaboration with **Dan Poston und** and **Stefan Tcherepnin**

Ei Arakawa organisiert ortsbezogene Performances, Installationen und Aktionen. Zu seiner ausgedehnten künstlerischen Praxis zählen auch kollaborative Projekte mit FreundInnen und anderen KünstlerInnen und selbst mit Familienmitgliedern. Dabei hinterfragt er kontextuelle Erwartungen und verflacht die Hierarchien zwischen Publikum, KünstlerInnen und PerformerInnen. Seine jüngsten Performances beinhalten häufig Musik oder integrieren auf andere Art Klangelemente. So verwandelte er etwa eine frühe Arbeit der japanischen Videokunst in ein lippensynchrones Musical (*Paris & Wizard*, 2012), inklusive der Figur der Kuratorin der gastgebenden Institution. Aufgrund ihrer kollaborativen und partizipatorischen Formate sind die Arbeiten dem Publikum zugänglich. Gleichzeitig wird diese Zugänglichkeit aber auch infrage gestellt, da die Ergebnisse oftmals unterbrochen, schräg und Lo-Fi sind. Arakawa bezeichnet seine Herangehensweise, die den Konventionen des Kunstpublikums entgegensteht, als einen „Mechanismus für die Dezentralisierung von Aufmerksamkeit". Sie ist eine Hommage sowohl an die performativen Praktiken und die Institutionskritik der 1990er- und 2000er-Jahre als auch an die japanische Nachkriegsavantgarde, etwa die Gruppen Gutai und Jikken Kobo (Experimental Workshop), deren Werke er in eigenen Aktionen neu auflegt.

Arakawas Projekt für die 9. Berlin Biennale setzt seinen Ansatz fort, ältere künstlerische Arbeiten von KünstlerkollegInnen in musikalische Formen zu übersetzen: in diesem Fall die Arbeit *How To Disappear in America* des Künstlers Seth Price. Im Jahr 2008 in gedruckter Form erschienen, spielt Prices elliptisches Handbuch auf die praktischen Ratgeber der Gegenkultur der 1960er-Jahre an, die beschreiben, wie man am besten aus dem Mainstream der Gesellschaft aussteigt. Prices Publikation verwendet nahezu ausschließlich im Internet gefundenes Material und bringt so die älteren Methoden, um vom Radar der Gesellschaft zu verschwinden, auf den Stand des heutigen digitalen und stark überwachten Zeitalters. Seit der Veröffentlichung von Prices Buch ist die technische Überwachung zu einem kontrovers diskutierten Thema geworden, was ein neues Licht auf den Begriff und die Möglichkeiten des „Verschwindens" wirft. Arakawas Adaptation wird in Zusammenarbeit mit dem Autor Dan Poston und dem Komponisten und Künstler Stefan Tcherepnin präsentiert. Sie ist ein Musical im Karaoke-Stil und eine Installation, die zeigt, wie Kontextverschiebungen ältere Kunstwerke neu formulieren und mit radikal erweiterter Bedeutung aufladen können.

Ei Arakawa organizes site-specific performances, installations, and actions as part of a sprawling, collaborative practice that includes friends, other artists, and even family members. Probing contextual expectations, he is interested in leveling hierarchies between the audience, artist, and performer. His recent works have incorporated elements of music and sound, as when he turned an early work of Japanese video art into a lip-synched musical (*Paris & Wizard*, 2012) and included a character representing the curator of the host institution. In such works accessibility is granted to the viewer on one level through collaborative and participatory formats, but questioned on another, since the results are often interruptive, oblique, and lo-fi. Arakawa has referred to his approach, which confounds the conventions of art viewership, as a "mechanism for decentralizing attention." It is an homage to both the performances and Institutional Critique of the 1990s and 2000s and to post-war Japanese avant-garde groups such as Gutai and Jikken Kobo (Experimental Workshop), whose works he has refashioned into his own.

Arakawa's project for the 9th Berlin Biennale continues his practice of translating previous artistic works into musical form: this time based on *How To Disappear in America* by artist Seth Price. Published in print in 2008, Price's elliptical handbook alludes to 1960s countercultural guides that describe how to drop out of mainstream society. Price's publication uses material taken almost entirely from the internet, updating older methods of disappearing from the radar—for the current digital (and highly surveilled) age. In the intervening time since Price's book was published, technological surveillance has become a hotly debated topic, casting new light on the notion and possibility of "disappearance." Arakawa's adaptation, developed together with writer Dan Poston and composer and artist Stefan Tcherepnin, is a karaoke-style musical and installation that shows how shifts in contexts can reframe previous artworks with radically augmented meaning.

How to DISappear in America: The Musical **(Studie** study**), 2016**
Digitalbild Digital image

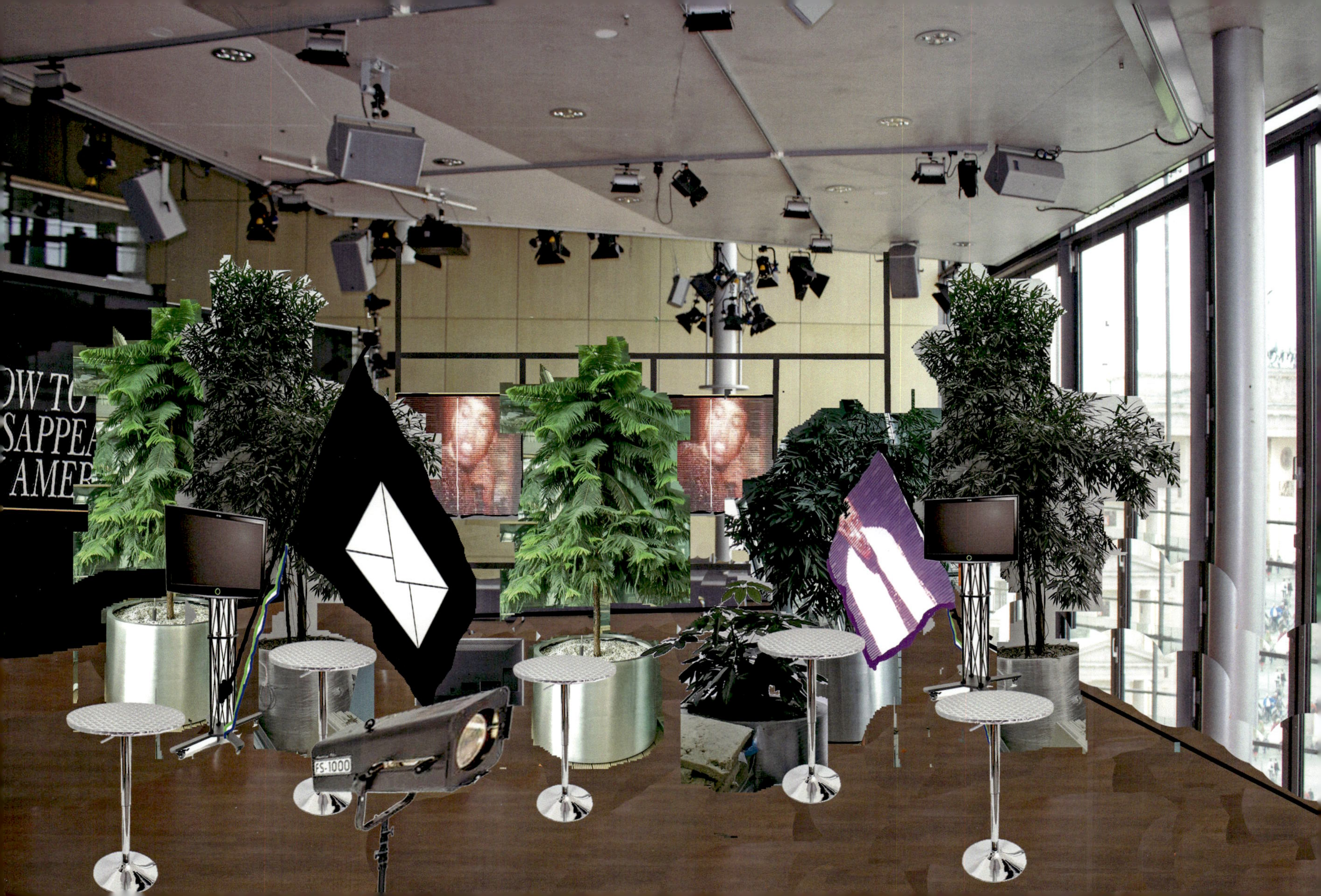
FS-1000

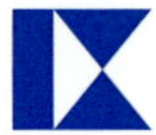

Korakrit Arunanondchai/Alex Gvojic

B

Korakrit Arunanondchai *1986 in Bangkok, lebt und arbeitet lives and works **in New York, US und** and **Bangkok**
Alex Gvojic *1984 in Chicago, US, lebt und arbeitet lives and works **in New York, US**

Korakrit Arunanondchai und Alex Gvojic haben bereits an einer Reihe von Filmen und Rauminstallationen zusammengearbeitet. Ihre Arbeiten verbinden fantastische Erzählungen mit einer Mischung aus professionellen und amateurhaften Video- und Rendering-Techniken, wie sie auch in der Werbung und in der kommerziellen Videoproduktion verwendet werden. Ihre Filme sind von Technologie und Mythenbildung durchdrungen, verschränken die Ikonografie von Popmusikvideos mit ritualhaften Performances und sprechen damit das kollektive Unbewusste von KonsumentInnen einer hybridisierten und globalen materiellen Kultur an.

Für die 9. Berlin Biennale haben Arunanondchai und Gvojic eine Installation auf dem Fahrgastschiff Blue-Star der Reederei Riedel – dem einzigen mobilen Ausstellungsort der Berlin Biennale – geschaffen, das während der Laufzeit der Ausstellung die Spree auf und ab fährt. Die äußere Gestaltung des Bootes beinhaltet die Figur einer Ratte in einer brennenden Wüstenlandschaft und bezieht sich damit auf den Film *There's a word I'm trying to remember, for a feeling I'm about to have (a distracted path towards extinction)* (2016), der an Bord gezeigt wird. Der Film basiert stellenweise auf dem Sachbuch *Das sechste Sterben* (2015) von Elizabeth Kolbert, die Phasen der Erdgeschichte untersucht, in denen Bevölkerungen in großem Umfang ausgelöscht wurden. Die Autorin diskutiert die Wahrscheinlichkeit einer potenziellen nächsten großen Vernichtung: die Auslöschung der Menschheit. Im Film werden mehrere Erzählstränge verwendet, um eine Beziehung zwischen dem Zusammenbruch der menschlichen Zivilisation und größeren natürlichen Prozessen deutlich zu machen. Eine dieser Geschichten ist ein halb fiktionaler Bericht über Arunanondchais reale Brüder und zeigt, wie einer der Brüder sich dem traditionellen Ritus der Eheschließung unterzieht, während der andere seine Zukunft eher als Start-up-Unternehmer sieht. Eine weitere spekulative Vision zeigt die zukünftige Erde, auf der riesige Ratten an die Stelle der Menschen getreten sind. Auf dem Schiff gibt es nicht nur einen eindrucksvollen Raum, in dem der Film gezeigt wird, sondern auch einen Bühnenbereich für verschiedene Veranstaltungen auf dem Oberdeck. Eine Installation aus Felsen, Drachen, Pflanzen und Figuren erinnert an eine thailändische Hochzeitsfeier. So wird die Geschichte über die Zyklen von Schöpfung und Niedergang, von Tod und Wiedergeburt von einem bunten, performativen, festlichen Beisammensein überlagert, das die an sich düstere Reise zu einem posthumanen Planeten zu einer Vergnügungsfahrt werden lässt.

Korakrit Arunanondchai and Alex Gvojic have collaborated on a number of films and environmental installations merging fantastical narratives with pro-am (i.e. professional amateur) video and rendering techniques borrowed from advertising and commercial video production. In their films the iconography of pop music videos is crossed with ritualistic performances that summon a collective, consumer unconscious rooted in a hybridized and global material culture—shot through with both technology and myth-making.

For the 9th Berlin Biennale, Arunanondchai and Gvojic have created an installation on the Blue Star tour boat of Reederei Riedel, the Berlin Biennale's only itinerant venue, that travels up and down the Spree River throughout the period of the exhibition. The boat's exterior décor includes the figure of a rat in a burning, desert landscape and references the film shown on board, *There's a word I'm trying to remember, for a feeling I'm about to have (a distracted path towards extinction)* (2016). Inspired partly by Elizabeth Kolbert's non-fiction book *The Sixth Extinction* (2014), which examines previous large-scale extinctions in the history of the earth and the likelihood of the next, human extinction, the film uses multiple narrative threads to frame a relationship between the collapse of human civilization and larger, natural processes. One storyline, a semi-fictional account of Arunanondchai's two real-life brothers, shows one brother engaging in the traditional rite of marriage while the other ponders his future in the start-up business. Another speculative vision shows the future earth, in which humans have been replaced by giant rats. The boat incorporates an immersive screening room for the film as well as a stage area for diverse events on the top deck. A colorful, performative sociability overlays this story about cycles of creation and extinction, death and rebirth, and turns the potentially dark journey towards a post-human planet into a celebratory excursion.

***There's a word I'm trying to remember, for a feeling I'm about to have (a distracted path towards extinction)*, 2016**
Videostill Video still

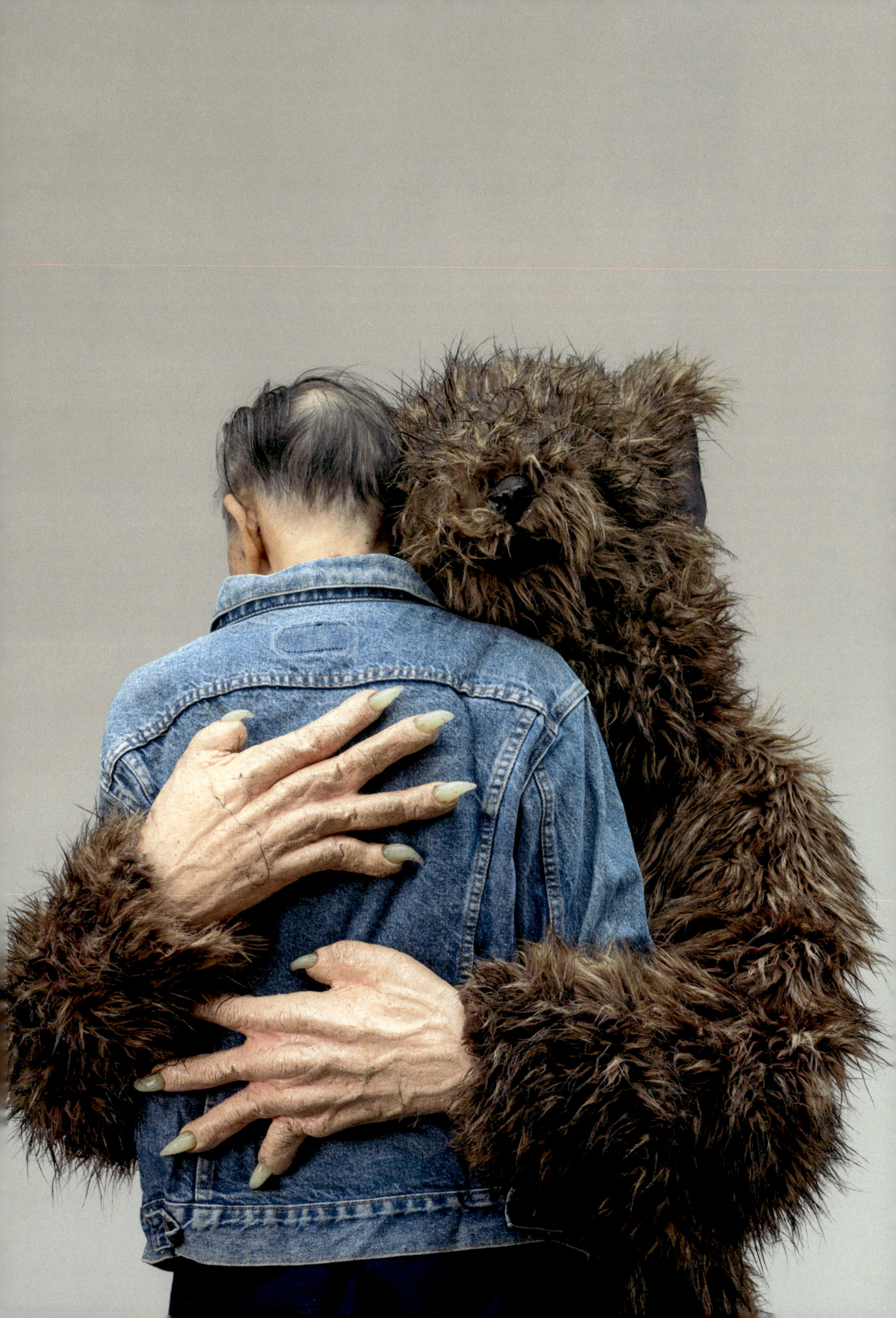

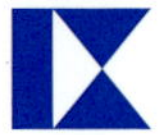

atelier le balto

Gegründet Founded in **2001**
Véronique Faucheur *1963 in Oran, DZ, lebt und arbeitet lives and works **in Berlin**
Marc Pouzol *1966 in Bourg-la-Reine, FR, lebt und arbeitet lives and works **in Berlin**
Marc Vatinel *1967 in Lille, FR, lebt und arbeitet lives and works **in Le Havre, FR**

atelier le balto ist eine Gruppe von LandschaftsarchitektInnen. Mit seinen konzeptionellen Landschaftsskulpturen bringt atelier le balto rohe und organische Ästhetik zu subtiler Wirkung und schafft Interventionen durch die Zweckenfremdung natürlicher Materialien und durch die Neuordnung aus dem Blick geratener Flächen. Zu den Projekten der Gruppe gehören zum Beispiel mit invasiven Arten angelegte Gärten in unscheinbaren Stadträumen, etwa auf urbanen Freiflächen und in Innenhöfen, oft auch mit partizipatorischen Elementen wie beschreibbaren Kreidetafeln. Des Weiteren nutzen die ArchitektInnen häufig Holzdecks als Gehwege und schaffen damit neue Perspektiven auf die Umgebung und einen offenen Ort zum Schlendern und Ausspannen. atelier le baltos Projekte konzentrieren sich auf die Zwischenzonen der Stadtlandschaft – dort schafft die Gruppe Gärten, die bestehende Pflanzen integrieren und die sich mit den Bedingungen des Unbeständigen, Zufälligen und Veränderlichen auseinandersetzen. Im Berlin der massenhaften Bauprojekte, eingezäunten Grundstücke, Kräne und Apartmenthäuser befragt le baltos präzise und unprätentiöse Ästhetik den Trend des Urban Gardening und erneuert den Dialog zwischen der menschengemachten Stadt und ihren fragilen, natürlichen Ökosystemen.

atelier le balto transformiert den Innenhof der KW Institute for Contemporary Art mit seiner Intervention *Passage* (2016), die aus einer Serie parallel angeordneter, rechteckiger Vegetationselemente am Eingang des Innenhofs besteht. Durch einen rohen Holzzaun eingerahmt, funktionieren die Formen wie grüne Filter, wie Durchgänge, die von den BesucherInnen durchquert werden müssen, wenn sie von der Straße hereinkommen. Die hochwachsenden Pflanzen der einzelnen Elemente beinhalten wildwachsende Pioniervegetationen wie Goldrute und Vogelknöterich. Ergänzt durch weitere Begrünungsinseln, die auf dem Weg zum Eingang platziert sind, bietet le baltos Installation einen natürlichen Garten mit nicht-heimischen Pflanzen. Er fungiert als Kulisse für die ihn durchquerenden Menschentrauben und bietet einen Zufluchtsort inmitten des Trubels der 9. Berlin Biennale.

atelier le balto is a landscape architect group. Putting the aesthetics of the raw and the organic to subtle effect, atelier le balto make landscape sculptures as well as interventions that repurpose natural materials and reconfigure of overlooked spaces. Their projects have included gardens of invasive species—incorporating participatory elements like chalkboards—in inconspicuous urban spaces such as lots and courtyards. They also often use walkways of wooden decks as pathways offering a new view of the given surroundings, an ambiguous space to wander and relax. le balto's projects focus on in-between zones in the urban landscape, where they create gardens that integrate existing plants and address conditions of impermanence, chance, and change. As the center of Berlin becomes crammed with development projects, fenced-off lots, cranes, and condos, the precise, unpretentious aesthetics of le balto questions the trend of urban gardening and renew the dialogue between the human-made city and its own fragile natural ecologies.

At KW Institute for Contemporary Art, atelier le balto transforms the courtyard with its intervention *Passage* (2016), which consists of a series of parallel rectangular volumes of vegetation at the entrance to the courtyard. Framed by a rough wooden fence, the shapes function as green filters, forming passageways that visitors must pass through when entering from the street. The high-growing plants that define these volumes include wild-growing pioneer vegetation like goldenrod and smartweed. With further elements of greenery spaced at intervals leading up to the entrance of the building—le balto's installation provides a natural but, of course, non-native garden backdrop for the clusters of people passing through, offering an atmosphere of refuge amid the bustle of the 9th Berlin Biennale.

***GANIVELLE*, 2015**
Fotografie Photograph

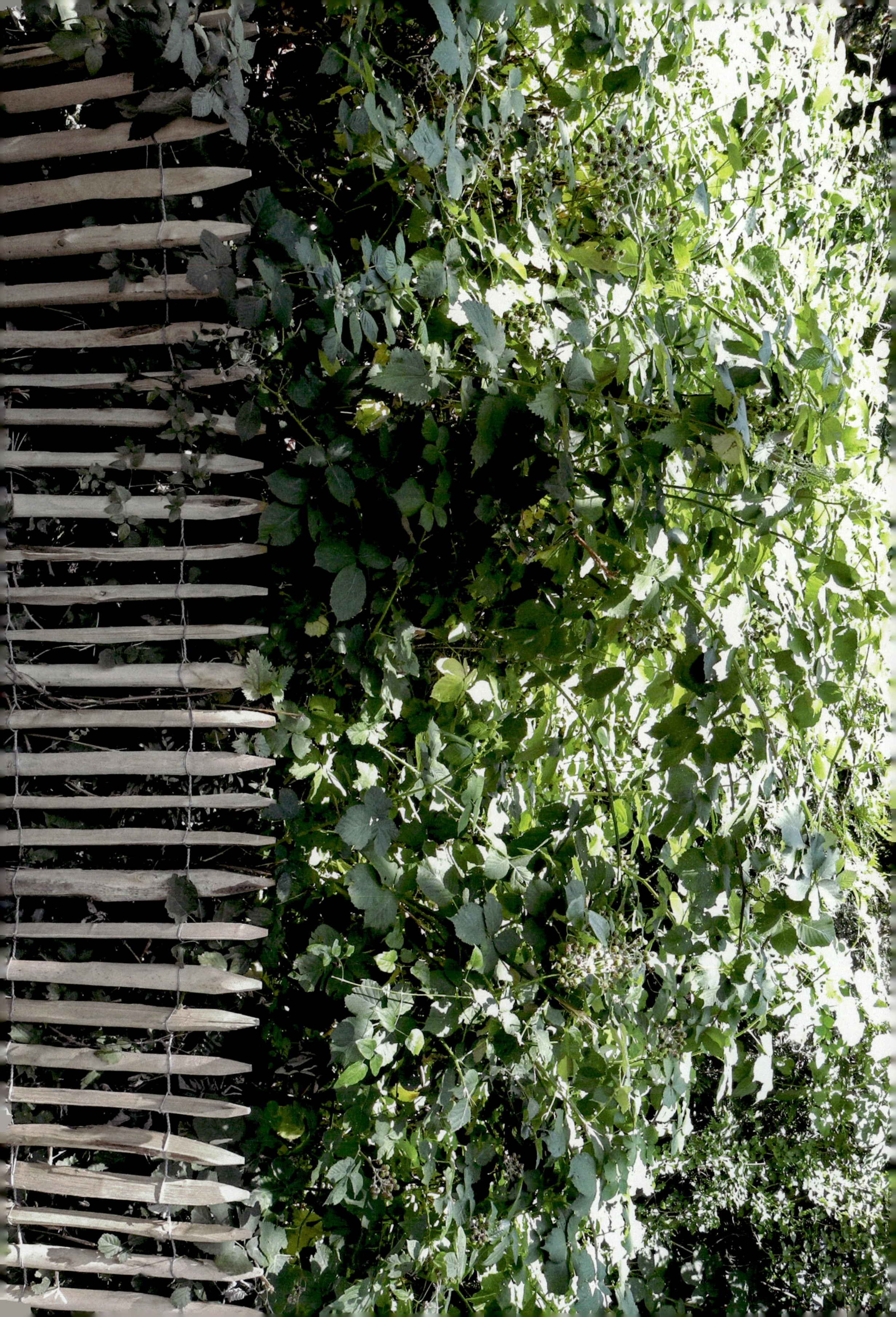

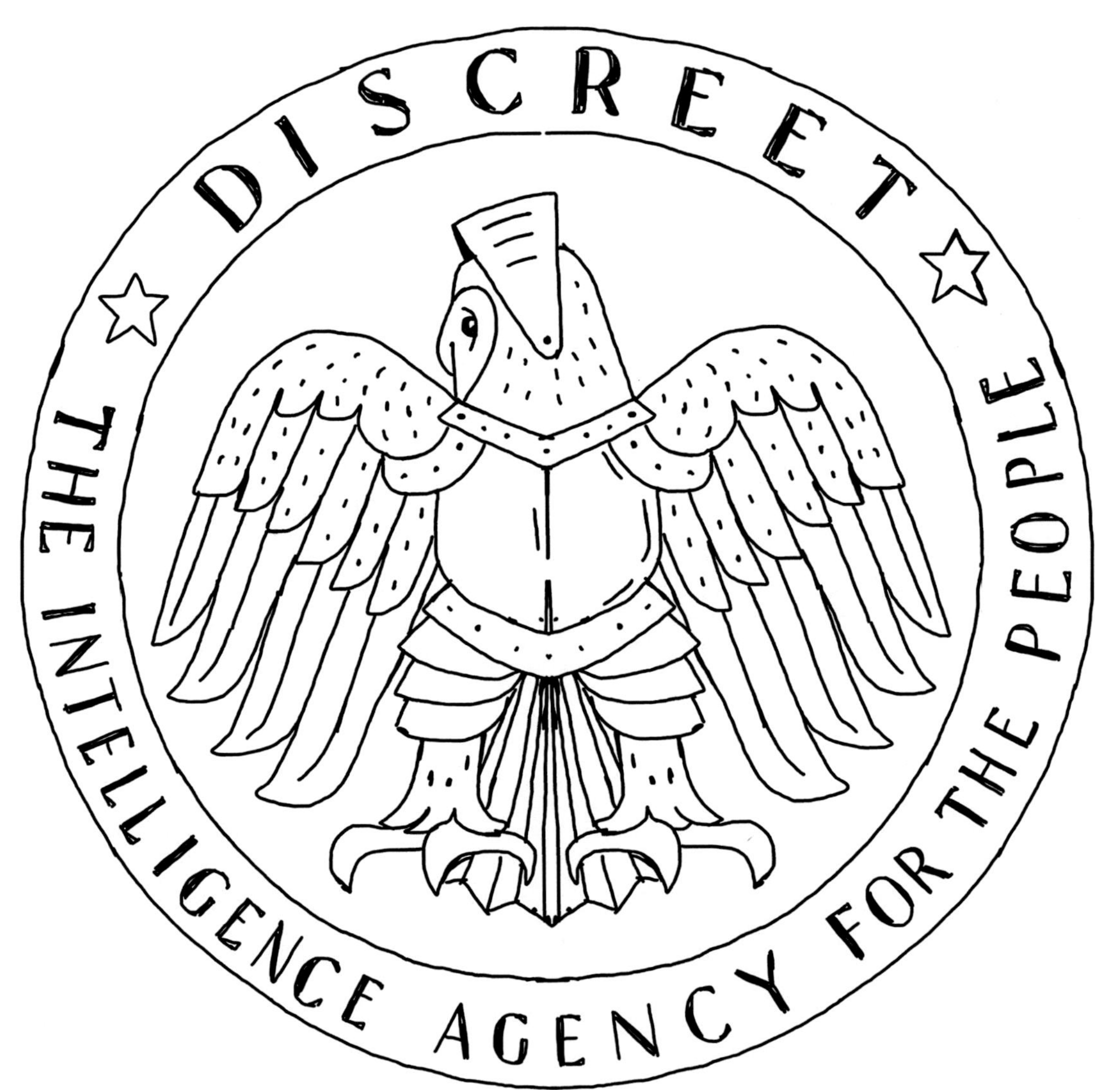
DISCRET
THE INTELLIGENCE AGENCY FOR THE PEOPLE

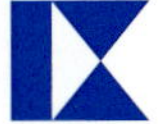

Armen Avanessian/Alexander Martos

ADK

Armen Avanessian *1973 in Vienna, lebt und arbeitet lives and works **in Berlin**
Alexander Martos *1972 in Vienna, lebt und arbeitet lives and works **in Vienna**
In Zusammenarbeit mit In cooperation with **Christopher Roth**

Armen Avanessian ist Philosoph, Herausgeber und Gründer der Forschungsplattform www.spekulative-poetik.de. Alexander Martos ist ein in Wien ansässiger Kurator und Leiter der Kunst- und Forschungsplattform Science Communications Research. Für die 9. Berlin Biennale haben die beiden *DISCREET – An Intelligence Agency for the People* ins Leben gerufen, eine Art „Un-/Sicherheitsrat" für einen zivilen Geheimdienst. Ihr Projekt richtet sich gegen das, was die beiden als den neuen Finanzfeudalismus der postkapitalistischen, neoliberalen Welt begreifen, der heimlich jegliche Form von Autonomie unterbindet und in einem Bereich operiert, der nie legitimiert oder gegenüber irgendeiner Öffentlichkeit transparent gemacht wurde. Avanessian und Martos versuchen, sich dieses vorhandene Regime zunutze zu machen und für die Massen zu öffnen. Zu diesem Zweck haben sie eine Para-Agentur geschaffen, die sich am Vorbild der existierenden Geheimdienste orientiert und deren Ziel es ist, sich zu ihren eigenen Bedingungen mit regierenden Weltmächten auseinanderzusetzen und Strategien des Widerstands für das 21. Jahrhundert neu zu definieren. Teils satirische Zweckentfremdung, teils ernsthaftes Organisationsschema, teils Thinktank (der sich über die 9. Berlin Biennale hinaus weiterentwickeln soll), ist die Initiative von neuen forschungsorientierten Praktiken wie dem *Hacktivismus*, aber auch von der frühen gegenkulturellen Geschichte der CIA in Amerika inspiriert.

Im Juni und Juli 2016 wird *DISCREET* bis zu fünfzehn regimekritische „AgentInnen" aus verschiedensten Fachrichtungen – wie Ethnologie, Ökonomie, Computerprogrammierung, Mathematik, Aktivismus, Nanotechnik und der Kunst – rekrutieren. Zusammen mit ausgewiesenen ExpertInnen wird die Agentur ein öffentliches Programm mit Veranstaltungen zusammenstellen, bei denen es um Themen wie die Verbreitung von Bildern, Staatenbildung und den heutigen politischen Widerstand geht und das sich zugleich auf akademische Forschung, technologisches Knowhow und künstlerische Forschung berufen soll. Als Teil einer Forschungsresidenz werden sich die Auszubildenden an der Entwicklung praxisorientierter Lösungen zu Problemen wie Datenüberwachung, der Unterwanderung der Kulturindustrie und dem „Recht auf Vergessen" beteiligen. Anhand konkreter langfristiger Ziele möchte *DISCREET* Veränderungen in den Bereichen der Theorie und der Praxis herbeiführen und beispielsweise neue Organisationen und Unternehmen gründen sowie theoretische Überlegungen mittels handlungsorientierter Strukturen umsetzen.

Armen Avanessian is a philosopher, editor, and founder of the research platform www.spekulative-poetik.de. Alexander Martos is a Vienna-based curator and head of the artistic/research platform Science Communications Research. For the 9th Berlin Biennale the two have launched *DISCREET – An Intelligence Agency for the People*, which the two describe as the "In-/Security Council" of a civil secret service. Their project addresses what they see as the new financial feudalism of a post-capitalist, neoliberal world, which is waging a war on autonomy and operating in stealth—on terrain never legitimized or made transparent to any public. In an attempt to hijack this existing regime and open it up to the masses, Avanessian and Martos have created a para-agency, which is modeled on existing secret services, in an attempt to engage with sovereign world powers on their own terms and redefine strategies of resistance for the twenty-first century. Part *détournement*, part earnest organizational scheme, and part think tank (intended to develop beyond the 9th Berlin Biennale), the initiative is inspired both by new forms of research-based praxis such as hacktivism and the early countercultural history of the CIA in America.

In June and July 2016, *DISCREET* will host up to fifteen dissident "agents" from a variety of disciplines—from ethnology to economics, programming, mathematics, activism, nanotech, and art. Together with leading experts in the respective fields, the agency will present a public program of events covering themes like image distribution, nation building, and political resistance today while drawing on academic and artistic research and technological expertise. The trainees will participate in a residency to develop practice-based solutions to themes such as tracking data, infiltrating culture industries, and the "right to be forgotten." *DISCREET* seeks to enact changes in the realms of theory and practice via long-term concrete goals, such as the construction of new organizations and businesses and the realization of theoretical pursuits through action-based structures.

***DISCREET – An Intelligence Agency for the People*, 2016**
iPad-Zeichnung iPad drawing

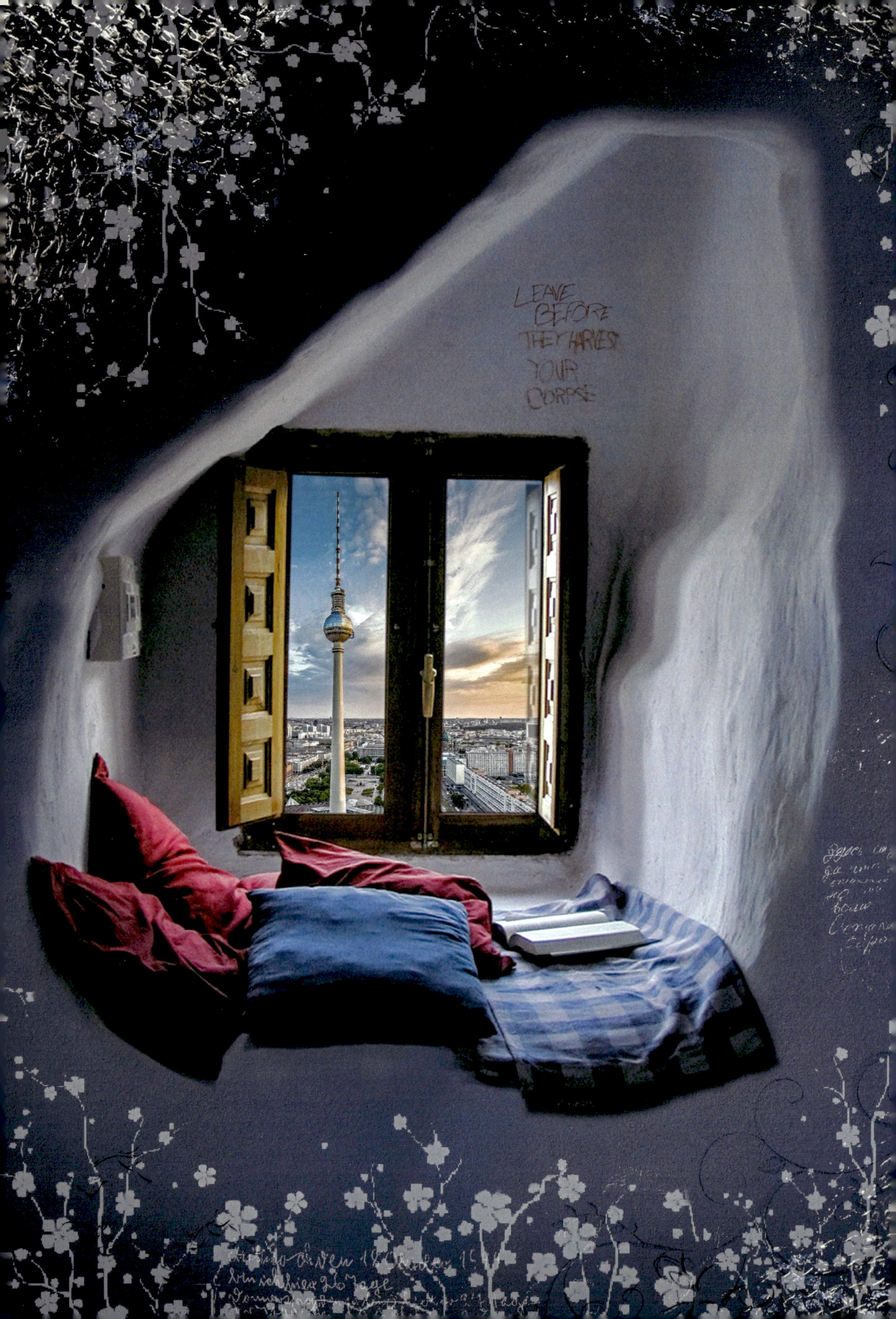
LEAVE BEFORE THEY HARVEST YOUR CORPSE

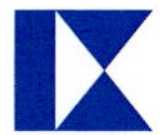

åyr Gegründet Founded in **2015 in London**
Fabrizio Ballabio *1986 in Naples, IT
Alessandro Bava *1988 in Naples, IT
Luis Ortega Govela *1988 in Tampico, MX
Octave Perrault *1988 in Paris
Leben und arbeiten Live and work **in London**

Sphären, die einst als privat galten, sind in der heutigen *Sharing Economy* zu Grauzonen der öffentlich/privaten Kapitalgewinnung geworden. Alle ProsumentInnen können sich selbst, ihre Beziehungen und ihren Besitz in konkreten Gewinn umwandeln – Wohnungen werden auf Airbnb untervermietet, AutobesitzerInnen sind potenzielle Uber-ChauffeurInnen und der eigene Körper wird für das digitale Kapital fit (oder unfit) gemacht. Man denke nur an Partnervermittlungsdienste wie Tinder und Grindr oder Fitness und medizinisches Tracking in Echtzeit.

Wie hat das unsere Privaträume verändert? Und wie die intimen Architekturen, die nicht mehr ausschließlich nur uns gehören? Für die Künstlergruppe treten einige der auffallendsten Umbrüche der letzten Jahre in der Architektur in Erscheinung: Seit Airbnb ist der häusliche Raum des Zuhauses nicht mehr der eigene. Er wird mit PhantombenutzerInnen geteilt, und bevor diese den realen Raum erleben, der zur Anonymität hin neutralisiert wurde, sehen sie ihn in einer von freiberuflich arbeitenden FotografInnen aufgenommenen und retuschierten Variante. Das Kollektiv beleuchtet in ihrer Praxis besonders diese aktuellen Verwicklungen von Eigentum und Besitz, von Privatheit und Kontrolle. Beispielsweise, als es nach Unterlassungsforderungen der Firma Airbnb gezwungen wurde, den Namen zu ändern – ursprünglich arbeitete das Kollektiv als AIRBNB-Pavilion.

Für die 9. Berlin Biennale hat åyr eine Wandkonstruktion aus sechs Alkoven und Nischen konzipiert, die mit rückseitig beleuchteten Landschaftsfotografien und weichen Einrichtungsgegenständen wie Kissen und Bettdecken ausgestattet sind. Die architektonische Gestaltung beruft sich auf eine Ästhetik der Gemütlichkeit und Entspannung. Zugleich wirft die Arbeit einen kritischen Blick auf Konzepte von „Offenheit" und „Grenzüberwindung", den gängigen Plattitüden, die bei der Unternehmensarchitektur der letzten Jahrzehnte angewendet werden. Diese Orte des Rückzugs und der Abgrenzung nehmen Bezug auf eine Studie von Rem Koolhaas zur Berliner Mauer als Architektur der 1970er-Jahre als auch zu Paul B. Preciados *Testo Junkie*, wo Räume des „Schutzes" mit denen der Inhaftierung verknüpft werden. Zudem ist die Installation auch eine Referenz an sogenannte „Feature Walls" (besonders gestaltete Wandflächen in Wohnräumen), die den ästhetischen und finanziellen Wert einer Wohnung steigern. Dies alles zeigt jene Polaritäten auf, die unseren aktuellen heimischen Werten wie Komfort, Sicherheit und Nachhaltigkeit innewohnen.

In the sharing economy—through which prosumers can monetize themselves, their relations, and their possessions IRL—domains once circumscribed as personal are now gray zones of public/private profit-making. Homes are rented out on Airbnb, every car owner is a potential Uber driver, and our bodies are made fit (or unfit) for digital capital: take dating apps such as Tinder and Grindr or real-time fitness and medical tracking.

How has this changed private spaces, the personal architectures no longer exclusively "ours"? For åyr some of the most conspicuous disruptions of the past few years have occurred in architecture: after Airbnb, the domestic space of the home is not our "own" but is shared among the phantom users who view it – in a version photographed and retouched by freelance photographers – before experiencing the real space then neutralized for anonymity. Originally working under the name of AIRBNB-Pavilion, the collective highlights these contemporary complications of ownership and property, privacy and control in their practice, such as when they were forced to rename themselves after a cease and desist letter from the company Airbnb.

For the 9th Berlin Biennale, åyr has devised a wall construction incorporating six nooks and niches, clad with backlit landscape photography and filled with soft furnishings such as pillows and duvets. The architectural choices draw upon the aesthetics of coziness and chilling while casting a skeptical light on ideas of "openness" and "crossing boundaries," frequent platitudes in corporate architectural practices of recent decades. These spaces of escapism and division also reference a study on the Berlin Wall as architecture from the 1970s by Rem Koolhaas and *Testo Junkie* by Paul. B. Preciado, in which the site of "protection" is linked to that of incarceration. Lastly, the installation references the idea of "feature walls" that are incorporated in homes to increase their aesthetic and financial value. The contributions reflect these polarities, inherent to current domestic values of comfort, safety, and sustainability.

***ARCHITECTURE* (Skizze** sketch**), 2016**
Digitalbild Digital image

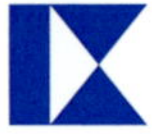

Will Benedict

ADK

***1978 in Los Angeles, US, lebt und arbeitet** lives and works **in Paris**

Mit seinen „Collagen“, die durch Mainstream-Kultur und künstlerische Klischees angeregt werden, zielt Will Benedict weniger auf die Zerstörung visueller Konventionen als auf deren kritische Befragung ab, sei es die malerische Komposition, das touristische Motiv oder der Fernsehbildschirm. Benedict arbeitet mit dem Prinzip der Überlagerung und der Querverweise, indem er unterschiedliche abstrakte Malstile wie Gouache und luftige Kohlezeichnungen auf Leinwand mit Studiofotografie und fotografischen Abbildungen von Menschen kombiniert. Diese pulsierenden, gestischen Leinwände erinnern an dekorative Kaffeehausmalerei während sie zugleich den Ernst der Moderne des 20. Jahrhunderts auf die Schippe nehmen. Kunst trifft auf das Alltägliche in Kompositionen, die allgemeine Bildbetrachtung und das Betrachten von Kunst implizieren. Beispielsweise sind zwei Leute an einem Tisch zu sehen, der im unendlichen Raum des Hintergrundgemäldes zu schweben scheint; ein Bild im Bild hängt zwischen ihnen an der Wand und erinnert an ein Gemälde oder einen Videobildschirm. In einem anderen Werk wird eine offenbar nicht inszenierte Fotografie eines Mannes auf der Straße von dem Schriftzug „artspy.cn“ überlagert. Eine weitere Arbeit zeigt ein Baby mit einer Kochmütze, das aus einem Suppentopf herausblickt, vor einem Hintergrund aus gemalten Schnörkeln. Indem Benedict die Banalität vermittelter, kommerzialisierter Bilder herausstellt, weist er auf Themen wie die global operierende Nahrungsmittelindustrie, den Kulturbetrieb und den Konsumentenstaat hin.

Bei der 9. Berlin Biennale zeigt Benedict *I AM A PROBLEM* (2016), ein neues Musikvideo für das jüngste, gleichnamige Album der Detroiter Noise-Band Wolf Eyes (die in den 2000er-Jahren beklemmende Post-Industrial-Indie-Musik machte). Es zeigt einen illegal eingewanderten Alien, der von dem Fernseh-Talkmaster Charlie Rose interviewt wird; den Eiffelturm, der als ein Leuchtturm für MigrantInnen dient sowie sprechende Hunde. Der Alien, der über diverse Themen – vom anhaltenden Nahost-Konflikt bis zu den jüngsten Ereignissen in Paris – spricht, gleicht einem Star-Trek-Komparsen mit einem grauen, amphibischen Gesicht und tritt als das personifizierte „Andere“ auf. Als ein düsterer Repräsentant der aktuellen Entfremdung und Vertreibung angesichts der komplexen Krisen wurde die Figur von Benedict in der Vergangenheit wiederholt verwendet, zuletzt als Porträt in Schwarz-Weiß mit dem Titel *Comparison Leads to Violence*.

Drawing on both mainstream culture and artistic clichés, Will Benedict's "collages" aim less at the destruction of visual conventions than at their critical reassurance, be it those of painting, tourism, or the television screen. Benedict works with a principle of superimposition and hyperlinking by combining different styles of abstract painting, including gouache and airy charcoal drawings on canvas, with studio photography and images of people. These vibrant, gestural canvases have the air of decorative, café painting while simultaneously poking fun at the seriousness twentieth-century modernism. Art meets the ordinary in compositions that implicate popular spectatorship and the viewership of art. For instance, a couple sits at a table suspended in the indefinite space of the painting-as-backdrop; a picture-within-the-picture appears on the wall between them—suggesting a painting and/or video screen. In another work, an apparent candid photography of a man on the street is overlaid with the words "artspy.cn." Another work shows a baby wearing a chef's hat and peeking out of a soup pot in front of a background of painterly squiggles. Exposing the banality of mediated, commercialized images, Benedict hints at issues such as global food production and distribution, the cultural industry, and the consumer state.

At the 9th Berlin Biennale, Benedict is presenting *I AM A PROBLEM* (2016), a new music video for the most recent album by the same title by Detroit-based noise band Wolf Eyes (who made angsty, post-industrial indie music through the 2000s). The video features an illegal alien interviewed by the television talk show host Charlie Rose; it also includes the Eiffel Tower, which serves as a lighthouse for migrants, as well as talking dogs. Discussing issues ranging from the ongoing conflict in the Middle East to the recent events in Paris, the alien figure, resembling a Star-Trek extra with a grey amphibious face, assumes the role of the personified "other." A gloomy representative of contemporary alienation and displacement in the face of the complex crises, the figure has been used by Benedict repeatedly in the past, most recently as a black-and-white portrait with the title: *Comparison Leads to Violence*.

***Comparison Leads to Violence*, 2013**
Poster, Offsetdruck Poster, offset print
140 × 100 cm

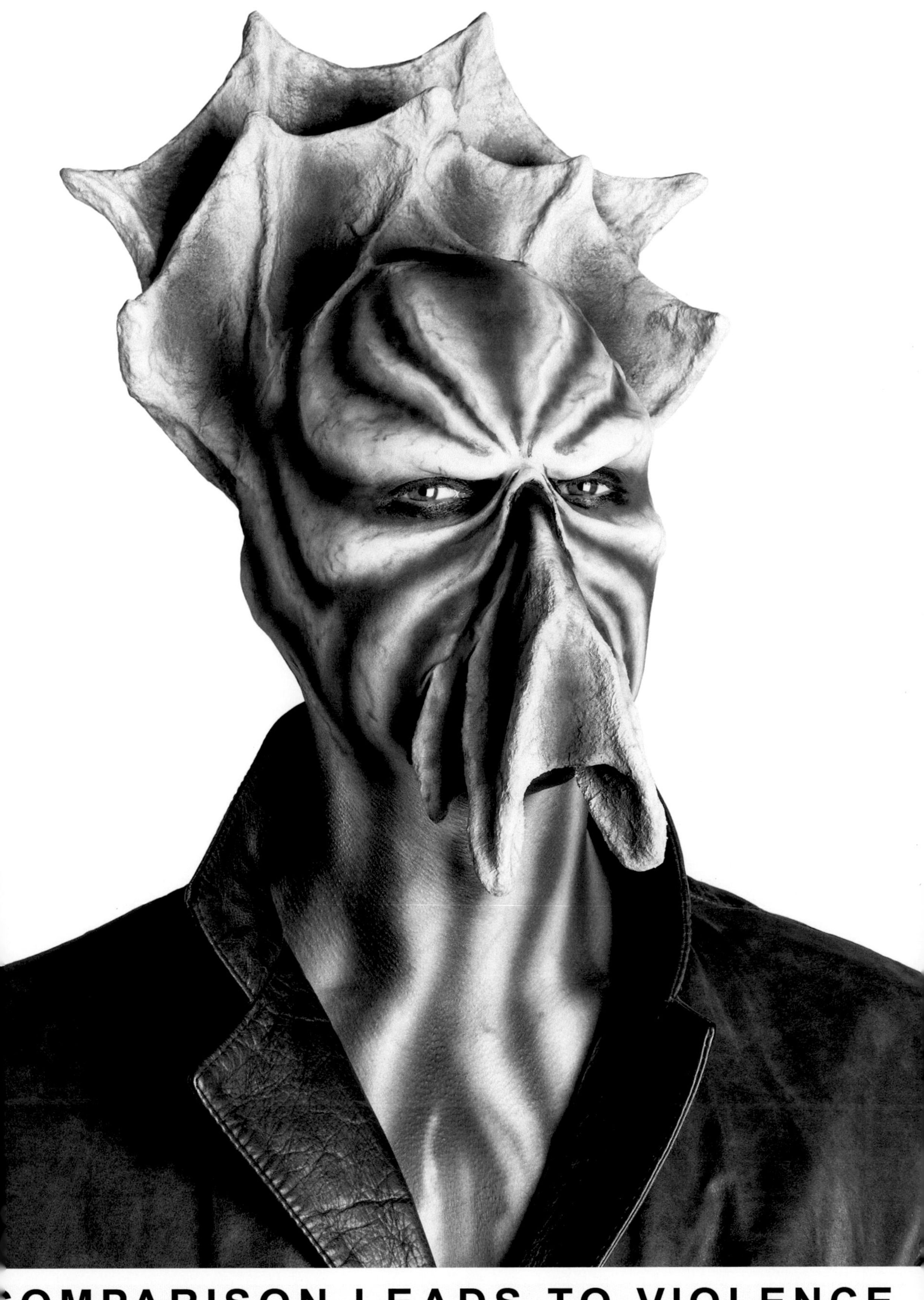

COMPARISON LEADS TO VIOLENCE

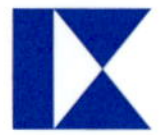

Julien Ceccaldi

***1987 in Montréal, CA, lebt und arbeitet** lives and works **in New York, US**

Julien Ceccaldi macht Zeichnungen und Gemälde auf Medien, die von Papier über Comicbücher bis zu handbemalter Kleidung reichen. Zweidimensional und mit rascher, leichter Hand in Pastell- und Auffüllfarben ausgeführt, sprechen seine Comicfiguren in gefühlsduseligen Standardsätzen, die wie aus einer Spruchsammlung der Generation Y wirken, obwohl in ihnen auch stets die Melodramatik der 1950er- und das Schwindelgefühl der 1990er-Jahre mitschwingt. Mit ihrem typisch spitzen Kinn und ihren glasigen, tränenfeuchten Augen verweisen sie auf Comic-Arten wie Manga, Anime und auf handgezeichnete Zelluloidanimation, jedoch mit einer BDSM-thematisierenden Komik mit stattlichen, muskulösen AkteurInnen, die manchmal an die ProtagonistInnen von *Tom of Finland* erinnern (wenn auch mit einem leichten Hang zum Transsexuellen). Ceccaldis Figuren suchen nach Liebe, Erfolg und Ruhm und werden von Lifestyle-Plattitüden und Slogans zur Selbstoptimierung aus Boulevardzeitungen und Werbung heimgesucht. Sie scheinen sich in Zuständen seelischer Überlastung und Auflösung zu befinden und fragen sich selbst: Was ist hier gerade passiert? Wer sind wir? Bedeutet uns unser eigenes Elend etwas?

Ceccaldi präsentiert ein Diptychon auf Leuchtkästen mit digital gezeichneten Hintergründen, über die handgemalte Details aus Acryl gelegt sind. In der ersten Arbeit, *Monument Right* (2016), wirft ein gut aussehender Mann – muskulös mit definierten Bauchmuskeln – eine Schachtel mit Macarons auf den Boden eines großen Raumes mit Fenstern. In der Nähe des Fensters kriecht ein ausgemergelter, faltiger, haarloser, kränklicher Körper, verletzt und sich in Schmerzen windend auf dem Boden herum und blickt mit verzweifelten Augen den Adonis an. Dieser schleudert seine Macarons gleichgültig durch die Gegend. Draußen sehen wir die bedeutungsvollen Blütenzweige eines japanischen Kirschbaumes, eines Sakura-Baumes: unmöglich, Kyoto vor einem Pariser Fenster. Wer sind diese Figuren? Liebende? Frühere Inkarnationen ihres Selbst? In *Monument Left* (2016) sind Figuren und Vorder- und Hintergrund ausgetauscht: Die nackte Figur im Vordergrund isst Macarons, wie um sich selbst zu trösten, während der Adonis im Hintergrund auf eine unrealistisch nahe Ansicht des Eiffelturms starrt. Als ewiges Symbol für Romantik dient der Eiffelturm als Platzhalter für kulturelle Hybridität, für die Inbesitznahme Frankreichs durch japanische Mangas und für den Japonismus der französischen Kultur im Gegenzug. Zusammengenommen ergeben die beiden Werke ein schwindelerregendes Gefühl mentaler und körperlicher Deplatzierung, gepaart mit emotionaler Ablösung und Stillstand.

Julien Ceccaldi makes drawings and paintings on media ranging from paper to comic books to hand-painted clothing. Two dimensional, colored in flat pastels, and drawn with a quick, sensitive hand, his comic figures utter stock lines of emotional inflation that could be straight out of a "millennial" phrasebook, albeit tinged with 1950s melodrama and 1990s ditziness. With their characteristic pointed chins and tear-filled eyes, Ceccaldi's figures look to comic forms like manga, anime, and hand-drawn celluloid animation—though with the BDSM-themed comedy of hunky, muscular characters that sometimes recall Tom of Finland's (if with a trans slant). Hunting for love, success, and fame, Ceccaldi's characters—emotionally afflicted by lifestyle platitudes and self-improvement phrases sourced from tabloids and advertisements—seem to be in states of emotional overload and detachment. They are asking themselves: What has just happened here? Who are we? Do we care about our own misery?

Ceccaldi is presenting a lightbox diptych of digitally drawn backgrounds superimposed with hand-painted details in acrylic. In the first work, *Monument Right* (2016), a hunk—visible package and abs—tosses a box of macaroons onto the floor within a large, windowed room. Near the window, a sickly body slinks onto the floor—emaciated, wrinkled, balding, looking at the hunk with despair-filled, longing eyes—hurt and *hurting*. The hunk tosses his macaroons with indifference. Outside we see the emotive flowering branches of a sakura tree—Kyoto impossibly viewed through a Paris window. Who are these figures—lovers? Former selves? In *Monument Left* (2016) figure and ground are reversed. The naked figure in the foreground eats macaroons, relishing a sad diet of self-help, while in the background the hunk stares out at an impossibly close-up view of the Eiffel Tower. A perennial symbol of romance, the tower is a stand-in for cultural hybridity—the appropriation of France within Japanese manga and the *japonisme* of French culture in turn. Together the two pieces create a vertiginous sense of mental and physical displacement paired with a state of emotional disconnect and stasis.

***Downward Spiral #4*, 2015**
Acryl auf Leinwand Acrylic on canvas
101,6 × 76,2 cm

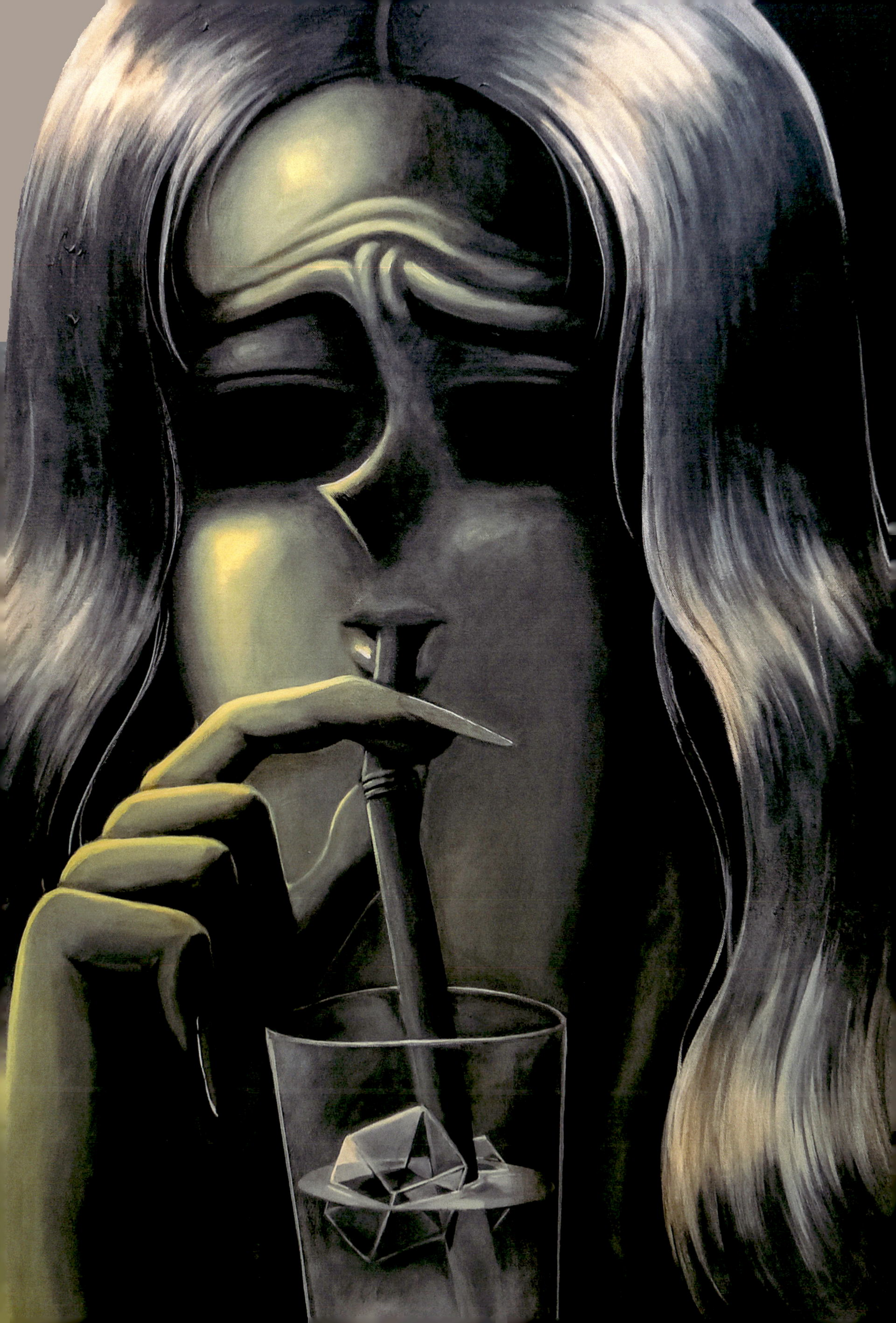

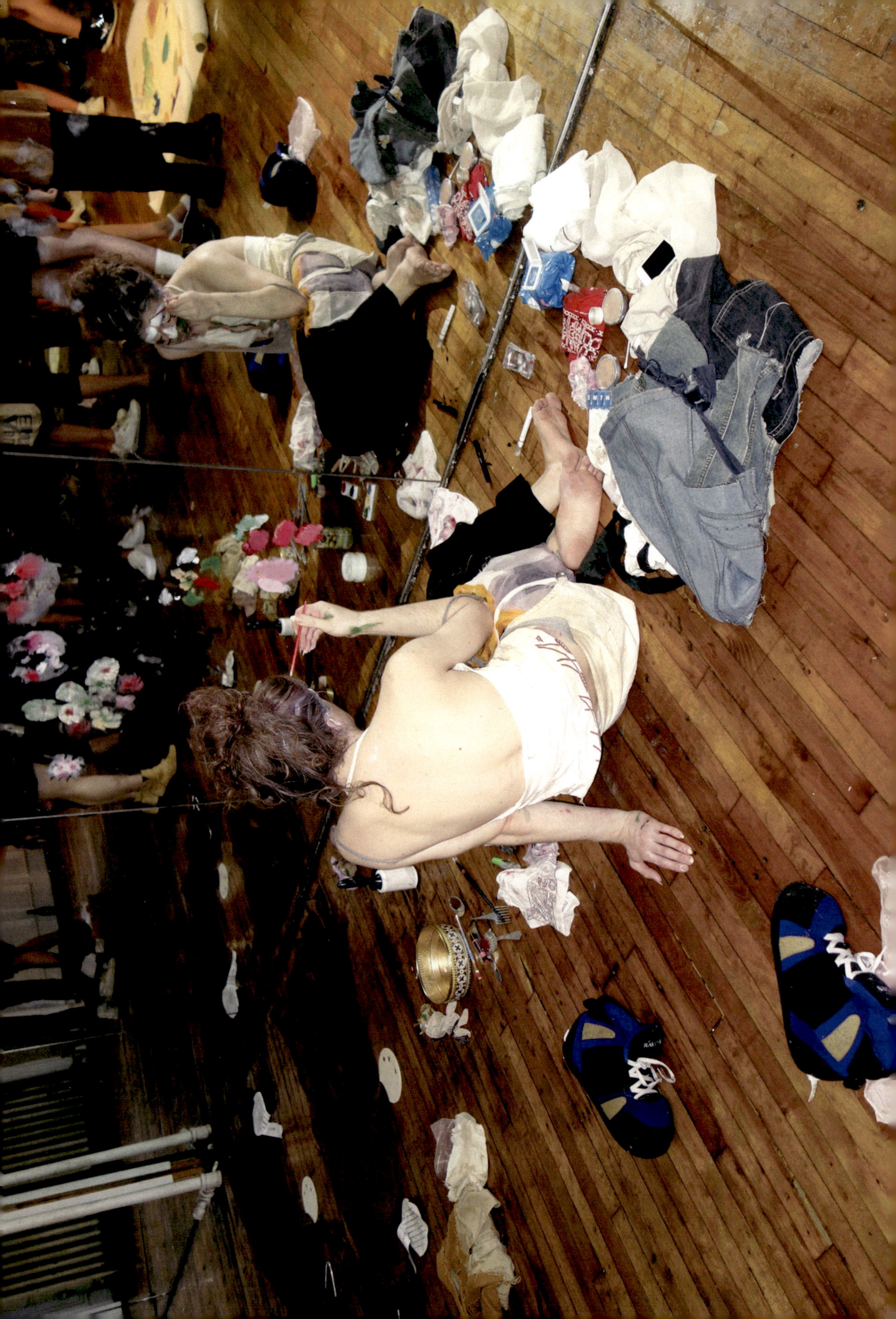

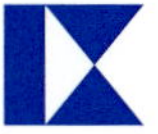

Centre for Style

ADK

Gegründet Founded in **2013 in Melbourne, AU**
In Zusammenarbeit mit In collaboration with **Anna-Sophie Berger, Burkhard Beschow/Anne Fellner, Max Brand, Rare Candy, Susan Cianciolo, Marlie Mul, Liam Osborne, H.B. Peace, Joshua Petherick, Lin May Saeed, Eirik Sæther, Villa Design Group**

Centre for Style ist sowohl eine umtriebige, internationale Plattform als auch ein physischer Raum in Melbourne, unter der Leitung von Matthew Linde. Daran interessiert, Mode jenseits des Museums auszustellen, beschäftigt sich Centre for Style mit der radikalen Dekonstruktion der Mode, indem ihre performative Dimension mit den Gegebenheiten des Ausstellungsraumes verbunden wird. Die häufig ephemeren Arrangements und Performances von Centre for Style, die auf weitgefassten geografischen Netzwerken und zufälliger Do-It-Yourself-Lässigkeit basieren, entstehen durch das Mitwirken einer Vielzahl unterschiedlicher Personen – darunter ModedesignerInnen, die keine traditionellen Modelinien mit Kollektionen herstellen, und KünstlerInnen, die spontan abseits von Markenlabels Werke, Kleidung oder Requisiten anfertigen. Centre for Style inszeniert Präsentationen, die Kunstausstellungen, Assemblagen oder sogar Partys ähneln. Ein typisches Projekt kann man sich so vorstellen: In einer zum Showroom umgewandelten Galerie werden erlesene Designobjekte, Lampen, Stoffe, Schaufensterpuppen und Kunst in einer chaotischen Anordnung ausgestellt. Mit dem Hauch von billigem Glamour und einem kollaborativen Arbeitsprozess, der von einer Veranstaltung zur nächsten entwickelt wird, ist Centre for Style ein willkommener Gegenpol zu den luxusdurchtränkten Kooperationen zwischen großen KünstlerInnen und High-End Marken, die üblicherweise diese kulturellen Crossover kennzeichnen.

Installiert in einem rampenartigen Bereich im ersten Stock der Akademie der Künste mit Blick auf das Café und ganz im Einklang mit Centre for Styles dekonstruktivem Umgang mit Mode und Stilkonventionen, ist die neue Arbeit *Dress Rehearsal* (2016) ein abstrakter, chaotischer Mode-Laufsteg, der den Backstage-Bereich zur Schau stellt. Umgeben von Schutt und Überbleibseln, als ob dort erst am Vorabend eine mit Red Bull angeheizte, wilde Veranstaltung stattgefunden hätte, wird das kooperative Projekt Arbeiten mehrerer DesignerInnen, MöbelproduzentInnen sowie KünstlerInnen. Das Projekt rückt die zumeist nicht wahrgenommenen Facetten der Modewelt in den Vordergrund: den Moment davor, das Richten des Kleides, das Schminken, den Moment danach, das Ausziehen, den Kleiderwechsel, die Party, den Müll und den Katzenjammer. Damit werden die unsichtbaren, manchmal chaotischen Rituale der eventbasierten Inszenierung repräsentiert, die uns daran erinnern, dass nicht nur Kleidung die Modewelt ausmacht, sondern auch Gemeinschaften.

Centre for Style is both an internationally touring format and a physical space in Melbourne run by Matthew Linde. Driven by an interest in testing the possibilities for curating fashion beyond the confines of the museum, Centre for Style engages in a radical deconstruction of fashion by merging its performative dimension with the framework of the exhibition space. Drawing upon extended geographical networks, Centre for Style's ephemeral arrangements and gatherings mix haphazard, DIY nonchalance with a large, shifting cast of people—including fashion designers who do not produce traditional collection-based lines and artists who might craft spontaneous, off-brand works or clothing or props. Centre for Style puts on shows that can resemble art exhibitions, craft assemblages, or even parties. A typical project might feature an exquisitely deranged arrangement of design objects, lamps, fabric, mannequins, and art exhibited in a gallery-turned-showroom. With its air of makeshift glamour and collaborative, event-to-event working process, Centre for Style is a welcome antidote to the luxury-steeped collaborations between big-name artists and high-end brands that usually mark these cultural crossovers.

True to its deconstructive take on fashion and conventions of style, Centre for Style's new work *Dress Rehearsal* (2016) is an abstracted, chaotic fashion runway-turned-backstage installed in a ramp-like area of the first floor of the Akademie der Künste, overlooking the café. Filled with detritus and collateral remains, as if a Red- Bull-fueled event occurred there the night before, the collaborative project will display the work of several designers, furniture makers, and artists. In foregrounding the often hidden dimensions of fashion—the just-before, the makeup, the just-after, the clothes-swapping, the party, the litter, and the hangover—the project represents the invisible, at times messy rituals of event-based mise-en-scènes, reminding us that fashion produces not only clothes but also communities.

***Centre For Style USA TOUR: NY*, 2015**
Fotografie Photograph

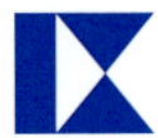

Brody Condon

ADK

***1974 in Tuxpan, MX, lebt und arbeitet** lives and works **in Berlin**

Brody Condons Werk erkundet die psychologischen und kulturellen Auswirkungen von Gruppenstrukturen sowie die wechselseitige Durchdringung von Alltag und Fantasie beziehungsweise von Virtualität, wie zum Beispiel in Computerspielen oder gesellschaftlichen Ritualen. Condon bezeichnet seine Arbeiten, die er mit Methoden der Psychotherapie und des Live-Rollenspiels (LARP) produziert, als „performative Spielmotoren". Es handelt sich dabei um partizipatorische, private und zeitlich begrenzte Spielsituationen, die dokumentiert und später als Videoinstallationen präsentiert werden.

Auch Condons Live-Veranstaltung *Level Five* (seit 2010) ist von Rollenspielen inspiriert. Er untersucht darin das ideologische Erbe der kontroversen US-amerikanischen Großgruppenseminare der 1970er-Jahre. Die Seminare schöpften aus dem Ethos der Gegenkultur dieser Zeit und waren großangelegte, emotional fordernde Sitzungen mit Tausenden von TeilnehmerInnen, die gesellschaftliche Zwänge ablegen und persönliche Transformation erfahren wollten. Die TrainerInnen waren ermächtigt, alles Notwendige zu tun – bis hin zur Anwendung von Gewalt –, um die Egos der Teilnehmenden zu „brechen". Aus genau diesen Experimenten haben sich die heute gängigen Selbsthilfegruppen und innerbetrieblichen Seminare entwickelt. Der Filmemacher Adam Curtis schreibt über diese Experimente, dass sie nicht den gesellschaftlichen Fortschritt durch Gruppenbildung beziehungsweise soziale (Des-)organisation erreichen, aber ungewollt zu der Annahme führten, Glück sei *ohne* Mitmenschen zu erreichen und „die Gesellschaft irrelevant".

Im Anschluss an einen eintägigen Workshop wird Condons *Level Five* am Folgetag als ganztägige Veranstaltung bei der 9. Berlin Biennale stattfinden. Das Programm, das Condons eigene Techniken mit denen der Veranstaltungen aus den 1970er-Jahren kombiniert, bietet Raum für einhundert freiwillige TeilnehmerInnen, die von einem Seminarleiter und AssistentInnen angeleitet werden. In verschiedenen Rollen auftretend, führt der Seminarleiter durch ein reales, performatives Live-Programm, das vom Künstler organisiert wird und aus Vorträgen, Körperübungen und Riten des Teilens sowie den üblichen Kaffeepausen und Begegnungen besteht. In einer Zeit, die einerseits von Marketing und Megakonzernen und andererseits von hyperindividualisierten Praktiken zur Selbstperfektionierung geprägt ist, stellt Brody Condons Arbeit ein soziales Experiment dar, das die Spannung zwischen Individuation und umfassender gegenwärtiger Entfremdung inszeniert.

Brody Condon's work steeps itself in the psychological and cultural effects of group structures as well as the blending of fantasy and virtuality with everyday life—for example, in games and scripted social rituals. Condon often combines unconventional group psychotherapeutic methods with live role-playing to produce what the artist calls "performative game engines"—participatory, private, and durational situations, which are documented and later presented as video installations.

Condon's *Level Five* (2010–ongoing) is a live action role playing (LARP) inspired event that investigates the ideological legacy of controversial mass self-actualization seminars from 1970s America. Inspired by the countercultural ethos of their age, these seminars were emotionally intense sessions that attracted thousands of participants, hoping to unlearn societal constraints and achieve personal transformation. Coaches were allowed to do anything necessary—even resort to violence—in order to "break" participants' egos. These experiments evolved into the familiar corporate training and self-help seminars of today. Instead of achieving social progress through group and social (dis)-organization—as filmmaker Adam Curtis has written—the unwitting result was the belief that happiness could be achieved *without* others, that "society was irrelevant."

Following a one-day workshop, Condon's *Level Five* will take place as a full-day event at the 9th Berlin Biennale. The program—which combines Condon's own session techniques with those of original seminars from the 1970s—hosts a hundred voluntary participants, guided by a trained seminar leader and assistants, who all arrive in character to immerse themselves in an intensive program organized by the artist and comprising of lectures, physical processes, and rites of sharing—along with the usual coffee breaks and "mingles." In an era dominated by marketing and megacorporate regimes on the one hand, and the expectation of hyper-individuated personal growth practices on the other, the work is a social experiment staging the tension between individuation and contemporary large-scale alienation.

***Level Five*, 2010–2011**
Still von Livestream-Video einer Performance Still from live stream video of a performance

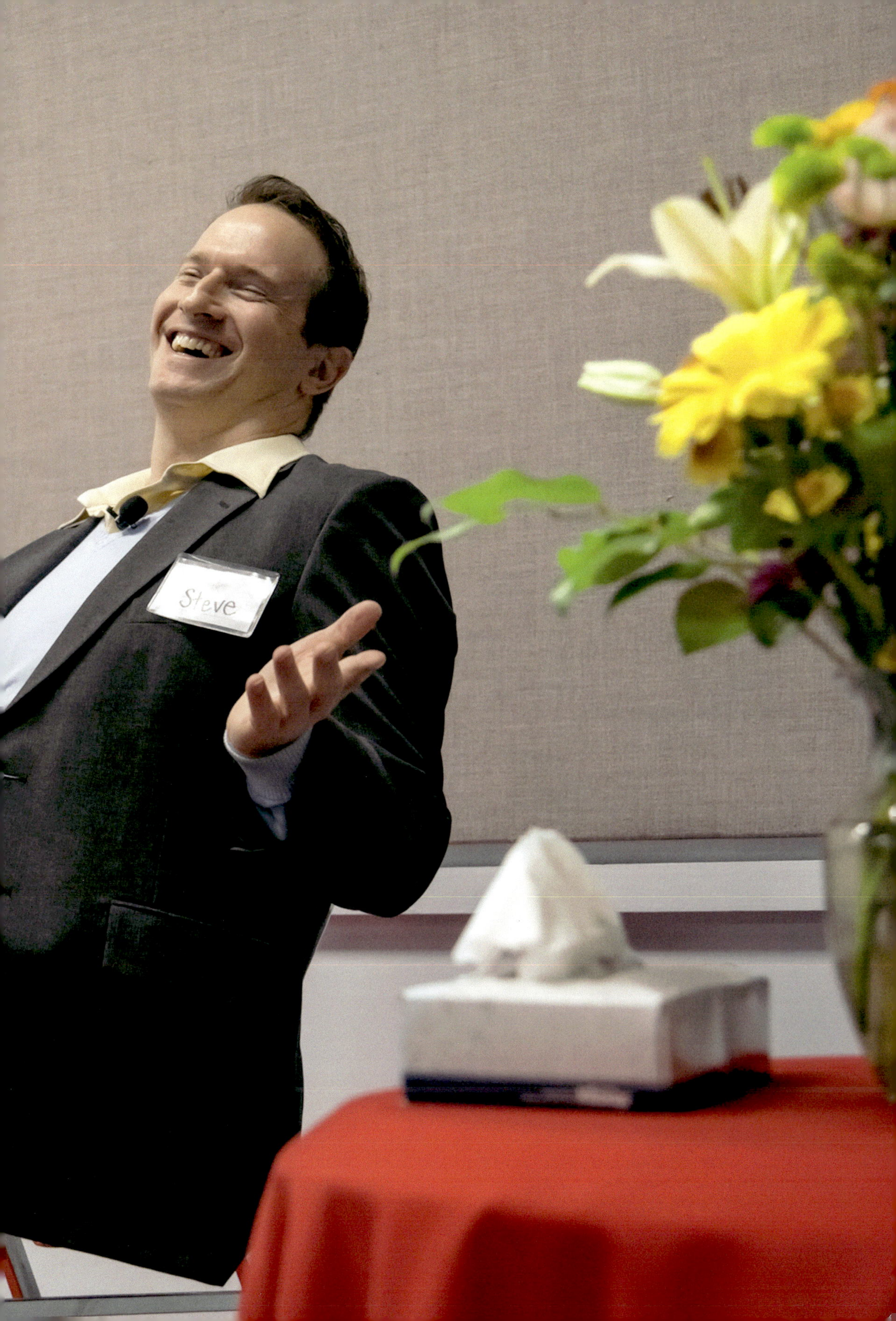
Steve

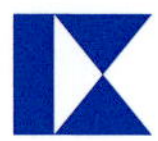

CUSS Group

KW

Gegründet Founded in **2011 in Johannesburg, ZA**
Ravi Govender *1984 in Durban, ZA, lebt und arbeitet lives and works **in Geneva, CH**
Christopher Bryden McMichael *1984 in Durban, ZA, lebt und arbeitet lives and works **in Johannesburg, ZA**
Mpumelelo Jamal Nxedlana *1985 in Durban, ZA, lebt und arbeitet lives and works **in Johannesburg, ZA**
Philip Pilekjær *1988 in Odense, DK, lebt und arbeitet lives and works **in Copenhagen**
Lex Trickett *1985 in Durban, ZA, lebt und arbeitet lives and works **in Johannesburg, ZA**
Zamani Xolo *1980 in Durban, ZA, lebt und arbeitet lives and works **in Johannesburg, ZA**
In Zusammenarbeit mit In collaboration with **ANGEL-HO, FAKA, Megan Mace, NTU**

Die Aktivitäten der CUSS Group beinhalten unter anderem die Gründung eines Online-Fernsehsenders, Netzpublikationen, digitale Kunst und kuratorische Projekte in ihrer Heimatstadt Johannesburg. Das Kollektiv reagiert auf die kommerzielle, kulturelle und technologische Superhybridität aus der Perspektive urbaner Trends, materieller Artefakte und der Jugendkultur im heutigen post-postkolonialen Südafrika. Für einige ihrer Veranstaltungen, zu denen auch *Video Party* (2013–14) – eine langfristig angelegte Reihe kuratierter Projekte – gehört, nutzen sie unkonventionelle Orte wie etwa Geschäfte, um Kunst in den Alltag zu integrieren und ihr Publikum zu demokratisieren. Die CUSS Group operiert auf der Höhe der digitalen Entwicklungen unserer globalisierten Gegenwart und macht darauf aufmerksam, dass die Ausgrenzungsmechanismen der politischen und kolonialistischen Vergangenheit im Begriff sind, sich zu verändern und auf die digitale, postgeografische Welt der Bots und Trolle – sowie auf Strukturen und Institutionen der Kunstwelt – ausgeweitet zu werden.

Der Beitrag der CUSS Group zur 9. Berlin Biennale ist ein Raum mit der Überschrift „Triomf Factory Shop", der auf den ersten Blick wie ein normaler Laden wirkt. Die Produkte, die man dort vorfindet, stammen jedoch von der Marke Triomf (ein Parfüm, LCD-Monitore, fiktive Nachrichtensender). Zu sehen sind auch Werke von südafrikanischen KünstlerInnen. Der Laden dient als virtuelle „Fassade" für einen dahinter liegenden, dem Publikum nicht zugänglichen Raum, bei dem es sich um das Produktionsstudio für ein Live-Programm mit DJs, Poesie und Diskussionssendungen handelt. Durch die verschlossene Tür werden die Studioproduktionen direkt in den öffentlich zugänglichen, vorderen Laden gestreamt. Im Zusammenhang mit den städtischen und nationalen Interessen, welche die Biennalen beeinflussen, sind deren TeilnehmerInnen auch BotschafterInnen, Quasi-Exporte und Quasi-EmigrantInnen kultureller Öffnung inmitten einer globalisierten, jedoch immer noch national ausgerichteten Kreativwirtschaft. Der Laden der CUSS Group thematisiert nicht nur die Diskrepanz zwischen offizieller Darstellung und kreativer Arbeit, sondern imitiert zudem moderne Finanzpraktiken, bei denen Kapital durch unverfängliche Kulissen – wie Gemischtwarenläden oder Internet-Cafés – kaschiert wird; diese fungieren als Fassaden und Geldwaschanlagen, während Städte zu Wechselstuben für das wandernde globale Kapital werden.

CUSS Group's activities have spanned the founding of a web television network, online publications, digital art, and curatorial projects in their HQ, Johannesburg. The collective responds to commercial, cultural, and technological super-hybridity through the filter of urban trends, material artifacts, and youth culture in contemporary, post-post-colonial South Africa. For a number of events, including their ongoing series of curated platforms *Video Party* (2013–14), they have used non-traditional spaces like shops to insert art into the everyday and democratize its audiences. For CUSS Group, who are attuned to digital developments in a globalized contemporary, the exclusionary constructs that are the legacy of political and colonial histories are expanded and morphed online in the post-geographical realm of bots and trolls—as well as in art-world formats and institutions.

CUSS Group's contribution to the 9th Berlin Biennale is a space signposted "Triomf Factory Shop," which appears to be a store, filled with the cultural products of the Triomf brand: a fragrance, LCD monitors, fake news channels—as well as works by South African artists. The shop also serves as a virtual "front" for a back room, which is a space of production for a live events program of DJs, poetry, and talk radio. Closed to the public, these events are streamed from behind closed doors into the publicly accessible storefront. In the city politics and national interests that drive biennials, participants are envoys, quasi-exports, quasi-emigrants, of cultural dissemination amid a globalized, though still nationally based creative economy. CUSS Group's use of a shop not only speaks to the gap between official presentation and processes of creative production, but it also mimics contemporary monetary practices in which capital is masked by innocuous settings—such as convenience stores or internet cafés—which serve as fronts and storehouses for laundered money, as cities become currency exchanges for migrating global capital.

***Inserat (Advertisment)*, 2016**
Werbeanzeige für Triomf Advertisement for Triomf

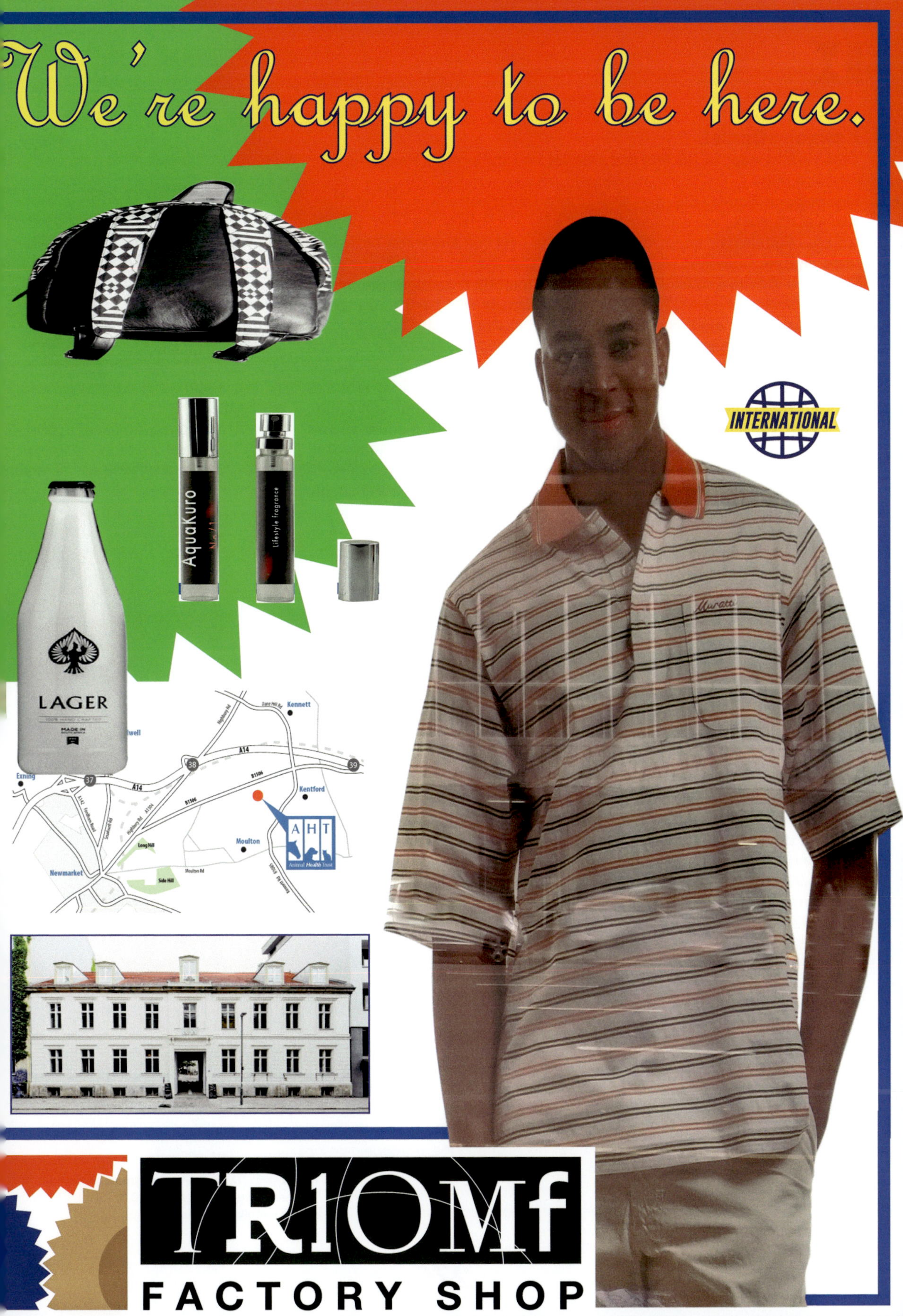
We're happy to be here.
INTERNATIONAL
AquaKuro
Lifestyle fragrance
LAGER
Kennett
A14
Exning
Kentford
B1506
Moulton
AHT
Animal Health Trust
Newmarket
Long Hill
Side Hill
TR1OMf
FACTORY SHOP

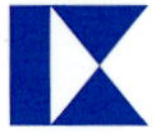

Kathleen Daniel

***1945 in Minneapolis, US, lebt und arbeitet** lives and works **in Hamburg, DE**

Eine holprige Web-1.0-Energie kennzeichnet die Werke von Kathleen Daniel alias Kathleen Realness, die surreale digitale Collagen, Neo-Soul-Musik und Videoanimationen macht. Trippige Soulpsychedelik, *Tell-it-like-it-is*-Kommentare, eindringliche Vocals und ein wechselndes Ensemble humorvoll-grotesker Figuren kommen in ihrem Video- und Musik-Label Duh Real zusammen, das Geschichten von *the needy and the greedy* – so der Titel eines Werks – erzählt. Daniel, eine in Hamburg lebende Amerikanerin, vermischt Visuals und klassisch-amerikanische Motive – den Western, den Hillbilly, das Erbe der Sklaverei und die amerikanische Politik – mit anderen zeitlosen, ewig wiederkehrenden Themen: Spiritualität, häusliche Konflikte, (Un-)Gerechtigkeit und Machtspiele. Eine einzigartige Mischung aus Realismus und Fantasy bestimmt die fieberhaften, schmelzenden Oberflächen ihrer Arbeiten und die irren Geschichten über Leute, die bei einer Dinnerparty Affenhirn löffeln. Sie bezieht sich auf den Fall Lorielle London (die früher ein Mann war und jetzt eine hübsche Frau ist) oder auf eine Situation, in der „beste Freundinnen sich verkrachen, weil die eine mit dem Mann der anderen rummacht und sie dabei angrinst, als sei alles cool."

Die 9. Berlin Biennale präsentiert eine Online-Video-Retrospektive von Daniels bisher zu wenig beachteten, aber höchst originellen Werken. So skurril sie zunächst wirken, sprechen ihre Geschichten doch komplexe politische Themen an: andauernde Geschichten und jüngste Fälle von Gewalt (insbesondere in einem nach Hautfarbe getrennten Amerika), den Krieg im Irak, die Wall Street, Ungleichheiten und das Leben einer schwarzen, amerikanischen Frau in Deutschland. Ihre Bilderwelt menschlicher Konflikte – körperlicher und psychischer – ist von äußerster Aktualität und Brisanz. In Gestalt surrealer Tragikomödien zaubern die Werke eine visuelle Welt herbei, die erratischer, exaltierter und fantastischer ist als die algorithmisch generierten Listicles, denen wir derzeit online begegnen – einen Raum jenseits des (und vor) dem Internet von heute. Daniels Ansatz ist positiv, selbstbewusst und bei allem traumhaften Flow, stets höchst real. In einem Video fordert sie: „All ihr seelenlosen, leeren Leute, wacht auf!"

There's a Web 1.0 chunkiness and energy to the works of Kathleen Daniel, a.k.a. Kathleen Realness, who makes surreal digital collages, neo-soul music, and video animations. Trippy soul psychedelia, tell-it-like-it-is commentary, haunting vocals, and a shifting cast of humorously grotesque characters come together on her video and music label Duh Real, which features tales of *the needy and the greedy*, as one work is titled. An American living in Hamburg, Daniel blends visuals and themes native to the US—the Western, the hillbilly, the legacy of slavery, and American politics—with others that are persistent and perennial: spiritualism, domestic strife, (in)justice, and power games. A unique blend of realism and fantasy defines her frenetic, molten surfaces and far-out stories about people eating monkey brains at a dinner party, the case of Lorielle London (once a man who is now a pretty woman), or a situation in which "home-girls fall out because one is chipping with the other's man while grinning in her face, like all is cool."

The 9th Berlin Biennale is presenting an online video retrospective of Daniel's under-recognized but utterly original works. Although whimsical on the surface, Daniel's narratives allude to complex political backdrops: long-standing histories and recent episodes of violence (especially in a racially divided America), the war in Iraq, Wall Street, inequality, and being a black American woman in Germany. Her imagery of human conflict—physical and emotional—is filled with acute topicality and urgency. With their surreal tragi-comedy, the works conjure a more erratic, more effusive, more fantastical visual world than the algorithmically generated listicles we currently encounter online—a space beyond (or before) the internet of now. Her approach is positive, empowered and, for all its dream-like flow, utterly real throughout. In one video she urges: "All you soulless vacant people, getta life."

***Ganja (Nappy-headed Jamaican woman, smoking rolled ganja)*, 2011**
Digitalbild Digital image

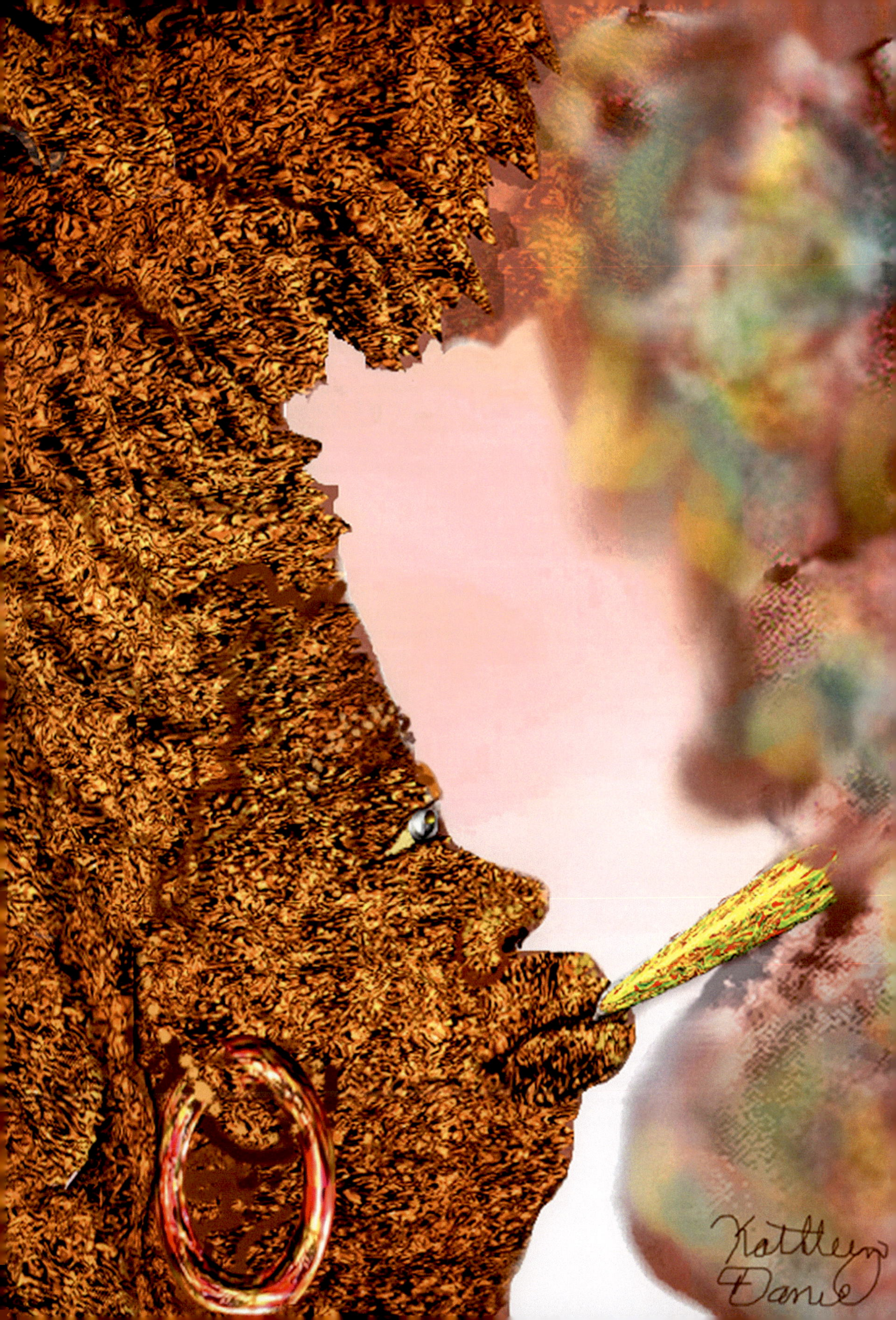

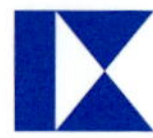

Debora Delmar Corp.

ADK

Gegründet Founded in **2009 in New York, US**
Débora Delmar *1986 in Mexico City, lebt und arbeitet lives and works **in Mexico City**

Debora Delmar Corp., das Künstlerunternehmen von Débora Delmar, beschäftigt sich mit den Werbebildern und Konsumartikeln des gesundheitsbewussten Lebensstils, um dadurch auf Klassenbewusstsein und die sogenannte *upward mobility* – so der Titel einer jüngst stattgefundenen Ausstellung – aufmerksam zu machen. In einer Zeit beispielloser Globalisierung und Markenbekanntheit erforscht Delmar den Zusammenhang zwischen Ernährungstrends, Wellness-Ideologien und Branding einerseits und sozialem Status und demonstrativem Konsumverhalten andererseits. Wie genau lässt sich die Vorstellung von Wert im Zeitalter des „Sozialen" fassen und wie verändert sie sich in unterschiedlichen sozialen Gruppierungen?

Oder warum trinken wir nicht einfach einen Saft und reden darüber? Bei der 9. Berlin Biennale präsentiert Debora Delmar Corp. eine funktionsfähige Saftbar, die den Naturkost-Trend des *Green Juice* aufgreift – ein hippes, monochromes Lifestyle-Produkt, das als frisch, rein, gesund und aktiv vermarktet wird. Das Projekt trägt den Titel *MINT* (2016) und bezieht seinen Namen nicht nur von Münzprägestätten (engl. *mints*), in denen Geld produziert wird, sondern auch von dem Akronym „MINT", das die Industrialisierung und wachsende Wirtschaftskraft von Mexiko, Indonesien, Nigeria und der Türkei als Schwellenmärkte für Investitionen hervorheben soll. *Green Juice* dringt als neuer Luxusartikel aus der „Ersten Welt" in solche Länder vor, wobei die „MINT"-Länder oft genau jenes Obst und Gemüse exportieren, das verflüssigt und in (wesentlich teurerer) attraktiver Saftverpackung zurückkommt.

An der *MINT*-Saftbar im Café der Akademie der Künste zeigen extra für diesen Zweck gefertigte Flaschen den Preis eines *Green Juice* in mexikanischen Dollars, indonesischen Rupien, nigerianischen Nairas und türkischen Liras. In einem ausgewiesenen Sitzbereich können die BesucherInnen frischen Saft, der in Zusammenarbeit mit einer Berliner Firma hergestellt wurde, in unterschiedlichen Geschmacksrichtungen kaufen und schlürfen (nur gegen Bargeld). Das Projekt von Débora Delmar beleuchtet die Verlagerung (und Steigerung) von Wert in unterschiedlichen Kontexten, die Idee von Nahrung als Luxusartikel und die wirtschaftlichen Strukturen, die diesen Trends und Gesundheitsprodukten zugrunde liegen. Zugleich thematisiert es die allgegenwärtige Praxis, Konsumartikeln ein grünes Image zu verpassen, sowie die Tatsache, dass das gesellschaftliche Bewusstsein durch Konsumgewohnheiten geprägt wird.

Debora Delmar Corp., the artist-corporation of Débora Delmar, mines the iconography and commodities of health-driven lifestyles to address class consciousness and *upward mobility*, the title of a recent exhibition. At a moment of unprecedented globalization and brand visibility, Delmar is interested in how the politics of food, wellness ideologies, and branding intersect with problems of status and conspicuous consumption. Just what is value in the age of the "social," and how does this shift within different configurations of people?

Or why don't we just have a juice about it? For the 9th Berlin Biennale, Debora Delmar Corp. is presenting an operational juice bar dedicated to the health food trend of "green juice"—a hip, monochrome lifestyle product marketed as fresh, clean, healthy, and active. Titled *MINT* (2016), the project takes its name not only from the minting of currency but also from "MINT," the acronym for the industrializing and developing economic powers of Mexico, Indonesia, Nigeria, and Turkey as emerging markets for investment. Whereas green juice has begun entering such countries as a new luxury item from First-World countries, the "MINT"countries are often exporters of the very fruit that makes a liquefied return in (much more expensive) boutique, juice packaging.

At the *MINT* juice bar installed in the café of the Akademie der Künste, custom-made bottles show the price of a green juice in Mexican dollars, Indonesian rupiahs, Nigerian nairas, and Turkish liras. In a designated seating area visitors can purchase (cash-only) and sip various flavors of freshly made juice produced in cooperation with a local company. Débora Delmar's project comments on the displacement (and inflation) of value across contexts, food as a luxury item, and the economic structures that underlie trends and health products. It also takes on the perennial "greenwashing" of commodities and how social consciousness is reinforced by consumer habits.

***MINT Juice Ad*, 2016**
Digitalbild Digital image

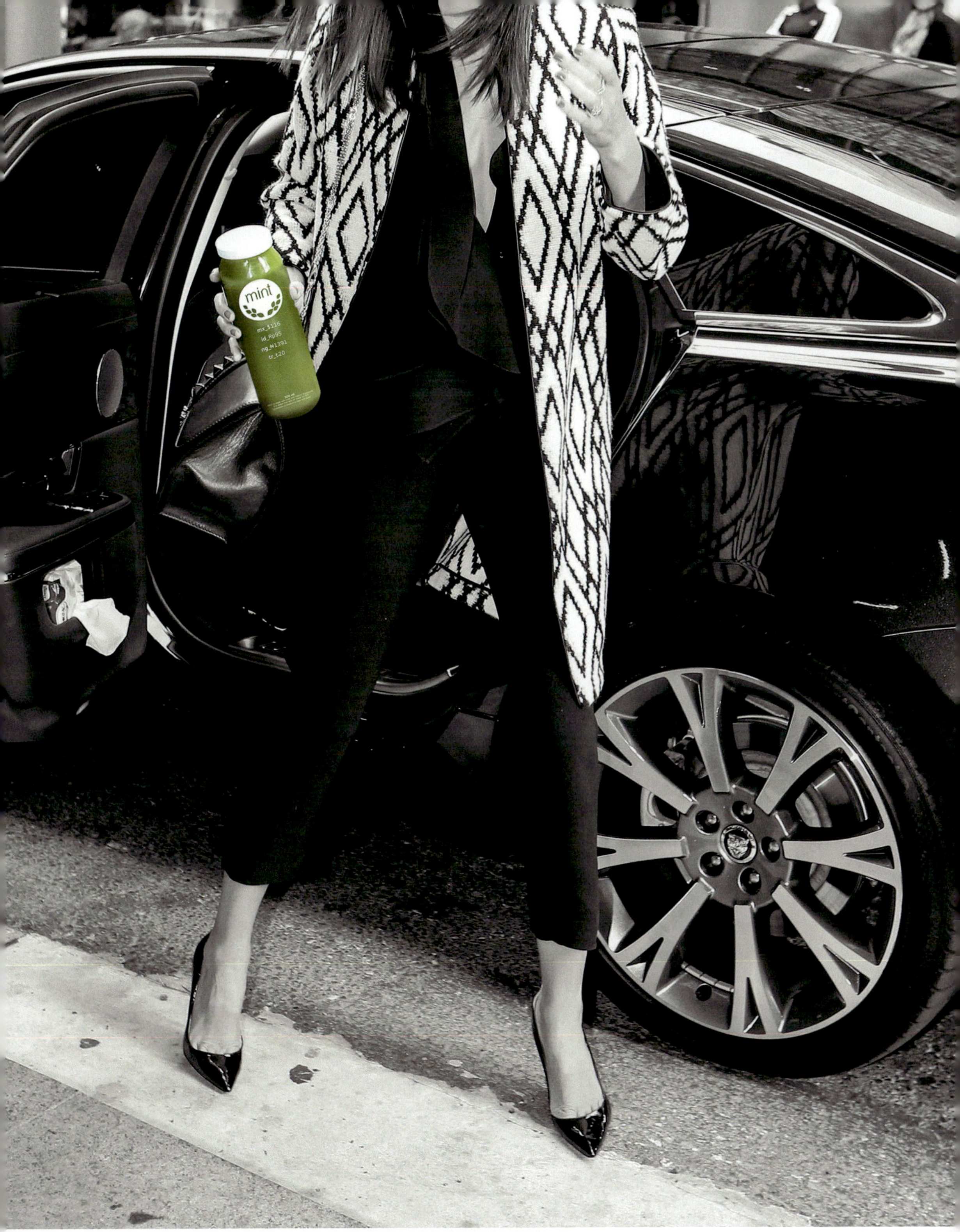

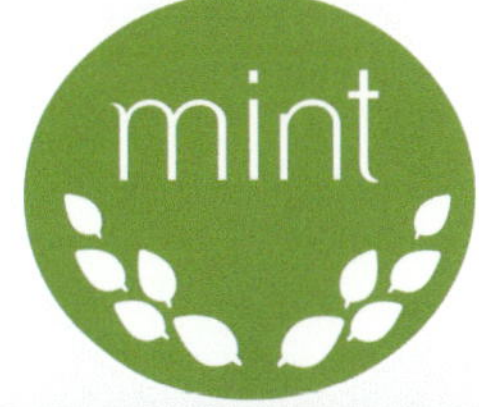

mint is a brand conceived by Debora Delmar Corp.

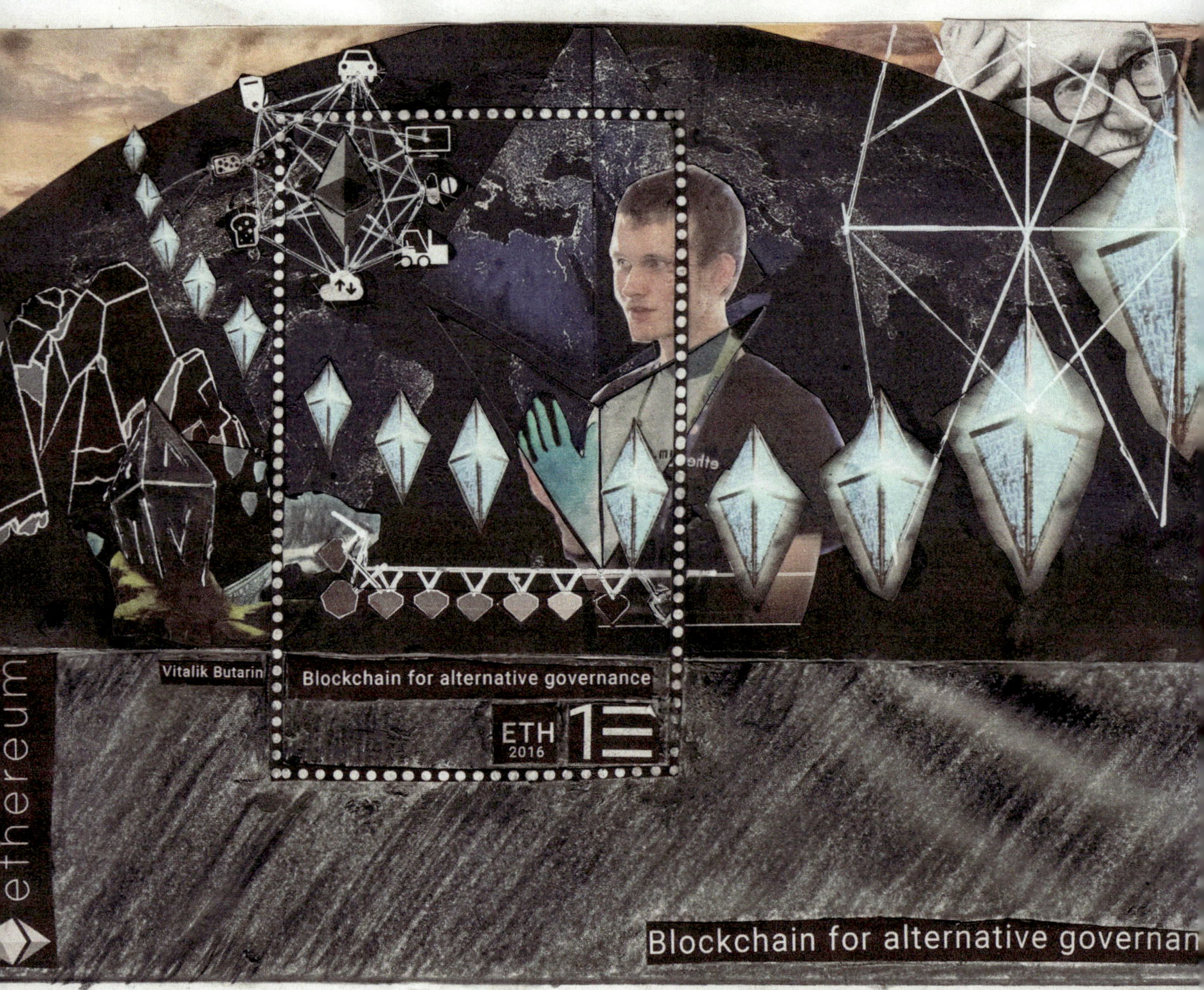
Vitalik Butarin
Blockchain for alternative governance
ETH
2016
ethereum
Blockchain for alternative governan

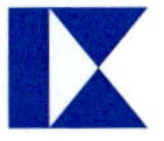

Simon Denny

ESMT

***1982 in Auckland, NZ, lebt und arbeitet** lives and works **in Berlin und** and **New York, US**

Simon Denny verhandelt in seinen recherchebasierten, häufig kollaborativ entstandenen Installationen ein breites Themenspektrum, angefangen bei Informationsdesign, über Kultur der Massenunterhaltung, berufliche Wiedereingliederung, Industriemessen und Unternehmensführung von Startups bis hin zur Geschichte von Kim Dotcom, dem Gründer der Filesharing-Plattform Megaupload.

Selbstdarstellung und Selbst-Branding von Staaten und Firmen interessieren Denny schon länger, vor allem die Verwicklungen von Staat und Wirtschaft im Zeitalter der Deregulierung. Seine bei der 9. Berlin Biennale gezeigte Installation *Blockchain Visionaries* (2016) bezieht sich auf drei echte Firmen: Ethereum, 21 Inc. und Digital Asset Holdings, die an der Spitze der Entwicklung dezentralisierter Währungsplattformen und des Internet der Dinge stehen. Die Konzepte und Businessmodelle der drei Firmen kreisen um Blockchain, eine dezentralisierte Datenbanktechnologie für Transaktionen, die die Grundlage der staatenunabhängigen Kryptowährung BitCoin bildet. Die Blockchain-Chiffrierung unterläuft die Überprüfung durch Dritte und das System der zentralisierten Datenbanken und „automatisiert" das Vertrauen der HandelspartnerInnen. Für *Blockchain Visionaries* hat Denny ein Informationsdisplay sowie eine eigene Briefmarke für jede der drei Firmen, die jeweils eine zukünftige Richtung der Blockchain-Technologie verkörpern, entworfen. Das Briefmarkensystem, bei dem ein Bild buchstäblich zur Währung wird, ist eine im Verschwinden begriffene Technik, auf der die Tauschsysteme souveräner politischer Einheiten aufbauen. Vor dem Hintergrund der nationalistischen Ideologien des letzten Jahrhunderts hebt Denny mithilfe der Briefmarkenbilder die Branding- und Monetarisierungsstrategien der drei Firmen hervor, die wiederum als Verkörperung supranationaler Wirtschaftskonzepte verstanden werden können. Dennys Installation gewinnt dadurch an Brisanz, dass sie im Sitzungssaal eines Gebäudes gezeigt wird, in dem sich früher der Amtssitz des Staatsrats der DDR befand und in dem heute die ESMT European School of Management and Technology untergebracht ist. Der im Originalzustand erhaltene Saal wird von einer Metallätzwand im Stil des Sozialistischen Realismus dominiert, die Schornsteine eines vergangenen Industriezeitalters und eine Friedenstaube zeigt.

Simon Denny's research-based installations take an embedded and often collaborative approach to subjects ranging from information design to mass entertainment culture, occupational rehabilitation, industry tradeshow conventions, start-up management practices, and Kim Dotcom of the file-sharing site Megaupload.

How nations and corporations visualize and brand themselves has long been a concern for Denny, who is interested in the entanglements of state and business in the age of deregulation. His installation for the 9th Berlin Biennale, *Blockchain Visionaries* (2016), showcases three real companies, Ethereum, 21 Inc., and Digital Asset Holdings, at the forefront of decentralized monetary platforms and the Internet of Things. The respective visions and business models of these companies hinge on the blockchain, a decentralized transaction database technology that is the backbone of the denationalized cryptocurrency BitCoin. Circumventing the need for third-party verification and centralized databases, blockchain encryption effectively "automates" trust. For *Blockchain Visionaries* Denny has created an information display and a postage stamp for each company, each of which embodies a future direction in blockchain technology. The stamp, a literal image-turned-currency, is a waning technology which constitutes the distribution system of a sovereign political entity. Through the imagery of the stamps Denny foregrounds the branding and monetization strategies of these three corporations—which enact supranational economic schemes—against the backdrop of nationalist ideologies of the last century. Denny's installation reaps dramatic force through its location in a vast conference room in a building housing the ESMT European School of Management and Technology, formerly the site of the East German *Staatsrat* (State Council). Still in its original condition, the space is dominated by a large metal mural rendered in the official style of Socialist Realism and bearing the smokestacks of a bygone industrial age—accompanied by a dove of peace.

***Study for Ethereum (Vitalik Butarin) 1 ETH postage stamp, featuring Linda Kantchev*, 2016**
Bleistift und Tintenstrahlcollage auf dotPad-Papier Pencil and ink-jet collage on dotPad paper
297 × 210 mm

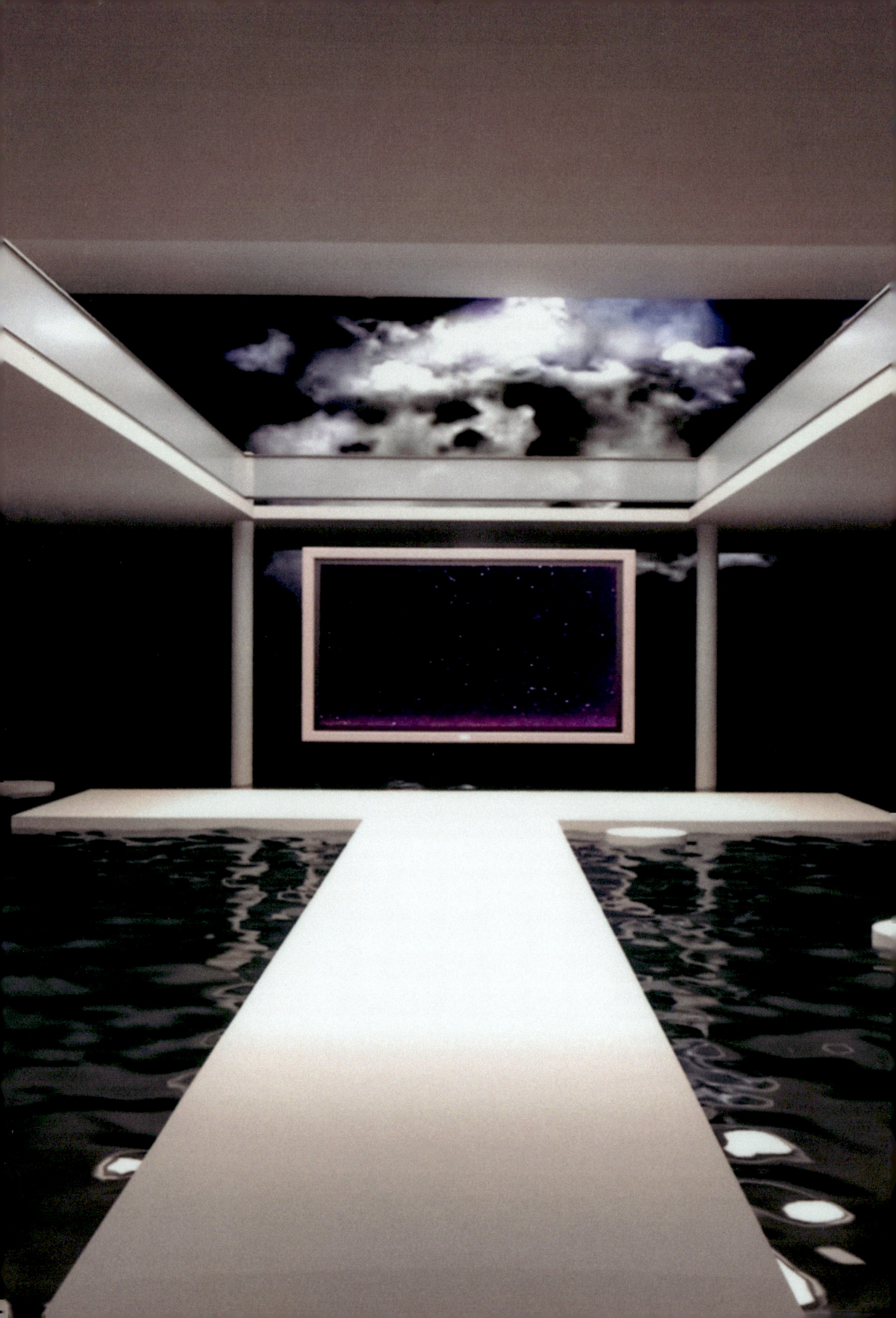

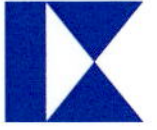

Cécile B. Evans

KW

***1983 in Cleveland, US, lebt und arbeitet** lives and works **in London und** and **Berlin**

Die belgisch-amerikanische Künstlerin Cécile B. Evans ergründet in ihren Werken den Wert von Emotionen in der heutigen Gesellschaft, den zunehmenden Einfluss neuer Technologien auf unser Fühlen und Handeln, ihre Zirkulation und ihren Einfluss auf die Wirtschaft. In ihren Installationen, Videos, Skulpturen, Performances und Online-Plattformen befasst sie sich damit, wie Formen des Austauschs zwischen Mensch und Maschine Rückschlüsse auf die menschliche Existenz zulassen. In ihren neueren Videoarbeiten *AGNES* und *Hyperlinks or It Didn't Happen* (beide 2014) untersucht sie – mithilfe von interaktiven Spambots und einem digital wiederauferstandenen Hollywood-Schauspieler – das „Leben" von digitalen Wesen. Evans stellt dabei die Frage, was diese Wesen „selbst" wollen und welche Relevanz ihre Bedürfnisse für uns haben.

Evans neue Arbeit für die 9. Berlin Biennale, *What the Heart Wants* (2016), lotet aus, was es in der Zukunft heißen wird, Mensch zu sein. Start-ups, PolitikerInnen und Megakonzerne zielen gleichermaßen darauf ab, zum „wahren Ich" vorzudringen, indem sie den NutzerInnen ein Erleben von Inhalten aufzwingen, das ein Start-up-Sprecher einmal treffend als eine „emotionale Achterbahn" beschrieben hat. In ihrer großen Installation, die in einem mit Wasser gefluteten Raum gezeigt wird, wirft Evans einen Blick auf das Streben danach, sich im digitalen Zeitalter als Person zu behaupten. Dies stellt sie der unternehmerischen, technologischen, institutionellen, sozialen und politischen Maschinerie gegenüber, die es sich zum Ziel gesetzt hat, diese Entität des „Selbst" zu definieren. Wenn „Unternehmen ebenfalls Menschen" sind, um das Unternehmenspersönlichkeitsrecht zu zitieren, dann hat HYPER – eine diffuse Macht und die Erzählerin von *What the Heart Wants* – letztlich ihr Ziel erreicht. Sie erscheint in weiblicher Form und demonstriert ihre Bemühungen und ihre besten Absichten.

Die Welt, die HYPER durch ihre Entschlossenheit geschaffen hat, zeigt eine Sammlung unterschiedlicher Charaktere: unsterbliche Zellen; eine Erinnerung aus dem Jahr 1972, die ihre Zeitzeugen überlebt hat; ein auseinandergegangenes Trio netzunabhängiger Liebender; Klonkinder mit ihrem Pflegeroboter im Schlepptau und ein Arbeiterverband, der sich ausschließlich aus körperlosen Ohren zusammensetzt. Evans' Videoinstallation bewegt sich durch unzählige Räume und Materialien und erkundet die schwindelerregenden Paradoxien einer Zukunft, die längst Realität geworden ist.

The work of Belgian-American artist Cécile B. Evans unravels the value of emotion in contemporary society, the increasing influence of new technologies on how we feel and act, and the ways in which they circulate and influence the economy. Evans employs installation, video, sculpture, performance, and online platforms to address how person-to-machine exchanges reflect the contemporary human condition. Evans' recent video works, *AGNES* and *Hyperlinks or It Didn't Happen* (both 2014), examine the lives of digital beings—via an interactive spambot and the digital resurrection of a Hollywood actor—by asking what they want for their "selves," and how their desires relate to us.

Evans' new work, *What the Heart Wants* (2016), is an exploration of the future of what it could mean to be human. Start-ups, politicians, and megacorporations all strive to get to the "real you," often by wringing users through an experience of content described by a start-up spokesperson as an "emotional roller coaster." Presented in an immersive installation which includes a room flooded with water, Evans' work takes a look at the attempt to pass as a person in the digital age—juxtaposing this with the corporate, technological, institutional, social, and political machines that seem set to define the entity of the "self." If "corporations are people too," to quote the notion of corporate personhood, then HYPER, an ambiguous power and the narrator of *What the Heart Wants*, has achieved this ultimate goal. Appearing in female form, she demonstrates her labor and very best intentions. The world that HYPER's resolve has created introduces the viewer to a range of protagonists: a group of immortal cells, a memory from 1972 that has outlived the humans who would have remembered it, a disbanded trio of off-grid lovers, lab children with their robot caregiver in tow, and a workers' collective comprised entirely of disembodied ears. Evans' video installation moves through a myriad of spaces and materials to investigate the dizzying paradoxes of a future-turned-now.

***Render sketch_WTHW_bb9*, 2016**
Digitales Rendering Digital rendering

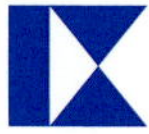

Nicolás Fernández

***1968 in Geneva, CH, lebt und arbeitet** lives and works **in Geneva, CH**

Der Maler Nicolás Fernández hat bereits eine zweifache künstlerische Karriere. Er war Teil der Net-Art-Bewegung der 1990er-Jahre und schuf frühe digitale Collagen aus Naturabbildungen, Produktbildern und Fotos von Menschen unter Verwendung (damals) modernster Techniken der Bildbearbeitung. Aufgrund gesundheitlicher Probleme musste der Künstler 2004 seine Arbeit einstellen. Noch im Krankenhaus begann Fernández mit dem Malen; erste iPhone-Gemälde entstanden, die familiäre Beziehungen, Kinder und Eltern darstellen. Die isolierten ProtagonistInnen, deren Namen aus der griechischen Mythologie stammen, sind Menschen unserer Zeit, die von antiken Tragödien überschattet werden. Fernández blieb beim Malen. In Öl schafft er nun surreale Landschaften von bewusster Naivität, Szenen mit Akten, die an die Kompositionen des Symbolismus erinnern – von Mythologie und Pathos durchwirkte Idyllen wie das 2013 entstandene Gemälde *Aeneas and his family fleeing from the war (Refugees)*.

Fernández steuert das einzige traditionelle Ölgemälde bei, das bei der 9. Berlin Biennale zu sehen ist. Die Arbeit *Everything needs its own absence* (2014–15) zeigt eine nackte Frau im Kopfstand, an deren Brust ein am Boden sitzender Säugling trinkt. Die beiden, buchstäblich die Umkehrung einer stillenden Muttergottes, erscheinen in einer idyllischen, paradiesischen Umgebung mit üppiger Vegetation, die in einem unheimlichen, übernatürlichen Grün gehalten ist. Diese symbiotische Szene scheint den Titel des Gemäldes, der den Worten des indischen Gurus Nisargadatta Maharaj entlehnt ist, zu illustrieren: „By itself nothing has existence; everything needs its own absence." Das Bild, dessen Vorlage das viral verbreitete Foto einer Yogalehrerin ist, zeigt exemplarisch, wie Fernández seine Figuren – ausgehend von den aus dem Internet, aus der Werbung, von Plakaten auf der Straße oder aus seinen eigenen Fotos herausgegriffenen Bildern – abstrahiert. Mit ihrer Erotik und Idealität überlagern seine Aktdarstellungen die leuchtenden und fließenden Bilder unseres Alltags mit einer Ebene der Erhabenheit.

Painter Nicolás Fernández might well be said to have had two artistic careers. Initially associated with the Net Art movements of the 1990s, he made early digital collages superimposing nature and retail images with human subjects and employing (then) state-of-the-art technology. The artist was forced to put his artistic career on hold in 2004 due to a worsening medical condition. While still undergoing hospital treatment, Fernández began to paint and eventually made his first iPhone paintings—images depicting family relationships, children, and parents. Bearing names borrowed from Greek myths, his isolated protagonists are contemporary people shadowed by ancient tragedy. Fernández has also continued to paint in oil, producing surreal landscapes with a deliberate naiveté and scenes of nudes recalling Symbolist compositions—idylls tinged with mythology and pathos, like his 2013 painting *Aeneas and his family fleeing from the war (Refugees)*.

Fernández is contributing the 9th Berlin Biennale's only traditional oil painting. The work *Everything needs its own absence* (2014–15) depicts a naked woman doing a headstand while a baby sitting on the ground suckles on her breast. A literal inversion of a nursing Madonna, the two figures are depicted in an Eden-like scene of lush vegetation steeped in an eerie post-natural green. This scene of symbiosis seems to illustrate the title of the work, which is borrowed from the words of the Indian guru Nisargadatta Maharaj: "By itself nothing has existence; everything needs its own absence." Sourced from a viral photo of a yoga teacher, the work typifies how Fernández abstracts his figures from internet images, advertising, posters found on the street, or his own photographs. Superimposed on the everyday sheen of the digitized imagery that surrounds us, the eroticism and ideality of his nudes add a layer of the sublime to the visual feed of our lives.

***Everything needs its own absence*, 2014–15**
Öl auf Leinwand Oil on canvas
200 × 160 cm

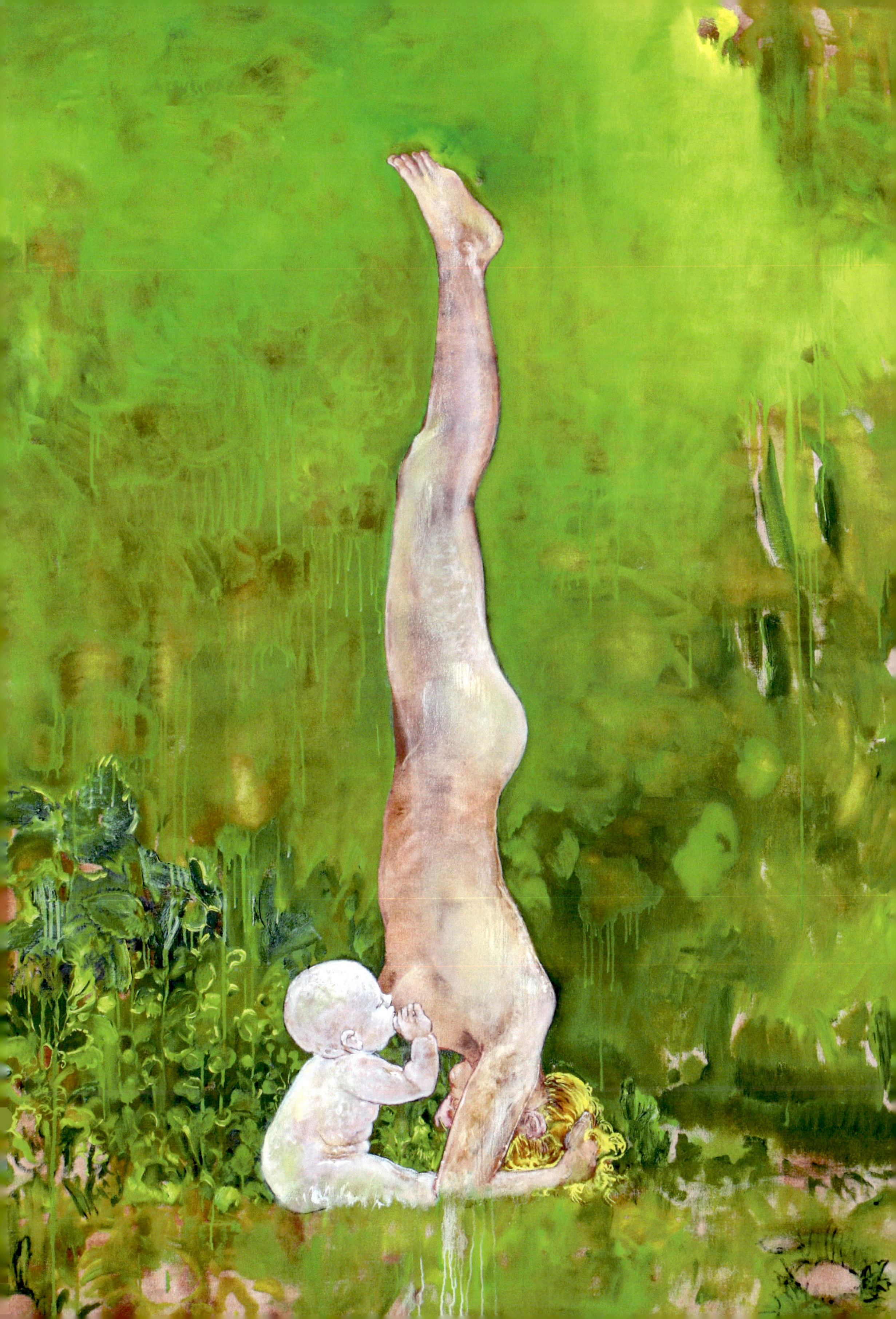

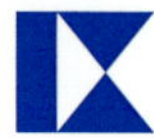

Lizzie Fitch/Ryan Trecartin

ADK

Lizzie Fitch *1981 in Bloomington, US, lebt und arbeitet lives and works in Los Angeles, US
Ryan Trecartin *1981 in Webster, US, lebt und arbeitet lives and works in Los Angeles, US

Mit der Premiere des Multi-Movie-Skulpturen-Theaters *Priority Innfield* im Jahr 2013 begannen Lizzie Fitch und Ryan Trecartin, miteinander in Beziehung stehende Arbeiten zu entwickeln, die Videoarbeiten, Skulpturen und großformatige Installationen sowie Digitaldrucke und unterschiedlichste Textformen beinhalten. Die Klang- und Videoinstallation *Site Visit*, die 2014 in den KW Institute for Contemporary Art zu sehen war, wurde in einem ehemaligen Freimaurertempel in Los Angeles gedreht. Inspiriert von seiner ungewöhnlichen Raumanordnung und Bauweise – einem fünfgeschossigen Labyrinth aus großen, höhlenartigen Räumen, die einem Kongresszentrum nicht unähnlich sind –, macht der Film das Gebäude zu seiner Hauptfigur. Die Handlung und Bedeutung von *Site Visit* wird durch die spieleähnlichen Erzählstränge konstituiert, die schon in den Filmen von *Priority Innfield* entwickelt wurden.

Die raumgreifende Videoinstallation, die bei der 9. Berlin Biennale gezeigt wird, erweitert diese Ideen auf unterschiedliche Art und Weise, da sie weiterhin die Auswirkungen des erweiterten Zugangs auf die Inhaltsgenerierung untersucht. Das Video integriert Filmmaterial, das mit verschiedensten Aufnahmetechniken während der vergangenen Jahre gefilmt worden ist (Prosumer Video/Foto-Hybride, am Körper getragene Action-Cams und benutzerfreundliche Camcorder). Dieses Material entstand an zahlreichen Drehorten, unter anderem in einer Hütte an einem See im Mittleren Westen der USA, in den Bergen im Süden Kaliforniens und in der Salzwüste Utahs. Innerhalb der multilinearen Erzählstränge der Arbeit bilden Erinnerungen und Erwartungen wichtige Elemente eines geschichteten und vernetzten Zeitverständnisses. Wie in ihren früheren Arbeiten haben die Drehorte und die Kulissen, die sich in materieller sowie in konzeptueller Hinsicht wechselseitig prägen, eine gemeinsame visuelle Sprache.

With the debut of the multi-movie sculptural theater *Priority Innfield* in 2013, Lizzie Fitch and Ryan Trecartin embarked on several interrelated bodies of work encompassing video, sculpture, and large-scale installation, as well as digital prints and various forms of writing. The sound and video installation *Site Visit*, which was exhibited in 2014 at KW Institute for Contemporary Art, was shot in a former Masonic temple in Los Angeles. Inspired by its unusual organization and structure—a five-story warren of large, cavernous rooms akin to a convention center—the movie's protagonist is the building itself. Echoing the game-like narratives developed in the movies comprising *Priority Innfield*, it is the premise-driven context that locates agency and meaning in *Site Visit*.

The room-size video installation presented at the 9th Berlin Biennale extends these ideas in different ways, as it continues to explore the implications of an expanded approach to content acquisition. The video incorporates footage shot with various types of capture technologies over the last several years (prosumer video/photo hybrids, body-mounted action cams and consumer-friendly camcorders) in many locations, including a lakeside cabin in the Midwest, the Southern California mountains, the salt flats and desert of Utah, among others. Within the multi-linear storylines, memory and modes of anticipation constitute significant elements of the work's layered, networked expression of time. As in earlier works, the sets and settings of the video and the installation share a visual language, informing one another materially and conceptually.

(Untitled work in progress), 2016
Videostill Video still

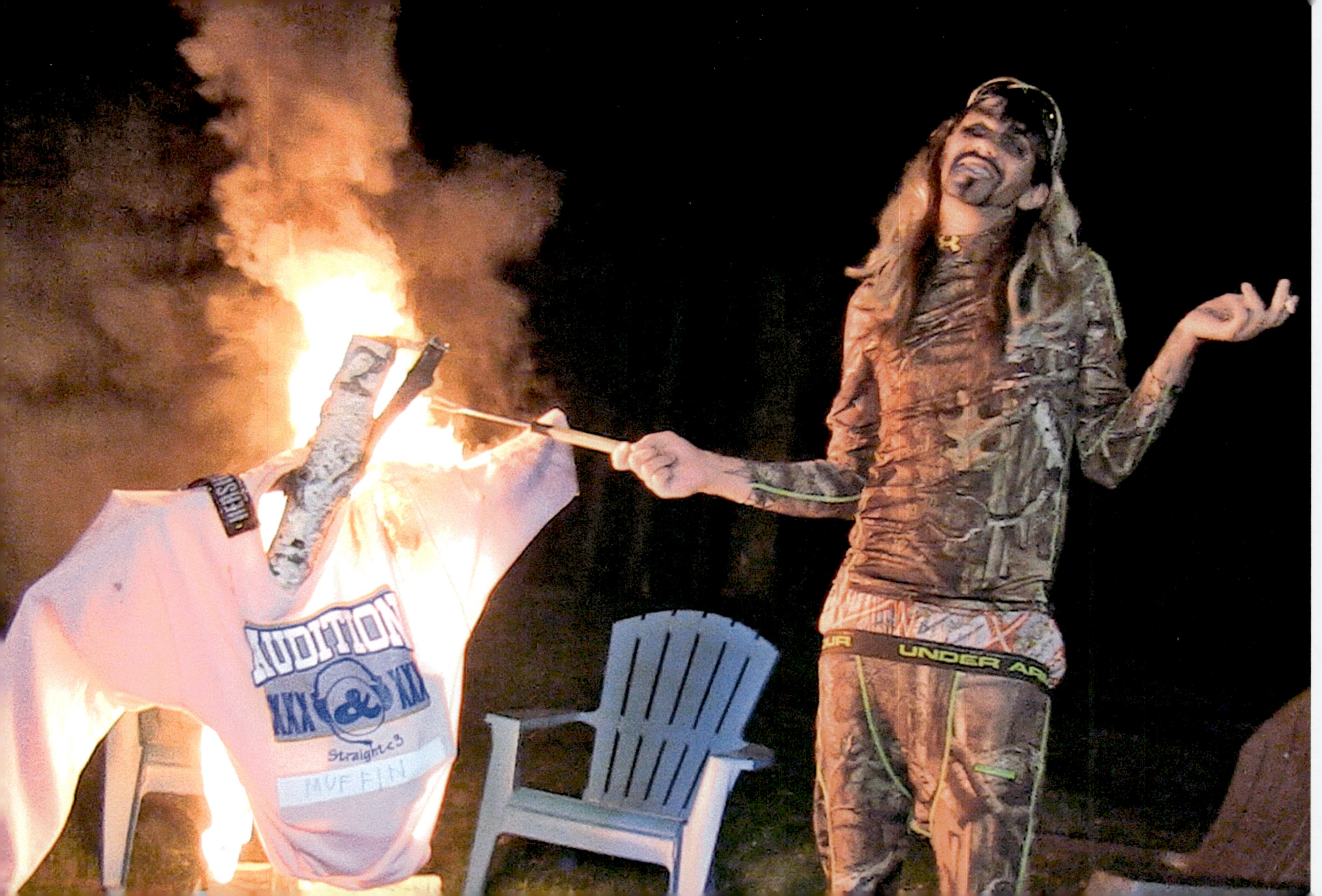
AUDITION
XXX & XXX
Straight<3
MUFFIN
UNDER AR

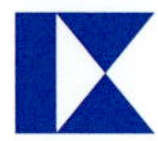

Simon Fujiwara

***1982 in London, lebt und arbeitet** lives and works **in Berlin**

Die Konzeption eines falschen Museums, das Verfassen eines erotischen Romans in einer Langzeitperformance, das Ausstellen selbst gesammelter Dinge – Simon Fujiwara verschmilzt biografische Wahrheit und Fiktion, um die Art und Weise, wie wir üblicherweise Kunstwerke erleben, zu hinterfragen. In seiner zuweilen autobiografisch geprägten Praxis wird der Künstler zum Archäologen des Zeitgenössischen, der jede Handelsware, jedes Kunstwerk und jedes kulturelle Artefakt in einen neuen Zusammenhang stellt. So werden auch die Normen und Erwartungen ihrer Präsentation zur Schau gestellt, wie zum Beispiel die Imperative des „guten Geschmacks" und der richtigen Beleuchtung.

Für die 9. Berlin Biennale holte sich Simon Fujiwara Unterstützung von seinem Bruder Daniel, dem Gründer von Simetrica, einer von Wirtschaftsfachleuten geleiteten Beraterfirma, die Glück (in dem Feld der Ökonomie des Glücks) analysiert und quantifiziert. Daraus entstand die Arbeit *The Happy Museum* (2016), eine Museumskapsel innerhalb der Berlin Biennale. Anhand einer darin ausgestellten Auswahl von Objekten wird der Weg Deutschlands in seinen heutigen „Glückszustand" skizziert. Teils naturwissenschaftliches Laboratorium, teils archäologische Sammlung, teils Boutique, ist das „Museum" eine spielerische Ansammlung von Objekten, welche angeblich zusammengetragene, ökonometrische Daten über das Wohlbefinden der deutschen Bevölkerung widerspiegeln. Mit scharfer, aber humorvoller politischer Kritik an aktuellen Ereignissen in Deutschland präsentiert Fujiwara Gegenstände, die belegen, dass „Glück" sich für die heutigen deutschen Bürgerinnen und Bürger aus humanitären Bemühungen, Hobbys, Sport, Arbeit, Bildung und einer gewissen Kontrolle herleitet. *The Happy Museum*, das Artefakte und neue wie bereits bestehende Kunstwerke vereint, bietet einen beunruhigenden Schnappschuss eines neuen Deutschlands – einer neu gedachten Nation, die scheinbar mit sich im Reinen ist und deren historisches Erbe häufig verdrängt oder gar vergessen worden ist. Zugleich erreichen parteiinterne Spaltungen, politische Polarisierung und Sektierertum einen Höhepunkt. Assoziierte man Deutschland zuvor mit Krieg, Trauma, Schuld und Scham, so wird das Land heute im Ausland überwiegend für seine humanitäre, technische, politische, ökologische und wirtschaftliche Vorrangstellung bewundert. Sind sie auch stumm, so zeigen uns die Objekte in der exzentrischen Sammlung des *Happy Museum* die Maske einer Nation, die – wenigstens an der Oberfläche – glücklicher denn je zu sein scheint.

From a fake museum to the performative fabrication of an erotic novel or the exposition of his own collected things, Simon Fujiwara's installations and performances question the way we conventionally experience artworks, melding biographical fact with fiction. In Fujiwara's at times autobiographical practice, the artist becomes an archaeologist of the contemporary, in which each commodity, artwork, and cultural artifact is recontextualized to expose the norms and expectations of its display, such as the imperatives of "tastefulness" and good lighting.

For the 9th Berlin Biennale Simon Fujiwara consulted with his brother Daniel, founder of Simetrica, an economist-led consultancy that analyzes and quantifies well-being (in the field of "happiness economics"), to present *The Happy Museum* (2016), a capsule museum within the Berlin Biennale that showcases a selection of objects telling the story of Germany's journey to "happiness" today. Part scientific laboratory, part archaeological display, and part boutique—with a sharp political critique on current events in Germany—the artist's "museum" is a cheeky literalization of econometric data which has ostensibly been gathered on the well-being of German people. The data claims that the "happiness" of German citizens today is derived from humanitarian effort, hobbies/sport, work, learning, and a sense of control. *The Happy Museum*, which incorporates new and existing works of art and artifacts, creates an uneasy snapshot of a new Germany—a country reimagined and apparently at ease with itself, and in which its historical legacy is often obscured, or even forgotten, even while (internally) partisan regimes, political polarization, and sectarianism are at a fever pitch. Once associated with conflict, trauma, and shame, today's Germany is largely praised on the outside for its humanitarian, technological, political, ecological, and economical excellence. Although mute, the objects of the idiosyncratic collection of *The Happy Museum* present the mask of a nation that—at least on the surface—appears to have never been happier.

***Hello*, 2015**
Videostill Video still

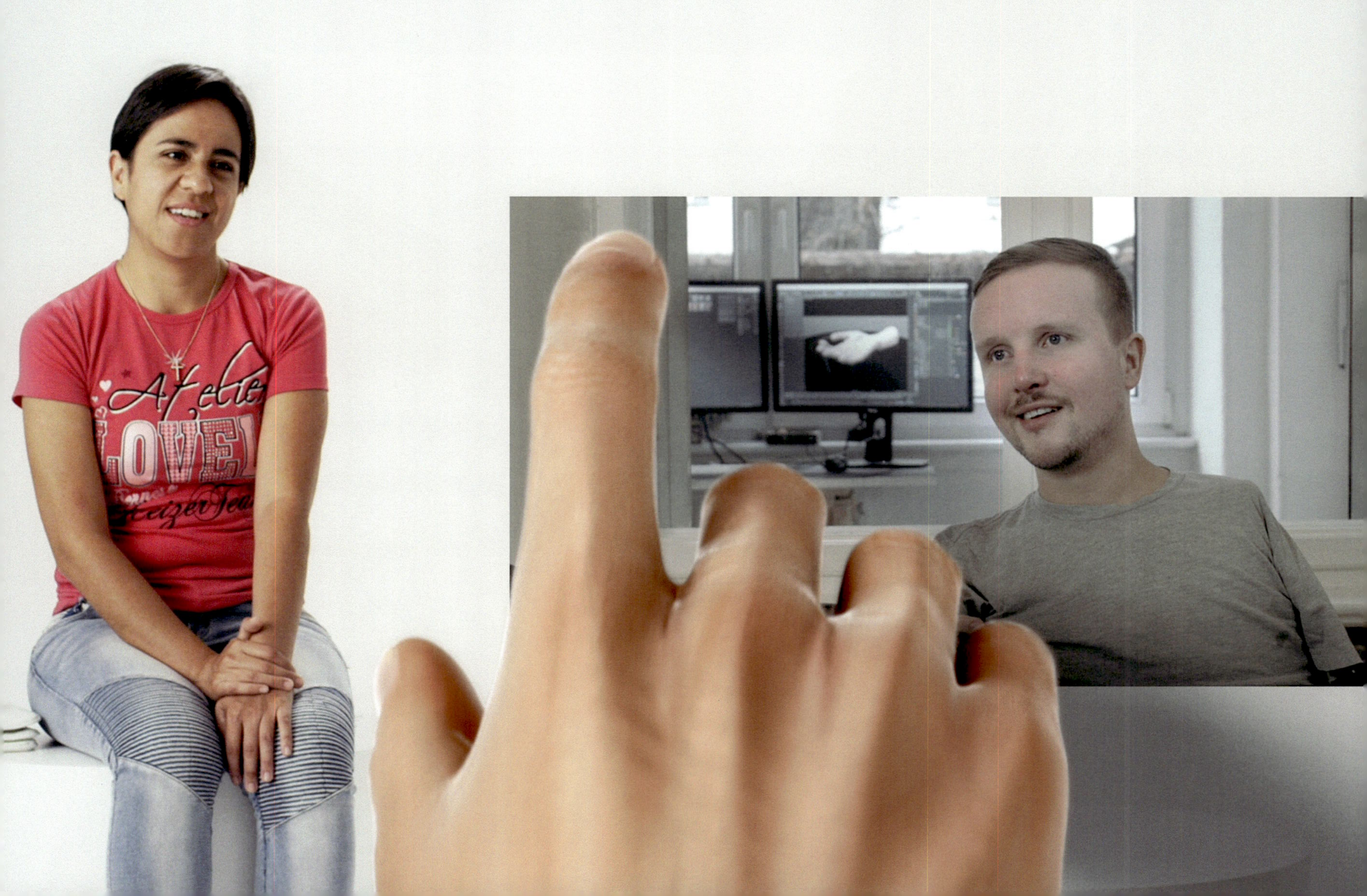
Atelier
LOVE

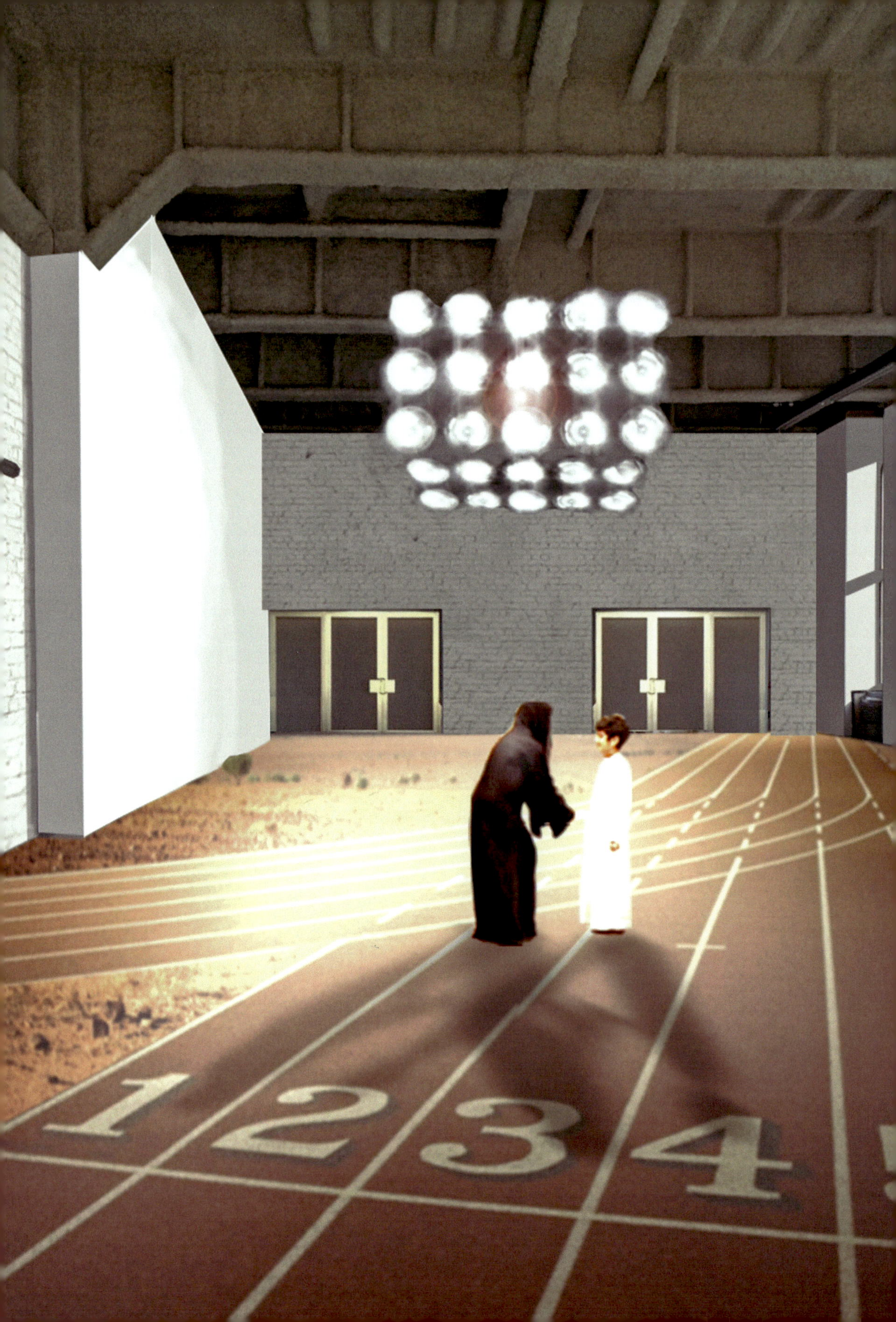
1 2 3 4

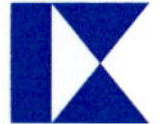

GCC **Gegründet** Founded in **2013 in Dubai, AE**
Nanu Al-Hamad *1987 in Kuwait City, lebt und arbeitet lives and works **in New York, US**
Abdullah Al-Mutairi *1990 in Kuwait City, lebt und arbeitet lives and works **in Kuwait City**
Aziz Alqatami *1979 in Kuwait City, lebt und arbeitet lives and works **in Kuwait City**
Barrak Alzaid *1985 in Kuwait City, lebt und arbeitet lives and works **in Kuwait City**
Khalid al Gharaballi * 1981 in Kuwait City, lebt und arbeitet lives and works **in Kuwait City**
Amal Khalaf *1982 in Singapore, lebt und arbeitet lives and works **in London**
Fatima Al Qadiri *1981 in Dakar, lebt und arbeitet lives and works **in Berlin**
Monira Al Qadiri *1983 in Dakar, lebt und arbeitet lives and works **in Amsterdam, NL**

Auf Ideologien, der materiellen Kultur und den staatlich-unternehmerischen Paradoxien der arabischen Golfstaaten liegt das Hauptaugenmerk der Arbeiten des achtköpfigen Kollektivs GCC. Der Name der Gruppe ist dem Golfrat entlehnt, als Akronym für „Gulf Cooperation Council". In den ölvergoldeten Mitgliedstaaten dieser Organisation sind hochpreisige und auf Status angelegte Handelswaren im Umlauf. Für das Künstlerkollektiv stellen diese Waren eine Brücke zwischen der offenkundig spätkapitalistischen Konsumhaltung und eher immateriellen, spirituellen und mitunter sogar pseudowissenschaftlichen Überzeugungen dar. Positive Energie, Lifestyle-Plattitüden, New-Age-Euphemismen und Konzernästhetik treten in der Golfregion in überraschenden Hybridformen auf. Das Büro von Scheich Muhammad bin Raschid beispielsweise zeugt – mit seinen Konferenztischen, die auch für Tischtennis verwendet werden können, und seinen ausgewiesenen Entspannungsbereichen – vom unverkennbaren Einfluss der kalifornischen Start-up-Kultur. Die Videoarbeiten, Skulpturen und Performances von GCC beruhen auf dieser Mixtur aus Welthandel und Spiritualität. Dabei thematisieren sie die in diesen Ländern herrschenden Wellness-Regime ebenso wie die Bewegung der „positiven Energie", die sich zum Beispiel Anfang des Jahres in der Einrichtung eines Ministeriums für Glück in Dubai zeigte.

Einen neuen, affirmativen Lebensstil der „good vibes" stellt die jüngste Arbeit des Kollektivs dar: دروب إيجابية/*Positive Pathways (+)* (2016), eine Laufstrecke, die eine Schleife durch einen der Ausstellungsräume in der ESMT European School of Management and Technology beschreibt. Einerseits versinnbildlicht die Bahn das Streben nach Erfolg, andererseits erinnert sie in ihrer Form an die in den Städten der Golfstaaten vorherrschende Gehweggestaltung. Im Innern der Bahn befinden sich die Figuren eines Jungen und einer Frau. Gekleidet in ein für Hausfrauen aus der Region typisches fließendes Gewand, führt die Frau mit einer Hand eine Geste in Richtung des Kindes aus. Durch Ausübung des sogenannten Quantum-Touch, das die Lebenskraft und die energetischen Heilkräfte kanalisieren soll, gelangt jene Art von säkularer Ideologie zum Ausdruck, die Pseudowissenschaft mit einer Optimierung des Selbst kombiniert. Die Arbeit reflektiert so eine Ideologie der kontinuierlichen Selbstperfektion unter gespenstischer Konkurrenz – eine Tendenz, das Ich als ein Produkt anzusehen, welches es zu verbessern und stromlinienförmiger zu gestalten gilt.

The ideologies, material culture, and state-corporate paradoxes of the Arab Gulf States are the focus of the work produced by the eight-member collective GCC, which borrows its name from the regional intergovernmental organization of the Gulf Cooperation Council. The aspirational and highly status-inflected commodities that circulate in these oil-gilded countries represent for the collective a link between late capitalist conspicuous consumption and more immaterial, spiritual, and even pseudo-scientific beliefs. Positive energy, lifestyle platitudes, New Age euphemisms, and corporate aesthetics appear in unexpected, hybrid forms in the Gulf. Take the office of Sheikh Mohammed bin Rashid, which bears the unmistakable influence of California start-up culture, with conference tables doubling as ping-pong tables and designated relaxation zones. GCC's videos, sculptures, and performances cull from this confluence of global trade and spirituality, while mimicking the wellness regimes and "positive energy" movements adopted by these countries—such as Dubai's appointment in early 2016 of a Minister of Happiness.

A new, affirmative, "good vibes" lifestyle is embodied by the collective's new work دروب إيجابية/*Positive Pathways (+)* (2016), a running track that loops through one of the exhibition rooms of the ESMT European School of Management and Technology. The running track is a signifier of the drive for success that recalls the designated walking areas prevalent in the outdoor architecture of Gulf cities. The track reflects an ideology of continuous self-improvement amid spectral competition, and the self as a product to be improved and streamlined. At the center of this track are sculptural figures of a boy and a woman clad in flowing garments that evoke the image of a typical housewife from the GCC. The woman is gesturing towards the child with one hand, performing a "Quantum Touch," the channeling of life force and a form of energy healing, the kind of secular ideology that combines pseudo-science with self-betterment.

دروب إيجابية/*Positive Pathways (+)*, 2016
Digitalbild Digital image

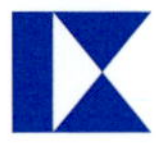

GUAN Xiao

TFC

***1983 in Chongqing, CN, lebt und arbeitet** lives and works **in Beijing**

GUAN Xiaos Skulpturen, Installationen und Videoarbeiten schöpfen aus dem endlosen, globalen Angebot von Produkten und Bildern, die im Internet nur ein paar Mausklicks entfernt verfügbar sind. In ihrem plastischen Werk kombiniert die Künstlerin Fragmente von Verbrauchsgütern – etwa angehäufte Autokabel und künstliche Blumen – zu assoziativen, theoriegeladenen und totemähnlichen Assemblagen. Sie vereinigt dabei Readymades mit eher traditionellem Material für Skulpturen, wie etwa bemalte Bronze oder Messing. In einer der Arbeiten stehen Kamerastative, auf denen Scheinwerfer und andere Objekte angebracht sind, auf teppichartigen Digitaldrucken, die aus großen Bildschirmhalterungen hervortreten. Gekaufte Dinge, die aus der Flachheit der kommerziellen Websites in die Wirklichkeit fallen, tragen einen fantastischen Abdruck ihrer eigenen Herstellung in sich. GUANs Arbeiten stellen keine eindeutigen Themen in den Vordergrund. Vielmehr bietet die Künstlerin „Hinweise", die von den BetrachterInnen untereinander ins Verhältnis gesetzt werden können und sammelt mit einer Methode namens „Kernbohrung" (ein Terminus aus der Geologie, der hier auf die materielle Kultur angewendet wird) haufenweise Dinge an oder unternimmt eine eher theoretische Untersuchung von „Un-Orten" wie den Weltmeeren, die sie als schwankungsanfällige Gebiete der persönlichen Projektion betrachtet.

Bei der 9. Berlin Biennale zeigt GUAN vier Skulpturen, die ihr Interesse an Fragen der Umwelt, Warenwelt und von Netzwerken in materiellen Collagen aus modernen und antiken Formen verkörpern. Für *Sunrise* (2015) wurde ein wuchtiger Baumstamm aus einem Reifenstapel gefertigt, aus dessen Auspuffrohr ein künstliches Palmblatt wächst – menschliche Abfallwirtschaft wird hier zu unwahrscheinlich fruchtbarem Boden für eine postnatürliche Zukunft. Ein hinter der Skulptur angebrachter Digitaldruck liefert den passenden künstlichen Sonnenaufgang. Eine ähnlich totemartige Struktur bietet *Five Walks Through the Dusk* (2015), eine Arbeit aus gegossenen, hohlen Messingelementen in metallischem Lila, die mit einem Autoreifen bekrönt sind, aus dem eine zeremonielle Quaste an einem zeitgenössischen Fetisch hängt: dem Selfie-Stick. *Moving Mountains* (2014) ist inspiriert von der traditionellen chinesischen Wurzelschnitzerei, einer Technik, die die Kreativität von Mensch und Natur nutzt. Die beiden mit Hüten versehenen „Figuren" spielen mit der menschlichen Projektion auf die Natur, dem sogenannten Anthropomorphismus, aber auch mit natürlichen Formationen, die an in Bronze gegossene, außerirdische Lebensformen erinnern. Eine weitere drachenähnliche Kreatur, *Din Din Jaarhh* (2015), trägt ein Rad aus Edelstahl auf dem Rücken – Zirkulation und Mobilität als körperliche Last oder noch ein weiterer fetischisierter Aufzug?

GUAN Xiao's sculptures, installations, and videos draw from the endless global supply of products and images that are available with a few clicks over the internet. In her sculptural work, she melds commodity fragments—stacked car wires, fake flowers—into associative and theory-driven totem-like assemblages, combining ready-made objects with more traditional sculptural material such as painted bronze or brass. In one work, camera tripods holding spotlights and other objects stand on carpet-like digital prints extended from large screen holders. Bought things dragged-and-dropped from the flatness of merchandising websites into real space bear a fantastical imprint of their own production. GUAN's works do not highlight explicit topics. Instead, she provides "clues" for the viewers to bring into relation, accumulating heaps of stuff through her method of "core sampling" (a geological term, applied to material culture), or engaging in a more theoretical investigation of such "non-places" as the world's oceans, seen as a volatile, changing realm for personal projection.

At the 9th Berlin Biennale, GUAN presents four sculptures that materialize her interest in environmental, commodity, and network concerns in material collages that combine modern and ancient forms. In *Sunrise* (2015), a bulky tree trunk is crafted from a stack of tires, with an artificial palm leaf growing from an exhaust pipe—human waste management turned into an impossibly fertile ground for a post-natural future. A digital print mounted behind a sculpture delivers an artificial sunrise. In *Five Walks Through the Dusk* (2015) a similar totem-like structure is constructed from hollow elements cast in brass and painted metallic purple, crowned by a car tire from which a ceremonial tassel is held forth by a contemporary fetish: a selfie stick. Inspired by the old Chinese tradition of root carving, a technique combining both human and natural creation, the two hatted "figures" in *Moving Mountains* (2014) play off of human projection onto nature and anthropomorphism—natural formations alluding to alien life forms, cast in bronze. Another dragon-like creature, *Din Din Jaarhh* (2015) carries on its back a stainless steel tire—circulation and mobility as physical burden, or yet another fetishized attire?

***Five Walks Through the Dusk* (Detail), 2015**
Messing, Autoreifen, Selfie-Stange, Quaste
Brass, car wheel, selfie stick, tassel
245 × 47 × 75 cm

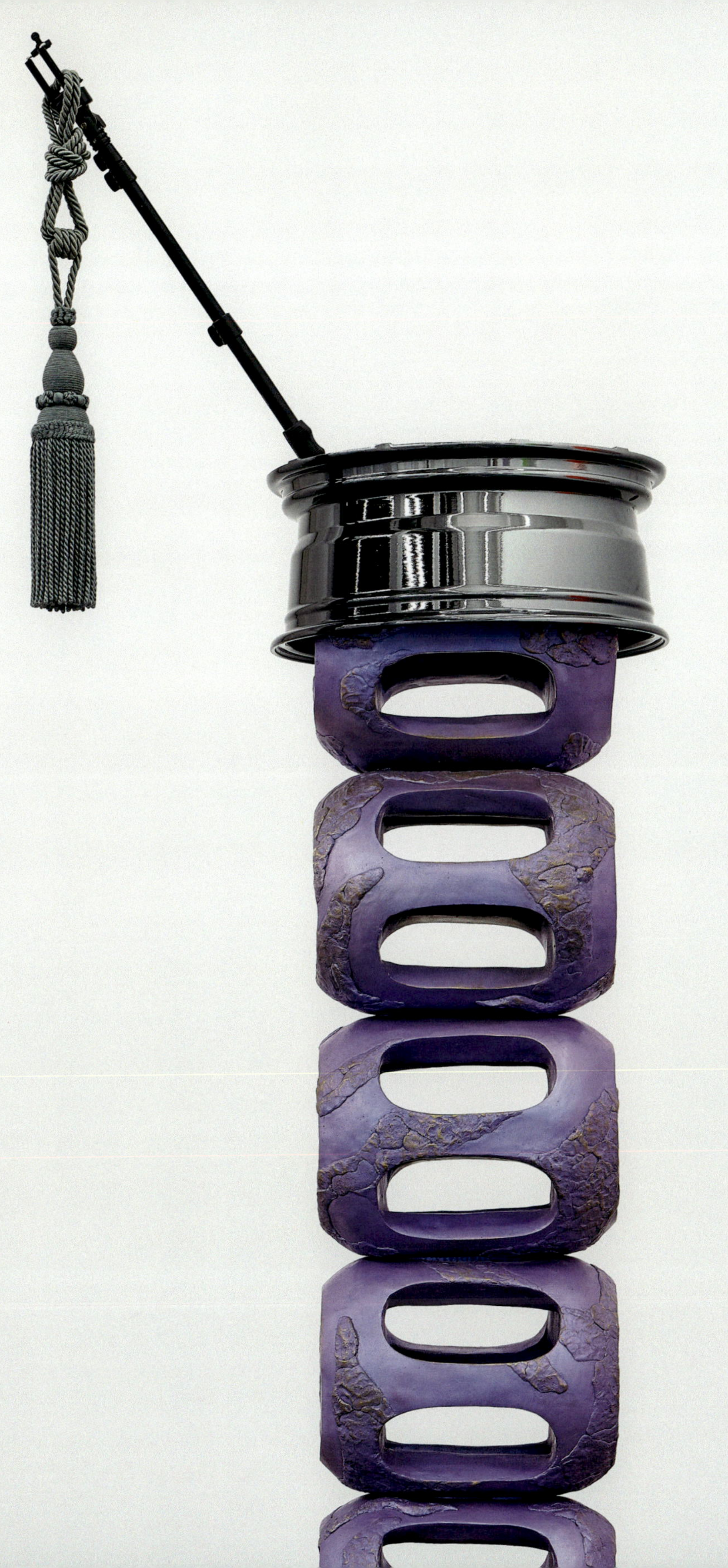

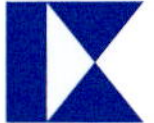

Calla Henkel/Max Pitegoff

Calla Henkel *1988 in Minneapolis, US, lebt und arbeitet lives and works **in Berlin**
Max Pitegoff *1987 in Boston, US, lebt und arbeitet lives and works **in Berlin**

Die Kreativwirtschaft trägt eine gewisse Ironie in sich. Die meisten arbeiten ohne Festanstellung, und die Freiheiten der Mobilität und des Ungebundenseins wandeln sich zu neoliberalen Imperativen: zum Networking, zum Ständig-Erreichbar-Sein und zur Darstellung der eigenen Produktivität. Die Kreativökonomie nimmt in Berlin allgemeine Trends der letzten Phase der neoliberalen Deregulierung vorweg: Prekariat, Arbeit von Projekt zu Projekt und eine von Unruhe durchwirkte Geselligkeit. Calla Henkel und Max Pitegoff berufen sich auf Korrespondenzen zwischen künstlerischen Gemeinschaften und neuen Geschäftspraktiken. Sie fotografieren ihre Künstlerfreunde bei der Steuererklärung, die Büros von Berliner Start-ups, die vom Ruf der Stadt als hippem Schauplatz der „Boheme" profitieren, sowie die Wohnungen von Freundinnen und Freunden, die, um die Miete bezahlen zu können, ihre Wohnung über Airbnb untervermieten.

Henkel und Pitegoff befassen sich, häufig in kollektiver Arbeit, mit den widersprüchlichen Umständen von Gemeinschaften und den Riten der Zugehörigkeit. Von 2012 bis 2014 betrieben sie das New Theatre, ein Theaterprojekt in einem Kreuzköllner Ladengeschäft in Berlin, wo sie mit Künstlerinnen und Künstlern an der Produktion von Amateurtheaterstücken arbeiteten: raue, unbearbeitete Werke, die vor Ort lebten und vergingen.

Für die 9. Berlin Biennale weiten Henkel und Pitegoff ihren Fokus auf Repräsentation und Theatralität aus. Sie machten analoge Fotografien im privaten Wohnsitz des US-amerikanischen Botschafters in Berlin-Dahlem – ein Gebäude, in dem Politik häuslich arrangiert wird und das als Bühne der Diplomatie dient, denn kein Botschafter lebt dort dauerhaft. Durch die Andeutung des eigenen Körpers im Bildraum werden die KünstlerInnen selbst zum Teil ihrer Fotografien und befragen damit ihre eigene Rolle als kulturelle Botschafterinnen und Botschafter. Sie reagieren auf die verschiedenen Traditionen von US-AmerikanerInnen in Berlin – wie Exklaven des Kalten Krieges, ausgewanderte KünstlerInnen und eine bildungsbürgerliche Boheme. Zugleich werfen sie einen Blick auf die kulissenhafte Repräsentation deutscher und US-amerikanischer Macht in öffentlich-privaten Bereichen und testen aus, wie sich Räume, Bühnen und persönlich-politische Allianzen umfunktionieren lassen. Die Fotos sind in einem der Veranstaltungsräume der Akademie der Künste in eine Installation aus Spiegeln integriert. Es handelt sich dabei um denselben Raum, der bei Dreharbeiten der Fernsehserie *Homeland* in der Staffel von 2015 benutzt wurde, um Claire Danes in ihrer Rolle als Carrie Mathison in der angeblichen US-Botschaft in Berlin zu zeigen.

The freelance economy of the creative fields is shot through with ironies. Freedoms once promised by on-the-go mobility become neoliberal imperatives to network, to be perennially on call, and to perform one's own productiveness. In Berlin, the creative economy anticipates general trends in the latest phase of neoliberal deregulation: precarity, project-to-project labor, and sociability laced with anxiety. Such parallels between artistic communities and new business practices are invoked by Calla Henkel and Max Pitegoff. They have photographed their artist friends doing their taxes, the offices of Berlin start-ups that capitalize on the city as a hip "bohemian" locale, and friends' apartments that are sublet on Airbnb to make rent.

Their works are often collaborative, taking on the trappings and contradictions of communities and their exclusionary rites, as in New Theatre, a storefront theater in Kreuzkölln which they ran from 2012 to 2014, and where they worked with artists to produce amateur plays: rough, unedited works that lived and died on site.

For the 9th Berlin Biennale, Henkel and Pitegoff extend their focus on representation and theatricality. They have made analogue photographs at the US Ambassador's private home in Berlin-Dahlem, a building in which politics is draped in domesticity but which serves as a stage for diplomacy (no single ambassador lives there permanently). The artists' bodies are implicated within the frame of the images—a gesture of self-staging that questions their roles as cultural ambassadors. Henkel and Pitegoff react to the various legacies of Americans in Berlin—Cold War exclaves, expat artists, the bohemian-bourgeoisie—while looking to the prop-like representation of German and American power in the public-private arena and probing the repurposing of spaces, stages, and personal-political alliances. These photos have been integrated into a mirror installation in a room used for receptions at the Akademie der Künste, the same room used in a shoot for the 2015 season of *Homeland*—featuring Claire Danes in her role as Carrie Mathison in the supposed US Embassy in Berlin.

***AdK Study 1*, 2016**
Fotografie Photograph

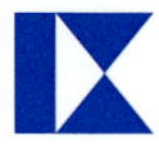

Camille Henrot

***1978 in Paris, lebt und arbeitet** lives and works **in New York, US**

In ihren Videoarbeiten, Skulpturen und Installationen versammelt Camille Henrot ein schwindelerregendes Durcheinander aus Artefakten zeitgenössischer und historischer Kulturen. Dabei nimmt sie eine gefühlsbetonte, menschliche Perspektive auf unser Zeitalter der rasch voranschreitenden Automatisierung ein und deckt Verknüpfungen zwischen archaischen und exotischen Mythen, Verbrauchsgütern und unserer gemeinsamen Erfahrung in einer zunehmend digitalisierten Umwelt auf.

Henrots neues Projekt für die 9. Berlin Biennale handelt von der Suche des Individuums nach Rückzugsmöglichkeiten sowie nach dem Entwurf neuer sozialer Übereinkünfte und der darin angelegten, uns alle betreffenden Ethik. Die Arbeit beschäftigt sich mit den sich ständig verändernden Arten der Informationsverbreitung und zwischenmenschlichen Erfahrungen, die durch die sogenannte Digitalisierung der Gegenwart entstehen. Ebenso widmet sie sich dem damit einhergehenden Auftreten von Phänomenen wie Trolling, Phishing und Scamming – neuen Methoden von Doppelzüngigkeit, Betrug, Missbrauch und Mobbing.

Henrots *Office of Unreplied Emails* (2016), entstanden in Zusammenarbeit mit Jacob Bromberg, ist eine Präsentation von handgeschriebenen, mitfühlenden, sehr emotionalen und persönlichen Reaktionen auf einhundert unbeantwortete Mitteilungen aus Henrots Posteingang. Die E-Mails stammen hauptsächlich von UmweltschützerInnen, PolitikerInnen und AktivistInnen, deren Anliegen die Künstlerin früher einmal mit Spenden oder Unterschriften unterstützt hat. Ebenso stammen sie von Online-Anbietern, die ein Licht auf Henrots Alltag werfen (Petco, FreshDirect und Groupon NY). Auch wenn Henrot weiterhin mit den Anliegen der jeweiligen Gruppen sympathisiert, so legen die E-Mails doch ein hohes Maß an Dringlichkeit und sogar Aggressivität an den Tag („Camille, bitte melde dich vor Mitternacht!"). Sie fordern die Künstlerin dazu auf, das Leid in der Welt zu bekämpfen oder besser für ihr Haustier, ihren Haushalt oder ihren Körper zu sorgen.

Henrots vorgeschlagene Antworten sind in ihrer übertriebenen Kalligrafie Reaktionen auf den überspannten Ton der AbsenderInnen. Sie zeigen, wie Banalität – als Maßnahme gegen die Aufgeregtheit – einen Rückzugsort für das Neutrale, Passive und Kontemplative darstellt. *Office of Unreplied Emails* stellt Fragen hinsichtlich des Schutzes vor emotionalen Appellen: Ist er nötig oder gar unmoralisch? Ist Schweigen eine angemessene Vorgehensweise? Und wie verhandeln wir die Verbindung und die Darstellung des Verhältnisses zwischen individuellem Leiden und den großen Problemen der Welt?

In her videos, sculptures, and installations, Camille Henrot culls together a dizzying hodgepodge of artifacts of contemporary and historical culture—taking a felt, human perspective on an age of rapid automation and finding links among archaic and exotic myths, commodities, and our common experience of our increasingly digitized environment.

Henrot's new project for the 9th Berlin Biennale is about an individual's search for retreat, the formation of a new social contract, and the ethics in which we are implicated. The work addresses ever-changing modes of information distribution and interpersonal experiences that result from the so-called digitization of our present day. It also considers the subsequent emergence of trolling, phishers, and scammers—new modes of duplicity, abuse, outrage, and bullying.

Henrot's *Office of Unreplied Emails* (2016), created in collaboration with Jacob Bromberg, is a hand-written presentation of sympathetic, over-emotive, and personal responses to one hundred unanswered messages in Henrot's inbox. These emails come primarily from environmentalists, politicians, and activist groups, whose causes the artist has previously supported by donating money or signing a petition. They also come from online stores that reflect Henrot's daily life (Petco, FreshDirect, and Groupon NY). Although Henrot remains sympathetic to each of the groups' causes, the emails that she receives from them urgently and even aggressively ("Camille, I need you before midnight!") call on her to fight world suffering or take better care of her pet, home, and body.

Henrot's proposed responses, written in an exaggerated calligraphy, are a reaction to the senders' overwrought tone. They demonstrate how—as a countermeasure—banality presents a space of refuge for the neutral, the passive, and the contemplative in the face of the frantic. The *Office of Unreplied Emails* asks questions about whether protection from emotional appeals is necessary or unethical, whether silence is a valid course of action, and how we negotiate the connection between—and representation of—the relationship between individual suffering and the macroscopic problems of the world.

***Office of Unreplied Emails*, 2016**
Vorbereitende Skizze Preparatory sketch

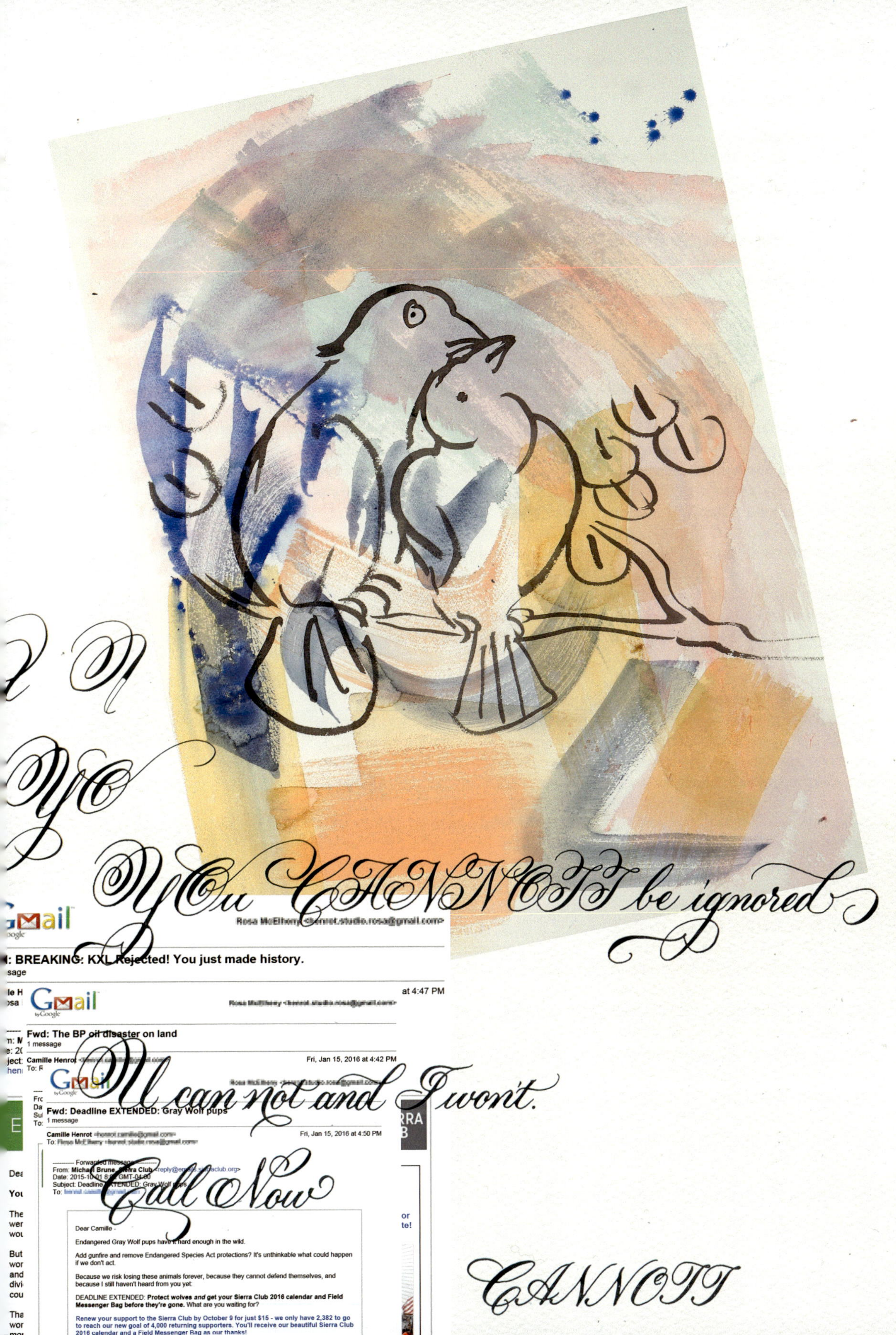

YOu CANNOTT be ignored
U can not and I won't.
Call Now
CANNOTT
Gmail
: BREAKING: KXL Rejected! You just made history.
at 4:47 PM
Gmail
Fwd: The BP oil disaster on land
1 message
Camille Henrot
Fri, Jan 15, 2016 at 4:42 PM
Gmail
Fwd: Deadline EXTENDED: Gray Wolf pups
1 message
Camille Henrot
Fri, Jan 15, 2016 at 4:50 PM
---------- Forwarded message ----------
From: Michael Brune, Sierra Club
Date: 2015-10-01
Subject: Deadline EXTENDED: Gray Wolf pups
Dear Camille -
Endangered Gray Wolf pups have it hard enough in the wild.
Add gunfire and remove Endangered Species Act protections? It's unthinkable what could happen if we don't act.
Because we risk losing these animals forever, because they cannot defend themselves, and because I still haven't heard from you yet:
DEADLINE EXTENDED: Protect wolves and get your Sierra Club 2016 calendar and Field Messenger Bag before they're gone. What are you waiting for?
Renew your support to the Sierra Club by October 9 for just $15 - we only have 2,382 to go to reach our new goal of 4,000 returning supporters. You'll receive our beautiful Sierra Club 2016 calendar and a Field Messenger Bag as our thanks!

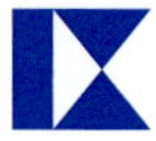

Yngve Holen

TFC

***1982 in Braunschweig, DE, lebt und arbeitet** lives and works **in Berlin**

Yngve Holens Kunst besteht in einer erweiterten Untersuchung des Menschen in seinem Verhältnis zum technischen Fortschritt oder vielmehr zu seinem Rückschritt. In den Blick genommen werden beispielsweise Haushaltsgeräte, mit denen wir unseren häuslichen Raum teilen, Rituale der Körpermodifikation, die Berufsrisiken plastischer ChirurgInnen und PornodarstellerInnen sowie modernste Werkzeuge und Biometrien, die wir verwenden, um uns selbst zu messen, zu entwerfen und zu heilen. Holens Skulpturen und Installationen besitzen einen Hang zur Dystopie: Man betrachte nur das streitsüchtige Grinsen auf der von Holen entworfenen Sicherheitsschraube in *Hater Head* (2013) oder seine Serie von Skulpturen, in der er Wassergeräte wie biologische Proben sezierte. Ein weiteres Beispiel dafür sind seine Wandarbeiten, für die er CAT-Scanner so zerlegte, dass sie wie pflanzliche Hülsen oder wie Körperöffnungen aussahen, und die er anschließend mit einem anspielungsreichen, fetischistischen Netzgewebe überzog. Holen hält die von Menschen entwickelte Technik für eine Bedrohung. In ihrer Schmucklosigkeit und Kälte deuten seine Werke eine Zukunft an, in der die Maschinen den Menschen überlebt haben.

***Evil Eyes* (2016), Holens Projekt für die 9. Berlin Biennale, setzt bei einem technologischen Animismus an und widmet sich dem Mystischen und dem Aberglauben. Seine aus mundgeblasenem Glas und Kontaktlinsen gefertigten Objekte erinnern an *Nazar*-Darstellungen (arab. „Sehvermögen" und „Sehen"). Die pupillenähnlichen *Nazar*-Motive haben sich über Jahrtausende kaum verändert und dienen nach wie vor als Talismane zum Schutz vor dem „bösen Blick". Sie sind noch heute ein globales Phänomen und werden in den New-Age- und Touristenläden zahlreicher Länder – von Brasilien über Griechenland bis hin zu Taiwan – verkauft. Einer neueren Studie im *Journal of Economic Behavior & Organization* zufolge finden der Glaube an den „bösen Blick" und *Nazar*-Amulette besonders in Gegenden mit großem Einkommensgefälle weite Verbreitung – möglicherweise dienen die Amulette dort zum Schutz vor Neid (das „grüne Auge"). Holens Glasversionen dieser *Nazars* haben die Form und die Größe der Fenster der Boeing 787, auch „Dreamliner" genannt, und sind in einer Reihe installiert. In dieser Konstellation dienen sie als Fenster zu einer Welt globaler Mobilität und werfen einen Blick auf die Themen Aberglaube, Wirtschaft, Tourismus und gesellschaftliches Unbehagen.**

The art of Yngve Holen is an extended investigation of the human and its relationship to technological progress, or regress—from the home appliances with which humans share domestic space to the body modification rituals and occupational hazards of plastic surgeons and pornography actors, state-of-the-art tools, and the biometrics used by humans to measure, design, and heal themselves. Holen's sculptures and installations have a dystopian bent: take the antagonistic smirk on *Hater Head* (2013), the small security screw designed by Holen; or his series in which water-based appliances were sawn open like biological specimens; or wall works in which CAT scan machines were dismantled to look like natural sheaths or orifices and covered in suggestively fetishistic mesh. For Holen, the technology that humans have built for themselves is also a threat. Austere and cold, his work suggests a perspective in which machines have outlived humans.

Evil Eyes (2016), Holen's project for the 9th Berlin Biennale approaches technological animism by taking on the mystical and the superstitious. Holen has produced glass-blown objects as well as contact lenses, both resembling *nazars* (from the Arabic word for "sight" or "seeing"). Having barely changed over thousands of years, these pupil-like designs are talismans that protect against the "evil eye"—and are still a global phenomenon, sold in countless new age and tourism shops from Brazil to Greece to Taiwan. According to a recent study in the *Journal of Economic Behavior & Organization,* the "evil eye" superstitions and nazar charms are prevalent in areas with high income inequality—perhaps as a defense mechanism against envy (the "green eye"). Holen's glass versions of these nazars are shaped and sized like the portholes of Boeing 787 "Dreamliner" planes and are installed in a row. In this constellation they serve as windows to the world of global mobility—commenting on superstition, economics, tourism, and social unease.

Evil Eye Bildsuche Evil eye image search
Bildschirmfoto Screenshot

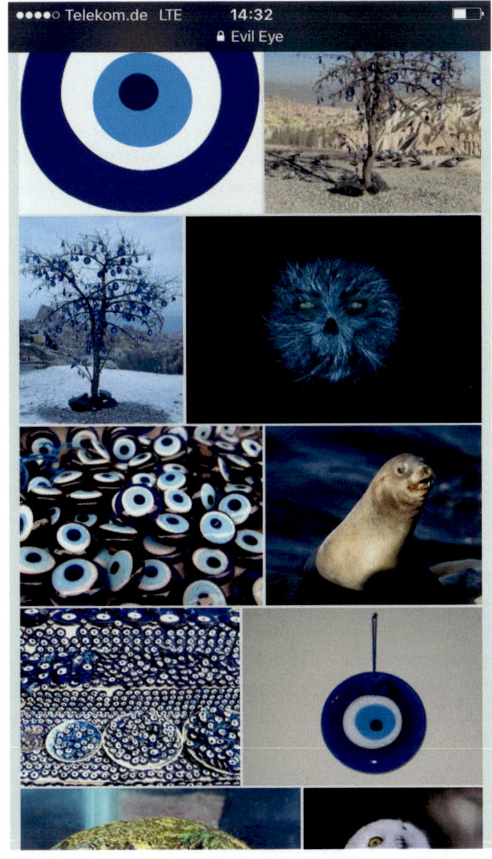
●●●●○ Telekom.de LTE
14:32
Evil Eye

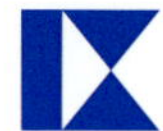

Alexa Karolinski/Ingo Niermann

Alexa Karolinski *1984 in Berlin, lebt und arbeitet lives and works **in Los Angeles, US**
Ingo Niermann *1969 in Bielefeld, DE, lebt und arbeitet lives and works **in Basel, CH**

Die Liebe – als Ökonomie, als zwischenmenschliche Beziehung, als Zustand des Denkens – ist geprägt durch äußere soziale Beziehungen, doch für viele steht sie eher für die Möglichkeit, dem erweiterten sozialen Umfeld zu entfliehen. Beide Aspekte in Einklang zu bringen ist keine leichte Aufgabe: Von den sozialistischen Vorstellungen, die hinter der Idee der „freien Liebe" stecken, bleibt nicht viel übrig, wenn der Wettbewerb des Begehrens ins Spiel kommt, und die Möglichkeit, „freien Sex" zu haben, steht in einer Zeit der Dating-Apps eher für die Liberalisierung als für die Befreiung der Liebe. Wie Ingo Niermann in seiner Anthologie *Love (Solution 247-261)* zeigt, ist die romantische Liebe entgegen unserer Vorstellungen kein zeitloses, sondern ein historisches Phänomen, das in seiner modernen Form seine Entstehung den kapitalistischen Entwicklungen des 19. und 20. Jahrhunderts verdankt und noch heute von Formen der Kommerzialisierung durchdrungen ist. Nach den gängigen Klischees steht die Liebe für das Bemühen um Bindung („die Arbeit der Liebe") oder für Beeinträchtigung („liebeskrank" sein). Wenn nun aber die „Liebe" am Ende doch immer ein umfassender, sich aus sozioökonomischen Zwängen ergebender Grund für Kummer ist, warum organisieren wir uns dann nicht, warum gründen wir keine Gewerkschaften dagegen? Müssen wir dann die Liebe nicht als eine globale Gesundheitskatastrophe begreifen, oder (etwas überspitzt) als einen noch nicht beendeten, unsichtbaren Weltkrieg?

Solche Fragen werfen Alexa Karolinski und Ingo Niermann in *Army of Love* (2016) auf, einem Hybrid aus PR- und Propaganda-Video, in dem sie die Army of Love vorstellen, ein erdachtes Regiment aus SoldatInnen unterschiedlichen Alters und Aussehens mit dem Auftrag, gegen das andauernde Elend schmerzlicher Einsamkeit vorzugehen. Zum einen ist die Army of Love ein utopisches Modell, man könnte sie aber auch als eine andere Form der Subjektivität, ja der gesellschaftlichen Schichten in einer von Isolation geprägten Zeit sehen. Gezeigt werden reale und fiktionale Interviews, eingebettet in Gespräche, die sich mit den Grundannahmen über Liebe, Beziehungen und den Warencharakter von Emotionen beschäftigen. Das dokufiktionale Video zeigt nicht nur die Bodentruppen dieser Liebesarmee, sondern auch ihre NutznießerInnen, und schließt Kommentare von UnterstützerInnen, SexaktivistInnen und verschiedenen GegnerInnen mit ein.

Love—an economy, an intrapersonal relation, a cognitive state—is subject to exterior social relations, yet for many it represents the possibility of refuge from a broader social realm. Reconciling the two is not easy. The socialistic premise behind "free love" crumbles when desiring competition gets in the way, whereas in the age of hook-up apps, for instance, the possibility of free sex represents the liberalization, not the liberation, of love. As argued in Ingo Niermann's edited collection *Love (Solution 247-261)*, contrary to our ideas of its timelessness, romantic love is a historicized entity whose development in its modern understanding actually arose out of nineteenth- and twentieth-century capitalist developments and even today is saturated with commoditization. Clichés equate love with binding labor ("the labor of love") or illness (being "lovesick"); if "love" remains an unacknowledged, universal, and socio-economically enforced cause for grief, then why don't we all organize, unionize even? Might love then be seen as a global health pandemic, or even (with a little exaggeration) as an ongoing, invisible, world war?

Such are the questions provoked by Alexa Karolinski and Ingo Niermann's *Army of Love* (2016), a PR-propaganda-style video campaign introducing the Army of Love, a propositional regiment of soldiers diverse in age and appearance and tasked with solving the persistent social malaise of dire loneliness. In part a utopian proposal, the Army of Love could be seen as an alternate subjectivity or even social strata in an age of isolation. Depicted through real and fictional interviews, it is framed by conversations questioning the basic premises of love, relationships, and the commodity of emotion. The docu-fictional video depicts the Army of Love's infantry as well as its beneficiaries. It also includes commentary from its supporters, sex activists, and various opponents.

***Army of Love*, 2016**
Videostill Video still

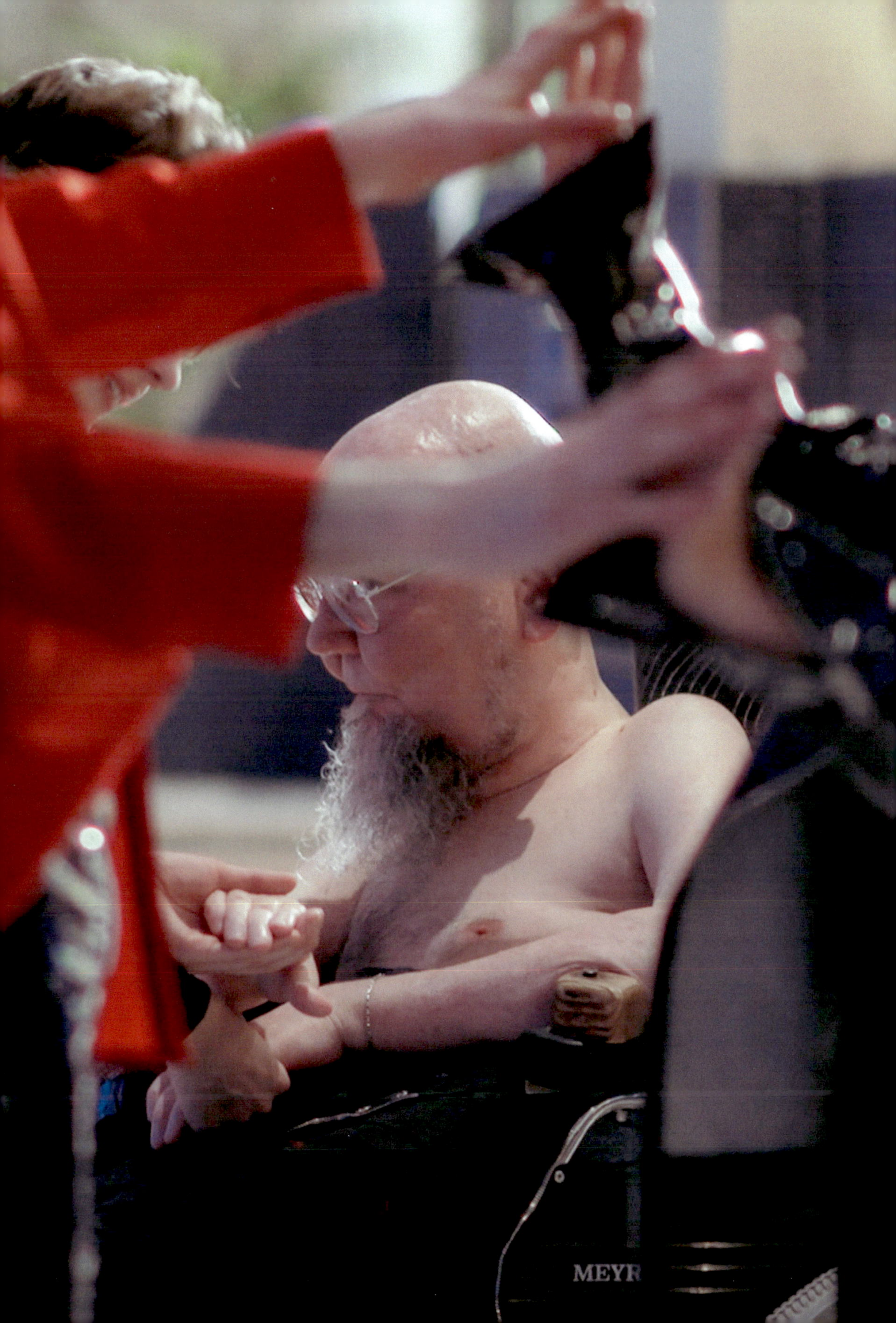
MEYR

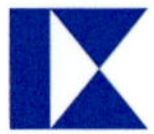

Josh Kline

***1979 in Philadelphia, US, lebt und arbeitet** lives and works **in New York, US**

In seinen Skulpturen, Installationen und Videoarbeiten verbindet Josh Kline gesellschaftspolitische Themen und neueste technologische Produktionsverfahren wie etwa 3D-Rendering und 3D-Druck mit einer Mischung aus biologischen Lebensformen und der Warenform. Die kürzlich entstandene, ikonische Werkreihe *Cost of Living* (2014) beschäftigt sich mit der nahezu unsichtbaren Arbeitswelt von Büroreinigungskräften. Die Körper der einzelnen Reinigungskräfte wurden 3D-gescannt und ausgedruckt. Anschließend wurden ihre skulpturalen Köpfe und Gliedmaßen entfernt und auf einem Putzwagen, zwischen Reinigungsmitteln, einer Abfalltüte und Schwämmen wieder zusammengefügt. Klines Ansatz, mit dem er sowohl auf den Überraschungssieg des Kapitals über die Arbeit nach der Finanzkrise von 2008 als auch auf die gravierenden Einkommensunterschiede in Luxusmetropolen wie New York reagiert, besteht darin, die Politik des Sozialen, wie sie in einer beschönigten, finanzialisierten und geradezu dystopischen, urbanen Kulturlandschaft zum Ausdruck kommt, zu dokumentieren und darzustellen. „Tourismus, Starbucks, Sonnenbrillen, MetroCard, Hotelseife, Cupcake, Cronut", so lauten die symbolkräftigen Zutaten eines Gesundheitsdrinks, den Kline für *Skittles* (2014) kreierte, eine Installation, die zugleich als Saftbar fungierte und die er auf der High Line in New York errichtete.

Kline scheut sich nicht, politisch Stellung zu beziehen. Sein Video *Crying Games* (2015), das bei der 9. Berlin Biennale in den KW Institute for Contemporary Art in einer Installation aus Katzenstreu zu sehen ist, präsentiert quasi-realistische 3D-Renderings des führenden, fünfköpfigen Gespanns aus der Zeit des Irakkriegs: Tony Blair, Condoleezza Rice, Donald Rumsfeld, George W. Bush und Dick Cheney. Die fünf werden aus der Frontalperspektive in einer Art Anstalt oder Gefängnis gezeigt, mit erkennbaren, aber eindeutig gerenderten Gesichtern, die auf prekäre Weise auf ihren uniformierten Körpern sitzen (und manchmal sogar von den Köpfen wegrutschen, auf die sie digital montiert wurden). In graue Gefängnisoveralls gekleidet, wimmern und stottern die fünf vor sich hin: „Es tut mir so leid", „Was hab ich bloß getan?" und „Ich komme in die Hölle". In einem Zeitalter, das geprägt ist von öffentlichen Ausflüchten, politischen Übertreibungen und einer polarisierten Medienwelt, hat dieser apologetische – und völlig unwahrscheinliche – Akt der Reue für ungestrafte Kriegsverbrechen eine verstörende Wirkung: finster, surreal, komisch.

Josh Kline's sculptures, installations, and videos combine socio-political themes, advanced technological methods of production such as 3D rendering and printing, and amalgams of biological and commodity forms. The iconic, recent series *Cost of Living* (2014) took on the nearly invisible labor stratum of office cleaning-staff: by 3D scanning and printing the bodies of individual cleaners. Their sculptural heads and limbs were then removed and recombobulated on a cleaning supply cart alongside detergents, a trash bag, and sponges. Responding not only to the surprise victory of capital over labor even after the 2008 financial crisis but also to income inequality in luxury capitals such as New York, Kline's approach is to document and represent the politics of the social in a whitewashed, financialized, and near dystopian urban culturescape. "Tourism, Starbucks, sunglasses, MetroCard, hotel soap, cupcake, Cronut," read the emblematic ingredients of one of the bright-colored health beverages that Kline developed for *Skittles* (2014), a juice bar refrigerator and installation developed for the High Line in New York.

Kline does not shy away from overt political critique. His video *Crying Games* (2015), shown at KW Institute for Contemporary Art in an installation of kitty litter, depicts quasi-realistic 3D renderings of the leading quintumvirate of the Iraq War era: Tony Blair, Condoleezza Rice, Donald Rumsfeld, George W. Bush, and Dick Cheney. They are each shown in a frontal shot within institutional or correctional settings, with recognizable but obviously rendered faces that float queasily atop uniformed bodies (at times slipping away from the heads upon which they are digitally superimposed). One after the other, in gray prison jumpsuits, all five weep and stutter lines like, "I'm so, so sorry," "What have I done?" and "I'm going to hell." In an era where public equivocation meets political hyperbole in a polarized mediasphere, their apologetic—and utterly improbable—stance of open remorse for the war crimes that they committed with impunity has a disturbing effect: dark, surreal comic relief.

***Crying Games*, 2015**
HD-Videostill HD video still

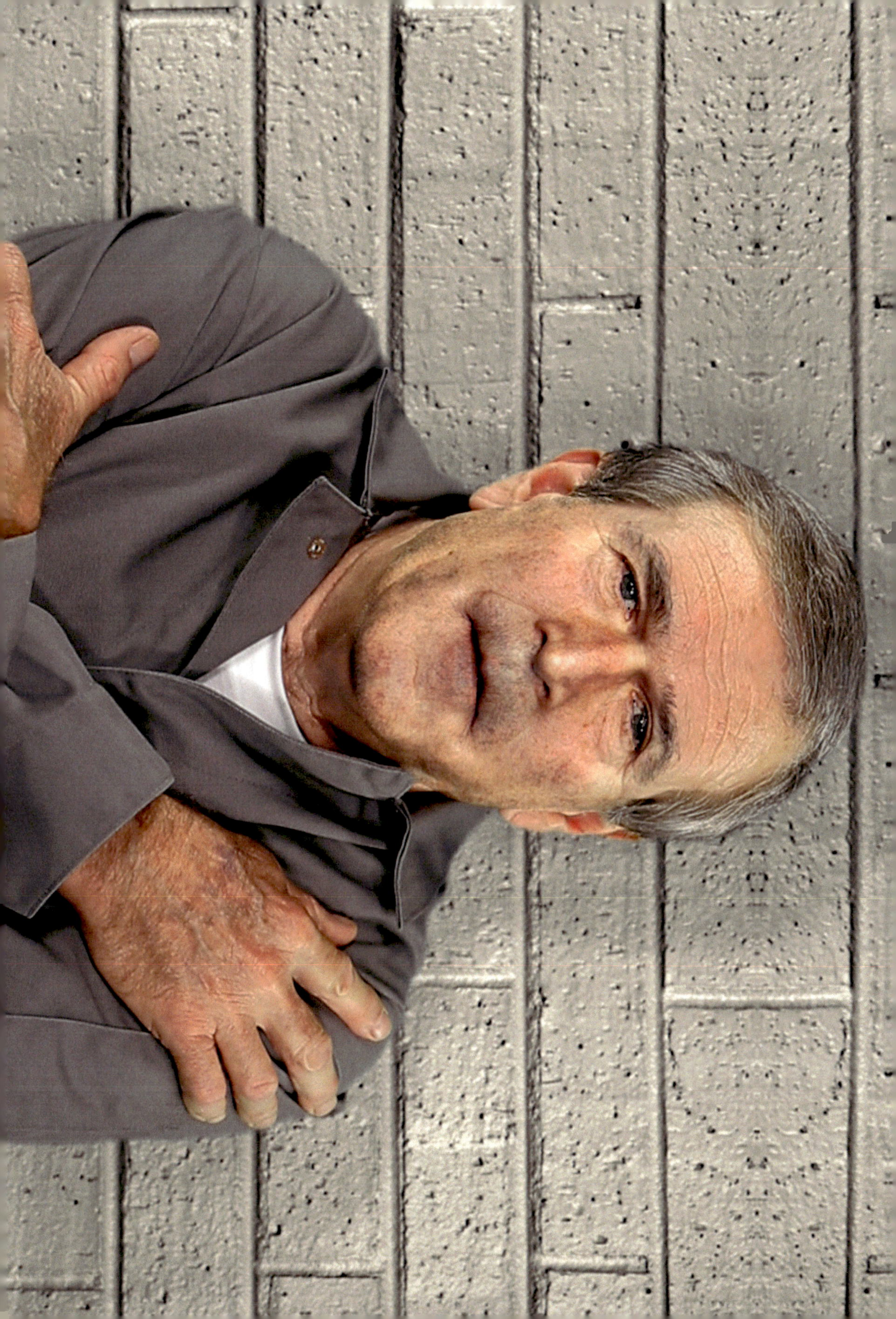

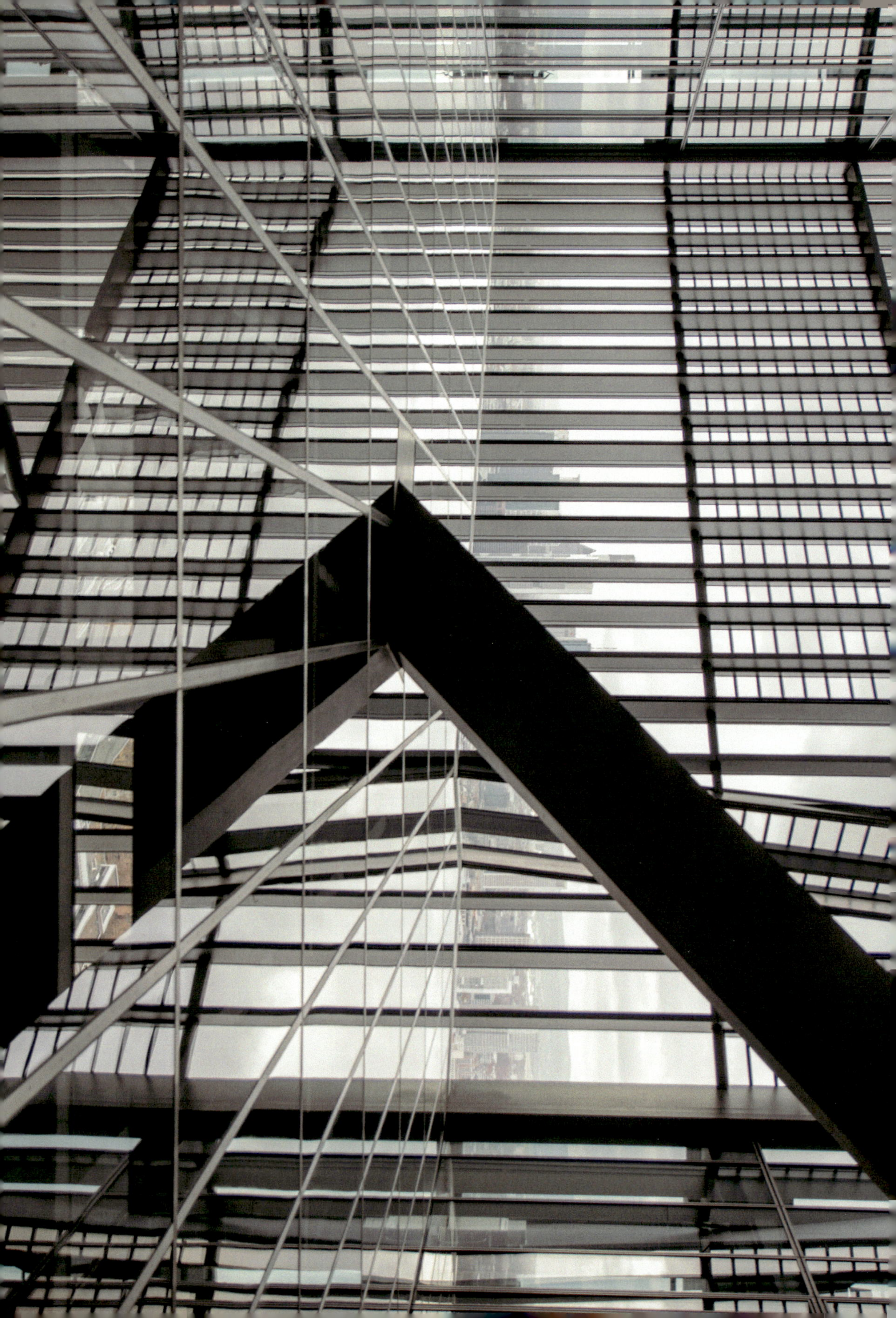

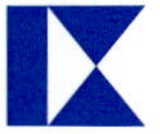

Korpys/Löffler

Andree Korpys *1966 in Bremen, DE, lebt und arbeitet lives and works **in Berlin**
Markus Löffler *1963 in Bremen, DE, lebt und arbeitet lives and works **in Bremen, DE**

Die Inszenierung und Darstellung politischer Macht steht im Mittelpunkt der Videos und Installationen von Korpys/Löffler. Seit Mitte der 1990er-Jahre kombinieren sie dokumentarisches und verdeckt gedrehtes Material mit Suspense à la Hollywood, um die Authentizität der Machtdarstellung und die Rituale des politischen Protests zu hinterfragen – anhand von Ereignissen, die vom Staatsbesuch George W. Bushs im Berliner Schloss Bellevue bis hin zu Antiglobalisierungsdemos beim G8-Gipfel und dem Transport von Atommüll durch Deutschland reichen. Ihre Arbeiten, die sich oft mit der Vorstellung einer amerikanischen und deutschen Vormacht auseinandersetzen, machen deutlich, dass selbst die direkteste Darstellung nationaler und wirtschaftlicher Interessen einem Drehbuch folgt und dass sich konstruierte Amtsrituale oft von der Populärkunst, etwa dem Kino, herleiten.

Die neue Videoinstallation *Transparenz, Kommunikation, Effizienz, Stabilität* (2016) befasst sich mit den Paradoxen der Transparenz. Sie hinterfragt, wie sich eine solche Idee darstellen lässt, entweder als Architektur oder als Ethik. Der Film richtet den Blick auf das Gebäude der Europäischen Zentralbank, Schauplatz der Blockupy-Proteste im März 2015, bei denen die Polizei seltsamerweise nicht eingeschritten ist. Das EZB-Gebäude, das in Frankfurt steht und von Coop Himmelb(l)au – einem einst radikal-avantgardistischen Architekturbüro – entworfen wurde, ist mit seiner Vollverglasungsästhetik weit von dem entfernt, was die Wiener Architekten in jungen Jahren gefordert hatten: „Architektur muss brennen ... Architektur, die unter Dehnung reisst." Korpys/Löffler hielten die Blockupy-Proteste auf Super-8-Film fest – für die Künstler das erste Medium, mit dem Amateurfilmaufnahmen wie etwa Heimkino möglich wurden und das eine Ästhetik vorgeblicher Authentizität und Gegenwärtigkeit suggerierte. Das Video, für das vor Ort im November 2015 Filmmaterial von den EZB-Räumlichkeiten und von architektonischen Details (Drehkreuze, abgedunkelte Fenster, Raumteiler) gedreht wurde, baut Tonaufzeichnungen der DemonstrantInnen und Aussagen der Architekten ein. Es stellt die Frage: Ist Transparenz überhaupt machbar?

The staging and representation of political power is the focal point of Korpys/Löffler's videos and installations. Since the mid-1990s their works have melded conventions of documentary footage, undercover surveillance, and even Hollywood suspense to question the authenticity of the display of power and the rituals of political protest—in contexts ranging from the state visit of George W. Bush at Berlin's Schloss Bellevue to anti-globalization protests at the G8 summit, and the transportation of nuclear waste through Germany. Their works, which have often focused on notions of US and German supremacy, show how even the most immediate portrayal of national and economic interests are scripted, and how the rites of authority are often constructs derived from popular art forms such as cinema.

Their new video installation *Transparenz, Kommunikation, Effizienz, Stabilität* (2016) takes on the paradoxes of transparency—questioning how such a notion can be represented, either as architecture or ethic. The film focuses on the European Central Bank Building, the site of Blockupy protests in March 2015, which were curiously not intervened upon by police. Built in Frankfurt and designed by Coop Himmelb(l)au—a once radical, avant-garde architectural firm—the ECB building and its glass-housed aesthetic is far removed from the Viennese architects' early cries for an "architecture [that] must blaze . . . that tears under stress." Korpys/Löffler recorded the Blockupy protests using Super-8 film—for the artists, the first medium of amateur film recordings, such as home movies, and suggesting an aesthetic of ostensible "authenticity" and presence. The video, which features footage of the ECB premises and architectural details (turnstiles, tinted windows, spatial dividers) filmed on-site in November 2015, incorporates statements of the architects and recordings of the protestors. It asks: Is transparency realizable at all?

***Transparenz, Kommunikation, Effizienz, Stabilität*, 2016**
HD-Videostill HD video still

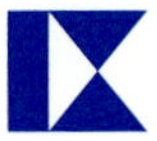

Nik Kosmas

***1985 in Minneapolis, US, lebt und arbeitet** lives and works **in Berlin**

Nik Kosmas' Fitnessgeräte sind kein Statement, keine Installation und gehören zu keiner Performance. Es handelt sich weder um einen ironischen Kommentar zur Fitnessindustrie, noch um einen clever versteckten Verweis auf abstrakte Plastik. Die drei schlichten Gebilde sind nichts anderes als die grundlegenden Teile einer Fitnessstudioausrüstung: ein Power Rack, ein Squat Rack und ein Rig für freie Gewichte. Zusammen ergeben sie eine zum Gebrauch geeignete, sorgsam entwickelte Vorrichtung für das Muskeltraining auf der Terrasse der Akademie der Künste, die von regelmäßig unter Anleitung stattfindenden Trainingseinheiten aktiviert wird.

Im Jahr 2006 gründete Kosmas zusammen mit Daniel Keller das Kunstkollektiv AIDS-3D. Während der folgenden sieben Jahre erforschte AIDS-3D ästhetische, technologische und abwegig utopische Ideen in Kompositionen mit wunderbar schwarzem Humor. Die Arbeiten des Duos bewegten sich im Wechsel zwischen internetbasierten Projekten von epischer Breite und ortsgebundenen Installationen und Performances. Sie entfalteten sich online und offline und hatten häufig einen verwirrenden, verstörenden Effekt. Doch ihre erfolgreiche künstlerische Praxis, die schonungslos satirisch war und zugleich das Vergängliche, das Oberflächliche und Seichte kommentierte, führte unweigerlich dazu, dass sie sich selbst infrage stellten. Weil sie den Inselcharakter der Kunst und ihre Fähigkeit, Veränderungen herbeizuführen, in Zweifel zogen, kam das Duo zu der Entscheidung, AIDS-3D auf dem Höhepunkt ihres Erfolgs aufzulösen.

Heute widmet Kosmas seine Zeit dem Fitness- und Ernährungsgeschäft, das sich aus seiner künstlerischen Arbeit heraus entwickelt hat. Auch wenn die Kunstwelt tendenziell von KünstlerInnen fasziniert ist, die ihre Kunstproduktion eingestellt haben – oftmals als letzte Konsequenz einer hochgradig konzeptuellen Praxis –, so ist Kosmas' Position doch weniger eine Verweigerungshaltung. Es ist vielmehr eine Hinwendung zu konkreteren Handlungen und einer Sprache, die mehr Relevanz für das menschliche Leben besitzt und praxisbezogener ist.

Fängt ihn die 9. Berlin Biennale wieder ein? Oder zeigt uns Kosmas die schlichten Grundlagen körperlichen Wohlbefindens, die sich nicht darum scheren, welche Etiketten ihnen angehängt werden? Ob er seinen persönlichen Rekord im Bankdrücken verbessert oder mit seiner Firma Maru Matcha weltweit Grünteepulver verkauft: Kosmas zeigt eindeutig, dass es durchaus intelligente Lebensformen jenseits der Kunstwelt gibt. Deren Ethik ist sehr viel greifbarer, wie Kosmas jüngst in einem Interview anmerkte: „Ich sehe Ehrlichkeit, Disziplin und Leistung als Qualitäten, die meine zukünftige Produktion lenken."

Nik Kosmas' gym equipment is not a statement, installation, or performance. It's neither an ironic commentary on the fitness industry, nor is it a cunningly guised reference to abstract sculpture. These three simple structures are nothing more than foundational pieces of gym equipment: a power rack, a squat rack, and a rig that hold free weights. They make up a usable, carefully designed physical training set-up for the terrace of the Akademie der Künste that will be activated by regular, guided workouts.

Kosmas founded arts collective AIDS-3D in 2006 with Daniel Keller. Over the next seven years, AIDS-3D explored aesthetic, technological, and outlandishly utopian ideas in blackly satirical combinations. Having a successful practice that relentlessly focused on satire while commenting on the ephemeral, the superficial, and the shallow inevitably led to self-examination. Questioning the insularity of art and its capacity to effect change, the duo made the decision to dissolve AIDS-3D at the height of its success.

Today Kosmas devotes his time to his fitness and nutrition businesses, which grew out of his artistic work. Although the art world tends to have a fascination for artists who have stopped making art—often as an ultimate consequence of a highly conceptual practice—Kosmas' position is less one of refusal than simply a turning towards activities and language that are more concrete, more relevant to people's lives, more hands-on.

Is the 9th Berlin Biennale roping him back in? Or is Kosmas just showing us the bare basics of physical wellness without worrying what anyone calls them? Whether topping his own personal bench-squat bests or selling green tea worldwide (with his company Maru Matcha), Kosmas demonstrates that there is most definitely intelligent life beyond the art world. And its ethics are far more tangible, as Kosmas stated a recent interview: "I see honesty, control, and excellence as qualities that guide my future production."

***BEast MOde*, 2015**
Fotografie Photograph

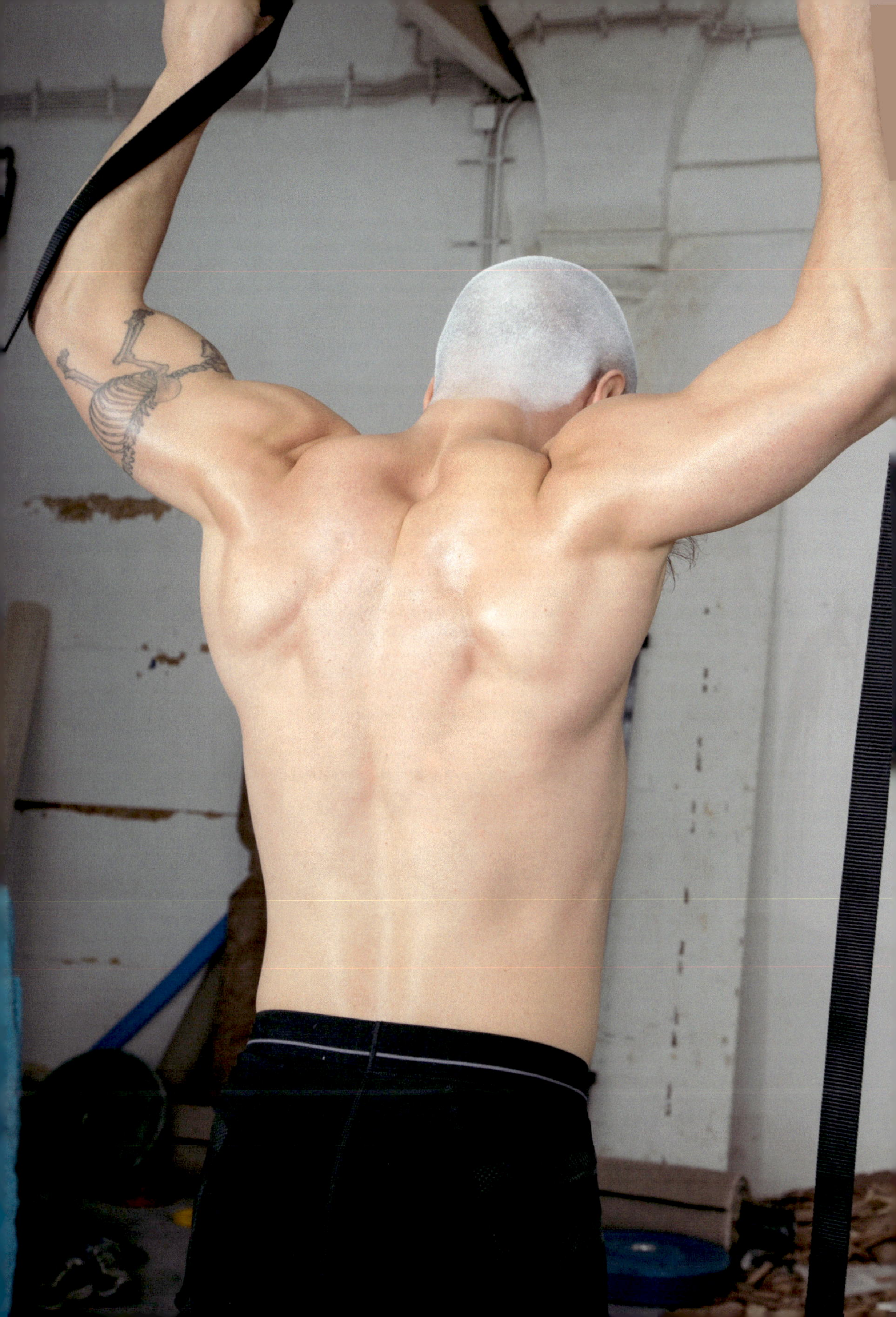

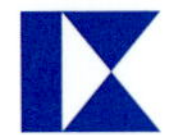

Christopher Kulendran Thomas

***1979 in London, lebt und arbeitet** lives and works **in London**

Wie positioniert sich zeitgenössische Kunst gegenüber wirtschaftlicher Liberalisierung beziehungsweise deren nicht verwirklichten Alternativen? Wie lassen sich Staat und Staatsbürgerschaft in einer Zeit der technischen Beschleunigung und des Staates als Unternehmer neu denken? Der reale Fall Sri Lankas – ab den 1980er-Jahren Schauplatz eines blutigen, ethnischen Bürgerkriegs, der 2009 beendet wurde – steht beispielhaft für ein weltweit verbreitetes Phänomen. Nach Beendigung eines Konflikts führt die einsetzende wirtschaftliche Liberalisierung zu einem stark vermehrten Aufkommen von globalen Marken, Franchise-Unternehmen und, wenn auch indirekt, von Galerien. Mit seinen Skulpturen und konzeptuellen Interventionen wirft Christopher Kulendran Thomas, dessen Familie aus Sri Lanka stammt, einen Blick auf den sich wandelnden Charakter des globalisiert „Zeitgenössischen", sei es ein politischer oder ästhetischer Zeitgeist oder seien es neue Modelle von Staatsunternehmen. Darüber hinaus beschäftigt sich Kulendran Thomas mit der Frage, wie der Kunstbetrieb wirtschaftliche, makropolitische und sogar legislative Veränderungen in Regionen in aller Welt herbeiführen kann.

Sein Beitrag zur 9. Berlin Biennale besteht aus zum Greifen naher Science-Fiction, einem postkapitalistischen Start-up und Modellvorschlag für die Marke (oder den nationslosen Staat) *New Eelam*. Er imaginiert einen alternativen Ausgang der ideologischen und ethnischen Konflikte in Sri Lanka. Ausgehend von den nicht verwirklichten Möglichkeiten von „Eelam" – das tamilische Wort für die im Bürgerkrieg unterworfenen tamilischen Gebiete von Sri Lanka – ist *New Eelam* (2016) ein Programm zur Verteilung von (Luxus-)Wohnungen, ein Subskriptionsmodell für gemeinschaftliches Eigentum in einem postkapitalistischen, postproprietären und postnationalen globalen Raum mit fließenden Nationalitäten.

***New Eelam* entwirft eine alternative Entwicklung für eines der dunkelsten Kapitel der jüngsten Globalisierungsgeschichte. Der vorgeschlagene Staat wird durch eine Erlebnis-Suite repräsentiert, einer Musterwohnung mit einem Prospekt für globales Wohnen und einem Edutainment-Werbefilm. Der Phantasieentwurf des Künstlers provoziert Fragen über den sich abzeichnenden nationalen/unternehmerischen Horizont: Wie ließe sich ein Staat *ohne* Territorium neu denken? Was sind Alternativen zu derzeitigen Modellen von Staatsbürgerschaft und Wohnen, und wie werden zukünftige Institutionen im ausgehenden Zeitalter des Nationalstaats aussehen? *New Eelam* ist der Vorschlag für eine Marke, die die Zukunft der Staatsbürgerschaft in einer Zeit technologisch beschleunigter Entortung imaginiert.**

How does contemporary art relate to economic liberalization—or to the unrealized alternatives thereto? How might nations and national citizenship be reconceived in an age of technological acceleration and the corporate state? The real case of Sri Lanka—since the early 1980s the site of a violent, ethnic civil war which ended in 2009—is one instance of a global pattern in which post-conflict economic liberalization has led to an accelerated arrival of global brands and franchises, and, if indirectly, the art gallery system. The sculptures and conceptual interventions of Christopher Kulendran Thomas, whose family originates from Sri Lanka, look speculatively to the shifting nature of the globalized "contemporary," be that a political or aesthetic zeitgeist or new models of the state-corporation. He also asks how the art-industrial complex might effect economic, macro-political, and even legislative changes in regions across the world.

Kulendran Thomas' work for the 9th Berlin Biennale is part sci-fi, post-capitalist start-up, part model proposal for *New Eelam*, a brand (or nationless state) that imagines an alternative outcome to the ideological and ethnic conflicts in Sri Lanka. *New Eelam* (2016), which takes its point of departure from the unrealized possibilities of "Eelam," the word for the recently defeated Tamil Sri Lankan homeland, is a scheme for distributing luxury housing in a post-Marxist, post-property, and post-national global realm involving fluid nationalities and a subscription-model of shared ownership.

New Eelam charts an alternative trajectory from one of the darkest chapters of the recent history of globalization. The propositional state is represented by an experience suite, which features a show-home environment, a prospectus for global living, and a promotional edutainment film. Kulendran Thomas' fabrications provoke questions about the looming national/corporate horizon: How might a nation be reimagined *without* a territory? What are alternatives to current models of citizenship and habitation, and how will future institutions look in the twilight of the nation-state? It is a propositional brand that imagines the future of citizenship in an age of technologically accelerated dislocation.

New Eelam experience suite interior
Featuring: Christopher Kulendran Thomas, *When Platitudes Become Form*, 2013
Holz, Akryl Wood, acrylic; **Prageeth Manohansa, *Lion*, 2012 erworben von** purchased from **Saskia Fernando Gallery, Colombo, Sri Lanka; Nike *New Distance, singlet (blue/volt/reflective)***
Digitalbild Digital image

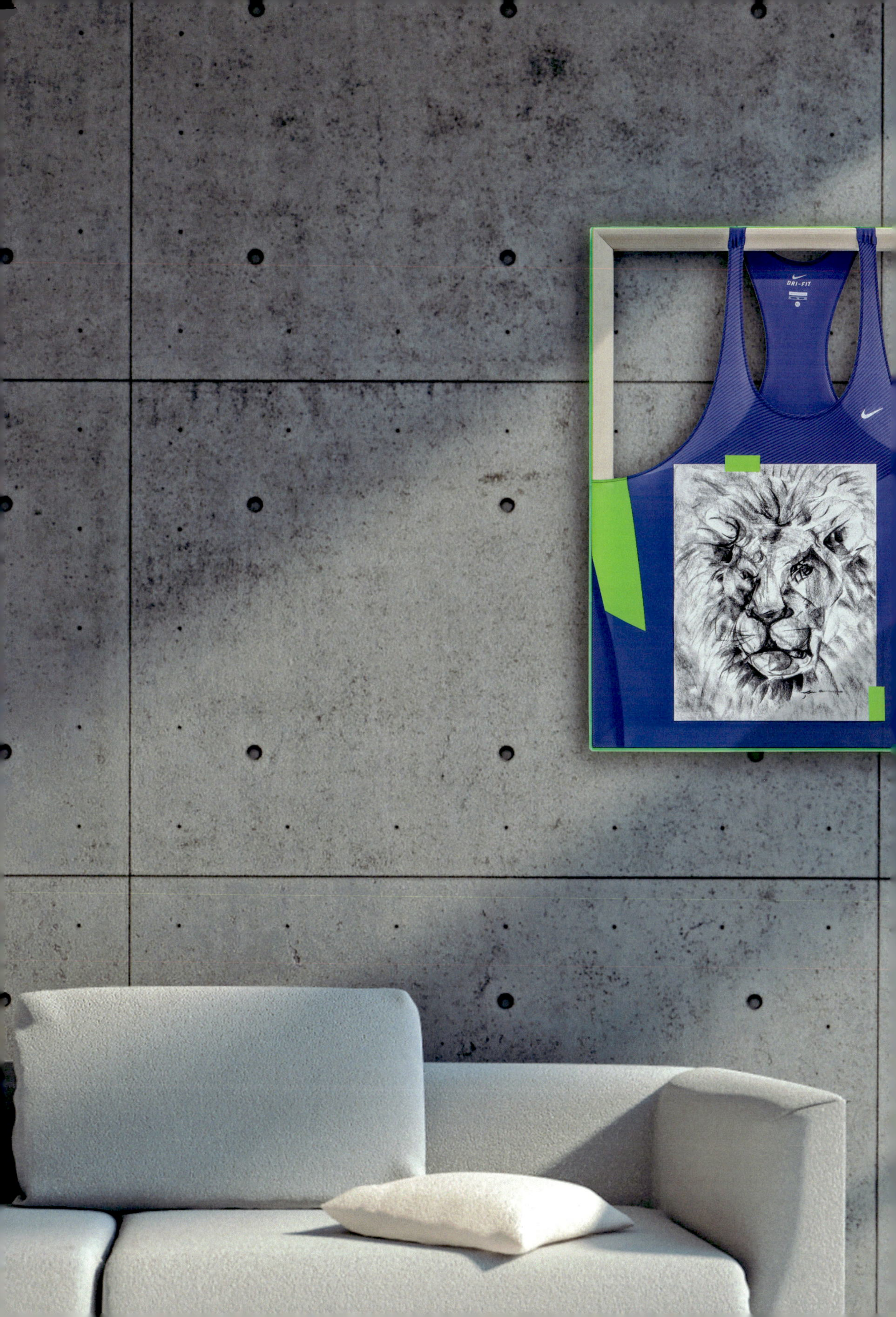
DRI-FIT

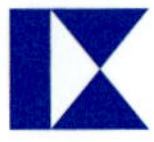

M/L Artspace

Gegründet Founded in **2013**
Lena Henke *1982 in Warburg, DE, lebt und arbeitet lives and works **in New York, US**
Marie Karlberg *1985 in Stockholm, lebt und arbeitet lives and works **in New York, US**

M/L Artspace, betrieben von Lena Henke und Marie Karlberg, ist kein physischer Raum, sondern ein vagabundierendes Projekt für temporäre, im sozialen Kontext verankerte Ausstellungen, die nur eine Nacht andauern. Mit ihren Shows, die sie häufig in unerwarteten Winkeln urbaner Zentren präsentieren, konterkarieren die beiden Künstlerinnen die allgegenwärtige Eintönigkeit von Gruppenausstellungen, die als eine Art Sampler in kommerziellen Galerien gezeigt und anschließend in sauberen, hochauflösenden Videos über Aggregatoren im Netz verbreitet werden. M/L Artspace umgeht beides. Das Duo installiert temporäre Ausstellungen mit wechselnden KünstlerInnen in Nagelstudios, Autobahnunterführungen (etwa des Brooklyn-Queens Expressway), Off-Spaces oder in Wohnungen von Freundinnen und Freunden. Ihre Ausstellungen sind weniger als Geschmacksprobe künstlerischer Arbeiten zu verstehen (wie man erwarten könnte), denn als eine feurige, improvisierte Subversion beziehungsweise Dekonstruktion des Formats der Gruppenausstellung mit ihrem Zwang zum Sampeln und Repräsentieren.

M/L Artspace stellt auch Editionen her, die häufig in einem Happening gezeigt und verwendet werden. Für die 9. Berlin Biennale hat M/L Artspace neue Bettwäschekollektionen entworfen, die im Rahmen einer Installation gezeigt werden. Jede Kollektion steht für eine der Ausstellungen, die M/L Artspace in den vergangenen drei Jahren veranstaltet hat. Die Laken sind mit verschiedenen visuellen Dokumentationen und mit einem Text des Kunstkritikers Andrew Russeth bedruckt. Die handwerkliche Ästhetik dieser als vergängliche Installation angelegten „Retrospektive" spiegelt den sprudelnden, spontanen Charakter der ursprünglichen Schauen wider.

M/L Artspace, run by artists Lena Henke and Marie Karlberg, is not a physical space but a roving project for temporary, socially grounded one-night-only exhibitions. In their shows, often taking place in unexpected corners of urban centers, M/L Artspace responds to, and counteracts, the omnipresent doldrums of group exhibitions—where shows are sampler albums in galleries and are represented in clean, hi-res videos on image aggregation websites. M/L Artspace does neither. Instead, the duo installs temporary shows by a rolling cast of artists in nail salons, highway underpasses (of the Brooklyn-Queens Expressway, for example) as well as off-spaces and friends' homes—less as a taste test of artistic works (as per the format's usual expectations) and more as a spirited, slapdash subversion or deconstruction of the structure of the group show and its pressures of sampling and representation.

M/L Artspace also makes editions, which are often displayed and activated in happenings. For the 9th Berlin Biennale, M/L Artspace has developed new lines of bedding textiles, presented in an installation. Each series of linens represents one of M/L Artspace's exhibitions over the past three years. The printed sheets incorporate various forms of visual documentation and a text by art critic Andrew Russeth. This "retrospective" will appear as ephemeral installations—all in a craft aesthetic that reflects the fizzling, spontaneous nature of the original shows.

***NAIL US flyer*, 2014**
Flyer von einer M/L Artspace-Gruppenausstellung in einem Nagelstudio in Bed-Stuy, Brooklyn, alle TeilnehmerInnen auf dem Flyer aufgelistet Flyer from an M/L Artspace group show in a nail salon in Bed-Stuy, Brooklyn, all participants listed on flyer

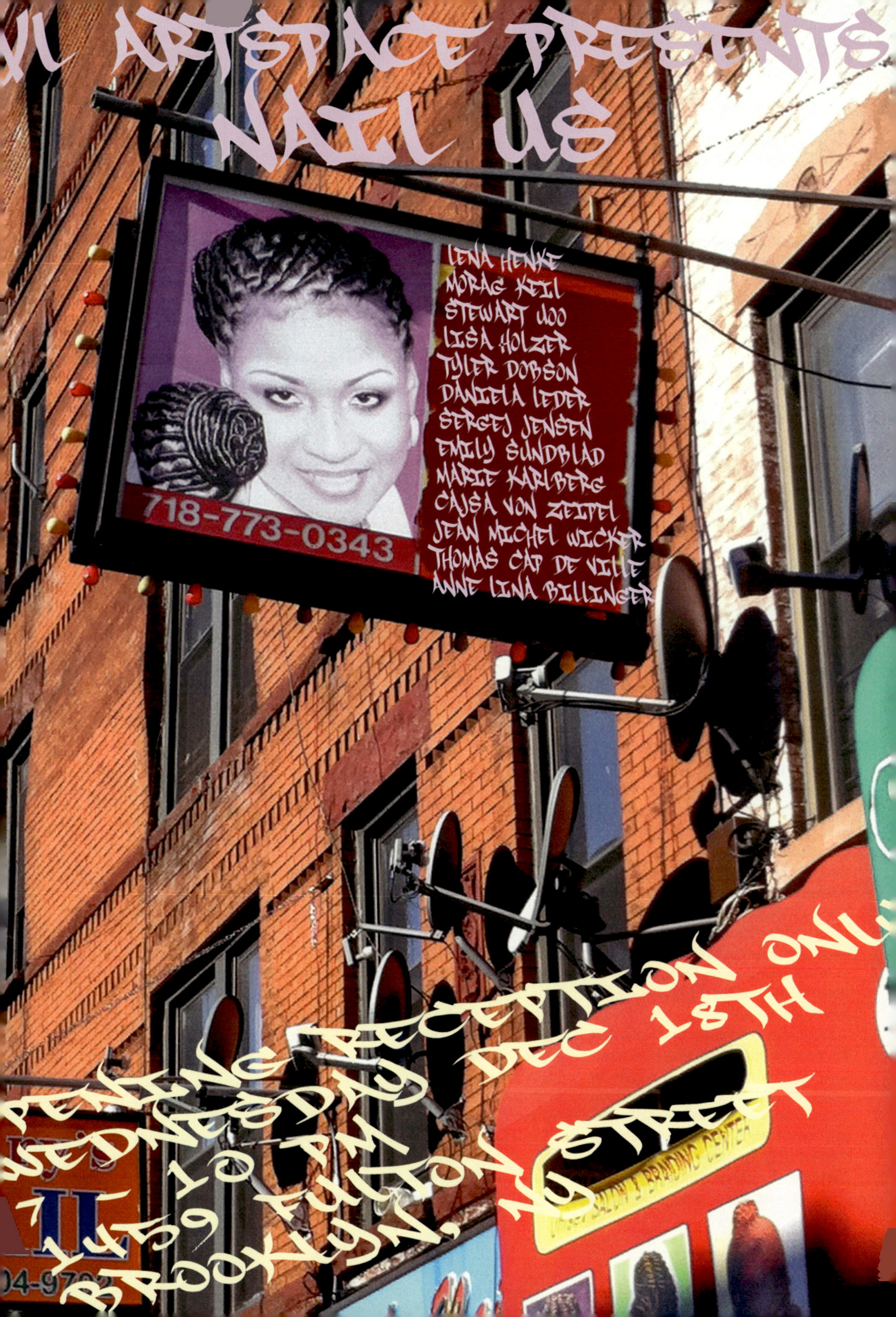
VI ARTSPACE PRESENTS
NAIL US
LENA HENKE
MORAG KEIL
STEWART UOO
LISA HOLZER
TYLER DOBSON
DANIELA LEDER
SERGEJ JENSEN
EMILY SUNDBLAD
MARIE KARLBERG
CAJSA VON ZEIPEL
JEAN MICHEL WICKER
THOMAS CAP DE VILLE
ANNE LINA BILLINGER
718-773-0343
PENING RECEPTION ONL
WEDNESDAY DEC 18TH
7-10 PM
1459 FULTON STREET
BROOKLYN, NY

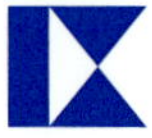

Shawn Maximo

***1975 in Toronto, CA, lebt und arbeitet** lives and works **in New York, US**

Um einen Eindruck von der heutigen Überschneidung von virtueller und realer Welt zu gewinnen, muss man sich lediglich Grenzgebiete des Kommerziellen, wie Schaufenster oder das sogenannte *Home Staging,* betrachten. Letzteres bezeichnet den aktuellen Trend, Immobilien durch den Einsatz von Möbelattrappen und nachgebildetem Eigentum „wirklicher" erscheinen zu lassen und somit für potenzielle KäuferInnen attraktiver zu machen. Shawn Maximos Kunst ist von seiner Arbeit als Designer und Architekt geprägt, bei der er Schaufenster für Marken wie Gucci und MAC Cosmetics entwirft und experimentelle Kulissen und virtuelle Renderings mit dem Kunstkollektiv Yemenwed kreiert. Die Überlagerung und das Aufeinanderprallen disparater visueller Referenzen sind ein fester Bestandteil von Maximos künstlerischer Technik; so auch in seiner Reihe *Neighboring Interests* (2013), für die er Bilder gerendert hat, die spezifische architektonische Räume mit fremdartigen Funktionen kombinieren. Man stelle sich ein Krankenhausbett in der Mitte eines Gastronomiebereiches eines Einkaufszentrums vor, der mit Stühlen des Designers Konstantin Grcic möbliert ist. Das Ergebnis macht auf die fantasiegeladenen Formen der Konsumkultur und der Lifestyle-Werbung aufmerksam – eine Kombination unvereinbarer Stile, die eine absurde Form mit einer dennoch nachvollziehbaren Funktionalität verbindet.

Für die 9. Berlin Biennale hat Maximo in den KW Institute for Contemporary Art eine Unisex-Toilette umgestaltet. Der Künstler ließ neue Wände und Fußböden installieren, auf denen großformatige Fotografien von hyperrealen Welten zu sehen sind, die gleichzeitig Innen- und Außenbereich zu sein scheinen; hybride Innenräume, die einen Blick nach draußen ermöglichen. Die alten Toiletten wurden durch ein Hockklosett ersetzt. Diese letzte private Zone ungestörter Ruhe wird für die 9. Berlin Biennale in ein Informationszentrum umgewandelt. Ein Ort privater Erleichterung wird so mit einem Raum öffentlicher Partizipation und Informationsverteilung verschmolzen.

For a glimpse into the contemporary intersection of virtual and real worlds, one need look no further than commercial, liminal environments such as store display windows or trends like home staging—the decorative art of employing decoy furniture and belongings to make a home look more "real" and attract potential buyers. Shawn Maximo's artistic work is informed by his design and architectural practice of creating storefronts for brands like Gucci and MAC Cosmetics as well as experimental sets and virtual renderings with the art collaborative Yemenwed. The superimposition and collision of disparate visual references are recurring techniques used by Maximo, for example in his series *Neighboring Interests* (2013), for which he rendered images combining generic architectural spaces with alien functions. Think of a hospital bed at the center of a food-court setting furnished with chairs designed by Konstantin Grcic. The result calls attention to the fantastical forms generated by consumer culture and lifestyle imaging—a combination of mismatched styles leading to absurd form yet somehow logical function.

At KW Institute for Contemporary Art, Maximo has made interventions in a degendered bathroom. The redesign includes an installation of walls and flooring, which display large-scale photographs of hyper-real environments simultaneously evoking indoor and outdoor spaces. A hybrid interior space looks out to the exterior. The usual toilets have been replaced by a floor squat. While capitalizing on private zones as the last remaining sites for near undisturbed attention, the restrooms have been turned into an info center for the 9th Berlin Biennale—conflating spaces of private relief and public distribution and participation.

***#3 (street)*, 2016**
Digitalbild Digital image

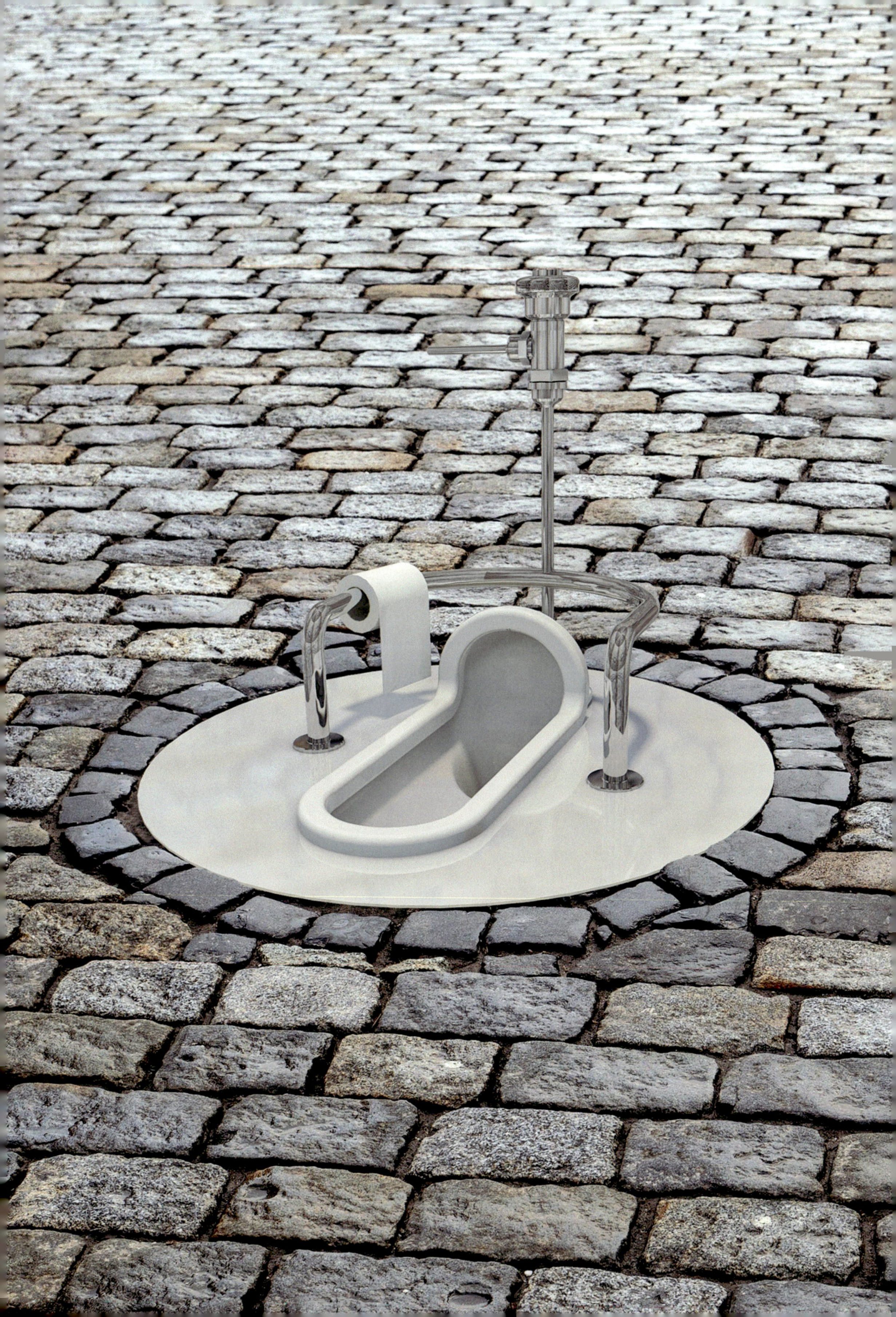

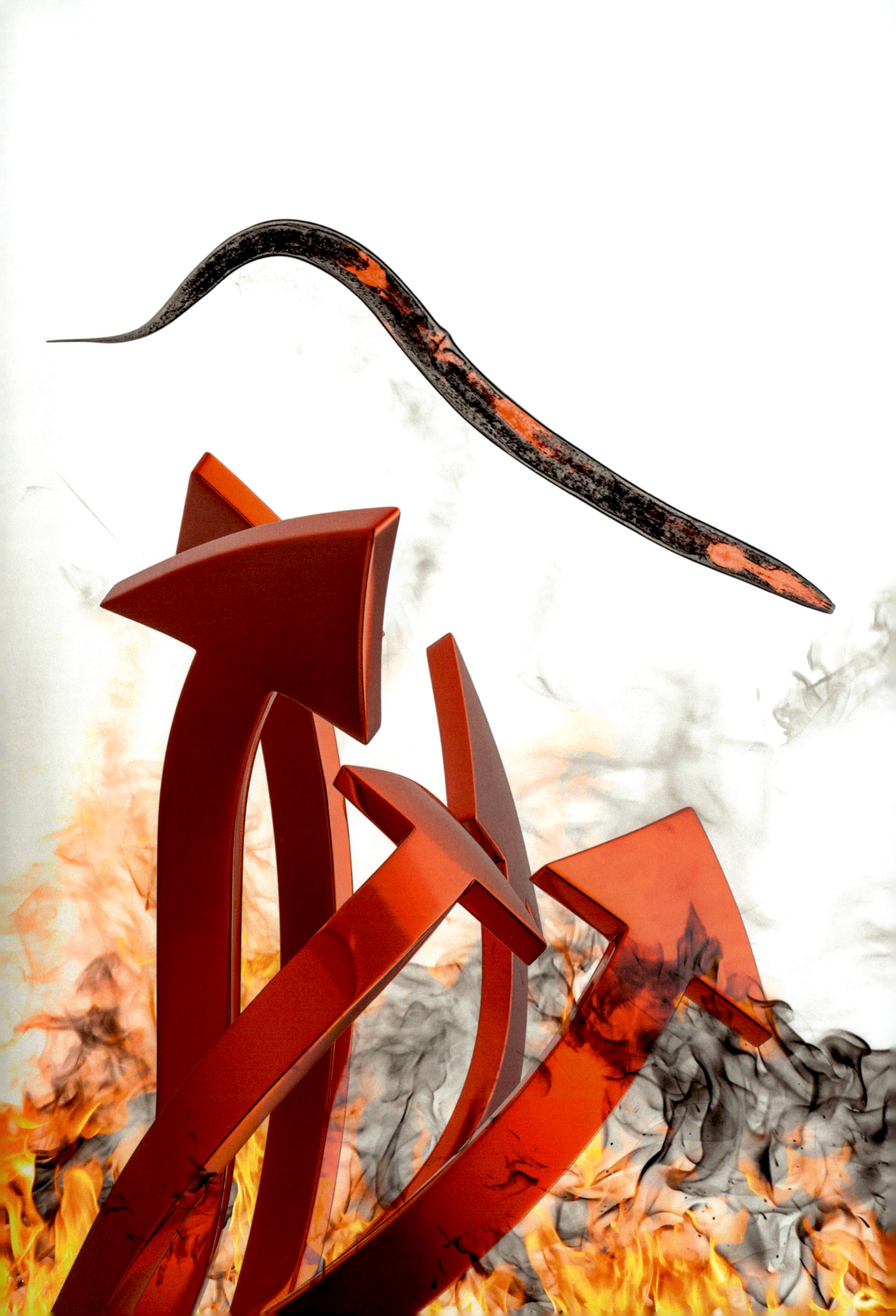

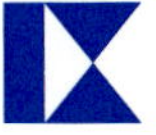

Katja Novitskova

***1984 in Tallinn, lebt und arbeitet** lives and works **in Amsterdam**

Katja Novitskovas Cutouts erinnern an Informationspräsentationen von Firmen, wie man sie gewöhnlich auf Handelsmessen findet. Ihre flache, leuchtende, frische Bildsprache – die sich häufig an den fotografischen Beständen des Internets bedient – hebt die Unterschiede zwischen Online- und Offline-Darstellungen hervor. Sieht man die Werke vor sich, haben sie nahezu eine Trompe-l'Œil-artige Flachheit. Dennoch verweisen die Arbeiten auf die grundlegenden biologischen Prozesse der Anpassung – in natürlichen, geschäftlichen, ästhetischen sowie technischen Zusammenhängen. Bildvokabular aus der Natur wird in Novitskovas Arbeiten zu Diagrammen, etwa wenn sie das ausgeschnittene Bild einer Infografik aus dem Internet über das Volumen der Erde im Verhältnis zum dort vorhandenen Wasser präsentiert und uns die mangelnde Erneuerbarkeit dieser Ressource – und somit die versiegende Liquidität – vor Augen führt.

Im Gebäude der ESMT European School of Management and Technology, die eine visuelle Entwicklung vom Dekor des Sozialistischen Realismus zur zeitgenössischen Konzern-Konventionalität erlebt hat, wird Novitskova eine neue Reihe von Installationen und Cutouts zeigen. Von Flammenbildern umgeben, veranschaulichen sie, wie die Natur zur Verkörperung von Begriffen wie Wert, Investition, Wachstum und Zeit vereinnahmt worden ist. In *Growth Potential (fire worship)* (2016) weist ein Bündel von fünf Vektorpfeilen in unterschiedliche Richtungen. Diese durcheinandergeratenen Wachstumstrajektorien nehmen die roten Pfeile aus sozialistischen Plakaten und die Farben der Glasfenster in der Lobby auf. Scheinbar in Flammen stehend, bilden die Pfeile eine Installation vor einer Fensterfront, die die Symbole ikonografischen Wachstums und natürlicher Verbrennung mit atmosphärischem Licht durchflutet. Die Räume der Investitionen werden zu Opferschreinen: destruktiv und brennend. Von der Natur inspirierte Totems der Liquidität (ein ökonomischer Begriff, der ebenfalls der Natur entlehnt ist) werden zu Bedrohungen. In *Neolithic Potential* (2016) bilden trophäenartige, aufrechte Hörner, deren Rillen den Treppen des Gebäudes ähneln, ein weiteres emporstrebendes, entflammtes Bild einer Naturgewalt inmitten menschlicher Spekulation.

Katja Novitskova's display cutouts look to the corporate info presentations typically found in trade fair environments. Her flat, bright, and crisp natural imagery—often culled from online stock photos—foregrounds a disjunction between online and offline representation and when seen IRL (in real life) has an almost trompe-l'oeil flatness. Yet the works refer to deep biological processes of adaptation—in natural, corporate, aesthetic, and technological contexts. Natural imagery becomes diagrammatic in Novitskova's works, such as when she presents a cutout image of an online infographic representing the volume of the earth in relation to the volume of its water, to visualize the unrenewability of this resource—and dried-up liquidity.

In the building of the ESMT European School of Management and Technology, which has undergone a visual evolution from socialist realist décor to contemporary corporate conventionality, Novitskova will present a new suite of installations and cutouts. Clad in an imagery of flames, they illustrate how nature has been coopted to embody concepts like value, investment, growth, and time. In *Growth Potential (fire worship)* (2016), a cluster of five vector arrows point in multiple directions. These upward growth trajectories gone haywire mirror the red arrows of socialist posters and the colors of the stained glass collages in the lobby. Seemingly on fire, the arrows form a window installation that fuses atmospheric light with symbols of iconographic growth and natural combustion; the spaces of investment become sacrificial shrines—destructive and burning. Nature-inspired totems of liquidity (an economic concept also drawn from nature) turn threatening. In *Neolithic Potential* (2016), trophy-like upright horns, whose ridges resemble the building's stairs, form another ascendant, ignited image of a natural hazard amid human speculation.

***Connectome Growth Potential*, 2016**
Digitales Bild Digital image

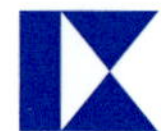

Trevor Paglen/Jacob Appelbaum

ADK

Trevor Paglen *1974 in Camp Springs, US, lebt und arbeitet lives and works **in Berlin**
Jacob Appelbaum *1983 in US, lebt und arbeitet lives and works **in Berlin**

In der Post-Snowden-Ära ist Berlin, wo in den 1980er- und 1990er-Jahren Initiativen wie Nettime, Botschaft e. V. und der Chaos Computer Club entstanden sind, nach wie vor ein wichtiger Knotenpunkt für den Aktivismus. Dieser reicht vom Hacking über Tech-Experimente bis hin zur Gegenkultur, auch im Kontext der Kunst. In ihrer ersten künstlerischen Kollaboration verfolgen der Künstler und Geograf Trevor Paglen und der Journalist und Sicherheitsexperte Jacob Appelbaum diesen Zusammenfluss von technologischem Aktivismus, politischem Bewusstsein und Ästhetik weiter. Mit seinen eindringlichen Fotografien von realen Orten, Kabeln und Knotenpunkten trotzt Paglen der Auffassung, das Internet sei „immateriell". Seine dramatischen und schauerlich-schönen Aufnahmen von beispielsweise Drohnen und Drohnenbasen veranschaulichen die getarnten Überwachungskomplexe des 21. Jahrhunderts. Appelbaum dagegen ist nicht nur ein stimmgewaltiger Journalist, sondern auch ein Hacker und einflussreiches Mitglied des Software-Netzwerks für Online-Anonymität Tor.

Paglen und Appelbaum vereinen ihre jeweiligen Interessen in ihrer Arbeit *Autonomy Cube* (2015). Die Skulptur besteht aus einem dicken, durchsichtigen Plexiglaswürfel, der Computerschalttafeln enthält, und kann als Austrittsknoten und Router für Tor benutzt werden – als ein anonymes Zwischennetzwerk für den Datenverkehr im Internet. Durch die Skulptur wird der Raum, in dem sie aufgestellt ist, zu einem drahtlosen Netzwerk mit offenem Zugang, einem sicheren Hotspot (Zugangscode: Autonomy Cube). Sobald die UserInnen sich einloggen, wird ihr Datenverkehr anonymisiert und über Tor geleitet. Die Server und Relais werden dabei von Freiwilligen betrieben – mit dem Ziel, Daten weltweit zu anonymisieren. Der Würfel hat die Funktion einer Relaisstation für weitere Tor-NutzerInnen auf der ganzen Welt. Unter Verweis – im Titel wie in der Form – auf das geschlossene System von Hans Haackes *Condensation Cube* (1963–65) ermutigt die Arbeit zum einen zu mehr Engagement und Partizipation in einem Internet, das die Privatsphäre hochhält und von Freiwilligen betrieben wird, zum anderen fordert sie dazu auf, die Anbieterinstitution zu einer Mitstreiterin in Sachen Unabhängigkeit und Autonomie zu machen. Durch seine minimalistische Ästhetik und seine reale Einsetzbarkeit verweist der *Autonomy Cube* auf die unsichtbaren Mechanismen hinter der digitalen Überwachung sowie auf unsere bewusste Tendenz, das Thema des Datenschutzes zu verdrängen. Präsentiert wird eine Hardware, die eine echte Freiheit im Netz ermöglicht.

Post-Snowden, the city of Berlin—where initiatives such as Nettime, Botschaft e. V., and Chaos Computer Club were founded in the 1980s and 1990s—continues to renew its identity as a hub for hacking, tech experimentation, and countercultural activism, also within the realm of art. For their first artistic collaboration, artist and geographer Trevor Paglen and journalist and security researcher Jacob Appelbaum, continue this confluence of technological activism, political awareness, and aesthetics. In his photographs Paglen has defied the notion that the internet is "immaterial" by photographing its haunting physical sites, cables, and nodes. In his dramatic and eerily beautiful photographs of drones and drone bases, for example, Paglen attempts to visualize the stealth surveillance complexes of the 21st century. Appelbaum, meanwhile, is not only a vocal journalist but also a hacker—and an influential member of the Tor software network for online anonymity.

Paglen and Appelbaum bring together their respective interests in their work *Autonomy Cube* (2015), a usable sculpture. Made of thick, transparent plexiglass and housing computer circuit boards, the cube is an exit node and router for Tor, an anonymous relay network for internet traffic. The sculpture turns the room where it is installed into an open wireless access network, a secure hotspot (network ID: Autonomy Cube). Once users join, their traffic is anonymized and routed through Tor, whose volunteer-run servers and relays seek to anonymize data worldwide; the cube itself serves as a Tor relay for other users across the world. Referencing the closed system of Hans Haacke's *Condensation Cube* (1963–65) in title and form, the work is an attempt to encourage engagement and participation in a privacy-oriented, volunteer-run internet—and to reroute its host institution as a collaborator in fostering independence and autonomy. With its minimal aesthetic and real-life application, *Autonomy Cube* calls attention to the often invisible mechanisms behind digital surveillance and our tacit obliviousness to privacy concerns—by showing us the hardware that enables a truly free internet experience.

***Autonomy Cube*, 2015**
Computerbauteile, Plexiglaskasten
Computer components, plexiglass box
40 × 40 × 40 cm

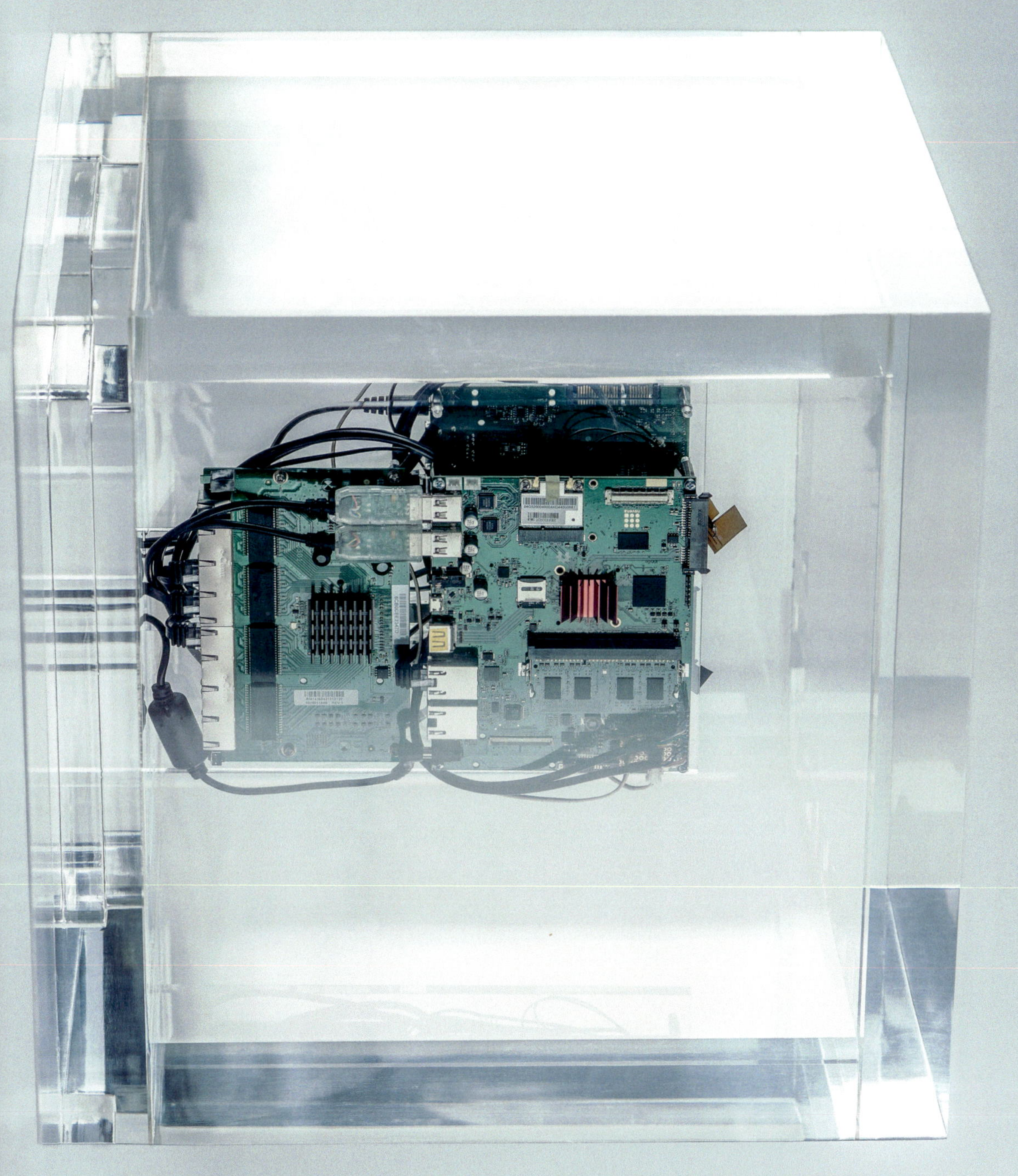

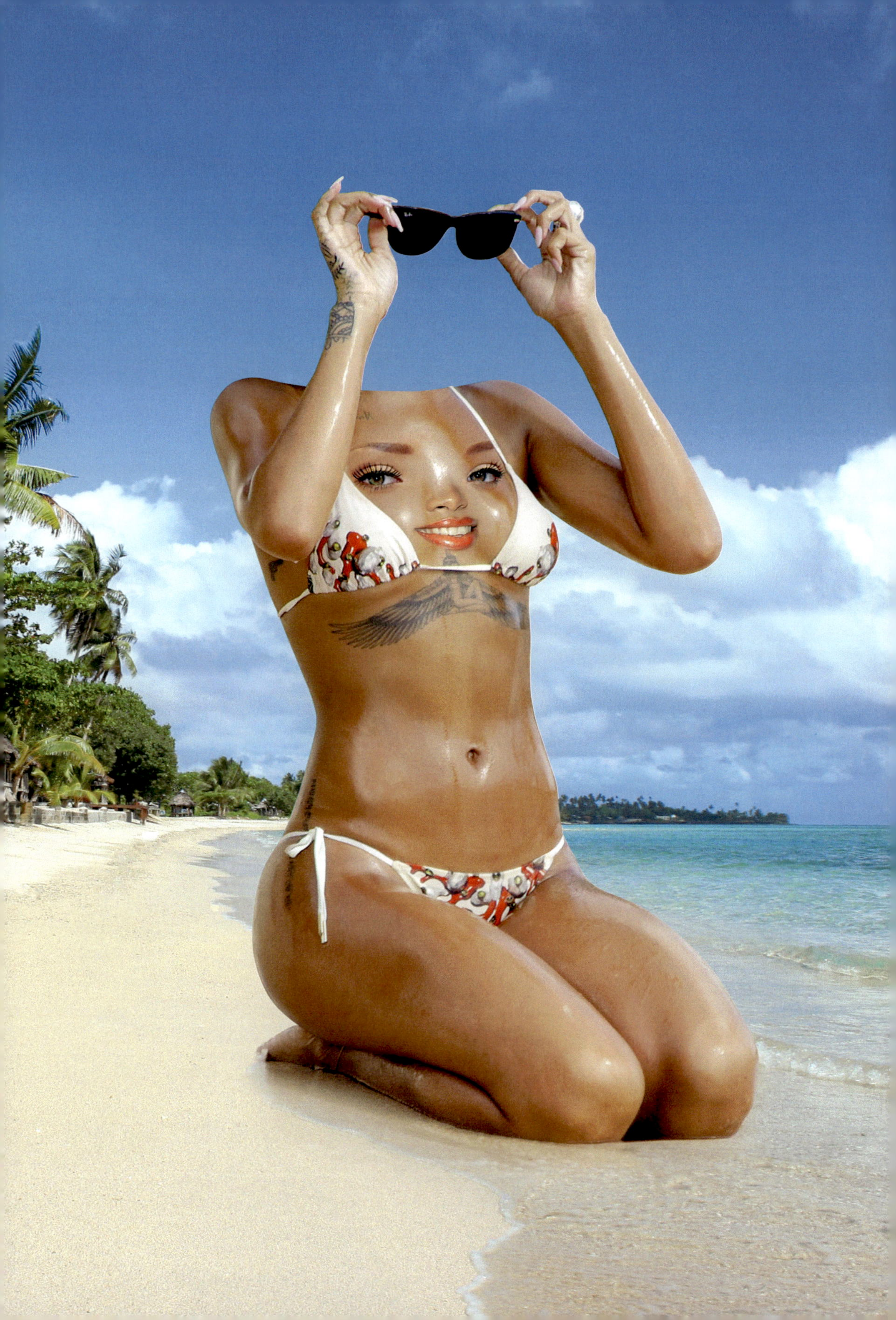

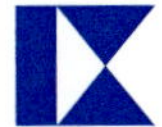

Juan Sebastián Peláez

***1982 in Medellín, CO, lebt und arbeitet** lives and works **in Bogotá**

In seinen Skulpturen und zweidimensionalen Arbeiten beschäftigt sich Juan Sebastián Peláez mit den Gemeinsamkeiten und den Reibungsflächen zwischen politischem Widerstand, Social Media und den Verbreitungsmechanismen von Bildern im Spätkapitalismus. Peláez nähert sich der Währung des digitalen Bildes mit einem dezidiert post-postkolonialen Ansatz, indem er die gegenwärtige Zirkulation von Bildern als Erscheinungsform der seit Langem global wirksamen kommerziellen Mechanismen betrachtet, die noch immer Geschichten der Ausbeutung und der Unterdrückung fortschreiben. Seine Installationen, bei denen oft bunte, aus kommerziellen Zusammenhängen entnommene Objekte und Techniken zum Einsatz kommen, kommentieren dies mit einem Witz und einer Leichtigkeit, die über den tiefgründigen, kritischen Charakter ihrer Themen hinwegtäuschen.

Bei der 9. Berlin Biennale zeigt Peláez die Arbeit *Ewaipanoma (Rihanna)* von 2016 aus der Serie der aufgestellten, überlebensgroßen Foto-Cutouts kopfloser, menschlicher Körper. Mit Bikini in athletischen Positionen oder beim Posieren im Scheinwerferlicht in schillernden Glamour-Roben sind die Gesichtszüge ähnlich wie bei M&M-Figuren auf surreale Weise in die Brustpartie integriert. Körper und Gesichter stammen von Pop-Diven und Fußballstars aus der Karibik und Lateinamerika wie Miss Colombia oder Falcao – die aktuelle Elite der „Neuen Welt“. Im Innenhof der KW Institute for Contemporary Art begrüßt die gigantische Rihanna die BesucherInnen.

Oberflächlich betrachtet erscheinen diese Figuren mit ihrer fast schon monströsen Attitüde wie Kommentare zum Körperkult in der Promikultur und den damit verbundenen Trends zur Körperoptimierung. Doch tatsächlich ist der Ausgangspunkt für diese Arbeit ein anderer. Peláez hat seine Figuren nach Berichten und Zeichnungen gestaltet, die seit der Antike überliefert sind, bezieht sich aber insbesondere auf die Entdecker der „Neuen Welt“ und Afrikas aus dem 16. Jahrhundert, wie etwa Sir Walter Raleigh. Diese hatten nach ihrer Rückkehr „Blemmyer“ beschrieben und gezeichnet und behauptet, sie als kopflose Eingeborene mit Gesichtern auf ihren nackten Oberkörpern gesehen zu haben, oder wie Othello es ausdrückt: „Leute[n], die die Köpfe unter den Schultern tragen“. Die Arbeit verknüpft uralte globale Vorstellungen und Projektionen des Anderen mit der Realität heutiger BewohnerInnen der amerikanischen Kontinente und wendet damit die noch immer aktuellen Manifestationen einer verfälschenden Exotik ins Komische.

In his sculptures and two-dimensional works, Juan Sebastián Peláez examines the convergence of, or friction between, political resistance, social media, and image circulation in an age of advanced capitalism. Peláez takes a distinctly post-post-colonial approach to the currency of digital images, viewing contemporary image circulation as the latest instantiation of long-extant global trade mechanisms that still carry forward histories of exploitation and suppression. Peláez's installations, often employing bright, commercially sourced objects and technologies, make this commentary with a lightness and panache that belie their deeper, more critical, subject matter.

For the 9th Berlin Biennale, Peláez presents *Ewaipanoma (Rihanna)* (2016), the latest work in his series featuring upright, oversize photo-cutouts depicting headless human bodies—captured in athletic positions, sporting bikini swimwear, or posing in the limelight in glitzy, bling gowns. With their heads missing, the figures have faces surreally integrated into their chests à la Kool-Aid man. Both the bodies and faces have been borrowed from pop queens and soccer stars from the Caribbean or Latin America such as Miss Colombia or Falcao—today's elite of the "New World." At KW Institute for Contemporary Art a giant Rihanna welcomes visitors in the courtyard.

On the surface, the works seem to comment on the cult of the body in celebrity culture and associated trends of body modification as having an almost monstrous allure. But the works' roots actually lie elsewhere. Peláez has modeled his figures after accounts and drawings made from antiquity onwards, but especially from sixteenth-century explorers of the New World and Africa (like Sir Walter Raleigh), who on returning home described and drew so-called "Blemmyae," headless natives they claimed to have seen with faces on their upper, naked bodies, or as Othello describes them "men whose heads do grow beneath their shoulders." The work links longstanding global imaginaries and projections of otherness to contemporary inhabitants of the Americas—giving ongoing manifestations of exoticism and distortion a humorous punch.

***Ewaipanoma (Rihanna)*, 2015**
Digitale Collage Digital collage

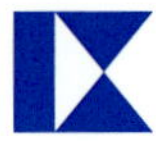

Adrian Piper

***1948 in New York, US, lebt und arbeitet** lives and works **in Berlin**

Adrian Piper kann als Konzeptkünstlerin beschrieben werden, die konventionelle Bestimmungen regelbasierter Subjektivität sowie die Politik und Sprache von Repräsentation erforscht. Seit den 1960er-Jahren verwendet Piper plakative Bildsprache, Zeugnisse, Performance und Publikumsbeteiligung für ihre zugängliche und zugleich hochgradig aufgeladene Untersuchung der Verpflichtungen, die es beinhaltet, eine Person zu sein, überhaupt einen Namen zu tragen und Regeln zu unterliegen, ganz gleichgültig, ob diese nun sprachlicher, konventioneller, grammatischer oder ästhetischer Natur sind. Die Künstlerin und studierte Philosophin hat sich für eine Untersuchung der Logik inmitten der Widersprüchlichkeiten der Welt entschieden.

Getreu ihrem Fokus auf die Benennung und die Bestimmung (beziehungsweise Auflösung) nominaler Konventionen entstand die Serie von Projektionen rot-weißer Zugangsverbotsschilder, die Piper in Sackgassen innerhalb der KW Institute for Contemporary Art sowie der Akademie der Künste angebracht hat und die mit dem Wort „HOWDY" versehen sind, welches der Serie ihren Titel gibt: *Howdy #6 [Second Series]* (2015). Die Schilder, die uns begrüßen und zugleich den Zugang verwehren, stellen einen offensichtlichen Widerspruch dar. Die Arbeit konfrontiert uns mit dem Doublebind, dem wir uns ausgesetzt sehen, wo immer wir etwas betrachten, wann immer wir etwas ausstellen und wann immer wir beobachtet werden. Der umgangssprachliche Ausdruck „howdy", eine Grußformel (kurz für „How do you do?"), die aus den Südstaaten der USA stammt, zeigt Pipers Interesse an der Verwirklichung des Selbst innerhalb und außerhalb der gesellschaftlichen Bindungen, an den mitunter widersprüchlichen Restriktionen von Gesetz und institutioneller Autorität sowie an der Vielwertigkeit menschlichen Ausdrucks. Wird die Grußformel hier als eine Art Schutz, als höfliche Vereitelung oder gar als bürokratische Opposition verwendet? Eine weitere Arbeit trägt den Titel *Everything #5.1* (2004) und besteht aus einem Ausschnitt aus einer Wand in den KW in Form eines Grabsteines. Die so entstandene Höhlung wird von einer Plexiglasscheibe bedeckt, auf der zu lesen steht: „Everything Will Be Taken Away". Es handelt sich dabei um eine verkürzte Zeile von Alexander Solschenizyn („Nimmt man einem Menschen alles, hat man seine Macht über ihn verloren. Er ist frei."). In der Aussage tritt das zutage, was als negatives Verständnis von Freiheit bezeichnet wird, ein Äquivalent des Zustands, in dem man „nichts mehr zu verlieren" hat – jene Freiheit, die entsteht, wenn die Last der Zeichen, der Kennzeichnungen und Etiketten aufgehoben worden ist.

Adrian Piper can be described as a conceptual artist who explores the conventional determinations of rule-based subjectivity and the politics and language of representation. Since the 1960s Piper has used poster-style imagery, testimony, performance, and audience participation to explore—in an accessible yet highly charged manner—the contracts and commitments of being a person, of having a name at all, and of being bound to rules, whether linguistic, conventional, grammatical, or aesthetic. The artist, a trained philosopher, is committed to an investigation of logic amid the world's illogic.

True to her focus on naming and nominal conventions, Piper has constructed a series of projections of red and white no-entry signs placed at dead ends in KW Institute for Contemporary Art and the Akademie der Künste and bearing the word "HOWDY," titled *Howdy #6 [Second Series]* (2015). The signs, which greet but deter access, present a patent contradiction. Through the work we come face-to-face with the double binds that we encounter when we view, when we exhibit, and when we are observed. The colloquial "howdy," a greeting (short for "How do you do?") originating from the southern US, distills Piper's interest in the realization of the self within and beyond the binds of society, the sometimes contradictory strictures of the law and institutional authority, and the multivalence of human expression. Is this salutation here used as a form of protection, as polite frustration, or as bureaucratic opposition? Another work, *Everything # 5.1* (2004) is a tombstone-shaped section of wall that has been removed from KW. Covering the resultant cavity, a transparent sheet of plexiglass reads, "Everything Will Be Taken Away." A pared down adaptation of a line from Alexander Solzhenitsyn—"Once you have taken everything away from a man, he is no longer in your power. He is free."—the statement is a demonstration of a negative understanding of freedom, the equivalent of having "nothing left to lose"—the liberty that results once the weight of signage, markers, and labels is removed.

***Howdy #6 [Second Series]*, 2015**
An der Decke befestigte Projektion auf geschlossenen Türen am Ende verdunkelter Korridore Ceiling-mounted projection onto closed doors at the end of darkened hallways
91,44 × 91,44 cm

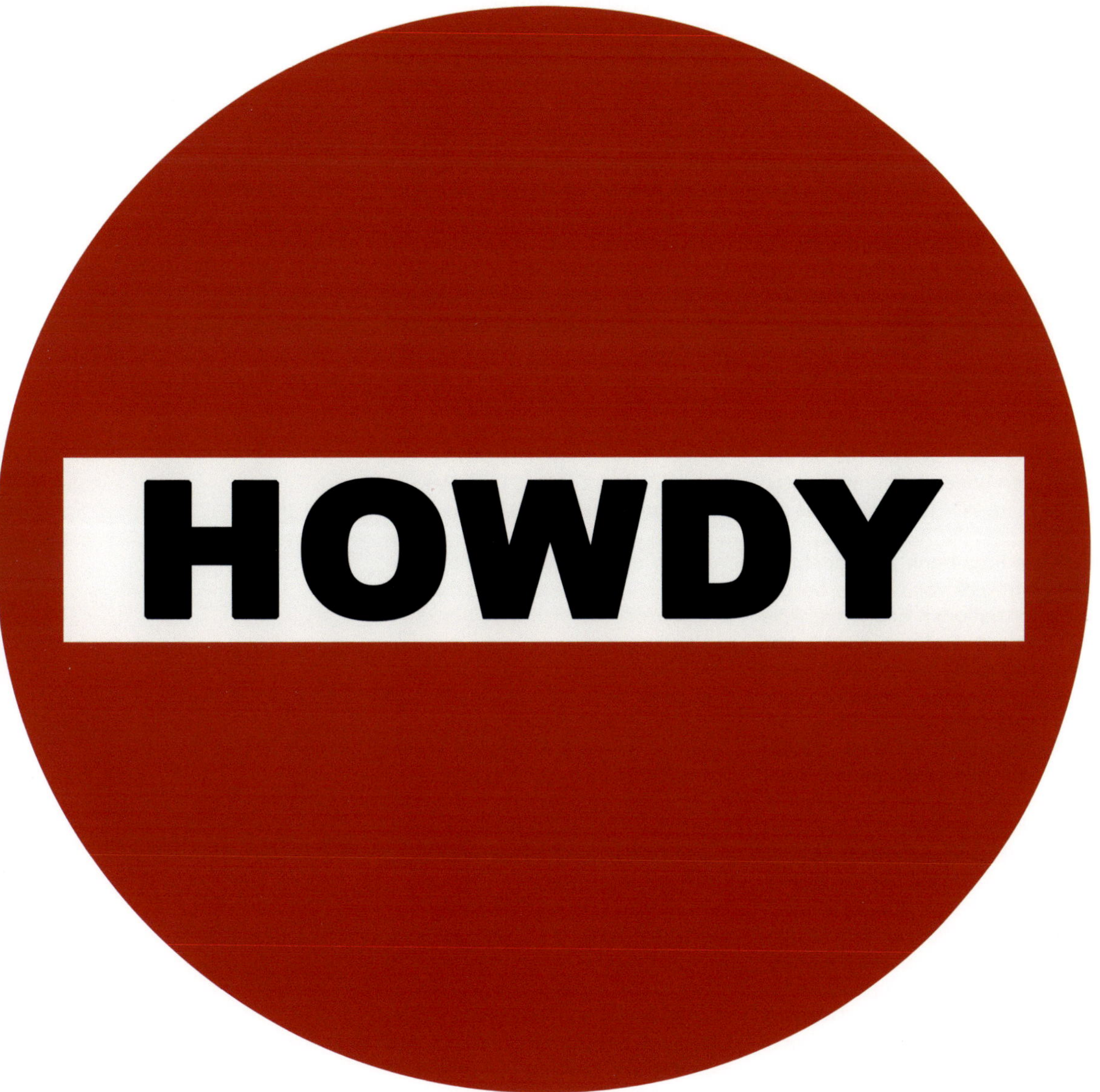
HOWDY

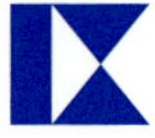

Alexandra Pirici

***1982 in Bucharest, lebt und arbeitet** lives and works **in Bucharest**

In Alexandra Piricis Choreografien und Performances stellen menschliche Körper Aufsehen erregende politische und technologische Themen dar. Zu ihren Werken zählen Interventionsprojekte im privaten und öffentlichen Raum, mit denen sie das kollektive kulturelle Gedächtnis der ZuschauerInnen aktiviert, wie zum Beispiel 2013 in der (mit Manuel Pelmus entwickelten) Performance *An Immaterial Retrospective of the Venice Biennale*. PerformerInnen im rumänischen Pavillon der Biennale di Venezia interpretierten Arbeiten früherer Biennalen neu, indem sie diese gleichzeitig verkörperten und dadurch verfremdeten.

Denken wir ein paar Jahre in die Zukunft – was würde die neuen Ideologien unserer Zeit am besten widerspiegeln? Für Pirici ist das die *Bubble Logic* der Ranking-Algorithmen, wie EdgeRank von Facebook oder PageRank von Google, bei denen Informationen und Ereignisse mit früheren Treffern, Klicks und Likes abgeglichen und bestimmte Inhalte bevorzugt behandelt werden. Tatsächlich konfrontieren uns die Ranking-Algorithmen der Newsfeeds mit der Tyrannei des optimierten Selbst, denn durch sie wird jeder Unterschied eliminiert und das ewig Gleiche tausendfach wiederholt. Piricis Performance *Signals* (2016) speist sich aus Newsfeed-Inhalten, die wiederum aus echten politischen Ereignissen, popkulturellen Memen und kurzlebigen Erscheinungen herausgefiltert werden. Die PerformerInnen, die schwarze Motion-Capture-Anzüge mit weißen Reflektorpunkten tragen, stellen den Dauerstrom der Informationen im schwarzen Raum nach: UrlauberInnen, die am Strand auf Flüchtlinge treffen, Bilder der nackten Kim Kardashian, die „das Internet zum Zusammenbruch bringen", Kevin Carters Foto von 1993, auf dem ein Geier ein halb verhungertes Mädchen beobachtet, den Hashtag, ein ISIS-Anführer, der ein Selfie postet, eine Szene aus dem Casting für die Realityshow *Mars One* oder Andrea Mitchell vom US-Fernsehsender MSNBC, die eine Nachricht über die NSA wegen einer Eilmeldung über Justin Bieber unterbricht. Die abstrakten Bewegungen der PerformerInnen werden per Crowdsourcing von Online-UserInnen ausgewählt, die die Reihenfolge der Newsfeed-Inhalte per Website kollektiv bestimmen.

Alexandra Pirici's choreographies and performances use the human body to enact hard-edged political and technological themes. She has conceived interventions in public and private spaces and engaged the collective cultural memory of her audiences, as in *An Immaterial Retrospective of the Venice Biennale* (with Manuel Pelmus), for which performers interpreted works from previous Venice Biennales in the Romanian Pavilion in 2013, at once embodying and abstracting these artworks.

Jump ahead a few years—what best reflects the emerging ideologies of our age? For Pirici, it's the bubble logic of the ranking algorithm as implemented by Facebook's EdgeRank and Google's PageRank, in which a given information-event is correlated to previous hits, views, and likes, and specific content is privileged. In effect, the ranking algorithms of our newsfeeds present us with the tyranny of the optimized self, ironing out difference and hyperbolically hashing out ever more of the same. Pirici's performance *Signals* (2016) draws on newsfeed content culled from real political events, pop cultural memes, and ephemera. Performers, clad in black motion-capture suits dotted with white reflectors, act out this steady stream of information in a black box space: holiday-goers mingling with migrants on a beach, images of Kim Kardashian's naked body "breaking the internet," Kevin Carter's 1993 photo of a vulture preying on a famished little girl, the hashtag, an ISIS commander posting a selfie, a scene from the Mars One reality show audition, or MSNBC's Andrea Mitchell interrupting news about the NSA with breaking news about Justin Bieber. The abstracted movements of the enactments are crowdsourced from online "users," who can collectively select configurations of newsfeed contents via a website.

***Signals*, 2016**
Fortlaufende Aktion, Datenranking-Algorithmus Ongoing action, content ranking algorithm

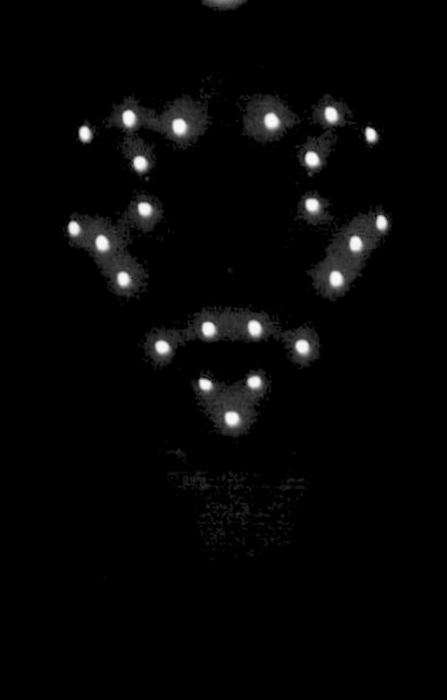

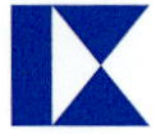

Josephine Pryde

TFC

***1967 in Alnwick, GB, lebt und arbeitet** lives and works **in Berlin und** and **London**

Wie betrachtet man eine Ausstellung, wenn man auf dem Wagen einer Miniatureisenbahn sitzt? Bringt es eine neue Perspektive oder ist es schlicht eine willkommene Abwechslung, Kunst einmal nicht durch den Raum laufend begutachten zu müssen? Möglicherweise beides. *The New Media Express* (2014) ist, mit 5-Zoll-Spurweite, ein Modell einer normal großen Bahn, inklusive Graffiti von unbekannten KünstlerInnen. Zur Personenbeförderung geeignete Minibahnen und ihre Lokomotiven werden seit Beginn des Eisenbahnzeitalters von LiebhaberInnen entwickelt und fahren durch öffentliche und private Parks. Berühmt ist die Anlage, die Walt Disney an seinem Wohnsitz in Holmby Hills, Los Angeles, gebaut hat. Später übernahm er aus dieser Freizeitbeschäftigung Ideen für die Gestaltung von Disneyland.

Bei der 9. Berlin Biennale laufen die Schienen parallel zu einer Reihe an der Wand hängender Kunstwerke. Seit 2014 macht Josephine Pryde Makro-Aufnahmen von Händen – auf dem Brustkorb, zu dem sie gehören, mit berührungsempfindlichen Lampen, Tablets, Telefonen, Geschenken von GaleristInnen der Künstlerin oder mit Treibholz. Sie möchte den Kontaktpunkt zwischen der Hand und den unterschiedlichen Transmittern vergrößern. Wie verbinden sich Hand und Gerät? Wie lässt sich diese neue Verbindung lokalisieren?

Was wird dabei berührt? Eine Sprecherin legt die Handfläche sanft auf die Brust, um zu unterstreichen, dass sie bei der Antwort auf die Frage „Warum willst du Kunst studieren?“ von sich selbst spricht: „Ich will es für mich machen.“ (Hand berührt Brustkorb).

Prydes Kamera scannt diesen körperbasierten Ort der Selbstidentifikation und geht weiter, will die Hände festhalten, die nach allerlei mobilen Geräten greifen. Dabei wird der Kopf deplatziert und das mechanische Auge auf ein neues Operationszentrum gerichtet, das in den Fingern und den Objekten liegt, mit denen diese Verbindung aufnehmen.

How to view an exhibition from a seat on the carriage of a miniature train? Does it bring a new perspective, or is it simply a welcome relief from having to scrutinize the art on foot? Perhaps it can be both. *The New Media Express* (2014) is a five-inch gauge model of a full-size train, complete with graffiti added by artists unknown. Such miniature, rideable railcars and their locomotives have been developed by specialized enthusiasts throughout the railway era and run in both private and public parks. Walt Disney famously built miniature rail systems at his home in Holmby Hills, Los Angeles, and from this pastime he took ideas later used in the design of Disneyland.

In the 9th Berlin Biennale the train tracks run parallel to a series of artworks mounted on the wall. Since 2014 Josephine Pryde has been macro-photographing hands—hands in contact with the chest to which they belong, with touch sensitive lamps, with tablets, with telephones, with gifts from her art dealers, with driftwood. She is interested in magnifying the point of contact between the hand and these various sorts of transmitters. How do the hand and device fuse? How to locate this new fusion?

What are you touching upon? A speaker gently lays her palm upon her breast when seeking to more clearly identify herself in response to a question: "Why do you want to study art?" The answer: "I want to do it for me." (Hand touches chest.)

Pryde's camera scans this body-based site of self-identification and moves on, looking to capture the hands reaching for all sorts of mobile devices, displacing the head, and turning the mechanical eye onto a new computing center located in the fingers and in the objects with which they connect.

***lapses in Thinking By the person i Am*, 2015**
Installationsansicht im Installation view at the **CCA Wattis Institute for Contemporary Arts, San Francisco**

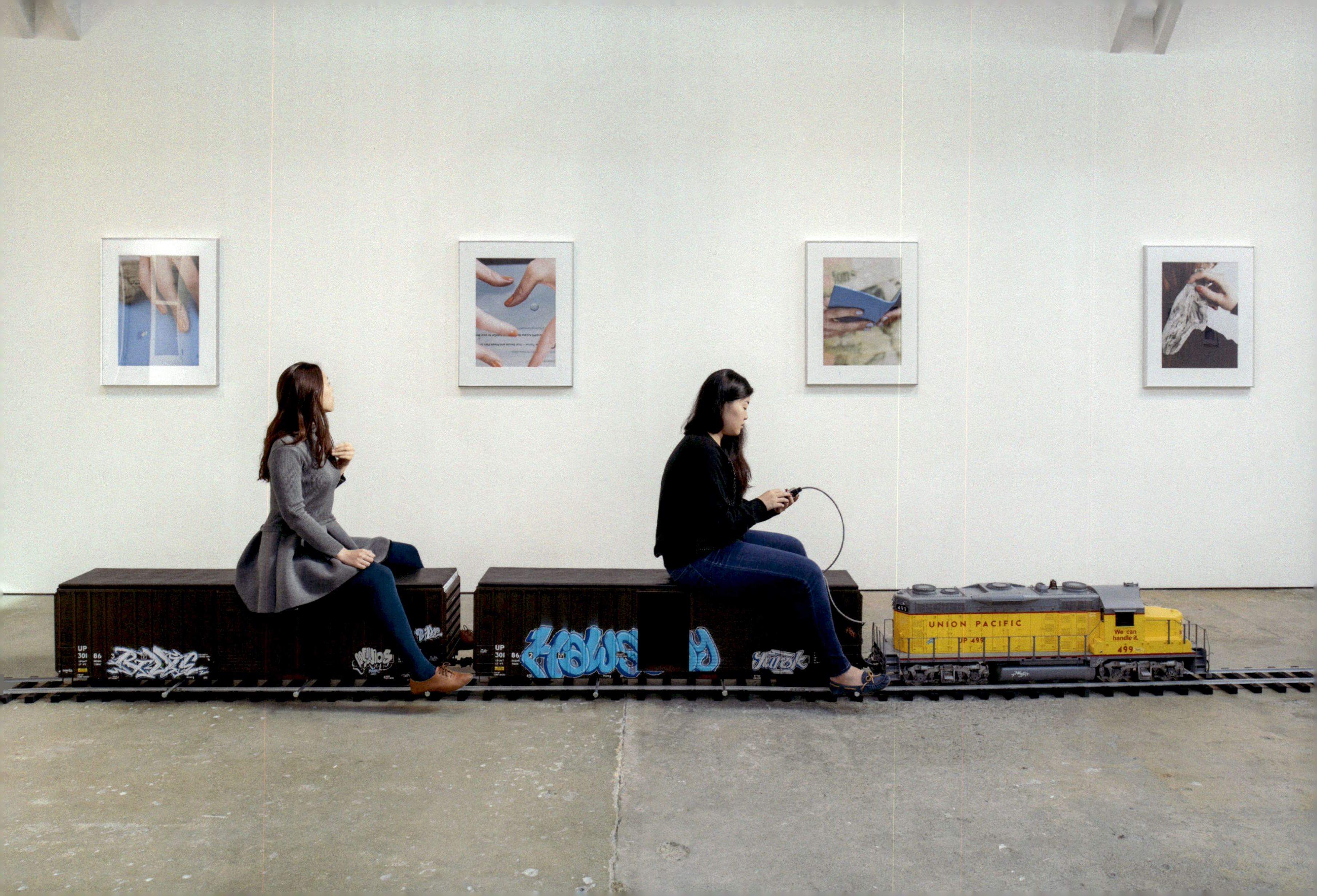
UNION PACIFIC
UP 499
We can handle it.
499

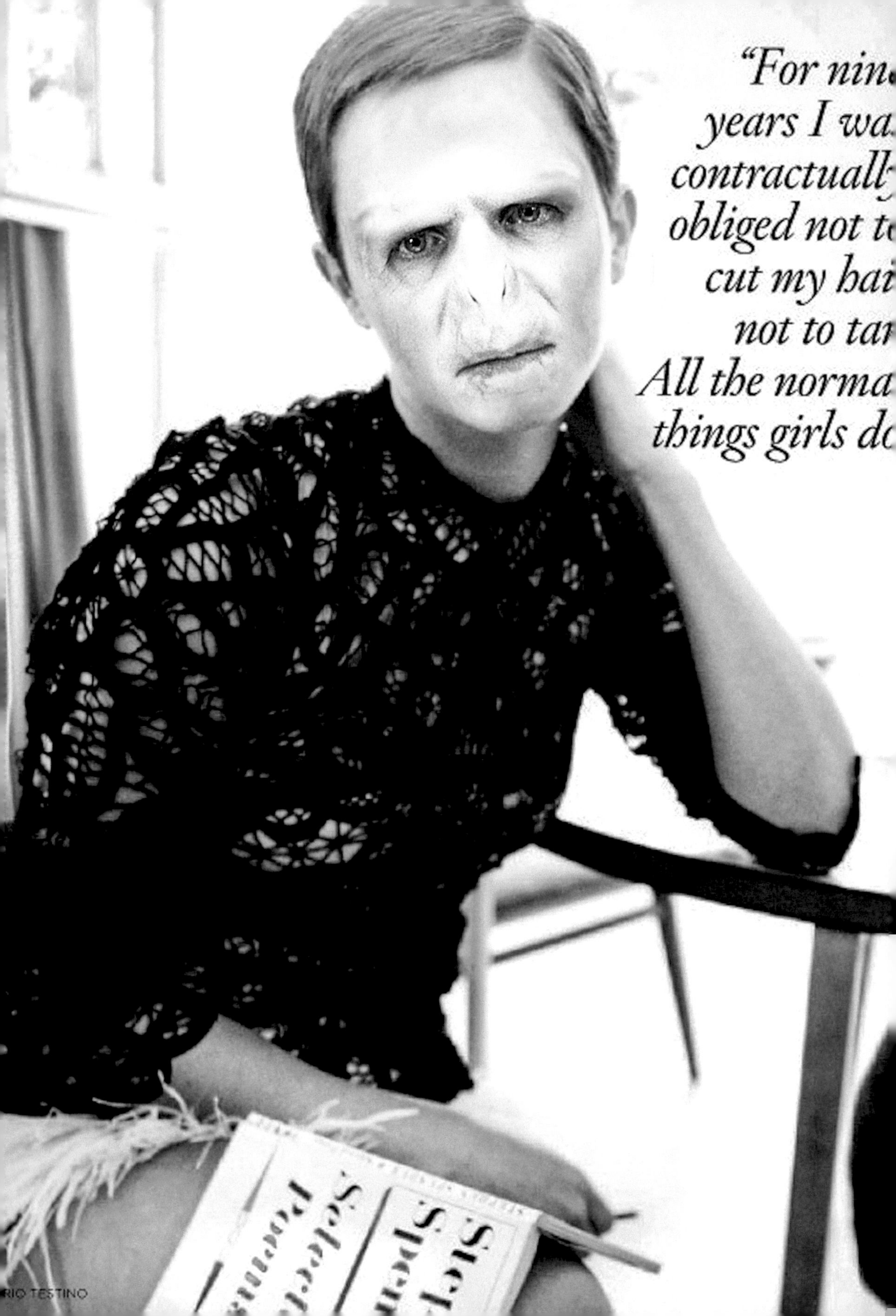
"For nin
years I wa
contractuall
obliged not t
cut my hai
not to tar
All the norma
things girls d

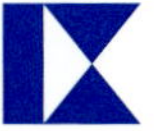

Puppies Puppies

Woof woof Puppies Puppies woof woof woof, woof woof woof woof woof. Woof woof woof woof woof woof. Woof, woof woof woof woof woof woof woof, woof woof, woof woof woof woof.

Puppies Puppies ist eine anonyme Gestalt in Zeiten einer ausufernden Dokumentation und Information und fördert den grotesken Humor zutage, der unter den Clickbaits und der hirntötenden, in Warpgeschwindigkeit agierenden Oberfläche des Online-Lebens verborgen ist. Nervend monotone Internet-Meme, umfunktionierte Ikonen der Popkultur, banale Haushaltsgegenstände, zuckendes Gekröse, Gigabytes von Humor und Ödnis, morbider Kitsch – all das kommt in Puppies Puppies' Weltsicht vor. Die Anonymität des Netzes ist auch ein zentraler Aspekt dieser Künstler-Persona; wie der Künstler in einem seiner seltenen Interviews erklärt, kam ihm die Idee zu Puppies Puppies durch die wahre Geschichte eines Mannes, der vom Radar verschwand, sich von seinem alten Leben verabschiedete und eine Facebook-Seite mit Fotos von Katzenbabys hinterließ. Warum also nicht Hundebabys – *puppies*?

Online, wo Geschmack, Urteilsvermögen und Reflektion zugunsten von Faszination, Sensation und Provokation geräuschvoll ausgeschaltet werden, thematisiert Puppies Puppies die bizarre Kehrseite virtueller Popkultur. Er hat blutige, surreale Installationen geschaffen, die auf Figuren wie Voldemort oder Shrek, Freddy Krueger oder den fröhlichen Kentucky-Fried-Chicken-Käpt'n Colonel Sanders Bezug nehmen. Puppies Puppies kreuzt in unterschiedlicher Maskierung an allen möglichen Orten auf – in Tokio lief er als Küken verkleidet durch die Stadt, auf der Material Art Fair in Mexiko erschien er im SpongeBob-Schwammkopf-Kostüm.

Man mag versucht sein, Puppies Puppies als Witzbold der Kunstszene abzutun, der an den Kanten unserer rund um die Uhr geöffneten, verzehrbaren Kultur knabbert. Doch die Kunst dieses Wauwaus ist kein Witz. Wenngleich er seine Identität nicht preisgibt, so ist sein Werk doch sehr persönlich und reflektiert ein im prekären Umfeld der Social Media unserer Tage geformtes Ich. Puppies Puppies zwingt uns, unser Verständnis von Urheberschaft und Bedeutung zu überprüfen. Während der 9. Berlin Biennale veröffentlicht Puppies Puppies auf der offiziellen Website der Berlin Biennale jeden Tag ein Video.

An anonymous figure at large in an era of hyper-documentation and information, Puppies Puppies mines a rich seam of grotesque humor beneath the clickbait, the brain-shredding, warp-speed surface of online life. Annoyingly repetitive internet memes, repurposed pop-culture icons, mundane household goods, lashings of gore, gigabytes of humor and bleak, black kitsch all feature in Puppies Puppies' worldview. The anonymity of the net is also a key aspect of his artistic persona; as the artist once explained in a rare interview, the idea for Puppies Puppies stems from the real-life story of a man who disappeared off the radar, dropping out of his life and leaving behind a Facebook page filled with photos of kittens. So why not puppies?

Online, where taste, discernment, and reflection are noisily shunted aside in favor of the arresting, eye-catching, and provocative, Puppies Puppies articulates the bizarre, dark underbelly of virtual pop culture. Puppies Puppies has created bloody, surreal installations and performances referencing characters from Voldemort to Shrek, Freddy Krueger to the cheery captain of crispy chicken himself, Colonel Sanders. He pops up all over the place in an array of disguises—wandering around Tokyo dressed as a chicken, for example, or trolling the corridors of Mexico's Material Art Fair in a SpongeBob SquarePants outfit.

Puppies Puppies might be dismissed as an art-world gag chewing the edges of our 24-hour, always-on consumable culture. But there is more to this hound's practice than the throwaway laugh. Although his identity is guarded, his work is nevertheless intensely personal and reflective of an identity forged in the uncertain environment of contemporary social media. Puppies Puppies forces us to examine our own interpretations of authorship and meaning. Over the course of the 9th Berlin Biennale, Puppies Puppies will disrupt the event's official website with a video each day.

***Voldemort (W Magazine) (Emma Watson)*, 2014**
Magazinausschnitt Magazine spread

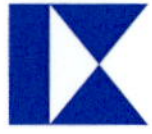

Babak Radboy

KW ADK WWW

***1983 in Tehran, lebt und arbeitet** lives and works **in New York, US**

Babak Radboy ist nicht in der 9. Berlin Biennale. Er steht hinter, unter und möglicherweise sogar über der Berlin Biennale.

Es wäre zu einfach, ihn als einen Künstler zu beschreiben, der sich als Kreativdirektor verkleidet oder umgekehrt. Die Tatsache, dass seine Biografie ersteres angibt, stellt seinen Status nur noch mehr infrage. Radboys Arbeit ist ohne jeden Zweifel schwierig zu bestimmen, sie bleibt ein amorphes Rätsel oder schlicht eine Lüge.

Er ist tatsächlich Kreativdirektor des *Bidoun* Magazins, der Modemarke TELFAR und des Künstlers Bjarne Melgaard, langjähriger Mitstreiter von DIS sowie die treibende Kraft hinter der recht legendären Partyreihe in der Hamburger-Kette White Castle in New York. Darüber hinaus ist er Mitbegründer der Shanzhai Biennial (zusammen mit Cyril Duval und Avena Gallagher), die häufig als ein Kunstprojekt beschrieben wird, das vorgibt, eine Luxusmarke zu sein, die sich als Kunstprojekt ausgibt – oder andersherum.

Als Reaktion auf seine Einladung zur 9. Berlin Biennale reichte er anstelle eines künstlerischen Vorhabens einen Arbeitsumfang ein, der einen Zeitplan, zu erbringende Leistungen, Verantwortungsbereiche und den Umfang der kreativen Autorität absteckt.

Letztlich wird sein Beitrag nicht isoliert als singuläre Arbeit erfahrbar werden. Vielmehr wirkt er hinter den Kulissen, mal als Kurator, mal als Schriftsteller, dann wieder als Produzent oder Direktor, und konstruiert so eine visuelle und textliche Kommunikationsstrategie für die gesamte Berlin Biennale. Er hat sich die Hände nicht schmutzig gemacht, sondern benennt die Mitwirkenden als „AutorInnen" etwaiger Kunstwerke. Offen bleibt, wer hier wen umschwirrt, da der Nicht-Künstler versucht, eine Praxis zu entwickeln, die zwar im Wesentlichen immateriell (das Werk besteht aus Arbeit), jedoch weder spekulativ noch reine Geste ist, sondern konkret im Verborgenen bleibt – eine private Vorgehensweise. Er hat darum gebeten, dass in diesem Künstlertext keine Einzelheiten seiner Beteiligung mitgeteilt werden. Vielmehr zieht er es vor, diese als das, was sie sind, in Erscheinung treten zu lassen, ohne dass sie zuvor in das Register einer Künstlerbiografie oder in die Rubrik einer kreativen „Geste" einsortiert werden.

Babak Radboy is not in the 9th Berlin Biennale. He is behind, under, and possibly over the Berlin Biennale.

It would be too simple to describe him as an artist disguised as a creative director or vice versa. The fact that his own bio states the former only calls his status further into question. Radboy's work is patently difficult to define, an amorphous riddle, an outright lie.

He is the creative director of *Bidoun* magazine, the fashion brand TELFAR, and the artist Bjarne Melgaard as well as a longtime collaborator of DIS, and the engineer of the somewhat legendary series of parties at the White Castle hamburger chain in New York. He is also the cofounder of the Shanzhai Biennial (along with Cyril Duval and Avena Gallagher), which is often described as an art project posing as a luxury brand posing as a biennial—or the other way around.

Upon his invitation to the 9th Berlin Biennale he submitted—in place of an artist proposal—a SOW, a scope of work establishing a schedule, deliverables, responsibilities, and an area of creative authority.

In the end, his contribution will not be isolated and experienced as a singular work. Operating behind the scenes, sometimes as curator, sometimes as writer, sometimes as producer or director, he has constructed a visual and textual communicative strategy for the Berlin Biennale. His hands are clean, implicating his collaborators as the "authors" of any given work.

The question remains who is cruising who as the non-artist attempts to develop a practice that, although essentially immaterial (the work consists of the work), is neither speculative nor gestural—but concretely covert. His is a private practice. He has asked that the details of his involvement not be explicitly shared in this artist statement—preferring that they occur in the world as they are, without being folded into the index of an artist biography or the rubric of a creative "gesture."

***Not in the Berlin Biennale*, 2016**
Fotografie Photograph

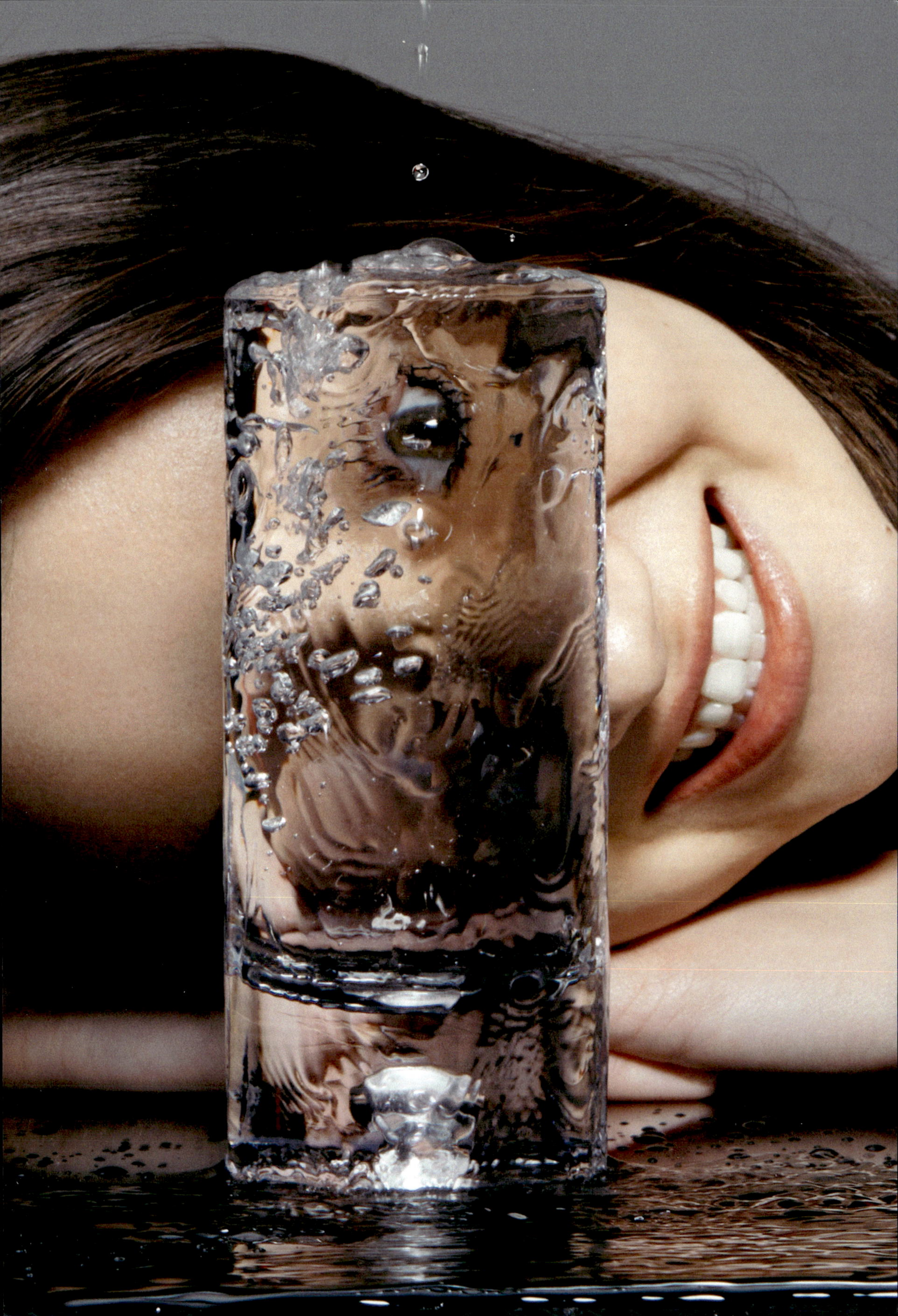

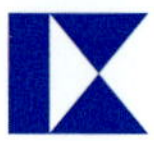

Jon Rafman

*1981 in Montréal, CA, lebt und arbeitet lives and works in Montréal, CA

Wie die Kugel aus dem japanischen PlayStation-Spiel Katamari, die durch ein virtuelles Universum rollt und an der dabei immer mehr Objekte kleben bleiben, bis sie so weit anwächst, dass sie schließlich ganze Planeten verschlingen kann, so durchforstet Jon Rafman das Internet nach überraschenden Online-Persönlichkeiten, Oberflächen, SketchUp-Schrott, Memen, Trollen, Icons und sogar nach Geistern der technologischen Vergangenheit. Rafmans Arbeiten sind hartnäckige, zwielichtige aber allumfassende Dokumentationen des Zerfalls der Wirklichkeit, der vom Übergriff des Virtuellen auf das körperliche Leben eingeläutet wurde. Seine Skulpturen, Videos und virtuellen Installationen durchkämmen die gesellschaftliche Realität und legen die Kluft zwischen der Online-Gegenwart und dem körperlichen Dasein (oder Nicht-Dasein) offen. Einige der Offline-Arbeiten Rafmans werden von Figuren aus Second Life und 4Chan oder von Trollen aus Reddit bevölkert, die an Fetisch-Outfits erinnernde Kleider tragen. Andere wecken Assoziationen an die anonyme Landschaft digitaler Meme mit ihrer kollektiven Psyche und ihren Psychosen.

Für die 9. Berlin Biennale lässt Rafman eine ortsspezifische, virtuelle Realität entstehen, die unter Verwendung eines Virtual-Reality-Headsets, eines Oculus Rift, erlebt werden kann. Installiert ist die Arbeit auf dem zum Pariser Platz gerichteten Balkon der Akademie der Künste. In einem etwa fünf- bis achtminütigen Erlebnis können die BetrachterInnen eine panoramaartige virtuelle Nachbildung des geschichtsträchtigen Ortes „betreten“. Rafman unterstreicht die haptischen und unheimlichen Aspekte virtueller Realität, indem er abrupte Kollisionen zwischen Fiktion und Wirklichkeit aufbaut. So zeigt er zum Beispiel den Pariser Platz zunächst voller Menschen, lässt dieses Bild dann jedoch unvermittelt in einen Ozean zusammenbrechen, in dem sich die BetrachterInnen schwimmenden Kreaturen gegenübersehen. Auf der Terrasse der Akademie der Künste zeigt Rafman außerdem Marmorskulpturen abstrahierter, digital manipulierter menschlicher Formen und lässt so dreidimensionales Erlebnis und digitale Projektion aufeinandertreffen. Die Trennung zwischen Natur und Technik wird hier als hybrid, entropisch und sogar als sich selbst verzerrend aufgefasst.

Like the ball in the Japanese PlayStation game Katamari—which accrues and sweeps up chunky objects across a digital universe and grows bigger and bigger, eventually eating up entire worlds—Jon Rafman mines the internet for unexpected egos, skins, SketchUp scrap, memes, trolls, icons, and even ghosts of technologies past. Rafman's is a persistent, seedy, and all-encompassing documentation of the collapse of the real, ushered in by virtuality's impingement on physical life. In his sculptures, videos, and virtual reality installations, he mines the gaps between social reality, online presence, and physical being-there (or not). The online/offline characters of Second Life and 4Chan or the trolls of Reddit populate Rafman's IRL (in real life) works, which are sheathed in gear resembling fetishwear or recall the anonymous memescape of digital experience and its collective psyche and psychoses.

For the 9th Berlin Biennale, Rafman has created a site-specific virtual reality experience using Oculus Rift, a state-of-the-art VR headset display installed on the balcony of the Akademie der Künste overlooking Pariser Platz. Rafman has developed a panoramic virtual depiction of the site, which the viewer/user can "enter" through a five-to-eight-minute experience. Rafman hones in on the haptic and uncanny aspects of VR, often building jarring senses of collision between realms, for instance displaying an image of Pariser Platz full of people, which collapses just before the viewer falls into an ocean and meets swimming creatures. On the terrace of the Akademie der Künste, Rafman presents marble sculptures of abstract, digitally manipulated human forms in a collision of digital projection and 3D experience; the natural-technological divide becomes hybrid, entropic, and even self-contorting.

***Junior Suite*, 2014**
Virtual-Reality-Installation Virtual reality installation
Deauville Beach Resort, Miami, US

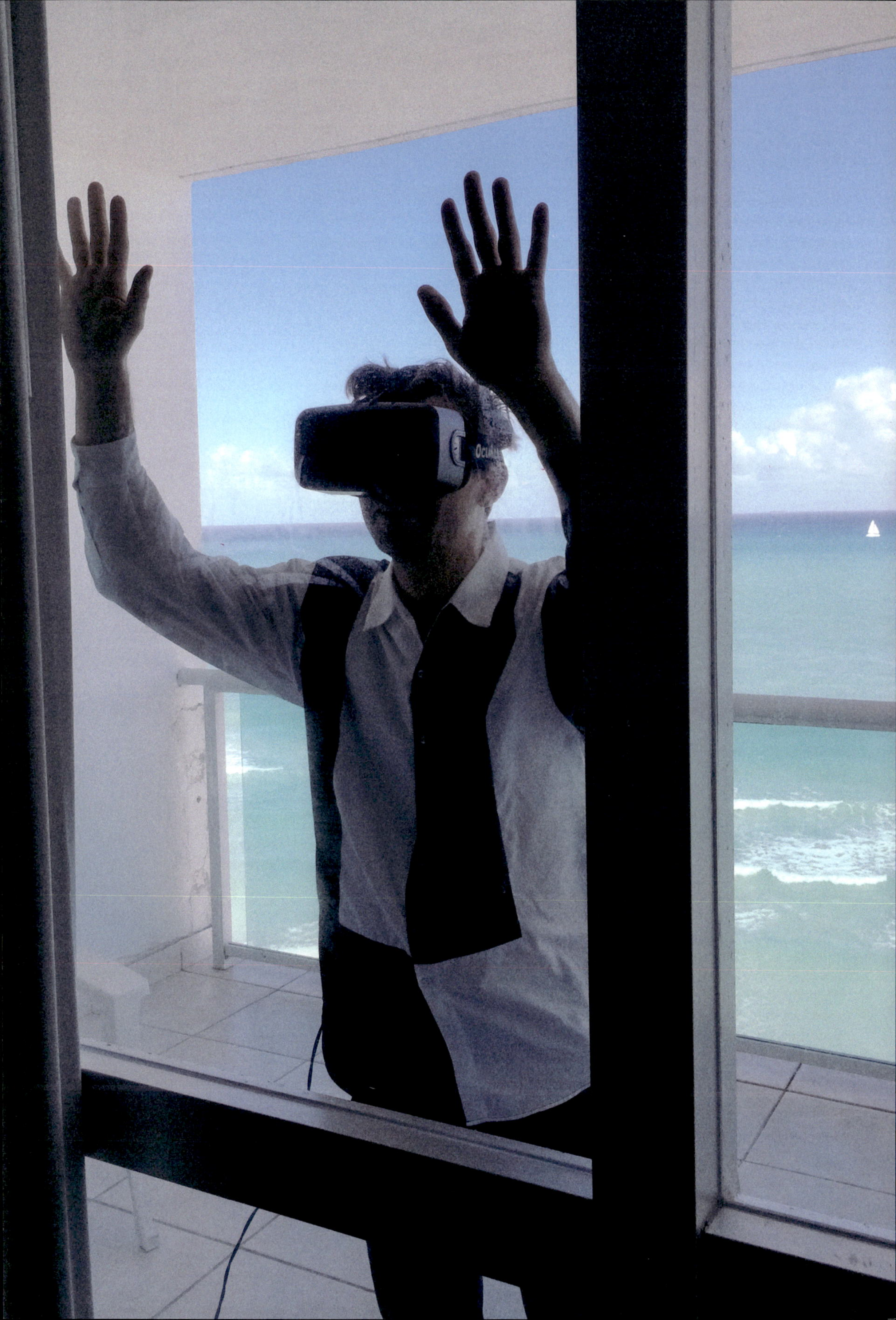

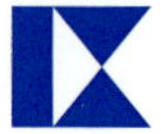

Timur Si-Qin

***1984 in Berlin, lebt und arbeitet** lives and works **in Berlin**

Timur Si-Qins Skulpturen und Installationen nutzen die Sprache der Produkte, der Werbung und der Warenpräsentation – nicht als Kommentar auf den Kapitalismus oder die Wirtschaft, sondern als Reflexion unserer derzeitigen Umwelt. Si-Qin's Spiegelung der kommerziellen Bildwelten thematisiert die Abläufe von Rückkopplung, Mimikry und Emergenz in der Kultur, der Ökologie und den Medien im Zeitalter des Anthropozän.

Si-Qins Beitrag zur 9. Berlin Biennale ist eine Installation aus einem Video, echten und künstlichen Grünpflanzen, Felsen und einer LED-Tafel. *A Reflected Landscape* (2016) kreiert eine künstliche, aber nicht idealisierte Landschaft, die ein obsessives Verhältnis zum eigenen Bild zu haben scheint – eine Landschaft, die ein Selfie macht und sich dann selbst begutachtet. Bezug nehmend auf den gegenwärtigen Narzissmus, auf das Zen-Ideal einer in sich ruhenden Natur und auf physische Naturformationen wie Fraktale, entwirft Si-Qin eine Landschaft im Zustand der Selbstbetrachtung. Er zeigt damit auf, dass Mensch und Natur sich als wechselseitige symbiotische Akteure gegenseitig repräsentieren und konstruieren. So wie die Unterscheidungen von menschlicher und natürlicher Welt nicht mehr tragbar sind, so lässt sich auch die Installation mehrdeutig interpretieren: entweder als eine Umsetzung einer menschlichen Projektion – Selbstreflexion imitierend – oder als postanthropozentrisches Diorama, in dem die Natur die Fähigkeit erworben hat, sich selbst zu verstehen.

Timur Si-Qin's sculptures and installations use the language of manufacturing, advertising, and product display, not as a commentary on capitalism or economics but as a reflection of our contemporary environment. Si-Qin's mirroring of commercial imagery emphasizes processes of feedback, mimicry, and emergence within culture, ecology, and media in an anthropocenic age.

Timur Si-Qin's contribution to the 9th Berlin Biennale is a video installation and built environment at the Akademie der Künste comprising a mixture of real and artificial greenery, rocks, and an LED panel. *A Reflected Landscape* (2016) is an artificial non-idealized landscape that appears to be obsessed with its own image—taking a selfie and examining itself. Referencing contemporary narcissism, the Zen ideal of environmental calm as well as physical formations in nature such as fractals, Si-Qin proposes a landscape in a state of self-regard to suggest humans and nature as mutually symbiotic agencies that represent and construct each other. Just as distinctions between the human and natural world are no longer tenable, so the work may be interpreted ambivalently: either as an embodiment of human projection—mimicking self-reflection—or as a post-anthropocentric diorama in which nature has gained the capacity for self-understanding.

***A Reflected Landscape*, 2016**
Digitalbild Digital image

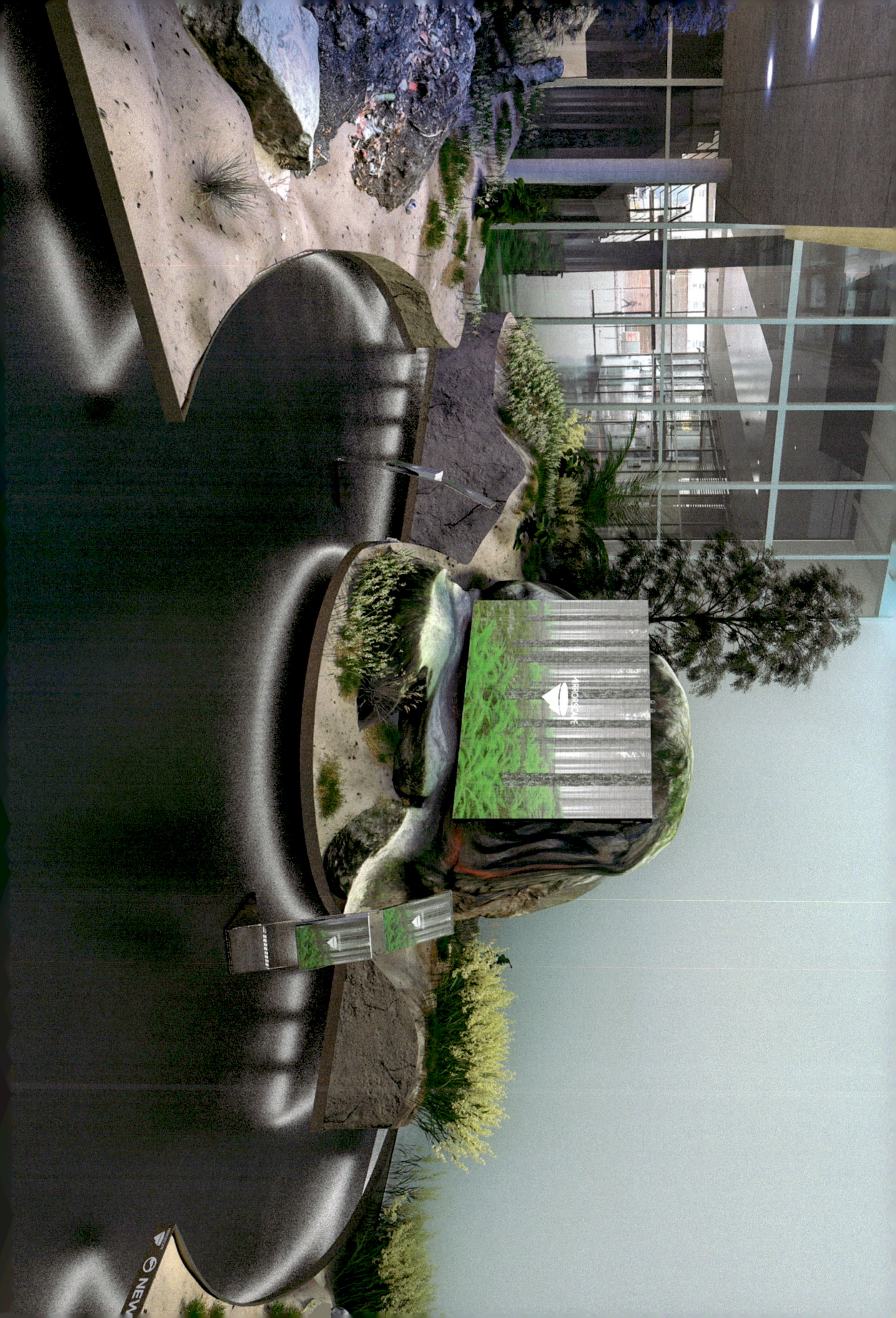

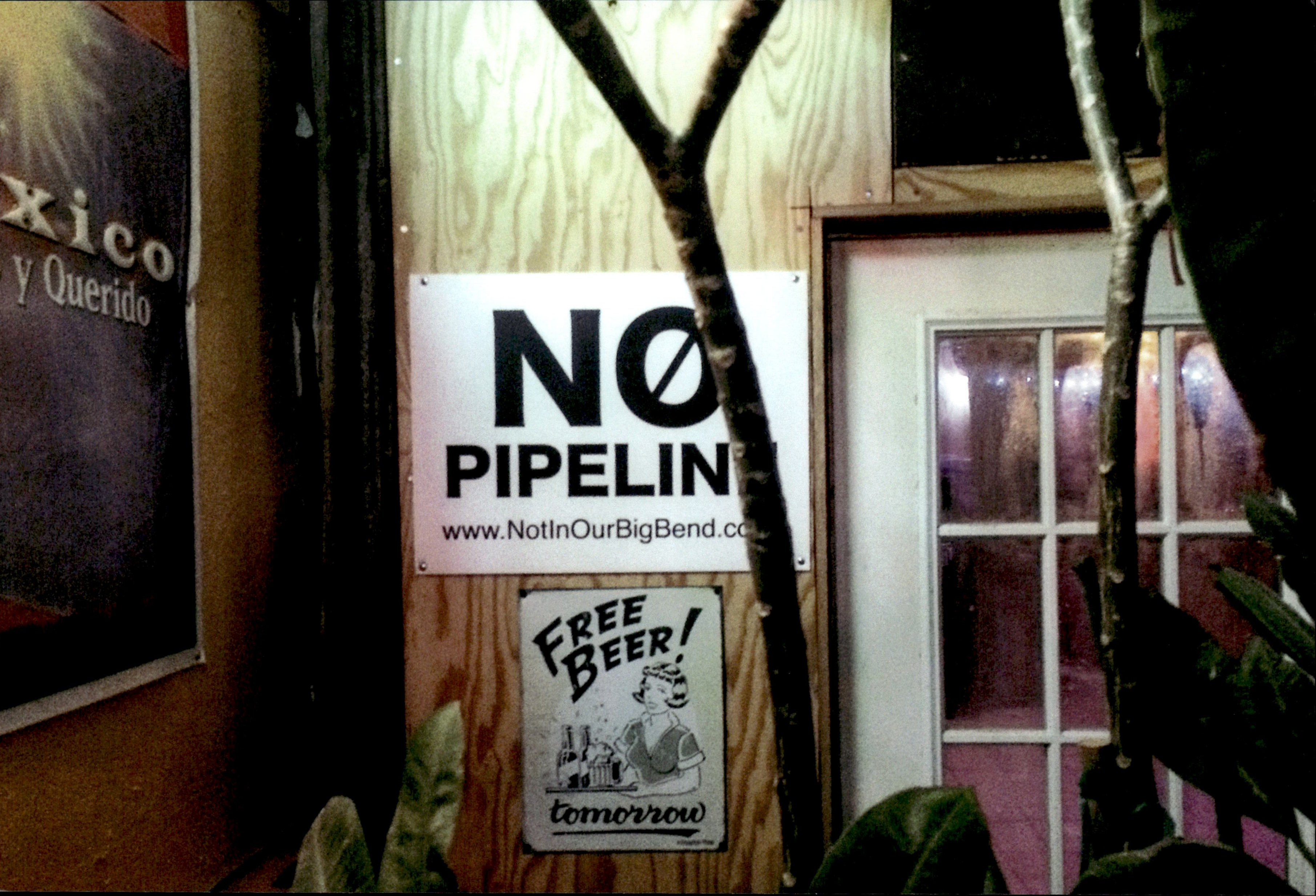
xico
y Querido
NØ
PIPELIN
www.NotInOurBigBend.co
FREE BEER!
tomorrow

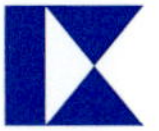

Lucie Stahl

***1977 in Berlin, lebt und arbeitet** lives and works **in Berlin**

Für ihre Druckgrafiken und Fotografien scannt Lucie Stahl dreidimensionale Objekte mit einem Flachbettscanner ein und verarbeitet diese Bilder dann zu collageähnlichen zweidimensionalen Arbeiten. In diesen dioramaartigen Drucken verbergen sich Bilder von verklumpten, matschigen Massen – Konsumgütern, natürlichem Ballast, Strandgut, Müll. Stahls düstere Ästhetik verweist auf größere Prozesse, aus denen physischer Abfall und Verunreinigung der Natur entstehen, während zugleich die typische Flachheit der zweidimensionalen Arbeiten auf ihren digitalen Ursprung hindeutet. Ihre Plastiken verleihen dem Müll, etwa deformierten Konservendosen, einen neuen Zweck oder zeigen mumienhafte Schaufensterpuppen in unterschiedlichen Verfallsstadien: den abjekten, postkapitalistischen, posthumanen Körper. Als seien sie aus den Schattenseiten der heutigen Massenprodukte herausgesickert, treiben Objekte, natürliche Membrane, zweckentfremdete Fotografien, politische und werbetechnische Gebrauchsgrafiken sowie Attrappen (gefälschte Titelblätter für das Magazin *The Economist*, von der Künstlerin verfasste und gedruckte Gedichte und sogar Toilettenpapier) aufeinander zu und gerinnen – in neuem Zusammenhang – zu einem geteerten, pfützenhaften Bild.

Für die 9. Berlin Biennale unternimmt Stahl eine Intervention, die Themen der Bildreproduktion und -zirkulation kanalisiert. Hierfür hat sie Rohrleitungen reproduziert, die zum Transport nicht-erneuerbarer Energiequellen wie Kohle, Öl und Gas verwendet werden. Im ersten Stock der KW Institute for Contemporary Art präsentiert Stahl neue Wandarbeiten. Die Oberflächen dieser Drucke sind mit kleinen, kreisförmigen Blenden versehen, die hinter den Wandbauten im ersten Stock mittels der Rohrleitungen miteinander verknüpft sind und sich so als ein zusammenhängendes System von Periskopen benutzen lassen. Das unsichtbare Netzwerk, das einen Blick nach außen freigibt, lässt an sanitäre Infrastrukturen denken, an körperliche Höhlengänge, an Energieströme und Flüsse von Daten oder komplexe Sichtlinien. Mit Spiegeln ausgerüstet, deutet es zudem ebenso auf voyeuristische Peepshows wie auf Systeme institutioneller Überwachung hin.

For her prints and photography, Lucie Stahl employs flatbed scanners to capture three-dimensional objects, which she then turns into collage-style prints. In these dioramic prints lurk images of clumpy, mushy masses—of commodities, natural flotsam and jetsam, trash. Stahl's murky aesthetic looks to larger processes by which physical detritus and natural contamination are generated, whereas the characteristic flatness of her 2D works also suggest the digital screen. Her sculptures repurpose trash (such as deformed tin cans) or craft mummy-like mannequins in states of decay—the abject, post-capitalist, post-human body. As if oozing from an underbelly of today's mass products, objects, natural membranes, repurposed photos, political and advertising ephemera, and decoys (fake covers to *The Economist*, printed poems written by the artist, and even toilet paper) float together—recontextualized—in a tarred, puddle-like image.

For the 9th Berlin Biennale, Stahl has produced an intervention that channels the themes of image reproduction and circulation and replicates physical pipelines used for non-renewable energy sources such as coal, oil, and gas. Stahl has installed new wall works on the first floor of KW Institute for Contemporary Art. The surfaces of these prints are overlain with small, circular orifices, which are linked up behind the scenes throughout the architecture of the building in a system of pipes. Rigged with mirrors, these channels form a hidden network of periscopes, which offer a view to the outside. Recalling plumbing infrastructures, bodily passageways, and even voyeuristic peepshows, they implicate systems of institutional surveillance as well as flows of energy and complex lines of sight.

***nopipeline.org*, 2016**
Fotografie Photograph

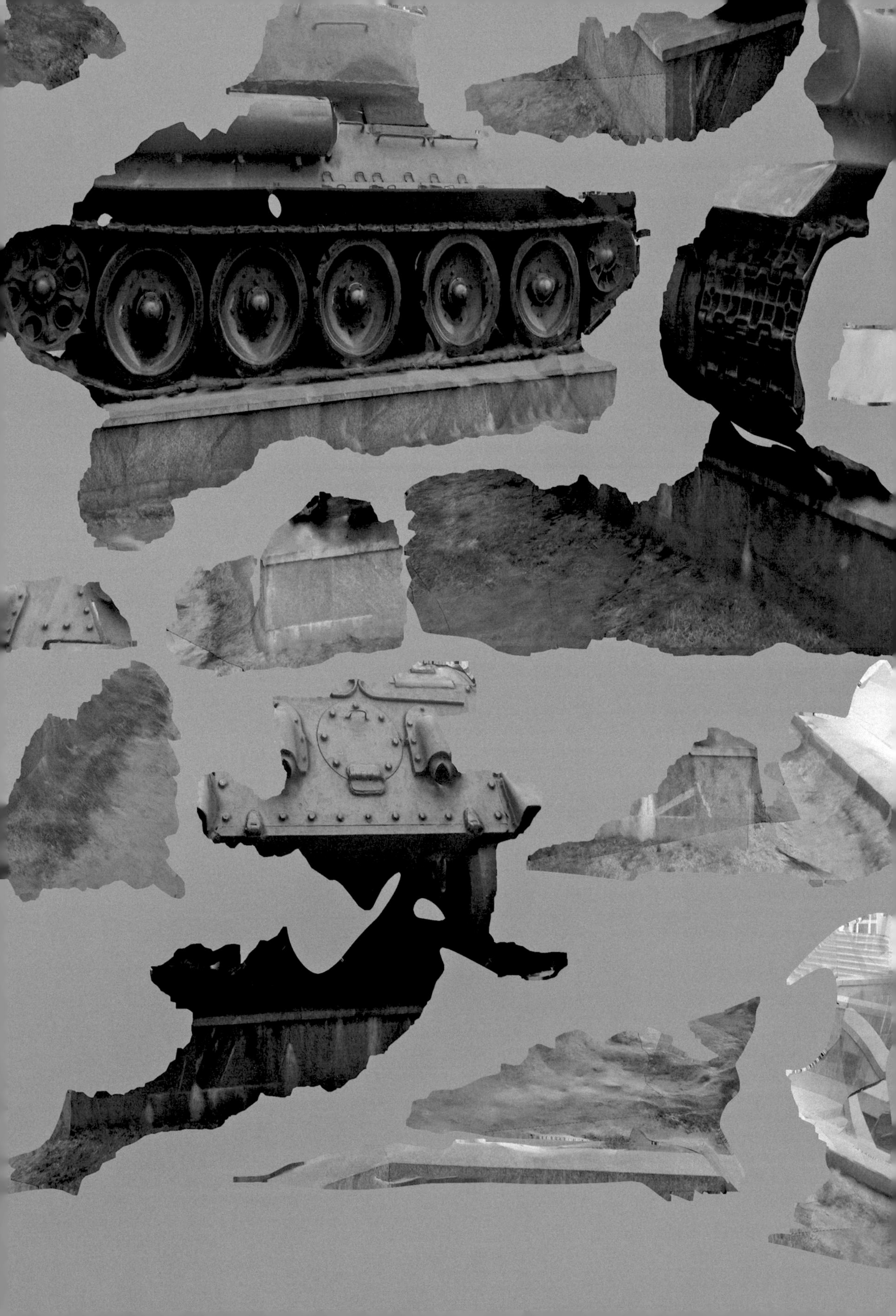

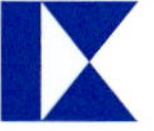

Hito Steyerl

ADK

***1966 in Munich, DE, lebt und arbeitet** lives and works **in Berlin**

Hito Steyerl setzt sich in ihren Filmen, Installationen, Vorträgen und theoretischen Texten vorwiegend mit dem digitalen Kapitalismus und der Politik der Produktion und Verbreitung von Bildern auseinander. Ihre jüngsten Arbeiten beschäftigen sich zudem mit der Ökonomisierung des sogenannten „kreativen Kapitals" im Zeitalter des Neoliberalismus und der Verzahnung von Militarisierung mit wirtschaftlichen Interessen.

Im Rahmen der 9. Berlin Biennale zeigt Steyerl eine zweiteilige Videoinstallation über Verflechtungen der Hightech-Kreativindustrie mit realen militärischen Ereignissen in der Ukraine und im Irak. Bestandteil der Arbeit *The Tower* (2015) ist ein Interview mit dem Gründer von Program-Ace, einem *Nearshore*-Unternehmen aus dem ostukrainischen Charkiw, das für westliche AuftraggeberInnen 3D-Computergrafiken erstellt: Online-Kasinos, militärische Simulationen und virtuelle Rundgänge durch Luxusimmobilien. Steyerl, die diese Bilder mit eigenen 3D-Scans von Charkiwer Stadtansichten kombiniert, konzentriert sich in dem Video auf eines der Projekte von Program-Ace: *Stairway to Chaos*, ein im Turm zu Babel angesiedeltes Zombie-Shooter-Computerspiel, das 2003 während der US-Fahndung nach Saddam Hussein entwickelt wurde. In dem Spiel errichtet Hussein den Turm, den er tatsächlich als mögliches Symbol für die Vereinigung unterschiedlicher islamischer Völker teilweise restaurieren ließ, als mystische Stätte, die den Kontakt zu anderen Welten ermöglicht.

Der zweite Teil ihrer Installation *ExtraSpaceCraft* (2016) ist ein Porträt im Stil einer Dokufiktion über einen von nur drei Kameradrohnenpiloten im kurdischen Autonomiegebiet im Nordirak. Das Video zeigt den Versuch, eine Drohne auf einem Berggipfel zu lenken, wo früher das irakische Nationalobservatorium stand. Heute wird der Ort von zwei Mobilfunkmasten einer Telefongesellschaft flankiert. In dem Film wird der Ort zu dem Sitz einer fiktiven, autonomen Raumfahrtbehörde. Computerspiele und Visualisierungstools dienen in beiden Filmen als Einstiegspunkte in unterschiedliche Kriegsschauplätze. Steyerl kartographiert dieses unbestimmte Gebiet anhand von Fakten und spekulativer Fiktion und zeigt auf, wie Virtualität die harte Realität zeitgenössischer parastaatlicher Strukturen und antiterroristischer Operationsgebiete überlagert.

Hito Steyerl's films, installations, lectures, and theoretical texts center on digital capitalism and the politics of image circulation and production. Underlying themes of recent works are the economies of so-called "creative capital" in a neoliberal age and the fusion of military and economic interests.

For the 9th Berlin Biennale, Steyerl presents a two-part video installation drawing upon interviews and research into the interlinking of creative tech industries and current military scenarios within Ukraine and Iraq. *The Tower* (2015) is based on an interview with the founder of Program-Ace, a nearshore enterprise in Kharkiv in eastern Ukraine, which produces 3D renderings outsourced by Western clients: online casinos, military simulators, and luxury real-estate visualizations. Steyerl's video combines these images with her own 3D scans of Kharkiv's cityscapes, while focusing on one of Program-Ace's projects, *Stairway to Chaos*, a zombie shooter video game set at the Tower of Babel and developed during the US manhunt for Saddam Hussein in 2003. In the game, Hussein constructs the tower—partly restored by the real Iraqi leader to symbolize the unification of diverse Islamic peoples—as a mystical site enabling contact with other worlds.

The second part of her installation, *ExtraSpaceCraft* (2016) is a docufictional portrait of one of just three camera drone pilots in the territory of the Kurdistan Regional Government in northern Iraq. It shows him attempting to maneuver a drone atop a mountain, the site of the former National Observatory of Iraq, which is now flanked by the cell phone towers of a mobile telephony company. In the film the site becomes the location of a fictional autonomous space agency. Gaming and visualization tools serve as points of entry into different theaters of war in these twin films. Drawing on fact and engaging the realm of speculative fiction, Steyerl weaves narratives that map this uncertain territory and invoke the virtuality overlying the extreme realities of contemporary parastates and anti-terrorist operation zones.

***Tank/Texture*, 2015**
Digitalbild Digital image

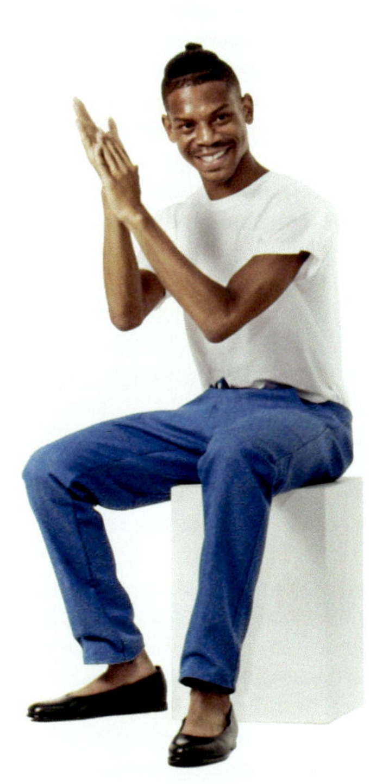

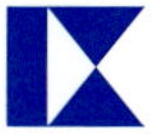

TELFAR

ADK KW

Gegründet Founded in **2003 in New York, US**
Telfar Clemens *1985 in New York, US, lebt und arbeitet lives and works **in New York, US**

Butch/femme, Avantgarde/H&M, Gegenkultur/Mainstream – solche offensichtlichen Gegensätze bestimmen die wachsende Tendenz der kulturellen Hybridität in der Fashionwelt und darüber hinaus. Das Komplexe ist einfach und das Einfache ist komplex. Alles trägt sein eigenes Gegenteil in sich. Der liberisch-amerikanische Modedesigner Telfar Clemens bezieht sich auf solche Antagonismen, um die Präsentationsmodi und Konventionen der Modewelt zu zerlegen. Er setzt Kleidung als Sieb oder Filter ein. Seine Entwürfe und Modenschauen werfen ein Schlaglicht auf den Rassismus, die Konsumhaltung und die Ausbeutung der Identität in der Welt (der Mode). In einer Ästhetik, die er als „simplex" (simpel + komplex) bezeichnet, werden Basics dekonstruiert und durch strategische, minimalistische, aber doch radikale Eingriffe verwandelt. Ein rückenfreier Kapuzenpulli, ein Polohemd mit nur einem Ärmel, ein gesteppter Poncho oder eine elegante Jeanshose mit überraschenden Taschen – TELFARs Kleidung zelebriert das Normale und stellt es gleichzeitig auf den Kopf. Um nur ein Beispiel aus seiner Frühjahr/Sommer-Kollektion 2014 zu nennen: „TM" in Extremely Normal™ könnte sowohl für „Trademark" als auch für „too much" stehen.

TELFARs Beitrag für die 9. Berlin Biennale besteht aus jeweils einem Satz Uniformen für die MitarbeiterInnen und das Publikum der Berlin Biennale. Das Aufsichtspersonal in den Ausstellungsräumen wird einheitlich in schwarze T-Shirts mit der Aufschrift „PERSONAL" gekleidet, ein polyglottes Wortspiel mit dem deutschen Begriff für MitarbeiterInnen und dem englischen Adjektiv zur Beschreibung der Privatsphäre. Andere T-Shirts tragen die Aufschrift „PUBLIKUM". Diese können während der Dauer der Ausstellung erworben werden, unter anderem in einem Pop-up-Store, den TELFAR in der Akademie der Künste eingerichtet hat und in dem auch weitere Entwürfe von TELFAR angeboten werden. TELFARs Beitrag ist eine drastische Neuverhandlung des Grafikdesigns und der Identitätsbildung von Plattformen wie etwa einer Biennale und rückt weitreichendere Problematiken in den Vordergrund: die Trennung von Arbeit und Privatleben, das Verhältnis von Publikum und Privatisierung sowie die Art und Weise, wie manche Gruppen sich selbst und andere etikettieren. TELFARs Modelinie lenkt die Aufmerksamkeit auf die häufig ignorierte Arbeitsteilung zwischen Fachleuten und ArbeiterInnen, wie zum Beispiel den Ausstellungsaufsichten. Zugleich spielt sie, etwas allgemeiner, mit der Verbindung zwischen Kunst, Branding und Eigenwerbung sowie mit der Tyrannei der Präsenz, die auch jede Kunstveranstaltung diktiert, indem ein harmloses Kleidungsstück oder ein Jutebeutel ein Unterscheidungsmerkmal zwischen Insider und Outsider, zwischen angekommen sein und nirgends sein darstellt.

Butch/femme, avant-garde/H&M, underground/mainstream—contradiction has come to define contemporary cultural hybridity. Complexity is simple, and the simple is complex. Everything implies its opposite. The Liberian-American fashion designer Telfar Clemens taps into these antagonisms to dismantle the presentation modes and conventions of fashion. His clothing and runway shows are used as a mesh or filter for spotlighting the (fashion) world's racism, consumerism, and exploitation of identity. In an aesthetic he terms "simplex" (simple + complex) mid-level basics are deconstructed and mutated through the use of strategic, minimal, and ultimately radical visual cues. From backless hoodies to one-sleeved polos, quilted ponchos, or elegant denim pants with surprising pockets, TELFAR's unisex designs embrace the ordinary while turning it on its head. For example in his SS14 collection, *Extremely Normal™*, the "TM" could easily stand for "trademark" or "too much."

TELFAR's contribution to the 9th Berlin Biennale is a set of uniforms for staff, participants, and visitors alike. The exhibition guards will be uniformed in black T-shirts with the word "PERSONAL," playing on the German word for "staff" and the English adjective connoting the private realm. Other shirts bear the word "PUBLIKUM" (in German: audience or public). These are for sale for the duration of the Biennale, including in a TELFAR pop-up store at the Akademie der Künste, which will also feature jeans and other TELFAR designs. TELFAR's contribution is a stark rehashing of the graphic design and identity formation of platforms such as biennials, as well as an attempt to make larger issues evident: work/life divisions, the relationship of public audiences (*Publikum*) to privatization, or the ways some groups can label themselves, while others tend to be labeled. TELFAR's fashion line also calls attention to the often ignored division of labor between professionals and laborers such as security guards, while playing more generally with the link between art, branding, and self-promotion—as well as the tyranny of presence dictating major art events, in which even an innocuous garment or tote bag is a marker of being an insider/outsider, of being somewhere or nowhere at all.

***SS 16 MAINSTREAM FLUID*, 2016**
GIF

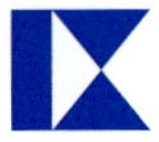

Wu Tsang

***1982 in Worcester, US, lebt und arbeitet** lives and works **in Los Angeles, US**

Was Wu Tsangs Installationen, Performances und Videos miteinander verbindet, ist die Darstellung und Dokumentation von Identitätsbildung durch Gemeinschaftsinitiativen und performative Rituale. In der Kombination aus Theatralität, Aktivismus und einer konzeptuellen Erzählweise sind ihre Werke fließende Befragungen der üblichen Kennzeichen von Hautfarbe, Geschlecht und Sexualität. Im Mittelpunkt von Tsangs erstem Spielfilm *Wildness* (2012) steht Silver Platter, eine Bar in Los Angeles, in der sich die LGBT- und Transgemeinde der Latinas und Latinos trifft. Tsang, die regelmäßig mit der Performance-Künstlerin Boychild arbeitet, untersucht die (Dis-)Identifikation von Orten und Subjekten durch die Bezugnahme auf Mainstream- und Popfiguren, die sich in subkulturellen Phänomenen wie etwa Drag manifestieren.

Angeregt durch die hybridisierten Identitäten in Hongkong und das Kung-Fu-Genre befasst Tsang sich in ihrem neuen Kurzfilm und ihrer Installation *Duilian* (2016) mit der Mythenkonstruktion und der Möglichkeit zur Selbsterfindung und einer anderen Erzählweise durch VertreterInnen der Queer Community. Der Film handelt von Qiu Jin (1875–1907), einer chinesischen Revolutionärin und passionierten Schwertkämpferin, die manchmal als „Heilige Johanna von China" bezeichnet wird. Während der Qing-Dynastie als Verräterin hingerichtet, wird Qiu Jin abwechselnd als nationales Maskottchen, kommunistische Heldin und lesbische Ikone gefeiert. Um ihr Privatleben ranken sich widersprüchliche Spekulationen – vor allem aufgrund ihrer Beziehung mit der Kalligrafin und Dichterin Wu Zhiying. Tsangs Blick auf die beiden Frauen nimmt einen queeren Standpunkt zu *Wushu* („Kampfkunst" auf Mandarin) ein, einem chinesischen Kampfstil, der Performance, Wettbewerb und regelbasierte Tanzformen mischt. Den gesamten Film hindurch sind die beiden Frauen in eine dualistische Paarung verstrickt, vermittelt durch Duellszenen und poetische Spruchpaare. In einer Mischung aus Dokumentarfilm und inszenierten Szenen verwendet der Film Wushu-Choreographie, die AkteurInnen sprechen ihre jeweilige Muttersprache. Es wird erzählt, wie Qiu Jin 1906 ihre Familie verließ, um sich der Mutual Love Society anzuschließen, hier vertreten durch eine Gruppe von „Schwertschwestern", die die junge Qiu Jin in ihre Welt des freien Denkens und Begehrens ziehen.

Common to Wu Tsang's installations, performances, and videos are an enactment and documentation of identity formation through community initiatives or performative rituals. Combining theatricality, activism, and conceptual narrative, her works are fluid interrogations of the conventional markers of race, gender, and sexuality. Tsang's first feature film, *Wildness* (2012), centers around the Silver Platter, a Los Angeles bar and space for the city's Latino LGBT and trans community. Tsang, who works regularly with performer Boychild, investigates the (dis-)identification of such spaces and subjects by referencing mainstream and pop tropes manifested in subcultural formations such as drag.

Inspired by the hybridized identities found in Hong Kong and the genre of kung fu, Tsang's new short film and installation *Duilian* (2016) look to the construction of mythologies through queer individuals as well as the possibility of self-invention and alternative narratives. The film centers on the late nineteenth-century Chinese revolutionary and martial arts enthusiast Qiu Jin (1875–1907), a figure sometimes tagged as the "Joan of Arc of China." Executed as a traitor during the Qing dynasty, Qiu Jin has been alternately heralded as a government mascot, communist hero, and lesbian icon. Her personal life has been the site of conflicting speculation—mainly because of her relationship with the (female) calligrapher and poet Wu Zhiying. Tsang's perspective on the two women takes a queer standpoint to wushu ("martial arts" in Mandarin), a Chinese fighting style that mixes performance, competition, and rule-based dance. Throughout the film the two women are ensnared in dualistic binaries, mediated through scenes of dueling and poetic couplets. Mixing documentary footage with staged scenes, the film employs wushu choreography and actors speaking in their respective native tongues. The story depicts how Qiu Jin left her family in 1906 to join the Mutual Love Society, represented here by a group of "sword sisters," who embroil the young Qiu Jin in their world of free intellectualism and desire.

***Duilian*, 2016**
Fotografie der Proben
Photograph of rehearsals, **Shanghai**

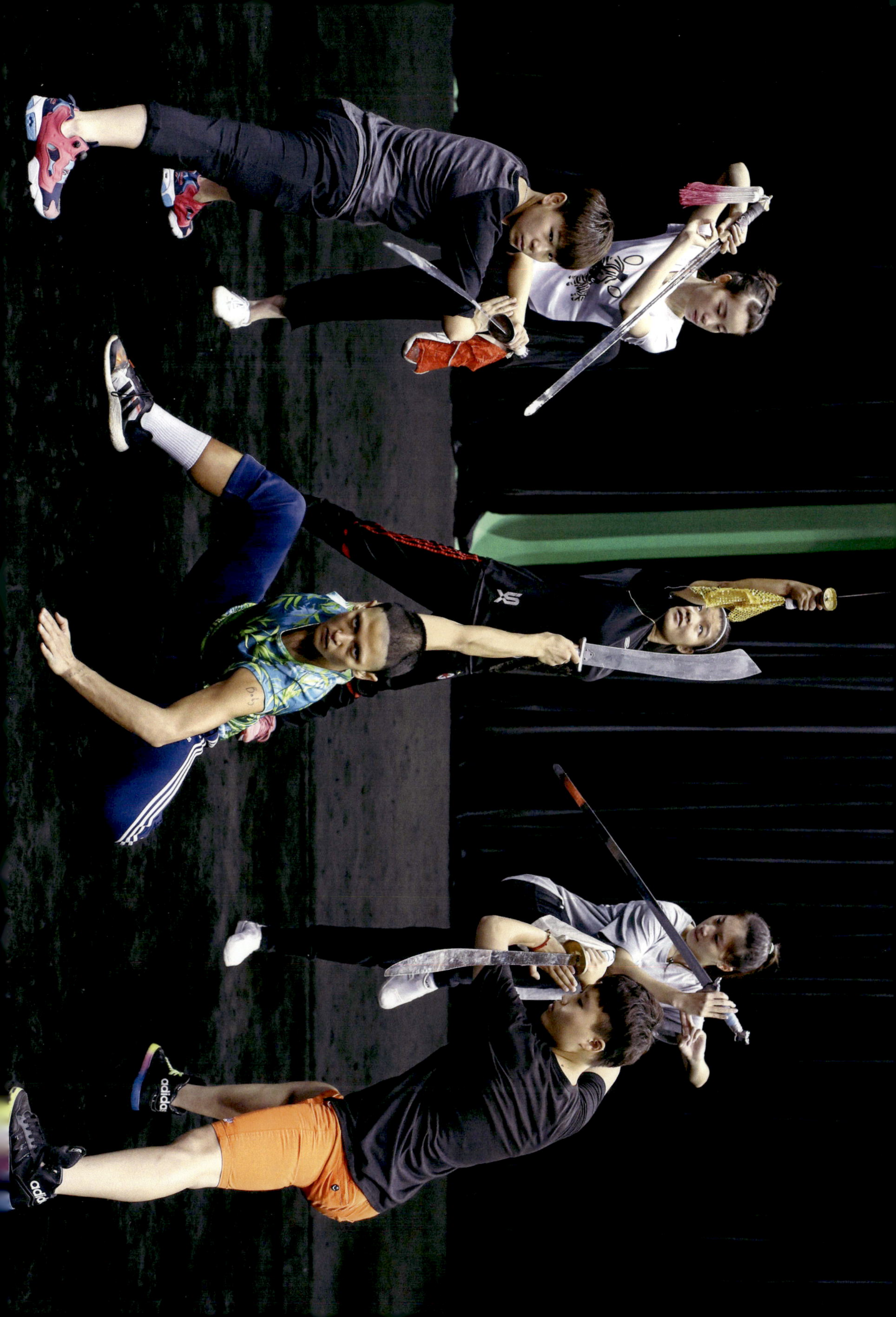

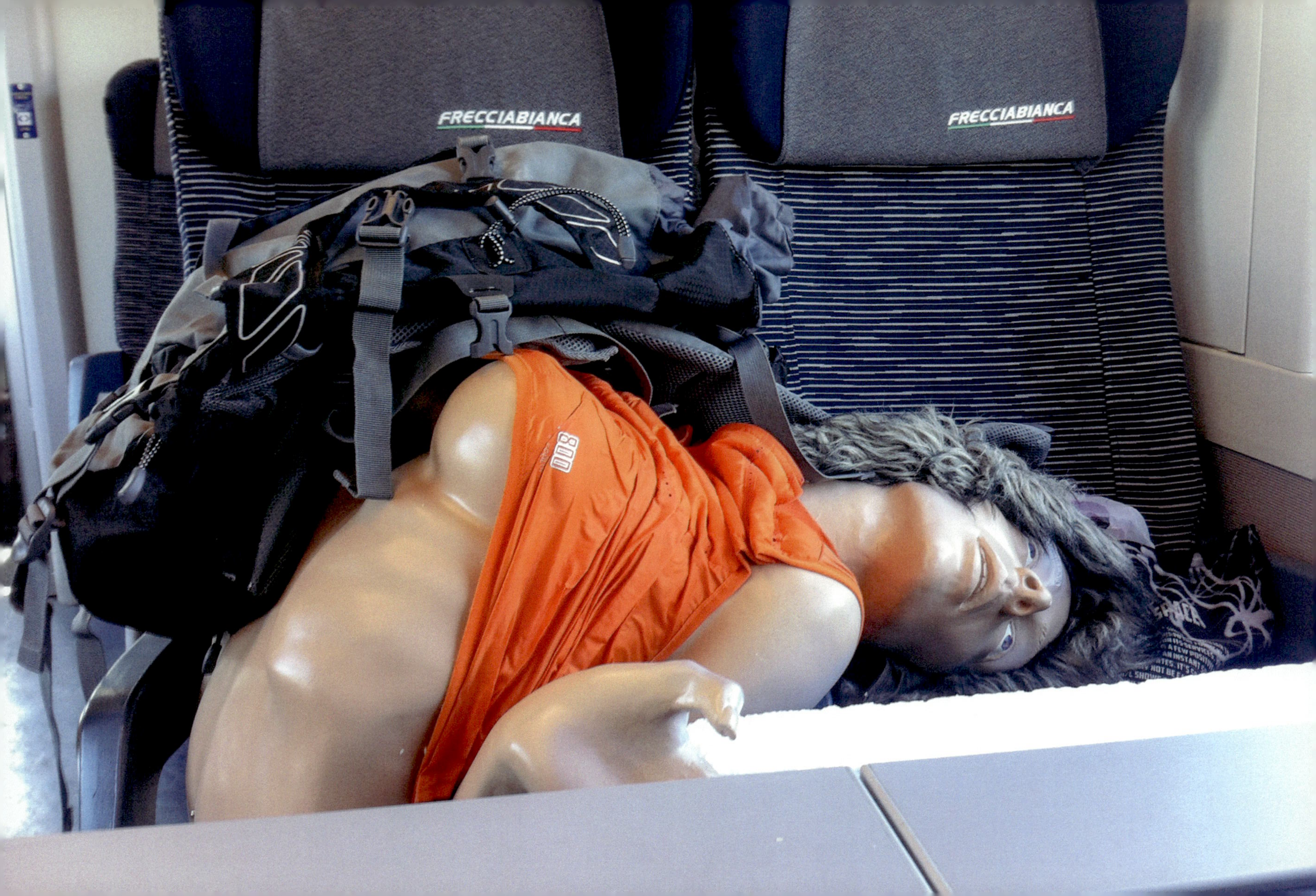
FRECCIABIANCA
FRECCIABIANCA
800

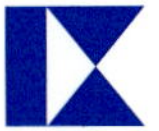

Anna Uddenberg

***1982 in Stockholm, lebt und arbeitet** lives and works **in Berlin**

Von den figurativen Skulpturen Anna Uddenbergs geht eine beißende Schärfe aus. Ein fieser Sarkasmus spricht aus *Lady Unique* (2015), einer Frau mit einem Rollkoffer anstelle von Beinen, die sich weit zurücklehnt und dabei ihre Brüste entblößt. Ihr Kopf wird von einem Rucksack verschlungen, als fiele sie ihrer eigenen Reiselust und nomadischen Existenz zum Opfer. Uddenberg kleidet ihre oft verstümmelt wirkenden Puppen in aufgemotzte Outfits und statusbehaftete Kleidung, wie etwa „Athleisure"-Mode, und macht damit darauf aufmerksam, wie Identität durch Hinweise auf den Status sowie durch Selbststilisierung geformt wird. Das Ergebnis ist unterschwellig komisch und extrem zugleich, wenn beispielsweise in *Cutesy Counts* (2015) die mit Tarnflecken gemusterten Pobacken unter einer Daunenjacke hervorzuwachsen scheinen. Uddenbergs Arbeiten sind Überzeichnungen und Kommentare auf die stereotypen Vorstellungen von Geschmack, Klasse, Geschlecht und Sexualität – die Regeln und Zwänge körperlicher, oftmals weiblicher, Identität.

Uddenberg zeigt eine Serie von Skulpturen an verschiedenen Orten in der Akademie der Künste, die an Einkaufspassagen, Duty-free-Läden oder Transitzonen erinnern. Sie beschäftigt sich damit, wie Intimität zur Ware wird und wie sich Affekte und Konsumverhalten in der heutigen Zeit durchdringen. In Arbeiten, die weibliche Sexualität zur Schau stellen und sie einer Ästhetik des Abjekten und der Erniedrigung gegenüberstellen, treibt Uddenberg die ambivalenten Codes weiblicher Identität auf die Spitze und legt sie in einer hybriden Form offen, die zugleich unbehaglich und anziehend wirkt. *Carte Blanche* (2015) zeigt süffisant den weißen, zur Ware gewordenen Körper einer halbnackten, weiblichen Figur in einer passiv-aggressiven „Kobra"-Position, die sich – wie auf dem Silbertablett präsentiert – auf einer Plattform aus Terrassenparkett befindet. Lange Fingernägel, Tiefenentspannung – Verführungsnummer oder privates Nirwana?

There's more than a whiff of vitriol to Anna Uddenberg's figurative sculptures. A nagging sarcasm pervades works like *Lady Unique* (2015): a reclining figure, breasts exposed, with a cabin trolley instead of legs. Its head is being eaten by a backpack—as though compromised by its own itinerancy and nomadism. Uddenberg dresses up her often mutilated-looking mannequins in aspirational gear and status-inflected clothing such as athleisure sportswear, calling attention to the way identity is performed through markers of status and self-stylization. The results are both deadpan and outrageous, like the camouflage-print ass cheeks that seem to mushroom out of a down jacket in *Cutesy Counts* (2015). Uddenberg's works are exaggerations and commentaries on tropes of taste, class, gender and sexuality—the scripts and conscripts of corporeal identity, often figured in female form.

Presenting a series of sculptures throughout the Akademie der Künste—in spaces that recall malls, duty-free, or transit zones—Uddenberg's works look to the commodification of intimacy and the intertwining of affect and consumerism today. In works that flaunt female sexuality, while countering it with an aesthetic of abjection and degradation, Uddenberg confronts and exaggerates the ambivalent social codes of female identity, revealing them in a hybrid of discomfort and attraction. *Carte Blanche* (2015) sardonically presents the white, pale body of a half-nude female figure in a passive-aggressive "cobra" pose and served up on a platter of patio decking. Big nails, deep relaxation—seduction session or private nirvana?

***Lady Unique on the train from Venice*, 2015**
Fotografie Photograph

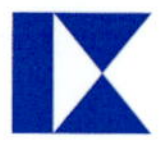

Amalia Ulman

***1989 in AR, lebt und arbeitet** lives and works **in Los Angeles, US**

Das heutige Selbst ist schrill und oberflächlich glänzend. Es ist ein auratischer Avatar, der stark „gefiltert" und zugleich durch das Teilen (zu) vieler privater Informationen konditioniert ist. Amalia Ulmans webbasierte Aktionen, Videos und Offline-Installationen treiben die bekennerhafte Ich-Performance zu einem fast beschämenden, aber dabei sirenengleich verführerischen Höhepunkt. Ihre zahlreichen Bildschirmprojektionen sind auf den im Anonymen lauernden Blick zugeschnitten. 2014 erkannten die rund 90.000 Social-Media-Follower der Künstlerin, dass sie einer Täuschung erlegen waren, als Ulman verriet, dass ihre über fünf Monate hinweg regelmäßig in weichgetönten Selfies auf Instagram und Facebook geposteten Körpermodifikationen in Wahrheit die Langzeit-„Performance" *Excellences & Perfections* (2014) waren. Mittels messerscharfer Satire, dramatischer Spannung und weiblicher Klischees (das einsame Mädchen, die *jeune fille*, der junge weibliche Kunststar) zeigt Ulman, wie eine technokratische, egozentrische und theatralische Kulturindustrie die Performance einer ebenso widersprüchlichen, fingierten Persona erfordert.

Ihre neue Arbeit *PRIVILEGE* (2016) ist eine Installation und Performance, die Ende 2015 in den Social-Media-Kanälen der Künstlerin begann. Das Projekt dokumentiert den Verlauf einer fiktiven Schwangerschaft, die durch einen (mit Photoshop bearbeiteten) positiven Schwangerschaftstest bekanntgegeben wurde; Hinweise auf die Schwangerschaft werden über Instagram-Updates mit Comic-Bildern und Andeutungen morgendlicher Übelkeit kommuniziert. Die Installation für die 9. Berlin Biennale besteht aus einem Raum mit Teppichen und Vorhängen in dunklen Farben und Bildschirmen, auf denen Videos von Ulmans Instagram-Performance gezeigt werden. Eine animatronische Taube, Ulmans emotionale Unterstützerin, bewohnt die Installation auf einer Sitzstange. In *PRIVILEGE* wird „Weiß" als dominante Ästhetik von Macht verwendet. Ulmans eigener Zugang zu prestigeträchtigen Bereichen und Personen wird ebenfalls von ihr thematisiert, was häufig auf ihre eigenen Kosten geht und zu völliger Erschöpfung führt. Die Performance weist darauf hin, dass die Möglichkeit der Künstlerin, sich zu äußern und zu beschweren, selbst ein Privileg ist und die Position, Kritik zu üben, nicht allen offen steht. Doch Ulman ist sich der Rolle der Künstlerin als Dienstleisterin in einer Kunstwelt, die sie verbraucht, bewusst, während sie ein Baby in einem Umfeld austrägt, in dem das Aufziehen von Kindern ambivalente Dinge signalisiert: die Kapitulation vor Geschlecht und „natürlichen" Normen und die Langzeitinvestition in einen anderen Menschen – begleitet von Statussymbolen wie BabyBjörn-Tragen und Maclaren-Buggys.

The contemporary self is screamy and sheeny: an auratic avatar that is both highly "filtered" and conditioned by oversharing. Amalia Ulman's web-based actions, videos, and IRL (in real life) installations take the confessional performance of selfhood to a near-humiliating yet sirenically captivating tipping point—by inhabiting a host of screen projections tailored for the anonymous, lurking gaze. In 2014 the artist's 90,000 or so social media followers realized that a form of deception had been taking place after Ulman revealed that her body modifications depicted over the course of five months on a steady Instagram and Facebook feed of soft-toned selfies was actually the durational "performance" *Excellences & Perfections* (2014). Building on razor-sharp satire, narrative suspense, and female clichés (the lonely girl, the *jeune fille*, the young female art star), Ulman exposes how a technocratic, egocentric, and histrionic culture industry requires the performance of an equally contradictory and fabricated persona.

Her new work, *PRIVILEGE* (2016), is both an installation and a performance that takes place on the artist's social media channels and began in late 2015. The project chronicles a fictional pregnancy announced with a (photoshopped) positive pregnancy test; references to the pregnancy are communicated via Instagram updates filled with cartoon imagery and hints about morning sickness. The accompanying installation is a room of carpets and drapes in dark hues with videos from her Instagram performances playing on monitors. An animatronic pigeon, Ulman's sidekick for emotional support, will inhabit the installation on a metal perch. In *PRIVILEGE*, "whiteness" as the dominant aesthetic of power is dramatized in addition to Ulman's own access to realms and persons of prestige, often at the artist's own expense and fatigue. The performance suggests that Ulman's own ability to express and complain carries its own privilege—a position of criticality not accessible to all. Yet she still feels conscious of the artist's position as a service worker in an art world that uses her up, all while carrying a baby in a context where child-rearing signifies ambivalent things: capitulation to gender and "natural" norms and the long-term investment in another human—accompanied by markers of status, from BabyBjörns to Maclaren strollers.

***Be sending invoices like*, 2016**
Zeichnung Drawing

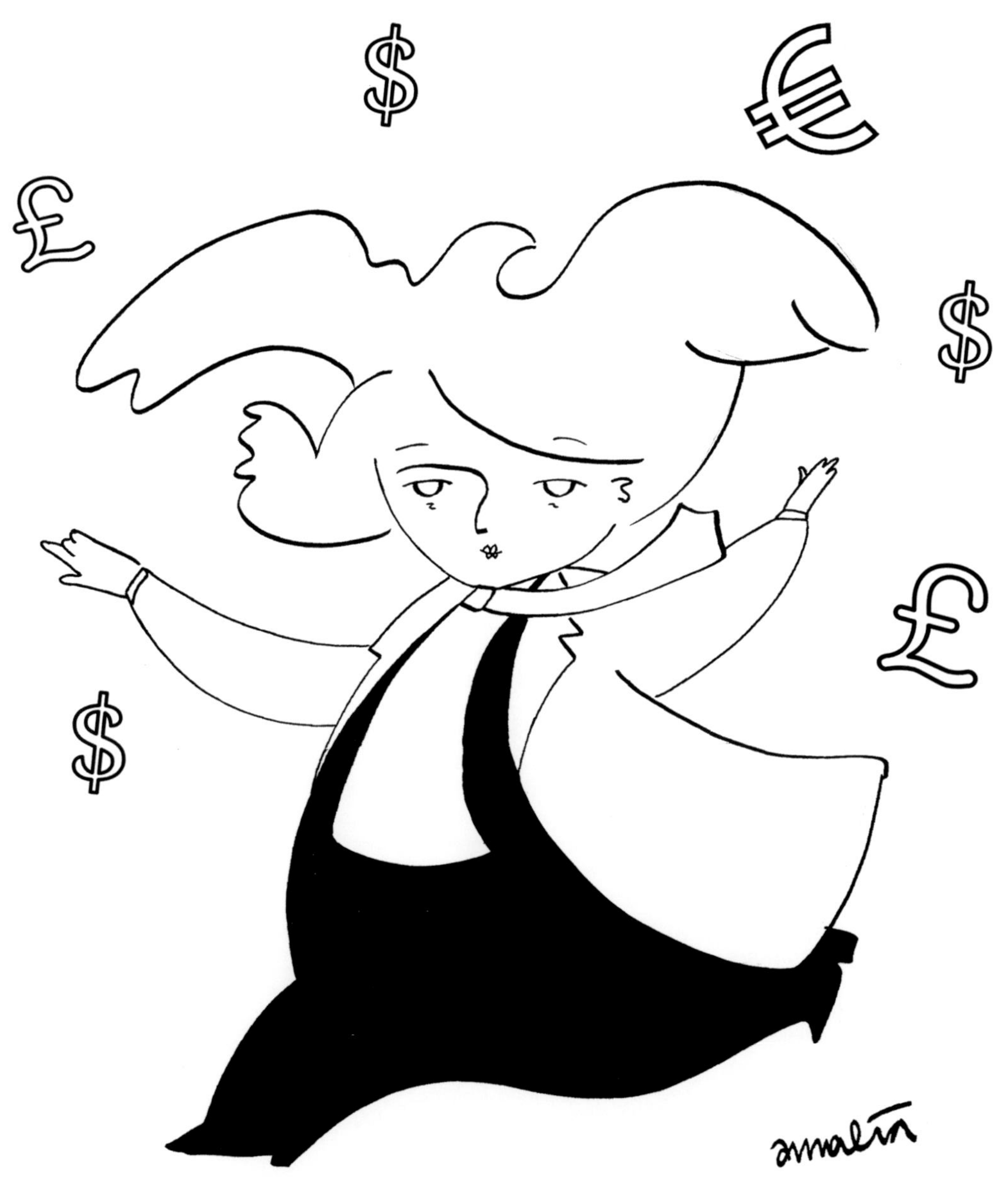

“Be sending invoices like...”

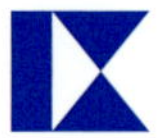

Anne de Vries

***1977 in The Hague, lebt und arbeitet** lives and works **in Amsterdam, NL, und** and **Berlin**

Mit seinen Installationen und Skulpturen lotet Anne de Vries die Grenzbereiche des menschlichen Handelns und der materiellen Welt aus. Der Künstler versucht in seinen Arbeiten Themen der Transzendenz und des Leib-Seele-Dualismus zu visualisieren und zugleich unser Vertrauen auf die von Menschenhand gemachten, technischen Apparate zu ergründen. Von einer oftmals makroskopischen Perspektive ausgehend, nutzen seine Filme und Installationen die Bildsprache der Werbung und der Stockfotografie, um Beziehungen zwischen Fortschritt und Technologie, Metaphysik und Massenerfahrung zu erforschen.

***Critical Mass: Pure Immanence* (2015) ist eine 14-minütige Videoinstallation, die aus der Ikonografie von Menschenmengen und elektronischer Tanzmusik – insbesondere dem Genre, das als Hardstyle bezeichnet wird – schöpft. Das Video zeigt wechselnde Abfolgen von gefilmten und gerenderten Sequenzen, die ungeheure Zuschauermassen auf Tanzveranstaltungen zeigen: Schwärme von zehntausenden Körpern, bei denen ähnlich wie bei einer Sportaufnahme heran- und herausgezoomt wird. Inmitten der zuckenden, grünen Stroboskoplichter, roboterhaften Vocoder und futuristischen Rhythmen bilden die Menschenmassen Analogien zu Sternkonstellationen. Eine ruhige Stimme aus dem Off heißt uns in der „Omnisphäre“ willkommen und vergleicht sie mit einem Konglomerat von Molekülen, „einem formlosen, monofokalen, selbstorganisierten Prozess“, in dem „alles, was wir sehen können, komplexe Netzwerke von Kräften sind“.**

In einer Zeit, die in der Politik von Populismus bestimmt wird, nimmt die Macht der Masse – die im Kontext von Crowdsourcing und Social Media auch eine positive Richtung einnehmen kann – ein destruktives Potenzial an. Die Videoarbeit von de Vries beschäftigt sich mit der ambivalenten Macht des Schwarmdenkens: vom kulturellen Mainstream über große Menschenmassen, von veränderten Bewusstseinszuständen bis hin zu religiöser Ekstase. Mit einem Verweis auf Gilles Deleuze im Titel ist *Critical Mass: Pure Immanence* eine hypnotisierende, verstörende Artikulation von Zukunftsfantasien sowie der Vergänglichkeit kollektiver Erfahrung.

In his installations and sculptures, Anne de Vries probes the limits of human agency and the material world. De Vries' works seek to visualize themes of transcendence and the dualism of the body and mind, while exploring our reliance on human-made gadgetry. Often taking a macroscopic perspective, his films and installations use imagery sourced from advertising and stock photography to explore relations between progress and technology, metaphysical theory and mass experience.

Critical Mass: Pure Immanence (2015) is a fourteen-minute video installation drawing upon the iconography of crowds and electronic dance music, in particular the genre known as Hardstyle. The video presents alternating sequences of filmed and rendered sequences showing massive, groupings of people in dance event locations: swarms of tens of thousands of bodies filmed with the zoom-in and zoom-out of a sporting event cam. Amid the pulsing green strobes, robotic Vocoders, and futuristic rhythms, the crowds become analogous to organized, stellar constellations. A voiceover calmly welcomes us to the "omnisphere," likened by the voice to a molecular conglomeration, "a formless, uni-focal, self-organized process" in which "all we can see are complex networks of forces."

In a moment of populism in politics, the impact of the crowd—which can be channeled positively in contexts such as crowdsourcing and social media—takes on destructive potential. De Vries' video addresses the ambivalent power of the hive mind: from cultural mainstreaming to large masses of people, altered states of consciousness, and even religious ecstasy. Referencing Gilles Deleuze in its title, *Critical Mass: Pure Immanence* is a hypnotic, unsettling articulation of speculations on the future and the ephemerality of collective experience.

***Critical Mass: Pure Immanence* (Skizze** Sketch**), 2016**
Digitalbild Digital image

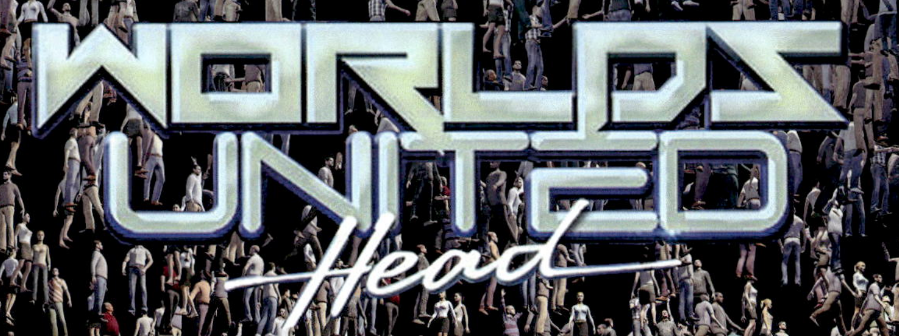
WORLDS
UNITED
Head

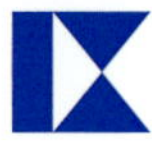

LIT

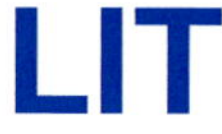

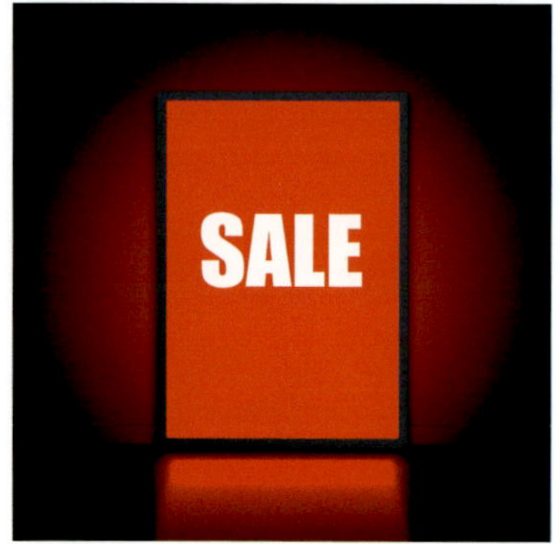

„Um tief in eine Sache einzusteigen, muß ich an der Oberfläche anfangen. Die Wahrheit und die Logik von Dingen spiegeln sich in deren eigener Oberfläche.“
Thomas Hirschhorn

"To go deeply into something, I must first begin with its surface. The truth and logic of things are reflected on their own surface."
Thomas Hirschhorn

Die in der Stadt allgegenwärtigen Werbeflächen großer Leuchtkästen haben ein Format, das man auf viele Weisen verwenden kann. Sie sind strahlend, undurchsichtig, oberflächlich durch ihre Flachheit und zugleich auch demokratisch in ihrem Beharren auf Reproduzierbarkeit, Standardisierung und die Vervielfältigung von Sehnsüchten.

Die Leuchtkästen sind in der gesamten Akademie der Künste als „Ausstellung in der Ausstellung“ verteilt. Bilder von diversen Künstlerinnen und Künstlern ergeben ein vernetztes Panorama unserer unergründlichen Gegenwart. Sie nehmen die weiche Haut eines „kommunikativen“ Kapitalismus in Besitz und bilden eine verdichtete Zusammenstellung banaler Oberflächen, die uns umgeben.

Die Leuchtkästen bilden eine eigene Plattform innerhalb der 9. Berlin Biennale, die die visuellen Codes eines Duty-free-Shops und die Psyche einer Pinterest-Pinnwand widerspiegeln. Jede Künstlerin und jeder Künstler wird zum Teil eines ästhetischen Moments – ein harter Kampf der visuellen Konkurrenz –, in dem Bedeutung nie fixiert ist und Bilder einfach Bilder sein können.

This is a format that works for everything: the ubiquitous commercial interface of large-scale lightboxes. They are luminous, opaque, superficial in their flatness, and democratic in their insistence on reproducibility, standardization, and the multiplication of desire.

Scattered throughout the Akademie der Künste, as a "show within a show," lightboxes featuring imagery by a range of artists form the hyperlinked landscape of our incomprehensible present. They form the smooth surface of a "communicative" capitalism, constructing a heightened configuration of the benign surfaces that surround us.

The lightboxes form a discrete platform within the 9th Berlin Biennale, adopting the visual codes of a duty free shop and the psyche of a Pinterest Pin Board. Each artist becomes part of a single aesthetic flux—a *Hunger Games* of visual competition—where meaning is never fixed, and images are free to act like images.

Akeem Smith, *Stars Are Blind*, 2016
Fotografie Photograph

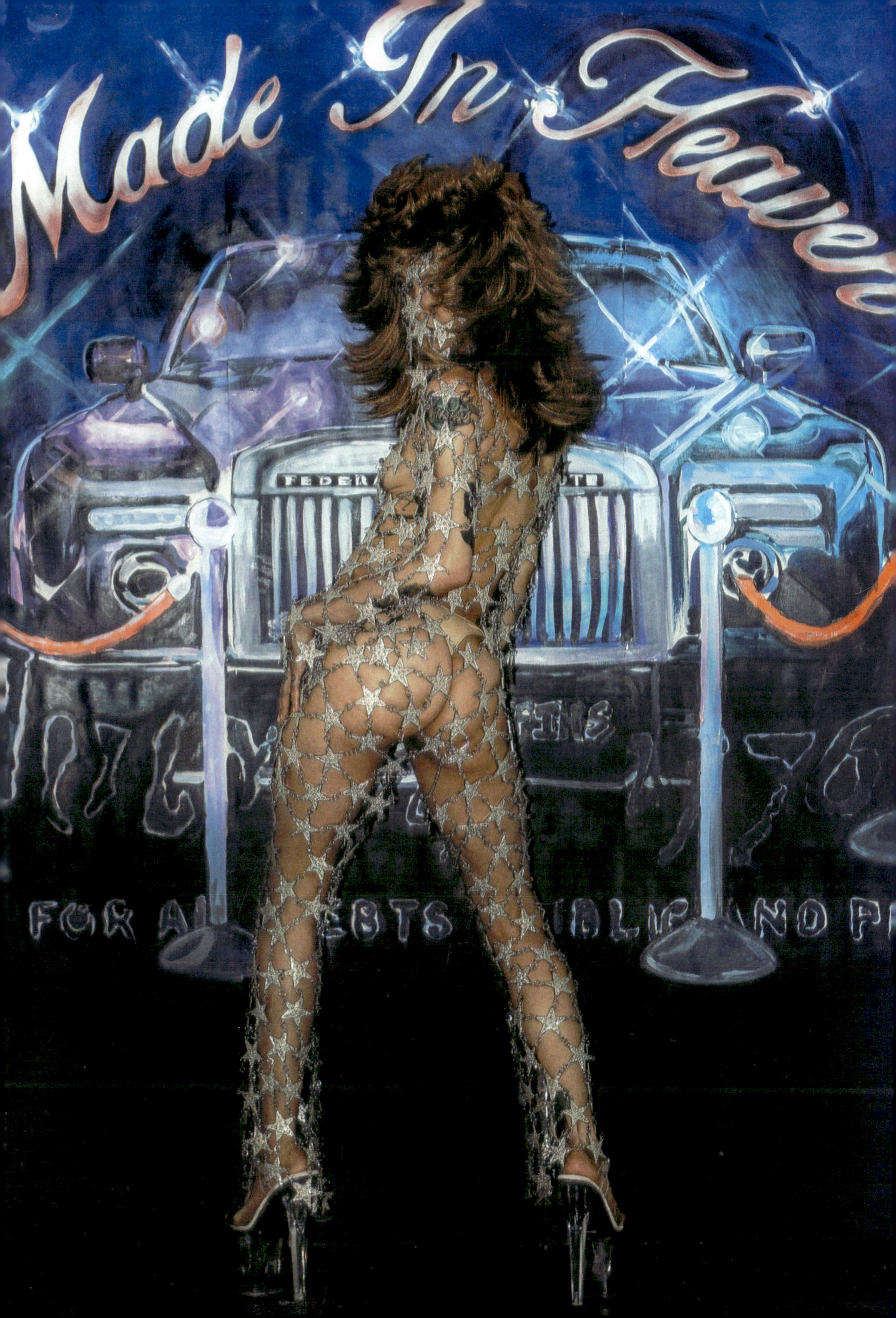
Made In Heaven

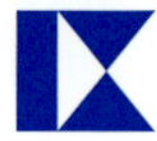

Anthem

Eine Biennale, die Du nicht mehr aus dem Kopf bekommst!

Jeder Moment hat seine eigene Hymne, eine einzigartige Stimme, die tausendfach verstärkt zum Sound der Clubs, der Straße oder des Strandes wird. Aus Mir wird Wir. Alle bewegen sich in ihrem Rhythmus, singen ihre Texte mit und werden damit zum Medium ihrer Botschaft. Die Hymne überschreitet jede räumliche Begrenzung und ist automatisch ein Produkt des Massenkonsums, ein Song für eine Testgruppe und ein Modus der Kommunikation, der sich schneller verbreitet als jeder andere. Ihre Musik kann den jetzigen Moment besser erfassen als jede andere Form kultureller Produktion.

Als eines der vielen populären Formate, die für die Ausstellung neu gedacht werden (der Leuchtkasten, die Saftbar, das Fitnessstudio, die Anzeigenkampagne), bringt das Album KünstlerInnen und MusikerInnen zusammen. Es stellt einen kollaborativen und multitonalen Kontrapunkt zu dem oft hermetischen Prozess visueller Produktion dar – Musik als Environment, als Zeugnis der geteilten Erfahrung. *Anthem* ist der Soundtrack der 9. Berlin Biennale und enthält neue Songs, die charakteristische Aspekte der Gegenwart einfangen und dabei eingängig genug zum Mitsingen sind.

Der Künstler und Musiker Total Freedom aus Los Angeles ist der Produzent des Albums und schafft mit ihm eine Plattform für überraschende Kooperationen. Das Album wird zusammen mit The Vinyl Factory produziert und im Sommer 2016 veröffentlicht. Musikalische Veranstaltungen werden die Veröffentlichung der einzelnen Songs begleiten. Jeder Track wird als Stream auf der Website der 9. Berlin Biennale zur Verfügung gestellt und außerdem als limitierte 12"-Single auf Vinyl erhältlich sein.

What if you couldn't get a biennial out of your head?

Every moment is defined by its anthem, a singular voice amplified to become the sound of the club, the street, and the beach. It's Me made We. Every body moving to its rhythm or sounding its lyrics becomes a transmitter of its message. The anthem defies spatial containment and is by definition mass market, a focus group composition capable of traveling faster than any other mode of communication. It has the ability to capture the moment in which it is released like no other cultural form can.

One of several popular formats (the lightbox, the juice bar, the gym, the advertising campaign) recast for the exhibition is an album in which artists and musicians have been brought together, offering a collaborative and multi-tonal counterpoint to the often hermetic modes of visual production: music as environment and testimony to collaboration and sharing. *Anthem* is the soundtrack of the 9th Berlin Biennale and is composed of original tracks that capture discrete aspects of the present and are accessible enough that you might just sing along.

Los Angeles based artist and musician Total Freedom is the executive producer of the album, cultivating and fostering sets of unlikely collaborations. The album is produced in partnership with The Vinyl Factory/The Store and will be released in summer 2016. Music events coincide with the debut of individual tracks. The tracks will be available for streaming on the 9th Berlin Biennale website and as limited 12" singles on vinyl.

Teilnehmende KünstlerInnen
Participating Artists

Abu Hajar
Halil Altındere
Math Bass
Lizzi Bougatsos/Brian DeGraw
Elysia Crampton
Lizzie Fitch/Ryan Trecartin
Isa Genzken
Juliana Huxtable
Kelela
Nguzunguzu
Adrian Piper
Fatima Al Qadiri
Carles Santos
Jacolby Satterwhite
Hito Steyerl
Total Freedom
Amalia Ulman
Nick Weiss

Fotografie Photograph
Isa Genzken, *Ohr*, 1980
Design Chris Sherron

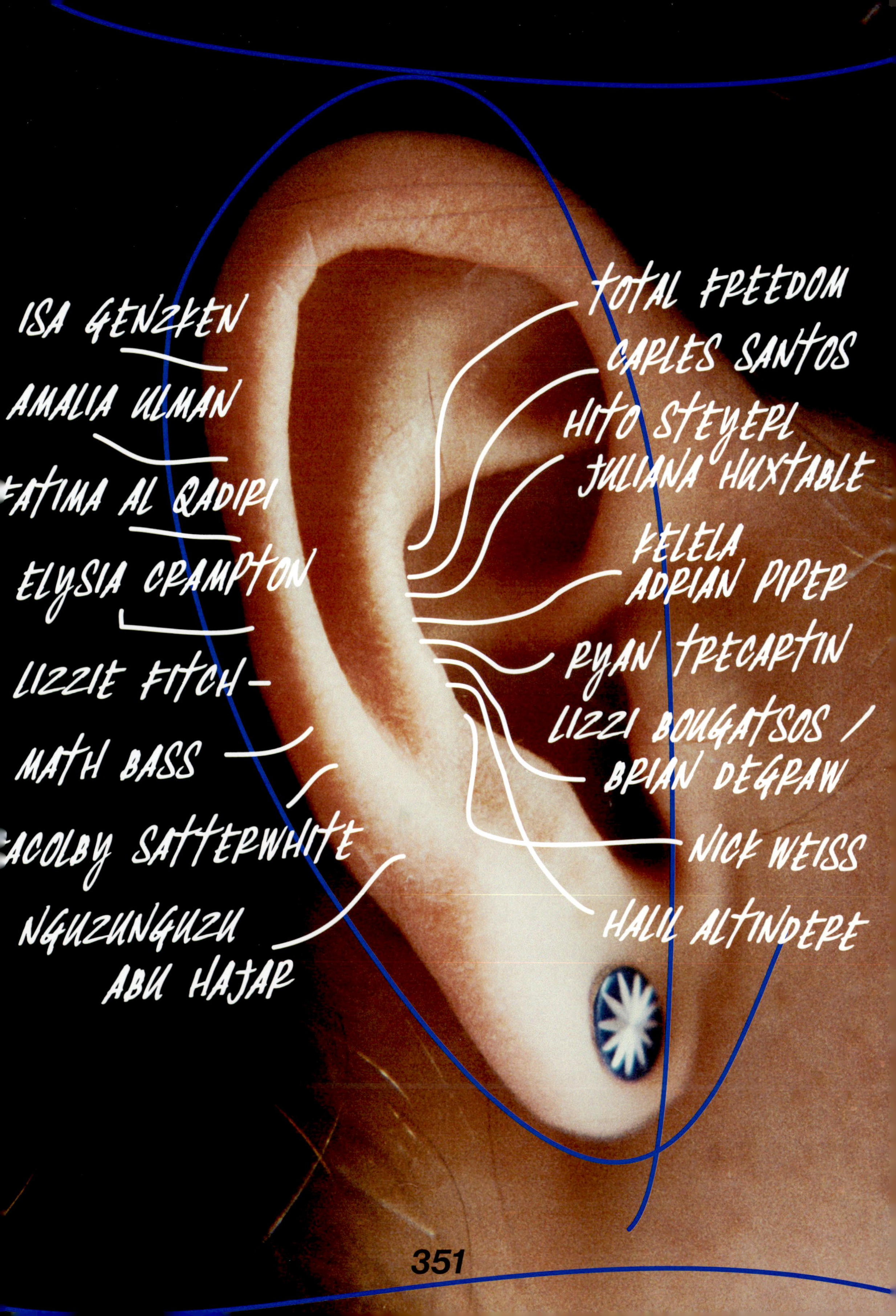

ISA GENZKEN

AMALIA ULMAN

FATIMA AL QADIRI

ELYSIA CRAMPTON

LIZZIE FITCH

MATH BASS

COLBY SATTERWHITE

NGUZUNGUZU

ABU HAJAR

TOTAL FREEDOM

CARLES SANTOS

HITO STEYERL

JULIANA HUXTABLE

KELELA

ADRIAN PIPER

RYAN TRECARTIN

LIZZI BOUGATSOS / BRIAN DEGRAW

NICK WEISS

HALIL ALTINDERE

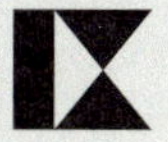

Werkliste
List of Works

69
69 R&R, 2016
Jeansstoff, Stahl Denim, steel
Maße variabel Dimensions variable
Courtesy 69
Im Auftrag und produziert von
Commissioned and produced by
Berlin Biennale for
Contemporary Art

Antoni Abad
Blind.Wiki, Unveiling the Unseen – A citizen network project involving participants with vision loss, 2016
Smartphone-App, Führung, Website, Workshop Smartphone application, guided tour, website, workshop
Courtesy Antoni Abad
Im Auftrag und koproduziert von
Commissioned and coproduced by
Berlin Biennale for
Contemporary Art
Mit Unterstützung von
With the support of Institut Ramon Llul; Acción Cultural Española; Spanische Botschaft in Berlin

Halil Altındere
Homeland, 2016
HD-Video, Farbe, Ton
HD video, color, sound
Gesang und Text Vocals and Lyrics
Mohammad Abu Hajar
Courtesy Halil Altındere;
Pilot Gallery, Istanbul
Im Auftrag und koproduziert von
Commissioned and coproduced by
Berlin Biennale for
Contemporary Art
Mit Unterstützung von
With the support of SAHA Association

Ei Arakawa
in Zusammenarbeit mit
in collaboration with
Dan Poston, Stefan Tcherepnin
How to Disappear in America: The Musical, 2016
Performance, ca. 60′
Courtesy Ei Arakawa; Dan Poston; Stefan Tcherepnin; Reena Spaulings Fine Art, New York; Taka Ishii Gallery, Tokyo
Dank an Thanks to Seth Price; The Leopard Press, New York

(Untitled), 2016
LED-Vorhänge LED curtains
Je Each ca. 150 × 150 cm
Courtesy Ei Arakawa; Reena Spaulings Fine Art, New York; Taka Ishii Gallery, Tokyo

Alle Arbeiten im Auftrag und koproduziert von All works commissioned and coproduced by
Berlin Biennale for
Contemporary Art
Mit Unterstützung von
With the support of Berliner Künstlerprogramm des DAAD

Korakrit Arunanondchai/Alex Gvojic
There's a word I'm trying to remember, for a feeling I'm about to have (a distracted path toward extinction), 2016
Fahrgastschiff, verschiedene Materialien; Video, Farbe, Ton Boat, mixed media; video, color, sound, 20′
Sounddesign und Filmmusik
Sound Design and Score Yen Tech
Video und Produktion
Video and Production Rory Mulhere
510 × 2570 cm
Courtesy Korakrit Arunanondchai/ Alex Gvojic; C L E A R I N G, New York/Brussels; Carlos/Ishikawa, London
Im Auftrag und koproduziert von
Commissioned and coproduced by
Berlin Biennale for
Contemporary Art
Mit großzügiger Unterstützung von
With the generous support of
I LOVE YOU The Project
Dank an Thanks to Vanessa Carlos, Coco Young, Rory Mulhere, Tribodi Arunanondchai, Samika Vanasin, Korapat Arunanondchai, ADR, Boychild, Nick Newlin

atelier le balto
Passage, 2016
Verschiedene Materialien
Mixed media
Maße variabel Dimensions variable
Courtesy atelier le balto
Im Auftrag und produziert von
Commissioned and produced by
Berlin Biennale for
Contemporary Art
Sachleistungen von In-kind support from Lorberg Baumschulerzeugnisse

Armen Avanessian/ Alexander Martos
in Zusammenarbeit mit in collaboration with Christopher Roth
DISCREET – An Intelligence Agency for the People, 2016
Halböffentliche Gesprächsveranstaltungen
Semi-public working conversations
Raumgestaltung Staging
Markus Miessen
Courtesy Armen Avanessian/ Alexander Martos, Christopher Roth
Im Auftrag und koproduziert von
Commissioned and coproduced by
Berlin Biennale for
Contemporary Art
Mit Unterstützung der
With the support of Bundeszentrale für politische Bilding/bpb, Bundeskanzleramt der Republik Österreich

åyr
ARCHITECTURE, 2016
Verschiedene Materialien
Mixed media
305 × 1680 × 168 cm
Courtesy åyr; Project Native Informant, London
Im Auftrag und koproduziert von
Commissioned and coproduced by
Berlin Biennale for
Contemporary Art
Koproduzent Coproducer La Casa Encendida (Madrid)

Will Benedict
I AM A PROBLEM, 2016
Video, Farbe, Ton, Loop
Video, color, sound, loop, 7′
Courtesy Will Benedict; Balice Hertling, Paris; Third Man Records

Julien Ceccaldi
Monument Left, 2016
Digitaldruck, Acrylglas, Acrylfarbe, Aluminium, LED-Lampen
Digital print, acrylic glass, acrylic paint, aluminum, LED lights
Ca. 300 × 200 × 15 cm

Monument Right, 2016
Digitaldruck, Acrylglas, Acrylfarbe, Aluminium, LED-Lampen
Digital print, acrylic glass, acrylic paint, aluminum, LED lights
Ca. 300 × 200 × 15 cm

Alle Arbeiten All works
Courtesy Julien Ceccaldi
Im Auftrag und koproduziert von
Commissioned and coproduced by
Berlin Biennale for Contemporary Art
Mit Unterstützung von
With the support of
Canada Council for the Arts

Centre for Style
in Zusammenarbeit mit
in collaboration with Anna-Sophie Berger, Burkhard Beschow/Anne Fellner, Max Brand, Rare Candy, Susan Cianciolo, Marlie Mul, Liam Osborne, H.B. Peace, Joshua Petherick, Lin May Saeed, Eirik Sæther, Villa Design Group
Dress Rehearsal, 2016
Verschiedene Materialien
Mixed media
Maße variabel Dimensions variable
Courtesy Centre for Style, Anna-Sophie Berger, Burkhard Beschow/Anne Fellner, Max Brand, Rare Candy, Susan Cianciolo, Marlie Mul, Liam Osborne, H.B. Peace, Joshua Petherick, Lin May Saeed, Eirik Sæther, Villa Design Group
Im Auftrag und produziert von
Commissioned and produced by
Berlin Biennale for Contemporary Art

Brody Condon
Level Five, 2016
Performance
Courtesy Brody Condon
Im Auftrag und produziert von
Commissioned and produced by
Berlin Biennale for Contemporary Art

CUSS Group
in Zusammenarbeit mit
in collaboration with ANGEL-HO, FAKA, Megan Mace, NTU
Nguni Arts International, 2016
Verschiedene Materialien
Mixed media
Maße variabel Dimensions variable
Courtesy CUSS Group, ANGEL-HO, FAKA, Megan Mace, NTU
Im Auftrag und koproduziert von
Commissioned and coproduced by
Berlin Biennale for Contemporary Art
Mit Unterstützung von With the support of French Institute of South Africa (IFAS); Goethe-Institut e. V., Munich

Kathleen Daniel
Auswahl von Videos
Selection of videos, 2007–16
Formate und Zeiten variabel
Formats and durations variable
Courtesy Kathleen Daniel

Debora Delmar Corp.
MINT, 2016
Saftbar, Möbel, Drucke
Juice bar, furniture, prints
Maße variabel Dimensions variable
Courtesy Debora Delmar Corp.; Duve, Berlin
Im Auftrag und koproduziert von
Commissioned and coproduced by
Berlin Biennale for Contemporary Art
Mit Unterstützung von With the support of Patronato de Arte Contemporáneo A.C.
Dank an Thanks to bJuice

Simon Denny
Blockchain Visionaries, 2016
Verschiedene Materialien
Mixed media
Maße variabel Dimensions variable
Courtesy Simon Denny; Galerie Buchholz, Cologne/Berlin/New York; Petzel Gallery, New York
Im Auftrag und koproduziert von
Commissioned and coproduced by
Berlin Biennale for Contemporary Art
Mit Unterstützung von With the support of Galerie Buchholz, Cologne/Berlin/New York; Creative New Zealand

Cécile B. Evans
What the Heart Wants, 2016
HD-Video, Farbe, Ton; Wasser, Holzplattform HD video, color, sound; water, wooden platform
Maße variabel Dimensions variable
Courtesy Cécile B. Evans; Galerie Emanuel Layr, Vienna; Barbara Seiler, Zurich

Servers (Untitled Holographic), 2016
Speziell angefertigter Server-Rack, holografische Bewegtbilder, Sockel
Custom-built server rack, holographic moving images, stands
Maße variabel Dimensions variable
Courtesy Cécile B. Evans; Barbara Seiler, Zurich

Survival Drives, 2016
Speziell angefertigter Server-Rack, transparente LCD-Monitore, Acrylsockel
Custom-built server rack, transparent LCD monitors, acrylic stands
Maße variabel Dimensions variable
Courtesy Cécile B. Evans; Barbara Seiler, Zurich

Alle Arbeiten im Auftrag und koproduziert von All works commissioned and coproduced by
Berlin Biennale for Contemporary Art
Mit Unterstützung von With the support of Schering Stiftung
Koproduzenten Coproducers
De Hallen Haarlem; Kunsthalle Winterthur; Kunsthalle Aarhus
Zusätzliche Unterstützung von
Additional support from Musée d'art moderne de la Ville de Paris; 20th Biennale of Sydney; Barbara Seiler, Zurich; Galerie Emanuel Layr, Vienna; Robert D. Bielecki Foundation; FACTLiverpool, Metal, and Canvas, weitere Auftraggeber von cocommissioners of *Commercials*, 2015
Sachleistungen von In-kind support

from Atomium, Brussels; BruBotics – The Brussels Human Robotic Research Center, Vrije Universiteit Brussel, Brussels; Contemporary Hotels, Joadja; Cow Prod, Paris; iw, Kontich; Scenic World, Blue Mountains; YEEZY

Nicolás Fernández
Everything needs its own absence, 2014–15
Öl auf Leinwand Oil on canvas
200 × 160 cm
Courtesy Nicolás Fernández

Lizzie Fitch/Ryan Trecartin
(Untitled work in progress), 2016
Courtesy Lizzie Fitch/Ryan Trecartin; Sprüth Magers; Regen Projects, Los Angeles; Andrea Rosen Gallery, New York
Im Auftrag und koproduziert von Commissioned and coproduced by Berlin Biennale for Contemporary Art
Mit Unterstützung von With the support of Sprüth Magers; Regen Projects, Los Angeles; Andrea Rosen Gallery, New York

Simon Fujiwara
The Happy Museum, 2016
Verschiedene Materialien
Mixed media
Beratung Consultation
Daniel Fujiwara
Maße variabel Dimensions variable
Courtesy Simon Fujiwara
Im Auftrag und koproduziert von Commissioned and coproduced by Berlin Biennale for Contemporary Art
Mit Unterstützung von With the support of Andrea Rosen Gallery, New York; TARO NASU, Tokyo; Dvir Gallery, Tel Aviv

GCC
دروب إيجابية/Positive Pathways (+), 2016
Verschiedene Materialien
Mixed media
Maße variabel Dimensions variable
Courtesy GCC; Kraupa-Tuskany Zeidler, Berlin; Project Native Informant, London
Im Auftrag und produziert von Commissioned and produced by Sharjah Art Foundation

GUAN Xiao
Moving Mountains, 2014
Eingefärbte Bronze, eingefärbte Hüte, Holzsockel Colored bronze, colored hats, wooden base
148 × 140 × 133 cm
Privatsammlung Private collection

Din Din Jaarhh, 2015
Messing, rostfreie Stahlfelge, eingefärbtes Flachsseil Brass, stainless steel wheel, colored flax rope
120 × 65 × 40 cm
Sammlung Collection Oehmen

Five Walks Through the Dusk, 2015
Messing, Autoreifen, Selfie-Stange, Quaste Brass, car wheels, selfie stick, tassel
245 × 47 × 75 cm
Courtesy Antenna Space, Shanghai

Sunrise, 2015
Autoreifen, künstliche Pflanzen, Auspuffrohre, Leuchtkasten
Car tires, artificial plants, exhaust pipes, lightbox
150 × 400 × 40 cm
2 Gummireifen, künstliche Pflanzen, Auspuffrohre 2 rubber tires, artificial plants, exhaust pipes
77 × 60 × 60 cm
5 Gummireifen, künstliche Pflanzen, Auspuffrohre 5 rubber tires, artificial plants, exhaust pipes
269 × 120 × 75 cm
Courtesy GUAN Xiao; Kraupa-Tuskany Zeidler, Berlin

Calla Henkel/Max Pitegoff
Untitled (Interiors), 2016
Gerahmte Fotografien, verspiegelte Wände Framed photographs, mirrored walls
Maße variabel Dimensions variable
Courtesy Calla Henkel/Max Pitegoff; Isabella Bortolozzi Galerie, Berlin
Im Auftrag und koproduziert von Commissioned and coproduced by Berlin Biennale for Contemporary Art
Mit Unterstützung von With the support of Isabella Bortolozzi Galerie, Berlin

Camille Henrot
Office of Unreplied Emails, 2016
Verschiedene Materialien
Mixed media
Maße variabel Dimensions variable
Courtesy Camille Henrot; KÖNIG GALERIE, Berlin; kammel mennour, Paris; Metro Pictures, New York
Im Auftrag und koproduziert von Commissioned and coproduced by Berlin Biennale for Contemporary Art
Mit Unterstützung von With the support of KÖNIG GALERIE, Berlin; Fondazione Memmo Arte Contemporaneo, Rome; Bureau des arts plastiques des Institut français und des französischen Ministeriums für Kultur und Kommunikation

Yngve Holen
Evil Eyes, 2016
Geblasenes Glas, Stahl
Blown glass, steel
Je Each 61 × 47 × 25 cm
Courtesy Yngve Holen; Galerie Neu, Berlin
Im Auftrag und koproduziert von Commissioned and coproduced by Berlin Biennale for Contemporary Art
Mit Unterstützung von With the support of Galerie Neu, Berlin
Dank an Thanks to Peter Kuchinke

Alexa Karolinski/Ingo Niermann
Army of Love, 2016
HD-Film, Farbe, Ton
HD film, color, sound
Kostümbild Costumes Hood by Air
Courtesy Alexa Karolinski/Ingo Niermann
Im Auftrag und koproduziert von Commissioned and coproduced by Berlin Biennale for Contemporary Art
Mit Unterstützung von With the support of Centre de Cultura Contemporània de Barcelona, Wiesbaden Biennale

Josh Kline
Crying Games, 2015
Leuchtkasten, Flachbildschirm; HD-Video, Farbe, Ton Lightbox, flat-screen TV; HD video, color, sound, 11'51"
Mit (in der Reihenfolge ihres Auftritts) Featuring (in order of

appearance) Brian Patrick Mulligan als as Dick Cheney, Michelle Marshall als as Condoleezza Rice, Brent Mendenhall als as George W. Bush, Joseph Rose als as Donald Rumsfeld, Michael Grew als as Tony Blair
Produktion und Casting Production and Casting Eliza Ryan
Kamera und Licht Director of Photography and Lighting Blake Buesnel
Tonaufnahme Sound Recording Dave Schachter
Kostümbild, Requisite, Styling und Make-up Costumes, Props, Styling and Makeup Emily Schubert
Schnitt Editor Josh Kline
Schnittassistenz Assistant Editors Mengyin Lin, Blake Buesnel
Produktionsassistenz Production Assistant Mengyin Lin
Tontechnik Audio Engineer Jeremy Cox
Visuelle Effekte und Compositing Visual Effects and Compositing Jan Tompkins-Jackson
Animation Jonathan Turner
Beratung Postproduktion Postproduction Consultant Dina Chang
Kodierung Encoding ADi Audiovisual, Chemistry Creative
Speziell angefertigte Open-Source-Software, basierend auf Experimenten von Customized open-source software based on experiments by Arturo Castro/Kyle McDonald mit with real-time face substitution
Leuchtkastendesign Lightbox Design Gordon Millsaps
Dank an Thanks to Chemistry Creative, Matthew Patterson Curry, Nathan Townes-Anderson, Pete Sax, Besser Entertainment, Margaret Lee, Oliver Newton, Blair Neal, Walsh Hansen, Paul Teigh, Seb Thomas, Kevin Reuning

Mission Accomplished, 2016
Katzenstreu Cat litter
Maße variabel Dimensions variable

Alle Arbeiten All works Courtesy Josh Kline; 47 Canal, New York
Installation koproduziert von Installation coproduced by Berlin Biennale for Contemporary Art

Korpys/Löffler
Transparenz, Kommunikation, Effizienz, Stabilität, 2016
HD-Video, Super 8, Farbe, Ton; verschiedene Materialien
HD video, Super 8, color, sound; mixed media
Courtesy Korpys/Löffler; Meyer Riegger Galerie, Berlin/Karlsruhe
Im Auftrag und produziert von Commissioned and produced by Berlin Biennale for Contemporary Art

Nik Kosmas
Power Rack, 2016
Stahl, Kunstrasen, MDF
Steel, turf, MDF
Maße variabel Dimensions variable

Rig, 2016
Stahl, Kunstrasen, MDF
Steel, turf, MDF
Maße variabel Dimensions variable

Squat Rack, 2016
Stahl, Kunstrasen, MDF
Steel, turf, MDF
Maße variabel Dimensions variable

Alle Arbeiten All works
Courtesy Nik Kosmas
Im Auftrag und koproduziert von Commissioned and coproduced by Berlin Biennale for Contemporary Art
Mit Unterstützung von With the support of KÖNIG GALERIE, Berlin

Christopher Kulendran Thomas
New Eelam, 2016
Verschiedene Materialien
Mixed media
Maße variabel Dimensions variable
Entwickelt in Zusammenarbeit mit Developed in collaboration with Annika Kuhlmann
Filmproduktion Film Production Klein and West
Architektur Architecture Martti Kalliala
Design Manuel Bürger, Jan Gieseking
Courtesy Christopher Kulendran Thomas; New Galerie, Paris
Im Auftrag und koproduziert von Commissioned and coproduced by Berlin Biennale for Contemporary Art
Mit Unterstützung von With the support of Noirmont Art Production, Paris

M/L Artspace
(Not yet titled), 2016
Baumwolle, Leinen, Holz, Siebdruck, Tintenstrahldruck Cotton, linen, wood, screen print, ink-jet print
Maße variabel Dimensions variable
Courtesy M/L Artspace
Im Auftrag und koproduziert von Commissioned and coproduced by Berlin Biennale for Contemporary Art
Mit Unterstützung von With the support of Rebecca & Martin Eisenberg; Bed Bath & Beyond, New York

Shawn Maximo
#3, 2016
Aluminium, Keramik, Glas, LCD-Bildschirm, Harz, rostfreier Stahl
Aluminum, ceramic, glass, LCD screen, resin, stainless steel
Maße variabel Dimensions variable
Courtesy Shawn Maximo
Im Auftrag und koproduziert von Commissioned and coproduced by Berlin Biennale for Contemporary Art
Mit Unterstützung von With the support of Dornbracht, Canada Council for the Arts

Katja Novitskova
Expansion Curves (fire worship), 2016
Growth Potential (fire worship), 2016
Lost Potential, 2016
Neolithic Potential, 2016

Alle Arbeiten All works
Verschiedene Materialien
Mixed media
Maße variabel Dimensions variable
Courtesy Katja Novitskova; Kraupa-Tuskany Zeidler, Berlin
Im Auftrag und koproduziert von Commissioned and coproduced by Berlin Biennale for Contemporary Art
Mit Unterstützung von With the support of Mondriaan Fund; Kraupa-Tuskany Zeidler, Berlin

Trevor Paglen/Jacob Appelbaum
Autonomy Cube, 2015
Computerbauteile, Plexiglaskasten
Computer components, plexiglass box

40 × 40 × 40 cm
Courtesy Trevor Paglen/Jacob Appelbaum; Metro Pictures, New York; Altman Siegel, San Francisco

Juan Sebastián Peláez
Ewaipanoma (Rihanna), 2016
Verschiedene Materialien
Mixed media
Ca. 600 × 450 × 20 cm
Courtesy Juan Sebastián Peláez
Im Auftrag und produziert von
Commissioned and produced by
Berlin Biennale for Contemporary Art
Dank an Thanks to Botschaft der Repubik Kolumbien, Berlin

Adrian Piper
Everything #5.1, 2004
Plexiglas-Wandeinsatz mit Blattgoldtext Plexiglas wall insert engraved with gold leaf text
121,9 × 61 cm

Howdy #6 [Second Series], 2015
An der Decke befestigte Projektion auf geschlossenen Türen am Ende verdunkelter Korridore Ceiling-mounted projection onto closed doors at end of darkened hallways
91,44 × 91,44 cm
Produziert von Produced by
Berlin Biennale for Contemporary Art

Alle Arbeiten All works
Sammlung Collection Adrian Piper Research Archive Foundation Berlin
© APRA Foundation Berlin

Alexandra Pirici
Signals, 2016
Fortlaufende Aktion, Datenranking-Algorithmus Ongoing action, content ranking algorithm
PerformerInnen Performers Sandhya Daemgen, Martin Hansen, Leah Katz, Jared Marks, Zwoisy Mears-Clarke
Lichtdesign Light Design Andrei Dinu
Beratung und Integration des algorithmischen Datenrankings Ranking algorithm Consultancy and Integration Jonas Lund
Courtesy Alexandra Pirici
Im Auftrag und koproduziert von
Commissioned and coproduced by
Berlin Biennale for Contemporary Art und and Art Collection Telekom
Weitere Unterstützung
Additional support by
Rudolf Augstein Stiftung
Dank an Thanks to National Dance Center, Bucharest

Josephine Pryde
The New Media Express, 2014
Elektrobauteile, Batterien, pulverbeschichteter Stahl, Farbe, MDF, Vinyl Electrical components, batteries, powder-coated steel, paint, MDF, vinyl
35,5 × 193 × 23,5 cm
Courtesy Josephine Pryde; Simon Lee Gallery, London

Hands „Für mich", 2014–16
C-Prints C-type prints
Je Each 60 × 45 cm
Je Each 79 × 62,5 × 3,5 cm, gerahmt framed
Glicéedrucke Glicée prints
Je Each 60 × 40 cm
Je Each 79 × 57,5 × 3,5 cm, gerahmt framed
Courtesy Josephine Pryde; Galerie Neu, Berlin
Im Auftrag und koproduziert von
Commissioned and coproduced by
Berlin Biennale for Contemporary Art
Mit Unterstützung von With the support of Galerie Neu, Berlin; The Henry Moore Foundation

Puppies Puppies
Auswahl von Videos
Selection of videos, 2008–16
Formate und Zeiten variabel
Formats and durations variable
Courtesy Puppies Puppies
Dank an Thanks to Neue Alte Brücke, Frankfurt am Main; Queer Thoughts, New York; What Pipeline, Detroit; XYZ Collective, Tokyo

Jon Rafman
View of Pariser Platz, 2016
Marmor, virtuelle Realität
Marble, virtual reality
Maße variabel Dimensions variable
Courtesy Jon Rafman; Future Gallery, Berlin
Im Auftrag und koproduziert von
Commissioned and coproduced by
Berlin Biennale for Contemporary Art
Mit Unterstützung von With the support of Canada Council for the Arts; Future Gallery, Berlin

Timur Si-Qin
A Reflected Landscape, 2016
Verschiedene Materialien; HD-Video, Farbe, Ton Mixed media; HD video, color, sound
Maße variabel Dimensions variable
Courtesy Timur Si-Qin; Société, Berlin
Im Auftrag und koproduziert von
Commissioned and coproduced by
Berlin Biennale for Contemporary Art
Mit Unterstützung von With the support of Société, Berlin

Lucie Stahl
Untitled, 2016
Aluminium, Epoxyharz, Tintenstrahldruck
Aluminum, epoxy resin, ink-jet print
Maße variabel Dimensions variable

Untitled, 2016
Aluminium, Epoxyharz, Tintenstrahldruck
Aluminum, epoxy resin, ink-jet print
Maße variabel Dimensions variable

Alle Arbeiten All works
Courtesy Lucie Stahl
Im Auftrag und produziert von
Commissioned and produced by
Berlin Biennale for Contemporary Art

Hito Steyerl
The Tower, 2015
HD-Video, 3-Kanal-Installation, Farbe, Ton; verschiedene Materialien
HD video, 3-channel installation, color, sound, 8'; mixed media
Produzent Producer
Oleksiy Radynski
Kamera Camera Savas Boyraz
Drohnenflüge Drone Flights Hiwa Şew
Installation entwickelt mit
Installation codeveloped with
David Riff & Nicolas Pelzer, Maximilian Schmoetzer
3D-Design und Postproduktion
3D Design and Postproduction
Maximilian Schmoetzer
Postproduktion und Grafikdesign
Postproduction and Graphic Design
Harry Sanderson
Offstimme Voice-over Vova Pakholiuk

Technischer Direktor Technical Director Christoph Manz
Musik Music Kassem Mosse, Lit Internet
Beobachtung Observation Hito Steyerl
Inspiriert von Inspired by Keller Easterling
Video im Auftrag von und gefördert durch Video commissioned and funded by Museo Nacional Centro de Arte Reina Sofía, Madrid
Dank an Thanks to Oleg Fonaryov, Program-Ace; João Fernandes; Manuel Borja-Villel; Oleksiy Radynski; Mehmet Aktas; Mitosfilm; Joshua Crowle

ExtraSpaceCraft, 2016
HD-Video, 3-Kanal-Installation, Farbe, Ton; verschiedene Materialien HD video, 3-channel installation, color, sound, 12'; mixed media
Produzent Producer Kovan Korki
Kamera Camera Savas Boyraz
Drohnenflüge Drone Flights Hiwa Şew
3D-Design und Postproduktion 3D Design and Postproduction Maximilian Schmoetzer
Postproduktion und Grafikdesign Postproduction and Graphic Design Harry Sanderson
Installation entwickelt mit Installation codeveloped with David Riff, Nicolas Pelzer, Maximilian Schmoetzer
Offstimme Voice-over Vova Pakholiuk
Offstimme und Übersetzung ins Kurdische Voice-over and Kurdish translation Heya Türk
Technische Leitung Technical Director Christoph Manz
ProtagonistInnen Protagonists Tekla Aslanishvili, Esme Buden, Alice Escher, Grada Kilomba, Trevor Paglen, Chih-Yih Peng, Necat Sunar und andere and others
Kostümbild Costume Lea Sovso
Musik Music Fatima Al Qadiri und andere and others
Beobachtung Observation Hito Steyerl
Inspiriert von Inspired by Keller Easterling
Dank an Thanks to João Fernandes; Musco Nacional Centro de Arte Reina Sofia, Madrid; Oleksiy Radynski; Peshmerga; Mehmet Aktas & Mitosfilm; Joshua Crowle
Alle Arbeiten All works Courtesy Hito Steyerl; Andrew Kreps Gallery, New York
Im Auftrag und produziert von Commissioned and produced by Berlin Biennale for Contemporary Art

TELFAR
Personal Uniforms, 2016
Guard- und Teamuniformen Guard and team uniforms
Courtesy TELFAR
Im Auftrag und produziert von Commissioned and produced by Berlin Biennale for Contemporary Art

Wu Tsang
Duilian, 2016
HD-Video, Farbe, Ton, Loop; verschiedene Materialien HD-video, color, sound, loop, 20'; mixed media
Maße variabel Dimensions variable
Courtesy Wu Tsang; Isabella Bortolozzi Galerie, Berlin
Im Auftrag und produziert von Commissioned and produced by Spring Workshop
Zusammen mit Co-comissioners Centre d'Art Contemporain Genève für for BIM 2016; ArtHub Asia; Berlin Biennale for Contemporary Art
Mit Unterstützung von With the support of Nottingham Contemporary

Anna Uddenberg
Transit Mode-Abenteuer, 2014–16
Verschiedene Materialien Mixed media
Maße variabel Dimensions variable
Courtesy Anna Uddenberg; Sandy Brown, Berlin
Im Auftrag und koproduziert von Commissioned and coproduced by Berlin Biennale for Contemporary Art
Mit Unterstützung von With the support of Iaspis, the Swedish Arts Grants Committee's International Programme for Visual Artists; Valeria Napoleone XX

Amalia Ulman
PRIVILEGE, 2016
Performance; HD-Videos, Farbe, Ton; Animatronik, Teppich, Vorhänge Performance; HD videos, color, sound; animatronic, carpet, drapes
Maße variabel Dimensions variable
Courtesy Amalia Ulman; Arcadia Missa, London
Im Auftrag und koproduziert von Commissioned and coproduced by Berlin Biennale for Contemporary Art
Mit Unterstützung von With the support of Arcadia Missa, London; Michael Xufu Huang (M WOODS Museum, Beijing); Acción Cultural Española

Anne de Vries
Critical Mass: Pure Immanence, 2015
Full-HD-Video, Farbe, Ton, Loop Full HD video, color, sound, loop, 14' Kamera, Videoschnitt, Songtexte und Musikarrangement Camera, Video Edit, Lyrics, and Music Arrangement Anne de Vries, Q-Dance
Musik Music Phill Niblock, Thomas Ankersmit, Pye Corner Audio, Incredible String Band, Nils Frahm und andere and others
Courtesy Anne de Vries
Im Auftrag und koproduziert von Commissioned and coproduced by Berlin Biennale for Contemporary Art
Mit Unterstützung von With the support of Mondriaan Fund
Dank an Thanks to Q-Dance

Bildnachweis
Image Credits

Titel Cover
Courtesy Berlin Biennale for Contemporary Art; Foto photo: Roe Ethridge

Titelseite Cover Page
2–3 Courtesy Berlin Biennale for Contemporary Art; Foto photo: Roe Ethridge

Inhalt Table of Contents
6–11 Courtesy Berlin Biennale for Contemporary Art/Iconoclast

Eine unvollständige Teilnehmerliste An Incomplete List of Participants
12 Courtesy Berlin Biennale for Contemporary Art; Foto photo: Natascha Goldenberg

Einführende Texte Introductory Texts
14–31 © 2016 Google Analytics

Ausstellungsorte Exhibition Venues
34–35 Courtesy Berlin Biennale for Contemporary Art/Iconoclast — 37 © 2016 GeoBasis—DE/BKG — 38; 41; 42; 45; 46 Courtesy Berlin Biennale for Contemporary Art

The Present in Drag
50–51, 53, 57 Courtesy Berlin Biennale for Contemporary Art/Iconoclast

Not in the Berlin Biennale
48–49, 58–59, 69–71, 87–89, 106–107, 123–125, 139–141, 160–161, 177–179, 194–195, 203–205, 218–219, 234–235 Courtesy Berlin Biennale for Contemporary Art; Foto photo: Roe Ethridge

Suprem(e)
60–61, 72–73, 90–91, 108–109, 126–127, 142–143, 162–163, 180–181, 196–197, 206–207, 220–221, 236–237 Courtesy Bjarne Melgaard; Foto photo: Jason Nocito

Textbeiträge Essays
(Chus Martínez) 74, 76–85 Courtesy Nicolás Fernández — (Natasha Stagg) 92, 102–103 oben top Courtesy Lauren Avery; 94–95 oben top, 96–97 unten bottom Courtesy Jake Levy; 94–95 unten bottom Courtesy @_jo_loves; 97 oben top Courtesy Daniela Fernandez; 98–99 Courtesy @SIBELBEL; 100–101, 104–105 Courtesy Misty Pollen; 102–103 unten bottom Courtesy @8primrose8 — (Boris Groys) 110, 112–121 Foto photo: Sabine Reitmaier (first published in the *Financial Times*) — (McKenzie Wark) 128, 132–134, 136–137 Courtesy Katja Novitskova — (Meredith Meredith) 144 Courtesy Martin Franklin, CC by 3.0 — (Sean Monahan) 152–153 Courtesy Sean Monahan — (Ingo Niermann) 165, 171 Courtesy Alexa Karolinski/Ingo Niermann; Ingo Niermann/© VG Bild-Kunst, Bonn 2016; Design: Jonas Voegeli — (Oleg Fonaryov) 182, 186–187, 192–193 Courtesy Hito Steyerl; 188–189 Courtesy Oleg Fonaryov — (Sean Raspet) 199 Courtesy Sean Raspet/Soylent — (åyr/Rem Koolhaas/Hans Ulrich Obrist) 208, 210–213 Courtesy åyr; 214–215, 216–217 oben top © OMA; 216–217 unten bottom © Rem Koolhaas/OMA — (Simon & Daniel Fujiwara) 223, 227, 233 Courtesy Simon Fujiwara — (GCC) 238 Foto photo: Ryan Carter; 240–245 Courtesy GCC; 246–247 oben top © Sheikh Hamdan bin Mohammed Al Maktoum; 246–247 unten bottom Courtesy Leila Kaizen

Künstlerseiten Artist Pages
251 Courtesy 69 — 253 Courtesy Antoni Abad; Antoni Abad/© VG Bild-Kunst, Bonn 2016; CC BY-NC-ND 4.0 — 254 Courtesy Halil Altındere; Pilot Galeri, Istanbul — 257 Courtesy Ei Arakawa; Reena Spaulings Fine Art, New York; Taka Ishii Gallery, Tokyo — 259 Courtesy Korakrit Arunanondchai/Alex Gvojic; C L E A R I N G, New York/Brussels; Carlos/Ishikawa, London; Foto photo: Chutchawarn Junthachotibutr — 261 Courtesy atelier le balto —

262 Courtesy Armen Avanessian/Alexander Martos; © Andreas Töpfer — 264 Courtesy åyr; Project Native Informant, London — 267 Courtesy Will Benedict; Balice Hertling, Paris; Overduin & Co., Los Angeles — 269 Courtesy Julien Ceccaldi — 270 Courtesy Centre for Style — 273 Courtesy Brody Condon — 275 Courtesy CUSS Group — 277 Courtesy Kathleen Daniel — 279 Courtesy Debora Delmar Corp.; DUVE Berlin — 280 Courtesy Simon Denny; Galerie Buchholz, Cologne/Berlin/New York; Petzel Gallery, New York — 282 Courtesy Cécile B. Evans/Andres Parody; Barbara Seiler, Zurich; Galerie Emanuel Layr, Vienna — 285 Courtesy Nicolás Fernández — 287 Courtesy Lizzie Fitch/Ryan Trecartin; Sprüth Magers; Regen Projects, Los Angeles; Andrea Rosen Gallery, New York ; © Lizzie Fitch/Ryan Trecartin — 289 Courtesy Simon Fujiwara — 290 Courtesy GCC; Kraupa-Tuskany Zeidler, Berlin; Project Native Informant, London — 293 Courtesy GUAN Xiao; Antenna Space, Shanghai — 294 Courtesy Calla Henkel/Max Pitegoff; Isabella Bortolozzi Galerie, Berlin — 297 Courtesy Camille Henrot; KÖNIG GALERIE, Berlin; kamel mennour, Paris; Metro Pictures, New York; Camille Henrot/© VG Bild-Kunst, Bonn 2016 — 299 Courtesy Yngve Holen — 301 Courtesy Alexa Karolinski/Ingo Niermann; Ingo Niermann/© VG Bild-Kunst, Bonn 2016 — 303 Courtesy Josh Kline; 47 Canal, New York — 304 Courtesy Korpys/Löffler; Meyer Riegger, Berlin/Karlsruhe; Korpys/Löffler/© VG Bild-Kunst, Bonn 2016 — 307 Courtesy Nik Kosmas; Novembre Magazine; Foto photo: Julia Burlingham/Natascha Goldenberg — 309 Courtesy Christopher Kulendran Thomas — 311 Courtesy M/L Artspace — 313 Courtesy Shawn Maximo — 314 Courtesy Katja Novitskova; Kraupa-Tuskany Zeidler, Berlin — 317 Courtesy Trevor Paglen/Jacob Appelbaum; Metro Pictures, New York; Altman Siegel, San Francisco, Foto photo: Trevor Paglen Studio — 318 Courtesy Juan Sebastián Peláez — 321 Courtesy Adrian Piper Research Archive Foundation Berlin; © APRA Foundation Berlin — 323 Courtesy Alexandra Pirici — 325 Courtesy CCA Wattis Institute for Contemporary Arts; Foto photo: Johnna Arnold — 326 Courtesy Puppies Puppies; Newcity Magazine/Matt Morris — 329 Courtesy Babak Radboy; Foto photo: Roe Ethridge — 331 Courtesy Jon Rafman; Future Gallery, Berlin — 333 Courtesy Timur Si-Qin; Société, Berlin — 334 Courtesy Lucie Stahl — 336 Courtesy Hito Steyerl — 338 Courtesy TELFAR; Foto photo: Babak Radboy — 341 Courtesy Wu Tsang; Isabella Bortolozzi Galerie, Berlin; Spring Workshop, Hong Kong — 342 Courtesy Anna Uddenberg — 345 Courtesy Amalia Ulman — 347 Courtesy Anne de Vries; logo © headhunterz

LIT
349 Courtesy Akeem Smith; Foto photo: Ruth Ginika Ossai

Anthem
351 Courtesy Berlin Biennale for Contemporary Art; Isa Genzken/© VG Bild-Kunst, Bonn 2016; Galerie Buchholz, Cologne/Berlin/New York

Unterstützung Support
366 Courtesy Berlin Biennale for Contemporary Art

LeihgeberInnen Lenders
372 Courtesy Berlin Biennale for Contemporary Art

Dank Thanks
381 Courtesy Berlin Biennale for Contemporary Art; Foto photo: Roe Ethridge

Speculative Ambience/Narrative Devices
Videoserie für die 9. Berlin Biennale für zeitgenössische Kunst
Video Series for the 9th Berlin Biennale for Contemporary Art

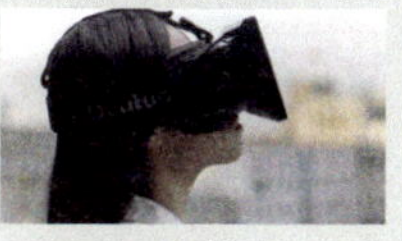

Regie Directed by DIS
Produziert von Produced by Iconoclast
Geschäftsführender Produzent Executive Producer Nils Schwemer
Kreativdirektor Creative Director Babak Radboy
Produktion Production (Iconoclast) Jannis Birsner
Produktion Production (Berlin Biennale) Julia Burlingham
Directors of Photography Frederick Gomoll (Driven by Creatives), Björn Haneld (Driven by Creatives)
1. KameraassistentInnen 1st AC's Esther Dittmann, Daniel Merget, Tom Zylla
Oberbeleuchter Gaffers Roland Knitter, Jens Thurmann
BeleuchterInnen Electricians Sonny Bruse, Petra Glaeser, Sandra Glaser, Axel Schrepel, Sebastian Zinburg
Kamerabühne Grips Olando Grübel, Felix Sablotny
ProduktionsassistentInnen Production Assistants Hendrik Bartels, Friederike Dietrich, Caro Feistritzer, Lukas Keuchel, Josefa Knippers
Fotoassistentin Photo Assistant Mara Ploscaru
Haare und Make-up Hair and Makeup Franziska Presche
Styling Ella Plevin, Erik Raynal, Marianna Serwa
Fahrerin Picture Car Driver Anna Frost
Besetzung Cast Philip Hinz, Samara Isola (IZAIO), Achim Langer (ten4you), Luna Leung, Grayson Revoir, Aanisa Rhoda, Jeanne Salomé Rochat, Natalja Romine, Fritzi Voss
Colorist Marcus Badow (boldbreed)
Schnitt Editor Andi Pek
Verleih Rental 25p, E-Su, MBF Filmtechnik, Rental Lichthaus
Set-Design Set Design Julia Burlingham
Glasobjekte Glass Objects Tilman Hornig, GlassPhone
Mode Fashion Butcherei Lindinger, Jack Wolfskin, Moncler, Nike, TOMS

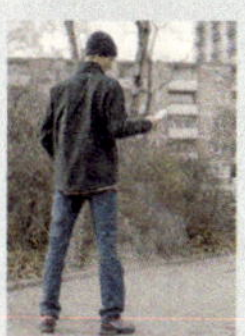

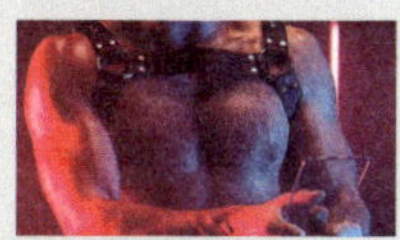

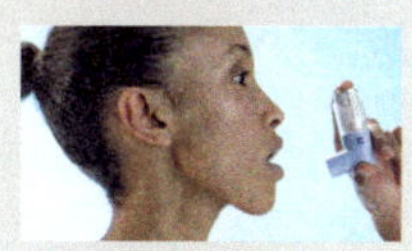

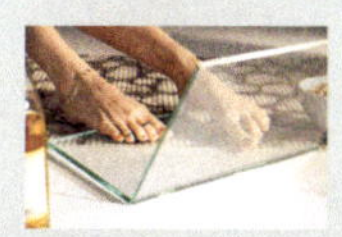

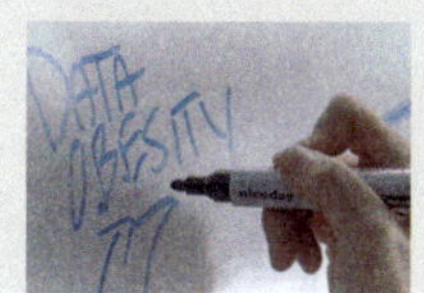

Besonderer Dank an Special thanks to Agnes Cafeteria, Nicola Beißner, Thom Bettridge, IT-Event, IZAIO Models, Timon Kaleyta, Jörg Koch, KÖNIG GALERIE, Berlin, MBF Filmtechnik, Dave Uhlemann, Zoma Galaxia Crum-Tesfa

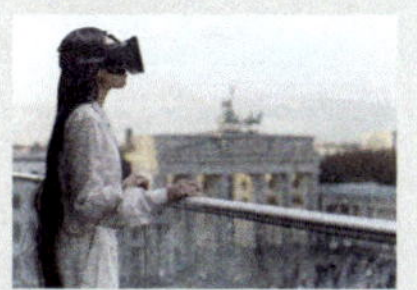

ICONOCLAST

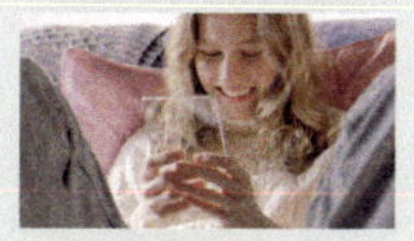

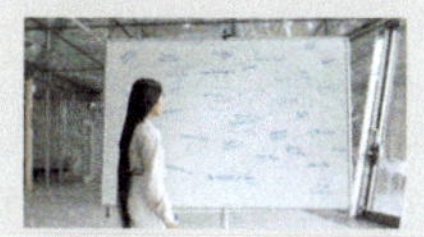

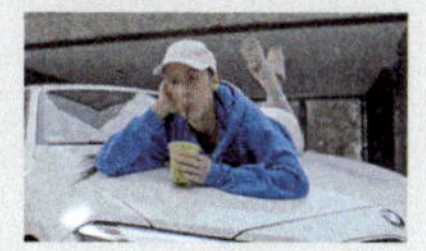

Not in the Berlin Biennale
Kampagne für die 9. Berlin Biennale für zeitgenössische Kunst
Campaign for the 9th Berlin Biennale for Contemporary Art

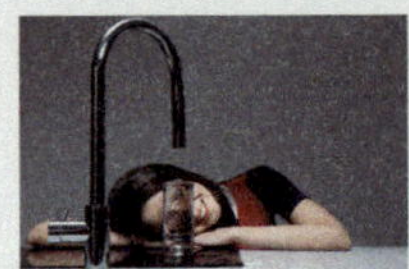

Fotografie Photography Roe Ethridge
Kreativdirektor Creative Director Babak Radboy
In Zusammenarbeit mit In collaboration with Chris Kraus
Styling Avena Gallagher

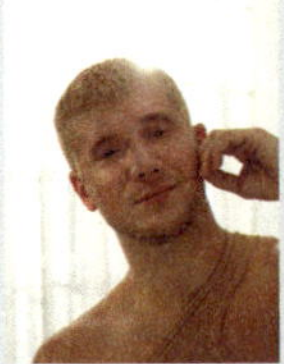

Lichtdesign Lighting Design Christopher Bisagni for Christopher Bisagni
Studio Set-Design Studio Set Design Andy Harman (Lalaland)
Casting-Direktor Casting Director Spencer Morgan Taylor (HARBINGER)
Produktion Production Spencer Morgan Taylor (HARBINGER)
Make-up Makeup Kanako Takase (Tim Howard Management)
Haare Hair Shinya Nakagawa (Artlist NY)
Digitaltechniker Digital Technician Jonathan Nesteruk
Lichtassistent Lighting Assistant Brent Lee
Fotoassistent Photo Assistant Will Englehardt
Styling-Assistenten Stylist Assistants Bryn Taubensee, JayJay Lansang, David Moses, Patric DiCaprio
Streetcasting Street Casting Ada O'Higgins und and Camilla Venturini
Set-Design-Assistenten Set Design Assistants Samuel Farrier, Nicolas Jenkins, Alex Romanoski
Make-up-Assistenten Makeup Assistants Kento Utsubo, Megumi Onishi
Assistentin Haare Hair Assistant Noelle Chen
Studio ROOT Studios
Equipment ROOT Studios
Catering Monterone
DIS Magazine Assistentinnen Assistants Ada O'Higgins, Anna Teterkina

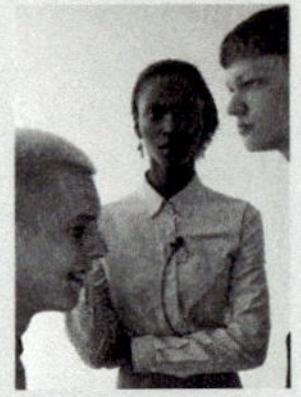

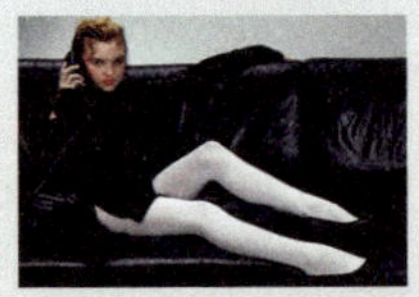

Besonderer Dank an Special thanks to Eric Coles, Alison Driscoll und and Kip McQueen, Produziert mit der Unterstützung von Produced with the support of Modern Weekly und and Andrew Kreps Gallery

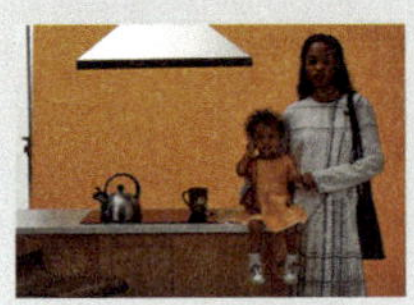

Models in der Reihenfolge ihres Auftritts Models in order of appearance
Sveta Barbarchakova (MUSE), Matt Raviotta, August Gonet (Fusion), Riley Montana (Next), Turner Barbur (Fusion), Rockwell Harwood (IMG), Levi Bradley (IMG), Chris Bunn (Wilhelmina), Mark Otto, Bo Electra Bischoff, Baby Yve, Marihenny Pasible (NY Models), Miriam Haney (MUSE), David Fine-Firesheets, Zuspan, Pierra Clemons, Torraine Futurum, Daniela Czenstochowski, Stefan Schwartzman, Danielle Sheypuk, Stephan Tanbin Sastrawidjaja, Turner Barbur (FUSION), Nicola Tyson, Sveta Barbarchakova (MUSE), Solveig Mork Hansen (IMG), Angelina Palma, Josefine Seifert

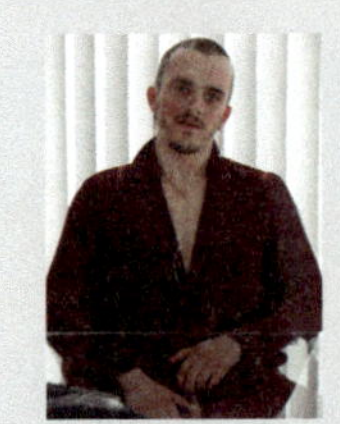

Fashion Credits
2–3 Kleid Dress Lacoste — 49 Oberteil top TELFAR — 59 Hemd shirt MIU MIU; Ohrringe und Brosche earrings and pin Quarry — 70–71 Pullover sweater Louis Vuitton; Strumpfhose tights Hue; Schuhe shoes Vintage Lanvin — 88–89 (von links nach rechts from left to right) Kleider und Schuhe clothes and shoes vom Baby baby's own; Kleid dress Hermès; Ohrringe earrings Ryohei Kawanishi; Ring ring Patricia von Musulin; Handtasche bag TELFAR — 106 Anzug suit HOMME PLISSÉ ISSEY MIYAKE; Ohrringe earrings Ryohei Kawanishi — 124–125 (von links nach rechts from left to right) Kostüm suit Kimora Lee Simmons; Ohrringe earrings Patricia von Musulin; Ring ring Quarry; Schuhe shoes Nicholas Kirkwood; Daunenjacke puffer coat Makaveli by Tupac Shakur; Jacke jacket Vaquera; Mantel coat Gogo Graham; T-shirt von der Stylistin stylist's own; Shorts short Meoshe; Hose pants Vaquera; Flip-flops von der Stylistin stylist's own — 140–141 (von links nach rechts from left to right) Jeans TELFAR; Krawatte tie Polo; Sneakers vom Model model's own; Hemd und Hose shirt and pants

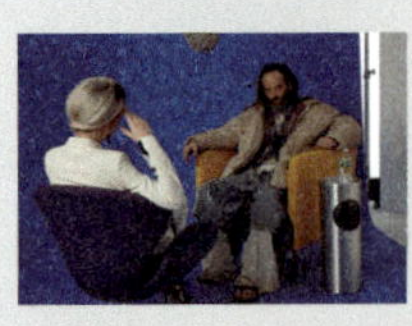

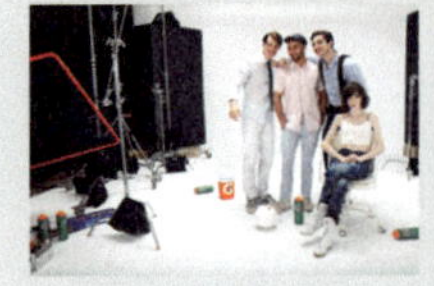

Comme des Garçons SHIRT; Hut hat Patrik Ervell; Schuhe shoes vom Model model's own; Hemd und Hose shirt and pants Comme des Garçons SHIRT; Oberteil top Alexander Wang; Jeans Dsquared; Gürtel belt Christian Dior — 161 Blazer und Rock jacket and skirt Fendi; Kette necklace Patricia von Musulin — 177 Hemd und Rock shirt and skirt Hood by Air; Ohrringe earrings Patricia von Musulin; Schuhe shoes vom Model model's own — 178 Oberteil top Rick Owens — 195 Oberteil top Prada — 203 Alle Kleidung all clothing vom Model model's own — 204 Jacke jacket Prada; Hemd shirt Topman — 219 (von links nach rechts from left to right) Kleid dress Versace; Pullover sweatshirt von der Stylistin stylist's own; Jogginghose pants TELFAR — 235 T-shirt Eckhaus Latta; Bluse blouse Rodebjer; Uhr watch vom Model model's own

ROOT

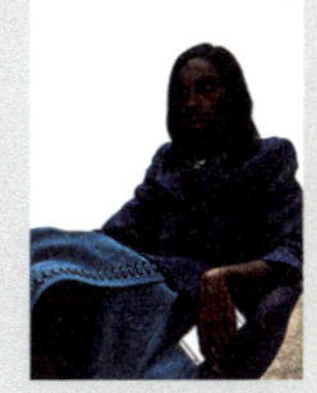
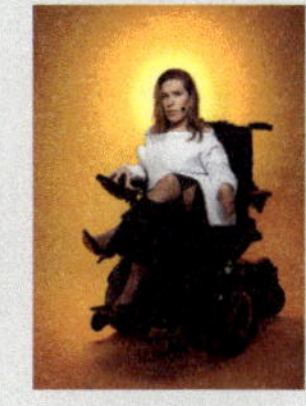
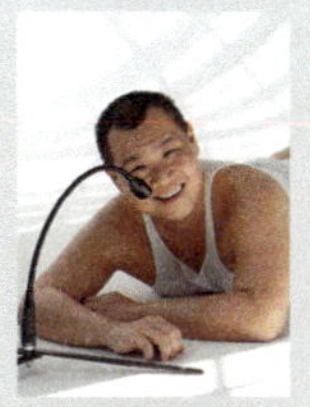
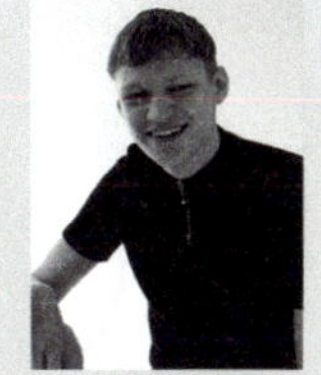
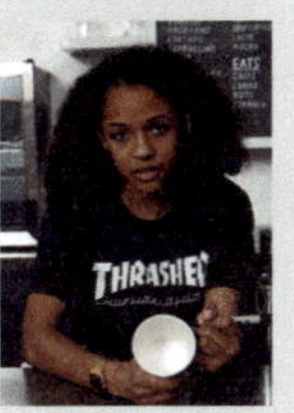

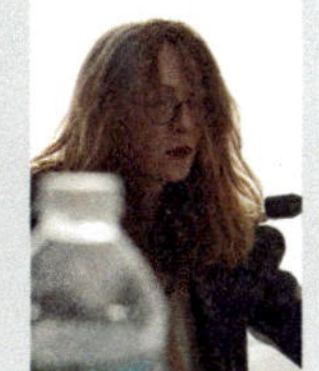
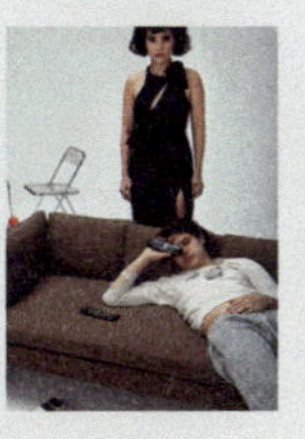
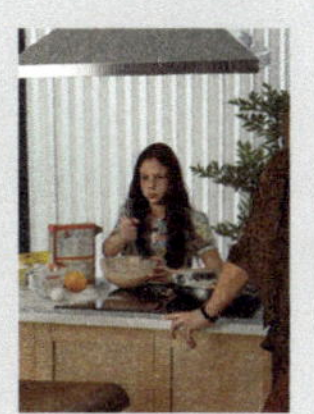
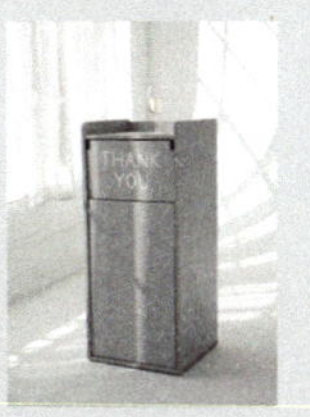

Suprem(e)
Bjarne Melgaard

Fotografie Photography Jason Nocito
Kreativdirektor Creative Director Babak Radboy
Styling Avena Gallagher

Haare Hair Shinya Nakagawa
Make-up Makeup Allie Smith
Casting Ada O'Higgins
Fotoassistentinnen Photo Assistants Camilla Venturini, Kyle Cook
Styling-Assistentinnen Stylist Assistants Bryn Taubensee, Anna Teterkina

Besonderer Dank an Special thanks to Y-3, Don Hearn, Bryn Taubensee

Models in der Reihenfolge ihres Auftritts Models in order of appearance
Young Gun Lee, Ulli Rimkus, Olimpia Dior, Martha Wilson, Jessica Tang, Donna Hayes, Zhenya Merkulova, Kyo Jwa, Camilla Venturini, Annatina Miescher, Anna Teterkina, Pascale Ouattara

Alle Kleidung All fashion Bjarne Melgaard

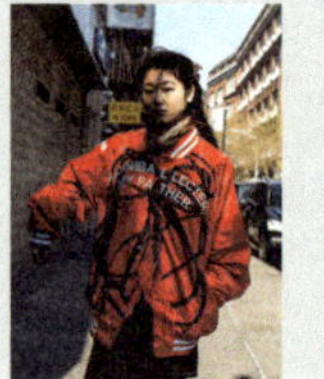
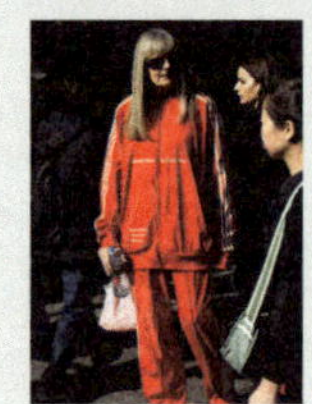
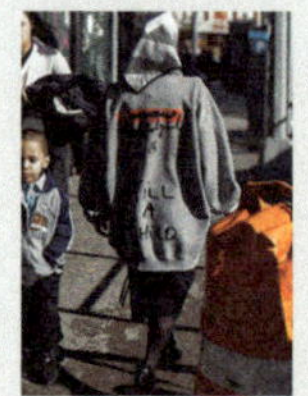
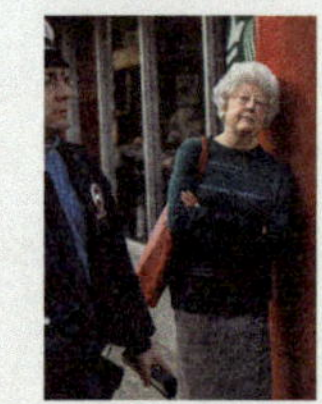
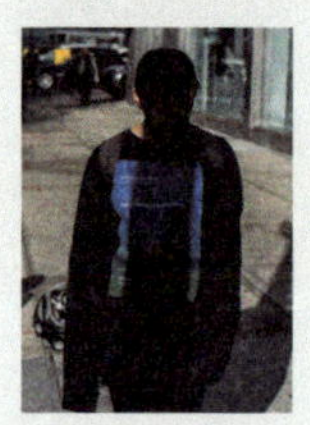
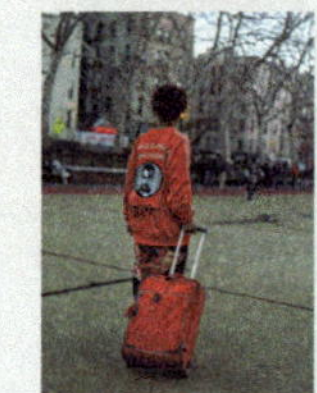
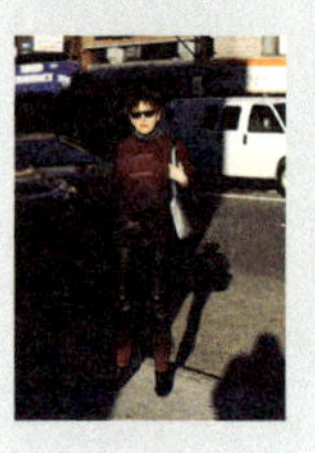
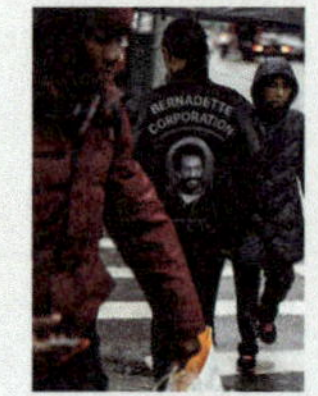

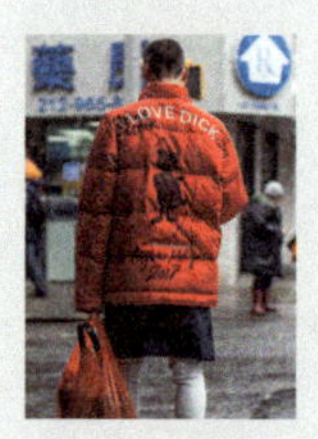
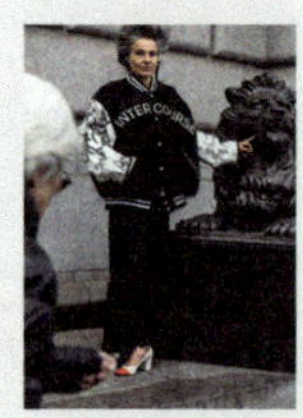
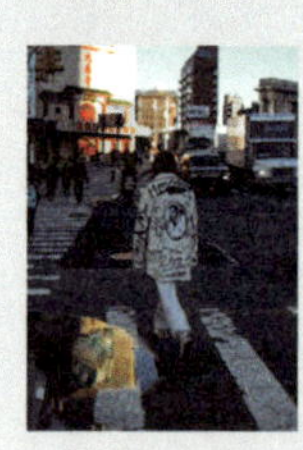
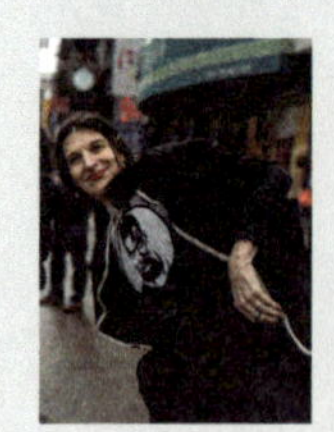

Destination Wedding
DIS

Orte Locations Akademie der Künste, ESMT European School of Management and Technology, The Feuerle Collection, KW Institute for Contemporary Art und das Fahrgastschiff Blue-Star der Reederei Riedel and the Blue-Star sightseeing boat by Reederei Riedel
Produziert von Produced by Julia Burlingham, Claire Spilker
Assistentinnen Assistants Friederike Dietrich, Klara Pietrzak
Models Kevin Brand, Meral Perin
Styling Anna Phebey
Mode Fashion Crusz Berlin, Shoepassion, Herr von Eden
Haare und Make-up Hair and Makeup Franziska Presche
Fotoassistent Photo Assistant Andy Kassier

Besonderer Dank an Special thanks to Crusz Berlin, Silk Relations, Reitzenstein Management

Produziert mit der Unterstützung von Produced with the support of *art – Das Kunstmagazin*

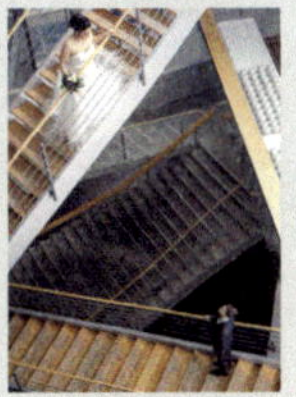

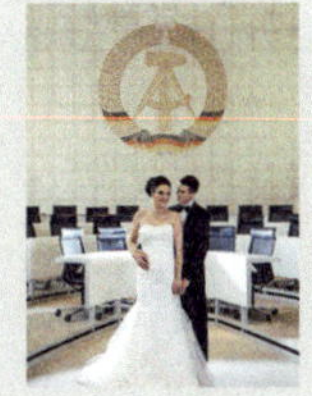

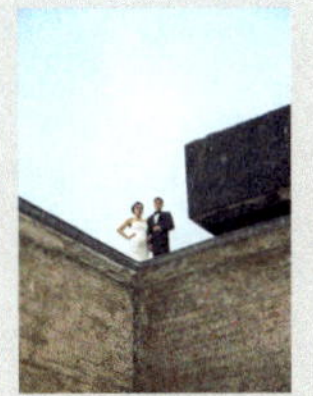

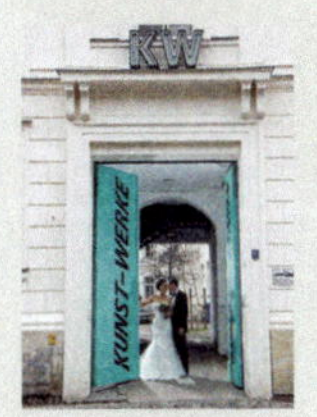

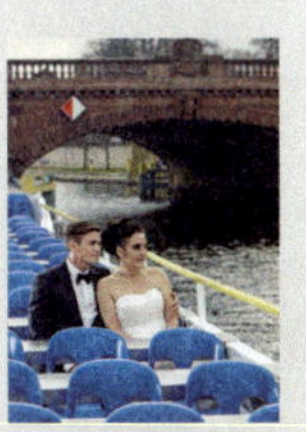

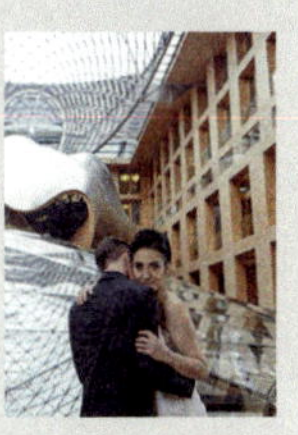

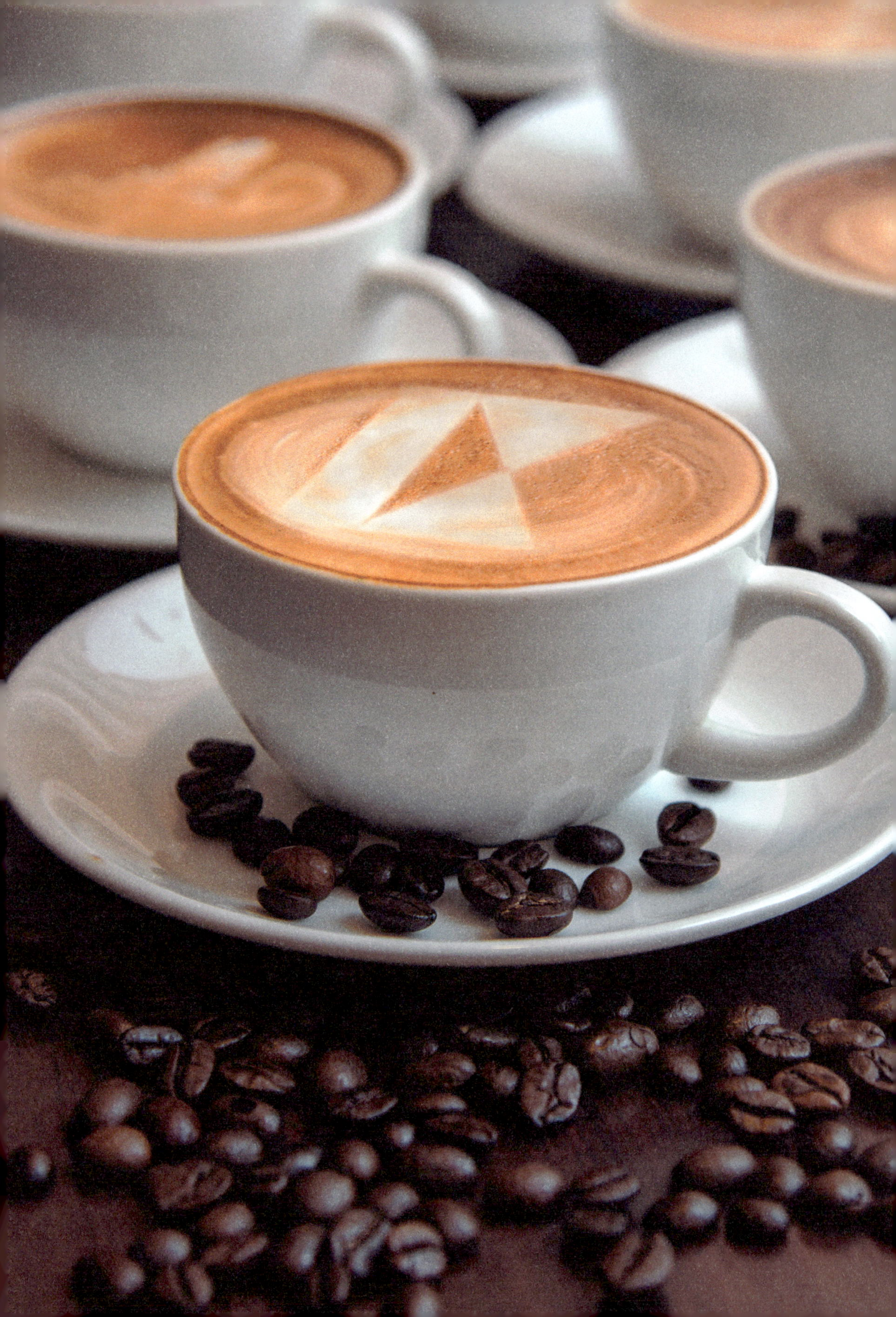

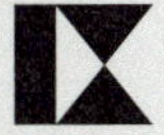

Unterstützung
Support

Förderung **Funding**

Die 9. Berlin Biennale für zeitgenössische Kunst wird gefördert durch die Kulturstiftung des Bundes. The 9th Berlin Biennale for Contemporary Art is funded by the Kulturstiftung des Bundes (German Federal Cultural Foundation).

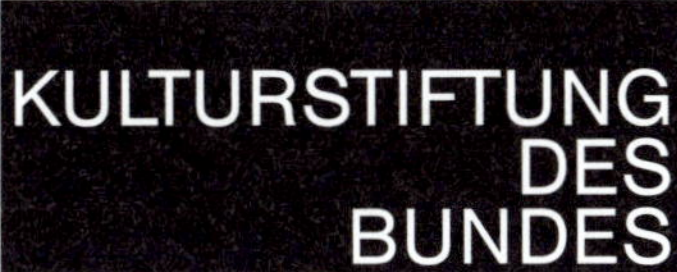

Mit großzügiger Unterstützung von
With the generous support of

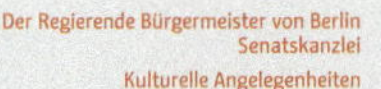

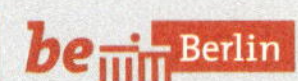

Mit Dank für die zusätzliche Förderung an
With thanks for the additional support to

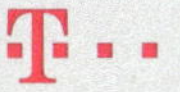

LIFE IS FOR SHARING.

Corporate Partner

BMW GROUP

Projektförderung **Project Funding**

Acción Cultural Española
Berliner Künstlerprogramm des DAAD
bJuice
Botschaft von Kanada, Berlin
Botschaft der Republik Kolumbien, Berlin
Botschaft des Königreichs der Niederlande, Berlin
Botschaft von Spanien in Berlin
Botschaft der Vereinigten Staaten von Amerika in Berlin
British Council
Bundeskanzleramt der Republik Österreich
Bundeszentrale für politische Bildung/bpb
Bureau des arts plastiques des Institut français und das französische Ministerium für Kultur und Kommunikation
Canada Council for the Arts
La Casa Encendida (Madrid)
Creative New Zealand
Dornbracht
Goethe-Institut e. V., Munich
The Henry Moore Foundation
Iaspis, the Swedish Arts Grants Committee's Programme for Visual Artists
Iconoclast
I LOVE YOU The Project
Institut für Auslandsbeziehungen e. V., Stuttgart
Institut Ramon Llull
KW Freunde
Lorberg Baumschulerzeugnisse
Mondriaan Fund
Patronato de Arte Contemporáneo A.C.
Rudolf Augstein Stiftung
SAHA Association
Schering Stiftung
Sharjah Art Foundation
Soylent
Valeria Napoleone XX
The Vinyl Factory/The Store

I LOVE YOU
THE PROJECT

SHARJAH ART FOUNDATION

DORN
BRACHT

bpb:
Bundeszentrale für
politische Bildung

Canada Council
for the Arts
Conseil des arts
du Canada

SCHERING
STIFTUNG

AC/E
ACCIÓN CULTURAL
ESPAÑOLA

ICONOCLAST

THE
VINYL FACTORY
THE STORE

M
mondriaan
fund

iaspis
Konstnärsnämndens
internationella program
för bild- och formkonstnärer

institut
ramon llull
Katalanische Sprache und Kultur

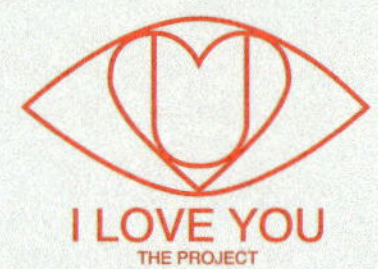

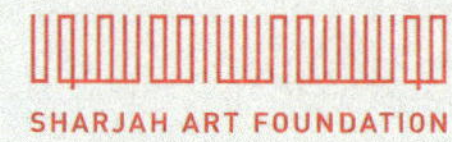

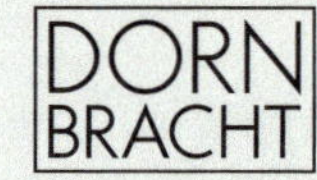

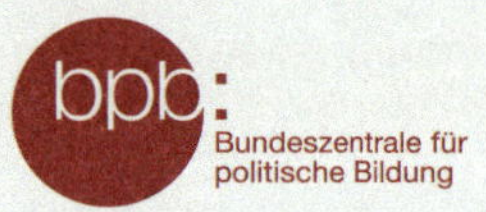

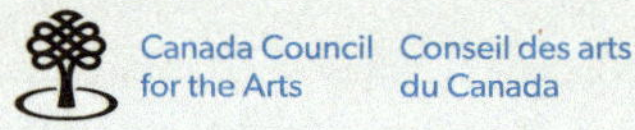

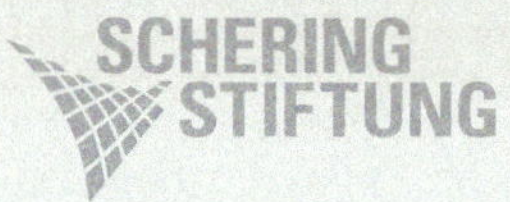

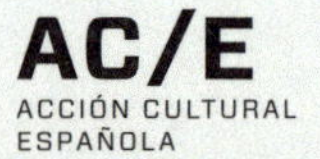

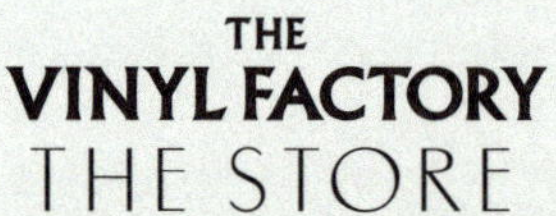

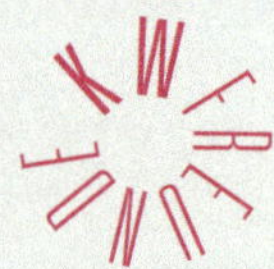

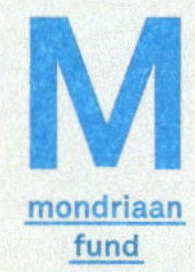

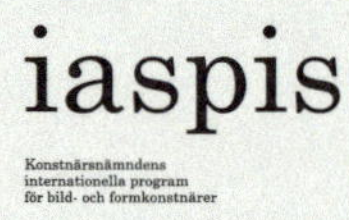

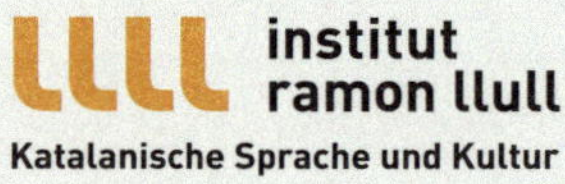

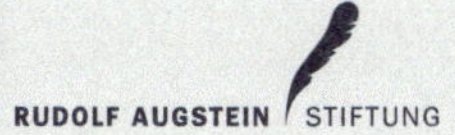

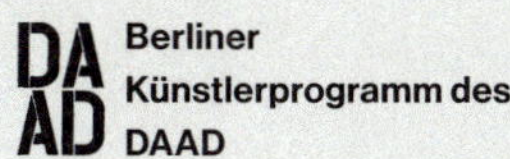

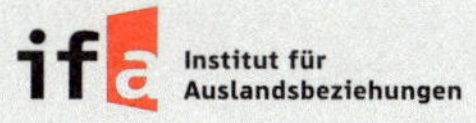

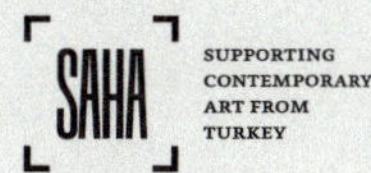

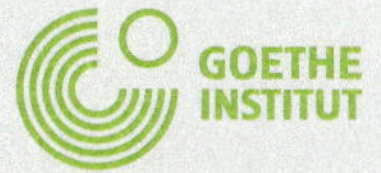

BUNDESKANZLERAMT ÖSTERREICH

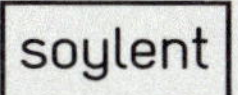

LA CASA ENCENDIDA

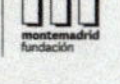

The Henry Moore
Foundation

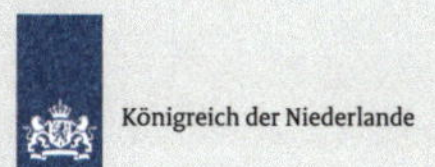

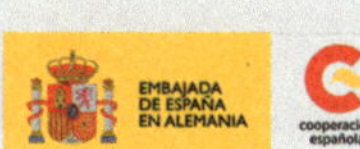

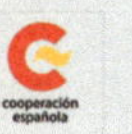

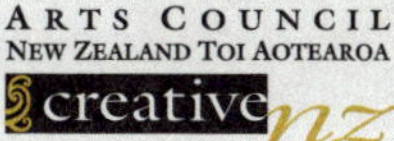

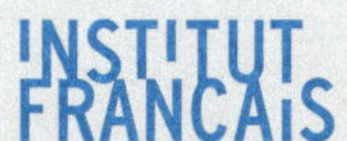

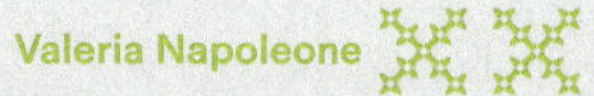

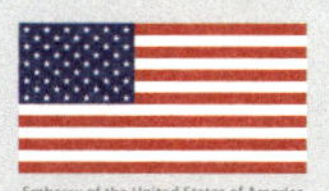

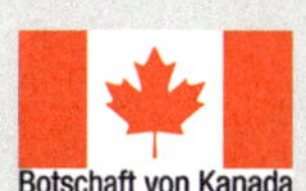

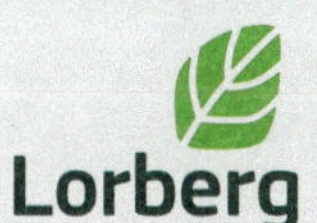

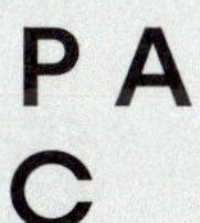

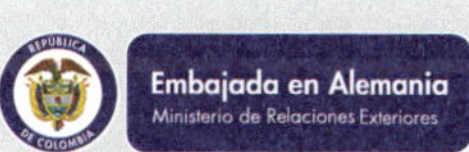

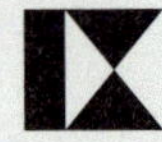

Kooperationspartner Cooperation Partners

Die 9. Berlin Biennale ist eine Kooperation mit der Akademie der Künste, der ESMT European School of Management and Technology, der Feuerle Collection und der Reederei Riedel. The 9th Berlin Biennale is a cooperation with Akademie der Künste, ESMT European School of Management and Technology, The Feuerle Collection, and Reederei Riedel.

AKADEMIE DER KÜNSTE

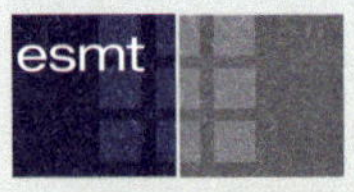

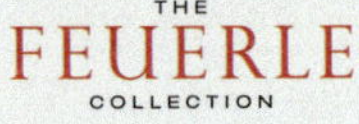

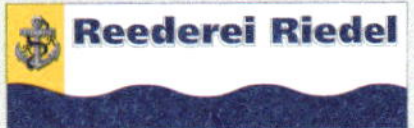

Der Young Curators Workshop *Post-contemporary Art* wird organisiert von der 9. Berlin Biennale in Zusammenarbeit mit der Allianz Kulturstiftung; BMW, München und dem Institut für Auslandsbeziehungen e. V., Stuttgart. The Young Curators Workshop *Post-contemporary Art* is organized by the 9th Berlin Biennale in collaboration with Allianz Cultural Foundation, Berlin; BMW, Munich; and the Institute for Foreign Cultural Relations, ifa, Stuttgart.

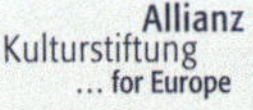

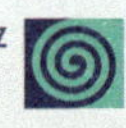

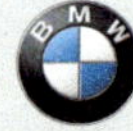

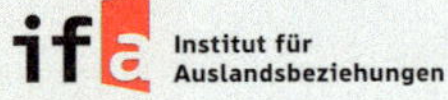

Die Teilnahme einer französischen Jungkuratorin beziehungsweise eines Jungkurators wird ermöglicht durch das Programm Jeunes Commissaires des Bureau des arts plastique des Institut français. The participation of one young French curator is made possible by the program Jeunes Commissaires des Bureau des arts plastique of the Institut français.

JEUNES COMMISSAIRES

Sponsoren **Sponsors**

museumstechnik berlin

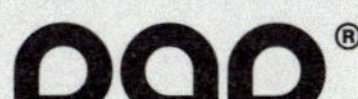

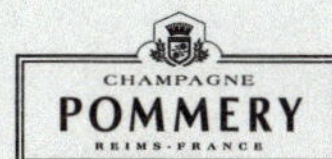

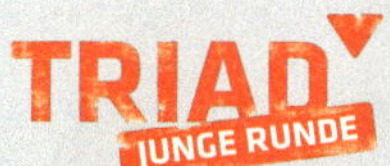

Medienpartner **Media Partners**

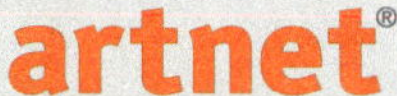

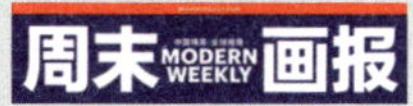

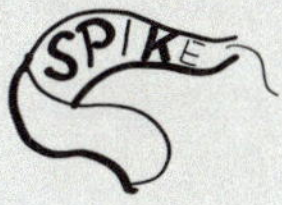

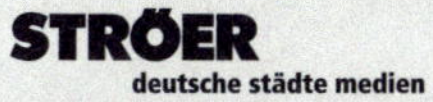

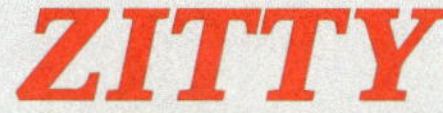

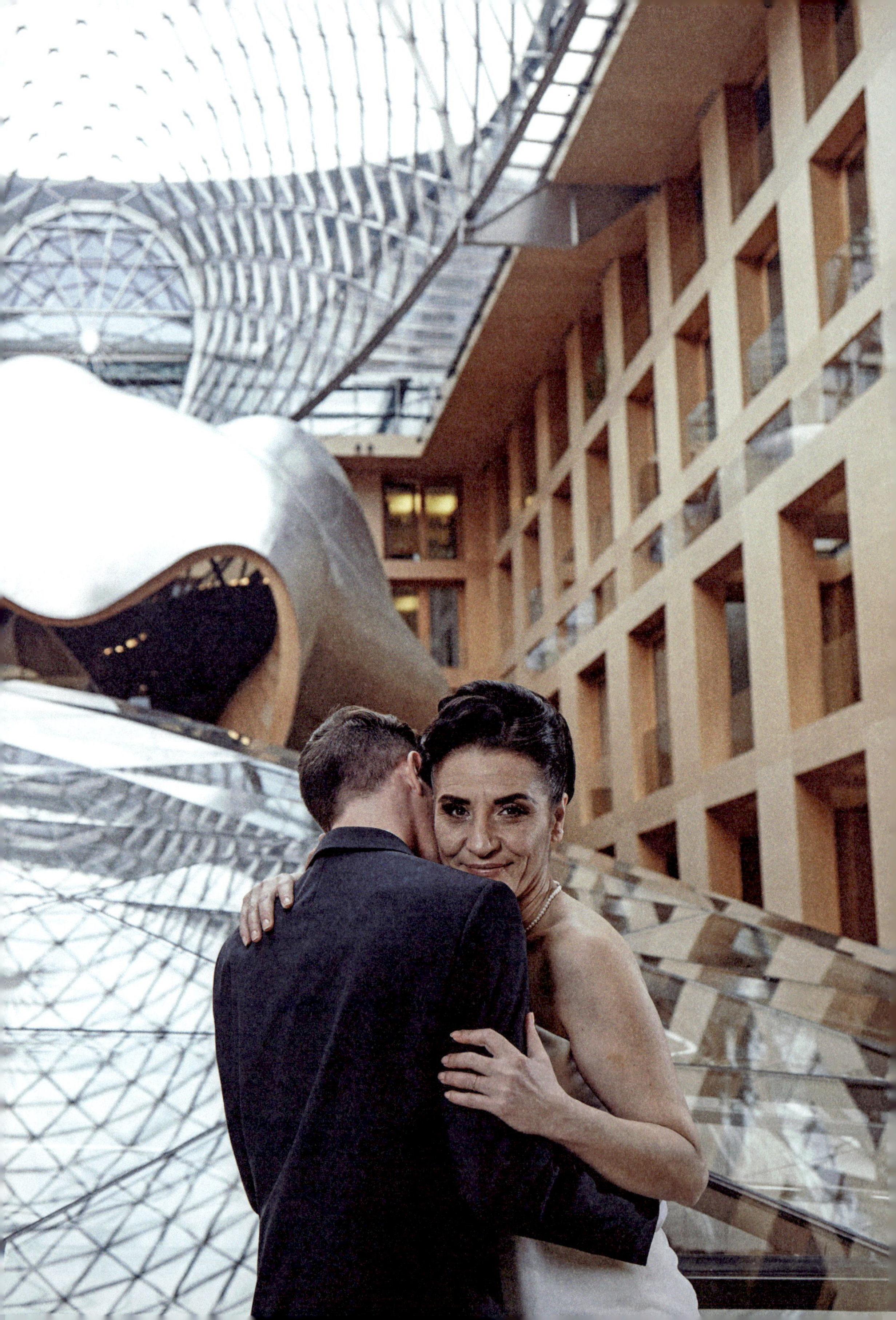

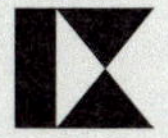

LeihgeberInnen
Lenders

Antenna Space, Shanghai
Art Collection Telekom
Kraupa-Tuskany Zeidler, Berlin
Metro Pictures, New York
Sammlung Collection Adrian Piper
Research Archive Foundation Berlin
© APRA Foundation Berlin
Sammlung Collection Oehmen
Sandy Brown, Berlin
Simon Lee Gallery, London

und alle, die anonym bleiben möchten
and those who prefer to remain anonymous

Team 9. Berlin Biennale
Team 9th Berlin Biennale

DIREKTORIN DIRECTOR
Gabriele Horn

KURATORISCHES TEAM
CURATORIAL TEAM
DIS:
Lauren Boyle
Solomon Chase
Marco Roso
David Toro

Nicht der Kreativdirektor*
Not the Creative Director*
Babak Radboy

Allgemeine Beratung
General Advisor
Sarah Lookofsky

KÜNSTLERISCHES BÜRO
ARTISTIC OFFICE
Projektkoordination
Project Coordination
Jeanette Gogoll

Projektmanagement – Künstler-projekte, Produktion und Recherche
Project Management – Artists Projects, Production and Research
Edwige Baron

Projektmanagement – Controlling und Produktion Project Management – Controlling and Production
Antje Weitzel

Kuratorische Assistenzen
Curatorial Assistants
Cathrin Mayer
John McKiernan

Produktion Production
Ina Kurotschkin
Anke Schleper

Veranstaltungskoordination
Event Coordination
Claire Spilker

Projektassistenz
Project Assistant
Daniela Sellen

Koordination Moderierte Rundgänge Coordination Guided Tours
Tullia Tarsia in Curia

PraktikantInnen Interns
Valerie Amend (5.–7.2016)
Marie Sophie Beckmann (1.–4.2015)
Beatrijs Dikker (1.–3.2016)
Lola Harney (2.–4.2015)
Ambrin Hasnain (10.2014–1.2015)
Leon Hösl (4.–7.2015)
Klara Hülskamp (4.–6.2016)
Lina Louisa Krämer (4.–6.2016)
Ioana Mandeal (4.–8.2016)
Vincent Reynaud (7.–10.2015)
Lukas Schmeck (3.–6.2016)
Laura Waltje (2.–5.2016)

Praktikant DIS Intern DIS
Filip Setmanuk (12.2015–2.2016)

ORGANISATION UND MANAGEMENT ORGANIZATION AND MANAGEMENT
Assistentin der Direktorin
Assistant to the Director
Tina Wessel

Programmmanagement und Kooperationen Program Management and Cooperations
Friederike Klapp

Assistentin Programmmanagement und Kooperationen Assistant Program Management and Cooperations
Laura Schnaus

Registrarin Registrar
Monika Grzymislawska

Assistentin der Registrarin
Assistant Registrar
Marieke Ender

Presse und Kommunikation
Press and Communication
Henriette Sölter

Assistentinnen Presse und Kommunikation Assistants Press and Communication
Klara Pietrzak
Elisa Thorwarth

Marketing
Hendrik Bartels

Assistentinnen Marketing
Assistants Marketing
Friederike Dietrich
Sarah Johanna Theurer

International Relations – Special Guest, Partner, and Supporter Program
Désirée Dornier
Daniele Maruca

Datenbank Database
Viola Götz

PraktikantInnen Interns
Benjamin Hecke (3.–6.2016)
Shino Kobayashi (4.–6.2016)

VERWALTUNG UND FINANZEN
ADMINISTRATION AND FINANCES
Verwaltungsleiter
Director of Administration
Achim Gaub (ab from 9.2014)
Hartmut Reith (bis to 10.2014)

Finanzen Finances
Birgit Broder (bis to 2.2015)
Kati Guhle (ab from 10.2014)

AssistentInnen Finanzen
Assistants Finances
Constanze Arendt
Tobias Oettel

Netzwerkbetreuung
Network Administration
Roman Suckau

Haustechnik Maintenance
Konrad Muchow
Tom Schüler
Dieter Sielaff

Beratender Rechtsanwalt
Legal Advisor
Béla von Raggamby, Lippert v. Raggamby Rechtsanwälte

TECHNISCHE ABTEILUNG AUSSTELLUNG TECHNICAL DEPARTMENT EXHIBITION

Aufbauteam Installation Team
Abrell & van den Berg Ausstellungsservice GbR
Kartenrecht
mount berlin

Aufbauleitung Head of Installation
Oliver van den Berg
Sören Reuter
Matten Vogel

Medientechnik Media Technology
Joachim Abrell, EIDOTECH GmbH

Medientechnische Koordination
Coordination Media Technology
Rolf Schmidt

Bauliche Betreuung
Advising Architect
Marlene Schrecker

Versicherung Insurance
Allianz Versicherungs AG
Kuhn & Bülow Versicherungsmakler GmbH

Koordination Aufsichten
Coordination Guards
Ina Kurotschkin

Counter
Udo Klink

Reinigung Cleaning Agents
Thomas Lehniger Fenster- und Gebäudereinigung
Sandra Zeidler

KW FREUNDE KW FRIENDS

Büroleitung Office Manager
Sabine Bärenklau

Assistentin Assistant
Wayra Schübel

YOUNG CURATORS WORKSHOP

Konzept Concept
Armen Avanessian

Projektmanagement
Project Management
Maurin Dietrich
Krisztina Hunya

PUBLIKATION PUBLICATION

Redaktion und Koordination
Managing Editor
Laura Schleussner

Redaktionsassistentin
Editorial Assistant
Anne Levke Vorbeck

Bildredaktion Image Editor
Julia Burlingham

AutorInnen Texte 9. Berlin Biennale
Authors of 9th Berlin Biennale Texts
Pablo Larios
Sarah Lookofsky

Onlineredaktion Online Editor
Marvin Jordan

Assistentin Onlineredaktion
Assistant Online Editor
Ada O'Higgins

Praktikantin Intern
Caro Feistritzer (2.–5.2016)

VISUELLES ERSCHEINUNGSBILD VISUAL IDENTITY

Meiré und Meiré

WEBSITE-PROJEKTE WEBSITE PROJECTS

Jon Lucas

* Babak Radboy ist der Kreativdirektor von *Not in the Berlin Biennale.*
* Babak Radboy is the Creative Director of *Not in the Berlin Biennale.*

BEIRAT BERLIN BIENNALE FÜR ZEITGENÖSSISCHE KUNST
ADVISORY BOARD BERLIN BIENNALE FOR CONTEMPORARY ART
Klaus Biesenbach
Alexander Farenholtz
Martin Heller
Christine Regus
Hortensia Völckers
Axel Wallrabenstein

VERANSTALTER ORGANIZER
KW Institute for Contemporary Art

Gründungsdirektor KW Institute for Contemporary Art und Berlin Biennale für zeitgenössische Kunst Founding Director KW Institute for Contemporary Art and Berlin Biennale for Contemporary Art
Klaus Biesenbach

Direktorin KW Institute for Contemporary Art und Berlin Biennale für zeitgenössische Kunst Director KW Institute for Contemporary Art and Berlin Biennale for Contemporary Art
Gabriele Horn

KW INSTITUTE FOR CONTEMPORARY ART – KUNST-WERKE BERLIN E. V.
Vorstand Board
Olafur Eliasson
Martin Heller
Julia Stoschek

Mitglieder Members
Marina Abramović
Hoor Al-Qasimi
Eike Becker
Klaus Biesenbach
Andreas Dornbracht
Lawton W. Fitt
Alanna Heiss
Erika Hoffmann
Stephan Landwehr
Benita von Maltzahn
Egidio Marzona
Eberhard Mayntz
Kate Merkle
Timo Miettinen
Rivka Saker
Rosa & Gilberto Sandretto
Matthias Sauerbruch
Katharina Sieverding
Antje Vollmer
Diana Widmaier Picasso

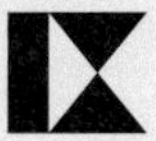

Dank
Thanks

Holger Ackermann, Luisa Aha, Hind Akil, Dalal Al-Janaie, Hoor Al-Qasimi, Marco Altavilla, Janet Alvarado, Brett Anderson, Ulrike Andres, Sherlen Archibald, Korapat Arunanondchai, Tribodi Arunanondchai, Laura Attanasio, Anna Augstein, Defne Ayas, Max Baberg, Olivier Babin, Markus Bader, Yousef Al Bader, Sonja Bahr, Zdravka Bajovic, Veruschka Baksa-Soós, Enrico Ballarin, Heidi Ballet, Sofia Barfoed, Bassam El Baroni, Maria Bartau Madariaga, Cornelia Bartsch, Jackson Bateman, Stéphane Bauer, Oliver Baurhenn, Giulia Bazzaco, Mareike Begner, Nicola Beissner, Anna Berndtson, Mark Bernhardt, Sara Bernshausen, Dieter Bertel, Marjorie Berthomier, Thom Bettridge, Ariane Beyn, Jannis Birsner, Axelle Blanc, Adeline Blanchard, Adriana Blidaru, Melanie Bobik, Dan Bodan, Maria Böhmer, Marela Bone-Winkel, Stephan Bone-Winkel, Marie-Pierre Bonniol, Franck Bordese, Jenny Borland, Christian Boros, Karen Boros, Isabella Bortolozzi, Irina Botea, Barbara Boyle, Michael Bräuer, Kevin Brand, Emma Braso, Aaron Brown, Jutta Brückner, Nicola Brüning, Daniel Brusch, Daniel Buchholz, Esme Buden, Blake Buesnel, Alvise Busetto, Max Bushman, Maria Buzhor, Merve Caglar, Eva Cambeiro, Britta von Campenhausen, Alice Le Campion, Melissa Canbaz, Anna Cangellaris, Andrew Cannon, Allison Card, Vanessa Carlos, Catalina Casas, Arturo Castro, Nicolas Ceccaldi, Susanna Chachko, Beshar Chaker, Jude Chambers, Gallien Chanalet-Quercy, Dina Chang, Jennifer Chaput, Samuel Chase, Howie Chen, Lorenzo Cinotti, Marion Claudel, Carol Cohen, Florence Cohen, Lauren Cornell, Juan Corres Benito, Lorenzo Cortesi, Petra Cortright, Isabel da Costa, Daniel Costa Neves, Jeremy Cox, Zoma Galaxia Crum-Tesfa, Maike Cruse, Peter Currie, Nathalie Dahmann-Harbecke, Dalila D'Amico, Marion Dana, Manuel Demanega, John & Heather Denny, Francesca Denti, Zoë Denys, Nola Diehl, Andrei Dinu, Mareike Dittmer, Salar Djafari, Anna Dobrucki, Anthony d'Offay, Luciano Dominicali, Birgit Donker, Stephan Dorgerloh, Andreas Dornbracht, Vera Dorsch, Hans-Peter Dreissig, Alexander Duve, Elvira Dyangani Ose, Stephanie Eckerskorn, Füsun Eczacıbaşı, Marie-Sophie Eiché, Maren Eichhorn, Casey Jane Ellison, John B. Emerson, Kimberly Marteau Emerson, Lutz Engelke, Tinatin Eppmann, Sonja Erb, Fulya Erdemci, Patricia Espinosa, Philippe Etienne, Matthew Evans, Inge Van Eycken, Reem Fadda, Elke Falat, Rozsa Farkas, Attilia Fattori Franchini, Mark Feary, Veronica Feeling, Moritz Fehr, Silke Feldhoff, Christine Fenzl, João Fernandes, Alexander Ferrando, Christine Feuerhake, Désiré Feuerle, Katharina Fichtner, Angela Filippetto, Manfred Fischer, Patrick Flores, Julià Florit, Marta Fontolan, Lutz Freise, Stefan Freise, Barbara Friedli, Anna Frost, Bettina Funcke, Dirk Gädeke, Susanne Gaensheimer, Christian Gaiser, Tommaso Galluppi, Nora Gantert, Pablo García-Berody Cerezo, Georg Garlichs, Carla Gemin, Dorte Genée, Mirya Geradu, Stefanie Gerke, Gabriele Gerlof, Marie Gervais-Vidricaire, Daria Ghiu, Sylvie Gilbert, Natasha Ginwala, Thomas Girst, Marlis Gloede, Matt Goerzen, Oliver Götze, Natascha Goldenberg, Silvia González, Adam Gorode, Simone Graebner, Christian Grashof, Sean Grattan, Lucile Grislain, Uta Grosenick, Durs Grünbein, Monika Grütters, Mirjam Grupp, Jens de Gruyter, Paola Guadagnino, Joachim Günther, Xavier Gurza Barroso, Corinna Hadeler, Claudia Haglich, Adel Halilović, Corentin Hamel, Hans Gerhard Hannesen, Ingrid Hansen, Walsh Hansen, Denhart von Harling, Shinta Harsana, Daniela Hartmann, Matthias von Hartz, Kirsten Haß, Axel Haubrock, Barbara Haubrock, Anne Charlotte Hauen, Rainer Hauswirth, Perri Haynes, Klaus Hebborn, Werner Heegewaldt, Claus Heimes, Birgit Hein, Madlen Heine, Kerstin Hensel, Anja Herbing, Manfred P. Herrmann, Annina Herzer, Wulf Herzogenrath, Stefanie Hessler, Alexander Heymann, Anna Himmelsbach, Phillip Hinz, Nikolaus Hirsch, Carolin Hochleichter, Anna Höfinghoff, Erika Hoffmann, Susanna Hoffmann-Ostenhof, Sebastian Holl-Trieu, Berit Homburg, Masako Hosoi, Nina Hülsmeier,

Eleonore Hugendubel, Antje Hundhausen, Christina Iglesias, Martha Ihlbrock, Çağla Ilk, Samara Insel, Dvir Intrator, Yotam Intrator, Samara Isola, Lutz Issler, Philip Jacobs, Kristina-Talisa Jaggard, Diana Jimenez, Steffen Jørgensen, Kyle Joseph, Mason Juday, Laila Kaizen, Timon Karl Kaleyta, Martti Kalliala, Izabella Kaminska, Steffen Kampeter, Linda Kantchev, André Kanya, Andy Kassier, Basil Katz, John Kelsey, Jamie Kenyon, Bradford Kessler, Moutasem Al Khnaifes, Jens Kirbach, Barbara Kisseler, Petra Klasen, Bettina Klein, Alexander Koch, Jörg Koch, Jennifer Kochan, Juliane Köber, Thomas Köhler, Vanessa Köhler, Johann König, Paul Köser, Silja Korn, Seamus Korwarzik, Amadeo Kraupa-Tuskany, Andrew Kreps, Winfried Kretschmann, Tilman Kriesel, Susanna Krischnick, Andreas Krüger, Thomas Krüger, Philip Krüning, Philipp Krummel, Takahiro Kudo, Eva Kühne-Hörmann, Frederik Kugler, Linda Kuhn, Kestutis Kuizinas, Aimée Labarrere de Servitje, Inga Lāce, Norbert Lammert, Achim Langer, Rhett Larue, Judith Laub, Christina Leber, Margaret Lee, Simon Lee, Dirk Lefeber, Klaus-Dieter Lehmann, Wilfried Lentz, David Leonard, Wolf Lepenies, Michael Lett, Luna Leung, Marc Lindinger, Paula Llull, Ralf Alexander Löwer, Catalina Lozano, Uwe Lübking, Toke Lykkeberg, Candice Madey, Philomene Magers, Julia Mai, Christian Maier, Henner Mainhold, Gawain von Mallinckrodt, Simone Manwarring, Michela Mao, Jerzy Margański, Laura Mariottini, Khalid Al Mashaan, Mashaan Al Mashaan, Takayuki Mashiyama, Rolando Matsangos, Hanna Mattes, Ulrich Matthes, Gloria Maximo, Yve Maximo, Jürgen Mayer, Kirsten Mayntz, Juan Mayr Maldonado, Hazel Hill McCarthy, Kyle McDonald, Rosa McElheny, Santiago Medina Cepeda, Jeanine Meerapfel, Rosemarie Meichsner, Wolfgang Meier, Kamel Mennour, Heike Catharina Mertens, Dorothea Metasch, Jochen Meyer, Markus Miessen, Timo Miettinen, Aernout Mik, Ana Maria Millan, Gordon Millsaps, Melinda Mollineaux, Ciara Moloney, Marjorie Monnet, Morad Montazami, Elke aus dem Moore, Shirley Morales, Ceci Moss, Jan Mot, Cathrin Mühlbauer, Christopher Müller, Helen Müller, Michael Müller, Ute Müller-Tischler, Margit Müllner-Gogoll, Chrissie Muhr, Edi Muka, Rory Mulhere, Mariana Munguía, Nora Naehrig, Valeria Napoleone, Taro Nasu, Blair Neal, Robert Neale, Bernd Neumann, Oliver Newton, Zachary Tyler Newton, Christine Nippe, Lutz Nitsche, Daniel Noack, Hermann Noack jr., Hermann Noack sen., Cory Nomura, Johannes Nowak, Nikolaus Oberhuber, Hans Ulrich Obrist, Alice O'Connor, Johannes Odenthal, Andrew O'Hagan, Thomas Olbricht, Raffaella della Olga, Tadeusz Oliwiński, Beate Ollesch, Amy Ontiveros, Anja Osswald, Hans-Joachim Otto, Yavuz Parlar, Sergio Pastor, Matthew Patterson Curry, Yuri Pattison, Andi Pek, Ulrich Peltzer, Mike Pepi, Nico Perez, Meral Perin, Nataša Petrešin-Bachelez, Friedrich Petzel, Anna Phebey, Rhiannon Pickles, Manon Piel, Cornelia Pieper, Rita Pintér, Emiliano Pistacchi, Ella Plevin, Wulff Plinke, Christian Plodeck, Mara Ploscaru, Gianandrea Poletta, Enno Poppe, Marianne Poppenk, Neil Porter, Dan Poston, Johan Pousette, Alison K. Powell, Rosa von Praunheim, Franziska Presche, Seth Price, Dirk Przybyllok, Sara Puig, Reinhard Pusch, Anfal Al Qaisi, Riccardo Quintarelli, Paloma Rändel, Johannes Paul Raether, Jose Ramos, Andrzej Raszyk, Shaun Regen, Helge Rehders, Christine Regus, Katia Reich, Svenja von Reichenbach, Manuel Reinartz, Rupert Reinhardt, Janelle Reiring, Sabine Reitmaier, Coby Reitsma, Kate Reitzenstein, Tim Renner, Stephanie Reuter, Grayson Revoir, Boris Rhein, Haco de Ridder, Thomas Riegger, David Riff, Andrea Rinaldi, Marta Rincón Areitio, Jimmy Robert, Jeanne Salome Rochat, Jörg Rocholl, Aanisa Roda, Adela Rodríguez, María Inés Rodríguez, Kathrin Röggla, Arend Rogge, Jan Rohlf, Malte Roloff, Natalja Romine, Andrea Rosen, Aaron David Ross, Suzanne Van Rossbroeck, Aanisa Ru, Antonia Ruder, Jochen Ruderer, Siegrid Rückl, Annabelle Rühlemann, Emanuela Ruggia, Monique Ruhe, Mike Ruiz, Sarah Rusch, Julia Rust, Eliza Ryan, Leif Ryge, Tariq Al Salem, Jan Salewski, Kevin Sánchez, Patrik Sandberg, Belle Santos, Christoph Sauerbrey, Bénédicte Savoy, Peter Sax, Laura Scarpa, Simone Scasso, Angeline Scherf, Anna-Lisa Scherfose, Ellen Scheyer, Christian Schiestl, Kerstin Schilly, Esther Schipper, Michael Schirner, Florian Schmidt, Marco Schmidt, Florian Schmitt, Cornelia Schmidt-Bleek, Konrad Schmidt-Werthern, Philipp Schmitz, Maximilian Schmoetzer, Sönke Schneidewind, Nick Scholl, Kirk Schoormann, Martina Schrammek, Alexander Schröder, Emily Schubert, Moritz Schularick, Rainald Schumacher, Remco Schuurbiers,

Christopher Schwartz, Swetlana Schwarz, Nils Schwemer, Alya Sebti, Gernot Seeliger, Emily Segal, Joana Seguro, Marianna Serwa, Sisti Sette, Elena Setzer, Reem Shadid, Shifra Shalit, Abdullateef Al Sharikh, Shalit Shifra, Ingo Siebert, Lennart Siebert, Carsten Sieling, Arne Sildatke, Lola Sinreich, Cara Snyman, Dirk Sorge, Mathew Sova, Jens Spahn, Monika Sprüth, Dunja Stamer, Marko Starke, Karsten Stein, Nadine Stenke, Julia Stoschek, Holger Struck, Emmanuel Suard, Ali Subotnick, Farida Sultan, Emily Sundblad, Jenna Sutela, Morgan Sutherland, Lou Svahn, Nina Tabassomi, Hizar Taboada, Stephan Tanbin Sastrawidjaja, Francesca Tantussi, Friederike Tappe-Hornbostel, Angelika Taschen, Stefan Tcherepnin, Paul Teigh, Andrea Teschke, Anna Teterkina, Tim Tetzner, Wolfgang Thierse, Andrew Thomas, Seb Thomas, Norbert Thormann, Michael Thoss, Philip Tinari, Alicia Tirmarche, Jan Tompkins-Jackson, Giulia Tonegato, Marcela & Humberto Toro, Nathan Townes-Anderson, Marica Tozzato, Sophie Travers, Pierfilippo Trevisan, Janine Trott, Manos Tsangaris, Luca Tucci, Jonathan Turner, Azra Tuzunoğlu, Elisa Uematsu, Samika Vanasin, Bram Vanderborght, Giulia De Vecchi, Rüdiger Veith, Rosa Velázquez Álvarez, Anca Verona Mihulet, Anton Vidokle, Felipe Villada, Ugo Viola, Vittorio Visciano, Janina Vitale, Rita Vitorelli, Fritzi Voss, Mark Wadhwa, Ingrid Wagner, Jürgen Walter, Claudia Walther-Schneid, Simon Wang, Wilfried Wang, Jane Wattenberg, Filippo Weck, Corinna Welzel, Katharina Wenzel, Thilo Wermke, Christina Werner, Christine Werner, Franziska Werner, Valérie Wesp, Helma Wessel, Jonathan Weston, Meredith Whittaker, Daniel Wichelhaus, Caroline Widmer, Marius Wilms, Richard Wilson, Helene Winer, Kathrin & Thomas Wirz, Christiane Wohlrab, Hagen Philipp Wolf, Max Wolf, Wolf Eyes, Thekla Wolff, José Wolffer, Jan Wollmann, Godfrey Worsdale, Diedrich Wulfert, Michael Xufu Huang, Ayelet Yanai, Shaway Yeh, Coco Young, Nate Young, Andrea Zanotto, Massimo Zanotto, Ché Zara Blomfield, Nadine Zeidler, Lotus Zhang, Alivia Zivich, Margaret Zwilling, Daniela Zymann

Einen besonderen Dank an alle teilnehmenden KünstlerInnen Special thanks to all participating artists sowie an die AutorInnen as well as to the authors und an das gesamte Team der Berlin Biennale und der KW Institute for Contemporary Art and to the whole team of the Berlin Biennale and KW Institute for Contemporary Art. Für die tägliche Unterstützung danken wir dem Team des Café Bravo. Thanks to the team of Café Bravo for their daily support.

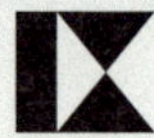

Dank von DIS
Thanks from DIS

Unser unendlicher Dank gilt dem gesamten Team der 9. Berlin Biennale. Einen besonderen Dank möchten wir an Gabriele Horn, Edwige Baron, Jeanette Gogoll, Antje Weitzel, Cathrin Mayer, John McKiernan, Laura Schleussner und Pablo Larios richten. Euer unermüdlicher Einsatz war ein großes Geschenk, welches wir kaum jemals werden erwidern können. Insbesondere möchten wir uns bei Chus Martínez, unserer Begleiterin während der Vorbereitungszeit der Berlin Biennale, für ihre großartigen Ratschläge bedanken. Ebenso geht unser Dank an unsere Freundin und Vertraute Sarah Lookofsky für all die Zeit, die sie mit uns während unserer Skype-Unterhaltungen verbracht hat, und für ihre unzähligen Google-Doc-Überarbeitungen. Babak Radboy danken wir für seine unerschöpflichen Ideen, die sich in Form von zahlreichen Manipulationen, Aneignungen und großer Empathie manifestierten. Vielen Dank an unsere Familien für all Eure Liebe und Unterstützung. Und zuletzt gilt unser größter Dank allen KünstlerInnen, Teilnehmenden, FreundInnen und Mitwirkenden: Ihr habt die Biennale erst möglich gemacht.

DIS

Endless gratitude to the whole team of the 9th Berlin Biennale. Special thanks to Gabriele Horn, Edwige Baron, Jeanette Gogoll, Antje Weitzel, Cathrin Mayer, John McKiernan, Laura Schleussner, and Pablo Larios: your tireless dedication was a gift we can never repay. We want to especially thank Chus Martínez, our spiritual guide through the Berlin Biennale, for giving us some of the best advice we could ever ask for. A huge thank you to our friend and confidant Sarah Lookofsky for all the time spent with us on Skype calls and countless Google Doc rewrites. To Babak Radboy, our thanks for your generosity of vision, which was manifested in large doses of manipulation, appropriation, and empathy. Thank you to our families for all your love and support. And lastly, everyone who made this biennial what it is—artists, participants, friends, and collaborators—we thank you most of all!

DIS

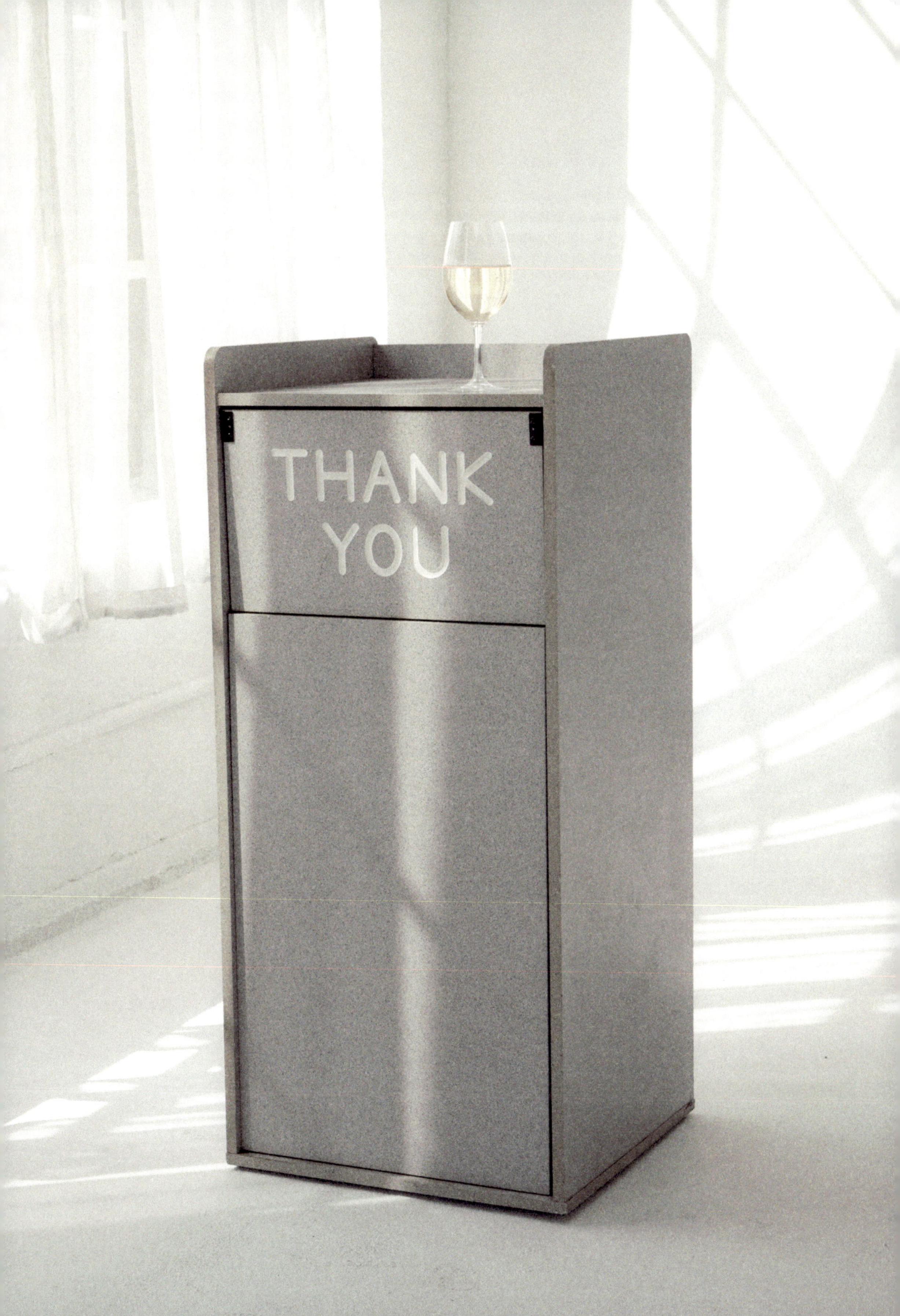
THANK
YOU

Impressum
Colophon

Diese Publikation erscheint anlässlich der 9. Berlin Biennale für zeitgenössische Kunst (4.6.–18.9.2016), kuratiert von DIS.
This book is published on the occasion of the 9th Berlin Biennale for Contemporary Art (4.6.–18.9.2016), curated by DIS.

Eine Publikation der A Publication of
KW Institute of Contemporary Art

Direktorin Director
Gabriele Horn

HerausgeberInnen Editors
DIS: Lauren Boyle, Solomon Chase, Marco Roso, David Toro

Gestaltung Design
Meiré und Meiré
Marie-Louise Greb, Sandra Lisson, Christian Rogge, Jochen Ruderer

Redaktion und Koordination Managing Editor
Laura Schleussner

Redaktionsassistentin Editorial Assistant
Anne Levke Vorbeck

Bildredaktion Image Editor
Julia Burlingham

Redaktionelle Mitarbeit Textbeiträge
Associate Editor Commissioned Essays
Marvin Jordan

Künstlertexte Artist Texts
Pablo Larios

Lektorat Copyediting
Jeanette Gogoll, Kevin Kennedy, Arsalan Mohammed, Kristin Rieber, Eva Scharrer, Anne Levke Vorbeck, Renate Wagner, Tina Wessel

Korrektorat Proofreading
Edwige Baron, Cathrin Mayer, John McKiernan, Lucy Powell

Übersetzungen Translations
Englisch–Deutsch English–German
Volker Ellerbeck, Herwig Engelmann, Harriet Fricke, Dirk Höfer, Marion Kagerer, Michael Müller, Nikolaus G. Schneider, Christian Werner, Sylvia Zirden
Deutsch–Englisch German–English
Nicholas Grindell

Praktikantin Intern
Caro Feistritzer

Lithografie Lithography
max color, Berlin

Produktion Production Management
DISTANZ Verlag, Sonja Bahr

Gesamtherstellung Production
DZA Druckerei zu Altenburg GmbH

Vertrieb Distribution
Gestalten, Berlin
www.gestalten.com
sales@gestalten.com

ISBN 978-3-95476-155-5

Printed in Germany

Erschienen im Published by
DISTANZ Verlag
www.distanz.de

KW Institute for Contemporary Art
Auguststraße 69, 10117 Berlin
T +49 (0)30 24 34 59 0
F +49 (0)30 24 34 59 99
www.kw-berlin.de
www.berlinbiennale.de

BERLIN BIENNALE

Die Berlin Biennale wird organisiert durch die KW Institute for Contemporary Art und gefördert durch die Kulturstiftung des Bundes.
The Berlin Biennale is organized by KW Institute for Contemporary Art and funded by the Kulturstiftung des Bundes (German Federal Cultural Foundation).

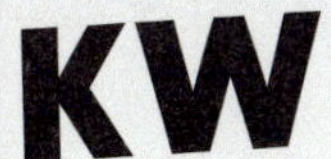

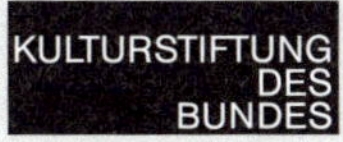

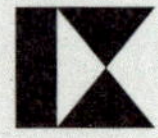

Moderierte Rundgänge
Guided Tours

Öffentliche Rundgänge finden in deutscher Sprache statt und können ohne Voranmeldung besucht werden. Public guided tours are in German and can be attended without advance reservation.

Akademie der Künste
Jeden Samstag um 14 Uhr
Every Saturday at 2 pm

ESMT European School of Management and Technology
Jeden Samstag um 16 Uhr
Every Saturday at 4 pm

The Feuerle Collection
Jeden Sonntag um 14 Uhr
Every Sunday at 2 pm

KW Institute for Contemporary Art
Jeden Sonntag um 16 Uhr
Every Sunday at 4 pm

Treffpunkt Meeting point
Kasse am jeweiligen Ausstellungsort
Ticket desk at each venue

Moderierte Rundgänge für Gruppen und Schulklassen Guided tours for groups and school classes
Nach Anmeldung auf Deutsch, Englisch und in anderen Sprachen Upon request in German, English, and other languages

Anmeldung Booking
T +49 (0)30 24 34 59 70
F +49 (0)30 24 34 59 99
visit@berlinbiennale.de
www.berlinbiennale.de

Veranstaltungen
Events

Veranstaltungen finden jeden Donnerstag an unterschiedlichen Orten und jeden Samstag auf dem Fahrgastschiff Blue-Star der Reederei Riedel statt. Weitere Informationen finden Sie auf der Website. Events take place every Thursday at various venues and every Saturday on the Blue-Star sightseeing boat of Reederei Riedel. More information is available on the website.

www.berlinbiennale.de